佛法與方法
明清佛教及周邊

吳疆　王啓元　編

復旦中華文明研究專刊

復旦大學出版社

佛法与方法：明清佛教及周边
复旦中华文明研究中心访问学者工作坊第45期
参会学者题名录

王启元　徐波
吴疆　黄绎勋　陈引驰　张伟然
释法幢　张德伟
孙国柱　巫能昌　秦国帅
简凯廷　许蔚
陈辰叶

2018年5月復旦大學中華文明國際研究中心訪問學者工作坊
"佛法與方法"參會學者題名錄

總序

復旦大學中華文明國際研究中心（International Center for Studies of Chinese Civilization, ICSCC）成立於 2012 年 3 月。ICSCC 以復旦大學人文學科爲平臺，旨在依托本校深厚的人文學術資源，積極推進國際學術界對中華文明的研究，促進不同文明之間的交流與對話。我們知道，自利瑪竇（Matteo Ricci，1552—1610 年）來華以後，歐洲和北美，即所謂"西方"的學者對中華文明展開了持久而深入的研究，歷來稱爲"漢學"（Sinology）。近年來，中國學者爲了與清代"漢學"相區分，又稱爲"海外漢學"。在歐美，學者爲了區别傳統的 Sinology，又主張把現代研究稱爲 China Studies（中國學）。ICSCC 旨在促進中國大陸學者與海外漢學家在中華文明研究領域内的國際交流，推動雙方之間的對話與融通。

歷史上，歐美漢學家有自己的旨趣和領域，他們的方法和結論，常常别開生面，新論迭出。在當今全球化的時代，中國以外的國際學者早已跨越障礙，深入中國文化内部；中國大陸的新一代學者也已經接續百年傳統，回到國際學術界，與海外同行們頻繁交流。即使如此，海外漢學家和中國本土學者在很多方面，諸如文獻整理、田野調查、新領域開拓，以及方法論、世界觀上仍然存在很大的差距。海外學者所長，即爲本土學者之短，反之亦然。有一種觀點認爲，本民族的文化，很難爲另一種文化之内的學者所理解。甚或是説：外國人必不能以正確的方式看待"他者"的文明。這種觀點的不合理處，在於用某種原教旨主義的方式堵塞了不同文明之間的交流與合作。事實上，無論在歷史上還是在當下現實中，人們都不只是生活在單一的文化中。東海西海，圓顱方趾，文化的特殊性是相對的，人性的共通性才是絶對的。爲了達成對於中華文明的正確理解，顯然還需要中外學者坐下來，用對話、討論的方式作溝通與融合。無論如何,海外漢學家早已成爲與海峽兩岸和香港、澳門地區華人學者同樣重要的研究群體,他們對於中華文明也有著獨到的理解。"海外漢學"的研究成果,值得我們本土學者加以重視,全單照收和簡單排斥都是要不得的極端態度。

四百年前,明末"西學"翻譯運動先驅徐光啓(1562—1633年)説:"欲求超勝,必須會通;會通之前,先須翻譯。"(《曆書總目表》)我們把明末的這句格言引申出來,作爲中外學術交流中的"金科玉律"。中西方學者之間相互借鑒,瞭解對方工作的真實意義和真正主張。立場不同,可闡發雙方優長之學;視角各異,可兼收領域互補之效;觀點針芒,實則可以在討論之後達成更加充分的會通與融合。四百年來,明、清、民國的經學家、國學家,一直和歐美的傳教士、外交官和"中國通"切磋學問,現代中國的儒學、佛學和道學,無一不是在與利瑪竇、艾儒略、林樂知、李提摩太、李佳白、費正清、李約瑟等歐美學者的對話交流中,經過複雜的交互影響而形成的。離開了"西學"(Western Learning)和"漢學"(Sinology)的大背景,從徐光啓、阮元的"新學",到康有爲、章太炎的"國學",都不可理解。我們相信,學術領域此疆彼界的畛域之分,既不合理,也無可能。海外漢學(中國學)與中國本土學術並不衝突,所謂的主客之争、長短之争,那種有你没我的勢不兩立,完全没有必要。

有鑒於此,ICSCC設立專項資金,面向海外,每年邀請國外優秀中青年學者訪問復旦大學,與本校、上海地區,以及全國各地的同行學者充分交流。交流的形式,即通過他們的學術報告、小型工作坊、論文出版,以及學術著作的編輯、出版等,構建訪問學者與復旦乃至國內學者的全方位、多層次的交流體系,促進海外漢學(中國學)家與中國本土的傳統文化研究學者之間的互動。我們邀請來訪的海外學者與ICSCC指定的本土學者合作,把他們共同主持的工作坊論文,經過作者本人的修改、增訂,或由編者整理、翻譯、記錄,結集出版。我們希望借此工作,展現中外學者精誠合作的成果,以饗學界。

目錄

1　　　　　　　導言

觀念與方法

9　　定　明　　傳燈與正統：明清華嚴學譜系建構與傳承特點

20　　吴　疆　　"文字理念"的勃興與"文字社群"的形成：對於 17 世紀禪宗興衰的一種解釋

39　　能　仁　　神聖傳承：五臺山與古心如馨（1541—1615）的戒學中興運動

57　　杨奇霖　　雍正帝與佛教關係論綱
　　　　　　　　——兼論清代佛教史研究的方法與材料

89　　湯銘鈞　　漢傳因明的"能立"概念
　　　　　　　　——基於梵藏資料的新考察

宗師與經典

119　　黄繹勳　　明清佛教研究新文獻與新審思
　　　　　　　　——以碩揆禪師尺牘爲例

132　　簡凱廷　　晚明唯識學作品在江户時代的流傳與接受初探

152　　法　幢　　"大藏經"的再認識
　　　　　　　　——探索《徑山藏》編撰、成書與特點

183　　張德偉　　《嘉興藏》五臺山刊刻史新探

200	王啓元	蒼雪與木增的交遊
		——圍繞《華嚴懺儀》在晚明的傳播與刊刻
219	陸辰葉	略論宗喀巴《事師法五十頌釋》

佛教與儒道

235	李天綱	三教通體：士大夫的宗教態度
269	王　崗	晚明初清雲南地方龍門派
299	許　蔚	從神仙到聖人
		——羅念庵的修持經驗、文學表達與身份認同
325	徐　波	古今中西視域下的晚明多元思想交融
		——以劉宗周《人譜》爲中心
336	孫國柱	明清之際"逃禪"現象研究方法新探
		——以三教關係爲視角的討論
349	秦國帥	再創作與新形象：清末民國時期王重陽及全真七子故事的重刊初論

佛教與社會

369	張偉然 王明強	晚清至抗戰前的上海香市
392	巫能昌	清代以來湘中神像雕刻原因初探

407		作者簡介
409		跋

導　言

　　2018年5月23日,作爲復旦大學中華文明國際研究中心的訪問學者,我和復旦大學王啓元研究員一起組織了名爲"佛法與方法:明清佛教及其周邊"的明清宗教小型研討會,並得到了中心副主任陳引馳教授的大力支持。這是我第四次來到復旦,我深深地感到,復旦大學的學者思路廣闊,國際化强,在學術研究上勇於突破,具有很强的優勢和領導力。在很多領域,無論是在全國範圍乃至世界範圍内,都是領先的。這次會議的主題和副題都是我確定的。對於一個在這個領域耕耘十幾年的學者來説,能在國内召開這樣一個專題會議,我的感觸頗多,所以利用這個機會,在論文結集出版之際,根據我當天所作的發言,講一下我自己的看法和觀點。

　　長久以來,明清佛教在中國佛教的研究中處於一種非常尷尬的境地:一方面是明清之前隋唐佛教的深入研究乃至宋元佛教研究的興起,另一方面是明清之後的現當代佛教研究受到了更多人的關注和研究。然而明清佛教始終處在一種不冷不熱的狀態,甚至不斷地被邊緣化。對於明清佛教的基本情況,雖然很多研究已經證明這一時期的佛教是非常活躍的,而且大量有關史料還有很多没有被挖掘出來,但是學術界似乎有着一個基本的態度,那就是:知道了,可以不看。意思就是,承認有明清佛教這回事,但是深入研究意義不大。這就産生了一個矛盾:史料很多却被認爲没有價值。這也是一個研究者的悖論:因爲研究者缺乏處理材料的方法而否定材料的價值,而不是相反,去懷疑、檢討研究者的偏見和無能。與此不同,我們認爲,一個時期大量材料的湧現,代表了一個時代社會、文化、宗教的巨變,研究者應該適應這一形勢，對過去的研究方法和理論進行反省。

很久以前，臺灣的藍吉富先生就曾經講過《嘉興藏》由於收錄了大量明清時期的佛教史料，尤其是禪宗語錄，堪稱是第二個敦煌寶庫。最近所進行的全國古籍普查，調查出的很多新史料，大都是明清方面的。臺灣佛光大學所進行的明清史料收集工作，彙集了許多鮮爲人知的材料，説明很多明清時代的佛教史料没有得到很好的重視和研究。不僅如此，國外如日本京都隱元隆琦禪師所開創的黄檗山萬福寺文華殿、保存了來華傳教士史料的西歐各大圖書館等處還有大量的史料没有得到利用。那麽，有如此多的新史料，照理説應該有更多的學術關注，那爲什麽明清佛教的研究還得不到重視呢？爲什麽大家對明清佛教的總體評價並不是很高？尤其是明清佛教在中國佛教中有着承上啓下的作用，是現當代佛教的活水源頭，很多叢林儀軌直接來源於明清，而非唐宋，它的重要性應該得到彰顯，並在學術界得到應有的地位。

我認爲這其中最重要的問題還是方法的問題。在中國佛教史的研究中，學者不太注重方法論的理論建構。材料的重要性在漢傳佛教早期和中古史的研究中是顯而易見的，對史料的文獻學和語文學解讀已經達到非常成熟和精緻的程度，這是中國佛教史研究的巨大進步和成績。但這也使得我們處理材料的方法比較單一，尤其不適合處理明清時代大量的宗教史料。這反映出了幾個問題：首先，雖然這一時期的佛教史料很多，但它的一個主要問題是史料分散，呈現碎片化，甚至有些材料猶如"垃圾史料"，例如禪宗語録，往往高度程式化，讀起來不知所云，了然無味；其次，從佛教宗派的角度來看，對明清佛教範圍的理解過於狹窄，而不顧及它與儒家、道教，乃至天主教、伊斯蘭教的關係；最後，在地域上，僅僅局限於漢傳佛教，而忽視藏傳佛教以及日本、朝鮮、越南、琉球等地的情況。這就是爲什麽這次研討會的副題定爲"明清佛教及其周邊"。所以我在這裏要强調一下方法的問題。我在以下分幾點講一下幾個關鍵性的問題。

第一是關於明清佛教史的敘事問題。長久以來，明清佛教被認爲是中國佛教的衰落時期，這一觀點和梁啓超早年關於佛教的論述有關。比如他有一篇很有名的文章，叫作《論中國學術思想變遷的大勢》，把中國學術史分成了幾個階段,即"春秋以前的胚胎時代、春秋末至戰國的全盛時代、兩漢儒學統一時代、魏晉的老學時代、南北朝和隋唐的佛學時代、宋元明的儒佛混合時代、清朝的衰落時代、今日復興時代"。在他這種綫性史觀的影響下,大量的佛教史學著作,把隋唐看作中國佛教發展的巔峰。這個觀點還通過陳觀勝(Kenneth Chen)的英文著作《中國佛教史概論》(*Buddhism in China: A Historical Survey*)影響到英文世界的中國佛教研究。在這種衰落史觀的影響下,明清佛教的研究被高度簡單化、概括化。而且明清佛教的研究受到了近現代佛教的影響,尤其是太虛大師的一些觀點,將整個明清佛教概括爲以"四大高僧"爲中心的佛教復興。這一"四大高僧"的重組顯然是近現代以來發展出來的一個敘事話語。但這並不是實際情況,在明末,只有"三大高僧"的提法,而蕅益智旭在當時不太著名,後來才被加入"四大高僧"的話語中。而在當時非常活躍的臨濟、曹洞宗僧人及其事蹟、著作則不爲現代人所知。在這樣的情況下,我們需要積極地思考,如何用一種新的敘事方式來描述明清佛教的發展。以上所舉的這些簡單的敘事模式,顯然不能適應明清佛教史料的大量出現和研究。

第二是要加強明清佛教研究中的"文本的交互性"(intertextuality)。我前面提到,由於很多的明清佛教史料所提到的人物和事件是零星和分散的,它們沒有和一個更廣大的知識體系連接在一起,缺乏文本的交互性和互指性,一般的研究者也缺乏背景知識。對這一時期的研究還太少,不僅中文和日文的情況是這樣,英文的情況就更糟糕了。很多明清時代的人物和史料,如果不是查閱特別的資料庫和字典、辭典,在網上都很難搜到。英文方面的材料就更少了。因此我們迫切地需要對明清時代基本人物事件、綫索的介紹和推廣。在這裏,數字人文的興起會對明清佛教的研究有一個促進作用。通過資料庫和軟件工具的使用,明清佛教碎片化的資訊會得到重組。

第三是我們要在前近代的東亞政治史與國際外交關係當中,理解明清佛教的發展。明清時代是處在東亞乃至全球的大變革時代,日本學者又把這一時期叫作"大航海時代"。此時的東亞已經有了近代的政治格局和全球化的萌芽。這一時代的明清佛教,雖然受到了當時政治和外交等國際因素的影響,但是這一方面的特點還沒有被挖掘出來。比如我所研究的隱元隆琦東渡日本的事蹟，很顯然必須在東亞中國和日本政治格局和外交關係的變化當中來理解。明末清初禪宗的崛起與中國佛教在日本和東南亞的傳播和東亞政治史、外交史的變化有着密切的關係。

第四方面是明清佛教和文化史的關係，尤其是文本文化的關係。這一時期的佛教和文化有着更緊密的聯繫。這種聯繫往往又被誤認為是"世俗化"。佛教大量吸收文化元素，如書法、繪畫、醫療等等，成為文化傳播的媒介。這裏我所指的文本文化是針對中國文化中對宗教文本，尤其是宗教印刷文化的重視，比如《大藏經》和佛教文獻的編撰在明清時期的發展。應該說這一時期是佛教經典編撰和弘揚的黃金期，有很多《大藏經》和佛教文獻被重編和發掘出來，成為研究佛教文化史的上好材料。

第五點應該注意的是明清佛教具有地域和地方的特點。由於材料衆多，尤其是與宗教有關的地域史料的留存和發現，使得我們更有條件把佛教和地域的關係研究清楚。中國宗教和佛教的地域特性，到目前為止還沒有被徹底地研究清楚。每一個地區有着自己的區域宗教系統（Regional Religious System，或簡稱為 RRS）。我們在這一方面做了的一些初步探索，目前着重於杭州地區的區域佛教和宗教的研究。我們的研究表明佛教在區域宗教系統的形成中有着重要的作用，而且和其他宗教，如道教、民間宗教，甚至伊斯蘭教，都有很強的關聯。這使得我們可以從地域的角度，對明清佛教做一個歷史地理學上的重新梳理和敘事結構的調整。

第六是把明清佛教作為"心態史"研究的一部分來研究中國思想史在前近代的變化，在這裏，"心態"這個概念，就是英文的 mentality，是法國年鑒學派的產物。明清佛教的變遷，尤其是明末清初佛教的重新興起，很顯然和當時士大夫的精神思想有很大的關係，比如說理解王陽明心學的作用，有助於我們重新理解明清佛教史。這一方面的研究，應該說是思想史研究的延伸，已經有了很好的成果，但是如何把佛教和其他宗教納入其中，還需要進一步的努力。我在我的一些專著裏面（例如《禪悟與僧諍》），也談到了這個問題，希望引起大家的注意。

第七就是微觀史學的興起。明清時代大量史料，尤其是佛教史料的存在，爲我們提供了從微觀的角度觀察宗教和社會文化變遷的絕好機會。微觀史學是從西方傳來的史學流派，在近幾十年中產生了大量非常優秀的作品，它們通過對某一地區的小人物、小事件的細緻入微的描述，在大量的史料基礎上構築出對歷史變遷的重新理解。在這一方面，我認爲明清佛教是大有可爲。對於這一時期的人物和歷史事件，我們確實可以非常細緻入微地刻畫。大量的明清史料，尤其是明末清初時期的史料留存，可以讓我們對當時的佛教人物和事件每隔十年的發展都有非常清晰的瞭解。這爲我們開展微觀史學的研究提供了便利條件。

最後就是從宗教學的角度對於明清佛教的研究。我把宗教學放在最後，並不是說它不重要，畢竟佛教是宗教發展的一部分，必須從宗教的角度理解信仰、儀式、儀軌等等宗教範疇在歷史中的變化。在這方面明清佛教中留存有大量的材料。有很多宗教的儀式、儀軌，比如說放焰口、三壇大戒等，經過了明清佛教的改革，現在都還在使用，非常普遍流行。我們完全有可能重新構築對以信仰爲中心的宗教史更細緻入微的觀察和研究。在這裏，西方宗教學的概念和理念，能爲我們提供很多新的視角。同時，對這一時期中國宗教的深入研究和對方法論的理解一定能催生出有中國特色的宗教學研究，發展出適應中國宗教研究的理論和範疇。

這次研討會已經順利舉行，而且會後，大家的論文都要結集出版。縱觀這次收入文集中的文章，我認爲是非常難得的，每一位作者對自己的論題都做了細緻入微的研究，代表了自己對研究方法的理解。這裏不但包括了漢傳佛教的研究，也收錄了同一時期儒學、道教、民間宗教和藏傳佛教的研究。

以上一些想法顯然並不僅僅是針對明清佛教的研究而發，也不是我個人的突發奇想，而是很多研究者在不同的場合已經呼籲過的觀點。比如黃夏年先生在 2012 年復旦大學文史研究院所舉辦的"佛教史研究的方法與前景"的研討會上，就已經強調了明清佛教的重要性。在這種要求下，對於明清佛教和宗教思想的研究者來說，加強方法論的理論思維和意識就顯得尤其重要。一方面我們要把明清佛教放在前近代東亞特定的歷史時期中來看，另一方面還要對比早期、中古和近現代佛教的情況，找出中國佛教發展的內在理路和聯繫。借用現當代新儒教研究常用的一個術語,明清佛教的研究也要"十字打開","返本開新"。最後,再次感謝復旦大學中華文明國際研究中心的支持。我希望這次會議和這本文集的出版,不只是一個學術活動的結束,而是一個新的中國佛教研究的起點。那就是,我們應該對明清佛教和宗教有一個更深刻的認識和理解。在對大量史料進行研究的前提下,把我們對中國佛教和宗教的理解推向一個新的高度。

           吴　疆
       西元二〇一九年四月十九日
       美國亞利桑那州圖森

觀念與方法

佛法與方法：明清佛教及周邊

傳燈與正統：明清華嚴學譜系建構與傳承特點*

定 明

一、序言

　　華嚴學自華嚴五祖創建、發揚以來，千餘年間，正傳派衍，代不乏人，至明清之際華嚴學出現中興之勢，明初之棲岩慧進（1355—1436）是明代華嚴學傳播的關鍵性人物，于明成祖、仁宗、宣宗三朝歷受賜衣、授命爲左覺義、左闡教等，宣宗"待以國老"，由於棲岩慧進明初三朝的特殊身份，使華嚴學得以很好弘揚與發展。尤其是在明中期的魯庵普泰在京師身任右闡教大弘華嚴，兼傳慈恩一宗，四方學者一時"皆集輪下"，成爲一代宗師，有明後葉至清初，華嚴一宗傳承四葉皆從魯庵門下，分別爲高原、雪浪、雲棲、寶通四大法系，其中尤以雪浪、雲棲、寶通三大法系影響深遠，分別在不同時間以文本傳燈錄的方式完成對本宗法系的正統性建構。

　　明清華嚴學編傳源自禪宗、天台法系燈譜的影響，玉峰源遠在《賢首宗乘》的後"跋"中說"天台有《佛祖統紀》，禪宗有《傳燈》諸書，獨賢首宗支，混淆難考，若九鼎一絲之懸，在爾我一件缺陷事也"①。同時此三大法系在明清社會宗法制和明末清初禪宗各種傳燈錄編撰出版的影響刺激下，在清初

---

* 本文研究的《華嚴宗佛祖傳》《賢首宗乘》和《賢首傳燈錄》三種文獻得到楊維中、王頌和張愛萍三位老師的提供與幫助。
① 《賢首宗乘·跋》，見廖肇亨主編《明清華嚴傳承史料兩種——〈賢首宗乘〉與〈賢首傳燈錄〉》，中國文哲研究所，2017年，第280頁。

紛紛開始編撰傳燈譜系，並刻意將自己法系傳承奉爲正統。若以時間的維度考察三大法系正統譜系的構建，雪浪一系最早編撰《賢首宗乘》，其次分別是雲棲系的《華嚴宗佛祖傳》和寶通系的《寶通賢首傳燈錄》，後二系關於各自正統性譜系的編撰，都受雪浪系正統性意識的影響，同時又有別雪浪系不同的方式追溯本宗嫡系傳承和正統地位的構建。

明末清初華嚴學法系皆從明末的京師傳至江南，其中雪浪、雲棲二系皆主要弘揚於江南，而寶通、高岩二系傳法京師，構成江南與京師兩大華嚴學的傳播中心。其中雪浪一系以金陵爲弘化中心，編撰《賢首宗乘》，雖出現過"賢首宗"，但不以賢首宗冠名；而雲棲一系雖也曾出現過"賢首宗""法界宗"的說法①，但却以"華嚴宗"冠名本宗傳承；而唯獨寶通一系是唯一以"賢首宗"命名傳承譜系。若從雪浪、雲棲、寶通三系各自編撰燈錄的時間而言，寶通系的"賢首宗"明顯是受雪浪、雲棲二系的影響。而近年高原一系編撰《賢首宗付法師資紀》以"賢首宗"命名譜系傳承，則明顯是受寶通一系的影響。

二、雪浪系《賢首宗乘》的正宗譜系建構與傳承

雪浪洪恩法系從明末到有清一代在江南影響甚大，雪浪洪恩的五世法孫永定弘方在金幢法師的遺稿基礎上編撰《賢首宗乘》一書②，記載本宗的傳承譜系，尊杜順和尚爲初祖，《賢首宗乘》把杜順、智儼、法藏、澄觀、圭峰等前五祖稱爲"華嚴祖師"，以新羅義湘法師、西京慧招法師、方山李通玄長者等二十五人列爲旁出，由於旁出支系不少，其中不乏影響卓著的人物，如方山李通玄，至第六世開始便有"賢首正宗"之說。

華嚴五祖後的賢首正宗傳承：第六世奥法師、第七世朗法師、第八世現法師、第九世長水子睿法師、第十世晉水净源法師、第十一世神鑒希冲法師、第十二世道鳴妙觀法師、第十三世玉峰師會法師、第十四世心法師、第十五世竹坡悟法師、第十六世方山介法師、第十七世珍林慧瓊法師、第十八世南

---

① 任宜敏《中國佛教通史》清代卷，第五章教行師範之賢首宗中説雪浪法系"無'賢首宗'之名，而直以'華嚴'命宗"，説云"栖法系亦不具'賢首宗'之名。"這種説法有違文獻，在雪浪法系的《賢首宗乘》傳燈錄中不以"華嚴"命名本宗傳承，是以"賢首"一詞冠名本宗，同時也出現過"賢首宗"的説法，只是不常用。而雲棲法系的《華嚴宗佛祖傳》也用過"賢首宗"之説，只是常以"華嚴宗"冠名。

② 《賢首宗乘後序》，見廖肇亨主編《明清華嚴傳承史料兩種》，第279頁。

山萃法師、第十九世春谷遇法師、第二十世別峰大同法師、第二十一世汴梁古峰法師、第二十二世棲岩慧進法師、第二十三世達庵廣通法師、第二十四世魯庵普泰法師、第二十五世無極悟勤法師，雪浪洪恩則爲第二十六世，一雨通潤、碧空性湛爲第二十七世，汰如明河、徹密真詮爲第二十八世，含光炤渠、慧開空朗爲第二十九世，髻中清珠、永定弘方爲第三十世。這種"賢首正宗"的宗譜編撰明顯將雲棲系、寶通系、高原系列爲旁系，從第二十四世魯庵普泰傳第二十五世無極悟勤爲雪浪系的正宗源流，把從魯庵普泰同時傳徧融真圓和一江真澧二人列入旁支，徧融傳雲棲袾宏而成雲棲系，一江傳月川鎮澄、月川傳不夜照燈而成寶通系，所以雲棲和寶通兩系在《賢首宗乘》中則成爲旁系。同時在雪浪洪恩傳至二十七世之後，《賢首宗乘》只記載雪浪一系，如此便確定雪浪系在明清華嚴學傳承的正統性與唯一性地位的構建。在《賢首宗乘》序文中正統與支派觀念特別明確，在潘耒序中説：

> 清涼以下，派析支分，顯晦不一。近代惟雪浪大師道望最隆，其講《華嚴》也，單提本文，盡掃枝蔓，融會宗旨，脱略言詮，一洗講家窠臼，賢首一宗稱中興焉。繼之者：一雨、巢松、碧空、汰如、蒼雪、微密、慧開諸師，繩繩克肖。兹吴門永定寺弘方法師，雪浪五世孫也，博學而器宏，行純而識邃，大懼本宗之統系不明，師承失緒，於是博稽傳記，旁羅碑版，撰《賢首宗乘》一書，世次犁然，嫡派旁支歷歷可考，其用功勤而嘉惠遠矣。①

雪浪洪恩是明末江南華嚴學的重要人物，號稱"東南義虎"，融會禪教的思想特點，在當時佛教引起巨大反響。憨山大師在對《雪浪法師恩公中興法道傳》中讚其説法盡掃傳統講經訓詁的俗習，"單體本文，直探佛意，拈示言外之旨"，成爲當時江南佛教弘揚華嚴學代表，並且在教學時強調"以理觀爲入門。由是學者耳目焕然一新，如望長空拔雲霧而見天日"②。由是大開法門，學者歸宗。明末的顧起元總結雪浪洪恩爲"圓悟三乘，宗通五葉；得無盡辯，開總持門"。一時門下人才輩出，傳燈續焰，成爲江南佛教的領袖。《賢首宗乘》的作者永定弘方是雪浪洪恩的五世法孫，恐"本宗統系不明，師承失緒"，參考

---

① 見《賢首宗乘》"序"，第2—4頁。
② 憨山大師《雪浪法師恩公中興法道傳》，見《憨山大師全集》，《嘉興藏》第二十二册，第553頁上，新文豐出版社。

金幢法師的遺稿《華嚴法統》①十一卷的基礎上,刪繁就簡編撰爲《華嚴正宗記》十卷,後在天台宗人能法師的幫助下商榷修訂爲《賢首宗乘》七卷。

永定弘方編撰《賢首宗乘》冠以"賢首"命名本宗的傳承,從此確定此後傳承的正統性。《賢首宗乘》序中説"賢首宗乘歷序統系,條分縷析,若正宗若旁出,支派淵源,了若指掌",因此"賢首宗乘"可以理解爲"賢首正宗一乘"的傳法譜系,這樣"正宗"與"旁支"的説法自然也就順理成章。在《賢首宗乘》的編撰緣起中也明確提出"推舉正宗""旁祖閏嗣"編撰規定。同時提出"料簡他宗"的説法,惟收金陵天界一支之專弘賢首者,而徧融真圓門下出雲棲一系和其他諸師則不在收錄之内,"恐有爲宗之過失,概不混錄"。如此《賢首宗乘》就是雪浪一系傳賢首一乘的正宗傳燈錄。

中峰照瑞法師在"後序"説自從永定弘方編輯《賢首宗乘》提出"賢首一宗"和"賢首宗支"之後,從此華嚴的傳承"正宗旁出,展卷了了",因此可以看出"賢首宗乘"目的在於嚴格區分正宗與旁支的統系有别,其後雖也有"賢宗"來稱本宗傳承的,但都没有出現過"賢首宗"的説法,至乾隆十七年的《賢首宗乘續編》一書於序中才出現了"賢首宗"的説法。另外在《賢首宗乘續編序》記載説金幢法師於順治七年蒐羅彙編資料,至順治十四年將彙編資料題曰《華嚴法統》十一卷,可惜書稿未成便圓寂,因此後來便無"華嚴賢首宗"的法統傳承。而永定弘方的《賢首宗乘》在金幢法師《華嚴法統》的基礎上與華嚴"法統"與"道統"的觀念影響下,改編爲《華嚴正宗紀》十卷,後來在天台宗好友人能法師的幫助下,再次改編爲《賢首宗乘》七卷,完成了雪浪洪恩系賢首"正宗一乘"的正統性譜系構建。

三、雲棲系《華嚴宗佛祖傳》的嫡系建構與傳承

雲棲系以雲棲袾宏爲第一世,直接冠于"華嚴宗"作爲本宗傳承,雖然也

---

① 廖肇亨在其主編《明清華嚴傳承史料兩種》中導論文章中將顧嗣思在《賢首宗乘》的"後跋"中提到的"金幢法師遺稿譜系宗傳"的"譜系宗傳"理解爲金幢法師的遺稿書名,應該是理解有誤。"譜系宗傳"應指金幢法師的遺稿是有關於譜系傳承的內容,而非具體的書名。因爲《賢首宗乘》編撰"緣起"中的"不忘草創"提到金幢法師在順治八年至十四年之間編寫《華嚴賢宗法統》,書未脱稿便逝世。永定弘方的教在《賢首宗乘》的"後序"中明確提永定弘方當年見到金幢法師的遺稿書名是《華嚴法統》。具體見《賢首宗乘》的"緣起"與"後序"。

曾用過"法界宗"①和"賢首宗",但却以"華嚴宗"作爲本宗的正統傳承,而且在百亭續法的《華嚴宗佛祖傳》中將華嚴宗的源流遠溯佛陀及西土祖師,然後才是中土華嚴宗的祖師傳承,因此雲棲一系的譜系傳承與雪浪系、寶通系不同。

百亭續法把雲棲系的西土祖師以佛陀爲起始,參考《付法藏經》《傳法正宗紀》和《釋氏稽古略》等内容將西土華嚴宗祖統共列十五世,由佛陀傳初祖摩訶迦葉,二祖阿難尊者,三祖商那和修,四祖優波毱多,五祖提多迦,六祖彌遮迦,七祖婆須蜜,八祖佛陀難提,九祖伏馱蜜多,十祖脅尊者,十一祖富那夜奢,十二祖馬鳴,十三祖迦毘摩羅,十四祖龍樹,十五祖迦那提婆等,而這十五世西土華嚴傳承,百亭續法只是依據《釋氏稽古略》等傳燈傳記中所選列的前十五世傳承,由此構建雲棲系華嚴宗西土華嚴祖師的傳承譜系,在溯宗源流上與雪浪系的宗譜法系傳承形成明顯的差異。

續法在《華嚴宗佛祖傳》卷四,將東土的華嚴宗傳承列爲"賢家宗承篇第四",初祖杜順和尚,二祖智儼,三祖法藏,四祖澄觀,五祖宗密,認爲此東土華嚴五祖傳承與理論創見,構成整個中國華嚴學的教觀思想系統,後代傳承共尊此式,總結賢家五祖以佛説華嚴大經爲根本,遠宗文殊普賢,近承馬鳴龍樹,參照《大乘起信論》《大不思議論頌》等,開創華嚴宗判釋教觀等重要理論,成爲後代師資禀守弘傳的準繩。

華嚴五祖後的傳承譜系,續法直接用了雪浪系的《賢首宗乘》中的獨派傳記傳承。第六世玄珪真奥法師一直傳到第二十四世魯庵普泰法師,魯庵普泰傳京都徧融法師,徧融於明末年間在帝京弘化華嚴,雲棲袾宏前往帝京師承徧融華嚴傳承成爲第二十六世,雲棲袾宏得法後回江南,成爲雲棲系傳承的創始人。百亭續法在《華嚴宗佛祖傳》的"賢首宗源流説"出現"賢首宗"和"法界宗"的説法:

> 若乃傳此法界心印者,于佛世時,則有普賢、文殊、善才、知識等,佛滅度後,則有馬鳴、龍樹、天親諸祖等。而我東土,始于初祖杜順和尚,和尚作法界觀。二祖雲華儼大師,得帝心之傳。立十重玄門,窮觀法之

---

① 百亭續法在寫華嚴五祖傳記時候用的是"法界宗",即《法界宗五祖略記》,見《卍新修續藏經》第77册。

玄奥傳於三賢首國師康藏和尚,……康藏受雲華之傳也,即以一代聖言,判爲五教,分作十宗。開四儀門,立六觀法,此賢首宗所由稱也。①

續法提出"賢首宗"的説法始於賢首法藏的原故,由於法藏大師繼承智儼和尚的思想,創建華嚴學的五教、十宗、四儀、六觀之説,成爲之後千百年華嚴學的定式,這是雲棲系將華嚴宗又稱爲"賢首宗"的主要原因。"初祖雲棲蓮池宏大師,教稟雜華,行專浄土"由於雲棲袾宏運用華嚴教觀弘揚浄土,使華嚴學得到很好的傳播,後蓮居紹覺大師續雲棲爲二世祖(第二十七世),覺傳新伊大真爲三世(第二十八世),真傳德水明源爲四世(第二十九世),續法將其師德水明源列爲雲棲嫡曾系,"先師性相兼精,禪律並妙,雖諸宗博善,而矢願弘賢首宗"。柏亭續法爲雲棲系的第五世暨第三十世,成爲有清一代華嚴學復興的重要人物。

華嚴雲棲系除了有"賢首宗"之説外,宗稱爲"法界宗"的説法,在賢首宗源流説中説華嚴宗從五祖宗密禪師傳妙圓真奥之後,"法界宗幾至墜地,幸有朗公,續承家業,振起鴻猷"。同時在續法單獨編集華嚴宗五祖傳記,也稱爲《法界宗五祖略傳》。不過雖然有時賢首宗、法界宗兼用,但主要還是用"華嚴宗"作爲本宗傳承名。但其對寶通系後來于嘉慶年間編撰傳燈録直接"賢首宗"冠名,並且追溯賢首法藏爲賢首宗第一世有明顯的影響。

四、寶通系《賢首傳燈録》以賢首國師爲"賢首宗"直系宗譜的建構與傳承

寶通系在有清一代華嚴學四系傳承是最爲枝繁葉茂,學衆濟濟,不絕如縷,是唯一從始至終以"賢首宗"冠名本宗傳承。寶通系以杜順、智儼、法藏、澄觀、圭峰爲華嚴五祖,法藏大師字賢首,寶通系以法藏的字型大小立宗名,並尊法藏爲"賢首宗"第一世,賢首宗的傳承從賢首法藏開始,在體寬通申的《賢首傳燈録》題辭説:"如我賢首法藏大師合百家之説,融四界之微,立五教芳宗,爲千秋定式。"因法藏是華嚴學的集大成者,其四法界、五教等理論學説成爲後來華嚴學尊爲定式。所以"賢首之宗由是而立,從是心心相印,祖

---

① 百亭續法《華嚴宗佛祖傳》卷四,見賢首宗源流説,第42頁。

祖相傳,代不乏人,不絕如縷"。在嘉慶九年景林心露的《賢首傳燈録》緣起序中説"自賢首造記弘經分判五教,後學宗之,是爲第一世焉。"由此將寶通系的華嚴學傳承尊法藏大師爲賢首宗第一世。

寶通系以"賢首宗"冠名本宗傳承,從時間的角度考察,應該是受雪浪洪恩和雲棲袾宏兩系的影響,雪浪洪恩的五世法孫永定弘方於順治年間編撰《賢首宗乘》,提出"賢首正宗"之説,但没有直接用"賢首宗"。後於乾隆十七年編撰《賢首宗乘續編》,在時任江南江寧府江寧縣的汪錫於續編的序才出現"賢首宗"的説法。寶通系的《賢首傳燈録》編撰出版於嘉慶九年,以"賢首宗"冠名本宗傳承,明顯是受雪浪系"賢首正宗"的影響。香界寺的興宗祖旺在《賢首寶通傳燈録》後跋:"然舉世獨稱賢首宗者,蓋以三祖賢首國師繼往開來,啓迪後世,厥功居多,故得獨擅其名。"明確以賢首法藏大師爲賢首宗的第一世,確定賢首宗的法系源流。雲棲系在《華嚴宗佛祖傳》的"賢首宗源流説"中也用"賢首宗"冠名本系傳承,同時直接將賢首宗追溯賢首法藏。因此寶通系將本系冠名賢首宗,顯而易見也是受雲棲系的影響所致。

> 大經世傳震旦,杜順大師遥禀龍樹,肇開法界觀門及妄盡還源觀,雲華承之立六相十玄以授賢首,賢首分判五教十宗,造記弘經,復撰新經疏,清涼襲之廣演疏鈔,主峰相承續序著述講説一宗,清涼疏鈔有針芥之合,是爲華嚴五祖。自賢首造記弘經,分判五教,後學宗之,是爲第一世焉,以傳清涼國師爲二世,國師傳圭峰密爲三世,密傳妙圓奧爲四世,奧傳開明朗爲五世,朗傳圓顯現爲六世,現傳靈光洪敏,敏傳長水睿,睿傳晉水净源,源傳神鑒希沖,沖傳道鳴妙觀,觀傳方山介,介傳珍林慧瓊,瓊傳南山萃,萃傳春谷遇,遇傳别峰大同,同傳汴梁古峰,峰傳樓岩慧進,進傳達庵廣通,通傳魯庵普泰,泰傳一江真澧,澧傳月川真澄,澄傳頳恩觀衡,衡傳不夜照燈,燈傳玉符印顆,顆傳耀宗圓亮、濱如性洪、波然海旺、有章元焕,是爲寶通四支。①

寶通系將賢首法藏爲賢首宗第一世,傳清涼國師爲二世,國師傳圭峰宗密爲三世,密傳妙圓真奧爲四世,奧傳開明普朗爲五世,朗傳圓顯法現爲六世,現

---

① 景林心露、興中祖旺《賢首傳燈録緣起序》,第2—3頁。

觀念與方法 | 15

傳靈光洪敏爲七世，敏傳長水子睿爲八世，睿傳晉水净源爲九世，源傳神鑒希沖爲十世，沖傳道鳴妙觀爲十一世，觀傳玉峰師會爲十二世，會傳慧珠了心爲十三世，心傳竹坡道悟爲十四世，悟傳方山清介爲第十五世，介傳珍林慧瓊爲十六世，瓊傳南山妙翠爲十七世，翠傳春谷際遇爲十八世，遇傳別峰大同爲十九世，同傳汴梁古峰爲二十世，峰傳棲岩慧進爲二十一世，進傳達庵廣通爲二十二世，通傳魯安普泰爲二十三世，泰傳一江真澧爲第二十四世，澧傳月川鎮澄爲第二十五，澄傳顓愚觀衡爲第二十六世，衡傳不夜照燈爲第二十七世，後往帝京開法潞河寶通寺，"宏闡憨祖宗，廣宣月祖教"。自此寶通系以寶通寺冠名，將歷史的傳承直接追溯到賢首大師，將本宗傳承直接把賢首大師和寶通寺，即人名與寺名相結合，如此便構建了寶通系賢首宗的傳承譜系，如此寶通系統的《賢首寶通傳燈》譜系，和雪浪、雲棲兩系形成不同的譜系傳承。

玉符印顆是清代寶通系華嚴學重要人物，由此開創了寶通系四支傳承的歷史譜系。玉符印顆年二十歲時便受不夜照燈的印可爲賢首宗第二十八世，二十五歲受滄州鄉紳迎請至朝陽庵檢閱藏經，及西方庵講法，法緣榮盛，講演不息，後因"南禪北教互相詆訾"，遂此罷講，南訊參訪請益。歷時三年遍參玉琳通琇、木陳道忞、三宜明盂、大兄岩谷等宗匠，後得斯端和尚提點有省，從此"宗教無礙，默識心定"。後於康熙十三年（1674）辭別北歸，不夜照燈即付寶通院事。康熙十八年（1679）北京發生地震，寶通寺殿宇坍塌殆盡，玉符印顆重建寶通寺，不到三年復新如舊。從此三十餘年，於帝京各處弘法不輟，如都城中慈雲、隆安、佑聖諸大明刹應請説法，聽衆雲繞，會同禪教，大弘法化，出世弘法四十餘年，講期五十餘會。嗣法弟子三十餘人，其中傳耀宗圓亮、濱如性洪、波然海旺、有章元焕四人最爲翹楚，成爲北京華嚴學寶通系的四支法系。由此四支法系傳衍繁盛，自此寶通系賢首宗在有清一代的北京傳燈不絶如縷。

寶通系作爲有清一代華嚴學的代表在帝都弘化開演，其發展情況到了乾隆年間已成京城佛教中的翹楚。嘉慶九年（1804），寶通系的景林心露、興宗祖旺編撰《寶通賢首傳燈録》，全書記載賢首宗的傳承，從賢首法藏大師開始到寶通系的第三十三世廣安普泰法師，共計72位法師，主要是明確寶通系的傳承源流與正統地位。至光緒八年（1882）慈海通文、義庵昌仁編撰《寶通賢首宗傳燈續錄》上卷，從賢首宗第三十三世雲光爲玉法師至第三十八世魁月昌傑，共記載 80 位法師。民國時期吉安圓徹法師編撰，全朗普志續補《寶通賢首傳燈續錄》下卷共記載 65 位元賢首宗傳承的法師。《賢首傳燈錄》與《寶通賢首傳燈續錄》系統記載寶通賢首宗完整的法系傳承。尤其是光緒年間義庵昌仁的《寶通賢首宗傳燈續錄》是寶通賢首宗法系傳承起到承上啓下的關鍵作用。《寶通賢首傳燈續錄》對於重構寶通法系的重要舉措，主要是通過共同商議制定的"寶通寺年例掃塔條規"制度來實現，再一次的構建寶通系賢首宗傳承譜系和寶通寺祖庭在賢首宗傳承的重要地位。將年例掃塔祭祖商榷爲寶通系賢首宗的制度來執行，這是清代華嚴學的雪浪系、雲棲系、高原系所沒有的。通過續修燈錄與制定年例掃塔條規，促成寶通法系的再一次發展傳承，是使寶通法系得以承上啓下的關鍵性作用，如此才有民國時期吉安圓徹編撰、全朗普志續補的《寶通賢首傳燈續錄》下卷，記載晚清民國的寶通賢首宗的傳承譜系，使寶通賢首宗傳承不墜，源流有序，成爲有清一代整個四大法系華嚴學最爲興盛持久的一系，同時也是北京佛教最爲亮麗的佛教宗派之一。

五、結語

雪浪、雲棲、寶通三系通過編撰文本傳燈錄，完成各自傳承譜系的正統性建構，這種正統性溯源與建構，即是明清華嚴學法系繁榮的真實反映，也是對明清禪門的一種回應。這種回應本身也是彰顯出對華嚴傳承圓頓佛教的身份溯源，和各系構建正統性地位的自覺。三系分別傳播于金陵、杭州、帝都，由此地緣關係形成不同的傳承特點。

"雪浪系"始于雪浪洪恩，永定弘方在金幢遺稿《華嚴法統》的基礎上編撰《賢首宗乘》七卷，成爲最早編撰傳燈錄的法系，並明確提出正統、旁支之説；其次是"雲棲系"，此系華嚴學始於明末的雲棲袾宏，至清初的百亭續法編輯《華嚴宗佛祖傳》，受《付法藏因緣傳》的影響，而有別於雪浪系的《賢首宗乘》的編撰體例，將本宗上接印度十五代祖師的傳承，冠名"華嚴宗"，並由此形成雲棲系"華嚴宗"正統性譜系的構建。"寶通系"以一江真灃爲開始，而後不夜照燈傳法帝都寶通寺，至玉符印顆而成北京的寶通系華嚴學。寶通系以華嚴三祖"賢首"國師之號以冠名"賢首宗",並且成爲本宗的第一祖,其後在清光緒、民國再次修編傳燈錄,尤其是在光緒年間制定"寶通寺掃塔年例條規事宜"作爲寶通系的制度來實施,從而構建"寶通系賢首宗"的傳承譜系與正統系地位,也因此寶通一系在有清一代傳承始終不墜,並且傳承到民國。而"高原系"影響較弱,至 21 世紀才編輯《賢首宗付法師資記》。後面三系關於各自正統性譜系的構成,都受雪浪系正統性意識的影響,以用不同的方式追溯本宗嫡系傳承和正統地位的構建。

四系華嚴學除了在譜系構建各有不同,在傳承和影響上也各有差異。"高原系"傳承明中葉魯安普泰兼弘華嚴、唯識的學風,所以此系特點是華嚴學、唯識學兼重,同時傳授,成爲"高原系"獨特的家風。而"雪浪系"以華嚴學爲根本,援入禪法、兼弘唯識,融彙華嚴、禪、唯識爲一體的思想特點。由於雪浪一系龍象輩出,"影響所及,遍及南北,"在明末清初時期引起廣泛的影響。同時,也因雪浪一系擅長詩文,門庭詩風最盛,如雪山法杲、蒼雪讀徹之詩,被當時士人所稱讚。講學、注經、詩詞構成"雪浪系"華嚴學傳播的方式與風格,對當時的江南士人文化圈和文化風尚形成一定的影響。"雲棲系"則兼弘禪、淨、律法門,其中又以雲棲袾宏、百亭續法二人最爲顯著,都有鴻篇巨帙,尤其是百亭續法在當時享有"毘盧佛之遣使"之稱譽,成爲有清一代華嚴宗的"中興"者,對後世影響深遠。

"寶通系"賢首宗在雪浪系正宗、雲棲系嫡嗣的祖統觀念影響下,在嘉慶初年編撰了《賢首傳燈錄》,以賢首國師作爲寶通賢首宗的直系傳承譜系,構建出寶通賢首宗四大支系的法脈傳承。又在光緒年間編撰《寶通賢首傳燈續錄》,將寶通寺掃塔年例編入續錄,成爲寶通賢首宗共同遵循的制度,從而獲得重塑寶通賢首宗的宗譜塑造與正統性構建,使其得以延續發展到民國,成爲四大法系中傳承最爲有序的一系。因"寶通系"傳播於帝都的特殊環境,與清代宮廷皇室有着密切的關係,清初寶通賢首宗四大支系中的濱如性洪和有章元煥二人當過僧錄司,奠定了寶通系在京都的影響力。其後達天通理被授僧錄司、賜紫衣、敕封闡教禪師,一生以注釋經典、修復道場、大弘華嚴一乘教旨爲務,其門下更是才人輩出,使"寶通系"傳承發展達到鼎盛階段。縱觀寶通賢首宗在有清一代弘化帝都,融會禪教,兼傳律宗,成爲帝都佛教的一大特點。根據《寶通賢首傳燈錄》和續錄、續編等傳記記載,"寶通系"共多達十四位法師分別在雍正、乾隆、嘉慶、光緒等朝被授予僧錄司,佔據京師佛教發展的絕對優勢。正因爲"寶通系"所處的特殊地緣環境以及長期所擁有的政治地位,使其與"雪浪系""雲棲系"形成由地緣所產生的不同傳播風格、榮譽與影響。

"文字理念"的勃興與"文字社群"的形成：對於17世紀禪宗興衰的一種解釋[*]

吴 疆

17世紀末期，禪師的僧諍熱情跌落至低谷，以至於整個18世紀幾乎没有重要的禪籍問世。文本産出上的沉寂，反而相應地折射了寺廟擴張的結束。在當今禪林，有關僧諍的記憶似乎已從僧衆的集體意識中完全淡出了。威脅寺院的生存壓力，必然促使禪林的發展另闢新徑。然而，整個17世紀的禪宗在當今已被遺忘的事實，要求我們再做一番解釋。當然了，現代佛教史研究者並非特意壓制了此一時期禪宗復興的資料。之所以有意忽略，最爲顯著的原因在於17世紀禪僧過多涉入了關係複雜、不很光鮮而又有損叢林和諧的論爭之中。此外，這些冗繁乏味的論辯文章往往卷帙浩繁但内容空洞，對於解决佛教義理問題也貢獻甚微。

但是，由於種種原因，17世紀的禪宗確實被忽略了。在本文中，筆者將試圖解釋禪宗的興衰大勢。筆者的論證始於考察禪林論爭的文本性質，所有這些文本皆是基於古代禪籍的重新解釋和再次編排。這些禪宗文本（計有燈録、禪譜等），其實反映的是文本化的禪宗理念，而非對禪林現實樣態的完全實録。在這種意義上，徹底改造後的禪宗，實際上是文本意義的重構。由於禪宗傳統的文本性質，那些舞文弄墨的文人學士在禪宗復興中扮演了重要角色。他們對於禪宗的喜好，改變了禪林各種傳統之間的平衡，也影響

---

[*] 本文爲拙著《禪悟與僧諍》（*Enlightenment in Dispute: The Reinvention of Chan Bucldhism in Seventeenth-century China*, New York: Oxford University Press, 2008.）第十章的翻譯稿，由孫國柱教授翻譯。

了禪師們的共同心態（collective mentality）。① 由於文人和禪師在禪宗文本方面有着共同的偏好，他們試圖一起重塑禪宗傳統。可以這樣説，禪師和文士共同創造了各式各樣的禪宗文字社群（textual community），在這些文字社群內部，一種打破舊習、反對傳統的禪風把禪宗文字理想（textual ideal），從想象帶入了現實。然而，由於一些自發的棒喝機鋒、嚴格的法脈傳承等實踐方法，只是一種理念，禪僧們也未必能夠在叢林現實中按照常規維持下去。因此，禪宗的復興雖然隨着陽明心學運動達至高潮，却又在18世紀早期思想轉向的關口跌落。

文字理想和禪林現實

中國素以"文字的帝國"（the empire of the text）聞名於世。② 以中華文明早期階段業已發展完備的獨特書寫體系爲基礎，書面文字、文本實踐連同文學手法的應用共同創造了一個以優先使用文字爲主要交流方式的強大傳統。不僅如此，書寫的成熟，至少在中國早期歷史上，創造出了陸威儀（Mark Lewis）所説的"文本的二重現實"（a "textual double" of reality）。這一特徵指的是由書寫創造的平行現實，它映照着實際世界，充當一種中華帝國的統治手段。從這個意義上説，誰要掌控權力，就必須掌控文本世界，這一權力藴含在書寫和解釋文本的能力之中。③

禪宗作爲中華文明之一部分，正是憑藉自己開出的文本傳統和精心構造的"文本的二重現實"完成的。雖然這種文本的二重現實，是與寺院現實相似的，並在一定程度上忠實地代表了禪寺的生活，但是證據顯示在兩者之間還是存在明顯的斷裂：文本的二重現實完全被理想化，而叢林日常運行却處在另一個層面上。

---

① 在這裏，我使用"心態（mentality）"這一術語，顯然是受到"年鑒學派"的影響。有關年鑒學派的介紹詳見 Stoianavitch, Traian. *French Historical Method: The Annales Paradigm*. Ithaca, N.Y., and London: Cornell University Press, 1976; Burke, Peter. *The French Historical Revolution: The Annales School*. Oxford: Oxford University Press, 1991。

② 該術語引自 Connery, Christopher Leigh. *The Empire of the Text: Writing and Authority in Early Imperial China*. New York: Rowman and Littlefield, 1998。

③ 可見 Lewis, Mark Edward. *Writing and Authority in Early China*. Albany: State University of New York Press, 1999。

17世紀禪宗的興衰,表明這一重構的傳統並不是牢固建立在現實禪宗修行和實踐的基礎之上。它更多的是一個想象的傳統,因爲過去與現在的歷史斷裂,允許人們的思想採取創造性詮釋的立場假設歷史是連續的。没有實際地體驗古代禪宗的實踐,禪僧們只有用他們自己對於過去的浪漫想象來彌補認知上的缺陷了。然而,這些浪漫的視角,並非完全没有歷史基礎,或者是脱離歷史的。與此相反,正如圍繞費隱通容那本命運多蹇的燈譜《五燈嚴統》展開的爭論所揭示的,禪僧的歷史意識(historical consciousness)達到了前所未有的程度。這場爭論表明,有關傳法的考據調查,牢固地建立在禪宗文本傳統之上,這一禪宗文本傳統包含了格里高利·肖賓(Gregory Schopen)所講的"精心構造的理念範式"(carefully contrived ideal paradigms)。① 故而,禪宗文本之所以能够成爲想象或重構的最終來源,乃是因爲這些文本被理所當然地視爲對於過去的令人信服的陳述。正如歐洲歷史學家布雷爾·斯托克(Brian Stock)評析的,"通過文本,或者更爲精確地説,是通過對文本的解讀,那些之前没有多少交集的個體環繞着一個共同目標被結合起來"②。

爲了重接禪史的連續性,禪僧們不得不藉助重新解讀前賢創作的禪宗文本達成此目的。儘管禪宗在説辭上宣稱"不立文字",然而還是有難可勝數的禪宗文本被創作和再創作。在這些禪宗文本中,有兩類禪籍在重新解讀禪宗的歷史傳統中至關重要,它們是語録和燈録——這些材料所反映的禪宗反傳統的叛逆(iconoclastic)理念,實際上很少能够在中國主流禪林生活中看到。

正如許多研究早期或中古佛教的學者所指出的,禪宗,雖然宣稱打破舊習、反對傳統,然而在禪林實踐中却按部就班,過着高度儀式化的叢林生活,在寺院的現實生活中很少能够發現那些在禪籍中所描述的不拘成法的激烈行爲。③ 17世紀的中國禪宗亦是如此。因爲只有在成熟的禪宗社群吸收了

---

① 可見 Schopen, Gregory. "Archaeology and Protestant Presuppositions in the Study of Indian Buddhism." *History of Religions* 31 (1991):1-23. 重印於氏著 *Bones, Stones, and Buddhist Monks*,頁1-22。Honolulu: University of Hawaii Press, 1997.

② Stock, Brian. *Listening for the Text: On the Uses of the Past*. Philadelphia: University of Pennsylvania Press, 1996, p.37. 一些佛教學者已經注意到文本實踐在佛教傳統中的地位,舉例來説 Anne Blackburn 借用 Brian Stock 的"文字社群(textual communities)"概念來解釋18世紀斯里蘭卡佛教的崛起,詳見其書 Blackburn, Anne. *Buddhist Learning and Textual Practice in Eighteenth-century Lankan Monastic Culture*. Princeton, N.J.: Princeton University Press, 2001.

③ 關於這一對比的詳細討論,可見 Faure, Bernard. *The Rhetoric of Immediacy: A Cultural Critique of Chan/Zen Buddhism*. Princeton, N.J.: Princeton University Press, 1991.

當時所有的寺院規式,比如義學研究、傳戒制度等之後,禪僧主導的寺院才有可能出現。除此之外,許多禪僧,年輕時曾受過義理研究、密教儀軌、律宗戒律等方面的良好訓練,然而,在那個時代主流知識話語的影響下,他們却選擇把自己表現爲正宗的(authentic)、不拘成法的禪師,而不是凸顯在傳統叢林教育中所掌握的精湛才藝。如漢月法藏就是一位身兼禪、律、密于一身的大師。正如他承認的,在小沙彌時就已知曉密教各種儀式了,二十九歲時致力於研習律宗。然而,在他人生的第四個十年,他成了一位禪師。① 但是,在著述中,他選擇把自己歸於禪宗譜系的一份子。甚至,在漢月法藏的傳記中,都未曾提及漢月曾經重新創制三壇大戒和踐行施食餓鬼的密教儀軌。雖然那些打破舊習、反對傳統的自發的棒喝禪風,確實在公開的禪林生活曾占一席之地,然而他們很快就被程式化了,僅剩下它的象徵意義。相比禪宗理念的消退,我們發現,禪僧更大程度上沿襲了一種高度綜合化的融合型佛教傳統。17世紀的禪師,除了在公衆視野中展現禪的精神,更多的精力是用來按部就班地實施三壇大戒以及諸多複雜的佛教儀軌。然而,禪僧,一旦被稱爲禪師並獲得文人認可,他們所表現出的行爲就要與那些僅在禪籍中才能讀到的想象中的理念(the imagined ideals)保持一致。

禪宗文本是禪師和文人兩大群體重新解讀和創作的源泉。因此,他們的宗教性,實際上是一種"文字境界"(textual spirituality),因爲在很大程度上,它是以文本爲基礎,並由閱讀、書寫等一系列文本性活動催生出來的。伴隨這種文字境界一道興起的,是爲了親近文本而有意尋求的一種嶄新的詮釋策略。依賴於選取的詮釋策略,可以從不同的方式理解文本的意義:一種隱喻式的閱讀將把禪宗文本記錄的所有事件視爲看似"真實",或者説"教學策略"(pedagogical devices),以此來引發那些禪籍研習者的覺悟體驗。或者,正如伯蘭特·傅瑞(Bernard Faure)所建議的,禪宗文本,從根本上來講,是書寫行爲(writing-act)的產物,它本身也必須遵守文本生產的規則,因此也必須被看成是"自我指涉的文字作品"(傅瑞尤其強調"自我指涉"這一點。)② 然而,從更爲字面的意思理解,人們傾向於相信禪宗那些文本中

---

① 可見漢月法藏《於密滲施食旨概》,《大正藏》第1082號,卷五十九,第302c頁。
② 可見 Faure, Bernard. *Chan Insights and Oversights: An Epistemological Critique of the Chan Tradition*. Princeton, N.J.: Princeton University Press, 1993, p.233。

的事件原型或文字本身的記載更加"真實"。該種閱讀所隱含的意思是,那些理想化事件是可表演(performable),且可以實現的。

因此,採用字面意義上(literal)的詮釋策略成爲禪師們再造現實的途徑。① 17世紀的禪宗,與它早期的歷史階段相比,在思想上缺乏任何精神上的創新。正如禪籍所反映的那樣,這一事實恰恰表明禪宗更傾向于忠實過去的歷史。一系列的僧諍,無非揭示了這樣一個事實,即17世紀的禪師們提倡的正是這種字面意義上的解釋模式,這種模式能夠真正考慮禪籍中記載事件的真實性和有效性。舉例來説,機緣問答,仿佛一個真實發生的事件,不斷被重複模仿;一個嚴格意義上的傳法印可,必須以"面禀親承""真參實證"的原則爲基礎,如此才可以付諸實踐。簡而言之,禪僧從字面上閱讀禪籍,無非試圖在當下復興那種想象中的過去。

鑒於此一視角,在本研究中,我所觀察到的僧諍,源于解讀禪宗文字理想的分歧。正如我自始至終所要表明的,這些爭論夾雜着大量源自古代禪籍的注釋和引文,這些注釋和引文被當作支持特殊解釋立場的證據。在很大程度上,這些爭論是通過一系列閱讀、寫作和注釋等文字操控的方式進行的,完全没有脱離任何一個精心建構的文本界域(textual realm)。陷入僧諍的禪師是如此地沉迷于文本世界,以至於達到這樣的程度——他們試圖活在禪宗文本所描述的理念中,即使在那些對這樣的理念缺乏同情之瞭解的旁觀者看來,這些禪師已經到了荒謬的境地。比如一些文人觀察了機鋒問答的表演之後得出結論,那就是在很多方面,這些機鋒辯禪的故事像極了那些曾經上演的戲劇套路,不過是令人尷尬的模仿。簡而言之,大量禪宗典籍的運用,揭示了17世紀僧諍的獨特文本性質(textual nature)。根據我的觀察,這些以文本爲基礎的僧諍,實際上成爲禪宗重構的標誌。更進一步講,禪師頻繁地援引文字記載中已經文本化的歷史,很大程度上反映了禪宗傳統的斷裂而不是延續。

---

① 在一定程度上,他們的理解,明顯類似於堅持"新教預設"(Protestant presuppositions)的早期印度佛教學者。肖賓(Gregory Schopen)的對這些假設性描述在澄清文字詮釋策略方面非常適用:"他們理所當然地認爲,這些文字理想,要麽曾經運作過,要麽過去一直實際運作着,既然文本上這麽寫着,那麼在實際情況中也應該如此。"可見"Archaeology and Protestant Presuppositions in the Study of Indian Buddhism", *History of Religions* 31, p.3。

禪宗文字社群的形成：僧人和文人

根據筆者的研究,這些都在表明,對於禪宗文字理想的浪漫想象,明顯受到文人的青睞,這些文人主要是通過閱讀禪籍接觸禪宗傳統,甚至以此認識整個佛教世界。雖然學者們已經令人信服地證明,宋代禪宗組織的實際情況不像禪僧們在文辭上宣稱的那樣純潔和正宗。但從何復平(Mark Halperin)頗具啓發性的研究所給出的綫索來看,宋代文人大體上接受禪宗獨特的説辭,因爲大部分文人主要是通過閱讀禪宗新近流行的語録而爲佛教所吸引。① 這表明雖然禪宗的日常叢林實踐與文本描述的有所出入,然而通過禪學文字,仍舊在文人們的腦海中成功地印上了對於禪宗的浪漫看法。相比宋代文人參禪的程度來説,明末清初的文人更爲積極,他們不僅重新解釋並再次創作禪宗文本,甚至還直接參與了僧諍。舉例來説,正如何復平認爲的那樣,宋代文人一般不去理會禪僧之間諸如大慧宗杲的看話禪與宏智正覺(1091—1157)默照禪之類分歧的論諍。② 對比之下,17 世紀的文人,常常對於僧諍做出快速的反應,並緊跟事態的發展,這些行爲都表明他們跟禪師之間的聯繫空前緊密,並深陷叢林事務之中。

這種文人和禪僧之間的緊密關係在魏雅博(Albert Welter)的大作《僧侣、帝王,與士大夫》(*Monks, Rulers, and Literati*)中得以展示。該書提供了大量的細節展示了北宋時期僧人、統治者和文人之間的三角關係。他令人信服地指出,在北宋時期,禪宗,尤其是臨濟宗,正是主要藉上層文人之手而躋身政治中心。禪宗在上升到全國性地位時,尋求分支衆多的傳法(dharma transmissions)方式。在五代時期,他們首先在中國東南獲得了地方統治者的肯定,隨後又取得了北宋政權的支持。對於宋朝當局來講,禪宗的擴展符合依靠佛教統一帝國的政治意圖。更爲重要的是,北宋朝廷給予了文人所把持的官僚系統以巨大的權力,而這些文人在禪宗興起時,自然會反過來影響禪宗在朝廷中的政治地位,甚至通過直接參與禪宗燈史的編纂,

---

① Halperin, Mark. *Out of the Cloister: Literati Perspectives on Buddhism in Sung China 960-1279*. Cambridge, Mass.: Harvard University Press, 2006, pp.9-11.
② Ibid., p.110.

塑造了禪學在文獻中文字上的表現方式。魏雅博認爲，以"文"等文化理想爲代表的宋代文人，曾受到禪宗尤其是臨濟宗不拘成法的精神的影響，因爲在諸如棒喝的行爲中，"禪師們展現出了強勢的權威，完全不爲習俗所拘，他們所表達的一切行爲皆'恰到好處'，因這些都是依他們開悟的本性流出，任運而發"①。

魏雅博的結論，毫無疑問可以擴展到 17 世紀。受到對禪宗思想和文化的特殊興趣的驅動，文人們不僅護持禪僧，還幫助培育發展了早期禪林。禪僧在文人的影響下，也有意無意地調整他們的教學來適應人們對於打破舊習、反對傳統的禪風的想象。在這一意義上，文人和禪僧一起重構了禪宗傳統。

有許多紐帶能將禪僧和文人連接起來，在這裏，我想再一次強調文本對這種關係的維護作用。畢竟，禪籍是文字理想重構的最終來源。

發達的印刷術在 17 世紀爲讀者與文本的直接相遇提供了機會。興盛的書籍文化(textual culture)，理所當然地會影響積極參與佛書重印和傳播的佛教徒。這其中，抱負最大的佛教印刷事業，當屬編印持續一百多年的《嘉興藏》了。它不依靠政府的資助，完全按照商業經營的可持續模式運行。除此之外，許多與寺院關係緊密的印刷作坊，也致力於佛書的印刷和流通。所有這些努力極大地增加了佛教文獻的利用程度。眾多規模嚴整的寺院，都可以承擔購買整套藏經的費用，並建立了自己的基本佛典收藏。一般來說，禪僧和文人生活在一個共同的文本文化傳統(textual culture)中，在這一文化傳統中，佛經，尤其是禪籍被視爲由文本構成之歷史的一部分。毫無疑問，爭論引起了禪僧和文人兩方面的反應，他們對於禪宗文本有着共同的興趣。在尋找宋元珍稀古籍的誘惑驅動下，古書或碑銘的發現也刺激了思想上的討論與爭鳴。由於文人們高超的文學技巧，一些對於爭論至關重要的文本證據，實際上就是由文人捷足先登發現的——例如"兩道悟説"的資料，就首先被瞿汝稷公之於眾。不僅如此，在爭論過程中，文人們從閱讀中搜集到的新證據和新材料，爲僧諍的論戰輸送了源源不斷的"彈藥"。

現在已經很清楚，對於禪僧和文人來講，由語録、燈譜等構成的禪宗文

---

① Welter, Albert. *Monks, Rulers, and Literati: The Political Ascendancy of Chan Buddhism*. New York: Oxford University Press, 2006, p.207.

本的主幹是通過再詮釋的方式認同理想化的過去,由此構建出一個共用的文字傳統(a shared textual tradition)。基於一個共同的文本傳統和相似的閱讀詮釋方式,文人和禪僧形成了獨特的文字社群,在其中,一個共同的禪宗心態取向(a collective Chan mentality)形成了。

正如上文提及的,筆者借用了歐洲歷史學家布雷爾·斯托克(Brian Stock)的"文字社群"(textual communities)這一概念,藉以解釋由文本交流所定義的公共領域結構。作爲一位研究歐洲中世紀歷史的專家,斯托克援引"文字社群"這一概念用以描述 11 世紀歐洲教義相左的各宗教團體的形成,而導致這一狀況的原因是當時識字率的提升。根據他的研究,11 世紀各式各樣的文字社群的出現是一個識字率頗高的社會的產物。在這些文字社群中,研讀文本能夠導致個體成員行爲的改變。斯托克論證到,權威性文本以及解釋這些文本的識字者,有助於組成新的宗教社群。這種宗教社群往往力量比較薄弱,有異端之嫌,他們與衆不同之處在於他們拒斥未經文本認可的信仰和修行方式。斯托克認爲,在 11 世紀的歐洲,文字權威(textual authority)成爲一種新的精神權威(spiritual authority)。①

在 17 世紀中國佛教的語境下,我發現禪僧和文人也生活在各式各樣的文字社群中,這些文字社群主要以閱讀、寫作和流通佛教典籍等作爲尋求精神權威的方式。這些禪宗文字社群,並不一定囿于寺院叢林或儒家學術圈。他們甚至不需要一定用宗教組織的形式時常聚會——雖然這些文字社群的成員可能在生活上彼此分開,不能經常碰面,但是,通過寫信、印刷和出版等方式擴展各種不同種類的交流網路,這些社群仍舊可以保持活力。比如,在 16 世紀晚期,圍繞着反對傳統的儒家異端李贄,通過密集的"交流網路"形成了一個知識社群(intellectual community)。首先,李贄 1569 年在南京遇到焦竑,然後兩人成爲好朋友。1572 年,一位活躍的儒家領袖人物耿定理(? —1584)也來到南京,加入了社交網路。1581 年,李贄棄官,很快就搬到湖北黃安(今紅安)的耿定理及其哥哥耿定向家中客居,而許多像管志道那

---

① 詳見 Stock, Brian. *The Implications of Literacy*. Princeton, N.J.: Princeton University Press, 1983. 亦可見 Blackburn, *Buddhist Learning and Textual Practice*, pp.10-11. 對於這些概念更深一步的討論,詳見 Stock 的 "Textual Communities: Judaism, Christianity, and the Definitional Problem", *Listening for the Text*, pp.140-158。

樣的朋友,遠道而來,講學論道,切磋儒釋。在黃安,僧人無念深有成爲李贄的弟子,並時常代表李贄爲北京、南京以及其他地方的朋友送信。1589年,李贄派遣無念深有至北京會晤焦竑,通過焦竑,無念深有又被介紹給短暫停留北京的三袁兄弟。1591年,通過無念深有,袁宏道加深了對於李贄的瞭解,去湖北芝佛院初次拜見了李贄,就爲之傾倒。自此以後,他變成李贄的追隨者並保持着密切的聯繫。在袁宏道被任命爲嘉興府吳縣縣令的時候,這一社交網路又延伸至浙東。在袁宏道的短暫任職期間,他與泰州學派管志道以及陶望齡成爲好友。雖然這些知識精英彼此不會經常碰面,但是從他們的文集中還是能夠找到相互之間維持密切關係的證據。在這些好友之中,不少是僧人。1602年李贄死後,這一社交中心逐漸轉移至浙東,在那兒周汝登和陶望齡成爲活躍的領導人物,兩人對於僧侶尤爲惠顧。1588年,周汝登和陶望齡遇到了湛然圓澄,1607年,遇到密雲圓悟——湛然圓澄和密雲圓悟後來都成爲頗有影響的禪宗祖師,復興了臨濟和曹洞的兩家法脈。

筆者閱讀他們的作品時發現,儘管他們作爲文字社群成員的身份是游離變化的,然而,有形或無形的文字社群之影響在僧諍的脈絡中仍舊清晰可見。在很大程度上,那些挑起爭端的文本,是僧人以及支援他們的文人共同努力的集體作品。換句話説,撰寫挑起爭端的書信或文章來參加僧諍,可以看成是文字社群內部的一項文字交換(literary transanction),尤其是當禪宗文本的作者和讀者同處於相通的"交往回路"[communications circuit,羅伯特·丹唐(Robert Darnton)所用術語]中時,這些文字社群的輪廓就變得更爲清晰了。① 雖然17世紀的中國存在着各種各樣的交流方式,然而閱讀、書寫和出版等文本手段,仍舊佔據主要地位。更爲重要的是,任何受過教育的僧人和文人都可以自由加入此類社群,通過文本研究(textual investigations)界定自己的精神權威。在這些社群中,有一條共同的詮釋策略爲大家所分享:禪宗理念是從禪宗文本中抽離出來的,並被理所當然地想象成真實的。事實上,受這些理念的激勵,一些禪師試圖按照這樣的理念表現自己,進而重新創造了一個想象的世界,這個世界必須通過不斷的文本

---

① 可見Darnton, Robert. "What Is the History of Books?" *Daedalus 111.3* (Summer 1982): 65-83, p.65。

操作和生產複製來維持,這些努力包括諸如出版新的語錄和傳法譜系等等。

若想加入禪宗文字社群,文字功底和文學素養至關重要,所以在17世紀的中國,禪僧受到鼓勵,積極參與儒家經史子集等的世俗教育,是非常普遍的現象。一些能夠標示精英地位的實用技能,例如寫詩、書信、繪畫和書法,就非常看好了。舉例來說,密雲圓悟和費隱通容兩個人儘管出身卑微,但都是頗有成就的書法家(見圖1、圖2)。他們的弟子隱元隆琦及其追隨者將這種明朝的精英藝術風格帶到日本,開創了所謂的"黃檗文化"。一些僧人,甚至與儒生一起練習科舉考試的時文。所有這些努力表明,在禪宗文字社群中,高水準的文字技能是十分重要的,禪僧要盡力趕上文人所取得的超絕的文字才華。有士大夫背景的僧人,通常會作爲師父的書記而迅速在禪林中脫穎而出。因此,所有他們師父的法語和文書,實際上經過了文人僧們的篩選和編輯。在這一意義上,在寫作技能上相對缺少專業訓練的高僧們就會請求文人在文字上的潤色,期待獲得高水準的共同文字素養(collective literacy)。

假如從根本上,我們把禪林視爲文字社群,在文本的生產、構思和寫作方面,這種視角就會爲禪宗研究打開一個全新的領域。① 在這裏,我目前的目標就是運用這一概念理解17世紀中國禪宗的興

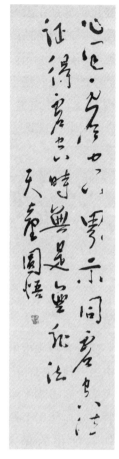

圖1 密雲圓悟的書法

原件:176 cm×35.9 cm,複印于《黃檗文化》(萬福寺,1972),第31頁,第19號。東京興福寺所藏。

---

① 歐洲學者對於宗教出版、閱讀和寫作的作用有着豐富的研究,相比之下,中國學者就缺乏這些實質性的研究了。有關此問題的討論,可見 Bell, Catherine. "'A Precious Raft to Save the World': The Interpretation of Scripture Traditions and Printing in a Chinese Morality." *Late Imperial China* 17.1 (June 1996): 158-200. "Printing and Religion in China: Some Evidence from the Taishang Ganying Pian." *Journal of Chinese Religions* 20 (Fall 1992): 173-186. "Ritualization of Texts and Textualization of Ritual in the Codification of Taoist Liturgy." *History of Religions* 27.4 (1988): 366-392.

衰變化。禪宗在沒有成爲制度體系時,首先形成于文人和受到激勵的禪僧共同參與的文字社群。經過活躍的閱讀、書寫和注釋,一個隨緣任運的禪宗心態取向(mentality of Chan)逐漸在這些群體成員的頭腦裏逐漸發展起來,他們中的某些人甚至重演根據口頭説教寫成的書面語録,或者在公開場合展現機鋒,因而聲名遠播。在這些社群中,口傳、書寫和行事表演(performance)相互作用,從對於過去的浪漫想象中創造了一種真實感。①

圖 2　費隱通容 1655 年寫給隱元隆琦的書法原件,29 cm×134.5 cm。複印自《黄檗文化》,萬福寺,1972,第 32—33 頁,第 21 號),萬福寺原藏。據傳,在明朝陷落時,費隱通容的右手爲土匪砍斷,因此,他用左手創作了一種獨特的書法風格。

在這裏必須指出的是,禪宗文字社群,僅僅是在晚明形成的佛教文字社群中之一種,還有許多其他更小的關注義理研究的社群。比如,學識淵博的僧人常常組織講經説法的活動,並投入對於經書的注疏之中。然而,由於禪僧們有效地使用了傳法譜系作爲組織原則,最終禪宗文字社群演化成一個更加制度化的禪宗僧團(a more institutionalized fellowship of Chan monks),而參加這一團體的禪僧很多成爲著名佛教叢林的住持。可以這樣説,禪宗的興起,實際上是因爲這類社群的蓬勃發展。然而,當文人對於禪宗文本和理念失去興趣的時候,這類禪宗文字社群就難以爲繼了。這是因爲,經過 17 世紀的動盪,儒家知識分子和學者需要重新定義儒學的理論和實踐了。漸漸地,王陽明的主觀主義哲學不再流行,朱熹的思想重獲官方正統地位。與此同時,儒學恢復元氣,考據學興起,這種學問強調輯佚、辨僞、校勘、版本考證等多種學術技能。没有誰用説教和論學的方式試

---

① 在筆者一篇未發表的論文中,分析了禪宗公案的表現。參見拙著"Problems with Enlightenment: The Performance of Encounter Dialogue in Seventeenth-century Chinese Chan Buddhism." Paper presented at Zen Seminar at the annual meeting of the American Association of Religion, November 20, 2005, Philadelphia.

圖挑起有關道德修養的議題,這本來是在陽明後學中司空見慣的學習方法。這一轉向,艾爾曼(Benjamin Elman)將其特徵總結爲"從理學到樸學"(from philosophy to philology)的轉變。

這場新興智識主義運動的領袖人物,大都認爲禪宗破壞了儒學的正統性,因此也就理所當然地貶低禪宗。失去了文人的思想支持,反對傳統、打破舊習的禪風也注定煙消雲散。事實是,爲了適應18世紀儒家世界的思想轉向,禪宗社群停止了自己的擴張,文人也撤回了對於寺院事務的積極參與。若干信號表明了這一變化:很少有禪僧會對棒喝這一禪宗特有的做法有強烈興趣;更少的禪宗譜系被編纂;少之又少的禪宗語錄被生產出來。

劃界:僧人和帝王

鑒於僧人和文人在文字社群中的緊密交往,清朝統治者切斷這一聯繫的干預,也是導致禪宗衰敗的另一因素。清初禪宗,尤其是密雲一系,獲得了朝廷前所未有的賞識。雖然清朝統治者對於禪宗懷有濃厚個人興趣,然而一旦涉入佛教事務,他們的動機就經常變得更爲複雜了。

自從佛教進入中國,中國佛教就一直尋找與政治權力合作的方式。佛教徒與王權掛鈎最爲方便的方法就是援引佛教"轉輪聖王"(cakravartin)的觀念爲當權者進行宗教上的合法性論證。早在西元419年,北魏帝王就被僧人法果宣稱爲如來佛。梁武帝(502—549年在位),一個虔誠的佛教徒,被稱爲"奉佛天子",或者"皇帝菩薩"。這一觀念在唐代很快爲密教所推廣。歐策理(Charles D. Orzech)教授研究指出,"轉輪聖王"的佛教觀念,經由密教大師不空金剛(Amoghavajra)的解釋,與儒家的"聖王"(sage-king)觀念精巧地結合起來。在這裏,連接的邏輯非常簡單,就是把轉輪聖王和帝王直接等同。① 然而,在以後的歲月裏,根據大衛·法諤爾(David Farquhar)的研究,很少有中國的統治者會正式地將自身與佛菩薩等同。然而,在非正式的場合下,將自己等同于文殊菩薩這一中國的特殊保護者,却時常被採用。

---

① Orzech, Charles. *Politics and Transcendent Wisdom: The Scripture for Humane Kings in the Creation of Chinese Buddhism*. University Park:Pennsylvania State University Press,1998,p.115.

例如,1640年,清朝統治者皇太極(1592—1643)就被五世達賴加冕爲"文殊師利大皇帝"。從此之後,清朝統治者包括雍正皇帝在内,都以非正式的方式繼續支援這種政治觀念。①

在考察雍正皇帝干預僧諍的時候,筆者就曾指出,雍正皇帝把自己打扮成一個覺悟的禪師形象,試圖爲天下的禪師印證開悟體驗。對於雍正皇帝來説,王權與神權是交織一體密不可分的,因此,相應地,雍正皇帝也就成了中華帝國的君主,天下所有祖師的導師。通過公開廢止與文人保持密切聯繫的漢月法藏一系,統治者暗中將注意力放在了僧人和文士之間的緊密聯繫上。

統治者的擔憂在以下事實中得到驗證——清朝統治中國的最初幾十年裏,南方的文人還没有完全臣服。正如本傑明・艾爾曼(Benjamin Elman)指出的,在17、18世紀,清政府大範圍干預文人的生活,不過是爲了"促使中國文人的非政治化,並動員他們支持新政權"罷了。清朝統治者爲了達成此一目的,會間或興起文字獄,還啓動了宏大的文化工程,比如1679年至1699年之間的《明史》編纂,1772—1782年的《四庫全書》,都吸引了中國南方最好的文人和學者。② 雍正皇帝在佛教領域的作爲,理所當然地與這一總方針保持一致。爲了分化文人集團,並征服他們的思想,統治者巧妙地選擇了禪宗作爲目標,他成功地將王權施加于知識分子賴以合作和逃避的禪門,干預密雲圓悟和漢月法藏的僧諍,成功地分離了僧人和文人之間的聯合,並創造出有利於"分而治之"的局勢。

從這一意義上説,帝國統治者理想的宗教類型,不過是一個能夠被牢固控制的意識形態和組織存在罷了,它最好是與世隔絶的,尤其要與文化和知識精英階層保持界限。畢竟,他們是帝國官僚體系的後備力量,放任自流的話,也會成爲帝國統治的潜在挑戰者。帝國的統治者希望在分化僧人與文人之間關係的同時,成爲這兩大集團的絶對領導者。在雍正皇帝的眼裏,理想的禪師類型,肯定不是漢月法藏所代表的與文人和官員都有密切合作的僧人。在雍正四年十二月三十日,官方發布了一道敕令,以追悼他曾前往參

---

① Farquhar, David M. "Emperor as Bodhisattva in the Governance of the Ch'ing Empire." *Harvard Journal of Asiatic Studies 38.1* (June 1978): 5-34.
② Elman, Benjamin. *From Philosophy to Philology: Intellectual and Social Aspects of Change in Late Imperial China*. Cambridge, Mass.: Harvard University Press, 1984, p.15.

禪的柏林寺前任方丈迦陵性音的圓寂。雍正讚揚他爲天下僧道的榜樣，因爲迦陵性音不僅嚴格遵守清規戒律，而且有意識地與世俗社會保持距離，甚至隱瞞了與帝王的特殊關係。雍正帝登基之後，特別欣賞迦陵性音在此節點自動從京城退隱，因爲統治者不希望臣民傳播皇帝佞佛的流言蜚語。甚至，迦陵性音在廬山圓寂，竟然沒有一個地方官員知道這位僧人實際上是帝王身邊關係最爲親密的人之一。① 非常明顯，迦陵性音的所作所爲非常符合雍正皇帝的心意。與之形成鮮明對比的是，雍正皇帝根據其偏愛，還把大慧宗杲這類與文人保持緊密聯繫的傑出禪僧從禪宗譜系中排除出去。

自從 17 世紀 80 年代以後，在繼續支持佛教的同時，清朝統治者復興了正統新儒學的話語，以便吸引更多文人回到國家議程的軌道。顯然，一個禪僧和文人聯合起來的陣綫威脅了帝國對於最優秀的精英的控制。在這一意義上，雍正皇帝的態度，非常類似於明太祖朱元璋，後者管控佛教，禁止僧人與官員交流，導致佛教與世隔絕。這一分化瓦解的總方針非常有助於從另一個視角解釋禪宗的興衰：當禪宗擴張到全國範圍時，限制佛教繼續發展的措施早就或明或暗地安排好了。

傳法的制度寓意

禪學的力量在於當下直截的説辭表達，它強調超越諸如文字、義理以及任何可能的精神權威等所有中介方式（mediation）。然而，事實上，作爲佛教寺院系統的一部分，禪宗必須與各種中介達成協調，因爲叢林生活，是依靠一個權力結構的中介力量來維繫的。傳法恰好爲禪宗提供了這樣的權力結構：祖師通過傳法分配精神權威，在想象的譜系中實現等級的合法性。這一點對於當一個新興的禪宗正統力量，比如密雲圓悟一系，開始形成的時候，顯得尤其重要。

正如此處討論的僧諍所揭示的，17 世紀，有很大一部分精力都耗費在

---

① 可見《理安寺志》，《中國佛寺志叢刊》，白化文、劉永明、張智主編，揚州：江蘇廣陵古籍刻印社，1996 年，第七十七卷：第 23—24 頁。雖然他被雍正褒獎，並授予很高的地位，然而後來還是被清朝皇帝黜免了。可見《清世宗關於佛學之諭旨》，文獻叢編第 3、第 4 輯重印，北京：國立北平故宮博物院文獻館，1932 年，第 1 號。

傳法的問題上了。這一史無前例的努力,反映了寺院住持繼任(abbot succession)制度合理化的組織性需求。密雲圓悟及其弟子,就堅持嚴格傳法的理想化原則。傳法的核心價值,正如費隱通容在《五燈嚴統》中所描述的,是面裏親承,而不是模糊不清的冒認,比如遥嗣、代付等。除此之外,根據這些禪師的説法,一個禪宗寺院,要想真正體現禪宗的精神,應該一直由一系單傳的禪師來領導。

這也就意味有關傳法的論諍有着清晰的制度性寓意。雖然研究早期禪宗歷史的學者已經意識到禪宗譜系可能的制度功能,但是還沒有完全考察在佛教叢林中湧現的禪宗譜系化的産生與寺院組織變化之間的相互關係。① 正如我在其他地方揭示的,17世紀大量的寺志資料顯示,傳法的爭論完全展開的同時,一場制度性革命也在静悄悄地進行:禪師爲了建立所謂"傳法叢林"(dharma transmission monasteries),執行着嚴格的傳法。②

然而,傳法的原則,實際上是非常理想化的,因爲要想實現它,就要承擔難以克服的困難。在實踐中,傳法叢林也不能保證自身就是所有禪師都應該支持這一原則的真正體現。換句話説,正如傳法在後世實踐所中表現的那樣,傳法叢林注定因爲各種妥協的傳法形式而受到侵蝕。比如,理想地説,一個徒弟只能從一位師父那兒接受一個法脈傳承,然而在現實中,許多有能力的禪僧從多個師父那兒接受了超過一個的傳承。更具有諷刺性意味的是,與嚴格傳法的原則相反,禪師們還正好採用了密雲圓悟和費隱通容大加撻伐的遥嗣或代付等方式。

首先,嚴格的傳法形式,正如密雲圓悟和費隱通容的追隨者所理想化的那樣,經過幾次代際傳承,從數學的角度就不可能了,這是由於作爲一個組織再生的方式,傳法很容易在給定的時段内用盡所有可能的候選人,這也會迫使禪師們在從單一師父處嗣法的原則上採取折中方案。這一推論是以一個簡單的數學計算爲基礎的,可以考慮一下,17世紀的禪師,尤其是臨濟宗禪師嗣法弟子不可思議的衍生速率。比如説,密雲圓悟有十二位法子,此爲

---

① 對於禪宗制度的一些反思,可見 McRae, John. *Seeing through Zen: Encounter, Transformation, and Genealogy in Chinese Chan Buddhism*. Berkeley: University of California Press, 2003, pp.115-116。
② 詳見拙文 "Building a Dharma Transmission Monastery in Seventeenth-century China." *Journal of East Asian History* 31 (June 2006): 29-52。

密雲系第一代,每一位法子皆枝繁葉茂,其中傳承最爲繁多的三位法子是破山海明(九十位法子)、木陳道忞(八十四位法子)和費隱通容(六十五位法子),平均起來,密雲圓悟的十二位法子,每一位有四十一個繼承者。①

假如法脈繁衍一直保持這種勢頭,我們可以估算如下:從密雲圓悟開始,假如他的十二個嗣法弟子每一位都有四十個傳承人,按照同樣的法嗣繁衍速度,第二代就有多達480位繼承者,到了第三代會有19200人,第四代會有768000人,以此類推。不用説,這也是不可能的,因爲根據清政府對於寺院人口的普查,在1667年,僧人數量約爲118907人,至1736—1739年期間,僧人數量約爲294897人。② 到了第四代,密雲一系的徒子徒孫,就會超過當時全國僧侣的總數。除此之外,考慮到還有其他法系,比如曹洞宗在同一時間也有傳法,短短幾代之内,要想找到合適的候選人嗣法是極其困難,因爲每一個有才幹的僧人都會被給予至少一個傳法。

換句話説,爲了法系擴展不加限制地提供嗣法機會,就會導致這樣一個局面,那就是願意提供法脈傳承的禪師將比願意接受嗣法的合格僧人更多。顯然,從單一師父處嗣法的抽象原則,必須做出調整:要麽,大幅減少嗣法者的數量,要麽,允許任何一個候選者接受多個法脈傳承。這種事情,在隨後幾代就確實發生了——當代許多禪師有超過一個的法卷,每一個禪師持有法卷的嗣法者的數量也降至個位數。

其次,即使嚴格的傳法能夠暫時維持,由於從有名禪師那裏嗣法的需求不斷增加,傳法延續幾代之後也會衰落。費隱通容在《五燈嚴統》中描述,密雲圓悟及其後繼者,尤爲堅定反對"遥嗣"和"代付"這種流行作法。在密雲他們看來,這些做法會玷污禪宗譜系的純潔,帶來欺詐和瞞騙。然而,事實上,一定是有不可抗拒的理由來支持這些做法。當一位僧人自認或公認有資格成爲某一禪師的合法繼承人,但是本人却没有機會嗣法,這種情形下就會發生"遥嗣"或"代付"。舉例來説,在禪林中,很快傳法給更有能力的徒弟通常是衆望所歸的。然而有時候,由於不可預見的原因,比如説師父猝死,

---

① 長谷部幽蹊,《明清佛教教團史研究》,東京:同朋舍,1993年,第343頁。
② 1667年僧道度牒統計資料爲140193人,而1736—1739的黄册調查則宣稱總共340112人,其中約有百分之十三至十五爲道士。可見 Goossaert, Vincent. "Counting the Monks: The 1736-1739 Census of the Chinese Clergy." *Late Imperial China* 21.2 (2000): 40-85。

嗣法就會戛然中止。在這種情況下，法脈傳承就要運用代付。雖然原則上，臨濟宗禪師堅定地高舉"傳法"的嚴格理念，但事實上，當情勢有必要放寬"當機面印"的規則時，他們就不得不折中立場。

事實上，1642年密雲圓寂之後很快就發生了代付的事情。由於密雲的離世，一些服侍並跟隨圓悟學習多年的弟子們，一下子失去了從圓悟那裏獲得印可的希望。爲了平息這些人的失望，密雲的弟子木陳道忞圓通地修改了嗣法方式：木陳宣稱，除了密雲圓悟的十二位公認的付法弟子外，還有十幾位弟子也已經獲得密傳。除此之外，他還代表離世的師父以個人名義爲其中一位同修傳法。費隱通容是"當機面印"做法最爲堅定的支持者，他立即攻擊木陳的行爲已經徹底違反了傳法的原則。費隱通容堅持十二位合法繼承者的名字應該刻在密雲圓悟的塔銘上，而且師父的印章也應該毀掉以防濫用。① 在中國黃檗寺和日本萬福寺，費隱通容的大弟子隱元隆琦看起來沒有違反，並依舊堅持乃師的教導。然而1673年隱元圓寂後不久，其後代法子，尤其是日本萬福寺第五代主持高泉性潡(1633—1695)勉爲其難地打開了傳法濫付的大門。高泉的變通態度，難以避免地引起了爭論。②

最後，作爲禪林組織原則的嚴格傳法實踐活動引起了本地檀越的堅決反對。理論上來講，正如佛寺在日本的發展那樣，如果某一禪系持續發展，跨區域地建立更多的傳法叢林子孫寺院，就有可能組建成爲一個更爲系統

---

① 費隱的判語，出自《費隱禪師別集》(前言注明日期1648年，十八卷，初藏於大阪慶瑞寺，現藏於駒澤大學圖書館)，卷十五，第12—16頁。我發現在萬福寺收藏中，有關隱元隆琦的印章也被抹平了，表明正如費隱所做的那樣，隱元的徒弟也有同樣的擔憂。可見 Addiss, Stephen. *Obaku, Zen Painting and Calligraphy*. Lawrence, Kans.: Helen Foresman Spencer Museum of Arts, 1978.

② 這一風波在日本稱爲"代付事件"或"代付論爭"，它導致了日本黃檗宗的一個著名事件，同時也反映了堅持傳法原則的保守派與那些意願妥協於時勢的人士間的鬥爭。海倫·巴洛尼(Helen Baroni)對此有詳細研究，皈依黃檗宗的後水尾天皇(1596—1680)也卷入了此法脈紛爭之中。此風波肇端於原屬妙心寺派，並對日本黃檗宗厥有貢獻的龍溪性潛(1602—1670)，在1670年，他非常不幸地死於大阪的海嘯。龍溪性潛的死亡，造成了一個傳法的問題。因爲除了後水尾天皇這一弟子之外，他沒有其他法嗣，而非常不幸的是，後水尾天皇由於其帝國最高統治者的特殊政治地位而無法傳法。然而，當天皇於1680年駕崩的時候，高泉性潡就被委託作爲天皇的代付者去選擇正式的法脈繼承人。這一作法造成一個困境，正如巴洛尼明確地指出，黃檗宗的傳法實踐，仍舊是遵循費隱通容廢止"代付"的嚴格原則。萬福寺第四代主持，獨湛性瑩(1628—1706)仍舊堅持這種保守的觀點。儘管充滿爭議，然而，在天皇駕崩五年之後的1685年，高泉還是將後水尾天皇的法脈傳給了晦翁寶暠。這一爭論最終是以幕府裁決高泉的勝利而告終的，並導致高泉在1692繼任萬福寺住持。可見 Baroni, Helen. *Obaku Zen: The Emergence of the Third Sect of Zen in Tokugawa Japan*. Honolulu: University of Hawaii Press, 2000, pp.176-180。

化的形式，爲成立宗派做好預備。然而，中國的傳法叢林從來沒有形成一個獨立的宗派，因爲這些寺院的發展是以傳法實踐爲基礎的，這意味着一個跨地區的寺院網路更有可能威脅當地士紳對於寺院的控制。這一組織化構架暗示，傳法叢林預示着一個凌駕於每一個體寺院坐落其中的地方社會之上的垂直結構。① 法脈傳承形成了一個能夠連接數量龐大地方寺院的等級制度。在這一垂直的結構中，這些迎合當地民衆需求的地方寺院，必須在管理上由一個中心總部控制。儘管，這一垂直的系統結構在17世紀的日本是有可能存在的，正如黃檗宗所取得的成就那樣，發展成爲一個覆蓋日本全境的寺院系統，然而這樣一種理念，在中國却與當地士紳的利益產生抵牾。究其原因，正如社會歷史學家告訴我們的一樣，在16、17世紀，中國的寺院，沒有任何來自内部層級的自我管理，大部分是地方精英控制的領域。卜正民（Timothy Brook）對於中國寺廟狀況的觀察可謂老生常談：

> 明代佛教是一盤散沙，生滅自然，它没有等級制度，没有内部組織，除了國家提供之外，也没有其他任何管理主體。除了兄弟寺院之間的有限交流和共同擁有的朝謁聖地，佛教組織在任何層面上都没有參與更大的組織架構。與歐洲的基督教不同，明代佛教没有被編入世俗的權力網路。②

由於佛教組織很大程度上以地方爲基礎，屬於當地士紳的勢力範圍。這就意味着，由於當地士紳涉入了寺院重建的事務，17世紀佛教叢林在不斷地方化，表明當地士紳對於叢林事務有更大的掌控權力。對於當地士紳而言，假如傳法的施行導致寺院的領導權從屬於本土以外的宗教勢力，就會引來他們的激烈反對。

在研究中，我就碰到過這樣一則例子。這起事件大約發生於1640年。

---

① 社會歷史學家就中華帝國晚期諸團體縱向與橫向間的交錯關係展開了一系列討論。例如，在針對地方社會如松江府（上海）的研究中，岸本美緒認爲16世紀晚期，以當地紳士階層和政府爲中心形成的縱向社會是靠依賴性關係的宗族團體組織在一起的。與此相反，他用"橫向的"這一術語來描述文人與底層社會按照契約關係（contractual）組成的諸團體。這些團體包括各文人社團、秘密組織、農民幫會等。依我之見，當佛教寺院以地方爲基礎時，就代表了一種橫向的組織類型。然而，當這些地方寺院被傳法等級關係組織起來時，就形成了一個具有縱向結構的傳法叢林式的組織。詳見岸本美緒：《明清交替と江南社會：17世紀中國の秩序問題》，東京：東京大學出版會，1999年，第3—10頁。

② Brook, Timothy. *Praying for Power: Buddhism and the Formation of Gentry Society in Late-Ming China*. Cambridge, Mass.：Harvard University Press, 1993, p.29.

隨着密雲圓悟的影響力擴展到寧波天童寺和海鹽金粟寺，密雲離開金粟至天童，其法子費隱通容成爲金粟的繼任住持，正如他在一個傳法叢林中應該做的。這樣，在同一時間，費隱通容成爲金粟寺主持，而密雲圓悟成爲天童寺住主持。金粟寺和天童寺，過去一直是並列于中國最富聲望的禪宗五山，互不隸屬。然而，密雲和費隱的親密關係在兩大寺院本地檀越之間生起有關寺院體制改編的謠言：因爲密雲及其徒子徒孫同時掌控這些寺院，金粟寺極有可能成爲天童寺的下院。

當地士紳的反應清晰地表明了這樣的恐懼：跨地區的寺院等級制度有可能危及他們掌控的地方寺院。最終，根據徐昌治的記載，密雲不得不親至金粟寺向當地士紳解釋，不會改變該寺的地位，並向當地士紳保證他們擔心的事情不會發生，以此消解人們的疑慮。①（鑒於密雲圓悟和費隱通容兩位禪師重振正宗的強大意志，筆者推測兩人確實計劃促使兩大寺院更加緊密地聯繫在一起。）從這層意義上說，雖然傳法叢林能夠通過住持的傳法關係更加牢固地聯繫在一起，然而這些寺廟必須仍舊是地方性組織，於是，法脈傳承的制度影響力就被限制住了。

結語

在本文中，爲了解釋 17 世紀中國禪宗的興衰，筆者已經確定了以下幾個要素：文本操作（textual manipulation）的全面依賴，對於"文字理念"的浪漫想象，與文人的密切聯繫，禪宗"文字社群"的形成，法脈傳承的内部矛盾等。總的說來，筆者認爲，作爲一個重構（a reinvented tradition）的傳統，17 世紀禪宗在本質上能够解釋它自身在學術上被忽略的原因，這是因爲，17 世紀的禪宗就是由這些禪僧對於模糊不清的過去的浪漫想象創造出來的，而那些模糊的過去，是用語言悖論的形式記錄的。這些理想化的記錄，包含了矛盾和含混。當能够刺激這種浪漫想象的社會文化氛圍不復存在的時候，這一重構的傳統也會自然消失，代之以更爲程式化的叢林制度。

---

① 在《無依道人錄》（卷一，《中華大藏經》第二輯，臺北：修訂中華大藏經會，1962 年，卷九十，第 37532 頁和《明版嘉興大藏經》，40 冊，《中華大藏經》第二輯重印，臺北：新文豐出版社，1987 年，第 127 號，卷二十三，第 336a 頁）中，徐昌治記載了自己從密雲圓悟和費隱通容處接法的詳情。

神聖傳承：五臺山與古心如馨(1541—1615)的戒學中興運動

能 仁

一、前言

聖地在宗教乃至世俗世界中的重要性是不言而喻的。自中古時期五臺山被確認爲文殊菩薩的人間道場、現實居所以來，文殊菩薩與其居所合爲一體的五臺山聖地信仰，成爲中古世界重要的信仰對象和實踐載體，在東亞佛教文化圈中引發了持續而深遠的影響。明萬曆年間，五臺山聖地信仰更與佛教傳統中的"祖師轉世"信仰合流，促成了一場轟轟烈烈的戒律復興運動。這一佛教"戒法中興"運動的締造者即是被後世尊奉爲"中興律祖"的古心如馨(1541—1615)。明嘉靖年間，世宗皇帝三次下詔禁止僧尼開壇傳戒，引發了佛教的現實性危機與神聖性焦慮。萬曆四十二年(1614)，明神宗延請古心如馨赴五臺山永明寺開建皇壇傳戒，徹底結束了明世宗嘉靖年間以來的禁令，這也成爲古心如馨中興近世中國佛教戒律學的標誌性事件。① 作爲明末佛教戒律學復興運動的推動者，古心如馨所傳授戒法的源頭據説正是由其朝禮聖地五臺山感得文殊菩薩示現而來的神聖傳承；而古心如馨自身則被認爲是祖師轉世的"優波離尊者再來"。本文以古心如馨生平主要事件爲中心，在釐清相關史實的基礎上，嘗試揭示其戒律復興運動中五臺山聖地

---

① 參見釋果燈《明末清初律宗千華派之興起》，臺北：法鼓文化，2004年，第93頁。

信仰與"祖師轉世"信仰合流的形成和作用。①

二、聖地親承：戒法的現實危機與神聖更新

　　宗教社會學家愛彌爾·塗爾幹（Émile Durkheim）指出："宗教是一種與既與衆不同、又不可冒犯的神聖事物有關的信仰與儀軌所組成的統一體系，這些信仰與儀軌將所有信奉它們的人結合在一個被稱爲'教會'的道德共同體之内。"即是認爲，神聖性是宗教的核心觀念之一，信仰與儀軌和"教會"是宗教神聖性的重要構成元素。② 從宗教社會學的角度看，佛教神聖性的建構主要體現在戒律中。戒律既是佛教僧衆身份得以確認的根本依據，也是僧衆"共同體"日常生活與宗教實踐的規範。佛教僧衆因由戒律的落實和保障（戒）而與世俗生活相區隔，佛教的精神特質（定、慧）也由此得以進一步彰顯。因此，釋迦佛在涅槃前，即留下"以戒爲師"的最後教誡。佛教甚至認爲，有五位比丘依律住持佛法，亦可爲正法住世之最低標準："下至五比丘解律在世，能令正法久住。"③戒律作爲佛教神聖性的"保證"，在佛教建構神聖的價值體系中，具有核心的意義。中國歷代高僧大德，對戒律的"保證"作用，都有着清醒的認識，所以不斷提倡"以戒爲師"，戒幢高樹，以期達成正法久住的目的。

　　明代中葉，佛教戒律遭遇到最嚴重的挑戰。這一挑戰的直接來源，是世宗嘉靖皇帝的封閉戒壇。《明世宗實録》中保留了嘉靖皇帝三次詔禁傳戒的

---

① 學界對明末清初佛教戒律復興運動的研究成果已有不少，如長谷部幽蹊《明清佛教教團史研究》《古祖派的祖律祖行業記略》《古祖一門法燈の譜》《律門法化の地域展開》，釋果燈《明末清初律宗千華派之興起》，周祝英《中興律宗之祖——明代五臺山著名高僧如馨律師》，任宜敏《明代佛門教行杰望——律宗》，劉曉玉《明末清初律宗法脈之接續考》等，皆有論及古心如馨的部分，另有數篇學位論文和單篇論文也涉及這一問題。但總體而言，前述諸研究在古心生平史料的選取和史實的梳理上都還存在一定的問題，對古心戒學中興運動中文殊感應與"祖師轉世"的意義和作用也未見深入分析。我們此處以較早涉及古心生平及相關史實的《佛説梵網經初津》《毗尼日用切要香乳記》《南山宗統》《寶華山志》《大昭慶律寺志》等爲主要依據，對較晚出現的《清涼山志》《新續高僧傳》《律門祖庭匯志》等資料則保持審慎的使用態度。在前述研究基礎上，梳理出較可靠的古心生平史實，由此進一步揭示古心戒律復興運動的性質，及其五臺山聖地信仰與"祖師轉世"信仰合流的形成和作用。
② 涂爾干：《宗教生活的基本形式》，渠東、汲喆譯，上海：上海人民出版社，1999年，第53—54頁。
③ 《善見律毗婆沙論》，大正藏16册，第786頁上。

記録:嘉靖五年(1526)五月,"詔嚴禁西山戒壇,及天寧寺受戒僧人並男女相混者",並令榜諭全國,"犯者罪無赦"。① 二十五年(1546)七月,在天寧寺建壇説法的通法師及寺主"俱令錦衣衛捕繫鞫問,餘下禮部禁治"。② 四十五年(1566)九月,第三次令禁設壇傳戒説法,"詔順天撫按官,嚴禁僧尼至戒壇説法,仍令廠、衛、巡城御史通查京城內、外僧寺,有仍以受戒寄寓者,收捕下獄。四方遊僧,並聽所在有司遞回原籍"。③ 嘉靖皇帝其人寵佞道教,排斥佛教,在其當政期間頒布了一系列諸如焚佛骨、毀佛像、沙汰僧尼,不許僧人遊方説法等針對和控制佛教的政令。因此,禁止傳戒之舉應與其個人偏好有關。另一方面,當時白蓮教盛行,爲了防犯白蓮教之徒混入,挾惑媚衆,危及政權,政府以禁止佛教開壇傳戒的方式,嚴格防控人口聚集。"當是時(嘉靖四十五年),白蓮教盛行。御史鮑承蔭以妖盜本爲一途,恐投邪鼓衆釀成大患,遂令禁(開壇傳戒)之。"④在官方看來,佛教開壇傳戒是一場大型的團體活動,四方緇衣聚集一處,男女僧尼混淆,既有傷風化,又有作奸犯科之徒混入其中危害社會的危險。⑤ 然而在湛然圓澄看來,這哪里是佛教造成的問題,完全是政府的管控不當"非佛之教不善,而國家設教未盡善耳。"⑥

官方禁止傳戒的不當政策,引發了佛教嚴重的現實危機。曹洞宗湛然圓澄《慨古錄》云:"自嘉靖(1566)迄今(1607)五十年,不開戒壇。而禪家者流,無可憑據,散漫四方,致使玉石同焚,金鍮莫辨。"臨濟宗漢月法藏在《弘戒法儀》中也感慨:"自禁之後。老師宿德終其身焉,卷懷不講……後進知識自不受戒,不見壇儀授法。通謂戒不應自授,須候國家開禁,遂置律藏於無用之地……後生晚學,沿襲輕華,公行犯戒……返非正法,肆行邪説。"⑦戒法不傳,不僅僅是僧衆"散漫""無憑據",僧品無由揀別的問題。律學不振,更嚴重的是佛教的神聖肌體遭受侵蝕,甚至會引起國家的不安定,"使佛法

---

① 《明世宗實録》卷六十四。
② 《明世宗實録》卷三百一十三。
③ 《明世宗實録》卷五百六十二。
④ 《古今圖書集成·釋教部彙考》卷第六。
⑤ 明世宗封閉戒壇,應是其嘉靖時期佛教肅清運動中的一環。關於嘉靖時期佛教肅清的詳細分析,參見陳玉女《明嘉靖初期議禮派政權與佛教肅清》,收入《明代佛教與社會》,北京:北京大學出版社,2011年,第60—95頁。
⑥ 湛然圓澄《慨古錄》。
⑦ 漢月法藏《弘戒法儀》下卷。

與國法兩敝"。個別品行端正者,甚至因爲不能受戒,無法確認僧伽身份而準備還俗歸家,新生力量難以正常進入佛門。佛教肌體遭到侵蝕,僧種又難以爲繼,佛法傳承堪憂。

在現實危機的衝擊下,恢復傳戒制度、振興戒律之學無疑是當時佛教界最緊迫的當務之急。然而,事情没有這麽簡單:一方面,官方戒壇一日不解禁,佛教的現實危機即無法根本化解;另一方面,即使在叢林私自授受戒法,也面臨一個難以回避的困境,正如漢月法藏所恨歎:"爲僧有血氣者,豈可坐視法門肝腦塗地之禍,而不亟爲修戒以律衆者耶?第恐戒法湮没既久,一旦不顧身名,犯世憎忌,以整佛戒。諒未能全究來源,兼之儀法缺失,則邪戒之議或不免矣。痛言及此,不覺涕泣!"作爲佛門英彦,漢月法藏不忍坐視法門衰頹,奮然修戒律衆。但是,由於戒壇封閉的事實,戒法"湮没既久"、"未能全究來源"、"儀法缺失",即使法藏個人不顧身名,犯世憎忌,而當面對世人質疑其所傳戒法神聖性和權威性的"邪戒之議"時,他也只能"不覺涕泣"。永覺元賢甚至疾呼:"今日欲起律宗之廢者,非再來人,必不能也,悲呼!"① 要言之,明代中後期的佛教界沉浸在一片濃厚的"神聖性"危機與焦慮中。在擔憂佛門前途命運的僧衆那裏,一個普遍性的心態傾向似乎隱然呈現:要真正重振戒律之學,必待祖師轉世的"再來人",一掃現實的沉痾,重建戒法"神聖性",恢復傳戒制度。

正是在嚴重的現實危機和"神聖性焦慮"雙重背景下,矢志重振律學的古心如馨卓然出世。據宜潔書玉《佛説梵網經初津》卷七、文海福聚《南山宗統》卷二等資料所載,如馨,字古心,俗姓楊,南直隸溧水人。嘉靖二十年(1541)生,出生時異香盈室。父早喪,由母撫育成人。萬曆十年(1582)母逝,②感念世緣虛幻無常,於是禮攝山棲霞寺素庵真節剃度出家。素庵(1519—1593)爲華嚴學僧,諱真節,湖廣襄陽人,俗姓鍾,二十五歲時依南陽留山寺泯庵休上人剃度。後入五臺山圓具比丘大戒,晉京依崇壽寺秀法師精研經論十一年,居秀法師座下,饜餐法喜,深得賢首之印。主攝山棲霞寺

---

① 《永覺和尚廣録》卷三十《續寱言》。
② 宜潔書玉《佛説梵網經初津》卷七記載,古心生於嘉靖辛丑年,示寂於萬曆乙卯年,世壽七十有五,僧臘二十有七,染道三十四年,弘戒二十二載。並稱"壬午母亦告禄",據前載推算,"壬午"當爲萬曆十年。書玉爲古心三傳弟子,其説應基本可信。輔仁《律門祖庭匯志》中古心傳記繫年混亂,今不取。以下古心生平主要繫年,皆依此類推。

講席,慈聖宣文皇太后欽其德業,特賜金縷僧伽黎衣一襲,以示褒崇。① 素安法師時常訓誨:"佛法住世,功在毗尼。若不精嚴,佛恩難報!"古心由是"刻志於心"發願弘律。但當古心依素安和尚受沙彌戒後,希望進一步受比丘戒時,素安法師則告之:"若得清净十僧,方可得戒,如不滿數及不清净,難以授受。"於是,古心"叩諸宗匠,輒究戒緣。願見文殊,親承受戒"。古心準備朝禮聖地五臺山,依文殊菩薩感應受戒。古心並非没有機會從師受戒,事實上其同門性蓮無垢、兀齋如慧就是在素庵和尚座下登壇受具足戒的,《律門祖庭匯志》稱古心"堅請十儀",因此他是主動放棄了從師受比丘大戒一途。釋果燈認爲,"當時有理想的僧人,對一般的傳戒會,是不敢苟同的"②。

　　國家戒壇已閉,又不滿於叢林私自授受的"方便"戒法傳承,古心必須另尋戒法的神聖源頭。朝禮聖地五臺山,祈見文殊感應似乎是唯一的理想之途。明代叢林釋子遊方參學巡禮之風盛行③,"天下名山,自五臺始"④,海内名山之首的五臺山是晚明佛弘揚的重要根據地。晚明五臺山有兩大著名佛教盛事:一爲紫柏真可在此開雕方册藏,萬曆七年(1579)開始在五臺山試刻,萬曆十七年在五臺山妙德庵、妙喜庵開始較大規模的刻經。二是萬曆九年(1581)憨山德清與妙峰福登在五臺山爲萬曆皇帝啓建祈嗣道場,因靈驗而得太后與皇室信任。憨山與妙峰二人又招請月川鎮澄在臺山常住,鎮澄于此重修《清涼山志》,弘揚華嚴教學,開啓華嚴宗寶通一脈傳承,五臺山是華嚴學神聖根源的永恒象徵。⑤ "有從臺山來,有從臺山止",五臺山儼然是天下佛教中心,也是南、北佛學交流的勝地。五臺山爲文殊道場,朝禮聖地能得文殊菩薩的感應和智慧加持,這對信仰者和修行者來説無疑也是巨大感召,由南京北上參訪求學的著名前賢道孚知幻、憨山德清等皆是在朝禮聖

---

　　① 本傳明河《補續高僧傳》卷第五。另,可參看何孝榮《明朝華嚴名僧素庵真節與棲霞寺佛教》,《學海》2014 年第 5 期,第 104 頁。
　　② 釋果燈《明末清初律宗千華派之興起》第 89 頁下注。
　　③ 朝禮五臺山在晚明盛極一時,入清以後,此風才漸漸消歇,見滿貫《明末華嚴思想研究》,第 177 頁,轉引自廖肇亨《從"清涼聖境"到"金陵懷古"——由尚詩風習側探晚明清初華嚴學南方系之精神圖景》,《中國文哲研究集刊》2010 年第 37 期,第 60 頁。
　　④ 憨山德清《憨山老人夢遊集》卷二十二。
　　⑤ 廖肇亨指出,憨山德清在五臺山成就道業,名動寰宇,又兼與南(以雪浪洪恩一門爲主)、北(以月川鎮澄與妙峰福登門下爲主)雙方學僧同時交好,實爲雙方溝通的最佳橋梁。因此,憨山德清之後,南北不同的華嚴傳系彼此之間的交流更加頻繁而密切。廖肇亨《從"清涼聖境"到"金陵懷古"——由尚詩風習側探晚明清初華嚴學南方系之精神圖景》。

地五臺山的過程中獲得其禪法體證,並進京弘法、聲動天下的。朝禮五臺路途艱辛,朝禮行爲本身即是經歷一番神聖洗禮,而爲一般人難以望其項背。並且我們不能忘記,古心之師素庵真節也是在巡禮五臺山受戒(當然,不是感得文殊授戒),然後入京求學華嚴的。素庵在京師求學十一年,可能也與皇室結下了不少法緣,所以在他主持攝山棲霞寺時,慈聖皇太后還特賜了金縷袈裟,五臺山也是通往影響世俗權勢的中心。因此,聖地五臺山對於同樣身爲華嚴學系的古心如馨具有重要意義,雖然從古心如馨傳記資料來看,他的興趣似乎只集中在振興戒律學上。

或許是由其師素庵真節等前輩學人巡禮受戒、求學訪道經歷的啓發,當古心讀到《華嚴經·菩薩住處品》,得知文殊大士常住五臺山後,他毅然決定朝禮聖地,《南山宗統》記載此事甚詳:

> 師即矢志步禮五臺,誓求見文殊授戒。隨炷香鳴佛,辭諸法侶,躬行禮拜,三遭寒暑,方眺寶峰。如是漸至於彼,晝夜殷勤,懇求至切。一日景值餘暉,客途闃寂,忽見一婆子形枯髮白,冠敝衣鶉,手捧僧伽黎,自林而出,適前問曰:"汝求何事?"馨曰:"欲求文殊菩薩親授大戒。"婆曰:"持衣來否?"曰:"未。"婆曰:"此衣與汝。"師手接衣,婆去將數步頃,復標指曰:"大德!那不是文殊麼?"馨一回顧,隨不見婆子。菩薩即于雲中垂手摩師頂曰:"古心比丘,文殊爲汝授戒竟。"師於言下頓悟五篇(比丘戒)、三聚(菩薩戒)心地法門,視大小乘律恍自胸中流出,心甚歡喜,無可爲喻。由是馨律師得戒于文殊菩薩也。

萬曆十三年(1585),古心開始他三步一拜的神聖之旅。經過三年的艱辛時光,萬曆十六年(1588),古心到達聖地五臺山。他虔誠的祈戒之心也獲得理想的回應:作爲一個未受具足戒的沙彌,古心不但感得了文殊菩薩親授大戒,而且連受戒袈裟也是由文殊菩薩親傳的。① 在佛教傳統中,傳衣有特別的象徵意義,表示着印證授記和傳法表信的雙重功能,如釋迦佛傳衣于彌勒菩薩,禪宗五祖弘忍傳衣給六祖惠能大師。在古心感應的神聖顯示中,文殊摸頂是表示親授大戒,文殊授衣則表示付與信物。至此,古心已超越現實的

---

① 據民國版《清涼山志》卷三記載,這次感應是在五臺山的金剛窟,並且古心還曾"挂錫(五臺山)妙德庵"。

戒法受授,由文殊菩薩的感應親承重構了戒法神聖性,獲得了戒法傳承源頭的合法性與根本性。

三、祖師轉世:大報恩寺、雪浪洪恩與"優波離再來"

宗教史學家伊利亞德(Mircea Eliade)從"宗教人"的視角,把世界分成神聖與世俗兩種存在模式,"神聖"可以通過"世俗"來顯示自己,成爲與"世俗"完全不同的事物,這就是"神顯"。處在歷史中的人通過"神顯"而與"神聖"相遇,體驗"神聖"。因與"神聖"的相遇,生存的空間和時間都被聖化了,由此獲得與"世俗"全然不同的意義。① 以伊利亞德神聖辯證法的角度來看,佛教戒律本身也是一種"神聖"的象徵。在"世俗"的歷史中,當佛教戒法自身的神聖屬性被衝擊弱化,遭到質疑乃至挑戰時,這種"神聖"象徵需要再次聖化、強化,甚至重構,而經由聖地聖域的"神顯"更新則無疑具有絕對的實在意義。

朝禮聖地五臺山,在文殊菩薩感應下,古心"頓悟五篇、三聚心地法門,視大小乘律恍自胸中流出",同時頓受了具足戒和菩薩戒。在佛教傳統中,菩薩戒法是"心地戒",可以通過自誓受、感應受的方式"開顯成就",具足戒法則須由三師七證師師相授的方式"作法成就",古心通過菩薩感應的"大乘作法"方式獲得了神聖性的戒法源頭,然而其作爲具足戒傳授資格的合理性卻無法就此保證,他必須進一步獲得傳戒身份的權威性。在古心律師的戒法中興大業中,這一重大的身份轉換是在南方義學領袖雪浪洪恩的襄助下得以完成的。

雪浪洪恩(1545—1608)②,字三懷,俗姓黃,生於明嘉靖二十四年。十二歲時,于南京大報恩寺依無極明信出家,虔修禪法,獨好《華嚴》圓頓之學。與稍晚於報恩寺出家的憨山德清"出同時,居同寺,語同韻,學同調,互相激揚以道自勵",少同筆硯,友于兄弟。年十八便已於大報恩寺登副講席。年二十一,始習世俗文字,博涉諸家,遊戲翰墨,所出詩文,膾炙人口,三吳人士

---

① 米爾恰·伊利亞德《神聖與世俗》,王建光譯,北京:華夏出版社,2002年,第2—5頁。
② 雪浪洪恩生平的初步研究,可見廖肇亨《雪浪洪恩初探——兼題東京內閣文庫所藏〈谷響錄〉》,臺北,《漢學研究》,1996年12月,第14卷第2期,第35—57頁。

以爲珍寶。雪浪"博通梵夾,爲講師翹楚,貌亦欣偉,辯才無礙",説法三十年,門風鼎盛,無人比肩。晚年因得罪當道,被逐出大報恩寺,流於太湖,"於望亭結茅飯僧,補衣脱粟,蕭散枯淡"。萬曆三十六年圓寂,年六十四,僧臘五十一。雪浪爲晚明華嚴學宗匠,其人説法"盡掃訓詁俗習,單提本文。直探佛意,拈示言外之旨。恒教學人以理觀爲入門,由是學者耳目焕然一新,如望長空,撥雲霧而見天日。法雷起蟄,群匯昭蘇,聞者莫不歎未曾有"。在江南各地聲名顯赫,"至吴、越間,士女如狂,受戒禮拜者,摩肩接踵,城郭爲之罷市"。又曾編纂《相宗八要》,對明末唯識學的復興貢獻極大,"名播寰中,不忝慈恩之窺基"。門下龍象輩出,影響所及,遍於南北。憨山德清稱其"盡得《華嚴》法界圓融無礙之旨,游泳性海,時稱獨步"。

洪恩所住大報恩寺是明代著名皇家寺院①,其淵源最早可追溯至吴末晉初的"長干寺"。北宋太宗端拱元年(988),金陵僧可政在長安終南山紫閣寺得唐代玄奘法師頂骨舍利,帶回於寺建塔瘞埋。宋真宗咸平六年(1003)賜寺額曰"長干寺"。大中祥符年間,真宗下詔整修、復建長干寺和佛塔,賜名爲聖感舍利塔。天禧二年(1018)詔改長干寺爲天禧寺。明洪武十五年,太祖朱元璋修天禧寺,洪武二十一年完工,朱元璋親撰塔記,並以寺塔紀念在戰爭中陣殁將士。同年,更將掌管天下僧務的僧録司自天界寺遷至天禧寺,一時高僧畢至,大德雲集。復建後的天禧寺,成爲明初南京三大刹之首。統理金陵近二十座寺院,並貯有"洪武南藏"全部經板,是南藏的刊印流通中心。舉凡明初的薦亡等重大佛教活動,也均與天禧寺有關。明成祖稱帝后,多次修理天禧寺。永樂六年,天禧寺及長幹塔全毁於火。永樂十年,明成祖以紀念明太祖和馬皇后爲名,重建該寺,依照皇宫大内規制,建九級琉璃塔,賜額爲大報恩寺。九級長幹琉璃塔號稱"天下第一",張岱《陶庵夢憶》中歎其爲"中國之大古董,永樂之大窯器"。建成後的大報恩寺"佛殿畫廊,壯麗甲天下"。

大報恩寺自明初以來,就是法定的義學講習中心,②永樂遷都北京之

---

① 關於大報恩寺的沿革可參見:夏維中等《南京天禧寺的沿革》,《江蘇社會科學》2010 年第 3 期,第 229 頁;許婷婷《明清皇室與南京大報恩寺》,《新視覺藝術》2013 年第 4 期,第 38 頁。
② 洪武十五年規定,當時修禪中心在天界寺,義學中心在能仁寺,後爲報恩寺,瑜伽則在靈谷寺。出《金陵梵刹志》卷二。轉引自江燦騰《晚明佛教改革史》,桂林:廣西師範大學出版社,2006 年,第 83 頁。

後,報恩寺政治地位雖然大不如前,但其在南方叢林中的影響力和全國佛教界的知名度却是無可置疑。整個明代,對大報恩寺影響最大的是嘉靖四十五年(1566)的一場大火,報恩寺損失慘重,主要建築"悉爲煨燼",唯長干塔僅存。報恩寺由此衰敗,終有明一代也未見興復,即使有所營造,也終不及明初盛况。嘉靖火劫之後,朝廷和寺院方面開始逐步對大報恩寺修繕與恢復。自幼在大報恩寺出家學習的憨山德清和雪浪洪恩爲報恩寺的興復積極奔走,憨山由此開始北遊,後來名動天下,幾經浮沉。雪浪洪恩則駐守南方,奮力修治寺塔,振興道法。①

萬曆二十六年(1598)報恩寺長干瑠璃塔頂傾側,雪浪洪恩奮志修理,親領數百僧衆行乞募資。一時人心爲之沸然,解囊布施者不計其數,慈聖皇太后也賜金三千。這次維修耗資巨大,"費數萬緡",工程艱巨,"塔高二十五丈,其安塔頂管心木約長七丈,架半倍之,則從空而下,如芥投針,其勢難矣"。雪浪洪恩操勞過度,竟然嘔血數升。憨山德清記載:"公(雪浪)心苦極,忽嘔血數升,時管木即入,在架之人如鳥棲柔條,竟無小恙。豈非心力所致哉!"所幸有驚無險,塔頂管心木順利到位。但是工程在進行到最後階段時還是遇到了困境,最後塔尖安裝出現了問題。負責工程的蜀僧巨川"求師覓匠,倍工益力,猶莫之能"。而在此時雪中送炭,幫助雪浪洪恩解決這個重大難題的竟然是古心如馨!

《南山宗統》記載:

> 大師(雪浪)深以爲慮,惟日夜翹勤,冀佛慈應。一夕夢感神諭云:"優波離尊者預斯,始克汝願。"既明,馨果露頂跣足,杖錫持缽,偏袒而入。大師一見,乃悟夙緣,即召衆摳迎,傾誠請助。馨師攝衆禮佛繞塔已,才就前手附其頂即昇,翔翔然若鳥奔巢,無難輳合。時海會見聞莫不忻躍,大師遂偕諸檀信案香致謝,乃以夢中警示對衆宣明,一衆始知古和尚即優波離尊者再來。

塔頂難以竣工,雪浪洪恩憂心忡忡,只能"日夜翹勤,冀佛慈應"。他的虔誠祈

---

① 關於憨山德清與雪浪洪恩于大報恩寺分途南北的詳細過程,參看江燦騰《晚明佛教改革史》,第69—118頁。

告感得護法神①的夢中指示，只有在律宗祖師優波離尊者的幫助下，才能把塔尖安上。第二到來的却是偏袒赤足的古心如馨。雪浪洪恩一見是律師打扮，與自己夢中神諭暗合，於是率衆請助。古心如馨在領衆禮佛繞塔後"才就前手附其頂即昇，翔翔然若鳥奔巢，無難輳合"。塔頂神奇地就安装上了，見聞者莫不欽服交加。② 興復大報恩寺是雪浪洪恩和憨山德清半生心血所繫，修復標誌性建築長幹塔對雪浪洪恩意義重大。③ 雪浪洪恩率領大衆"案香致謝"，趕緊將夢中的神諭對衆宣明。衆目睽睽之下的神奇，再加上義學領袖雪浪洪恩的親口宣稱，古心如馨作爲律學初祖轉世的"優波離尊者再來"身份就此坐實。

如馨協助雪浪洪恩修復舉世矚目的長幹琉璃塔，不僅經由雪浪洪恩之口，確認了他作爲釋迦佛座下弟子持律第一的優波離尊者"再來"的神聖身份，同時他還意外地獲得了一份"聖物"——寶誌説戒圖。王槩《戒壇賦》詳細記載了該圖發現的始末：

> 往三懷大師修大報恩寺塔，患頂不能升。值古心律師來自繖山（即攝山），三拜而舉，遂有優波離之目。優波離者戒律所繇始，古心未至，感而

---

① 古心如馨後學宜潔書玉在其《佛説梵網經初津》卷七中提到，雪浪洪恩夢中所見的護法神是"韋天"，而他在《毗尼日用切要香乳記》卷下中講道這個故事時，没有説明這位護法神的名字。後來古心的傳記資料如《南山宗統》《律宗燈譜》《律門祖庭匯志》《新續高僧傳》等都不再提到護法神的名字。"韋天"即韋天將軍，姓韋名琨，爲南方增長天王手下八將之一，也是四天王三十二將中的首將，其後世形象實際就是佛教寺院山門殿所常見的護法韋馱菩薩。韋琨之事，最早出道宣撰《道宣律師感通錄》。在律門傳統中，韋琨將軍主要是以守護戒律的形象出現的，如宋代昭慶寺允勘律師感得韋天示現，地湧戒壇；書玉之師見月讀體弘律，雲南鷄足山有信衆夢感韋天告知，見月爲迦葉尊者再來等。

② 憨山德清記載："公（雪浪）心苦極，忽嘔血數升，時管木即入，在架之人如鳥棲柔條，竟無小恙。豈非心力所致哉！"在架上安裝管木之人即是古心如馨律師，不過憨山大師將塔頂建設之功歸於雪浪的心力。據〔明〕顧起元《客座贅語》卷七"異僧"條記載，其二弟顧起鳳曾目睹古心律師安裝塔尖這一驚險過程："雪浪修塔時，所構鷹架與塔頂埒。一方僧居雪浪座下，升高，時天新雨，僧著釘鞋，登塔之第九層，從頂出，反身以手援簷，距躍而上，至承露盤中。衆人自下望之，爲股栗，而此僧往來旋轉，捷若飛猱，易如平地，咸詫以爲神。余弟羽王（顧起鳳）親見之。余謂此僧者，非有肉翅，必膽大如斗，或能壁飛，要之彼法門中大有能狡儈人。"顧起元所記異僧當即古心律師。雪浪應是感念古心助修長幹塔之誼，而鼎力支持古心律師弘戒。由古心律師修塔、築戒壇諸事蹟看來，古心律師應是一傑出的佛門建築家。

③ 憨山德清"（因發興復報恩寺之願）由是予北遊。固志在生死大事，其實中心二十餘年未嘗一日忘（興復之事）。……及予（萬曆二十三年）罹難被遣，過故鄉。公（雪浪）別予於江上，促膝夜談及初志。予曰：事機已就，若不遭此蹶，指日可成，今且奈何。"憨山德清還爲雪浪洪恩建議："兄（雪浪）試相時先唱（興復），當躬行乞於南都，以警衆之耳目。予早晚天假生還，尚可計也。公頷之。"雪浪爲修復長幹塔，率百僧沿街行乞募化之舉，實出於憨山德清之主意。見《憨山老人夢遊集》卷三十〈雪浪法師恩公中興法道傳〉。

入夢者也時。塔藏中獲鐵函,函《寶誌説戒圖》,圖壇壝三級,誌踞上座,祐律師踐尊證席。祐居金山,與誌同時。梁武創水陸儀文,命之宣白者也。圖中緇素簪纓,三匝圍繞,儀容肅穆。古心諦觀,自以繖山説戒,僅屬甌脱,欲倣其制。是圖送雞鳴寺供奉,旋不戒於火,而古心之撫本猶存。①

萬曆十六年(1588)得受文殊大戒之後,古心律師"專持梵律,皎若冰霜",一路南返,期間可能朝禮過峨眉山等地。② 萬曆二十一年(1593)左右,古心開始在攝山弘揚戒法,但似乎效果和影響都不太理想。究竟其原因,從傳戒的神聖性和權威性的角度看來,不外乎其作爲傳戒資格的身份不明,以及傳戒壇場的儀制未全。當然,還有他自身的聲名未著。寶誌與僧祐是梁代著名高僧,寶誌和尚以禪聞名,僧祐以律著稱,南山律宗初祖道宣律師也被認爲是僧佑律師"再來",寶誌與僧祐二人本身就代表了中國佛教的根脈,何況還有作爲戒壇規制圖樣的傳承象徵意義。所以,當古心律師看到報恩寺塔發掘出的《説戒圖》時,欣喜難言,不免感慨"繖山説戒,僅屬甌脱"。他趕緊摹一"撫本",以仿其形制,準備修築"神聖"的傳戒説戒壇場。巧合的是,後來供奉在雞鳴寺的原圖竟然不幸被火所焚,古心手中的"撫本"也就變成了唯一權威的"聖物"——代表中國佛教現實傳承根源的戒壇圖。

此時,已完全具備文殊大戒神聖傳承、"優波離再來"神聖身份、建立神聖壇場圖紙"聖物"的古心律師無疑已是當世傳戒説戒的最高神聖權威。《南山宗統》稱:"諸護法紳衿與名藍尊宿遂請開戒,振古香林。次靈谷、棲霞、甘露、靈隱、天寧等處,法會雲興。誠所謂戒月高懸、法雷遠震,於是廷臣野叟罔不知有戒也。自元末明興以來,律學荒蕪,自此南山之道得復振矣!"古心律師的戒法中興大業迎來了一個嶄新階段。③

---

① 《寶華山志》卷十。
② 此説出輔仁《律門祖庭匯志》。據輔仁説,古心名號的來歷即是峨眉山華嚴寺後山頂的古心坪。但他認爲古心萬曆十二年就開始營建南京古林寺,"三年告竣",這與較早的宜潔書玉、文海福聚等的説法明顯矛盾。長谷部幽蹊《古祖派的祖律祖行業記略(一)》和釋果燈都沿用了輔仁的這一説法。按《南山宗統》,古心應是在協助雪浪洪恩修復報恩寺塔,一舉聞名後移住古林寺。王棨《戒壇賦》也説明,古心到報恩寺是從攝山來,此前在"繖(攝)山説戒"。
③ 古心移住古林寺後,據輔仁《律門祖庭匯志》的説法:"登壇説戒,感證殿放光,五色霞彩,直沖霄漢,梁山群樓,三日不散,夜明如白晝,莫不駭異讚歎。遂稱天下第一戒壇,故古林爲中興戒律之祖庭也。"但他未能論及古林寺戒壇的來源。我們至此已經知道,古林寺戒壇就是古心按報恩寺發掘出的《寶誌説戒圖》修築的。

四、戒法中興:"文殊化身"與大開皇壇

　　祖師在佛教中的重要地位是因其對佛教的闡發、弘揚有着重要貢獻而論的,一般以修持、著述、傳法等爲表徵。① 佛教祖師更根源性的意義則是其象徵代表着佛之"法"的神聖性傳承,這是佛教中祖師信仰形成的根本原因。佛教各派祖師法脈的正統性,取決於它是否能最終追溯到釋迦佛。各種祖師法脈譜系建立的目的,在於通過祖師們的鏈條而與釋迦佛建立起聯繫,因爲這些作爲佛法傳承者的祖師們在不同程度上繼承着釋迦佛的神聖性和正統性。② 與傳法、接法的祖師法系授受相比,祖師轉世"再來"的身份權威性程度更大,因爲其往往意味着某些"先天"的"神聖性"和"神異性"。但是祖師轉世"再來"的身份一般是嗣後追認,所以要先在地確認爲祖師轉世身份,必須經過嚴苛的印證。在古心律師的戒法傳承中,文殊大戒的感應授受只能保證其戒法的神聖性,不能建立起其傳戒資格的權威性。當古心被認爲是持律第一的優波離尊重"再來"時,他傳戒(具足)的神聖身份得以確立,但這經過了修塔神異、義學權威雪浪洪恩、"聖物"《寶誌説戒圖》的三重"神聖"印證。

　　古心律師移住古林寺後,他的弘戒事業在南方叢林中轟轟烈烈的展開,也在社會上和官方引起了巨大反響,"廷臣野叟罔不知有戒也"。古心一生戒法中興事業的頂峰,是萬曆四十二年(1614)五臺山聖光永明寺(即今大顯通寺)的皇壇傳戒,這標誌着官方封閉戒壇的禁令正式解除,"戒法大興"。促成這次開壇傳戒的重要人物是古心"比肩弟昆"的戒子——被視爲"文殊化身"澄芳遠清。

　　澄芳遠清從古心受戒的因緣,也與夢感神諭有關。《南山宗統》澄芳本傳記載:

　　　　澄芳律師,諱遠清,新安人也。清厭俗歸真,遍參名宿,遊歷講肆,習賢首宗,遂精通教觀。從北來南,至越邦。時值金陵慧雲律師説戒于

---

① 這與《高僧傳》中區分的譯經、義解、習禪、明律等十門高僧有不同之處。
② 陳金華《東亞佛教中的"邊地情節":論聖地及祖譜的建構》,《佛學研究》2012 年總第 21 期,第 39 頁。

武林之靈隱寺,慧律師忽于夜夢有人語云:"明日有文殊菩薩化身來乞戒,律師方便爲彼授之。"次日清率衆趨壇執弟子禮,慧律師問曰:"汝何所來?"清曰:"從北五臺。"復問曰:"何往?"清答曰:"弟子向雖弘法,尚未近圓,是以久仰和尚道風,今欲歸依之。"慧律師曰:"不日進戒,汝來隨衆受之。"清辭退而去。屆日清微疾不至,慧律師只說彼虛言,復憶夢中之語"方便攝授",遂遣人探問,清果有微恙,是以慧律師不悋慈悲,統衆就彼,一時三壇方便授受。①

澄芳遠清實際是從北方五臺山南下弘法的華嚴學僧,並非泛泛之輩,其時正在昭慶講經。由於官方戒壇一直未開,隆慶至萬曆初,一般學僧是無法正常求受具足大戒的,因此澄芳雖然"向雖弘法",但也"尚未近圓"。恰逢古心律師在杭州靈隱寺"説戒",澄芳於是率衆弟子禮請古心授戒。但是在正式傳戒舉行時,澄芳却因臨時生病未能到會受戒。在此之前,古心也已經夢感了有文殊菩薩化身來乞戒,請求爲他方便授戒的神諭,②因此他特地集僧至昭慶爲澄芳"一時三壇"方便授受。③

值得注意的是,中國佛教早期傳統中,比丘戒、菩薩戒是分開授受的,《大昭慶律寺志》卷七云:"昔之受戒者,能持沙彌戒,方發心求受比丘戒;若更發大心,方求受菩薩戒。無一期頓受三戒者!""一時三壇"的授法是古心的創制,這個創制的根源,正是因爲古心自身在聖地五臺山感文殊戒時,是一時頓受的比丘戒和菩薩戒。因此在古心傳授的戒法中,菩薩戒是比丘戒的保證,一旦將菩薩戒與比丘戒截然分開,古心即面臨着比丘戒"作法成就"的神聖危機,即使古心被雪浪洪恩昭示爲"優波離再來"的祖師轉世。在古心的"神聖"屬性上,文殊感戒之"法"與"優波離再來"的身份是互爲發明的。在此,澄芳作爲"文殊菩薩化身"出現的意義,爲古心比丘戒、菩薩戒頓受的"戒法"神聖性作了一次循環印證。其神聖性邏輯在於:文殊傳戒於優波離→頓受戒法→優波離傳戒於文殊。

澄芳作爲"文殊菩薩化身"不僅是具有宗教性意義,更象徵着其推進古

---

① 《大昭慶律寺志》卷八《承芳傳》,"承芳"即"澄芳"。
② 《大昭慶律寺志》卷八提到,這位護法神就是"韋天"。
③ 《大昭慶律寺志》卷八:"(古心)來昭慶問疾,即於榻上説沙彌十戒,爲(澄芳)摩頂已。(澄芳)戒得威力,身不由己,勇猛精進,盥漱更衣,下榻求具。(古心)更爲集僧具儀,傳授菩薩大戒。"

心戒法中興大業的重大現實性貢獻。據澄芳傳記載,他在古心處受戒以後,如獲至寶,立即北還五臺山,"精研律部,善達開遮",開始了古心戒法的北上傳播工作。要真正令古心戒法大興,解決佛教界僧團體制的現實危機和"神聖焦慮",根本的途徑,就是促成官方重開戒壇。《南山宗統》記載:

> 清猶憶古有戒壇,自明統已來戒壇封錮,清欲興此舉,何由得便?幸值内宦與清契闊,言及於此,清尤善文筆,略書開建戒壇梗概,是以内宦奏疏帝闕。帝覽本大悦,斯乃神宗在位萬曆年間,奉旨南來詔慧雲律師,敕兩街及内使御馬監太監張然等齎敕並衣、缽、錫杖,大開皇壇説戒三年,於五臺山敕建聖光永明禪寺,仍賜紫衣金帛,師資一時恩榮受渥。

澄芳與宦官有密切聯繫,通過這一宮廷途徑得以上達奏疏。澄芳遠清的師承身份,前人皆未能詳考,今查憨山德清所作月川鎮澄塔銘中稱:"受法門人遠清等數百人,多能開化一方。"①則澄芳遠清爲北方華嚴名宿月川鎮澄嗣法弟子無疑。月川鎮澄另一著名弟子顓愚觀衡也稱:"衡昔於(五臺山)獅子窟中,常聞兄(澄芳)之名德十分高厚。往來窟中,語論超群。衡雖當時侍聆其側,尚在愚昧之間,未得深領微妙。後隨空印(月川鎮澄)大師入京,過遊上刹,承兄周旋管待。"②獅子窟(即今獅子窩)爲雪峰、鎮澄、憨山、妙峰等於萬曆十四年(1586)開創。鎮澄在此講《華嚴經》,編《清涼山志》,名重當時,引起慈聖太后與神宗的關注,先是頒賜《永樂北藏》以示褒崇,繼又延其晉京,於千佛寺和慈因寺講演諸經,大弘法化。可見澄芳遠清在獅子窟時期已經嶄露頭角,後又襄助月川在京弘化,大概在這個時期就與皇室結下了法緣。

據《大昭慶律寺志》卷八的記載,實際是慈聖太后詔澄芳遠清主持傳戒,但澄芳認爲自己剛受戒,沒有傳戒資格,所以向慈聖推薦了古心:"慈聖太后夢感文殊菩薩肉身還山,物色及師(澄芳)。遂詔師主五臺傳戒,師辭曰:纔登戒品,行持未全,有本師在,不敢妄承。上(神宗)乃移命古心。"慈聖事佛極誠,萬曆時期佛教的快速復興,其中的關鍵,離不開慈聖皇太后的大力推動。早在萬曆七年(1579)年,慈聖皇太后即想重開戒壇,但被張居正諫止

---

① 《憨山老人夢遊集》卷二十七《敕賜清涼山竹林寺空印澄法師塔銘》。
② 《紫竹林顓愚衡和尚語錄》卷第六《答澄芳大師》。

了:"(萬曆)七年二月,上(神宗)患疹,慈聖太后命僧于戒壇設法度衆。張居正上言:戒壇奉皇祖之命,禁止至今。以當時僧衆數萬,恐生變敗俗也。今豈宜又開此端?聖躬違豫,惟告謝郊廟社稷,斯名正言順,神人胥悦,何必開戒壇而後爲福哉!事遂寝。"①萬曆三十三年,杭州昭慶寺似乎舉行了一次臨時的開壇説戒。②萬曆四十一年,慈聖皇太后在澄芳的建議下,終於促成神宗下詔古心開傳皇戒。《大昭慶律寺志》卷七載:"萬曆四十一年,御馬監太監張然傳奉聖旨:詔大沙門如馨律師,欽賜紫衣、鉢盂、錫杖,於四十二年四月初一日至初八日,恭就五臺山敕建聖光永明禪寺傳受千佛大戒。"萬曆四十二年二月,就在即將皇壇大戒即將開傳之時,慈聖皇太后逝世,詔開戒壇成爲她一生最後的奉佛事業。

　　古心在聖光永明寺的傳戒極爲隆重轟動,是自嘉靖四十五年(1566)以來的佛教盛事。"南北緇素,登壇稟戒,皈依者不可稱計。"古心律師升座説戒,感得祥瑞"五色瑞雲結蓋盤空,亭午方散"。神宗大爲歡喜,爲此次戒會御賜了錫杖、衣鉢一千二百五十副"隆眷甚渥",錫聖光永明寺戒壇額"萬壽戒壇",命人繪寫古心傳戒儀容,賜號"慧雲律師"。③據幻輪記載,這次戒會名龍華大會,準備舉行"三年三次"。④古心律師本欲説戒三年,但因"鄰界戎馬"⑤,因此在一期受完之後即南歸,命澄芳遠清續座,在五臺山繼續弘戒,以滿三年之敕,"斯時戒法大興"。萬曆四十三(1615)年十一月,古心律師圓寂,塔葬於南京天隆寺玉環山。神宗聽聞古心遷化,詔命古心弟子北京潛忠寺大會永海,奉古心律師祖像供於大内,並御筆題贊"永垂瞻仰""瞻其貌,知其人。入三昧,絕六塵。昔波離,今古心"。《南山宗統》云:"宋代元末律宗戒學

---

①　谷應泰《明史紀事本末》第六十一卷《江陵柄政》。關於慈聖皇太后的崇佛,及張居正對此的態度的詳細分析,參見陳玉女《明萬曆時期慈聖皇太后的崇佛》,收入《明代佛教與社會》,北京:北京大學出版社,2011年,第96—146頁。另,王啓元也論及慈聖皇太后的崇佛及其背景,見《慈聖皇太后、〈九蓮經〉與萬曆佛教》,《佛學研究》2014年總第23期。
②　書玉《佛説梵網經初津》卷一謂:"萬曆三十三年,敕賜萬壽戒壇。謂登壇説戒,祝延聖壽故也。"似乎有開壇説戒的意思。但《大昭慶律寺志》卷二載:"萬曆三十三年,傳如達於朝。上命漢經廠太監張然賜大藏經全部,帑金千兩,建閣供奉。敕名萬壽戒壇。"如此則又只是敕了戒壇名,並没有傳戒。
③　民國版《清涼山志》卷三選提到,神宗命"司禮内臣張然代受菩薩戒"。
④　幻輪《釋鑑稽古略續集》:"丁巳(萬曆)四十五年(當是四十二年之誤),上於五臺山建龍華大會,御賜錫杖衣鉢一千二百五十副,盛闡宗猷。古心、承芳二師住持。如是三年三次云。"
⑤　查萬曆四十二年山西境内似無兵馬之事,但九月時,平遥、榆社等地地震,死傷不小。

相繼不恒,其白四進具,三聚妙圓,乃肇興于祖。是以明季及我大清盛世鼎新以來,海内弘紹之英,凡服田衣而知戒者,莫不尊親爲中興律祖云。"

古心律師圓寂後,澄芳遠清在聖光永明寺繼續弘戒事業。① 明熹宗天啓四年(1624),澄芳同門顓愚觀衡致書云:"吾兄法道大暢南北,聲馳轟轟在耳。……支那律教自宣師之後似乏其人。今幸吾兄主之,是知佛法久遠住持,自今日再逢運也。未來有情得正發心,獲清净眼,頓證金剛戒體,皆吾兄開化之力。非文殊應身,慈氏再來,豈能荷此大任乎!欽服,欽服!"②澄芳後圓寂於聖光永明寺,身後幾與古心律師齊名。木陳道忞在《布水臺集》中稱"古心、澄芳,稱毗尼最著之師"③。文海福聚極力稱讚澄芳對古心弘律事業的協助:"誠所謂法道一時,師資讚揚,以光法化,世所稀有,自古法門之盛,莫周於此。"文海福聚認爲,澄芳遠清"非是靈山受囑,秉乘大願而來,不能如是耶。是以慧律師(古心)斯時戒法大興,即此觀之,果符慧雲律師夢中之語,清乃文殊菩薩化身乞戒無疑矣!不然則不能恒住此山。故《華嚴經》云:肉身菩薩多住此清涼山中"。

五、結論

沈丹森教授已令人信服地指出,中古時代的聖地五臺山對於統治政權具有實用主義的政治意義。④ 陳金華教授則認爲,聖地五臺山的形成和確立關涉文化優越感及宗教權威的轉變。⑤ 對於佛教而言,聖地五臺山意味

---

① 澄芳遠清自身與聖光永明寺淵源極深。聖光永明寺即大顯通寺,萬曆三十三年(1605),澄芳遠清師友妙峰福登鑄造文殊銅殿一座,議置顯通寺。神宗、慈聖皇太后嘉許妙峰功行,命其重修顯通寺。萬曆三十四年(1606),顯通寺鼎然一新,以磚壘七處九會大殿,莊嚴壯麗,神宗賜額"敕建大護國聖光永明寺",敕封妙峰爲住持。又舉行了華嚴七處九會道場法會,請十大德開講《華嚴經》,以澄芳遠清之師月川鎮澄爲第一座主。
② 《紫竹林顓愚衡和尚語録》卷第六《答澄芳大師》。
③ 原文爲:"義學之家,朗達如雪浪恩,高卓如雲棲宏。古心、澄芳,稱毗尼最著之師。天童、顯聖,號禪社特尊之彦。"見《布水臺集》卷十三。
④ 沈丹森(Tansen Sen)在《佛教、外交與貿易》一書中考察了武則天如何利用聖地五臺山來確立唐王朝在佛教世界的中心地位,及其作爲佛教傳説中轉輪聖王的特殊身份。轉引自安素姗(Susan Andrews)《神聖的複製與逆轉:檢視釋奝然聖徒傳中的五臺山描述》,陳金華、孫英剛(編)《神聖空間:中古宗教中的空間因素》,上海:復旦大學出版社,2014年,第385頁。
⑤ 陳金華《東亞佛教中的"邊地情節":論聖地及祖譜的建構》,《佛學研究》2012年總第21期,第34頁。

着神聖根源的永恒象徵。檢視古心如馨的生平行履，我們發現聖地五臺山貫穿其戒學中興運動的始終，更是其重構佛教戒法神聖性的關鍵。朝禮臺山，感應文殊菩薩的加持，如馨獲得戒法的"神聖傳承"，保證了其戒法源頭的合法性與根本性。顯示神異，協助南方義學領袖雪浪洪恩（1545—1608）修復金陵三大刹之一的南京大報恩寺長干塔，借由洪恩之口，昭示其爲"持戒第一"的"優波離尊者再來"的"祖師轉世"身份，同時獲得"聖物"象徵的《寶誌說戒圖》；實現其傳戒資格的"合理性"與可能性。傳戒于"文殊化身"北方華嚴學僧五臺山永明寺澄芳遠清，由遠清上奏慈聖太后和神宗，促成萬曆四十二年五臺山開傳皇戒，徹底地顛覆了明世宗以來的傳戒禁令，使得"斯時戒法大興"。古心、雪浪、澄芳三人皆是屬於華嚴學系，他們與明代中後期南北佛教華嚴學頻繁交流的時代背景密切關聯。因此，萬曆年間古心如馨的戒學中興，可謂是南北華嚴學僧因戒律意識自覺而共同掀起的一場振興運動。這場戒學中興運動影響深遠，一直延伸至現代中國佛教戒律的傳承。

陳金華教授認爲，聖地創建與祖譜建構是中古佛教"邊地焦慮"的兩種對治之道。在古心如馨的戒學中興運動中，我們則看到一個更爲豐富立體的聖地信仰和"祖師轉世"信仰合流形成與作用的個案。五臺山既是神聖的文殊菩薩道場，也是通往影響現實世界的最佳途徑。自宗教史學的立場來看，正是圍繞五臺山這一神聖與現實高度重合的空間，古心如馨由聖地的神聖加持和"祖師轉世"的身份建構，獲得其"戒法"和身份的神聖化，確立其戒律傳承的"正統性"。進一步地，由其"正統性"，經現實展開，在雪浪洪恩與澄芳遠清的襄助下，古心最終在聖地五臺山實現了其中興戒學的宿願，自上而下地重構了佛教戒律傳承的神聖性與現實性。五臺山是古心"戒法"來源的神聖地，也是古心最終實現中興戒學宿願還歸地。

從佛教自身的視野來看，古心如馨的神聖化及其戒學中興是作爲"再來人"的"優波離化身"與"文殊化身"以聖地五臺山這一神聖空間作爲精神聯繫紐帶，在戒法傳承主題上"神通遊戲示現"感應的現實展開，這種"神通示現"的思想依據和認識根源正如中國佛教哲學"本跡觀"所揭示的那樣——自神聖超越世界立場的"本"而展現爲世俗現實世界的"跡"。神聖超越的"本"世界與世俗現實的"跡"世界恰于當下的聖地五臺山高度重合。

如馨與聖地五臺山這一神聖傳承因緣,深刻地影響了其戒法傳承的内容屬性,聖地文殊戒與"優波離再來"這兩重合流的强烈象徵也爲我們昭示了東亞佛教中漢地佛教與藏傳佛教、日本佛教在戒律制度上的某些不同面相。

雍正帝與佛教關係論綱
——兼論清代佛教史研究的方法與材料

楊奇霖

引言："被遮蔽"的清代佛教

梁啓超在《清代學術概論》中借佛教所說生、住、異、滅四相，來比喻時代思潮之流轉同樣可以例分四期，曰："一啓蒙期生，二全盛期住，三蛻分期異，四衰落期滅。無論何國何時代之思潮，其發展變遷，多循斯軌。"①又《中國佛法興衰沿革說略》一文述其大端云：佛教計自西元一世紀初，漸入中國且分布於各地。歷經"輸入"與"建設"，至隋唐而大盛，成一代思潮，然而"佛法於兹極盛，佛法即於是就衰矣"。兩宋以降，日漸式微，"元代師禮番僧，頗興密教，其於顯説，則未有聞。有明末葉，蓮池（袾宏）、交光（真鑑）、妙峰（福登）、憨山（德清）、蕅益（智旭）先後崛起，斯道稱中興焉。入清轉衰，清諸帝雖皆佞佛，然實政治作用，於宗教無與，於學術益無與也。"②粗略觀之，作爲"時代思潮"之佛法在中國的演進歷程似乎確如梁氏所言。數年後胡適亦慨歎："憨山、蓮池的中興事業也只是空費了一番手足，終不能挽回已成的敗局……中古宗教是過去的了。"③不僅以

---

① 梁啓超著，朱維錚導讀《清代學術概論》，上海：上海古籍出版社，1998年，第2頁。
② 詳見梁啓超《中國佛法興衰沿革說略》，張曼濤主編《現代佛教學術叢刊》三十九《中國佛教通史論述》，臺北：大乘文化出版社，1978年，第23—39頁。《清代學術概論》中亦曾提到"前清佛學極衰微"云云，見前注，第99頁。
③ 胡適《廬山遊記》，《胡適文存》第三集二卷，遠東圖書公司，1952年，第149—150頁。按胡文作於1928年（見胡頌平《胡適之先生年譜長編初稿》第三册，聯經出版公司，1990年），而梁氏之文寫於1920年（見陳士强《梁啓超〈佛學研究十八篇〉校讀記》，《法音》2001年第5期，第22—28頁）。

中古宗教之"性格"審視近世,更直接將明末以降之佛教目爲"敗局",頗能代表當時學者的普遍看法。

這種印象不啻存於學術史和思想史研究者心中,即便是專門的佛教史家也往往"厚古薄今"。如黄懺華《中國佛教史》凡例即明言:"歷史通例,雖應愈至近代愈詳。然佛教、佛學,實以隋、唐爲最盛。自宋以降,愈趨愈下。故本書之敘述,不得不詳於隋、唐,而略於宋以後。"①這樣的結構安排在中國佛教通史著作中並不鮮見,無論是日本早期的中國佛教史家,如忽滑谷快天②、宇井伯壽③、道端良秀④、鎌田茂雄⑤、野上俊静⑥等,抑或是印順⑦、蔣維喬⑧、黄懺華⑨、杜繼文⑩、方立天⑪、魏道儒⑫等近現代中國學者,從其論著於清代(乃至明清或近世)佛教之下或不遑多論,或寥寥數語,或"衰落""保守"之標題中,便已顯示出清代佛教的衰頹之相。

那麼,清代佛教真的是衰敗了嗎? 正如江燦騰所指出的那樣:"衰微是指什麼? 衰微的標準又是什麼?"⑬對這一系列問題的不同回答,其實是由佛教史研究中不同的方法或範式所造成的敘述視角的差異。19世紀末以來,我們逐漸擺脱了以護教、闡教爲目的的信仰主義宗教研究,開始了具有近代學術意義的宗教史研究⑭,在這些研究中又存在着哲學、史學、文獻學和宗教學等等不同的進路。其中尤以哲學式的研究爲主流,準確地説,這種範式的研究對象是佛教思想的歷史,而非佛教的歷史。雖然隨着研究的不斷深入和推進,越來越多的學者開始利用到史學和文獻學的方法,但其最終

---

① 黄懺華《中國佛教史》,《民國叢書》第一編第8册,上海:上海書店,1989年,"凡例"第1頁。
② 忽滑谷快天《禪學思想史》下卷,東京:玄黄社,1925年。
③ 宇井伯壽《支那佛教史》,東京:岩波書店,1936年。
④ 道端良秀《中國佛教史》,京都:法藏館,1961年。
⑤ 鎌田茂雄《新中國佛教史》,東京:大東出版社,2001年。
⑥ 野上俊静等《佛教史概説　中國篇》,京都:平樂寺書店,1968年。
⑦ 印順、妙欽編《中國佛教史略》,上海:正聞學社,1947年。
⑧ 蔣維喬撰,鄧子美導讀《中國佛教史》,上海:上海古籍出版社,2004年。
⑨ 黄懺華《中國佛教史》,《民國叢書》第1編第8册,上海:上海書店,1989年。
⑩ 杜繼文主編《佛教史》,南京:江蘇人民出版社,2006年。
⑪ 方立天主編《中國佛教簡史》,北京:宗教文化出版社,2001年。
⑫ 魏道儒《中華佛教史》,太原:山西教育出版社,2013年。
⑬ 江燦騰著《聖域踏尋:近代漢傳佛教史的考察》,臺北:博揚文化事業有限公司,2008年,第92—93頁。
⑭ 葛兆光:《中國(大陸)宗教史研究的百年回顧》,《二十一世紀》1999年2月號,第41—48頁。

目的依然導向對佛學思想的梳理與批評。① 這一範式從晚清一直延續至今,與早期學術研究的思路、資料和風氣等相關②,因此,當我們像梁啓超那樣,以佛學或佛法的視角來回看佛教,那麼確實會得出類似的結論——如果與隋唐時代相比較,宋以後的佛學(尤指士大夫或上層僧侶所創造、闡述、傳播的哲學思想)雖然繼續遵循其内在發展理路而艱難前行,但無論是宗派的開創、教義的發展,還是僧侶的學識和地位,都實難與中古時期媲美。據此而言,宋代之後的佛學確實是"愈趨愈下"。因此,對於不少佛教學者來說,一旦他們業已認定這樣的大趨勢,那麼所進行的研究無非就是論證和描述衰敗的事實與過程了。③

但是,佛教作爲一種宗教,除了其本身的教義與思想之外,還涉及制度、教團、儀軌、經濟、禮俗、藝術等諸多要素,每一項都是佛教不可或缺的組成部分。陳玉女曾指出"明代普遍被認爲是佛教衰退時期,然而每個朝代都有其各自發展的佛教生命歷程和特質,明代也不例外,僅從譯經、宗派教義思想的側面論斷明代佛教的衰頹或思考明代佛教的發展,實待斟酌。"④此論雖是針對明代佛教而發,但對於又"下明代一等"的清代佛教來說同樣適用。如果我們以歷史學或宗教學的方法來重新審視,就會發現所謂佛教的"衰頹",毋寧說是一種"遮蔽",即以義理哲學的視角或者精英話語體系對明清佛教思想進行的定性,並不必然意味着佛教的落寞。佛教自傳入中國以來,無論其教義思想如何發展演變,佛教始終以各種形式存在着,僧團和科儀在民間社會的影響與作用不絕如綫,佛教資源與本土文化之間不斷互動滲透。

---

① 或者説他們一開始所希望研究的便是佛學思想的歷史。不僅僅是佛教史,道教史同樣如此,任繼愈、卿希泰的道教史,更像是道教思想史,直到司馬虚、勞格文等學者,才出現更接近"歷史學意義"的道教史。

② 如受到日本佛教宗學研究的影響,中國早期的佛教史著作同樣認爲明清時佛教思想的衰退期。吕澂《中國佛學源流略講》序言中便對這種因襲關係做了説明:中國幾部較早的佛教史皆"取材並模仿日本人","蔣維喬著的《中國佛教史》,主要取材於境野的《支那佛教史講話》(宋前部分);黄懺華著的《中國佛教史》,則大體仿照宇井的著書;都是以日本人的著作爲藍本的"(北京:中華書局,1979年,第18頁)。其實,在後來很長一段時間内,我們都在繼承這樣的寫作範式。

③ 如郭朋《明清佛教》和後來的《中國佛教思想史》第三卷,選定明清佛教作爲研究對象,固然是學術的深入與進步,但前書於清極其簡略,還不及五十年前的蔣維喬;後一書雖以"思想史"爲題,但基本沿襲前書,繼續認爲明清是佛教的衰微期,禪門黑幕重重,思想因襲,無創造性,所以没有太大的思想價值。書評見江燦騰《評介郭朋著明清佛教》,《人間净土的追尋》,臺北:稻鄉出版社,1989年,第249—262頁。

④ 陳玉女《明代佛門内外僧俗交涉的場域》,臺北:稻鄉出版社,2010年,第6頁。

作爲時代風潮的佛學雖然漸漸讓位於新的思想，但佛教却越來越廣地爲民衆所接受，也越來越深地植根於社會之中。

此外，還需指出的是，如果將研究對象限定在佛教思想的範圍之内，是不是就可以依照哲學研究的範式繼續下去了呢？是不是就可以放心大膽地將清代佛教從整個佛教思想的殿堂中剔除出去了呢？並非如此，因爲這樣又陷入另一個泥淖，那就是將思想狹隘地局限爲上層的、精英的。然而思想史不僅僅是"思想家的思想史"，"我們不應忽略這些並不高明，可能只是一般水準的知識、思想和信仰"①。隨着明清時基層僧團在社會中的發展和傳播，佛教思想也愈加民間化、世俗化而逐漸演變爲民間信仰；長久以來儒釋道三教之間的辯難與交涉在明清之際逐漸走向混融；在明末高僧的提倡與弘傳下禪淨合流，念佛法門逐漸流行。這些特點正是對當時社會經濟的反映，亦是與現實密切關聯的體現。諸如"世俗"和"混融"等本身即可被視爲一種新的思想形態，而絶非衰落的結果。事實上，明清與隋唐的佛教是不同時代的産物，我們既不必將二者强加比較然後哀哀不已。也不應以精英主義的立場來對世俗化、民間化的思想冷嘲熱諷，並冠以"衰頽"的名目。② 正因如此，我們似乎有必要重新勾勒中國佛教史的輪廓，重新審視清代的佛教。

一、"再發現"：清代佛教及其意義

《清續文獻通考》敍清代佛教大端云："言其盛衰：則律宗自明末寶華山三昧律師後，代有聞人；禪宗分派，臨濟爲盛，高僧不可縷指；賢首宗明季式微，國初柏亭大師成法出，撰述宏富，大闡宗風。天台宗自明末藕益大師後，兼開淨土法門，靈乘、靈耀宏宣此宗。康熙時淨土宗大師有省庵夢東、達默古昆……我朝順治至乾隆最盛，嘉慶以後寖衰，咸豐時洪、楊擾攘，以耶穌教爲號召，排斥異教，寺觀爲墟。然剥極則復，光緒年間，又勃然興起矣。"③ 從

---

① 相關討論參見葛兆光著《思想史的寫法——中國思想史導論》，上海：復旦大學出版社，2004年，第70—83頁。
② 需要特別說明的是，筆者絕無意抹殺前輩學者篳路藍縷的開創之功和早期研究啓迪後人的基礎作用，只是希望指出在宗教史研究中不同的範式所造成的敍述視角的差異。
③ 《皇朝續文獻通考》卷八九，《清朝續文獻通考》第1冊，北京：商務印書館，1936年，第8486頁。

中頗可見清代佛教的一些特點,並且絕非只有衰敗之相。先將話題略微岔開,朱維錚先生曾將其關於"從晚明至晚清的歷史斷想"稱爲"走出中世紀"。① 而這段被其視爲中國的黑暗中世紀的時期恰恰就基本與清代相重合。那麼對於身處其間的佛教來說,在從晚明到晚清之間的三百餘年歷史中是如何發展的呢?在前引《清續文獻通考》的敍述脈絡中,佛教何以會在萬曆三高僧的短暫興盛之後旋即落入低谷?以致等待迎接下一次復興。在所謂"晚明佛教復興"與"清末佛學復興"之間,佛教究竟如何自處?又如何一步步演進爲近代佛教之諸形態?這些都是探求清代佛教的關鍵所在。除上節已約略論及的清代佛教特點外,下面再對其特殊性做一概括。

從近現代佛教發展歷程來看,清代(尤其是清初)處於承先啓後之關鍵位置。先説承先:晚明佛教雖以禪宗的勢力最大,但宗風衰頹,又陷於激烈的派系之爭,另外天主教在華北地區逐漸傳布,由於教理差異,引起與佛教之間長期的辯論;在民間方面,新興教派趁"三教合一"的流行思潮而紛紛出現,亦對佛教構成強大的壓力。② 加之當時叢林種種弊端,迫使佛教自身探尋重振宗風之路,是有所謂中興,而清初佛教之盛,便是中興的直接體現。除了受惠於晚明佛教復興的大勢之外,彼時所產生的種種新命題、新思潮、新方向,也都在清初的佛教中得到繼承和發展。再看啓後:現今中國的佛教現狀亦在相當程度上繼承了明清佛教的特徵,可以被看作是明清佛教的延續,特別是大部分佛教儀式皆爲明清所傳,可以説明清佛教實爲當代佛教之先聲,具有極其重要的現實意義。③ 而清代佛教的沉痾,乃近現代佛教振興的大障,研究、總結佛教在清代衰邁的原因和清代佛教的種種弊病,對革除佛教積弊,促進佛教知識近現代社會而實現轉型,同樣具有極爲重大的意義。④

---

① 朱維錚《走出中世紀》,上海:上海人民出版社,1987 年,第 1—50 頁。朱先生所用"中世紀"之概念,主要是借鑒歐洲傳統歷史分期的説法,特別是用以強調"medieval"與近現代(modern)文明相對應。這與日本學者所提出的"中古—近世"學説在時間劃分上較爲不同。在本文其他處所謂"中古宗教""近世佛教"云云,仍依照東洋史學者所習用的劃分方法,即以"近世"指稱"唐宋變革"(如果確實存在的話)之後、近代之前的時段。
② 江燦騰《晚明佛教復興運動背景的考察——以憨山德清在金陵大報恩寺的磨鍊爲例》,《聖域踏尋:近代漢傳佛教史的考察》,臺北:博揚文化事業有限公司,2008 年,第 25 頁。
③ 黃夏年《十五卷本〈中國佛教通史〉出版》,《世界宗教研究》2011 年第 1 期,第 177 頁。
④ 陳兵《現代僧中素王——震華法師》,《佛教文化》2000 年第 1 期,第 43 頁。

從佛教思想的自身發展來看，清代佛教具有世俗化、混融性的特徵。日本學者受到西方宗教學研究方法的影響，較早關注到佛教的世俗化傾向①。諸如以道端良秀②、牧田諦亮③等人爲代表的學者將中國近世佛教稱爲"民衆佛教"。當然，民衆佛教與佛教的世俗化並非自明清始，而是一直伴隨着佛教的傳播。誠如牧田諦亮所言："中國近兩千年佛教史發展，考慮推動中國佛教史的因素，假如無法確實瞭解其僅由極少數的僧侶在指導，而實際靠幾近無數的庶民大衆以其信仰之力護持佛教的這一事實，真正的中國佛教史是無從成立的。"④因此，即便是永井政之⑤、阿部肇一⑥等並非專治明清佛教的學者也早已清晰地認識到"僧團社會的發展，實在難以認爲他們與世俗的社會無何交涉"⑦。民衆對佛教容受和三教間的不斷交涉，最終使得清代佛教走向禪净合流、三教混融的道路⑧。

從佛教組織和制度的發展來看，清代佛教教團的宗派性更加突出。陳垣《清初僧諍記》中無論是針對《五燈嚴統》和《五燈全書》的"濟洞之諍"，還是圍繞密雲與三峰的"天童之諍"，無不透露出清初佛教宗派意識的興盛，長

---

① "世俗化"本是西方宗教學中與"神聖化"相對應的一個概念，其本身的内涵演變史相當複雜，阿部肇一在其《增訂中國禪宗史的研究：政治社會史的考察》一書中曾對此概念做過相關討論（見研文出版社，1986年，第110—112頁，注釋4）。但是其所據理論與其原本意義似乎稍有偏差。加之對於所謂"民間宗教"在近來西方宗教學界已有全新看法（見孫英剛：《跨文化中的迷惘："民間宗教"概念的是與非》，《學術月刊》2010年第11期，第21—27頁。）筆者將在日後的寫作中對這一概念進行仔細辨析，本文所謂世俗化蓋取其最普遍意義，在外延上涵蓋"民間的""民俗的""民衆的""下層的""通俗的"等意思，並與日人所謂"民衆佛教"或"佛教的民間受容"相關。釋果燈在研究明末清初律宗時，曾給出過自己對於"世俗化"概念的定義，參見釋果燈《明末清初律宗千華派之興起》，第2—8頁。
② 道端良秀《中國仏教思想史の研究：中國民衆の仏教受容》，京都：平樂寺書店，1979年。
③ 牧田諦亮《民衆仏教の展開——中國近世仏教史略》，見牧田諦亮《中國仏教史研究 第三》，東京：大東出版社，1989年，第73—290頁。此後由牧田諦亮執筆的《民衆與佛教》，收入中村元、笠原一男、金岡秀友編《亞洲佛教史・中國編Ⅱ》，東京：佼成出版社，1976年。代表了主流學界的觀點，新版也一樣，由野口敬善寫的元明清部分雖未明確提出，但在其後加入陳繼東縮寫民間佛教信仰一章。
④ 牧田諦亮《謝肇淛の仏教觀：中國仏教史研究への一提言》，《東洋學術研究》卷14第5號，1975年，第2—3頁。
⑤ 永井政之《中國禪宗教團と民衆》，東京：内山書店，2000年。
⑥ 對於所謂宗教學意義上的"世俗化"，阿部肇一有四點説明，見阿部肇一《增訂中國禪宗史的研究：政治社會史的考察》，東京：研文出版社，1986年，第110—112頁，注釋(4)。
⑦ 阿部肇一《增訂中國禪宗史的研究：政治社會史的考察》，東京：研文出版社，1986年，第5頁。
⑧ 雖然這一學說在唐末宋初便已萌芽，但還未達到成熟學說的程度。混融佛教的成立，實乃晚明佛教的一大特色，更是清代佛教之起點。參見久保田量遠《中國儒道佛三教史論》，東京：國書刊行會，1986年，第608—609頁。

谷部幽蹊更明言宗派佛教在乾隆前半期達到頂峰。① 一方面，僧團的組織性不斷加強，通過授戒儀禮或是僧團清規，將教學的師徒演變爲叢林之中的父子關係，②美國學者尉遲酣（Holmes Welch）則直接稱其爲"剃頭家族"③。另一方面，佛教内部對法脈的傳承與譜系的書寫尤其看重，他們將唐宋以來記述師資的傳統"發揚光大"，傳燈與演派的著作層出不窮，這種建構更加強化了對於宗門的身份認同和對其他家法的排斥，以致近代幫會竟將其組織制度追溯至禪宗。④ 亦從一個側面反映了清代宗派佛教之影響力。

從中國佛教的多元構成來看，清代在推動藏傳佛教方面有着獨特的貢獻。密宗自唐玄、代之朝短暫興起以後，繼而於"蒙藏二地，宏廣宗風，龍象迭出；中土則會深義而從淺，遺秘旨而未思"⑤，元代以後，才又與中土密切聯繫。自滿洲崛起開始，便展現了其"政治天才上的優越"⑥，先是藉藏傳佛教爲津梁而與漠南蒙古結成聯盟，入主中原後雖在漢地推行崇儒重道之文化政策，但仍將佛教視爲構建滿、蒙、藏之間身份認同的核心意識形態。無論是傳統研究將藏傳佛教作爲清廷羈縻蒙藏的工具，還是近來一些清史學者所主張的佛教作爲清帝國多元皇權的構成主體，實則都在強調藏傳佛教之於清代的特殊地位和意義。反過來説，清帝國的多元屬性與統治需要也客觀上促進了有清一代藏傳佛教的發展及其在内地的弘傳。同時，清代的藏傳佛教往往與邊疆、民族緊密聯繫，成爲清史研究領域的重要議題，這也使得對清代藏傳佛教的研究堪稱目前清代佛教研究相對集中的領域。⑦ 而且清代邊疆史、民族史的研究也不斷推動着佛教史的進步，甚至改變着我們的視角，對此稍後還會談到。

---

① 長谷部幽蹊《明清佛教教團史研究》"小序"，京都：同朋舍，1993年，iv—v。
② 參看土橋秀高《授戒儀禮之變遷》（第205—228頁）、小川貫弌《宋元明清に於ける教團の構造——宋元仏教の僧尼制度》（第283—321頁），并見芳村修基編《仏教教團の研究》"中國篇"，京都：百華苑，1968年，第205—350頁。
③ Holmes Welch. *The Practice of Chinese Buddhism*，1900‑1950. Cambridge：Harvard University Press，1967. Holmes Welch. *The Buddhist Revival in China*. Cambridge：Harvard University Press，1968.雖然研究近現代，但以爲前述清與現代佛教之間的緊密聯繫，所以仍可從中窺見清代佛教的情況。
④ 參見陳國屏《重訂加注清門考源》，上海道德善堂，1939年，第1—29頁。
⑤ 吴佩孚《蒙藏佛史序》，見妙舟《蒙藏佛教史》，第3頁。
⑥ 札奇斯欽《滿清對蒙古的宗教政策》，張曼濤主編《現代佛教學術叢刊》十五《中國佛教史論集（六）——明清佛教史篇》，大乘文化出版社，1977年，第351頁。
⑦ 參見邱高興《清代佛教研究現況》，《普門學報》2003年第16期，第318頁。

從君主專制與權力結構的運行來看，清代佛教面臨着新的"網絡"與"張力"。一方面，獨裁政治在雍正帝之後達到頂峰，加之異族支配所帶來的合法性危機，使得以君主意志爲代表的國家權力不斷追求向下的擴張，一步步深入社會的"毛細血管"之中。① 相應的，清帝國宗教政策之"性格"隨之迎來轉變，對教團之管控與干涉也逐漸加強。另一方面，在以儒釋道三教爲重要紐帶所締結的基層社會之中，佛教（僧侶、儀式）與政府官員、地方精英一同構成了地方治理的權力網絡，既成爲傳遞國家權力的通道；也在一定程度上爲"國權不下縣"提供可能，清代佛教也就在彼此張力之間呈現出複雜和多變的特點。與此同時，皇帝的獨裁權威與個人信仰又往往直接介入其中。尤以清初順、康、雍、乾四帝爲代表，君主對於佛教（或其他宗教）又多有崇信，這便出現了皇帝個人對三寶的優禮與宗教政策的嚴厲之間看似彼此矛盾的獨特風景。

　　最後，從中國漢、藏佛教與對外交流的角度來看，清代雖被長期冠以"閉關鎖國"之名，但在特定時空之下的佛教交流却有特殊意義。其中最爲著名的或許要屬清末暨日本明治時期的中日佛教往來，它不僅關乎中國佛教文獻之"回流"②，更深切影響到此後中國本土佛教史研究之理路。事實上，如果我們再將視角轉回清初與日本江户時代，同樣會發現近世東亞的佛教互動遠較此前所認知的頻繁密切，這已爲近來不少學者所揭示，如作爲嘉興藏東傳的表徵之一的明末唯識學著作在日本的流傳與發展；③以及自隱元隆琦東渡長崎之後，日本黄檗宗從中國祖庭延請僧人的傳統至少延續到18世紀。④ 與東亞遙相呼應，藉助大清帝國的多元統治，漢藏佛教之間的流通進一步加強，暫且不論本身即是非漢文文獻的《大藏全咒》等典籍在漢僧中的

---

① 王汎森《權力的毛細管作用——清代的思想、學術與心態》（修訂版），臺北：聯經出版公司，2014年。
② 陳継東：《近代仏教の夜明け—清末・明治仏教界の交流》，《思想》943號，東京：岩波書店，2002，第88—107頁。陳繼東：《清末仏教の研究——楊文会を中心として》，東京：山喜房佛書林，2003年，第119—202頁。
③ 簡凱廷：《晚明唯識學作品在江户時代的流傳與接受初探》，《中華佛學研究》2015年第16期，第43—72頁。
④ 吳疆著，盧中陽、趙颯颯譯《黄檗僧東渡斷絶考：十八世紀江户幕府的唐僧招請》，《漢語佛學評論》第5輯，上海：上海古籍出版社，2017年，第196—235頁。Jiang Wu. Leaving for the Rising Sun: Chinese Zen Master Yinyuan and the Authenticity Crisis in Early Modern East Asia. Oxford: Oxford University Press, 2014, pp.209-242.

修習,僅就漢文《龍藏》來看,其中已可見出藏傳佛教影響之痕跡;至於滿、蒙文藏經之編定則更離不開漢藏佛教之共同作用。①

基於上述種種特徵,在清代佛教的研究過程中,我們不應將視角局限於佛學思想,亦不應將思想狹隘地理解爲精英哲學,而是應當看到佛教的世俗化轉變,看到宗派自身的發展特性,看到宗教背後所承載的民族、政治意義,看到僧團與政府之間的交涉,看到僧人個體與國家機器乃至士大夫、皇帝的關係。依託浩如煙海的明清史料,並通過對豐富的各類宗教文獻的爬梳與整理,清代佛教史研究的精細程度,理應超越前代,而非僅僅以佛教衰敗爲藉口避而不見或是泛泛而談。

二、"轉捩"與"賡續":雍正帝及其時代之佛教

通覽有清一代的佛教發展史,雍正朝不僅集中體現了前揭所述清代社會與佛教的種種特點和意義,而且雍正帝本人亦與漢藏佛教關係十分密切,頗可作爲研究清代佛教之切入。具體來説,大抵有如下五點理由:

其一,雍正朝在清代歷史中具有獨特地位。宮崎市定認爲:"一個王朝的興衰大致在第三代的時候確定,因此雍正帝正處於清朝最爲關鍵的轉折時期。"②黄培亦以爲其"在位雖短,但建樹很多,對清史起了深遠的影響"③。雍正帝雖無"十全"之稱,但其事功涉及政治、經濟、邊疆、民族、社會、文化等各方面,"如實行耗羨歸公、建立養廉制度、推行攤丁入畝、紳民一體當差、豁除賤民階級、加強中央集權、改革八旗事務、削弱王公特權、加強保甲制度、強化宗族關係"等成就皆值得肯定。④ 特別是對於清代政治史來説,處在康

---

① 相關個案研究可參看:林純瑜《〈龍藏·維摩詰所説經〉之重修——核心人物及其他》,《佛光學報》新三卷第二期,2017年,第109—152頁。孔令偉《〈金剛經〉滿文譯本初探——論滿洲本位政策與清代譯經事業》,沈衛榮編《文本中的歷史:藏傳佛教在西域和中原的傳播》,北京:中國藏學出版社,2012年,第455—496頁。

② 宮崎市定著,孫曉瑩譯《雍正帝——中國的獨裁君主》,北京:社會科學文獻出版社,2016年,第5頁(宮崎市定《雍正帝》,東京:岩波書店,1950年,第3頁、第150—168頁)。佐伯富在爲楊啓樵《雍正帝及其密奏制度研究》(上海:上海古籍出版社,2003年,第3頁)所作序言中也有過相同表述,並稱其爲"諺云",此類或可看作是那一時代日本學者的"共識"。

③ 黄培《雍正帝與清史》,李天鳴主編《兩岸故宫第一屆學術研討會:爲君難——雍正其人其事及其時代論文集》,故宫博物院,2010年,第89頁。

④ 陳捷先《雍正寫真》,第4頁。

乾之中樞紐位置的雍正帝最爲引人注目的,便是他將皇帝權力推向全部帝制時代之頂峰,使得"獨裁君主支配體制"最終完成,①並深切影響到此後的政治發展。因此學界多以"雍正一朝爲清代歷史之轉捩點"②。

其二,在政治、經濟、社會等基礎因素影響下的雍正朝佛教,其特徵更加突出。雍正一朝在政治史上的轉折效應同樣波及佛教史,如邱高興在概述清代佛教的分期時便將雍正朝視爲兩個階段的分水嶺。③ 大致而論,雍正朝佛教政策,既不同於順、康二朝的寬鬆,亦不同於乾隆朝及其之後的嚴苛。這不僅是源於清代諸帝對待佛教好惡態度之不同,更體現出國家權力對宗教管控的廣度與深度。又因其君主獨裁政體的最終確立,使得國家宗教政策無不體現出帝王的個人意志,而雍正帝所秉持的三教一體,同歸於善的宗教觀,則成爲清代混融佛教形成的另一個重要推動力。④ 野上俊静等所著《佛教史概説　中國篇》即認爲雍正帝"以帝權壓迫禪門,導致純粹禪風之萎縮,今日之以念佛爲主的禪净混合的中國佛教,其因大概即生於此"⑤。《中國禪宗通史》繼續推演此説,指出"雍正的干預禪宗内部事務,是清代禪宗史上的一個轉折點……雍正以後,禪宗明顯衰落"⑥。這些觀點是否持正準確,還可商榷,但至少反映出雍正帝對清代佛教發展的深刻影響。

其三,雍正帝個人的佛學造詣爲清帝中最高,其與佛教之關係亦與歷代帝王有所不同。近代印光法師對雍正帝的佛教思想頗爲推崇。認爲其"發揮佛祖慧命之言論,精深宏博","實爲法流,震旦皇帝中之絶無而僅有者"。⑦ 又説:"深入經藏,直達禪源,證涅槃之妙心,具金剛之正眼,於修齊

---

① 見大谷敏夫《清代政治思想史研究》"清初雍正朝における君主權と士大夫"一節,汲古書院,1991年,第480—490頁。這一著名論斷亦爲中國清史學界所普遍接受,其最早則可追述至宮崎市定《雍正硃批諭旨解題——その史料的價值》,東洋史研究會編《雍正時代の研究》,同朋舍,1986年。"雍正という時代"一節,第5—9頁。
② 黄培《雍正時代的密奏政治——清世宗治術之一端》,油印本,1959年,1—2。更詳細見 Pei Huang, *Autocracy at Work: A Study of the Yung-cheng Period*, 1723 - 1735, Bloomington: Indiana University Press for the International Affairs Center. 1974。
③ 邱高興《清代佛教研究現況》,《普門學報》2003年第16期,第311頁。
④ 塚本俊孝《雍正帝の儒佛道三教一體觀》,東洋史研究會編《雍正時代の研究》,同朋舍,1986年,第520—536頁。陳捷先《雍正:勤政的皇帝·傳奇的一生》,故宫博物院,2009年,第63—69頁。其他研究日後詳述。
⑤ 野上俊静等《佛教史概説　中國篇》,第184頁。
⑥ 杜繼文、魏道儒《中國禪宗通史》,第585頁。
⑦ 《增廣印光法師文鈔》卷一《與佛學報館書》(節録),《印光法師文鈔》第1册,成都:巴蜀書社,2016年,第17頁。

治平之暇,闡拈花直指之宗旨,其唯清世宗皇帝爲第一也。"①他曾託楊仁山將雍正帝所著之《揀魔辨異錄》寄往日本,刻入《續藏經》中,②由此成爲早期學者(如日本山内晉卿、忽滑谷快天等)研究雍正帝佛教思想的重要資料。當然,身爲净土宗祖師的印光法師對雍正帝之弘揚,或許更是對其提倡念佛、表彰雲棲的一種認同或報答;而言必稱"世宗皇帝"云云,則仍不免有遺民思舊心態的作祟。同樣是依據《續藏經》中所刊雍正帝佛學著述,忽滑谷快天或許是站在維護曹洞宗立場之上,對雍正帝多有鄙夷;相反山内晉卿則認爲雍正之參禪優於梁武帝、唐肅宗,其著述也在思想上勝過宋太宗的《秘藏詮》和《逍遥詠》。③ 除此之外,第一節所舉中國佛教通史類的著作,大凡關涉清代佛教,在有限的篇幅中都要提及雍正帝;而關於雍正帝的歷史研究專著,亦往往要討論他與佛教之關係。④ 因此,雍正帝本身的佛教思想便成爲我們觀察和分析清代佛教的一個切入點。

其四,論及雍正帝與佛教之關係,藏傳佛教是無法被繞過的重要一環,而當我們將藏傳佛教納入考察範圍,便不得不牽涉到清朝的蒙、藏邊疆。雖然清帝國的"征服設計"(conquest designs)直至乾隆朝才算正式完成,清廷對準噶爾蒙古和西藏問題的最終解決也要留待乾隆帝的"十全武功",⑤但雍正一朝在此歷史進程中的重要地位則毋庸置疑。魏源《聖武記》云:"西北周數萬里之版章,聖祖墾之,世宗耨之,高宗獲之"⑥,則大體能反映這一動態過程;而"世宗耨之"更是對雍正朝及雍正帝在治理西北邊疆問題上的高度肯定。雍正一朝時間雖短,但却在滿蒙、清藏關係史中具有承前啓後的作用和里程碑式的意義。特別是在處理藏傳佛教政教關係模式的問題上,雍正帝的佛學造詣及其在藏傳佛教界之聲望,成爲其超越其他帝王的優勢所在。更爲巧合的是,就在這位正處壯年時期的"大皇帝"繼位的前後,藏傳佛

---

① 《增廣印光法師文鈔》卷三《揀魔辨異錄石印序》,《印光法師文鈔》第 2 册,第 51 頁。
② 《印光法師文鈔三編》卷一《復如岑法師書》,《印光法師文鈔》第 5 册,第 10—12 頁。
③ 山内晉卿《支那佛教史之研究》,京都:佛教大學出版部,1921 年,第 331—339 頁。
④ 馮爾康《雍正傳》,北京:人民出版社,2014 年,第 442—456 頁。楊啓樵《雍正帝及其密摺制度研究》,第 22—26 頁。陳捷先《雍正寫真》,第 237—246 頁。
⑤ Pamela Kyle Crossley. *A Translucent Mirror: History and Identity in Qing Imperial Ideology*. Berkeley: University of California Press,1999,p.223.
⑥ 魏源《聖武記》卷三,沈雲龍主編《近代中國史料叢刊》第 102 册,臺北:文海出版社,第 283 頁。

教四大活佛中的三位紛紛圓寂轉世,從而出現三位"小喇嘛"——七世達賴喇嘛、三世章嘉呼圖克圖、二世哲布尊丹巴呼圖克圖;而清藏間往來文書中本是描述年齡的"大、小"亦在雍正帝的不斷努力下逐漸成爲暗指政治地位的用語。凡此種種或明或暗的舉措,無異於都給清帝改造蒙藏政教體系、分化教權提供了十分有利的條件。這一切的重要前提除了清帝國的軍事實力之外,同樣離不開雍正帝對藏傳佛教的熟悉。

三、雍正帝與佛教關係研究簡述

目前,學界關於雍正朝佛教以及雍正帝與佛教關係的研究基本從三個角度展開,筆者亦將以此歸類,分別進行綜述。另外,前文在討論清代佛教特徵以及雍正朝佛教地位時曾旁涉不少研究,對於這些成果,如無特別需要在此部分不再贅述。

第一種是涉及雍正朝及雍正帝的佛教史研究。國内較早對雍正帝的佛學造詣作出評價的是近代净土宗印光法師,其《揀魔辨異録重刻序》《揀魔辨異録石印序》《復如岑法師書》《復周群錚居士書》《復陳飛青居士書》等文對《揀魔辨異録》一書和雍正帝的佛學修爲給予了較高肯定。以教内人士之眼光而有此正面評價,在當時反清、革新的社會背景之下並不多見。稍後在日中佛教學界則湧現出一批涵蓋清代佛教的通史類著作,就其大端而言,有宇井伯壽①、野上俊静②、道端良秀③、鎌田茂雄④、野口敬善⑤、蔣維喬⑥、黃懺華⑦、杜繼文⑧、魏道儒⑨、方立天⑩、等,雖於有清一代之

---

① 宇井伯壽《支那佛教史》,東京:岩波書店,1936年,第250頁。
② 野上俊静等《佛教史概説 中國篇》,第178—189頁。
③ 道端良秀著《中國佛教史》,京都:法藏館,1961年,第256—266頁。
④ 鎌田茂雄著《新中國佛教史》,東京:大東出版社,2001年,第275—284頁。
⑤ 見沖本克己、菅野博史編《中国文化としての仏教》,《新アジア仏教史》第8册,東京:佼成出版社,2010年,第136—140頁。
⑥ 蔣維喬《中國佛教史》:"雍正帝於禪門,頗有造詣",以及"帝喜研禪理,又極提倡净土,蓋鑒於禪門空疏之弊,而欲矯正之,示學人以脚踏實地之修行。"並認爲雍正三教一致的思想,是受到"宋明以來三教合一論的影響,而帝之主張更爲鮮明"。
⑦ 黄懺華《中國佛教史》,《民國叢書》第1編第8册,上海:上海書店,1989年。
⑧ 杜繼文主編《佛教史》,南京:江蘇人民出版社,2006年。
⑨ 魏道儒著《中華佛教史》,太原:山西教育出版社,2013年。
⑩ 方立天主編《中國佛教簡史》,北京:宗教文化出版社,2001年。

佛教所論甚簡,但紛紛從有限的篇幅中專辟一節考察雍正帝的佛教思想、著作及政策,結論與評價固然見仁見智,但雍正帝在清代佛教史之地位則毋庸置疑。

隨着學術研究的不斷深入,在不少佛教思想史(忽滑谷快天①、劉果宗②、潘桂明③、洪修平④、麻天祥⑤)、佛教宗派史(伊吹敦⑥、褚柏思⑦、杜繼文、魏道儒⑧、劉光義⑨、何雲等⑩)、地方佛教史(江西⑪)類的著作中,也有一些涉及雍正朝與雍正帝,雖然仍頗簡略,但對相關時期内的佛教狀況和代表僧人及思想做了梳理與討論,不僅爲今後的研究提供資料基礎,而且在態度上也日趨持正。

此外還出現了釋東初⑫、牧田諦亮⑬、郭朋⑭、任宜敏⑮、賴永海⑯、邱高興⑰等學者的近世佛教史或清代佛教史的專著。其中,釋東初因襲日本學者,牧田諦亮已見前述,故而從略。郭朋所著《明清佛教》應是中國内地較早的以明清佛教爲研究對象的專著,具有開創意義,但因作者對舊時代佛教心存偏見,故而全盤否定雍正帝的禪學見地,著力強調其政治目的;邱高興《一枝獨秀——清代禪宗隆興》在討論雍正帝禪學思想時似乎對材料理解有較大誤差;

---

① 雖然討論了雍正帝與禪僧之關係、《御選語錄》等著作,以及圓悟法藏之諍等事,但仍將此節冠以"世宗之喇嘛禪"爲名,似乎可見作者的態度。見忽滑谷快天著、朱謙之譯《中國禪學思想史》,第864—869頁。
② 劉果宗《禪宗思想史概説》,北京:文津出版社,2002年。
③ 此書對雍正帝的"御製佛學"思想較爲詳細的討論,見潘桂明著《中國佛教思想史稿》(第三卷·下),第718—744頁。同時值得注意的是,該書將涉及清代一章命名爲"清代佛教思想的民俗化",反映出達來學界認識和方法的轉變。
④ 《中國禪學思想的衰微》,洪修平《中國禪學思想史》,北京:中國人民大學出版社,2007年。
⑤ 麻天祥《中國禪宗思想史略》,第345—382頁。
⑥ 伊吹敦《禅の歷史》"禪の終焉",京都:法藏館,2001年,第159—170頁。
⑦ 褚柏思《中國禪宗史話》,臺北:佛光出版社,1974年,第261—264頁。
⑧ 杜繼文、魏道儒《中國禪宗通史》,南京:江蘇古籍出版社,1993年。
⑨ 本書認爲雍正帝得法於密宗,並進而分析了其對禪法的影響。見劉光義《禪在中國——禪的通史》,臺北:松慧有限公司,2003年,第436—439頁。
⑩ 於"臨濟法門"一章下對雍正帝"開悟因緣"、主要著作等做了介紹,見吳立民主編,何雲等著《禪宗宗派源流》,北京:中國社會科學出版社,1998年,第554—569頁。
⑪ 韓溥著《江西佛教史》,北京:光明日報出版社,1995年。
⑫ 釋東初編著《中國佛教近代史》,臺北:東初出版社,1974年。
⑬ 見中村元、笠原一男、金岡秀友編《亞洲佛教史·中國編Ⅱ》,東京:佼成出版社,1976年。
⑭ 郭朋著《明清佛教》,福州:福建人民出版社,1982年。
⑮ 任宜敏著《中國佛教史》(清代),北京:人民出版社,2015年。
⑯ 賴永海主編《中國佛教通史》第13卷,第93—130頁。
⑰ 邱高興著《一枝獨秀——清代禪宗隆興》,瀋陽:遼寧人民出版社,1997年。

任宜敏《中國佛教史(清代)》一書即是依照各宗法系安排章節,但可惜只是據語録臚列,並未系統分析,但不可否認該書爲今後的研究者準備了資料;賴永海主編通史系列相對晚出,且篇幅巨大,因此對雍正帝的思想、著作等方面討論較爲充實,可看作對前人研究的總結性匯集,但因其通史體例,未能對前沿問題有所突破,對藏傳佛教研究成果也涉獵不足。再看歐美學界,20 世紀 40 年代恒慕義(Arthur W. Hummel)主編的兩卷本《清代名人傳略》(*Eminent Chinese of the Ch'ing Period, 1644 - 1912*)在美國出版,在由房兆楹執筆的"Yin-chen"詞條中,基本已將與雍正帝相關之主題囊括在内,其中亦包括他與佛教之關係,成爲此後北美研究者之基礎。① 此後雖有不少涉及雍正帝之研究,但聚焦於佛教者寥寥。② 近來則有吴疆在其討論 17 世紀左右中國禪宗史的專著中用一章的篇幅對雍正帝之禪學做了較爲全面的梳理。③

在專題研究方面,較早也是最可稱爲典範的當推陳垣先生的《清初僧諍記》和《湯若望與木陳忞》④。此後關於雍正與佛教關係的研究在一些問題上得到較爲深入的推進,日本如塚本俊孝《雍正帝の佛教教團批判》⑤、《雍正帝の仏教教團への訓誨》⑥、《雍正乾隆二帝の佛學》⑦、《雍正帝の念佛禪》⑧

---

① Arthur W. Hummel. *Eminent Chinese of the Ch'ing Period, 1644 - 1912*. Vol. 2, Washington: Library of Congress, 1944, pp.915-920. 本文所據爲 Global Oriental 2010 年重印版,後文引用皆指此。

② 英語世界對雍正帝的專題研究,目前似乎仍以黄培於 20 世紀 70 年代完成的《乾綱獨斷:雍正朝研究》(Pei Huang, *Autocracy at Work: A Study of the Yung-cheng Period, 1723 - 1735*. Bloomington & London: Indiana University Press, 1974.) 最爲系統。早些時候尚有吴秀良 (Silas H. L. Wu, *Communication and Imperial Control in China: Evolution of the Palace Memorial System, 1693 - 1735*. Cambridge: Harvard University Press, 1970.)關於清初奏摺制度形成的研究;稍晚則有白彬菊(Beatrice S. Bartlett, *Monarchs and Ministers: The Grand Council in Mid-Ch'ing China, 1723 - 1820*. 1990.)關於清代中期軍機處之研究,皆用較大篇幅討論了相關制度的完善者或創始人雍正帝,還有史景遷(Jonathan D. Spence, *Treason by the Book*. New York: Viking. 2001.)對《大義覺迷録》所做的細緻且生動的敍述。

③ Jiang Wu. *Enlightenment in Dispute: The Reinvention of Chan Buddhism in Seventeenth-Century China*. Oxford: Oxford University Pres, 2008, pp.163-183。

④ 其他如《語録與順治宫廷》等研究同樣極具啓發意義和標本價值,但因與雍正無涉,故而不在正文列舉。但其研究方法與思路是可從順治朝延續至雍正朝。

⑤ 塚本俊孝《雍正帝の佛教教團批判》,《印度學仏教學研究》1958 年第 7 卷第 1 號,第 158—159 頁。

⑥ 塚本俊孝《雍正帝の仏教教團への訓誨》,《印度學仏教學研究》1961 年第 9 卷第 1 號,第 323—326 頁。

⑦ 塚本俊孝《雍正乾隆二帝の佛學》,《印度學仏教學研究》1963 年第 11 卷第 2 號,第 556—557 頁。

⑧ 塚本俊孝《雍正帝の念佛禪》,《印度學仏教學研究》1960 年第 8 卷第 1 號,第 168—169 頁。

等,應是最早研究雍正與佛教關係的學術著作,主要論述雍正佛學見地的主張,並提到雍正以帝王之尊,整飭佛教教團,以及雍正儒佛道三教同一的思想主張。中文學界如釋聖空《試析雍正在〈揀魔辨異錄〉中對漢月法藏的批判》①、劉元春《明末禪門僧諍與清雍正帝"揀魔辨異"評析》②、張文良《雍正皇帝與〈御選語錄〉》③、麻天祥《雍正與清初禪學之興衰》④、王俊中《帝王與法王——雍正帝崇佛史事試析》⑤、《雍正爲何總是"臨難拜佛"》⑥、賴惠敏、曾堯民《雍正皇帝與北京漢傳佛寺》⑦等皆具學術價值。此外,因雍正帝曾染指明末禪門公案,因此關於這些人事的研究中亦有涉及雍正帝的部分。如藍建雄《道忞法師研究》⑧、釋見一《漢月法藏之禪法研究》⑨。

目前,以雍正與佛教爲題的學位論文只有兩篇,分別是陳肇璧的《雍正皇帝與清代佛教》⑩和釋聖空的《清世宗與佛教》⑪。陳肇璧《雍正皇帝與清代佛教》,詳細敘述了雍正朝佛教政策,對雍正帝崇佛的評論更加持正。釋聖空《清世宗與佛教》是目前學界對此一問題討論最爲系統和深入的研究,作者在佛教文獻的基礎上,結合清宮檔案資料,對雍正帝與佛教的關係、佛學思想、佛教政策與事業等做了細緻分析和全面清理。兩篇論文雖梳理了雍正帝與佛教的關係,但并未將其納入雍正帝政治思想和宗教觀體系中進行考量,也未就這種關係如何影響到雍正朝及以後佛教之發展作出說明,更未涉及清代佛教的整體態勢和世俗化、混溶性等特徵。

---

① 釋聖空《試析雍正在〈揀魔辨異錄〉中對漢月法藏的批判》,《中華佛學研究》2001 年第 5 期,第 411—440 頁。
② 劉元春《明末禪門僧諍與清雍正帝"揀魔辨異"評析》,覺醒主編《覺群·佛學論集》,北京:商務印書館,2001 年,第 76—93 頁。
③ 張文良《雍正皇帝與〈御選語錄〉》,《法音》1993 年第 3 期,第 19—24 頁。
④ 麻天祥《雍正與清初禪學之興衰》,《湖北社會科學》2007 年第 9 期,第 103—106 頁。
⑤ 王俊中《帝王與法王——雍正帝崇佛史事試析》,《大專學生佛學論文集》,財團法人臺北市華嚴蓮社,1993 年,第 4 輯,第 480—489 頁。
⑥ 王俊中著,江燦騰、潘光哲、金仕起合編《東亞漢藏佛教史研究》,臺北:東大圖書公司,2003 年,第 169—184 頁。
⑦ 李天鳴主編《兩岸故宮第一屆學術研討會:爲君難——雍正其人其事及其時代論文集》,第 169—188 頁。
⑧ 藍建雄《道忞法師研究》,香港:珠海書院,1975 年,第 353—358 頁。
⑨ 釋見一《漢月法藏之禪法研究》,中華佛學研究所畢業論文,1997 年。
⑩ 陳肇璧《雍正皇帝與清代佛教》,臺灣師範大學歷史學研究所碩士學位論文,1995 年。
⑪ 釋聖空《清世宗與佛教》,中華佛學研究所畢業論文,2000 年。

随着研究思路的轉變,語録、清規、宗統、碑刻、寺志等大量文獻,便成爲可資利用的巨大寶庫。長谷部幽蹊《明清佛教研究資料(文獻之部)》①、《明清佛教研究資料(僧伝之部)》②、《明清佛教史研究序説》③、《祖燈大統·僧傳要目綜覽》④以表格的形式對清代禪宗的傳承世系和僧傳資料的出處作了詳盡的記録,是研究清代禪宗相當有價值的資料。

第二種是對雍正帝個人研究中偶有涉及佛教的部分。此類著作立足於對雍正帝個人的研究,其中對雍正帝的個人宗教信仰有所關照,雖非佛教史著作,但因爲它們對雍正帝有着全面的梳理和研究,因此在討論其信仰與宗教政策時往往會比單純的佛教研究更有啓發。

在單篇論文方面,日本學者在 20 世紀 50 年代的"雍正熱"中,曾產出了不少研究成果。宫崎市定和安部健夫曾在京都大學發起"雍正硃批諭旨研究班",並於 1957 年到 1963 年之間在《東洋史研究》先後出版 4 期"雍正時代史研究"專號,其中便有不少涉及雍正帝的佛教及文化政策,如塚本俊孝《雍正帝の儒佛道三教一體觀》、荒木敏一《直省教學の制を通じて觀たる雍正治下の文教政策——清初の學官教職の一考察》、小野川秀美《雍正帝と大義覺迷録》、小野和子《清初の思想統制をめぐって》⑤。

專著方面,不少清史學者都曾有所涉及,較早是孟森《清代史》,大抵是因其傳統士人立場,故而對雍正帝學佛一事毀多於譽。此後如馮爾康⑥、陳捷先⑦、楊啟樵⑧、史松⑨等在其著作中專闢"崇佛用佛的精神教主""和尚轉世的皇帝""佛學造詣""雍正帝與宗教"等章節,討論雍正帝與佛教之關係。這些著作代表清史學界主流觀點,因研究者的史學背景,雖然對佛學思想討

---

① 長谷部幽蹊《明清佛教研究資料(文獻之部)》,駒田印刷,1987 年。
② 長谷部幽蹊《明清佛教研究資料(僧伝之部)》,三陽社,1989 年。
③ 長谷部幽蹊《明清佛教史研究序説》,臺北:新文豐出版公司,1979 年。
④ 長谷部幽蹊《祖燈大統·僧傳要目綜覽》,臺北:新文豐出版公司,2007 年。
⑤ 1986 年,東洋史研究會將上述 4 期《東洋史研究》合編爲論文集《雍正時代の研究》,本文所引據即此書文本。分别見東洋史研究會編:《雍正時代の研究》,同朋舍,1986 年,第 520—536 頁;第 384—308 頁;第 309—321 頁;第 575—599 頁。
⑥ 馮爾康《雍正傳》,北京:人民出版社,1995 年,第 442—456 頁。
⑦ 陳捷先《雍正寫真》,臺北:遠流出版公司,2001 年,第 237—246 頁。
⑧ 楊啟樵《雍正帝及其密摺制度研究》,上海:上海古籍出版社,2003 年,第 20—25 頁。
⑨ 史松著《雍正研究》,瀋陽:遼寧民族出版社,2009 年,第 149—158 頁。

論不多,但往往更加關注政治與佛教、帝王與僧侶之間的互動,更能發現佛教史學者所忽視之處。此外,莊吉發《雍正事典》、黃培《雍正時代的獨裁政治》①等清史專著皆爲佛教史研究引入了豐富資料。

第三種是清史、佛教學者對清政府的佛教政策所作的研究中涉及雍正朝及雍正帝的。在史料整理方面,最早的工作可以追溯至陳垣先生於大内檔案中發現的雍正關於佛教的七份上諭,并以《清世宗關於佛學之諭旨》爲名先後發布於《掌故叢編》。② 此後,周叔迦先生所編撰《中國佛教史資料》之清代部分經蘇晉仁、程恭讓整理出版爲《清代佛教史料輯稿——附西藏、西康、蒙古等地喇嘛情況》③,成爲研究清代佛教政策的一部導引性著作,佔全書近半篇幅的附錄仔細梳理了清代喇嘛教之政策,與趙學毅、常爲民、歐聲明合編的《清代以來中央政府對西藏治理與活佛轉世制度史料彙集》④一書合用,可以較爲清晰地了解清政府藏傳佛教之政策。此外,受臨時臺灣舊慣習調查會委託,由織田萬等人編纂的《清國行政法》第四卷⑤研究了清代的宗教政策及法律,列舉了有關佛教的一些具體的法律條文,對於進一步研究清代的佛教政策,有很高的參考價值。

在討論清政府宗教政策的專著中,也有不少傑出的研究涉及雍正朝的佛教政策,如李尚英著《中國清代宗教史》⑥一書,把清代佛教作爲清代宗教發展的整體中的一個重要部分進行描述,頗有創見。于本源《清王朝的宗教政策》⑦、楊健《清王朝佛教事務管理》⑧等都在一定程度上,對雍正帝本人的宗教思想和雍正朝政府的佛教政策作了分析和探討。在單篇論文方面,同樣未見專門討論雍正帝或雍正朝佛教政策的研究出現,但在不少關於清政

---

① Pei Huang. Autocracy at Work: A Study of the Yung-cheng Period, 1723 - 1735, Bloomington: Indiana University Press for the International Affairs Center, 1974.
② 今收入《〈文獻叢編〉全編》第 3 册,第 113—118 頁。
③ 周叔迦撰,蘇晉仁、程恭讓整理《清代佛教史料輯稿——附西藏、西康、蒙古等地喇嘛情況》,臺北:新文豐出版公司,2001 年。
④ 趙學毅、常爲民、歐聲明合編《清代以來中央政府對西藏治理與活佛轉世制度史料彙集》,北京:華文出版社,1996 年。
⑤ 臨時臺灣舊慣調查會編《臨時臺灣舊慣調查會第一部報告:清國行政法》第四卷第一編,東京印刷株式會社,1911 年,第 69—148 頁。
⑥ 李尚英《中國清代宗教史》,《中國全史》85,北京:人民出版社,1994 年。
⑦ 于本源《清王朝的宗教政策》,北京:中國社會科學出版社,1999 年。
⑧ 楊健《清王朝佛教事務管理》,北京:社會科學文獻出版社,2008 年。

府佛教政策的研究中有一些涉及雍正時期。但此類研究多集中於藏傳佛教層面，圍繞漢傳佛教政策的研究尚不多見。如趙雲田《清代前期利用喇嘛教政策的形成和演變》①、林秋燕《盛清諸帝治蒙宗教政策之研究》②，商鴻逵《論清代的尊孔和崇奉喇嘛教》③、《因俗而治、恩威並舉——論清代藏傳佛教政策的建設》④、李秉銓《論清朝的戰略國策與喇嘛教》⑤等。

　　論及牽涉蒙、藏民族邊疆之清代佛教政策，日本與美國的清史學界，以及蒙古、北亞史研究同樣值得佛教學者特別注意，這些研究對於政治史和政教互動之探討往往比佛教學界更爲深入具體，其成果也較大陸佛教史學界更爲豐富。如茲拉特金（И. Я. Златкин）⑥、宮脇淳子⑦對於衛拉特蒙古準噶爾汗國，以及佛教在清準競爭過程中作用的研究；金成修（김성수）⑧、齊光（ulaanbars）⑨對於明清蒙古政教關係特別是"政道二途"（törö šasin）模式的研究；平野聰⑩、石濱裕美子⑪、白瑞霞（Patricia Ann Berger）⑫、塞繆爾·古魯伯（Samuel Martin Grupper）⑬等學者對於清帝國的政治制度、王權觀念乃至藝術贊助等與西藏及藏傳佛教關係之研究。此外，還有哥倫比亞大

---

① 趙雲田《清代前期利用喇嘛教政策的形成和演變》，《西藏民族學院學報》，1984年1月，第63—76頁。
② 林秋燕《盛清諸帝治蒙宗教政策之研究》，臺灣師範大學歷史研究所，2000年。
③ 商鴻逵《論清代的尊孔和崇奉喇嘛教》，《社會科學輯刊》，1982年5月，第109—115頁。
④ 商鴻逵《因俗而治、恩威並舉——論清代藏傳佛教政策的建設》，《宗教學研究》，2001年4月，第112—117頁。
⑤ 李秉銓《論清朝的戰略國策與喇嘛教》，兩岸蒙古學藏學學術研討會論文集編輯組編：《兩岸蒙古學藏學學術研討會論文集》，臺北：蒙藏委員會，1995年。
⑥ И.Я.Златкин，История Джунгарского ханства，Москва：Наука，1983он．中譯修訂本見伊·亞·茲拉特金著，馬曼麗譯《準噶爾汗國史》（修訂本），蘭州：蘭州大學出版社，2013年。
⑦ 宮脇淳子《最後の遊牧帝国——ジューンガル部の興亡》，東京：講談社，1995年。中譯本見宮脇淳子著，曉克譯《最後的遊牧帝國：準噶爾部的興亡》，呼和浩特：內蒙古人民出版社，2005年。
⑧ 金成修《明清之際藏傳佛教在蒙古地區的傳播》，北京：社會科學文獻出版社，2006年。
⑨ 齊光《大清帝國時期蒙古的政治與社會——以阿拉善和碩特部研究爲中心》，上海：復旦大學出版社，2013年。
⑩ 平野聰《清帝国とチベット問題——多民族統合の成立と瓦解》，名古屋：名古屋大學出版會，2004年。
⑪ 石濱裕美子：《チベット仏教世界の歴史的研究》，東京：東方書店，2001年。石濱裕美子：《清朝とチベット仏教——菩薩王となった乾隆》，東京：早稻田大學出版部，2011年。
⑫ Patricia Ann Berger. Empire of Emptiness: Buddhist Art and Political Authority in Qing China, Honolulu: University of Hawaii Press, 2003.
⑬ Samuel Martin Grupper, The Manchu imperial cult of the early Ch'ing dynasty: texts and studies on the Tantric sanctuary of Mahakala at Mukden, Thesis (Ph.D.), Indiana University, 1979.

學吳蘭（音）①和孔令偉②對於藏傳佛教在清帝國權力結構中的具體運作的關注。另一方面，隨着清代蒙古史研究的不斷深入，亦有學者開始思考"制度"在佛教政治及身份認同之中的作用，如池尻陽子詳細梳理了扎薩克喇嘛制度對藏傳佛教僧團的有效管理；③艾宏展（Johan Elverskog）則指出蒙古對清帝國的認同更多地源於蒙旗和扎薩克制度的設立，而且蒙古汗王的合法性亦主要來自對於蒙古天神（Mon：tngri）及其化身——成吉思汗的崇拜，而非對於佛法的敬奉。④當然也有學者認爲盟旗制度對於蒙古社會的治理仍是基於"佛教政治"邏輯的表達。⑤這些研究與雍正帝或雍正朝並無直接關聯，但内中所分析的清帝國政教關係，却爲我們提供了十分重要的分析框架和視角。

大凡新觀點之提出，或仰賴於新的方法視角，或得益於新的文獻史料。本文雖不敢妄言所作種種"新"的結論之於學術發展究竟有何推動意義，但依然嘗試從方法與材料兩個方面所有"創新"。下面分别來談。

四、"雙重身份"與"二元視角"下的雍正帝與佛教

嚴格地説，"二元視角"並不是什麽人文社科研究方法，而是筆者對相關視角或思路的並不算規範的統稱。具體而言，學界之所以對雍正帝與佛教之關係看法不同，評價不一，甚至有時出現截然相反的論斷，其直接原因自然是由所據史料的差異性，以及對同一史料解讀的差異性所帶來的。前者如藏文宗教文獻與漢文官方文獻對於雍正帝與達賴喇嘛及章嘉呼圖克圖之

---

① Lan Wu, Refuge from Empire: *Religion and Qing China's Imperial Formation in the Eighteenth Century*, Thesis (Ph.D.), Columbia University, 2015.
② 孔令偉《洮岷藏傳佛寺入清之興衰及其背後的蒙古因素——以〈内閣大庫檔〉與〈理藩院滿蒙文題本〉爲核心》，《歷史語言研究所集刊》，第 86 分第 4 分，2015 年，第 855—910 頁。《國法與教法之間：清朝前期對蒙古僧人的禁限及懲處——以〈理藩院滿蒙文題本〉中蒙古僧人坐罪案例爲核心》，《歷史人類學刊》15 卷 2 期，2017 年，第 187—220 頁。Ling-Wei Kung, The Transformation of the Qing's Geopolitics: Power Transitions between Tibetan Buddhist Monasteries in Amdo, 1644-1795, *Revue d'Etudes Tibétaines*, 45(2018): 110-144.
③ 池尻陽子《清朝前期のチベット仏教政策：扎薩克喇嘛制度の成立と展開》，東京：汲古書院，2013 年。
④ Johan Elverskog, *Our Great Qing: The Mongols, Buddhism and the State in Late Imperial China*, Honolulu: University of Hawaii Press, 2008, pp.14-62.
⑤ 岡洋樹《清代モンゴル盟旗制度の研究》，東京：東方書店，2007 年，第 269—275 頁。

關係地位的記載便大相徑庭;後者如前揭言及的,同樣是依據《續藏經》所刊《御選語錄》和《揀魔辨異錄》,亦同爲宗派學者的忽滑谷快天與山内晉卿對雍正帝禪學之評價却不盡相同。這些差異性背後所透露出的實則是方法與視角的不同:僅將雍正帝理解爲是統治中原漢地的"皇帝",而未考慮其在蒙、藏各部中的身份,便容易忽略藏傳佛教之材料;僅將雍正帝理解爲是政治統治者的"皇帝",而不關注於其作爲個體信仰者的存在,便容易把佛學造詣與政治地位混爲一談(且不論忽滑谷氏對帝王禪學之鄙夷,即便是山内晉卿也未擺脱對其帝王身份的關注)。因此,筆者所指稱的"二元視角"即是試圖理解雍正帝的"雙重身份"在其對待佛教的態度上所發生的不同作用,以期能有更全面的考察。當然,這種"雙重身份"的對立/統合並非只有一組,而是涉及雍正帝的各個方面。

(一)"國王的兩個身體":"信徒"與"皇帝"

由都鐸時期英國法學家所創制的"國王的兩個身體"概念,旨在表明國王於其"自然之體"(body natural)之外,還有一個代表國家的"政治之體"(body politic)。① 雖然這一隱喻對於歐洲政治思想的核心意義在於通過對"政治之體"的擬制,來討論政治神學乃至國家主權的議題。這一分析框架置於帝制中國晚期是否契合適用暫且不論,筆者所欲借鑒實則是這組二元區分的前者——那個終將軟弱、衰亡、腐朽的"自然之體",即便是對於中國最具代表性的獨裁君主雍正帝來説,即便其個人意志在相當程度上代表或左右着國家政策,但是他的個人生活與個體信仰同樣不可被忽視。在清帝國複雜的宗教政策背後,他與其他人一樣都擁有屬於自己的私人空間和精神生活,一樣享受於那些尚未被轉化爲國家政策的"上有所好"。如有學者看到清初"四帝(指順康雍乾——引注)皆篤信並極力護法",又發現"朝廷制定的律例都限制嚴格"從而認爲存在"表裏不一"的矛盾,②便是未能將作爲個人的宗教信仰與作爲君主的統治政策區别對待。因此,"信徒"與"皇帝"的雙重身份是在分析雍正帝與佛教關係時所必須兼顧的。我們應當承認雍

---

① Ernst H. Kantorowicz. *The King's Two Bodies: A Study in Mediaeval Political Theology*. Princeton: Princeton University Press, 1997. pp.7-8.譯文參看恩斯特·康托洛維茨著,徐震宇譯《國王的兩個身體——中世紀政治神學研究》,上海:華東師範大學出版社,2018年,第76—77頁。

② 韓溥《江西佛教史》,第152頁。

正帝對佛教發自内心的信奉,正視其佛學思想,並且同情地理解一個個體生命的信仰世界與精神追求。既不應將其完全視作所謂的政治需要;①也不應因人廢言,對統治者的佛學著作和其他信仰嗤之以鼻或不屑一顧。②

　　孟森先生曾指雍正帝"嚴絕禪鑽之路,時時見於佞佛説中","已則立地成佛,而不許天下攀附宗門,其爲别有取義,顯然可見"。③ 批評背後實則已經透露出雍正帝在對佛教之關係中不同的身份角色,這種"别有取義"在一定程度上即是其不同身份的價值取向所決定的。隨着研究的深入,這一點逐漸爲學者所注意,如羅文華便指出"當面對宗教信仰的問題時,每一位皇帝都不得不扮演雙重角色,即:作爲一個個體,他必然會對某種宗教信仰帶有個人色彩的傾向,同時由於其特殊身份和地位,他又必須完成宗教信仰的政治行爲……皇帝個人信仰與帝國的宗教政治行爲之間往往存在着一種差異性。"④美國學者白彬菊(Beatrice S. Bartlett)在梳理清代軍機處歷史時,曾將皇權體系之下的大臣區分爲"内廷之臣"(ministers)與"外朝之臣"(bureaucrat)。⑤ 羅友枝(Evelyn S. Rawski)則將清帝宗教儀式(ritual)分爲私人的(private)和公共的(public),她從清朝統治者的視角切入,考察了皇帝及其家族的信仰生活與私人禮儀,指出:"如果説國家祀典關乎統治,宗教保護關乎政治,那麽私人的儀式則關乎作爲一個大家族的宮廷。"⑥這些都爲我們提供了二元視角之下的研究範本。

　　當然,我們在强調皇帝私人生活空間重要性的同時,亦不可否認在雍正帝"朝乾夕惕"所構築的君主獨裁政體之下,個人與皇帝之間的界限有時並不明晰。一方面,雍正帝個人對於佛教的好惡、觀念與思想常常經由

---

　　① 如郭朋《明清佛教》(第303頁):"雍正的留心佛事,留心宗門,也正是爲了維護其王朝統治的需要。"
　　② 即便是在"反封建"思潮開始之前,這種偏見即已存在。特別是在清末反清和革命思想的影響下,一個清朝帝王所作的佛學論著自然會被許多人嗤之以鼻,甚至大加撻伐,如梁啓超便在《中國近三百年學術史》中對雍正以帝王之身而與一和尚打筆墨官司頗爲不齒。
　　③ 孟森《清史講義》,第295、301頁。
　　④ 羅文華:《龍袍與袈裟——清宫藏傳佛教文化考察》,北京:紫禁城出版社,2005年,第4—5頁。
　　⑤ Beatrice S. Bartlett, *Monarchs and Ministers: The Grand Council in Mid-Ch'ing China*, 1723–1820. 1990, pp.3-7,白彬菊著,董建中譯《君主與大臣:清中期的軍機處》,第6、8—14頁。
　　⑥ Evelyn S. Rawski. *The Last Emperors: A Social History of Qing Imperial Institutions*. University of California Press, 1998, p.264.

"硃批"和"上諭"轉化爲政府佛教管理的政策,這其中既有出於信徒身份而對佛教的迴護,也有因個人僧諍而興起的國家權力的介入,前注中梁任公所譏諷者或在於此;另一方面,在一再慨歎"爲君難"的雍正帝心裏,"皇帝"之身份或許始終要高於其"信徒"身份,這就使得時刻記掛着自己是帝國實際統治者的雍正帝在制定佛教政策,處理佛教事務,乃至面對與僧人之間的關係時,必須從維護國家穩定和王朝統治的角度出發,一切屈服於統治需求,以免遭"佞佛"之攻擊。因此,如何處理好雍正帝"皇帝"與"信徒"兩個身份之間的對立和統一,便是本文所需要格外關注的。

(二)"復合/共時皇權":"大汗/輪王"與"天子/聖君"

不同於傳統意義上的漢族中原王朝,具有"北亞"屬性及"征服"特徵的清帝國在統治支配模式上更爲複雜和多元,與此同時又有機地統合於"大清"(Man: daicing gurun)/"中國"(Man: dulimbai gurun)之中。有學者指出,清帝國是分別以盛京、北京、熱河爲中心的"旗・漢・藩三重構造"體制,①或稱其爲滿、蒙、漢、藏、回五族"同君連合"國家;②大清皇帝則兼有滿洲旗主(汗)、蒙古可汗、儒家聖君、佛教輪王等多維身份所賦予的"復合/共時皇權"(composite/simultaneous emperorship)。③ 不可否認的是清帝國統治者不僅要在漢地面對"中華的混迷"④與"支配的正當性"⑤,同時還要思考如何構建與蒙、藏、回部(以及諸如苗疆的其他民族邊疆)之間的身份認同,以及如何將其納入清帝國的權力秩序之中。這一問題對雍正帝來說尤爲急迫。雍正元年,本已接受康熙帝所賜"親王"封號的青

---

① 石橋崇雄:《大清帝國》,東京:講談社,2000年,第38—48頁。
② 岡田英弘:《世界史のなかの大清帝国》,氏編《清朝とは何か》,東京:藤原書店,2009年,第59—73頁。
③ 所謂"共時皇權"之概念看 Pamela Kyle Crossley, Review article: The Rulerships of China, *The American Historical Review*, Vol.97, No.5 (Dec., 1992), pp.1468-1483. 中譯參看牛貫傑譯,董建中校:《中國皇權的多維性》,劉鳳云、劉文鵬編:《清朝的國家認同——"新清史"研究與爭鳴》,北京:中國人民大學出版社,2010年,第53—70頁。對清帝不同身份角色的論述參看 Pamela Kyle Crossley. *A Translucent Mirror: History and Identity in Qing Imperial Ideology*, University of California Press, 1999, p.224.
④ 平野聰《大清帝國與中華的混迷》,東京:講談社,2007年。
⑤ 王柯《"帝國"と"民族"——中国における支配正当性の視綫》,山本有造《帝國の研究》,名古屋:名古屋大學出版會,2003年,第189—225頁。

海和碩特蒙古首領羅卜藏丹津反清,試圖恢復其祖父顧實汗在青藏地區的舊日統治。① 雍正五年,衛藏戰爭爆發,前藏貴族阿爾布巴等人謀殺後藏政治首腦康濟鼐,引發西藏動亂,並有投靠準噶爾蒙古以抗拒清廷之嫌。② 此時的衛拉特蒙古準噶爾部不僅沒有因噶爾丹的失敗而臣服,反而在其繼任者策妄阿喇布坦及噶爾丹策凌的統治下,走向準噶爾汗國的全盛,③成爲能與大清帝國和俄羅斯帝國在内陸亞洲分庭抗禮的重要政治勢力。雍正九年,本意想解決西北邊患的雍正帝却在與準噶爾的戰爭中遭遇了號稱鐵騎的清軍有史以來最爲慘重的失敗,不僅近乎全軍覆没,統合漠西蒙古的計劃落空;更爲嚴重的是,在康熙朝方才内附的漠北喀爾喀蒙古也萌生脱離滿蒙同盟之意。④ 而此時的準噶爾更對西藏達賴喇嘛所代表之教權覬覦已久,意欲挾之以令蒙藏。如此而觀,這些來自北亞邊疆的危機與壓力較之漢地那些不算成功的反抗來説,可謂有過之而無不及。因此如果不了解擺在彼時雍正帝面前的危機的輕重緩急,如果忽視其在"漢家天子"與"儒家聖君"之外的角色,就無法真正理解雍正帝之於藏傳佛教的一系列態度和政策。

　　前節已經提及蒙藏各部所遵循的政教模式乃是構建在藏傳佛教王權觀基礎之上的"政教二道"(Mon: törö šasin)傳統,也即"作爲理想政體的佛教政治(Tib: chos srid zung 'brel)"⑤。因此,對於處在被統治地位的蒙藏人民來説,清帝縱然孔武有力,但只是世俗世界中强有力的轉輪王,而達賴喇嘛、哲布尊丹巴呼圖克圖等活佛纔是精神世界的領袖。這種視角不僅會影

---

① 參看齊光《大清帝國時期蒙古的政治與社會——以阿拉善和碩特部研究爲中心》,上海:復旦大學出版社,2013年。
② 杜齊著,李有義、鄧鋭齡譯《西藏中世紀史》,中國社會科學院民族研究所民族史室民族學室,1980年,第146頁。也有人認爲這只是衛藏地區統治階級間爭奪領導權的鬥爭,見李鳳珍《清代西藏郡王制初探——讀清史劄記》,北京:中國藏學出版社,2012年,第166—172頁。
③ 伊·亞·兹拉特金著,馬曼麗譯《準噶爾汗國史》(修訂本),第319頁。
④ 參看張建《和通泊之役與大清國的邊務危機——以軍機處漢文檔案爲中心的考察》,《紀念王鍾翰先生百年誕辰學術文集》,北京:中央民族大學出版社,2013年,第445—467頁。
⑤ 石濱裕美子《清朝とチベット仏教——菩薩王となった乾隆帝》,早稻田:早稻田大學出版部,2011年,第2—3頁。《チベット仏教世界の歴史的研究》,東京:東方書店,2001年,第8—24頁。Yumiko Ishihama, The Notion of "Buddhist Government" (chos srid) Shared by Tibet, Mongol and Manchu in the Early 17th Century, in ed. By Christoph Cüppers, *The Relationship Between Religion and State* (*chos srid zung 'brel*) *in Traditional Tibet*, Lumbini: Lumbini International Research Institute, 2004, pp.15-32.

響到對於史料的利用,還可能左右我們到歷史敘述。正如姚大力在討論"邊疆範式"與"邊疆話語"時所說:"我們過去採用的溯源式敘事範式,恰恰忽略了對於所研究對象的主觀歸屬意識之狀況及其歷史變遷進行必要的考察。"並且一再強調"不能低估'地域視角'尤其是'邊緣視角'對理解'中國性'的重要性。"① 這在雍正帝與藏傳佛教關係中表現得十分明顯,因爲即便我們充分參考到滿文文獻,但仍需注意的是,作爲官方書寫的滿文文獻在某種意義上與漢文記載並無本質區別,但却與蒙人、藏人話語之間存在或大或小的差異。總之,在此意義上,所謂對喇嘛的優容與尊崇便不僅僅是滿洲皇室或帝王個人的信仰,而是清帝國多元皇權結構的重要組成。因此,如何在雍正帝"天子/聖君"身份之外,對等地關注到他在蒙藏各部政治中所兼具的"大汗/轉輪王"身份,則是筆者時刻要提醒自己的。

(三)"世俗化"還是"過渡儀":"精英"與"庶民"

"民間宗教"(popular/folk religion)、"世俗化"(secularization)以及在這些理論框架影響之下逐漸誕生的"民衆/庶民的佛教"概念,不僅全部根源於西方近代宗教學,而且在使用的過程中常常具有相類似或相重合的所指,故而在此一併討論。有學者指出,作爲與"官方宗教"(official religion)相對應,並藉以暗示"一般大衆和制度性精英"之區別的"民間宗教"(popular religion),或可溯源自休謨(David Hume)於1757年所提出的"大衆/精英"(vulgar/literate)二分法。② 由此而指向的這種對社會宗教的區分我們暫且按下不表,再來看作爲與"神聖性"相對立的"世俗化"理論。無論是涂爾幹(Émile Durkheim)定義下的,還是貝格爾(Peter L. Berger)所意謂的,皆是主要基於歐洲中世紀基督宗教的政教體制而言,③並不能完全適用於中國或東亞宗教,但從中衍生出的對於"民衆/庶民"的關注却經由日本學界而對中國佛教研究產生了重要影響。如前注所提及的阿部肇一在其《增訂中國禪宗史

---

① 姚大力《讀史的智慧》,第108頁。
② David Hume, *The Natural History of Religion*, Oxford: The Claredon Press, 1976 [1757], p.95. 轉引自孫英剛《跨文化中的迷惘:"民間宗教"概念的是與非》,《學術月刊》2010年第11期,第21—27頁。
③ 愛彌爾·涂爾幹著,渠東、汲喆譯《宗教生活的基本形式》,上海:上海人民出版社,1999年,第43頁。彼得·貝格爾著,高師寧譯,何光滬校《神聖的帷幕——宗教社會學理論之要素》,上海:上海人民出版社,1991年,第6—7頁。

の研究:政治社会史的考察》一書中便據繆勒(Max Müller)的理論來分析唐五代禪宗思想與社會關係的變遷。① 在此之前,塚本善隆在《北朝佛教史研究》中則使用了"庶民佛教"的概念來指涉那些"世俗性"的宗教活動,②更明言明清時代之佛教已落入"愚民的宗教"。③ 塚本之論仍多是站在其所熟稔的中古時代,故而對於近世以降的佛教有"衰微"之感,但將"世俗性"與"庶民"相聯繫之意識業已形成。此後如牧田諦亮、陳玉女等學者逐漸將社會化、世俗化之"庶民佛教"視爲明清佛教之一大特色加以論述,並迴避所謂"教學",而是著眼於當時佛教如何於世間滲透、實踐之觀點。以此來爲明清佛教張目。④

或許可以毫不誇張地説,"庶民/民衆佛教"將研究者的視角從"官方"投向"民間",從"上層"拉回"下層",從"精英"轉到"庶民",並在相當程度上將明清佛教從由義理所構築的偏見和遮蔽中"解救"出來。但我們在感謝這一分析範式所帶來的學術推動,並且繼續以這種視角去深耕被冷落的明清佛教同時,也應當反思其潛藏的問題。正如有學者提出,"將佛教區分爲精英的(或統治階級的)佛教與庶民的佛教,在相當程度上預設了兩者之間存在本質性的不同甚至對立",⑤而這並不符合中國佛教之史事。進而再向這一概念的根源進行考察,所謂"民間宗教"的框架也不斷遭受質疑,特別是對本就無法完全套用的中國宗教來説。如孫英剛所強調的:"在中國,所有宗教都在'民間','民間'之外別無場域。"身處其中的佛教自然如此。⑥ 同時,過分強調"精英"與"庶民"對立的背後,似乎是暗示着將作爲宗教一體兩面的"智識概念"與"儀式實踐"相分離(借用涂爾幹的區分⑦),並歸入不同的社

---

① 阿部肇一《增訂中國禪宗史の研究:政治社会史的考察》,東京:研文出版社,1986年,第110—112頁,注釋4。
② 塚本善隆《北朝佛教史研究》,《塚本善隆著作集》第2卷,東京:大東出版社,1974年,第187—240頁。
③ 塚本善隆《中國佛教史》,中村元、增谷文雄、J.M.北川編集《現代佛教名著全集》第五卷,東京:隆文館,1989年,第338頁。
④ 牧田諦亮著《民衆仏教の展開——中國近世仏教史略》,見氏著《中国仏教史研究 第三》,大東出版社,1989年,第167—168頁。陳玉女《明代佛門内外僧俗交涉的場域》,第5—31頁。
⑤ 曹凌《評倉本尚德〈北朝仏教造像銘研究〉》,《中國中古史集刊》第四輯,北京:商務印書館,2017年,第441—458頁。
⑥ 孫英剛《跨文化中的迷惘:"民間宗教"概念的是與非》,《學術月刊》2010年第11期,第21—27頁。
⑦ 涂爾干著,渠東、汲喆譯《宗教生活的基本形式》,第131頁。

會階層或知識群體。從而造成一種假象,那就是精英與儀式、庶民與教義之間的隔膜和互斥。但事實上,造像、經懺、持咒等佛教儀式,自其傳入中國開始便一直廣泛地存在於各個階層的信仰者之中。

既然"精英—庶民"的區分框架存在某種局限,我們或許還可借鑒范熱内普(Arnold van Gennep)、利奇(Edmund Leach)、特納(Victor Turner)等宗教人類學者所提出的關於"儀式"或"過渡儀"理論,①將儀式理解爲從世俗通向神聖的中間狀態,並重視其之於每一種宗教的意義。具體到雍正帝與佛教關係中,如張文良②、吳疆③等學者都對雍正帝重視真參實悟的禪修特點、調和宗門與教下之關係等問題有十分細緻的研究,但或許是受到"精英—庶民佛教"研究框架的影響,他們的研究往往不自覺地將雍正帝與佛教的關係局限於佛學義理層面,忽視了各種佛教法事與儀軌。雍正帝雖然是毋庸置疑的政治、文化精英,他的佛學造詣也得到相當一部分學者之肯定,但縱然作爲皇帝,造佛、禮佛、念佛、拜佛,乃至禳災祛病等種種法事却幾乎伴隨雍正帝終生,即便是在其高調宣稱"十年不涉禪之一字"的期間内,佛教禮儀却從未在皇宫内缺失。因此,我們在默認雍正帝"精英"身份的同時,還應關注其作爲"庶民"的對於儀式的迫切需求。

五、"佛教文獻"與"清宫檔案"中的雍正帝與佛教

(一) 佛教文獻

學界一般將佛教文獻分爲藏内文獻和藏外文獻,所謂"藏内文獻",專指歷代藏經所收録之佛教典籍;至於"藏外文獻",即是"未爲歷代大藏經所收入的各類佛教文獻"。④ 在此意義之下,各地圖書館、博物館所藏古代僧人

---

① 阿諾爾德·范熱内普著,張舉文譯《過渡禮儀》,北京:商務印書館,2010年。維克多·特納著,黃劍波、柳博贇譯《儀式過程——結構與反結構》,北京:中國人民大學出版社,2006年,第94—98頁。史宗主編,金澤、宋立道、徐大建等譯《20世紀西方宗教人類學文選》下册,上海:上海三聯書店,1995年,第481—530頁。

② 張文良《雍正與禪宗》,劉雨虹編《雍正與禪宗》,第1—26頁。

③ Jiang Wu. *Enlightenment in Dispute: The Reinvention of Chan Buddhism in Seventeenth-Century China*. Oxford: Oxford University Press, 2008, pp.163-183.

④ 方廣錩《緣起》,方廣錩主編《藏外佛教文獻》第一輯,北京:宗教文化出版社,1995年,第2頁。

之佛教著作;近現代佛教著作與資料;近代以來由梵文、巴利語、藏文、蒙文、滿文、日文等翻譯的印度佛教、藏傳佛教原典;散見於正史、金石、地方志、個人文集乃至叢書、類書、專著中的種種佛教資料,皆可目爲"藏外文獻"。這樣的區分固然有助於突破固有的以大藏經文本(特別是檢所利用最爲便利的《大正藏》和《卍續藏》)爲範圍的研究,但却容易因"藏經"之變化而發生文獻性質的改易,以明清佛教爲例,民族出版社曾影印《嘉興藏》三百八十函,號稱足本,①但仍有不少遺珠,如與雍正帝關係密切的臨濟宗僧人迦陵性音禪師語録便不在其中,而北京故宫則藏有雍正五年所刻《圓通妙智大覺禪師語録》。② 此後北京國家圖書館出版社所影印嘉興藏版大藏經,名爲"徑山藏",在原有正藏、續藏、又續藏的基礎上又增"拾遺"二十三册三百餘種,③其中即有祖藏編《迦陵音禪師語録》四卷(《徑山藏》第 226 册),那麼迦陵語録似乎就從"藏外"變爲"藏内"了。然而即便如《徑山藏》增補甚夥,却依然難以網羅全部明清佛教文獻,僅臺灣佛光大學佛教研究中心"近世東亞佛教的文獻和研究"計劃在黄繹勳、廖肇亨、簡凱廷等學者的努力下已蒐集"明清佛教稀見文獻"百餘種,並且全部是不見於各類藏經的"藏外文獻"。在此意義上,"藏外文獻"之價值正在於其"新",即以新材料而推動佛教研究之發展。此外,隨着諸如《中華大藏經》《大藏經補編》等當代"藏經"編撰工程的推進,似乎一切"藏外文獻"在理論上都是潛在的"藏内文獻"。因此,雖然本文所利用的絶大部分佛教史料皆不見諸已有藏經之内,並且盡力求"新",但基於上述考慮,仍然將其統稱爲"佛教文獻"。下面擇要簡述。

第一類是關於雍正帝的佛學著述。目前學界所主要利用的材料仍是《卍續藏》中所收録的《御選語録》和《揀魔辨異録》,這與近百年前的印光、忽滑谷快天時代並無太大區别。然而雍正帝之佛學著述並不止於此,以刻本來説,即有内府刻本所載《御製重刊宗鏡録序》《御製重刊宗鏡録後序》《御録宗鏡大綱序》《萬善同歸集序》《御製寶筏精華序》《御製大般涅槃經跋》;《龍

---

① 姜錫慈、韓錫鐸等整理《嘉興藏》,北京:民族出版社,2008 年。
② 釋實力、釋實慧編《圓通妙智大覺禪師語録》,故宫博物院編《故宫珍本叢刊》第 519 册,海口:海南出版社,2001 年。
③ 《徑山藏》編委會編《徑山藏》,北京:國家圖書館出版社,2016 年。

藏》所收《御製重訂教乘法數序》《御錄經海一滴序》《御製重刊藏經序》；民間刻本所印《三十二祖傳贊》《金屑一撮》等。此外，尚有清宮檔案所存關於佛教之長篇諭旨十餘篇，以及爲數不少的在奏摺中談及佛教之硃批，皆是解讀其佛教思想的重要材料。即便是對所習用的材料也有補正作用，這裏僅舉一例，《御選語錄》卷十九《當今法會》收錄"多羅平郡王福彭如心居士"所作《真如銘》一篇，然而據雍正帝與福彭之往來硃批奏摺，此文實則是雍正帝爲其代筆，應當納入皇帝名下。對於清宮檔案中所留存的雍正帝佛學著述，還將在下節具體介紹。

第二類是關於雍正朝佛教的史料。筆者以爲，陳垣先生《清初僧諍記》《明季滇黔佛教考》在涉獵史料之多、範圍之廣方面具有典範意義。至於野口善敬《譯注清初僧諍記》在提示相關文獻之存佚綫索也極富學術價值。① 受此啓發，筆者同樣盡力關涉包括方志、寺志、金石、別集、譜牒在内之文獻，以期全面地佔有材料。以與雍正帝往來密切的漢地僧人爲例，據《武進縣志》《毗陵莊氏族譜》等可考超盛禪師之早年行跡；《武林理安寺志》《廬山歸宗寺志》則較爲詳細記載了迦陵性音與雍正帝之恩怨；《未篩集》爲超源禪師別集，凡此種種，不再贅述。最後附帶一提的是，今甘、青、川、藏一帶的藏傳佛教寺院中保存有不少以藏文寫成的寺志；以及今蒙古、中亞所藏蒙文史籍，其中亦多有與藏傳佛教相關之內容，並呈現出遠較漢文文獻豐富的記載。

（二）清宮檔案

除上舉藏內、藏外之佛教文獻，筆者主要措意於清宮檔案這一特殊的文獻群體。因雍正帝與佛教關係密切，因而在當時的官方檔案裏留下不少記錄，這些材料雖然零散，却爲數不少；又因其史源較早，且大多傳藏有序、完好，可以從一個層面反映佛教與政治之間的張力，以及僧人與皇帝、王公、大臣之間的往來互動，豐富我們對清中前期佛教的認識。這些材料雖非文獻學意義上的孤本，但因特殊原因有些頗不易見：如雍正朝硃批奏摺、起居注

---

① 陳垣撰，野口善敬譯注《訳注清初僧諍記—中国仏教の苦悩と士大夫たち》，福岡：中国書店，1989年。相關評價參看簡凱廷《晚明五臺僧空印鎮澄及其思想研究》，新竹：臺灣清華大學博士論文，2017年，第15頁。此外，他認爲王培孫《王氏輯注南來堂詩集》、陳乃乾《蒼雪大師行年考略》等著作同樣令後繼者歎服。

册分藏海峽兩岸,其整理、保護、利用、公開等項各有不同,有些至今秘不示人;再如滿、蒙、藏文檔案,仍在陸續公布、編譯之中。一些佛教學者對於清宮檔案中的佛教史料雖已有所涉及,但總體而言似未給予足夠重視,仍有較大的利用空間。① 烏雲畢力格將德國史學家伯倫漢(Ernst Bernheim)在《史學方法論》中對史料進行的"Überreste"和"Tradition"之分,②譯介爲"遺留性史料"和"記述性史料",並指出"記述性史料"具有明確的目的和任務,作者(編者)往往用心選擇、改變和編排史料,撰(編)寫他們要講的或必須講的"歷史";③而"遺留性史料"在其產生之初並無傳承歷史信息和歷史知識之意圖,本身就是歷史過程的一部分。④ 由此標準來看,諸如《世宗實錄》《上諭內閣》《硃批諭旨》《大清會典》這類清史研究中最爲重要的史料,多是經過時人加工潤飾的歷史"記述"而非"真實",這一點已爲清史學者所反覆揭示。⑤ 相較而言,清宮中所遺留的檔案或許能更加客觀地透露出雍正帝與

---

① 陳垣先生曾從故宮懋勤殿硃改諭旨中披檢出與佛教相關者七通,題爲"清世宗關於佛學之諭旨",分正、續公布於《文獻叢編》第三、四輯,並在其《湯若望與木陳忞》等討論清初佛教史的著述有所涉及。馮爾康和楊啓樵分別利用兩岸所藏宮中檔硃批奏摺和起居注對雍正帝進行深入研究,雖有章節涉及佛教,但總體而言篇幅有限。其後還有陳肇璧和聖空法師兩篇碩士論文專題討論雍正帝與佛教,(尤其後者)涉及不少檔案文獻和清史材料。《中國佛教通史》也曾利用部分清宮史料,但主要依據《清史編年》等二手資料,或是綜合前人成果而成。在對檔案的發掘上,楊健《清王朝佛教事務管理》在相當程度上考察了與佛教有關的檔案,但因內容涉及有清一代,故而雍正一朝只是其中一部分。張文良曾從檔案中摘錄後有關佛教的硃批奏摺,尤其是禪機問答片頗爲寶貴,雖每類前撰有小論,但對大部分材料並未展開深入研究。這些前輩學者的研究,極具開拓之功和示範價值,但仍稍顯不足,如所用材料主要是當時出版的宮中檔和彙編,近年來又不斷有新的檔案公布;各種著述之間所據材料往往互相因襲,深入解讀和新材料發掘較少;清史學界熟悉史料卻對佛教本身研究難以深入,而佛教史研究者又往往對清史進展不太了解,這些都有待我們繼續推進。在個案研究方面,有些成果值得注意,如楊啓樵《再論雍正暴亡與方士丹藥》,氏著《揭開雍正皇帝隱秘的面紗》增訂本,上海:上海書店出版社,2011年,第189—207頁)和王子林《雍正帝所建斗壇與燒丹考》,《故宫學刊》2014年第2期,第206—229頁)利用內務府造辦處檔案討論了雍正帝的道教信仰和生活,具有示範意義。

② 德語中Überreste本義爲"殘餘",Tradition意爲"傳統",民國時曾譯爲"遺跡"與"傳說",見伯倫漢著,陳韜譯《史學方法論》中册,王雲五主編《萬有文庫》第二集七百種,上海:商務印書館,1937年,第192頁。

③ 烏雲畢力格《從17世紀上半葉的蒙古文和滿文"遺留性史料"看內蒙古歷史的若干問題——(一)"昭之戰"》,《內蒙古大學學報》(蒙古文)1999年第3期。

④ 烏雲畢力格《史料的二分法及其意義——以所謂的"趙城之戰"的相關史料爲例》,《清史研究》2002年第1期,第79—85頁。

⑤ 以雍正帝及後世對《硃批諭旨》的篡改爲例,參看莊吉發《故宮檔案述要》,臺北:臺北故宮博物院,1983年,第45—62頁。楊啓樵《雍正帝及其密摺制度研究》,第188—256頁。至於《起居注册》與《實錄》之間的變動,滿、蒙、漢文《實錄》之間的差異,以及《實錄》《東華錄》各版本之間的刪改,參看陳捷先《滿文清實錄研究》,臺北:大化書局,1978年,謝貴安《清實錄研究》,上海:上海古籍出版社,2013年。其他諸多成果不再一一臚列。

佛教有關的歷史細節。在筆者所具體取資利用的檔案中，既有"遺留性史料"，也有"記述性史料"；既有已整理出版的，也有尚在檔案庫房的；既有漢文的，也有滿蒙藏等非漢文的；既有藏於北京第一歷史檔案館和各地方檔案館的，也有存於臺北故宮和研究院的。因此以下依據一史館"全宗"分類方法，對與本文相關的四類全宗進行簡要說明。

其一是內閣全宗。作爲輔助皇帝辦理政務的中樞機構，經由內閣發出、收貯或編撰的上諭、各科題本（史書）、起居注册中多有涉及佛教者。a. 上諭部分，雍正八年軍機處設立之前的大部分諭旨皆由內閣奉旨擬定，在雍乾之際既已編定有《上諭內閣》《上諭八旗》《世宗憲皇帝聖訓》行世，但仍有大部分則未被收錄其中，自然也就未經改動。民國時陳垣先生曾從故宮懋勤殿硃改諭旨中披檢出與佛教相關者七通，題爲"清世宗關於佛學之諭旨"，分正、續排印公布於《文獻叢編》第三、四輯，①其中原件今仍可從內閣檔案中尋得。目前已整理出版的《雍正朝漢文諭旨彙編》（除內閣上諭外，也包含了宮中全宗、軍機處全宗中的諭旨）收錄較爲全面。② b. 各科題本部分，主要收藏於北京中國第一歷史檔案館和臺北歷史語言研究所藏"內閣大庫檔"，其中有不少涉及僧人所犯刑案、修繕寺廟工程等史料，北京部分提供到館利用，臺北所藏有一部分檔案已整理影印爲《明清檔案》；③各科題本送往內閣後依時間匯總，被稱爲"史書"，目前已有《雍正朝內閣六科史書》"吏科"和"戶科"出版，其中戶科部分存有不少清廷或帝室發給盛京、蒙古等地藏傳佛教之經費。④ c.起居注部分，雖然屬於"記述性史料"，但其中所載上諭往往能補其他全宗中之遺缺，仍然極具史料價值。分藏北京中國第一歷史檔案館與臺北故宮博物院，其中北京所存雍正朝起居注册漢文本自雍正元年四月起至八年六月止（另有雍正十二年），曾有影印出版；⑤滿文本則尚未公開利用。臺北所藏漢文本起自雍正八年七月迄於雍正十三年；滿文本則始於八年正月。臺北雖開放利用，但一直未能出版，使用仍顯不便，兩岸曾聯合

---

① 故宮博物院編《〈文獻叢編〉全編》，北京：北京圖書館出版社，2008年。
② 中國第一歷史檔案館編《雍正朝漢文諭旨彙編》，桂林：廣西師範大學出版社，1999年。
③ 張偉仁主編《明清檔案——歷史語言研究所現存清代內閣大庫原藏明清檔案》，臺北：聯經出版事業公司，1986年。
④ 中國第一歷史檔案館編《雍正朝內閣六科史書‧戶科》，桂林：廣西師範大學出版社，2007年。
⑤ 中國第一歷史檔案館編《雍正朝起居注册》，北京：中華書局，1993年。

出版合璧本，雖已付梓，但因特殊原因導致仍不易得。①

其二是宮中全宗。宮中是清宮各宮、房、所的統稱；宮中全宗則是宮中各處檔案的彙集。其中最爲學界所關注的即是硃批奏摺，密摺制完善並推廣於雍正朝，使得雍正帝能夠跨過內閣和六部直接與地方官溝通，其中頗有關於佛教之內容。特別是在雍正朝後期，與之往來密切的幾位僧人也獲得了通過江南織造代轉具摺的資格，不僅有助於我們了解雍正帝晚歲所作的種種佛教規劃，其中所載多篇禪師語錄更可補佛教文獻之闕。此外，滿文硃批奏摺中亦包含諸多涉及蒙藏佛教之內容，諸如二世哲布尊丹巴呼畢勒罕的人選問題等，或可糾正時代稍晚的蒙文傳記和蒙古佛教史籍。宮中檔漢文硃批奏摺以臺北故宮所藏爲大宗，已出版有《宮中檔雍正朝奏摺》②，且故宮文獻圖書館網站亦提供檢索和數字化資源，使用便利；稍早所出《年羹堯奏摺專輯》則有不少關於青海和碩特部佛教之記載。③ 北京中國第一歷史檔案館曾以臺北部分爲基礎，增入北京所藏部分，整理出版《雍正朝漢文硃批奏摺彙編》《雍正朝滿文硃批奏摺全譯》。④ 其中《滿文硃批奏摺》爲譯編，只有漢語譯文而無原件或轉寫，因摺中不少涉及佛教的滿文詞彙實則直接音譯自藏文或蒙文，整理者未解其義，只能再據滿文音譯爲漢語，這就給使用者帶來諸多不便。

其三是內務府全宗。內務是掌管宮廷事務，爲皇帝、皇室提供生活服務的機構。因其所處的特殊位置，凡涉及滿洲上三旗包衣和宮廷內部的人事、刑法、財務、禮儀、保衛、工程、製造、農林牧漁獵以及日常事務，盡屬其職掌。因此內務府檔案中保存了相當一部分有關雍正帝個人佛教信仰生活的記載，諸如佛教贊助、佛事禮儀、佛寺工程、佛像製作等等。雍正朝內務府檔案主要保存在北京中國第一歷史檔案館，大連圖書館亦存有部分，這些檔案多已完成數字化掃描開放到館利用。中國第一歷史檔案館內務府全宗下按

---

① 中國第一歷史檔案館、臺北故宮博物院編《清代起居注册·雍正朝》，北京：中華書局、臺北：聯經出版事業公司，2016年。（全55册，大陸部分32册由中華書局出版，臺北部分23册由聯經出版）
② 臺北故宮博物院編《宮中檔雍正朝奏摺》，臺北：臺北故宮博物院，1977—1980年。
③ 臺北故宮博物院故宮文獻編輯委員會編《年羹堯奏摺專輯》，臺北：臺北故宮博物院，1971年。
④ 中國第一歷史檔案館編《雍正朝漢文硃批奏摺彙編》，南京：江蘇古籍出版社，1991年。中國第一歷史檔案館譯編《雍正朝滿文硃批奏摺全譯》，合肥：黃山書社，1998年。

照"呈稿"與"奏案"細分,另有"內務府奏銷檔"專題檔案。目前已影印出版者有《清宮內務府造辦處檔案總匯》①、《清宮內務府奏銷檔》②、《大連圖書館藏清代內務府檔案》③。此外,臺北近代史研究所藏內務府奏銷檔案雖起自乾隆朝,但其中頗有述及雍正朝典章制度之內容,可與大陸所藏互證。其中《清宮內務府奏銷檔》因多有印刷錯誤,故而流通者已不多見,似未如直接到館便利。

其四是軍機處全宗。軍機處是創制於雍正八年的"承旨出政,綜理全國軍務要政"的中樞機構。學界對其職能、運作、歷史與意義已有較充分的研究。④ 該機構在雍正朝雖名謂"軍需""軍機",但由於清帝國之邊疆軍政多與宗教關聯,故而其下漢文錄副奏摺、滿文錄副奏摺、軍機處滿文上諭檔中有不少牽涉藏傳佛教及其上層僧侶。諸如滿文"熬茶檔""夷使檔"等記載雖僅有以少部分涉及雍正朝,但却爲我們透露出不少細節;滿文上諭檔中還保存不少雍正帝晚歲對於藏傳佛教高僧的召請、册封,可以看出其對於佛教的規劃和布局。軍機處檔案亦分藏北京、臺北等處,大部分內容已提供利用。北京中國第一歷史檔案館曾將所藏檔案按照主題分類,其中即有"宗教事務"一類,佛教內容相對集中,當然,在其他類別(如民族、軍務)之下也保存有不少信息,值得注意。此外,在西藏檔案館中尚藏有大量檔案(約佔現存清代檔案文獻的百分之十),其中多爲藏文,爲我們提供了不同於漢文,乃至作爲官方話語的滿文文獻的一種"邊疆視角",有助於全面理解雍正帝與藏傳佛教之關係。

---

① 中國第一歷史檔案館、香港中文大學文物館編《清宮內務府造辦處檔案總匯》,北京:人民出版社,2005年。
② 中國歷史第一檔案館、故宮博物院編《清宮內務府奏銷檔》,北京:故宮出版社,2014年。
③ 大連圖書館編《大連圖書館藏清代內務府檔案》,北京:國家圖書館出版社,2010年。
④ 參看 Beatrice S. Bartlett, *Monarchs and Ministers: The Grand Council in Mid-Ch'ing China*, 1723-1820, 1990。莊吉發《故宮檔案述要》,第 117—290 頁。

漢傳因明的"能立"概念*
——基於梵藏資料的新考察

湯銘鈞

一、導言

蒂勒曼斯(Tom J. F. Tillemans)教授在其 1991 年的文章《再論爲他比量、宗與三段論》(More on *parārthānumāna*, theses and syllogisms)①中，簡要說明了法稱(Dharmakīrti, 約 600—660)及其後學的著作對"能立"(*sādhana*，論證的手段)概念的解釋。該文中，蒂勒曼斯一方面展示了陳那(Dignāga, 約 480—540)從《正理門論》(*Nyāyamukha*，簡稱 NMu 或《門論》)到《集量論》(*Pramāṇasamuccaya*，簡稱 PS)的思想發展中對此

---

* 本文最初發表於《宗教學研究》2016 年第 4 期。此次發表的是未經刪略的全文。本文對涉及的一手文獻均使用縮略語，兹説明如下：**NMu**＝陳那《正理門論》，見桂紹隆於 1977—1987 年間連載於《廣島大學文學部紀要》(37—46)的"因明正理門論研究"[一]—[七]；**NP**＝商羯羅主《入正理論》，見 M. Tachikawa, "A Sixth-century Manual of Indian Logic", *Journal of Indian Philosophy* 1(1971): 140- 144；**NPṬ**＝師子賢《入正理釋》，**NPVP**＝脅天《入正理釋難語疏》，見 *Nyāyapraveśakaśāstra of Baudh Ācārya Diṁnāga*, Delhi: Motilal Banarsidass, 2009；**PS(V)**＝陳那《集量論(釋)》，見北川秀則，《インド古典論理学の研究》，東京：鈴木學術財團，1965 年；**RINM**＝護命《大乘法相研神章·略顯因明入正理門》，載《大正新脩大藏經》第 71 册；**YMDS**＝窺基《因明大疏》，本文分別給出《大正新脩大藏經》第 44 册與鄭偉宏《因明大疏校釋、今譯、研究》(上海：復旦大學出版社，2010 年)兩個版本的頁碼，以分號隔開；**YZMS**＝神泰《因明正理門論述記》，南京：支那内學院，1923 年；**ZYS**＝文軌《因明入正理論疏》(即莊嚴疏，南京：支那内學院，1934 年)。

① 重刊於 T. J. F. Tillemans, *Scripture*, *Logic*, *Language*, Boston: Wisdom Publications, 69-87。此前，日本學者稻見正浩的文章《論似宗》(M. Inami, "On *pakṣābhāsa*", in: *Studies in the Buddhist Epistemological Tradition*, Wien: Österreichische Akademie der Wissenschaften, 1991, 69-83)，曾結合似宗(*pakṣābhāsa*，虚假的論題)的理論從陳那到法稱的歷史發展，説明這一階段中宗(*pakṣa*)在一個論證中地位的變遷。兩文均構成了本文研究的基礎。

概念解釋的相應發展；另一方面通過與亞里士多德三段論相比較，極富洞見地指出"能立"概念解釋的這一發展在理論層面的重要意義。簡言之，在世親（Vasubandhu，約400—480）的邏輯學著作以及陳那的《正理門論》中，"能立"都被視爲一則論證的三支語言表達，即宗（pakṣa）、因（hetu）和喻（dṛṣṭānta）的語言表達。而在陳那晚期的《集量論》及在法稱的傳統中，此概念則僅被認定爲因和喻，而不再包括宗在內。與亞里士多德三段論相比較，佛教邏輯學家將宗命題排除在"能立"之外的新解釋，實質上表現了他們對決定一則論證是否具有可靠性（acceptability）的因素的認識變遷。根據這一"宗非能立"的新解釋，決定一則論證可靠性的因素，或者說"論證要素"（probative factor），在陳那晚期以及在法稱一系學者看來，便在於論證前提的真，而不僅在於推論本身邏輯形式的有效性。

本文在蒂勒曼斯和稻見正浩二先生文章的基礎上，進一步說明：在漢傳因明的傳統中，"能立"概念被一致解釋爲因命題、同法喻命題和異法喻命題三者的結合，或直接認定爲因三相（trairūpya），即正確理由的三項表徵。對"能立"的這一解釋在漢傳因明中被明確歸屬於陳那本人，作爲他相對之前因明論師的一項重要創見。儘管漢傳因明一直以來都被默認爲一個僅以陳那《正理門論》及其弟子商羯羅主（Śaṅkarasvāmin，約500—560）的《入正理論》（Nyāyapraveśa，簡稱 NP 或《入論》）爲理論基礎和文獻依據的思想傳統，但是漢傳對"能立"的上述解釋，却只能在陳那晚期的《集量論》中找到文獻依據，而不在上述漢傳因明二論之中。正如法稱一系的邏輯學家一樣，追隨陳那的漢傳學者也採取了各種各樣的詮釋學策略，來消弭這一本質上全新的解釋與《入正理論》《正理門論》及再之前古因明論書中的舊解釋之間的扞格之處。

此外，漢傳因明還記載了陳那以後的印度佛教邏輯學者，早已採用這一新解釋，以取代之前的舊說。與之相應，他們將論證成分不完整所犯的"缺減過性"（nyūnatā）謬誤，解釋爲一則論證中因三相沒有完全滿足的過失，以取代之前認爲"缺減"是三支語言表達不完整的舊說。本文最後嘗試以對於"缺減過性"的這一新解釋爲切入點，從一個與蒂勒曼斯"稍許不同的角度"（a slightly different angle），再一次說明這一新解釋的意義不僅是一種術語措辭上的變更，而與佛教邏輯學家關於"邏輯如何運作"（how logic works）①的觀念的深層發展密切相關。

二、《入正理論》與《正理門論》的"能立"概念

Sādhana（能立）一詞的字面含義是"論證的手段"（means of proof）。眾所周知，"能立"是《入正理論》"二義八門"理論結構中的八門之一。八門即本論所討論的八項主題，分別爲：能立（demonstration，演證）、能破（dūṣaṇa，反駁）、似能立（sādhanābhāsa，false demonstration，虛假的演證）、似能破（dūṣaṇābhāsa，虛假的反駁）、現量（pratyakṣa，知覺）、比量（anumāna，推論）、似現量（pratyakṣābhāsa，虛假的知覺）和似比量（anumānābhāsa，虛假的推論）。②"能立"是其中最重要的一個主題。論述"能立"和"似能立"的部分，是本論最重要的兩節，佔據了本論五分之四的篇幅。作爲"八門"之一的"能立"指一個三支論證式（three-membered argument）。它與"能破"（字面含義爲"反駁的手段"）相對，"能立"旨在論證某種觀點，"能破"旨在反駁某種觀點。因此，在這種意義上，我們可將"能立"翻譯爲"演證"（demonstration），即論證的語言表達。

構成一個"能立"的三支語言表達分別爲宗（pakṣa，論題）、因（hetu，理由）和喻（dṛṣṭānta，例證）。喻通常又由兩個表達構成，即"同法喻"（sādharmyadṛṣṭānta，正面的例證）和"異法喻"（vaidharmyadṛṣṭānta，反面的例證）。正如《入論》所説：

NP 2：tatra pakṣādivacanāni sādhanam/pakṣahetudṛṣṭāntavacanair hi prāśnikānām apratīto 'rthaḥ pratipādyata iti// 古譯：此中宗等多言名爲能立，由宗、因、喻多言開示諸有問者未了義故。

今譯：這裏［在八門中］，能立是由宗等［即宗、因、喻］構成的三個

---

① Tillemans, Scripture, Logic, Language, 78, 81.
② NP 1：sādhanaṃ dūṣaṇaṃ caiva sābhāsaṃ parasaṃvide/pratyakṣam anumānaṃ ca sābhāsaṃ tv ātmasaṃvide// 古譯："能立與能破，及似悟他，現量與比量，及似唯自悟。"今譯："正是演證、反駁與它們的虛假型態（ābhāsa）是爲［令］他人知曉。知覺、推論與它們的虛假型態則是爲［令］自己知曉。"參見 M. Tachikawa,"A Sixth-century Manual of Indian Logic", Journal of Indian Philosophy 1(1971)：120.

表達,因爲有疑問的人們尚未明確認識的對象,正是通過宗、因、喻三個表達而[使之]獲知。①

NP 2.4: *eṣāṃ vacanāni parapratyāyanakāle sādhanam/tadyathā/ anityaḥ śabda iti pakṣavacanam/kṛtakatvād iti pakṣadharmavacanam/ yat kṛtakaṃ tad anityaṃ dṛṣṭaṃ yathā ghaṭādir iti sapakṣānugamavacanam/ yan nityaṃ tad akṛtakaṃ dṛṣṭaṃ yathākāśam iti vyatirekavacanam// etāny eva trayo 'vayavā ity ucyante//*古譯:如是多言開悟他時,説名能立。如説聲無常者,是立宗言;所作性故者,是宗法言;若是所作,見彼無常,如瓶等者,是隨同品言;若是其常,見非所作,如虛空者,是遠離言。唯此三分,説名能立。

今譯:對此等[宗、因、喻三者]的表達,在説服他者的時候,被説爲能立,如下:對宗的表達(宗):聲是無常;對宗法的表達(因):由於[聲]是所作;對同品跟隨[因法]的表達(同法喻):凡所作的都被觀察到是無常,如瓶等;對[因法]遠離[異品]的表達(異法喻):凡恒常的都被觀察到非所作,如虛空(*ākāśa*)。唯有這三部分(三支)應被表達[爲能立]。②

據此,作爲三支論證式的"能立"可完整表述如下:

論證實例(1)

宗:	聲是無常的,
因:	因爲聲是所作的。
同法喻:	凡所作的都被觀察到是無常,如瓶等;
異法喻:	凡恒常的都被觀察到非所作,如虛空。

陳那的《正理門論》在勾勒全書框架時,也使用了相同含義的"能立"概念。作爲三支論證式的"能立"及其各種虛假型態(似能立),也構成了本論最重要的主題,佔據本論將近一半的篇幅。正如本論 k.1a(第 1 偈 *pāda* a)及其自注所説:

---

① 參見 Tachikawa, "A Sixth-century Manual of Indian Logic", 120。
② 參見 Tachikawa, "A Sixth-century Manual of Indian Logic", 121-122。最後一個方括號中的文字僅見於漢語古譯。

NMu k.1a：宗等多言說能立（*pakṣādivacanāni sādhanam*）。

今譯：能立是由宗等［即宗、因、喻］構成的三個表達。

NMu 1.1：由宗、因、喻多言，辯說他未了義故，此多言於《論式》等說名能立。又以一言說能立者，爲顯總成一能立性（*sādhanam iti caikavacananirdeśaḥ samastasādhanatvakhyāpanārthaḥ*①），由此應知隨有所闕名能立過。

今譯：由於他人尚未明確認識的對象，是通過宗、因、喻三個表達［向其］說明的，這三個表達在［世親的］《論式》（*Vādavidhāna*）等［邏輯學著作］中被表述爲能立。而且［在第 1 偈中］用單數形式來表述"能立"，這是爲了表明能立是一個［由宗、因、喻三個表達構成的］整體。由此應當知道，［這三個表達中］缺少任何一個，便稱爲能立的過失。②

在以上援引的所有段落中，"表達"（*vacana*，言）都以復數形式（多言）出現，這一語法現象就表明了《入論》和《門論》的作者都認爲能立是由宗、因、喻三個表達構成的。

在《入論》和《門論》中，"能立"還可以用來專指"因法"（reason-property）或因法意義上的"因"，即因命題的謂項，如上述論證實例（1）中的"所作性"（*kṛtakatva*）。在這種情況下，"能立"與"所立"（*sādhya*）即待證的屬性（inferable property）相對，後者即上述實例中的"無常"。作爲因法的"能立"具備論證的力量，"所立"則是"能立"所要論證在論題的主項（如上例中的"聲"）上存在的屬性。在這種意義上，當"能立"作爲實詞出現時，可翻譯爲"論證的手段"（means of proof）；作爲形容詞出現時，可翻譯爲"能證"（proving）。譯"能立"爲 *probans*（能證）、"所立"爲 *probandum*（所證）的傳統譯法，正是鑒於"能立"的這層含義。具備這種含義的"能立"一詞，見於《入論》對四種"相違"（*viruddha*）和十種"似喻"（*dṛṣṭāntābhāsa*，虛假的例證）的命名。③

---

① Inami, "On *Pakṣābhāsa*", 76, n.33；參見 NPṬ 19, 5–6。

② 參見 G. Tucci, *The Nyāyamukha of Dignāga*, Heidelberg: Materialien zur Kunde des Buddhismus, 1930, 5–6；桂紹隆《因明正理門論研究》［一］，載《広島大学文学部紀要》37（1977），109–111；Tillemans, *Scripture, Logic, Language*, 85, n.14；Inami, "On *Pakṣābhāsa*", 76–77。

③ NP 3.2.3: *viruddhaś catuḥprakāraḥ/tadyathā/*（1）*dharmasvarūpaviparītasādhanaḥ/*（2）*dharmaviśeṣaviparītasādhanaḥ/*（3）*dharmisvarūpaviparītasādhanaḥ/*（4）*dharmiviśeṣaviparītasādhanaś ceti//*古譯："相違有四，謂法自相相違因，法差別相違因，有法自相相違因，有法差別相違因等。"今譯："相違的［理由］有如下四種類型：(1) 能證明（*sādhana*，能立）［待證］屬性（法）的自身（轉下頁）

事實上，四種"相違"名稱的漢語古譯，都將"能立"直接譯爲"因"，如"法自相相違因"，原文即"法自相相違能立"，諸如此類。《入論》的印度注釋家師子賢（Haribhadra，約8世紀）在其《入正理廣釋》（Nyāyapraveśakaṭīkā, NPṬ）中也遵循相同的訓釋，將該詞解説爲"因"（hetu）。在注釋第一種相違因"法自相相違能立"時，他説道：

NPṬ 39, 4-5: atra dharmasvarūpaṃ nityatvam/ayaṃ ca hetus tadviparītam anityatvaṃ sādhayati tenaivāvinābhūtatvāt/

今譯：這裏，[待證]屬性的自身形式是恒常性。現在，這個因（hetuḥ）成立了（sādhayati）那種[待證屬性的自身形式]的反面（tadviparītam，彼相違），即無常性，這是由於[此因]與那種[反面屬性]之間[恰恰]不相離的緣故。

這就是説，"能立"法自相相違的是"因"。在解釋似喻的第一種類型"能立法不成"（sādhanadharmāsiddha）之名時，師子賢又説道：

NPṬ 44, 5-11: **sādhanadharmo** hetur **asiddho** nāstīti bhaṇyate/tataś ca sādhanadharmo 'siddho 'smin so 'yaṃ **sādhanadharmāsiddhaḥ**/... evaṃ sādhyobhayadharmāsiddhayor api bhāvanīyam/

今譯：這就是説，**能立法**，即因，**不成**，即不存在。因此，這個能立

（接上頁）形式（svarūpa，自相）的反面的[理由]、(2) 能證明[待證]屬性的[某種]特定含義的反面的[理由]、(3) 能證明屬性持有者（有法）的自身形式的反面的[理由]和(4) 能證明屬性持有者的[某種]特定含義的反面的[理由]。"參見 Tachikawa, "A Sixth-century Manual of Indian Logic", 125。NP 3.3–3.3.2: dṛṣṭāntābhāso dvividhaḥ/sādharmyeṇa vaidharmyeṇa ca//tatra sādharmyeṇa tāvad dṛṣṭāntābhāsaḥ pañcaprakāraḥ/tadyathā/(1) sādhanadharmāsiddhaḥ/(2) sādhyadharmāsiddhaḥ/(3) ubhayadharmāsiddhaḥ/(4) ananvayaḥ/(5) viparītānvayaś ceti/... vaidharmyeṇāpi dṛṣṭāntābhāsaḥ pañcaprakāraḥ/tadyathā/(1) sādhyāvyāvṛttaḥ/(2) sādhanāvyāvṛttaḥ/(3) ubhayāvyāvṛttaḥ/(4) avyatirekaḥ/(5) viparītavyatirekaś ceti//古譯："似同法喻有其五種：一、能立法不成，二、所立法不成，三、俱不成，四、無合，五、倒合。似異法喻亦有五種：一、所立不遣，二、能立不遣，三、俱不遣，四、不離，五、倒離。"今譯："虛假的例證（似喻）有兩種，基於相似性的[虛假例證]和基於不相似性的[虛假例證]。其中，首先是基於相似性的虛假例證，有如下五種類型：(1) 能證的屬性（sādhanadharma，能立法）[在其上]不成立的[例證]、(2) 待證的屬性（sādhyadharma，所立法）[在其上]不成立的[例證]、(3) 上述兩種屬性[在其上]都不成立的[例證]、(4) 没有[表達]正面相隨關係（anvaya，合）的[例證]和(5) 正面相隨關係被顛倒[表達]的[例證]。……其次是基於不相似性的虛假例證，有如下五種類型：(1) 待證的屬性[在其上]未被排除的[例證]、(2) 能證的屬性[在其上]未被排除的[例證]、(3) 兩種[屬性在其上]都未被排除的[例證]、(4) 没有[表達]反面相離關係（vyatireka，離）的[例證]和(5) 反面相離關係被顛倒[表達]的[例證]。"參見 Tachikawa, "A Sixth-century of Indian Logic", 126–127。

法不成，就是能立法在其上不成立的那個地方。……對於所立法不成和俱不成，也應如此理解。①

可見，他將"能立法不成"分析爲"多財釋"（bahuvrīhi），即屬性復合詞（possessive compound），並將"能立法"訓釋爲"因"。② 關於"能立法"（sādhanadharma）這個詞，脅天（Pārśvadeva，約12世紀上半）的覆注《入正理釋難語疏》（Nyāyapraveśakavṛttipañjikā，NPVP）進一步將其分析爲："**能立法**，它既是能立又是法。何謂？即**因**。"（NPVP 109, 21-22：sādhanaṃ cāsau dharmaś ca **sādhanadharmaḥ**/ka ity āha-**hetur** iti/）這裏，"能立法"一詞被分析爲"持業釋"（karmadhāraya），即同位復合詞（appositional compound）。這是説，"能立法"就是在一則論證中被用作論證手段（能立）的那種屬性（法），這種屬性在論證中具有論證的力量（能立）。"能立"即"法"，"法"即"能立"。在注釋《入論》關於"無合"（ananvaya）的段落（NP 3.3.1.(4)）時，師子賢進一步將"能立"直接訓爲"因"。他説道：

NPṬ 46, 7-9：**vinānvayena** vinā vyāptidarśanena **sādhyasādhanayoḥ** sādhyahetvor ity arthaḥ **sahabhāva** ekatravṛttimātram/ **pradarśyate** kathyate ākhyāyate/na vīpsayā sādhyānugato hetur iti/

今譯：意爲**没有**[表達]**正面相隨關係**（合），即没有展示遍充關係，[唯有]**所立和能立**，即所立和因，[兩者的]**共同存在**，即單純地出現於一處，**被揭示**，即被述説、被宣稱，而没有[表達]因[法]根據遍充的要求爲所立跟隨[這一點]。③

在《門論》對似喻的分類中，"能立法不成"這個名稱爲"能立不成"所替代，因而"能立"便可視爲"能立法"的同義詞。在這裏，"能立"也在"因法"的意義上使用。《門論》的相關段落如下：

NMu 5.3："餘此相似"（k.11d）是似喻義。何謂此餘？謂於是處所立、能立及不同品，雖有合、離而顛倒説。或於是處不作合、離，唯現所立、能立俱有，異品俱無。如是二法或有隨一不成、不遣，或有二俱不成、不遣。

---

① **粗體**表示被注釋的文字，下同。
② 相同的訓釋，又見 NPṬ 47,9, 47,18：**sādhanadharmo** hetuḥ/。
③ 參見 Tachikawa, "A Sixth-century Manual of Indian Logic", 127。

今譯:"與此不同的是虛假[的例證]",這是説虛假的例證。所謂與此不同的[虛假例證]有哪些? 或是在其上雖然[表達了]就所立、能立和非同品(asapakṣa,即異喻依①)而言的正面相隨關係和反面相離關係,但[它們却是]以顛倒的方式被表達[的例證];或是在其上僅僅顯示了所立和能立的共同存在,或[僅僅顯示了]兩者在異品中的共同缺無,而没有表達正面相隨關係或反面相離關係[的例證]。[還包括]就這兩種屬性[即所立和能立]而言,[在其上]或者其中之一不成立或未排除,或兩者都不成立或不排除[的例證]。②

我們發現,對應本段的《集量論·觀喻似喻品》第13—14偈及其釋論的藏譯本中,"能立"的任何一種藏譯形式(sgrub pa/sgrub par byed pa/sgrub byed)都没有出現。③ 取而代之的則是"因"(gtan tshigs,hetu)或者"推理標記"(rtags,liṅga)。這種替換與上引《入正理廣釋》(NPṬ 46, 7-9)釋"能立"爲"因"、視兩詞爲同義的訓釋正相一致。《集量論·觀喻似喻品》第13—14偈藏譯如下:

K 152a5-6, 152b4-5: gtan tshigs bsgrub bya gñis ldan min//rjes 'gro ltog pa gñis dag ste//de'i mi mthun phyogs bsal daṅ//rjes 'gro med pa der snaṅ ba'o//(k.13) rtags med sogs daṅ rjes 'gro sogs//phyin ci log pa dpe ma yin//ñe bar bsdu ba ma 'brel ba//'brel pa rab tu ma bstan phyir//(k.14)

V 63a3-4, 63a7 - b1: gtan tshigs bgrub bya gñis ka med//mi mthun phyogs las med ma byas//rjes 'gro phyin log rnam pa gñis//ltar snaṅ rjes 'gro med pa'aṅ yin//(k.13) rtags med sogs daṅ dpe med daṅ//rjes 'gro phyin ci log la sogs//'brel par ma bstan pa yi phyir//ñer 'jal 'brel pa can ma yin//(k.14)

今譯:因(gtan tshigs)、所立或兩者都不存在,或没有從非同品(mi mthun phyogs,即異喻依)中排除,或相隨關係(rjes 'gro)以兩種方

---

① 參見 Kitagawa 北川秀則《インド古典論理学の研究》,277-278, n.615。
② 參見 Tucci, The Nyāyamukha of Dignāga, 40-41;桂紹隆《因明正理門論研究》[四],載《広島大学文学部紀要》41(1981),67-68。
③ 參見北川秀則《インド古典論理学の研究》,527,12-529, 9,277-281。

式[或以同法、或以異法]被顛倒,或相隨關係不存在[的例證],是彼[喻]的虛假形式。(第13偈)推理標記(rtags)不存在等等,相隨關係被顛倒等等,都不是[正確的]喻。[因與所立在某一處的單純]匯集[也]並非[邏輯]聯繫,因爲[邏輯]聯繫[在那裏還]沒有被揭示。(第14偈)①

因此,我們可以看到:"能立法"(sādhanadharma)、"能立"(sādhana)與"因"(hetu),在指稱因命題的謂項時,三者均可互換。在《門論》中,還有另一個詞與"能立"相關,那就是"能立因"(sādhanahetu):

NMu 8:"餘所説因生"(k.15b②)者,謂智是前智餘。從如所説能立因生,是緣彼義。

今譯:"[比量認識與現量認識]不同,是從[上文]已述的因中產生出來的",這是説,[比量]認識有別於前述[現量]認識。它是從[上文]已述的能立因中產生出來的。意爲,它以彼[能立因]爲[產生的]條件。③

儘管我們還未找到直接的梵文材料,來證實"能立因"一詞也應如"能立法"一般分析爲"持業釋"即同位復合詞,但考慮到"能立因"與"能立法"在構詞上相同,這種分析還是很有可能的。"能立因"指一個具有論證力量的因,"能立法"指具有論證力量的某種屬性,該屬性就是這裏所謂的"能立因"。兩者均指稱因命題的謂項。《集量論》對於爲自比量(svārthānumāna)也有一則與上述《門論》的比量定義類似的定義:

PS II k.1a-b: *svārthaṃ trirūpāl liṅgato 'rthadṛk*/④

今譯:爲自[比量]是從一個具有三項表徵的推理標記對於對象的觀察。⑤

《門論》定義中的"能立因"在此爲"推理標記"(liṅga)所替換,而"推理標記"

---

① 北川秀則《インド古典論理学の研究》,527,12-15,529,5-8。
② 參見桂紹隆《因明正理門論研究》[五],載《広島大学文学部紀要》42(1982),84,n.2: *anyad nirdiṣṭalakṣaṇam*。
③ 參見 Tucci, *The Nyāyamukha of Dignāga*,52;桂紹隆《因明正理門論研究》[五],91。
④ 桂紹隆《因明正理門論研究》[五],92。
⑤ 參見 R. P. Hayes, *Dignāga on the Interpretation of Signs*, Dordrecht: Kluwer Academic Publishers, 1988, 231。

不過是"因"的異名而已。① 因此,可以發現:在指稱因命題的謂項即"因法"的意義上,"能立""能立法""能立因""因"與"推理標記",這一連串詞都是同義的。

在上述討論中,我們幾乎窮盡了"能立"一詞在《入論》和《門論》兩書中的所有出現情況。在兩部著作中,"能立"在某些場合指一個三支論證式,而在另一些場合指因命題的謂項即"因法"。除此以外,不存在第三種含義。

三、遵照《集量論》的新解釋

但是,漢傳因明注釋文獻對"能立"的解釋却與被注釋的《門論》和《入論》的上述解釋完全不符,令某些具有批判眼光的研究者頗感詫異。漢傳因明古德將"能立"概念一致宣稱爲因命題、同法喻命題和異法喻命題三者的結合,或直接等同於"因三相"($trair\bar{u}pya$),即正確理由的三項表徵,這種解釋在《門論》和《入論》中根本找不到蹤影。假如我們將視野局限於《門論》和《入論》,這種新解釋的確頗爲牽强,與文本不符。②

在這種新解釋中,儘管"能立"已不再被認定爲宗、因、喻三支,但是因命題、同法喻命題與異法喻命題也同樣是三個表達,況且因的三相也滿足三數(多言)的要求。故而之前認爲"能立"必須由三個表達構成的思想在這裏仍可以保留。而且,漢傳因明還將這種解釋直接歸屬於陳那本人,作爲他相對之前因明論師的一項重要創見。正如窺基(632—682)所說:

> YMDS 37-38;93a29 - b2:陳那能立,唯取因、喻,古兼宗等。……宗由言顯,故名能立。
>
> 今譯:陳那的"能立",僅包括因和喻,而之前的古因明還包括宗等

---

① 又見 NP 4: $anum\bar{a}na\d{m}\ li\dot{n}g\bar{a}d\ arthadar\acute{s}anam/li\dot{n}ga\d{m}\ punas\ trir\bar{u}pam\ uktam$/古譯:"言比量者,謂藉衆相而觀於義。相有三種,如前已說。"今譯:"比量是從一個推理標記對於對象的觀察。推理標記又具有[如上]已述的三項表徵。參見 Tachikawa, "A Sixth-century Manual of Indian Logic", 128. 此外,"能立因"一詞還出現於《門論》討論"至非至相似"($pr\bar{a}ptyapr\bar{a}ptisama$)和"無因相似"($ahetusama$)的段落(NMu 10.14)。在《集量論釋》的對應段落中,"能立因"一詞也正爲"因"($gtan\ tshigs$)所全部替换。參見桂紹隆《因明正理門論研究》[七],載《広島大学文学部紀要》46(1987),46, ns. 3-4.

② 參見陳大齊《因明大疏蠡測》,臺南:智者出版社,第4—12頁;鄭偉宏《佛家邏輯通論》,上海:復旦大學出版社,1996,第29—32、173—176頁。

要素在内。……宗是通過[因和喻的]語言表達來説明的,故而[因、喻]稱爲"能立"。

YMDS 50;93c28-94a3：古師又有説四能立,謂宗及因、同喻、異喻。世親菩薩《論軌》等説能立有三：一宗、二因、三喻。以能立者,必是多言。多言顯彼所立便足,故但説三。

今譯：古因明師也有主張"能立"有四個組成部分,即宗、因、同喻和異喻。世親菩薩的《論軌》等[邏輯學著作]主張"能立"有三個組成部分,即(1)宗、(2)因和(3)喻。因爲"能立"必然要由三個表達組成。三個表達用來揭示"所立"①便已充分,故而[世親]僅主張[能立]有三個組成部分。②

YMDS 52;94a14-17：今者陳那因、喻爲能立,宗爲所立。自性、差別二並極成,但是宗依,未成所諍。合以成宗,不相離性,方爲所諍,何成能立？故能立中,定除其宗。

今譯：現在,陳那[主張]因和喻是能立,而宗是所立。[宗的]主項(自性)和謂項(差別)都已經極成,[兩者]僅僅是宗[命題]的基礎(依),本身並不是[辯論雙方]所要爭論的[論題]。將[兩者]結合在一起才構成宗[命題],[該命題所表達的主項與謂項之間的]不相離關係,才是所要爭論的[論題]。因而,[主項和謂項這兩個宗命題的基礎本身]又怎能成爲能立？所以在能立中,一定要將宗排除在外。

在這裏,窺基認爲唯有因命題和喻命題才是"能立"。與之相對,這裏的"所立"指整個宗命題,即雙方爭論的整個論題。因和喻對於這個論題具有論證的功能,而宗命題則是立論方提出因和喻所要論證的主張。儘管這裏的"能立"也與"所立"相對,但這裏的"所立"和"能立"的解釋,與《入論》和《門論》

---

① 請注意,世親的"所立"(sādhya)概念與陳那不同,它僅僅指宗命題的謂項,即待證的屬性,而不指整個待證的論題。而且,世親的"宗"(pakṣa)概念也與陳那不同,它僅僅指論題的主項。世親用 pratijñā(主張,古譯亦作"宗")一詞來指整個論題。參見 E. Frauwallner, "Vasubandhu's Vādavidhiḥ", Wiener Zeitschrift für die Kunde Süd-und Ostasiens 1(1957)：33, frg. 1-3；*pakṣo vicāraṇāyām iṣṭo 'rthaḥ. sādhyābhidhānaṃ pratijñeti pratijñālakṣaṇam. me daṅ sa bon daṅ mi rtag pa ñid rnams rjes su dpag par bya ba ñid du dper brjod pa'i phyir chos tsam rjes su dpag par bya ba ñid du mṅon par 'dod do źes rtogs par bya'o.* 今譯："*Pakṣa* 是所要探究的對象。*Pratijñā* 是對於所立的言説,這是 *pratijñā* 的定義。由於火、種子與無常性,[在這裏]被説成是所比(*anumeya* = *sādhya*)的實例,故而應當知道,唯有屬性(法)[在這裏]被視爲所比(即所立)。"參見 Frauwallner, "Vasubandhu's Vādavidhiḥ", 16.

② 參見 Frauwallner, "Vasubandhu's Vādavidhiḥ", 16, n.21.

都有不同。在二論中，前者指所立法，後者指能立因法，兩者都被解釋爲一種屬性，不同於這裏將兩者都解釋爲命題。"因"概念在印度邏輯中，的確可以既指整個因命題，又指這個命題的謂項即"因法"。因而之前將"因法"視爲"能立"，現在將整個因命題視爲"能立"，從表面來看，似乎只是轉而強調了"因"概念的另一個所指，因而這種解釋的變遷似乎並不能算一項重要的革新。但是，這一解釋的變遷所蘊含的理論意義事實上極爲重要。這不僅是一種單純措辭上的變更，而牽涉到印度邏輯學家在思考一個好的（good）論證的"好"本身（goodness）的時候，所採取的理論視角的變更。在這種新的意義上，"能立"可按其字面譯爲"論證的手段"（means of proof），但也不妨按其實質譯爲"論證要素"（probative factor）。

然而，在《入論》和《門論》中，"能立"被清楚地說成是"多言"，即由三個表達構成。① 爲了將這種新解釋與二論的相關段落協調，"喻"現在被謹慎地算作兩個表達，即同法喻命題和異法喻命題。這樣一來，因命題、同法喻命題和異法喻命題這三個表達，便可以順理成章地詮釋爲"能立"的三個組成部分，從而符合二論"能立多言"的要求。窺基說道：

YMDS 53；94a17-21：問：然依聲明，一言云"婆達喃"，二言云"婆達泥"，多言云"婆達"。今此能立，"婆達"聲説。既並多言，云何但説因、喻二法以爲能立？答：陳那釋云：因有三相，一因、二喻，豈非多言？非要三體。由是定説宗是所立。

今譯：問：然而，根據梵文語法，一個表達（vacana）稱爲 vacanam，兩個表達稱爲 vacane，三個表達稱爲 vacanāni。這裏的"能立"是説成三個表達（多言）。既然它要有三個表達組成，爲什麼僅僅説因和喻這兩個表達是"能立"？答：陳那解釋説，因有三項表徵，即一個因命題和兩個喻命題，難道不是三個表達？不是一定要有三個互不關聯的表達［才算"多言"］。因此，便可以確定地斷言宗是所立［而非能立］。

在注釋上引 NP 2.4 段落最後一句"唯此三分，説名能立"時，窺基還指出：

YMDS 304；113b25-29：《理門論》云："又比量中，唯見此理：若所

---

① 參見上引 NP 2, NMu k.1a 和 NMu 1.1。

比處,此相審定(遍是宗法性也);於餘同類,念此定有(同品定有性也);於彼無處,念此遍無(異品遍無性也)。是故由此生決定解。"(NMu 5.5)即是此中唯舉三能立。

今譯:《正理門論》説:"而且在比量中,僅有如下規則被觀察到:當這個推理標記(liṅga,相＝hetu,因)在所比[有法]上被確知",這是[第一相]"理由是主項所普遍具有的一種屬性"(遍是宗法性);"[而且]在別處(anyatra),[我們還]回想到[這個推理標記]在與彼[所比]同類的事物中存在",這是[第二相]"理由在同品中一定存在"(同品定有性);"以及在[所立法]無的事物中不存在",這是[第三相]"理由在異品中普遍不存在"(異品遍無性)。①[《門論》因而説道:]"由此就產生了對於這個[所比有法]的確知。"②這與本論[《入論》]僅提到"能立"的三個組成部分相一致。

這裏,窺基將"能立"的三個組成部分(多言)進一步解説爲"因三相",即正確理由的三項表徵。這是佛教邏輯論辯的基本規律。這種提法背後的預設爲:因命題,特別是同法喻命題和異法喻命題,三者無非是對於"三相"的語言表達而已。就是説,這三個命題爲真,當且僅當"三相"被滿足。

事實上,"能立"的這一新解釋,儘管在《入論》和《門論》中不見蹤影,但確實可在陳那晚期的集大成之作《集量論》中找到文獻依據。蒂勒曼斯教授在其《再論爲他比量、宗與三段論》一文中已指出,儘管在《門論》中,陳那確曾將宗命題視爲"能立"的一部分,但是"在《集量論》中,陳那便不再將宗命

---

① 參見 NP 2.2: *hetus trirūpaḥ/kiṃ punas trairūpyam/pakṣadharmatvaṃ sapakṣe sattvaṃ vipakṣe cāsattvam iti*/古譯:"因有三相。何等爲三? 謂遍是宗法性,同品定有性,異品遍無性。"今譯:"因具備三相。那麼,什麼是三相? 即:[因]是宗的法,在同品中存在和在異品中不存在。"關於本句的翻譯和討論,參見 Tachikawa, "A Sixth-century Manual of Indian Logic", 121; Shōryū Katsura, "On *Trairūpya* Formulae", in: *Buddhim and Its Relation to Other Religions*, Kyoto: Heirakuji Shoten, 1985, 161-162。

② 參見 Tucci, *The Nyāyamukha of Dignāga*, 44;桂紹隆《因明正理門論研究》[四],74。本段漢語古譯用"定"來限定"有"、用"遍"來限定"無",並不見於《集量論》藏譯的對應文句,參見 PSV IV K 150b5-7: *rjes su dpag pa la yaṅ tshul 'di yin par mthoṅ ste/gal te rtags 'di rjes su dpag par bya ba la ṅes par bzuṅ na/gźan du de daṅ rigs mthun pa la yod pa ñid daṅ/med pa la med pa ñid dran par byed pa de'i phyir 'di'i ṅes pa bskyed par yin no*//; V 61b5-6: *don rjes su dpog pa la yaṅ rigs pa de ñid blta'o*//*gaṅ rjes su dpag par bya ba la rtags 'di ṅes par gzuṅ bar byas nas gźan la de'i rigs yod pa dran par byas te/med pa la med pa ñid kyis bdag ñid kyis ṅes par skyed par byed do*//,載北川秀則《インド古典論理学の研究》,521, 8-13。

題視爲'能立'的一部分,而最多不過是默許了宗命題可在一個'爲他比量'中出現而已"①。正如蒂勒曼斯指出的那樣,《集量論》的下述段落,恰能表明陳那對於宗命題這一新的態度,即將其排除在"能立"之外,只是允許它可在一個論證式中出現,但不視爲真正起到論證作用的成分。

PSV ad PS III k. 1cd：*tatrānumeyanirdeś o hetvarthaviṣayo mataḥ*//(k.1cd) *yan lag rnams la rjes su dpag par bya ba bstan pa gaṅ yin pa de ni kho bo cag gi sgrub byed ñid du bstan pa ni ma yin te de ñid las the tsom skye ba'i phyir ro*//*'on te gtan tshigs kyi yul gyi don yin pa'i phyir de ni de ma sgrub par byed do*（*de ma sgrub par byed do: des bsgrub par bya'o* V）//②

今譯：就此而言,對於所比的表述[即宗命題],被認爲[僅]與因的[論證]目的有關。(k.1cd)在各個支分（*yan lag*）中,展示所比的表述,對我們而言,並非作爲能立來展現,因爲正是從它當中,產生了[需要通過論證來解決的]疑惑。但由於[它]與因的[論證]目的有關,因而此[宗命題]是要爲彼[因]所論證的。③

在《集量論》中,除了上述將宗命題排除在"能立"之外的思想,我們還可發現陳那已有將"能立"視爲"三相"的語言表達的思想。正如該論的"爲他比量"（*parārthānumāna*）定義所說：

PSV ad PS III k.1：*trirūpaliṅgākhyānaṃ parārthānumānam.*④
今譯：爲他比量是對一個具有三項表徵的推理標記的言說。

此外,賦予因命題、同法喻命題和異法喻命題以表現"因三相"的任務的思想,在《門論》和《集量論》中都可以找到：

NMu 5.6：若爾喻言應非異分,顯因義故。事雖實爾,然此因言唯爲顯了是宗法性,非爲顯了同品、異品有性、無性,故須別説同、異喻言。

---

① Tillemans, *Scripture*, *Logic*, *Language*, 71.
② K 124b6-7,見北川秀則《インド古典論理学の研究》,471,5-8.
③ 參見 Tillemans, *Scripture*, *Logic*, *Language*, 71。
④ 見北川秀則《インド古典論理学の研究》,126, n.154。"爲他比量"是一個經由語言表達的推論,對應於《入論》和《門論》所謂的"能立"。

今譯：［反駁：］如果是這樣，那麼喻命題就不應當構成［因命題之外的］另一個支分，因爲它也是［爲了］表現理由的含義的緣故。［回答：］儘管事實如此，但這個因命題只是爲了表現［理由］是主項（宗）的屬性，而不是爲了表現［理由］在同品中存在、在異品中不存在。因此，還必須［在因命題以外］另外表述同法喻和異法喻命題。①

PSV ad PS IV k.7: 'on te de lta na dpe'i tshig kyaṅ tha dad par mi 'gyur te gtan tshigs kyi don bstan pa'i phyir ro//... gtan tshigs ni mtshan ñid gsum pa can yin la/bsgrub bya'i chos ñid ni gtan tshigs kyi tshig gis bstan pa yin no//de las gtan tshigs lhag ma bstan par bya ba'i don du dpe brjod pa ni don daṅ bcas pa yin no//②

今譯：［反駁：］然而，如果是這樣，那麼喻命題就不應當構成［因命題之外的］另一個［支分］，因爲它也是爲了表現理由的含義的緣故。［回答：］……既然理由具有三項表徵，而唯有［理由］是所立（主項）的屬性這一點，爲因命題［本身］所表現。［那麼］爲了表現除此［第一相］以外的理由［的另外兩項表徵］，［在因命題之外又表達］喻命題便有意義。

可見，認爲因、同法喻和異法喻三命題以表現"因三相"爲其實質，是陳那從《門論》到《集量論》一以貫之的思想。將這個思想與上述《集量論》中認爲"能立"的實質在於表現"因三相"的思想相結合，我們便不難得到唯有因和喻才是"能立"而宗不預其列的結論。同時，宗命題儘管不再計入"能立"，但作爲一個表達辯論主題的命題，在論證式中仍有保留的必要，這也是陳那《集量論》相對之前的《門論》而言對"宗"採取的新態度。將這些思想要素綜合起來，便構成了陳那在《集量論》中對於"能立"概念和宗命題的最終理解。而爲了繼續保留"能立"必須要由三個表達（多言）組成的要求，將喻拆分爲同法喻和異法喻，從而與因命題合起來算作三個表達，這也不是一件很難的事情。因爲，同法喻和異法喻兩命題的拆分，可以很自然地從二喻各自表現因的第二相和第三相的思想中引申出來。

因此，漢傳因明將"能立"視爲因和同、異二喻的結合，或直接等同於"因

---

① 參見 Tucci, *The Nyāyamukha of Dignāga*, 45-46；桂紹隆《因明正理門論研究》［四］，76-77。
② K 151a2-4，見北川秀則《インド古典論理學の研究》，522,7-523,2.

三相",這種觀點可以視爲陳那晚期思想的自然延伸。在某種程度上,這極有可能也反映了玄奘當時的印度學界對於陳那因明的通行解釋,只不過經由玄奘在印度的學習和歸國以後的譯講,便傳到了中國而已。通過追溯漢傳因明的"能立"概念及其印度淵源,或許能有助於我們注意到這樣一個過去未曾想見的可能情況:儘管漢傳因明過去一直被想當然地認爲是一個僅以《入論》和《門論》爲經典依據和理論源頭的思想傳統,但是在漢傳對這兩部書的注釋文獻中得到闡發的思想觀念,事實上並不限於兩書的內容,甚至並不限於陳那的早期思想。在某些場合,在某種程度上,這些思想觀念極有可能來源於陳那的晚期思想,來源於陳那以後印度學界對陳那前後期各種思想要素的接受、整合與詮釋。而在玄奘當時所從學的印度學界,法稱因明的一系列重要創見很可能尚未得到承認,因而玄奘傳回的這種陳那詮釋也很可能尚未受到法稱因明的影響。然而,通過對比中印兩方面的現有資料,來系統地還原漢傳因明與陳那以後印度因明的這種過去一直未曾得到認真考慮的淵源關係,可能還是一項頗爲艱巨的工作。因爲,關於陳那早期與晚期思想之間細微差異的記述,即便在漢傳因明也很難找到蹤跡。傳統總是傾向於將一位思想家的思想作爲一個靜態的、完成的整體來闡述,於漢、藏兩地皆然。正是因此,關於法稱及其後學的新近研究,對於我們釐清佛教邏輯從陳那到法稱這一百餘年間發展的各個歷史層次而言,對於增進我們的漢傳因明理解而言,事實上具有極爲重要的參考價值。正是法稱因明界定了這一百餘年發展的終點,細緻地比較陳那、漢傳與法稱的異同,便能賦予我們的研究以歷史的層次感,而不再失於片面。①

---

①　法稱晚期在《因滴論》(*Hetubindu*)和《論議正理論》(*Vādanyāya*)中,明確禁止在爲他比量中陳述宗命題,並完全取消了"似宗"的理論,參見 Tillemans, *Scripture, Logic, Language*, 71-73; Inami, "On *Pakṣābhāsa*", 76-81. 與此不同,宗命題在漢傳文獻所記載的推論實例中均被保留。而且,漢傳因明並沒有像法稱那樣,認爲宗命題可以未經言說而通過"蕴含"(*artha*,義)或者"推測"(*arthāpatti*,義准)而被知道。不過,與法稱一系相同的是,漢傳因明也花了不少精力,採取各種迂回的詮釋學策略,來消解在《入論》和《門論》之類較早著作中引導整個"能立"定義的"宗"(*pakṣa*)這個詞,如"宗等多言名爲能立"中的"宗"(參見上引 NP 2, NMu k.1a 和 NMu 1.1)。這種迂回策略的要旨在於主張,"宗"這個詞在定義中仍被提到,不過是爲了指示"能立"所要成立的對象或指示"能立"的目的而已。詳見 YMDS (54-56; 94a21-b13) *ad* NP 1; YMDS (86-94; 96c11-97b7) *ad* NP 2;有關文軌(約 7 世紀前半)《莊嚴疏》中的類似討論,見 ZYS (1, 4b-5b) *ad* NP 2 與 ZYS (2, 2a-3a) *ad* NP 2.4;有關窺基對《門論》第 13 偈後半"說宗法、相應、所立,餘遠離"(NMu k.13cd = PS IV. k.6cd)的含混注釋,見 YMDS (305; 113c6-10) *ad* NP 2.4。《門論》現存唯一一部古典注釋書的作者神泰(約 7 世紀前半)就《門論》中的相關段落,並未留給我們任何實質性的信息。他只 (轉下頁)

四、論證的"完整性"與論證要素(probative factor)

正如蒂勒曼斯教授的《再論爲他比量、宗與三段論》一文所指明的那樣，"能立"解釋的這一變化，並不僅僅是一種措辭上的變更，而牽涉到佛教邏輯學家關於"邏輯如何運作"(how logic works)①的觀念變遷。假如我們從另一個角度來思考，進一步考察由於"能立"概念的這一新解釋而導致在因明謬誤論方面對"缺減過性"(*nyūnatā*, incompleteness)的重新解釋②的話，便能較好地說明"能立"概念的這一新解釋的理論意涵。

正如上引《門論》第 1 偈的釋論(NMu 1.1)所示，陳那將"能立"定義爲一個由宗、因、喻三個表達構成的三支論證式，他又認爲"由此應知隨有所闕名能立過"，即缺少宗、因、喻中的任何一個表達，都被認爲是"論證不完整"(缺減過性)的過失。③ 但是，在《集量論》中，陳那則宣稱：

(接上頁)是一方面提請讀者參考他對《入論》的注釋，而這部注釋現已不存於世；另一方面，則是誤導性地將"能立"的這種新解釋，歸屬於陳那以前的世親，參見 YZMS (1, 3b) ad NMu 1.1. 不過，關於"缺減過性"(*nyūnatā*)，神泰還是提到了印度方面從世親到陳那及其後學的三種不同觀點。事實上，我們發現，據傳是陳那弟子的《入論》作者商羯羅主，的確知道陳那最晚期的著作《集量論》。因爲《入論》的有些表述，只能追溯到《集量論》而不見於《門論》或之前的著作。比如"如是多言，是遣諸法自相門故"一句(NP 3.1(9)：*eṣāṃ vacanāni dharmasvarūpanirākaraṇamukhena*)，便大致對應於《集量論》藏譯的如下句子：'*di yaṅ chos kyi raṅ gi ṅo bo daṅ 'gal bas sel ba'i sgo tsam źig bstan pa yin la*/(今譯：而且，它們顯示爲僅僅與法的自相矛盾而被排除這一途徑)，"遣諸法自相門"對應 *chos kyi raṅ gi ṅo bo daṅ 'gal bas sel ba'i sgo*，見 PSV ad PS III k.2 (K 125a5-6；北川秀則《インド古典論理学の研究》，472, 14-15)。而且《入論》的四相違似因學説(NP 3.2.3)，也只能追溯到《集量論》第三品第 26—27 偈及其釋論的相關論述，見 PSV ad PS III k.26-27 (K 133b1-134a8)，參見北川秀則《インド古典論理学の研究》，205-217。這些綫索，或許能幫助我們將來進一步揭示《入論》之類邏輯學通俗手冊的寫作，與《門論》《集量論》之類嚴格意義上的邏輯探究性著作之間的有趣關係。一般而言，邏輯學創見的深刻力量通常會在這類通俗手冊中或多或少地爲之前的傳統觀點所沖淡和稀釋，不論這些手冊實際上撰寫於這些創見提出之後不久並且其作者的確知曉這些創見，還是撰寫於甚至這些創見已不再新鮮的數個世紀以後。如吉答利(Jitāri，約 940—1000)的《因真實論》(*Hetutattvopadeśa*)，正是《入論》與法稱《正理滴論》(*Nyāyabindu*)兩書學説的簡單拼接。

① Tillemans, *Scripture, Logic, Language*, 81.
② 關於陳那《集量論》對"缺減過性"的重新解釋，參見 Tillemans, *Scripture, Logic, Language*, 75。
③ 參見 Tillemans, *Scripture, Logic, Language*, 85, n.14。在注釋《門論》本句的時候，神泰記述了對於"缺減過性"的三種不同解釋。其中，前兩種解釋分別對應於世親本人和世親與陳那之間的學說，第三種解釋對應陳那本人及其後學，見 YZMS 1, 4a-b。但是，神泰關於持前兩種解釋的學者，僅含糊地提到了"一師"和"有師"，參見 Tucci, *The Nyāyamukha of Dignāga*, 6, n.7。《入論》對於"缺減過性"的定義與《門論》基本相同，見 NP 6：*sādhanadoṣo nyūnatvam/pakṣadoṣaḥ pratyakṣādiviruddhatvam/hetudoṣo 'siddhānaikāntikaviruddhatvam/dṛṣṭāntadoṣaḥ sādhanadharmādyasiddhatvam/tasyodbhāvanam* (轉下頁)

PSV ad PS III k.1ab: 'dir yaṅ tshul gaṅ yaṅ ruṅ ba cig ma smras na yaṅ ma tshaṅ ba brjod par 'gyur ro// ①

今譯：而且，這裏[說"爲他比量是對一個具有三項表徵的推理標記的言說"]，[即在因三相中]有任何一相未被言說的時候，便稱爲[論證]不完整。②

可以說，在《集量論》對於"缺減過性"的重新詮釋中，被變更的不僅是從印度邏輯的早期階段以來便存在的"論證不完整"這種過失的內涵，而且還變更了有關哪些要素構成了一個論證的"完整性"(completeness)的觀念本身。根據這種觀念，當缺乏這類要素的時候，這個論證就必須被視爲"不完整"或不可靠。就是說，在更深層次上被變更的，正是論證"完整性"的觀念本身。現在，我們將這樣一類決定一個論證是否"完整"即是否可靠的要素稱爲"論證要素"(probative factor)。

事實上，使一個論證成爲一個"完整的"、可靠的論證的要素，可以有很多。首先，必須要有一定的語言表達，立論方還必須要有明確的觀點，想要說服敵論方接受。這種語言表達應當遵循一定的語義學規則與慣例，從而可以用來準確表達立論方的觀點。爲了使一個論證成爲可靠，在某種意義上，我們還必須預設敵論方具備足夠的智力，來理解立論方所用語言的意義，從而如立論方所想的那樣來把握他的觀點。還必須預設辯論在一個公

(接上頁) prāśnikapratyāyanaṃ dūṣaṇam// 古譯："謂初能立缺減過性、立宗過性、不成因性、不定因性、相違因性及喻過性，顯示此言，開曉問者，故名能破。"今譯："[論證]不完整(缺減過性)是能立的過失；與現量等相違，是宗的過失；不成、不定和相違，是因的過失；能立法等不成立，是喻的過失。指出它，[而且]使有疑問的人明確認識到，就是能破。"參見 Tachikawa, "A Sixth-century Manual of Indian Logic", 129。《入正理釋難語疏》針對《入正理廣釋》對本段的注釋，有如下詳述：**sādhanadoṣo nyūnatvaṃ sāmānyene**ti/nyūnatvaṃ pakṣādyavayavānāṃ yathoktalakṣaṇarahitatvam pramāṇabādhitatvam iti yāvat/ayam arthaḥ — sādhanavākye 'vayavāpekṣayā nyūnatāyā atiriktatāyāś ca sabhāsadaḥ purato 'bhidhānaṃ yat tat sāmānyena dūṣaṇam/ viśeṣatas tu pakṣadoṣodbhāvanam asiddhaviruddhānaikāntikadoṣodbhāvanam dṛṣṭāntadoṣodbhāvanaṃ vā dūṣaṇam iti/，見 NPVP (124,8-12) ad NPṬ (54,12-13)。今譯："能立的過失一般而言(sāmānyena)是[論證]不完整。這就是說，[論證]不完整，是宗[即宗、因、喻]支分，欠缺如上已說的[這項或那項]定義，[或者]爲[其他]量所違害。其含義爲：能破是在公證人面前以任何一種方式(sāmānyena)，針對[對方]能立的語言表達中的[任何一個]支分，說出[它]有不完整或者過於冗長[的過失]。而具體來說(viśeṣatas)，能破或者是指出宗的過失，或者是指出[因有]不成、相違或不定的過失，或者是指出喻的過失。"

① V 40b2, 見北川秀則《インド古典論理学の研究》, 470, 7-8.
② 參見 Tillemans, Scripture, Logic, Language, 85, n.15。

正的背景下展開,在其中雙方提出的論證都能够僅僅根據理性思維的各項準則來得到評判。凡此種種,構成了一個論證在實際辯論中奏效的各項必要條件。因此,我們提出"論證要素"這個概念,並不是想要用它來囊括使得一個論證在實際上"完整"的所有必要條件。這種必要條件事實上無法窮盡。我們使用"論證要素"這個概念,僅僅指爲歷史上某位特定的邏輯理論家所揀選出來、作爲他對人類的日常論證行爲進行理論化的時候所關注的焦點,即在他的邏輯理論化行爲中得到主題化的那些基本要素。因而,"論證要素"僅僅是一個元邏輯的概念,而不是一個通常意義上的邏輯概念。這個概念僅用於再現或者概括歷史上某一位邏輯學家在其有關可靠論證的可靠性本身(soundness)的理論中的首要關注點。事實上,無論過去、現在還是未來,我們都只有在決定一個論證可靠的各項因素中選取有限的一部分,才能以一種理論的方式來反思論證的可靠性。但是在理論上僅對一部分因素予以主題化,並不妨礙我們在一般意義上承認實際還存在着其他更多因素,尚未在我們的現有框架中得到理論化,甚至還沒有爲我們所想到。

單純地羅列這樣一些論證要素,所能貢獻於一種論證理論者,事實上並不比對一則可靠論證的健全直觀來得更多,兩者都談不上是一種邏輯理論。作爲一種理論,其最核心的特徵在於,在其中被指認的那樣一些論證要素,同時也被視爲能以一種普遍的方式,將可靠論證與不可靠論證區分開來的一組標準。因此,各種各樣的論證理論,在指認不同種類的論證要素的過程中,也就踏上了不同的理論化路徑,並最終形成關於可靠論證的各種不同的標準體系。簡言之,對於不同論證要素的主題化,正是表現了關於論證可靠性的不同觀念,從而導向不同的論證理論,乃至不同類型的邏輯理論。

且讓我們回到漢傳因明的如下歷史記述上來,本段記述恰好印證了《集量論》對"缺減過性"的新詮釋:

  YMDS 57;94b17-21:世親菩薩,缺減過性,宗、因、喻中,闕一有三,闕二有三,闕三有一。世親已後,皆除第七。以宗、因、喻三爲能立,總闕便非。既本無體,何成能立?有何所闕而得似名?

  今譯:[根據]世親菩薩,"缺減過性"[存在七種情況],在宗、因、喻[三個語言表達中],[僅]缺少一個的情況有三種,缺少兩個的情況有三種，缺少三個的情況有一種。世親以後[的學者]，都排除第七種情況。因爲宗、因、喻三者組成一個能立，並不可能三者全部缺少[而仍有論證式可言]。[如果那樣的話，]既然[論證的語言]基礎都不存在，又有[什麼]可以成爲"能立"(論證)，又有[何種論證]可因缺少[支分]而稱爲"虛假"？

由本段可見，世親本人以及世親與陳那之間的學者，都將宗、因、喻的語言表達本身視爲"論證要素"。只要缺少其中一個表達，整個論證便有"不完整"的過失。然而，尚有一點在這種學說中尚未得到澄清，那就是：論證的語言表達本身對於一個論證的"完整性"或可靠性的貢獻，事實上可以有兩種方式：一方面，語言表達可以因爲表現了特定的有效推理形式從而具有論證的效力；另一方面，語言表達也可以因爲在其中得到表達的前提，即因命題和喻命題是真的或者被認爲真，從而具有論證的效力。正如我們今天所知，一個論證能被視爲可靠，當且僅當它的所有前提都是真的，而且整個論證形式有效。因此，假如這裏將語言表達本身視爲"論證要素"的觀點，不只是表現了對於可靠論證的某種健全直觀，而且還構成爲某種論證理論的話，那麼這種觀點實際上便爲後來的佛教邏輯學家對於論證的"完整性"作進一步理論化，指示了兩條不同的可能路徑。

其中，第一條路徑是將邏輯形式本身視爲"論證要素"，以之爲理論化的焦點，並以之爲普遍的標準來區分可靠的論證與不可靠的論證。我們將這條路徑稱爲"形式的路徑"(formulistic approach)。第二條路徑是將因命題和喻命題的真視爲"論證要素"，對語言表達所表達內容的真理性進行理論化，以論證前提的真理性規定爲普遍的標準來區分可靠的論證與不可靠的論證。我們可以將這條路徑稱爲"認知的路徑"(epistemic approach)或者"論辯的路徑"(dialectic approach)。採取哪一個名稱，取決於該理論對"真"採取何種解釋。假如該理論將一個命題的真，解釋爲在認識論的意義上得到確證(*niścayaprasiddha*，決定極成)，即爲有效認知的手段(量)所證成，我們便稱之爲"認知的路徑"。假如該理論將一個命題的真，僅僅解釋爲在辯論的情境中爲辯論的雙方承認爲真(*abhyupagamaprasiddha*，共許極成)，而不論其認知證據(epistemic evidence)的有無，我們便稱之爲"論辯的路徑"。讓我們再回到漢傳的記述上來：

YMDS 57-58；94b21-26：陳那菩薩，因一喻二①，説有六過，則因三相六過是也。闕一有三，闕二有三，無闕三者。大師至彼六十年前，施無厭寺有一論師，名爲賢愛，精確慈悲，特以貫世，因明一論，時無敵者，亦除第七。自餘諸師，不肯除之。因一喻二，即因三相。

今譯：[根據]陳那菩薩，[既然"能立"由]首先因命題與其次喻命題[即因命題、同法喻命題和異法喻命題組成]，["論證不完整"]的過失便存在六種情況，即[不滿足]因三相的六種過失。[僅]缺少[其中]一項表徵的情況有三種，缺少兩項表徵的情況有三種，而不存在[同時]缺少三項表徵的情況。大師(玄奘)到達那爛陀寺的六十年前，在那裏有一位論師，名爲賢愛(Bhadraruci)。他尤其因爲縝密的思考與慈悲的情懷聞名於世。在因明這門學科方面，當時無人能與之抗衡。他也主張排除第七種[三項表徵都缺少的情況]。而其他諸位論師則不願意將其排除。首先因命題與其次喻命題[即因命題、同法喻命題和異法喻命題]，就是"因三相"。②

本段表明，陳那以後的印度佛教邏輯學家，遵照陳那晚期《集量論》的思想，將構成一個論證的"完整性"的決定要素，詮釋爲正確理由的三項表徵(因三相)。而因三相正是從世親以來佛教邏輯論證式的基本規則。然而，我們在

---

① 參見 RINM 30c29-31a2："且'能立'者，即有二義：一一因二喻，二因一喻二。一因二喻，約因三相也；因一喻二，約因二喻也。"今譯："這裏，能立具有兩種含義，其一是'一因二喻'，其二是'因一喻二'。'一因二喻'(一個因命題和兩個喻命題)，是就因三相來說的。'因一喻二'(首先因命題與其次喻命題)，是就[在一個論證中先說]因再說二喻[的表達順序]來說的。"日僧護命(750—834)對"一因二喻"和"因一喻二"的區分多少有些牽強。而且窺基這裏是將"因一喻二"而非"一因二喻"等同於"因三相"，相比護命，更爲直接地將因、同法喻和異法喻的語言表達等同於"因三相"。

② 事實上，窺基本人也不願意排除第七種可能情況。在本段記述之後，他又補充道："又雖有言，三相並闕。如聲論師，對佛法者，立'聲爲常，德所依故，猶如擇滅。諸非常者，皆非德依，如四大種'。此'德依'因，雖有所說，三相並闕，何得非似？由此第七亦缺減過。"(YMDS 58-59；94b28-c3)今譯："而且[還存在這樣的情況]，雖然存在語言表達，但三項表徵都缺少。例如聲常論師(Śābdika)對佛教徒提出：'聲是常，因爲聲是屬性的承載者(guṇāśraya，參見 NP 3.2.1(4))，猶如擇滅(pratisaṃkhyānirodha)。凡是非恒常的都非屬性的承載者，如四大種(caturmahābhūta)。'這裏雖然存在以'屬性的承載者'爲理由的論證的語言表達，但是三項表徵全部缺少。[這個論證]怎麼能不算作虛假[的論證]呢？因此，[三相都缺少的]第七種情況也是'論證不完整'的過失。"這就是說，在三相都不滿足的情況下，仍可能存在論證的語言表達，儘管它由於三相都不滿足而根本沒有論證的效力。對於第七種情況，慧沼(650—714)給出了一個更爲淺顯的實例："如立'聲常，眼所見故'，虛空爲同，盆等爲異，三相俱闕。"(YMDS 753；141c21-22)今譯："例如論證聲是常，因爲聲是可見的，虛空爲正面的例證，盆等爲反面的例證。[這個論證]三項表徵全部缺少。"存在第七種三相都不滿足的極端情況，事實上表明了釋"缺減"爲"三相缺減"而非"三支缺減"的新說，已在三支的語言表達之外，獲得了另外一個視角來審視論證的可靠性，從而將"能立"的概念從對象語言的層面，提升到了元語言的規則層面。這也是陳那《集量論》所開啓的"能立"新說的一項重要意義。

這裏並不打算援引更多文獻,詳述漢傳因明和法稱因明對"因三相"的解釋,因而無法説明世親以後追隨陳那的邏輯學家(包括漢傳和法稱)究竟是採取"認知的路徑"抑或"論辯的路徑"。

不過,這裏援引的文獻已足夠支持這樣一個結論,即:世親以後追隨陳那的邏輯學家在對於人類論證行爲進行理論化的過程中,並沒有選擇"形式的路徑"。爲説明這一點,我們只需指出,爲"因三相"所排除的"不完整"或不可靠的論證,與本文第二節中提到的論證實例(1),實際上具有相同的邏輯形式。而上述實例(1)在佛教邏輯的任何一個版本中都被認爲是一個典型的可靠論證。事實上,我們不難將該實例的邏輯形式粗略表達如下:

宗命題: Sp
因命題: Hp
同法喻命題: $(x)(Hx \rightarrow Sx)$
異法喻命題: $(x)(\neg Sx \rightarrow \neg Hx)$①

若進一步將異法喻命題權且視爲同法喻命題的逆否命題,則我們連異法喻命題亦可暫時忽略。如是,整個推理的過程便可以認爲發端於同法喻命題而歸結於宗命題。假如我們姑且認爲這裏的形式化大致不謬,這樣的邏輯形式顯然應視爲有效。

在注釋《入論》關於"能破"的段落②時,慧沼③給出了上述不滿足"因三相"因而犯有"缺減過"的七種可能情況的論證實例。④ 這裏,我們只需關注前三種唯有一項表徵不滿足的情況,其實例如下:

YMDS 752;141c12-16:闕一有三者:如數論師,對聲論立:"聲是無常,眼所見故",聲無常宗,瓶、盆等爲同品,虛空等爲異品,此但闕初

---

① $p=pakṣa$,宗有法,即論題的主項,如實例(1)中的"聲";$S=sādhyadharma$,所立法,即待證的屬性,論題的謂項,如該例中的"無常";$H=hetu$,因法,即因命題的謂項,如該例中的"所作"。請注意,這裏的形式化只是一個臨時方案。首先,喻命題中提到的正、反兩種個例(同喻依和異喻依)與本文的論點關係不大而暫且被忽略。其次,尚有其他許多本來不應忽略的因素,在這裏也因與論旨無直接關聯而暫且不予考慮。不過,這裏的形式化雖然簡略,但已能充分説明本文的論點。此外,下文對"因三相"的討論默認了一種筆者認爲比較準確的邏輯刻畫,但詳細理由,請容另文展開。

② NP 6,參見本書第 105 頁注③。

③ 《因明大疏》(YMDS)從 NP 3.3.1(1)的注釋到最後,乃窺基弟子慧沼所續,參見鄭偉宏《因明大疏校釋、今譯、研究》,上海:復旦大學出版社,2010年,第 605 頁。

④ 見 YMDS 752-753;141c11-22。

而有後二;聲論對薩婆多立:"聲爲常宗,所聞性故",虚空爲共同品,瓶、盆等爲異品,闕第二相;"所量性"因,闕第三相。

今譯:[僅]缺少[因三相中]一項表徵的三種情況[的實例依次爲]:[第一種情況]如數論師對聲常論師提出:"聲是無常,因爲聲是可見的(*cākṣuṣatva*)。"[這裏,立論方想要論證爲]無常的宗(有法)"聲",以瓶、盆等爲同品(*sapakṣa*,同類的事例),以虚空等爲異品(*vipakṣa*,異類的事例)。這個[論證]僅缺少第一項表徵,但具備後二項表徵;[第二種情況如]聲常論師對説一切有部論師(Sarvāstivādin)提出"聲是常"這個論題,[並給出理由]"因爲聲是可聞的(*śravaṇatva*)"。[這裏,]虚空是雙方都認可的同品,瓶、盆等是異品,[這個論證僅]缺少第二項表徵;[第三種情況如]理由"可知性"(*prameyatva*)[用於論證"聲是常"這個論題],[僅]缺少第三項表徵。

將本段提到的三則論證都寫成類似三段論的形式,忽略其中的異法喻命題、同喻依和異喻依,將"同法喻"簡稱爲"喻",並將宗、因、喻三個命題的主、謂項都表述完整,我們便能將它們重寫如下:

	論證實例(2)	論證實例(3)	論證實例(4)
宗:	聲是無常的,	聲是恒常的,	聲是恒常的,
因:	因爲聲是可見的。	因爲聲是可聞的。	因爲聲是可知的。
喻:	凡可見的都是無常。	凡可聞的都是恒常。	凡可知的都是恒常。

不難發現,所有這些在陳那及其後學看來不可靠的論證,與上述實例(1)所表現的可靠論證,實際上具有相同的邏輯形式。若參照上文給出的刻畫,這種邏輯形式便應視爲有效。它們的差別僅在於:

在實例(2)中,因命題"聲是可見的"不是真的,因爲聲顯然不是可見的。這裏,Hp 這一命題爲假。這就是慧沼所謂的"此但闕初",唯有第一項表徵"遍是宗法性"(理由是主項所普遍具有的一種屬性)爲假,即不滿足。①

---

① 參見 NP 3.2.1(1): *śabdānityatve sādhye cākṣuṣatvād ity ubhayāsiddhaḥ*//古譯:"如成立聲爲無常者,若言是眼所見性故,兩俱不成。"今譯:"在論證聲是無常的時候,[理由]'因爲[聲]是可見的'對[辯論]雙方而言都不成立。"參見 Tachikawa, "A Sixth-century Manual of Indian Logic", 123。

觀念與方法 | 111

在實例(3)中,喻命題"凡可聞的都是恒常"不是真的。因爲它無法在除了論題的主項(宗有法)"聲"以外任何一個存在的個體中得到體現,其主項爲空,因爲唯有聲才是可聞的。在這裏,同法喻命題應被理解爲一個帶有存在含義(existential import)的命題,即 $(x)((x \neq p \ \& \ Hx) \rightarrow Sx) \ \& \ (\exists x)(x \neq p \ \& \ (Hx \ \& \ Sx))$。① 讀作:對任一 x,如 x 不是宗有法(p)且具有因法(H),則 x 具有所立法(S),而且存在一個 x,x 不是宗有法且 x 具有因法和所立法。整個合取命題爲假,因爲後一合取支 $(\exists x)(x \neq p \ \& \ (Hx \ \& \ Sx))$ 爲假。後一合取支爲假,就是慧沼所謂的"闕第二相",第二項表徵"同品定有性"(理由在同品中一定存在)爲假。因爲這裏的"同品",即與宗(有法)同類的事例,事實上並不將聲包括在內。而將聲除外的"同品",即除了聲以外具有所立法"恒常性"的事物中,沒有任何一個能體現理由"可聞"。"理由在同品中一定存在"這一要求便不滿足。②

在實例(4)中,喻命題"凡可知的都是恒常"不是真的。因爲在聲以外,的確存在可知而且無常的事物,可作爲喻命題的反例(counterexample),就比如瓶。在這裏,同法喻命題的邏輯形式也應刻畫如上。其中,前一合取支 $(x)((x \neq p \ \& \ Hx) \rightarrow Sx)$ 爲假,因而整個合取式 $(x)((x \neq p \ \& \ Hx) \rightarrow Sx) \ \& \ (\exists x)(x \neq p \ \& \ (Hx \ \& \ Sx))$ 便假。前一合取支爲假,就是慧沼所謂的"闕第三相",第三項表徵"異品遍無性"(理由在異品中普遍不存在)爲假。因爲這裏的"異品"(與宗異類的事例),即聲以外不具有所立法"恒常性"的事物中,也存在體現理由"可知"的實例(如瓶)。"理由在異品中普遍不存在"這一要求便不滿足。③

---

① 見 C. Oetke, *Studies on the Doctrine of Trairūpya*, Wien: Universität Wien, 1994, 24, ES+eva 4。

② 參見 NP 3.2.2(2): *asādhāraṇaḥ śrāvaṇatvān nitya iti/tad dhi nityānityapakṣābhyāṃ vyāvṛttatvān nityānityavinirmuktasya cānyasyāsaṃbhavāt saṃśayahetuḥ/kiṃbhūtasyāsya śrāvaṇatvam iti//* 古譯:"言不共者,如説聲常,所聞性故,常、無常品皆離此因,常、無常外餘非有故是猶豫因,此所聞性其猶何等?"今譯:"不[爲同品或異品]共有的[理由,如]:'[聲是]常,因[聲]是可聞的。'這個[理由]正是[產生]疑惑的原因(*hetu*),因爲[它]從恒常與無常兩類(*pakṣa*,品)中都被排除,而且脱離了恒常和無常[兩類],便不存在別的事物。[問題仍然是:]這個有所聞性的[聲]究竟是怎樣的?"翻譯和討論,參見 Tachikawa, "A Sixth-century Manual of Indian Logic", 124; Oetke, *Studies on the Doctrine of Trairūpya*, 33-35。

③ 事實上,第三相"理由在異品中普遍不存在"的邏輯形式,應刻畫爲: $(x)((x \neq p \ \& \ \neg Sx) \rightarrow \neg Hx)$,與上述合取式的前一合取支等值,參見 Oetke, *Studies on the Doctrine of Trairūpya*, 27, EV 2。本段所述實例(4),參見 NP 3.2.2(1): *sādhāraṇaḥ śabdaḥ prameyatvān* (轉下頁)

在上述三個實例中,推理形式本身並未起到區分可靠論證與不可靠論證的作用。這三個論證僅僅是根據缺少"因三相"中的這一相或那一相而被認爲不可靠。可見,在這種理論中得到指認的"論證要素"並非邏輯形式本身,而是所謂正確理由的三項表徵,正如三項表徵爲晚期陳那及其追隨者宣稱爲"能立",即論證的手段或憑據。因此,佛教邏輯學家視三項表徵爲"論證要素",表明他們並未真正走上"形式的路徑"。

而且,上述每一個缺少即不滿足某一項表徵的實例,事實上都能還原到論證的某一個前提非真的情形,或者因命題爲假,或者喻命題爲假。由此可見,三項表徵所約束的並非邏輯形式本身,並不是對形式本身的規定。它們不過是對於論證前提(因命題和喻命題)爲真的定義而已。就是説,一個論證中所有的前提(因命題和喻命題)爲真,當且僅當三項表徵都滿足。因此,視三項表徵爲"論證要素"的理論化方向,其隱含的意向就在於默認了:能以普遍的方式區分可靠論證與不可靠論證的核心要素或標準,應當是論證前提的真理性。佛教邏輯的"因三相"學説,正是對於這一隱含意向的理論化。也正是在這種意義上,因命題、同法喻命題和異法喻命題才被宣稱爲"能立"即"論證要素"。重點落在規則層面的三項表徵,還是規則所規範的語言表達,即因命題和喻命題,只是側重點放在元語言層面還是對象語言層面的不同,所表達的理論意向則是一致的。

或許可以認爲:在上述遵循《集量論》的"能立"新説中,至少因命題和喻命題仍被保留爲"能立",所以在佛教對論證的理論化中,肯定還有某種論證形式,構成了他們關注的焦點,因而"形式的路徑"並沒有完全爲他們所拒絶。但這種觀點其實並不恰當。事實上,在這種"能立"新解釋中,真正重要的並不是論證的邏輯形式,而僅僅是因和喻這兩個命題的真。正如上文所述,一方面,對於可靠論證的健全直觀,就它本身來説,並不構成一種論證理

(接上頁) *nitya iti/tad dhi nityānityapakṣayoḥ sādhāraṇatvād anaikāntikam/kiṃ ghaṭavat prameyatvād anityaḥ śabda āhosvid ākāśavat prameyatvān nitya iti*//古譯:"共者,如言聲常,所量性故,常、無常品皆共此因,是故不定。爲如瓶等,所量性故,聲是無常;爲如空等,所量性故,聲是其常?"今譯:"共有[於同品和異品]的[理由,如:]'聲是常,因爲[聲]是可知的。'這個[理由]正是不定(*anaikāntika*),因爲[它]共有於恒常與無常兩類。[問題仍然是:]聲究竟是無常,因爲[聲]是可知的,如瓶;還是常,因爲[聲]是可知的,如虛空?"參見 Tachikawa, "A Sixth-century Manual of Indian Logic", 124。

論,更談不上一種形式化的理論了。而佛教關於三支論證式的形式的論述,僅僅表現了這樣一種健全的直觀而已。而且,在佛教三支論證式的理論中,事實上唯有一種近似於三段論第一格第一式(*Barbara*)的形式得到闡述。這種形式只能算作一種在佛教邏輯看來所有論證都必須遵循的語言表達格式(a linguistic standard)而已。① 無論如何,形式邏輯都不可能在唯有一種形式得到闡述的情況下出現。因爲既缺少各種無效的形式與之相對,更缺少各種同樣有效的形式與之相區分,這根本就不構成一種形式化的理論。另一方面,將理論化的重心放在邏輯形式本身以外的某種因素之上,從而踏上一條不同於"形式路徑"的理論化道路,這並不必然意味着對於此處得到指認的"論證要素"以外構成論證可靠性的其他必要條件(如邏輯形式)採取一種拒斥的態度,或者將其視爲與論證的"完整性"毫無關聯。踏上哪一條理論化的路徑,僅僅意味着理論化從哪里發生。與此同時,"論證要素"的其他可能選項,在現有的框架中則可能處在視域的邊緣。無論如何,並非必然在其視域之外。②

因此,僅根據佛教三支論證式的字面表達,將其解釋爲某種印度版本的亞里士多德三段論,這多少有過度詮釋的嫌疑。爲滿足因明的三段論解釋,宗命題即整個論證的結論,就必須在整個論證中被保留而不能省略。這樣,才有一個從前提到結論的完整推理過程,可供檢查其形式是否有效。因爲

---

① 佛教邏輯學家通常都將一個否定命題轉換爲相應的肯定形式,再來討論其內在結構,這一點正體現了他們對語言表達格式齊一性的追求,參見 NP 2.3: *vaidharmyeṇāpi/... tadyathā/yan nityaṃ tad akṛtakaṃ dṛṣṭam yathākāś am iti/nityaś abdenātrānityatvasyābhāva ucyate/akṛtakaś abdenāpi kṛtakatvasyābhāvaḥ/yathā bhāvābhāvo 'bhāva iti//*古譯:"異法者,……,謂若是常,見非所作,如虛空等。此中常言表非無常,非所作言表無所作,如有非有説名非有。"今譯:"基於不相似性的[例證],……如下:凡恒常的都被觀察到非所作,如虛空。在這裏,對於無常性的否定(*abhāva*,非是),通過'恒常'這個詞來表述,對於'所作性'的否定也是通過'非所作'這個詞[來表述]。正如'非是'(*abhāva*)即對於'是'(*bhāva*)的否定(*abhāva*)。"參見 Tachikawa, "A Sixth-century Manual of Indian Logic", 121。

② 在"因三相"的框架外,的確還存在其他相對次要的過失種類,如 NP 3.3.1(5):*viparītānvayo yathā/yat kṛtakaṃ tad anityaṃ dṛṣṭam iti vaktavye yad anityaṃ tat kṛtakaṃ dṛṣṭam iti bravīti//*古譯:"倒合者,謂應説言,諸所作者,皆是無常,而倒説言,諸無常者,皆是所作。"今譯:"正面相隨關係被顛倒[表達]的[例證],如:應表達爲'凡所作的都被觀察到是無常'的場合,[却]説成'凡無常的都被觀察到是所作'。"又如 NP 3.3.2(5):*viparītavyatireko yathā/yad anityaṃ tan mūrtaṃ dṛṣṭam iti vaktavye yan mūrtaṃ tad anityaṃ dṛṣṭam iti bravīti//*古譯:"倒離者,諸如説言,諸質礙者,皆是無常。"今譯:"反面相離關係被顛倒[表達]的[例證],如:應表達爲'凡無常的都被觀察到有形體(*mūrta*)'的場合,[却]説成'凡有形體的都被觀察到無常'。"參見 Tachikawa, "A Sixth-century Manual of Indian Logic", 127, 128。

有效性的定義就是在前提爲眞的情況下,結論不能爲假。但假如在一個論證式中,連結論亦可省略不説,又何以判斷其形式有效與否?而漢傳因明遵循陳那晚期的學説,正是將宗排除在"能立"之外。法稱進一步認爲因、喻二命題便足以構成一個論證。其晚期的《因滴論》(*Hetubindu*)和《論議正理論》(*Vādanyāya*),更明確禁止在爲他比量中陳述宗命題。在後一部書中,更將在一個論證中陳述宗命題列爲"負處"(*nigrahasthāna*,失敗的情況)之一。① 漢傳的"宗非能立"與法稱的"二支論式",都建立在陳那晚期對"能立"的新解釋基礎上。這種解釋中,宗命題被明確排除在"論證要素"之外,排除在佛教邏輯關於論證可靠性的核心思考之外。對形式有效性的考察,並非陳那以後佛教論證理論立説的意趣所在。

五、結論

通過以上分析,本文得出如下兩項結論。其中,第一項是歷史性的,第二項是理論性的。

第一,漢傳因明將"能立"解釋爲正確理由的三項表徵(因三相),或旨在體現三項表徵的因命題、同法喻命題和異法喻命題,並將這種解釋明確歸屬於陳那本人。其文獻依據在陳那晚期的集大成之作《集量論》,而不在其早期的《正理門論》或其弟子商羯羅主的《入正理論》。過去由於玄奘僅翻譯了《門論》和《入論》,其弟子的疏記也都是爲兩書作注,便得出錯誤的印象,以爲實際上爲玄奘所創立的漢傳因明其理論視域僅限於這兩部書。但我們以漢傳的"能立"概念爲例,通過追溯其理論源頭,便説明了事實並非如此。在漢傳因明的理論視域中,實際上也包括了陳那晚期《集量論》的某些思想要素。這就爲我們探究漢傳因明的理論來源提供了一個新的視角,啓發我們進一步探究漢傳因明是如何將陳那早晚期的各種思想要素整合在一起的。

---

① 參見 Inami, "On *Pakṣābhāsa*", 78-80; Tillemans, *Scripture*, *Logic*, *Language*, 71-73, 77-81。蒂勒曼斯教授1991年文章的結論(Tillemans, *Scripture*, *Logic*, *Language*, 78-81)正是三段論與"能立"之間"根本的不可通約性"(fundamental incommensurability)。他清楚地向我們表明,宗或者結論構成了對於評價任何一種三段論形式而言"不可或缺的一部分"(an integral part),但對於佛教邏輯評價其"能立"是否可靠的内在視角而言則並非如是。在一定程度上,本文對漢傳"能立"概念的論析,僅僅是换了"一個稍許不同的角度"來表達一個類似的結論。

我們期待將來的研究會發現：漢傳因明是一個建立在陳那以後印度學界對其思想所作整體闡發和系統詮釋的基礎上的思想傳統。如果這一點成立，我們就能通過研究漢傳的陳那解釋，反過來了解玄奘當時印度學界對陳那思想的接受與詮釋。而這種詮釋很可能構成了法稱後來變革陳那因明的歷史背景和理論土壤。

第二，佛教邏輯從世親到陳那及其印度與中國後學的發展歷程中，從認爲"能立"是宗、因、喻三支論證式的語言表達，到將其僅僅解釋爲正確理由的三項表徵（因三相）或旨在體現它們的因、同法喻和異法喻三個命題，這一學說演變的過程，實際上表現了佛教邏輯學家對於何種因素決定了一個論證可靠與否的探究逐步從模糊趨向明朗的過程。通過將這種決定因素指認爲"因三相"或者論證前提的真理性，陳那及其後學便將佛教關於論證的理論引向了一條與西方形式邏輯截然不同的道路。剩下的問題就在於，陳那以後更進一步的發展究竟採取了"認知的路徑"還是"論辯的路徑"。如上已說，這已經超出了本文所能討論的範圍。但我相信，該問題將通過仔細對比陳那、漢傳與法稱對"因三相"及其中所隱含認知算子（epistemic operator）的不同解釋逐步得到解答。①

---

① 在這方面，筆者已作了一些初步的嘗試，初步探討了漢傳因明的"同品"（sapakṣa）和"異品"（vipakṣa）概念，以及漢傳因明對第二相的解釋及其邏輯刻畫，參見 M. Tang, "A Study of Gomyō's 'Exposition of Hetuvidyā'", in: Logic in Buddhist Scholasticism, Lumbini: Lumbini International Research Institute, 2015, 289-307, 321-336。目前爲止，對"因三相"及印度邏輯中的認知算子最詳盡、最深刻的分析，見於 Oetke, Studies on the Doctrine of Trairūpya。

宗師與經典

佛法與方法：明清佛教及周邊

明清佛教研究新文獻與新審思
——以碩揆禪師尺牘爲例

黄繹勳

前言

西方學術界對於唐代以後漢傳佛教的研究,在學者格利高理(Peter Gregory)所編的《宋代佛教》(*Buddhism in the Sung*)一書中,宋代佛教已普遍獲得學者們以新的視角重新審思唐代和宋代佛教的價值和定位。格利高理更於其所撰"The Vitality of Buddhism in the Sung"(宋代佛教的活力)一章中,具體地檢驗所謂"唐代以後漢傳佛教衰敗的刻板印象"的三個來源爲:(1)宋代佛教中特別是禪宗僧人對己身禪門反省的負面言詞;(2)日本學術界基於宗派和國族思想立場對漢傳佛教的偏頗評論;(3)宋代儒者和歷史學者企圖邊緣化佛教的成見。①

而佛教自東漢傳入中國至明清時期已有千數百年的歷史,同樣地,明清佛教也常背負着衰敗的普遍印象,因此,格利高理上述有關"唐代以後漢傳佛教衰敗的刻板印象"的檢驗內容,是否也適用於我們重新審思明清佛教刻版印象的參考?如學者吳疆於其書《禪悟與僧諍》(*Enlightenment in Dispute*)中,由於此時期禪宗各類文獻的數量豐盛,代表此時期禪宗發展之繁茂,因此稱第 17 世紀爲禪宗歷史上"第三個

---

① Peter Gregory ed. *Buddhism in the Sung*. Honolulu: University of Hawaii Press, 1999, pp.1-20.

黃金時期"。① 尤其是近期隨着明清稀見佛教文獻陸續新出問世,此時正是我們可以重新檢驗明清漢傳佛教固有印象的時機。譬如明末佛教的復興常以所謂"明末四大師"爲標杆,但如此説來的話,試問:有千餘位第三代傳法弟子的密雲圓悟(1567—1642)的地位呢? 漢月法藏(1573—1635)和其後二代衆多弟子各個位居常熟和蘇杭重要寺院的地位呢? 甚而是否有更多在當時影響重大而現在却不爲人知的僧人呢?

在明清佛教學術研究成果中,密雲圓悟和漢月法藏師徒之諍已有多位學者討論,筆者認爲在現有的研究基礎上,因近期新出稀見明清佛教文獻的問世,這些新材料已足以讓我們爲明清佛教開立新的研究專題,本文僅爲其中一例。筆者所使用的稀見文獻爲清初時期禪宗三峰派第三代禪師碩揆原志(1628—1697)的《碩揆禪師語録》,此稀見本現藏於中國國家圖書館,其中卷二至卷三收有碩揆住徑山寺時,與僧人和居士書信往來共53篇尺牘。② 明清時期杭州的徑山寺是多位高僧駐錫之處,其刻經之活動亦吸引當時許多著名僧人參訪,本文特以此53篇中的部分尺牘,分析碩揆尺牘中述及大慧宗杲(1089—1163)的内容和碩揆對居士的參學指導。此外,藉由介紹此稀見文獻,筆者希望將來能有更多學者以其專長訓練,如以社會、文化、歷史、經濟、政治等等多元視角,更進一步探討此稀見文獻的珍貴内容。結語時,本文並試以學者桑高仁(P. Steven Sangren)和丁仁傑的社會人類學理論重新審思《碩揆禪師語録》部分尺牘的内容,藉以闡釋明清佛教的價值和時代意義。

碩揆住徑山寺尺牘簡介

據其塔銘所記,碩揆原志,號借巢,鹽城孫氏,其父爲惡人所害,碩揆手刃其仇人後,于順治七年(1650),23歲投海州佛陀寺剃髮,不久從靈隱寺具德弘禮(1600—1667)受戒,屬漢月法藏三峰派第三代,碩揆歷主揚州上方寺(1662)、泰興慶雲寺(1663)、徑山寺(1668)、三峰寺(1672)、鎮江五州寺

---

① Jiang Wu, *Enlightenment in Dispute: The Reinvention of Chan Buddhism in Seventeenth-Century China*. New York: Oxford University Press, 2011, p.6.
② 《碩揆禪師語録》現亦可見於佛光大學佛教研究中心所藏,《明清佛教稀見文獻》第39册。

(1679)、揚州善慶寺(1680)、靈隱寺(1681),66 歲時再住三峰寺(1693)。①

明末清初之際,碩揆原志繼其師具德弘禮住持泰興慶雲寺,將慶雲寺弘揚爲淮南一大禪宗道場,之後碩揆又應邀於 1668—1672 年間住持徑山寺,但是,現存《徑山志》並無碩揆之記載,其原因爲今所見《徑山志》編成於明代天啓四年(1624),是於碩揆出生之前,《徑山志》内容中包含列祖、十方住持、補遺到最後一位法侣,恰好記載至其師祖漢月法藏爲止。② 因此,隨着越來越多明清之際稀見文獻之問世,重新補編《徑山志》明末天啓四年(1624)之後的發展,亦是學者將來可以繼續努力的課題。

本文所使用碩揆住徑山寺尺牘出自《碩揆禪師語録》刻本,共四册,原藏於中國國家圖書館,15×27 cm,半葉 10 行,每行 20 字,版心有"支那撰述"。(見下頁圖版)《碩揆禪師語録》共十二卷,依序收有碩揆住錫于上方寺(1662)、慶雲寺(1663)、徑山寺(1668)、三峰寺(1672)、五州寺(1679)、善慶寺(1680)和靈隱寺(1681—1692)之尺牘,録於版心中記有"上方""慶雲""徑山""三峰""五州""善慶"和"靈隱"等信息,《碩揆禪師語録》爲研究碩揆之完整生平、思想和當時之僧人或居士互動之重要典籍資料。

《碩揆禪師語録》中碩揆住徑山寺尺牘共 53 封(參本文末附録完整目次),由目次可見碩揆與當時多位德高望重之僧人書信往來,例如〈復南嶽老和尚請住三峰書〉尺牘,筆者推判此尺牘中"南嶽老和尚"應爲弘儲繼起(1605—1672),因爲三峰派下禪師以南嶽爲名號者,以弘儲繼起最爲著名,弘儲並且有一部《南嶽繼起和尚語録》傳世。③ 弘儲繼起又號退翁,於崇禎二年(1629),年二十五時從漢月法藏出家,弘儲繼起前後共住持過十寺,其中以駐錫靈巖山寺二十多年爲最久,弘儲生平經歷過清順治帝、南明亡(1661)和康熙帝時期。④ 弘儲繼起應於前信中,邀請碩揆住錫三峰寺,碩揆回信中提及"三峰我師翁中興臨濟之根本地,子子孫孫薪傳焰,續至樂、僧兩

---

① 《碩揆和尚塔銘》,收于《增修雲林寺志》卷五,《中國佛寺史志彙刊》,第 1 輯,第 24 册,第 189—203 頁。
② 《徑山志》,《中國佛寺史志彙刊》第 1 輯,第 31 册,CBETA, GA031, no.32, p.218a4。
③ 《南嶽繼起和尚語録》,CBETA, J34, no.B301。
④ 全祖望《鮚埼亭集》卷十六〈南嶽和尚退翁第二碑〉,臺北:鼎文書局,2003 年,第 350—352 頁;柴德賡:《明末蘇州靈巖山國和尚弘儲》,《史學叢考》,北京:中華書局,1982 年,第 372—379 頁;黃繹勳:《明清三峰派藏外典籍題解 I》,《佛光學報》新五卷、第一期,2019 年 1 月,第 133—191 頁。

《碩揆禪師語錄》住徑山寺尺牘
第一封
中國國家圖書館藏

《碩揆禪師語錄》住徑山寺尺牘
目次第一頁
中國國家圖書館藏

兄和尚規模又一新",句中"檗、僧兩兄和尚"是指檗庵正志(1599—1676)於康熙壬寅年(1662)和僧鑒曉青(1629—1690)於康熙乙巳年(1665)曾分別入主三峰寺,弘儲繼起於前信中希望邀請碩揆繼二人之後,住持三峰寺。①

明末清初之際,凡為三峰派下禪師皆視能返回祖庭、住錫三峰寺為莫大光榮,雖然碩揆謙詞自己"廁名親孫,慚無實德,乃法伯老和尚謬以補處之任,循例推之,取除糞之狂兒承珍御之寶位",但是,念及"老和尚今日之舉,欲置我於不敢不勉之地耳。佇此心非數斛肉,敢復瞻前後避,旁觀以虛我法伯造人之熱衷哉?"②碩揆於是誠惶誠恐地接下弘儲邀請住持三峰寺的期許和勉勵。此《復南嶽老和尚請住三峰書》記載了碩揆收到南嶽老和尚弘儲繼

---

① 《碩揆禪師語錄》卷三,第17頁;《常熟三峰清涼寺志》,常熟圖書館藏寫本。
② 《碩揆禪師語錄》卷三,第17頁。

起之書信内容,之後碩揆于《與周安石居士》和《與禹航王嚴衆護法》尺牘中,亦提及了應邀住錫三峰寺和安排徑山寺下一任住持之事,這幾封書信記載了碩揆於1672年離開徑山寺和前往三峰寺之完整始末,是研究清初徑山寺住持替换之重要史料。

僧人之外,我們亦可見到碩揆與當時之仕宦書信往來,如《與朱葵石郡侯》和《與嵇叔子太守》二尺牘。朱葵石居士,字茂時,《三山來禪師語錄·爲朱葵石先生題夢葵化石圖》中記其母因夢葵化石而孕,號葵石道人。朱葵石又因疏浚嘉興駕鴛湖畔唐代宰相裴休(791—864)所建放鶴洲,人稱鶴洲太守,喜與僧侣游。① 另一位嵇宗孟號淑子(1613—?),十八歲中秀才,順治年間舉人,曾任杭州府知府,亦爲明清之際詩文家,與碩揆書信往來之時官位爲太守。碩揆在寫與二人之尺牘中,皆稱朱葵石和嵇宗孟爲徑山寺護法,尤其是當碩揆和徑山寺遭人誣控時,專賴朱葵石鼎力相援才得以免禍,所以,碩揆于書末時特別感謝朱葵石拯救祖庭之舉,實爲萬世子孫受福種子。②因此,碩揆尺牘亦是提供學界研究清初徑山寺與當時仕宦往來之重要史料。

下文中,筆者以本身專長禪學研究之角度,從碩揆住徑山寺尺牘擇選數例,藉以瞭解碩揆尺牘中述及和大慧禪師相關之内容,以及碩揆給予杭州王宛仲居士的參學指導。

1. 碩揆尺牘述及大慧禪師之内容

碩揆于《復顧爾策護法》書信中稱大慧爲"中興徑山之祖",而顧爾策護法之曾叔祖顧昌甫則爲早期護持大慧塔之人,碩揆並提及顧氏家族一直是徑山寺大慧塔忠誠堅固之守護者:

> 妙喜中興徑山之祖也,祖塔受護于令曾叔祖昌甫公,則今之在徑山者,莫不叨尊府金湯矣。承諭重建塔前牌坊,此固山頭大衆意中事,所以不即越俎其事者,懼萬一有異同耳。今獲明教、大慧房主人亦怡然奉命,常住執事又從而贊助之,不日還舊觀矣。③

---

① 《宗統編年》,CBETA, X86, no.1600, p.310a18-21;項玉筍:《朱葵石招遊鶴洲與旅師話茶》,楊自强編著:《南湖詩詞選》,杭州:浙江人民出版社,2010年。
② 《碩揆禪師語錄》卷三,第15頁。碩揆於此書信中並未提及自己和徑山寺遭人誣控之細節,筆者希望將來社會史研究者能繼續利用此史料深究此相關議題。
③ 《碩揆禪師語錄》卷二,第19—20頁。

根據上文所述，顧爾策於前信中表示願意再重建大慧塔前牌坊，碩揆在獲得"明教、大慧"二房之負責人同意後，又得常住執事贊助，大慧塔前牌坊很快就還舊觀。其中"明教"是爲宣州明教紹珵禪師（活躍於 1057—1107 年間），號寶印，《大慧普覺禪師年譜》中記載大慧年十七時薙髮具毘尼，偶然閱讀古《雲門錄》，深覺恍若舊習，十九歲時前往依明教紹珵學習。① 可見碩揆住徑山寺時，徑山寺同時存有明教禪師和大慧禪師之二塔，而且時至清初仍受顧氏家族之贊助維護。

接著，碩揆便大力讚揚顧爾策護教之功，認爲顧爾策一紙書信之力勝過於多人推進之效率：

> 然亦台護逑之之功也，一紙書真賢於十部從事哉。不慧慕風義有日矣，令親徐孚若、民懷兄弟不慧之故人也，何時同一登山，作汗漫十日遊，未始不可傳爲名山佳話，台護倘有意乎？②

除了肯定顧爾策護教之功外，碩揆更藉此同邀顧爾策與當時之文人徐孚若和徐民懷兄弟登徑山，期望將來他們若作遊山詩文，或可傳爲徑山佳話。碩揆此書信中一方面肯定居士護法對維護大慧塔之支持，另一方面又積極建立徑山寺與當時文人之互動關係，由此得見碩揆之用心良苦，然而碩揆爲何要如此煞費苦心的理由，我們則可以於下封書信中推測得知。

碩揆於《與嚴顥亭都諫》尺牘中表示，臨濟禪宗流行於吳越杭州地區，到大慧之時達到極盛，碩揆分析這是因爲來向大慧問道者都是當時負有大聲望之名門公卿：

> 臨濟之道行吳越，至妙喜極一時之盛，非妙喜能獨盛也，亦以護教問道者張德遠、張子韶、馮濟用皆負大望之名公卿，故能使天下翕然從之耳。③

上文中，張德遠即張浚（1097—1164），號紫巖居士，爲著名南宋抗金將領；張子韶即張九成（1092—1159），號無垢居士，爲南北宋之交的著名思想家和政

---

① 《大慧普覺禪師年譜》，CBETA，J01，no. A042，p.793c28；中西久味：《〈大慧普覺禪師年譜〉譯注稿》（一），《比較宗教思想研究》十四輯，2014 年，第 16—18 頁。
② 《碩揆禪師語錄》卷二，第 20 頁。
③ 同上書，第 18 頁。

治家；馮濟用即馮拯（958—1023），爲宋仁宗天聖年間的第一位首相。這些人確實是當時"負大望之名公卿"，碩揆認爲如果他們皆從大慧問道的話，其他人自然亦順服大慧之禪法，因此，臨濟禪法到大慧之時達到極盛，亦是有這些名公居士護持之緣由。

但是，碩揆緊接話鋒一轉説："宋以後法道浸衰，金湯寥寥，即有之，亦不能如諸公之於妙喜；即有如諸公之於妙喜，亦罕見于貴鄉武林矣。"①碩揆評論宋朝之後，已罕見名公居士護持禪宗之盛況，因此，在清初能見到嚴顥亭都諫能如此護持徑山寺，真如"大旱霖雨也"。嚴顥亭爲餘杭人，康熙時歷任侍郎、都諫等職，親近佛教，作有詠京師報國寺雙松之詩。② 碩揆于書信中引述他人之説謂："叢林之有嚴護法，佛祖城塹也。"碩揆除了非常贊許嚴顥亭都諫護持佛教和徑山寺之功以外，亦點出臨濟禪法之興與居士之護持息息相關，這應是碩揆爲何積極建立徑山寺與當時文人居士之互動關係的理由。

至於碩揆住徑山寺尺牘中所述大慧之禪法，我們可于《答陳天求》書信中略窺一二，碩揆首先讚揚陳天求居士爲"吾鄉之有天求，九皋鶴也"，甚至以三國蜀諸葛亮稱讚吳使臣殷禮所説："東吳菰蘆中，乃有奇偉如此人"譬喻之。③ 碩揆如此讚譽陳天求是因爲他醉心於大慧語録，且疑於狗子佛性話：

> 天求以眼空一切之男子，而醉心此事，謂讀大慧語録，致疑於狗子佛性話。嘻！非凤具靈苗，東吳菰蘆中，縱有奇偉如此人，亦何能發奇偉如此想哉？④

碩揆並且於書末説："天求於徑山語録中發疑，亦能來徑山室中決疑乎？"⑤碩揆邀請陳天求既然因大慧徑山語録中狗子佛性話發疑，就來徑山室中決疑吧！

---

① 《碩揆禪師語録》卷二，第18頁。
② 《清稗類鈔·隱逸類》，"中國哲學書電子化計劃"，http：//ctext.org/，2017/6/18。
③ 語出《太平御覽》卷第一千，百卉部七，https：//www.kanripo.org/text/KR3k0012/1000，2017/6/18。
④ 《碩揆禪師語録》卷二，第12頁。
⑤ 同上書，第13頁。

碩揆要陳天求親自來徑山室中決疑是有其必要性的，因爲參禪期間確實需要禪師之指導，如大慧就曾于其語録中云：

> 僧問趙州："狗子還有佛性也無？"
> 州云："無！"
> 州云"無"，看時不用搏量，不用批注，不用要得分曉，
> 不用向開口處承當，不用向舉起處作道理，
> 不用墮在空寂處，不用將心等悟，
> 不用向宗師説處領略，不用掉在無事甲裏。①

大慧指出一般人看狗子佛性話"無"字時，很容易便掉入搏量、批注、作道理、墮在空寂處、將心等悟、向宗師説處領略和掉在無事甲裏等等問題之中，這些問題出現時都需要有禪師在一旁提點和指導，因此，碩揆才會要陳天求親自來徑山室中決疑，此事於下節碩揆原志禪師對居士的參學指導亦可看出其必要性。

2. 碩揆原志禪師對居士的參學指導

本小節中以碩揆住徑山寺尺牘中《復王宛仲居士》尺牘爲例，略述碩揆對杭州王宛仲居士談參學參禪之指導。有關王宛仲之身份，碩揆於尺牘中稱之爲"學士"，任職于翰林院，又説他是"王謝門第"，可見王宛仲應是好佛儒者，且出身於官宦世家。此書信可略分爲四大段落，從内容推判王宛仲之近佛方式主要爲習禪和持誦，而碩揆于書信開頭先指出王宛仲來信中所言之參學參禪方法，過於好高鶩遠，無踏實之功夫爲基礎：

> 參學一途，如矢如金，古之不撥塵緣，斧太華而直近者固多，而逆流撐船進一退十者亦不少。來諭如登峻阪，去其階梯，此言得之矣，至謂功夫下手，茫無執持，豈去梯登阪之旨哉？自非去其梯，必求登阪而後已，又安得名爲"功夫"二字哉？語有之"但有路可上，更高人也行"，惟其人不能，而我獨能？②

---

① 《大慧普覺禪師語録》，CBETA, T47, no.1998A, p.901c27-28。
② 《碩揆禪師語録》卷二，第27頁。

上文句首"參學一途,如矢如金"源自《詩經》之"周道如砥,其直如矢"①,意指周王朝國都的大道像磨刀石一樣平坦,像箭矢一樣筆直,用此說以譬喻修行境界而言,碩揆強調雖然古來有人可以如此直取,但是,對大多數人而言,却都是必須經由努力而得來的,無法一蹴即就,而且修行如逆流撑船,進一退十者亦不在少數。

碩揆進一步指出王宛仲的來信内容所言,不肯老實修行就像"如登峻阪,去其階梯",遇境需有功夫考驗時則"茫無執持",怎有可能無階梯而登峻阪呢?雖然古來許多禪師,如五祖法演(?—1104)和大慧都曾強調"但有路可上,更高人也行"②,這種不循階次和方便的禪法,但是,碩揆提醒王宛仲自忖:若其他人都做不到,而我獨能?

接着,碩揆再舉學禪居士中頗受人敬重的李遵勗(988—1038)之語,來勸誡同爲儒者出身的王宛仲。李遵勗字用和,因娶宋真宗妹萬壽公主,被稱爲李駙馬,他正式拜臨濟宗首山省念的弟子慈照藴聰(965—1032)爲師,與石霜楚圓(987—1040)等禪僧有密切交往,經常参加參禪活動,景祐三年(1036)編寫燈史《天聖廣燈錄》,受到仁宗的嘉獎並爲《天聖廣燈錄》作序,准其入藏。③《嘉泰普燈錄》記李遵勗探索禪宗宗要多年,後於慈照藴聰頓明大法,碩揆於下文所引便是李遵勗開悟偈之第一句:

> 李駙馬所以謂"參禪須是鐵漢也",然於此處不易,苟非死盡聰明心、計較心,祇用一味癡鈍心,鮮不中道望洋者,故曰:"常憶南泉好言語,如斯癡鈍者還希。"今之學士家一章書不明,便硬自牽合以意識消繳之,誰肯面壁九年待紙背上躍出聖人哉?④

李遵勗完整開悟偈的内容爲:"参禪須是鐵漢,著手心頭便判。直趣無上菩提,一切是非莫管。"⑤但是,碩揆仍堅持強調能如此達"直趣無上菩提"

---

① 《詩經》,"中國哲學書電子化計劃",http://ctext.org/book-of-poetry/da-dong/zh,2017/6/5。
② 參《古尊宿語錄・舒州白雲山海會演和尚初住四面山語錄》,CBETA, X68, no.1315, p.129c24 和《大慧普覺禪師語錄》,CBETA, T47, no.1998A, p.824c2-3。
③ 《天聖廣燈錄・御製天聖廣燈錄序》,CBETA, X78, no.1553, pp.425c14-426a23;楊曾文,《北宋駙馬都尉李遵勗和禪宗》,《法源》,總第二十期,2002年。
④ 《碩揆禪師語錄》卷二,第27頁。
⑤ 《嘉泰普燈錄》,CBETA, X79, no.1559, pp.423c23-424a1。

之境界是不易之事，除非此人能死盡聰明心和計較心，並且一味只用"癡鈍心"。

此"癡鈍心"語出南泉普願(748—834)之《池州南泉普願禪師語要》："近日禪師太多，覓個癡鈍人不可得。"①之後，禪月大師貫休(832—912)續作一詩云："常憶南泉好言語，如斯癡鈍者還希。"②因此，碩揆認爲王宛仲學士不願以"癡鈍心"的苦功循階而上，對於禪宗宗旨的體會硬是憑藉着聰明心和計較心，強以智力消解書面知識，就以爲自己已了悟聖境，那達摩面壁九年修行之意義何在呢？

碩揆緊接着以蘇東坡(1037—1101)爲例，説明檢驗悟道之情況，碩揆稱讚蘇東坡無疑是千載文豪，其文章中嬉笑怒駡之文筆無人能及，但是，碩揆認爲其禪宗體悟則又是另當別論。③

> 蘇東坡千載文豪也，嬉笑怒駡見於筆墨，皆具明珠走盤之勢，一到説禪便失本色，聰明之無涉於道亦具一驗也。④

禪宗軼事中，蘇東坡每受挫于佛印了元禪師(1032—1098)的故事流傳甚廣⑤，碩揆評論這是因爲蘇東坡儘管能妙筆生花，一經真參實悟禪師之考驗，就必然會失其本色，因爲聰明之心與悟道全無交涉。

最後，碩揆又批評王宛仲爲出身王謝門第之好佛文人，但既不肯甘於以慧解佛經爲業，又不肯老實參學求道，更甚又從事於持誦：

> 居士王謝門第，不肯以慧業文人自甘，又不肯以道爲庶幾可求之物，而從事於持誦，持誦癡鈍路也，居士其獲南泉之心哉？若曰姑培種子爲生生智慧資，又是作聰明也。⑥

上文中的"持誦"，應非指浄土法門的持誦佛號，因爲王宛仲之持誦目的在於培育生發智慧的種子，可見此持誦應爲密教持誦咒語之法門，明朝自洪武十五年(1382)太祖實行瑜伽教及其教僧的職權與地位法定化後，瑜伽密教普

---

① 《古尊宿語録》，CBETA，X68，no.1315，p.69c7。
② 《禪門諸祖師偈頌》，CBETA，X66，no.1298，p.740c23。
③ 陳明聖《蘇軾文學中的禪學思想探微》，《文學前瞻》3，2002年，第25—36頁。
④ 《碩揆禪師語録》卷二，第27頁。
⑤ 如參《宗門拈古彙集·南康雲居佛印了元禪師》，CBETA，X66，no.1296，p.242a21。
⑥ 《碩揆禪師語録》卷二，第27頁。

遍流行。① 但是，碩揆認爲持誦密教咒語爲癡鈍路，這非同于南泉所言之癡鈍心，而且藉由持誦咒語以生發智慧種子的修行方式，從碩揆身爲禪宗禪師的立場認爲：這又是王宛仲自作聰明的想法，碩揆的直言提點真可謂是苦口婆心。

總結

本文以清初三峰派第三代禪師碩揆住徑山寺數封尺牘爲例，來重新審思明清佛教的研究，我們可藉由學者丁仁傑所譯，桑高仁(P. Steven Sangren)之著作《漢人的社會邏輯：對於社會再生產過程中異化角色的人類學解釋》(原英文書名爲 Chinese Sociologics: An Anthropological Account of the Role of Alienation in Social Reproduction)一書，重新思考明清佛教新文獻對明清社會文化研究的意義。② 丁仁傑出版此書中譯本之後，更進一步於其自己所撰之《當代漢人民衆宗教研究：論述、認同與社會再生產》中，淬鍊出下列理論：

> "社會再生產"，廣泛來説，是屬於文化權力之展演的一部分。藉由文化符碼，確定了現有社會關係與社會秩序的正當性，並讓參與在這個關係模式裏的人，由某種被動性而變成某種主動性，進而深刻被納入於社會已經定義出來的"非自己所能够任意選擇"的角色互動模式裏。整個過程，重新體現了衍生自"傳統"的"文化權力"。③

此理論強調於文化權力展演的過程中，"社會再生產"變成有某種主動能力，藉由重新體現了衍生自"傳統"的"文化權力"，掌握了新的話語權。

清初三峰派第三代禪師碩揆原志於 1668—1672 年間接任徑山寺住持時，從《碩揆禪師語録》中碩揆住徑山寺 53 封尺牘看來，碩揆非常勤與當時

---

① 陳玉女《明代瑜伽教僧的專職化及其經懺活動》，《新世紀宗教研究》第三卷第一期，2004年，第 37—88 頁。
② 桑高仁(P. Steven Sangren)著，丁仁傑譯《漢人的社會邏輯：對於社會再生產過程中異化角色的人類學解釋》。臺北：民族學研究所，2012 年。
③ 丁仁傑《當代漢人民衆宗教研究：論述、認同與社會再生產》。臺北：聯經出版事業公司，2009 年，第 74 頁。

多位德高望重之僧人和徑山護法居士書信往來，顯示碩揆是一位非常主動掌握話語權的人。碩揆于《與周安石居士》和《與禹航王嚴衆護法》尺牘中，皆提及了自己應邀住錫三峰寺和主動安排下一任住持之事，可見碩揆曾爲徑山寺廣邀賢才，這幾封書信記載了碩揆於1672年離開徑山寺和前往三峰寺之完整始末，是研究清初徑山寺住持替換之重要史料。

其次，碩揆亦積極建立徑山寺與當時文人之互動關係，因爲碩揆深知居士護法對佛寺存廢興衰之影響，如碩揆于《與朱葵石郡侯》提及當時他和徑山寺遭人誣控，專賴朱葵石鼎力相援才得以免禍；碩揆于《復顧爾策護法》論及徑山寺當時仍存有宋代明教禪師和大慧禪師之二塔，而且時至清初仍受顧氏家族之贊助維護；碩揆于《與嚴顥亭都諫》書信中，除了非常贊許嚴顥亭都諫護持佛教和徑山寺之功以外，亦點出臨濟禪法之興與居士之護持息息相關。

但是，碩揆對徑山寺的護法居士並不是一昧討好，只要是論及與禪法相關内容，碩揆即非常緊守禪師應有的原則和要求，如于《答陳天求》一書中，碩揆藉大慧之語説明一般人若自己看狗子佛性話"無"字時，很容易便掉入作道理、墮在空寂處和掉在無事甲裏等等問題之中，這些問題出現時都需要有禪師在一旁提點和指導，因此，碩揆才會要陳天求親自來徑山室中決疑；以《復王宛仲居士》一篇書信爲例，又可看出碩揆直言提點王宛仲學士不願以"癡鈍心"的苦功循階而上，對於禪宗宗旨的體會硬是憑藉着聰明心和計較心，強以智力消解書面知識，就以爲自己已了悟聖境，只要一經真參實悟禪師之考驗，就必然會失其本色，因爲聰明之心與悟道全無交涉，這亦是碩揆堅持居士參學參禪應有禪僧指導的話語權之證。

最後，以現代明清佛教學術研究而言，掌握了稀見文獻材料，便掌握了學術研究題目之文化權力，如《碩揆禪師語錄》是研究明清禪宗三峰派完整歷史發展的重要信息之一，亦是研究徑山寺于清初發展之重要典籍資料，因爲《徑山志》原編成於碩揆出生之前，因此今《徑山志》中並無碩揆之記載，隨着《碩揆禪師語錄》和其他明清之際稀見文獻之問世，正是提供給將來重新補編《徑山志》明末天啓四年之後發展的學人重要參考材料。如前所言，《碩揆禪師語錄》等明清佛教稀見文獻内容都非常豐富，筆者期待將來能見到更多學者以其專長訓練，如以社會、文化、歷史、經濟、政治等等視角，更深入或更多元地分析探討明清佛教之時代特色和價值。

附錄：碩揆住徑山寺尺牘目次

1	復靈巖老和尚	2	與安穩五嶽和尚	3	上靈巖老和尚
4	答陳天求	5	與姜元公	6	與靈巖願雲和尚
7	復梵受俍亭和尚	8	又	9	遙與佛援剃度
10	復蕭兆千	11	與宗定九居士	12	與王祉庵太翁
13	與嚴顥亭都諫	14	復顧爾策護法	15	與水師王督戎
16	與周安石居士	17	與王子箕孝廉	18	復黃山檗庵和尚
19	上靈巖老和尚	20	與笠居大師	21	與汪叔定居士
22	復魏晉昭	23	復王宛仲居士	24	復汪蛟門中翰
25	復上方浦長老	26	與人月上座	27	與象呻上座
28	上華山見月老和尚	29	復胡循蚩居士	30	與廣孝三目和尚
31	復宋射陵居士	32	與古林法弟	33	與萬杉剖玉和尚
34	復靈巖老和尚	35	復宋穉恭	36	與王祉庵嚴顥亭兩護法
37	與朱葵石郡侯	38	與顧又尹護法	39	與一心師
40	與薛式九給諫	41	示人	42	復雲岫和尚
43	與孫惟一太史	44	與宋穉恭	45	與在明和尚
46	與嵇叔子太守	47	與靈隱晦山和尚	48	復笠居大師
49	復南嶽老和尚請住三峰書	50	與吳江眾護法	51	與周安石居士
52	與禹航王嚴眾護法	53	復王祉翁		

晚明唯識學作品在江户時代的流傳與接受初探*

簡凱廷

一、前言

　　印度瑜伽行派經論在中國的譯介、傳習，初始有所謂的地論學派、攝論學派，到了唐代，再有玄奘（602—664）及其所引領的教團，有組織、有系統地或重譯或新譯瑜伽行派典籍，教學傳衍，鼎盛一時。此一所謂"法相宗"的發展，不只局限在中國而已，又分別有新羅、日本的僧人入唐求法，將唯識典籍傳去，發展傳衍，形成了各有特色的教學傳統。① 至於談及中日兩方唯識典籍的傳播與交流，見諸一般佛教史的描述，主要有兩段時期：其一是唐時入唐僧將中國唯識典籍攜回日本②，再則便是清代末年，楊文會（1837—1911）得南條文雄（1849—1927）之助，將在中國已佚失的窺基（632—682）、慧沼（652—715）等人的作品重新回傳。③ 這兩時期唯識典籍的傳播，都分別在輸入地造成了傳習風尚，影響深遠。然而，實際上在這之間尚有一段典籍傳

---

　　* 原作刊登於《中華佛學研究》第 16 期，今針對部分內容稍作修正。又，標題雖作"唯識學作品"，然內容實包括因明、六離合釋等傳統相宗典籍，特此說明。
　　① 關於這段歷史及學界研究成果的簡要介紹，參見岡部和雄、田中良昭編，辛如意譯《中國佛教研究入門》，臺北：法鼓文化，2007 年，第 292—314 頁。
　　② 關於唐時法相宗典籍及教學傳入日本的情況，深浦正文做了很詳盡的考察，參見氏著《唯識學研究》，東京：大法輪閣，2011 年，上卷，第 350—378 頁。
　　③ 陳繼東《清末における唯識法相典籍の刊行について》，《印度學佛教學研究》，第 44 卷第 2 號（1996 年），第 170—172（L）頁，而學界關於該時期唯識學發展的最新研究成果，可見 John Makeham ed., *Transforming Consciousness: Yogācāra Thought in Modern China*. New York: Oxford University Press, 2014。

播的歷史,少爲人所注意。晚明時期,中國有一群僧人、居士,企圖在清涼澄觀(738—839)《華嚴經疏鈔》、永明延壽(904—975)《宗鏡錄》,及通濟雲峰(生卒年不詳)《唯識開蒙問答》等書的基礎上,追探《成唯識論》《因明入正理論》《觀所緣緣論》等唐譯唯識經典的思想義蘊,而此研習風尚一直傳衍至清代初期。聖嚴法師的研究曾指出:"在明代後半期的一百五十年間,能有如許緇素大德,重視唯識以及因明方法論的研究,於中國佛教史上,實在算得輝煌的時代。"①部分該時期的唯識學作品曾傳入日本,有些甚至在當地再刻出版,有所流通,引起江戶僧人的反響。饒富興味的是,究竟有哪些作品傳入日本? 再刻出版的情況如何? 乃至受到哪些江戶僧人的關注? 在義理上有過什麼樣的激盪? 可惜的是,至今我們對此所知仍相當有限,專門的研究幾乎付之闕如,實值得進一步探討。② 職是之故,本文嘗試先從目錄學的角度出發,對於東渡日本的晚明唯識學作品的種類、再刻出版,以及江戶僧人對這些作品的注釋回饋等情況,略作鈎沉梳理,以饗學界。

二、晚明唯識教學的傳衍及作品概述

晚明唯識教學的先聲,一般以魯庵普泰爲代表。普泰,字魯山,號魯庵,又號野庵,秦人。弘治年間,主法大興隆寺,弘講《華嚴》《楞嚴》《圓覺》諸經疏鈔,"四方學者皆集輪下",名滿燕京。③ 他除著有《八識規矩補注》《大乘百法明門論解》兩書爲晚明唯識教學社群所研習外,其弟子中有後來受邀往住南京大報恩寺的無極悟勤(1500—1584)④,晚明三大師之一的憨山德清

---

① 釋聖嚴《明末的唯識學者及其思想》,《中華佛學學報》第 1 期(1987 年),第 17 頁。
② 筆者僅知有藤谷昌紀《妙立慈山〈唯識三十論直解扶講記〉について》,《印度學佛教學研究》,第 50 卷第 1 號(2001 年),第 29—31 頁。該文考察了大谷大學圖書館藏妙立慈山《唯識三十論直解扶講記》一書。《扶講記》是針對晚明僧人蕅益智旭《唯識三十論直解》的注解書。藤谷一文除對《扶講記》的作者及成書過程有所考述外,還特別提及該書引用了晚明另一僧人高原明昱的唯識學作品達四十餘處。同時,提示妙立慈山《扶講記》的創作,主要是表現了對於被江戶天台宗僧人目爲同是天台宗學者的蕅益智旭的高度興趣。可惜除此以外,並未對晚明唯識作品在江戶的流傳情形等背景有進一步的討論。
③ 魯庵普泰傳,可見釋了惪編,釋上修續補《賢首宗乘》卷五,上海:上海圖書館藏乾隆十七年刻本,第 1—2 頁。
④ 無極悟勤,號守愚,學界多將他與當時的禪僧無極明信混爲一談,最新的考辨文章見張愛萍《無極明信、無極守愚二僧之考辨》,《五臺山研究》2014 年第 1 期,第 36—41 頁。

(1546—1623)與被學界目爲"華嚴南方系"引領者的雪浪洪恩(1545—1608),同受學其門下。曾從師於魯庵普泰的還有最終留居北方弘法的徧融真圓(1506—1584)①,憨山德清、雲棲袾宏(1535—1615)、紫柏真可(1544—1604)行腳北方時,亦皆受過真圓的指導。憨山德清、雪浪洪恩、雲棲袾宏、紫柏真可等都是晚明唯識教學網絡中的重要僧人。其中,雪浪洪恩從大藏中輯出八種文獻,編成《相宗八要》,包括了:

1. 世親造,玄奘譯:《百法明門論》
2. 世親造,玄奘譯:《唯識三十論》
3. 陳那造,玄奘譯:《觀所緣緣論》
4. 護法造,義淨譯:《觀所緣緣論釋》
5. 商羯羅主造,玄奘譯:《因明入正理論》
6. 《六離合釋法式》(從澄觀《華嚴經隨疏演義鈔》錄出)
7. 《三支比量》(又名"真唯識量",從永明延壽《宗鏡錄》中錄出)
8. (題)玄奘造:《八識規矩頌》

《相宗八要》被當作是"習相宗者之階梯"②,成爲當時唯識教學的基礎文本。疏釋此八種作品乃晚明唯識學的重要特色之一;主要的注釋書有明昱的《相宗八要解》及智旭的《相宗八要直解》等。而若論及晚明唯識學之勃興,另一項重要成果當爲多種《成唯識論》注釋書的出現。相宗學問,可謂當時義學中的新興之學,注解《成唯識論》,一時成爲各方義虎競逐之重要挑戰。關於晚明主要的《成唯識論》注釋書,蕅益智旭(1599—1655)在《重刻成唯識論自考錄序》中説:

惜慈恩没,《疏》復失傳,僅散現《大鈔》《宗鏡》諸書,及《開蒙》二卷,稍存綫索。國初以來,竟成絶學。萬曆初年,紫柏大師接寂音之道,盛

---

① 關於徧融真圓研究,見陳玉女《明華嚴宗派徧融和尚入獄考——兼述隆.萬年間佛教與京師權貴的往來》,《成功大學歷史學報》,第 24 期(1998 年),第 215—258 頁。此外,釋了憨《賢首宗乘》提及了真圓入匡山前曾受學於魯庵普泰,其謂:"法師名真圓,字大方,徧融,別號也。……年將三十,忽棄妻出家於雲華山,禮真可和尚,剃染受具後,即杖錫東下,至南昌葦馬祖庵,居之有頃,捨之入京都。時興隆魯庵大師,道重當世,往參焉,正説《華嚴》三觀十玄之旨,師於言下大契華嚴法界,嘆曰:'更有何法! 自此從我所之矣!'復去,隱於匡廬深處。"(卷五,第 4—5 頁)
② 釋聖行《敍高原大師相宗八要解》,收入釋明昱:《相宗八要解》,《中國漢文大藏經補編》,北京:文物出版社,2013 年,第 39 册,第 159 頁。

讚此宗,爰有《俗詮》《證義》《集解》諸書,而紹法師《音義》爲長。《音義》未全,故不流通,基法主續補成《疏》,亦頗簡要。惠法主謂《疏》多譌,復出此《自考錄》。①

紹法師爲紹覺廣承(1560—1609)。基法主、惠法主,指廣承的弟子辯音大基(生卒年不詳)與靈源大惠(1564—1636)。紹覺廣承爲大覺圓瓏(1525—1590)弟子,曾應雲棲袾宏之邀,居雲棲門下首座,後主持蓮居庵,兼弘天台、賢首、慈恩三學。廣承著有《成唯識論音義》,止於八卷,未爲完書,弟子大基補輯成《成唯識論疏》,引來大惠的不滿,謂之"實非字字出先師筆也"②。大惠因此著有《成唯識論自考錄》。紹覺廣承及其法弟孫是當時研究唯識學的重要群體之一;更有學者稱其教學傳習爲"晚明唯識學研究的第二次高潮"③。而撰作此序的作者蕅益智旭與此系交好,唯識學底蘊同樣深厚,別樹一幟。④ 此外,文中"寂音"指惠洪覺範(1071—1128),《僧寶正續傳》稱其"依宣祕律師受《唯識論》,臻其奧"。⑤ 惠洪覺範在晚明特別受到紫柏真可的標舉而爲人所重視。⑥《俗詮》指高原明昱(1544?—1633?)的《成唯識論俗詮》。高原明昱是晚明唯識學研究的大家之一,著作等身,雖然聖嚴法師指他是"專攻唯識而不涉餘宗"的學者⑦,但由其他史料及研究可知,他被視爲是"賢首兼慈恩宗"法系中的重要僧人。明昱有弟子名御生氏明善(?—1654),居留北京發展,此法系入清以後仍活躍於北方,成爲別於勢力同樣扎根於北地的華嚴寶通系以外,另一華嚴宗法脈,而傳衍至今乃有臺灣大華嚴

---

① 釋智旭《重刻成唯識論自考錄序》,收入釋大惠《成唯識論自考》,《卍續藏經》,第 82 冊,第 145 頁下。
② 釋大惠《成唯識論自考錄緣起》,《成唯識論自考》,第 147 頁中。
③ 參見張志強《唯識思想與晚明唯識學》,《中國佛教學術論典》,高雄:佛光山文教基金會,2001 年,第 7 冊,第 377—379 頁。此外,關於紹覺廣承法系唯識學傳習更詳細的考察,可見簡凱廷:《明末清初唯識學在杭州的傳衍——以紹覺廣承法系爲主的考察》,《新國學》,成都:四川大學出版社,2015 年,第 11 卷,第 217—237 頁。
④ 目前中文學界對於晚明唯識學思想的個案研究,多集中在智旭一人身上。相關研究概有:龔鵬程《蕅益智旭唯識學發隱》,《淡江中文學報》,第 16 期(2007 年),第 1—34 頁;游崟凱《蕅益智旭的唯識思想研究》,臺北:臺灣師範大學國文學系碩士論文,2011 年;邱信忠《蕅益智旭唯識思想研究——以〈成唯識論觀心法要〉爲中心》,高雄:高雄師範大學國文學系博士論文,2014 年等。
⑤ 釋祖琇:《僧寶正續傳》,《卍續藏經》,第 137 冊,第 562 頁下。
⑥ 相關討論參見廖肇亨:《惠洪覺範在明代:宋代禪學在晚明的書寫、衍異與反響》,《中邊·詩禪·夢戲:明末清初佛教文化論述的呈現與開展》,臺北:允晨文化實業股份有限公司,2008 年,第 105—150 頁。
⑦ 釋聖嚴《明末的唯識學者及其思想》,第 26 頁。

寺海雲繼夢。① 《證義》指王肯堂（1549—1613）的《成唯識論證義》。王肯堂親近紫柏真可，留心相宗之學，是晚明唯識學發展的重要推手之一。② 《集解》則指的是一雨通潤（1565—1624）的《成唯識論集解》。一雨通潤爲雪浪洪恩弟子，除《集解》外，其唯識學作品尚有《觀所緣緣論釋發硎》存世。③ 雪浪洪恩所引領的教團，在當時是另一傳習唯識學的重鎮，同樣人才輩出。④

《卍續藏經》等現存通行藏經所收晚明清初唯識學相關作品，前人研究所述頗詳，計有《成唯識論》相關六種、《唯識三十論》相關兩種、《百法明門論》相關四種、《觀所緣緣論》、《觀所緣緣論釋》相關四種、《因明入正理論》相關四種、《八識規矩頌》相關八種、其他四種（高原明昱《三支比量義鈔》、《六離合釋法式通關》、蕅益智旭《唐奘師真唯識量略解》、《六離合釋法式略解》）等。⑤ 而據筆者考察，散布於各地圖書館，未收入通行藏經的注釋書所在多有，就《成唯識論》來說，便至少尚有七種存世。⑥

晚明這些唯識學作品有哪些傳入日本，甚至於當地再刻出版，受到日僧的關注呢？這是下節所要討論的重點。

三、東渡日本的晚明唯識學作品及其再刻出版考述

自德川家康（1543—1616）以來，江户幕府一直希望能把與中國的貿易限制在長崎一港，直到長崎互市令的頒布，得以嚴格的施行。⑦ 爲了圍堵基

---

① 周叔迦《中國佛教史》，《周叔迦佛學論著集》，北京：中華書局，1991年，上冊，第105—106頁；高山杉《警察倉庫裏的賢首宗祖塔》，《東方早報》，2011年12月25日。
② 見釋聖嚴《明末的唯識學者及其思想》，第12—13頁；張志强《唯識思想與晚明唯識學研究》，第374—375頁。
③ 關於一雨通潤的研究，參見簡凱廷《晚明義學僧一雨通潤及其稀見著作考述》，《臺大佛學研究》第28期（2014年），第143—190頁。
④ 除一雨通潤以外，根據史料記載，該法系著有唯識學作品的，尚有蘊璞如愚關於《因明入正理論》的注釋，以及明宗廣詢《觀所緣緣論釋義》。此外，憨山德清《雪浪法師恩公中興法道傳》文末，特別標舉洪恩的法孫緣督慧經，說："（雪浪）得度弟子雖多，獨孫慧經，字緣督者，盡得心要，且善相宗，其《唯識》一論，實從開發，惜乎早夭！"頗有爲慧經在晚明唯識教史上留名之意。見《憨山老人夢遊集》，《卍續藏經》第73冊，第679頁上。
⑤ 參見釋聖嚴《明末的唯識學者及其思想》，第21—23頁。
⑥ 其中，關於《成唯識論》七種注釋書考述，參見簡凱廷《被忘卻的傳統——明末清初〈成唯識論〉相關珍稀注釋書考論》，《漢學研究》，第35卷第1期（2017年），第225—220頁。
⑦ 大庭脩著，戚印平等譯《江户時代中國典籍流播日本之研究》，杭州：杭州大學出版社，1998年，第19頁。

督教思想的傳入,幕府在長崎設有"書物改役"一職,針對中國商船所攜入的書籍進行檢查,正因爲這個緣故而留有了許多諸如"賫來書目""大意書"等資料。① 這些資料成爲調查當時漢籍傳入日本情況的重要依據。

從大庭脩整理的《宮内廳書陵部藏舶載書目》來看,此書目所載,寬永七年(1630)到寶曆四年(1754)之間,晚明唯識典籍單獨傳入日本的有一例,其時爲寶永四年(1707):

《成唯識論合響》十一本科文一卷本文十卷共十一卷
明武林沙門紹覺法師音義
　　　　法嗣大真合響
　序　教觀門外　除糞謀窨泉晦
　序　崇禎甲戌　(天)[大]真自譔②

此書乃新伊大真(1580—1650)在其師紹覺廣承只完成八卷的《成唯識論音義》的基礎上補續而成。據大真弟子苕先智素〈成唯識論音響補遺序〉指出,他曾與同門師兄弟内衡、閒標二人勘訂老師的《成唯識論合響》一書,本已有定稿,但大真念自己年事已高,急欲授梓,在智素因事於外逗留時,另外囑託門下其他法弟筆削刊梓。智素對於此一刊梓的《成唯識論合響》版本並不滿意,遂有了《成唯識論音響補遺》之作。③ 目前《成唯識論合響》一書在中國未見流通,只可在《音響補遺》中見其梗概。《舶載書目》此條記載,讓我們知道《合響》一書曾於1707年傳入日本,可惜未知此書今是否仍存世。

其次,晚明唯識典籍是作爲《嘉興藏》中《續藏》《又續藏》的組成部分而傳入日本的。《宮内廳書陵部藏舶載書目》於元文五年(1740)、寬保元年(1741)各登載一部《嘉興藏》,可見晚明唯識典籍列名其中:

元文五年
興福寺寄進藏經之内

---

① 大庭脩著,戚印平等譯《江户時代中國典籍流播日本之研究》,第53頁。相關一、二手研究材料,詳參該書第99至201頁之列舉介紹。
② 大庭脩編著《宮内廳書陵部藏舶載書目》卷十,吹田:關西大學東西學術研究所,1972年,第17頁。
③ 參見簡凱廷《明末清初唯識學在杭州的傳衍——以紹覺廣承法系爲主的考察》,第231—232頁。

續藏目錄

三十八函《因明論解》《性相通説》《八(議)[識]纂頌》

三十九函《相宗八要》《八識略説》《相宗八要解》《相宗八要直解》

四十六函《成唯識論俗詮》①

寬保元年

寬保元年持渡

藏經目錄

《唯識俗詮》《相宗八要》《八識略説》《相宗解》《正理論解》《性相通説》

又續藏目錄

《觀所緣緣論集解》《真唯識量》《相宗八要解》《唯識三十論約意》《觀所緣緣論會釋》《觀所緣緣論釋記》《因明入正理論直疏》《三支比量義鈔》《八識規矩補注證義》《成唯識論自考》②

以上所列，當然不是江户時期所傳入的唯二《嘉興藏》。例如東京大學總合圖書館即藏有一部《嘉興藏》，原爲江户黄檗宗僧人了翁道覺(1630—1707)寄贈給白金瑞聖寺(位於今東京都港區白金臺)的舊藏。根據目錄所載，此部《嘉興藏》收錄了廣益《百法明門八識規矩纂釋》、正誨《八識規矩頌略説》、明昱《相宗八要解》、智旭《相宗八要直解》、明昱《成唯識論俗詮》等晚明唯識學作品。③ 了翁道覺，出羽州雄勝郡八幡邑人(今秋田縣湯沢市)，父鈴木重孝，母永見氏。十八歲依華園大德雲居和尚受五戒，二十五歲初謁隱元隆琦(1592—1673)於長崎，三十二歲隱元禪師辦開黄檗於宇治縣，了翁隨杖同至。〈黄檗天真院了翁覺禪師紀年錄〉稱他初見隱元時是"如窮子遇父"。④

---

① 大庭脩編著《宫内廳書陵部藏舶載書目》，卷十，第35、37頁。
② 同上書，卷四十八，第54、57、59、62、69、70、75頁。
③ 目錄整理見横手裕、末木文美士等編著《東京大學總合圖書館所藏嘉興大藏經 目錄と研究Ⅰ目錄篇》(東京：東京大學大學院人文社會系研究科，2010年)。
④ 元善編《黄檗天真院了翁覺禪師紀年錄》，收入横手裕、末木文美士等編著：《東京大學總合圖書館所藏嘉興大藏經 目錄と研究Ⅱ研究篇》(東京：東京大學大學院人文社會系研究科，2010年)，第163頁。關於了翁道覺的傳記材料研究，見同書所收錄渡邊麻里子〈〈黄檗天真院了翁覺禪師紀年錄〉について—叡山文庫延暦寺藏〈黄檗天真院了翁覺禪師紀年錄〉を中心に—〉〈〈了翁祖休禪師行業記〉について—付・翻刻秋田縣公文書館藏〈了翁祖休禪師行業記〉—〉兩篇文章。第87—106、107—132頁。

此典故出自《法華經·信解品》,用以點出了翁道覺拜謁隱元禪師後,爲他的生命帶來了歸屬與巨大的精神寶藏。了翁一生的功績在於大藏經的寄贈推廣、勸學寮的建立,以及僧侶修學環境的改善。他曾進行了三次大藏經的寄贈。第一次是購入七千餘函的《天海藏》,於寬文十年(1670)贈予天台宗的上野寬永寺。第三次是貞享二年(1685)寄贈鐵眼版《大藏經》給真言宗的高野山光臺院。而第二次寄贈的則是《嘉興藏》。延寶二年(1674),他將購得的《嘉興藏·正藏》送給本宗的江户白金瑞聖寺,延寶八年(1680)再寄《續藏》及《又續藏》部分。① 了翁的三次寄贈大藏經,分別送給天台宗、黃檗宗、真言宗的寺院,這些舉措促進了中國宋元明版藏經在江户的傳播。黃檗宗僧人在此類藏經傳播的地位及重要性,值得進一步研究。

綜合以上的材料,我們大抵可以推估,傳入江户的大部分晚明唯識典籍並非是單獨傳入的,而是作爲《嘉興藏》的一部分傳進的。若據野澤佳美的推測,江户時期至少有五十部以上《嘉興藏》傳入,則其流通情況約略可知。② 不過,《藏經》的流通性畢竟有其限制,能夠閱覽的人數有限,晚明唯識典籍更廣泛的流通於江户時代,當有賴於當時書肆的刊行販賣。《江户時代書林出版書籍目錄集成》收錄了寬文六年(1666)至享和元年(1801)共二十三本書籍目錄,其中所載晚明唯識和刻本典籍如下表所整理:

表1 《江户時代書林出版書籍目錄集成》所載晚明唯識學作品

書　　　名	備　　　注
古今書籍題林延寶三年(1675)毛利文八刊	
《唯識俗詮》 《八識補注證義》　明翼[昱] 《八要直解》　知[智]旭 《觀所緣緣論》上下　陳那菩薩造　玄奘譯　雋[雟] 李沙門真界集解	*與《物不遷正量論》合刊。

---

① 參見渡邊麻里子《了翁と東京大學藏嘉興藏大藏經—瑞聖寺へのを中心に—》,《東京大學總和圖書館所藏嘉興大藏經　目錄と研究 II 研究篇》,第87—106頁。
② 野澤佳美《江户時代における明版嘉興藏の輸入狀況について》,收入佐佐木孝憲博士古稀紀念論文集刊行會編《佛教學佛教史論集:佐佐木孝憲博士古稀紀念論集》,東京:山喜房佛書林,2002年,第157—170頁。

續 表

書　　名	備　注
廣益書籍目録元禄五年(1692)刊	
《成唯識論俗詮》 《八要直解》　智旭 《八識補注證義》　明翼[昱]	
新板増補書籍目録元禄十二年(1699)永田調兵衛等刊	
《唯識論俗詮》 《八要直解》　智旭 《八識補注證義》　明翼[昱]	
新増書籍目録延寶三年(1675)刊	
《唯識論俗詮》 《八識規矩略説》 《八要直解》　智旭 《八識證義》	
書籍目録大全天和元年(1681)山田喜兵衛刊	
《八識證義》	
増益書籍目録大全元禄九年(1696)河内屋喜兵衛刊同寶永六年(1709)増修丸屋源兵衛刊	
《唯識論俗詮》 《八要直解》　智旭 《八識規矩略疏[説]》 《八識證義》　明異[昱]	
増益書籍目録大全元禄九年(1696)刊正徳五年(1715)修丸屋源兵衛刊	
《八要直解》　智旭 《八識規矩略説》 《八識證義》　明異[昱] 《六離合釋》　智旭 《唯識論俗詮》	

續　表

書　　名	備　　注
新撰書籍目録享保十四年(1729)永田調兵衛刊	
《百法明門論八識規矩纂釋》　明憨山	*恐誤植作者。藏經所收此書爲廣益所作,書前有憨山序文。
《六離合釋法式略解》　智旭	

另外,據小野玄妙編《佛書解説大辭典》①,日本各地圖書館所藏,現存江户時期出版的晚明唯識學作品(和刻本),可如下表所示:

表 2　日本各地圖書館所藏江户時期晚明唯識學作品(和刻本)

作　者	書　名	出版資訊	藏　地
釋廣益	《八識規矩頌纂釋》	延寶六年(1678)刊本	哲學堂圖書館、高野山大學圖書館
釋正誨	《八識規矩略説》	天和元年(1681)刊本	龍谷大學圖書館
釋明昱	《八識規矩補注證義》	寬文六年(1666)刊本	大正大學圖書館
釋智旭	《相宗八要直解》	1. 延寶八年(1679)刊本 2. 寶永二年(1705)刊本	1. 龍谷大學圖書館 2. 龍谷大學圖書館、哲學堂圖書館、大谷大學圖書館
釋智旭	《成唯識論觀心法要》	天明元年(1781)刊本	龍谷大學圖書館、立正大學圖書館、大谷大學圖書館
釋明昱	《成唯識論俗詮》	天和二年(1682)刊本	大谷大學圖書館、哲學堂圖書館
釋智旭	《六離合釋法式略解》	1. 寬文十二年(1672)刊本 2. 延寶九年(1681)刊本 3. 永寶二年(1705)刊本	1. 大正大學圖書館、大谷大學圖書館 2. 大正大學圖書館 3. 大谷大學圖書館
釋明昱	《六離合釋法式通關》	寶永元年(1704)刊本	大正大學圖書館
釋真界	《觀所緣緣論集解》	中野太郎左衛門刊本,出版年不明	名古屋大學圖書館②

---

① 小野玄妙編《佛書解説大辭典》(東京:大東出版社,1933—1936年)。
② 此書(和刻本)爲宇井伯壽舊藏。《佛書解説大辭典》未登載此和刻本之資訊。書訊由林鎮國教授告知,特此申謝!

綜合以上兩表可知，當時書肆刊刻的晚明唯識學作品，關於《成唯識論》的有明昱《成唯識論俗詮》以及智旭的《成唯識論觀心法要》兩部，此外主要是《相宗八要》相關注釋書；有智旭的《相宗八要直解》（其中《六離合釋法式略解》曾單獨出版），明昱的則有《八識規矩補注證義》（這是對於普泰《八識規矩補注》的疏釋書），另外還有《六離合釋法式通關》，餘下則是廣益《百法明門論八識規矩纂釋》、《八識規矩頌纂釋》、正誨的《八識規矩略説》，以及真界《觀所緣緣論集解》。

四、江户僧人對晚明唯識學作品的接受略論

　　江户時期，唯識學著述繁興自有其日本佛教悠遠的傳統支持。而在這樣一個唯識教學興盛的時代，晚明唯識作品的傳入，也受到了相關僧侶的關注。此間在義理上有過什麼樣的激盪，目前學界所知極其有限。考察江户僧人接受晚明唯識作品的情況，最明顯的材料是其注釋書。據筆者考察諸目錄及辭典等工具書，發現江户僧人對於晚明唯識作品的注釋多爲寫本，並以明昱及智旭的作品爲主，相關著作如下表所列：

表3　江户時期晚明唯識學作品注釋書[①]

書　名	作　者	版本資訊	藏地/出處
一、明昱《八識規矩補注證義》相關			
《八識規矩補注證義開講義説並講録》	覺道慈泉	寶曆二年（1752）寫本（慈周筆受）	寬永寺
《八識規矩補注證義開講義説》	覺道慈泉	寫本，年代不詳	滋賀十妙院
《八識規矩證義講述》	大寳守脱（1804—1884）	寫本，年代不詳	龍谷大學圖書館

---

① 參考的工具書有小野玄妙編《佛書解説大辭典》、岩波書店編輯部編《補訂版國書總目録》（東京：岩波書店，1989—1990年）、國文學研究資料館編《古典籍總目録》（東京：岩波書店，1990年）、涉谷亮泰編《昭和現存天台書籍綜合目録》（東京：明文社，1994年），以及日本國文學資料館"日本古典籍總合目録デ一タべ一ス"資料庫。

續　表

書　　名	作　者	版本資訊	藏地/出處
《八識規矩六離合釋八識規矩直解講錄草稿》	不詳	享保十二年（1727）寫本	寬永寺
《八識規矩補注證義記》	不詳	寬政五年（1793）寫本	大正大學
《八識規矩補注證義事記》	不詳	寫本，年代不詳	十妙院
《八識規矩補注證義助覽》	不詳	寫本，年代不詳	叡山文庫
《八識規矩補注證義箋錄》	不詳	寫本，年代不詳	東洋大學圖書館
二、明昱《六離合釋法式通關》、智旭《六離合釋法式略解》相關			
《六離合釋法式通關注》	宥範	寶永元年（1704）刊本	大谷大學圖書館；《日本大藏經》第39卷
《六離合釋法式略解節義》	月筌崇信（1671—1729）	元祿十七年（1701）刊本/正德四年（1714）刊本	龍谷大學圖書館/大谷大學圖書館
《六離合釋略解啓蒙》	圓明	寫本，年代不詳	大正大學圖書館
《六離合釋法式略解注》	不詳	真享元年刊	京都大學圖書館；《日本大藏經》第三十九卷
《六離合釋法式略解聽講記案》	不詳	寫本，年代不詳	菊岡義衷私藏
三、智旭《因明入正理論直解》相關			
《因明論直解講記》	不詳	寫本，年代不詳	實藏坊真如藏
四、智旭《唯識三十論直解》相關			
《唯識三十論直解扶講記》	妙立慈山（1637—1690）	寫本，年代不詳	大谷大學圖書館
《唯識三十頌直解箋》	不詳	寫本，年代不詳	大谷大學圖書館
五、（題）窺基注，普泰增修《百法明門論解》相關			
《百法明門論解輯攷》	順空謙芳	元祿十五年（1699）刊本	京都大學圖書館
《百法明門論解考》	不詳	寫本，年代不詳	大正大學圖書館

上表以灰色底標示的是作者與年代皆不詳者，但估量也都是江户時期的作品，待進一步考察。從表列的書目來看，以《八識規矩補注證義》及《六離合釋法式》相關注釋書爲多。再則，就《八識規矩補注證義》相關注釋書的藏地來看，除大學圖書館以外，皆藏於諸如滋賀十妙院、寬永寺等天台宗寺院（包括叡山文庫）。這使我們有理由推論，江户時期天台僧人對此部書的興趣最高。此外，妙立慈山（1637—1670）、覺道慈泉（生卒年不詳）、大寶守脱（1804—1884）也屬天台宗的僧侶。慈山，字妙立，號唯忍子，俗姓和田，美作人（今岡山縣）。十七歲投山城州花山寺雷峰禪師薙染。後曾赴於泉涌寺閲《大藏經》，"讀台宗三大部，始知教觀大備，故潛心於天台四明之學"。寬文十二年（1672）依《瓔珞經》自誓受戒。慈山深受當時梶井宮聖胤法親王（1617—1700）的賞識，曾受親王之邀，"止於小野草舍，數遊魚山，講《相宗八要》等"。慈山去世後，元禄六年（1693），皈依慈山的天台座主公辨法親王（1669—1716）以安樂院爲律院，命慈山弟子靈空光謙（1652—1739）爲住持，光謙於是遷葬慈山，尊之爲開山第一祖。① 覺道慈泉，就目録所載來看，著作頗豐，②然生平事蹟待考，不過他著有《阿彌陀經要解俗談餘義》，是光謙《阿彌陀經要解俗談》的注解書，而光謙《天台傳佛心印記考》也題有"覺道隨聞記"等文字，③可據之推測他爲光謙弟子。守脱，字大寶，號清浄金剛，俗姓中川，伊勢國三重郡水澤村人（位於今三重縣）。父爲真宗大谷派常院寺住職。他十六歲登比叡山研究天台三大部，師事安樂律院的慧澄痴空（1780—1862）。守脱晚歲已入明治時期，著名佛教學者前田慧雲（1857—1930）曾從之學習。④ 關於以靈空光謙爲首的安樂律院，村上專精就其流弊而言，説："自從靈空繼承妙立的遺志以後，三山之徒只知有妙立和靈空，而幾乎不知有傳教、慈覺、智證；只知外國的知禮、藕益和南都的覺盛、叡尊，而不知本國北嶺（叡山）的列祖。"⑤又説："天台宗的律制和學風，雖然有山門的圓耳和寺門的顯道倡導復古論，但在元禄年間以後的大勢，仍然爲妙立、

---

① 以上詳見道契《比叡山安樂院發沙門慈山傳》，《續日本高僧傳》，《大日本佛教全書》卷一百零四，第146—148頁。
② 詳見涉谷亮泰編《昭和現存天台書籍綜合目録》所載。
③ 《續日本高僧傳》，第138頁。
④ 市古貞次等編《國書人名辭典》，東京：岩波書店，1993—1999年，第486頁。
⑤ 村上專精著，楊曾文譯《日本佛教史綱》，北京：商務印書館，1992年，第246頁。

慈山的門徒所左右，而在以後東叡山癡空慧澄和尚繼承靈空的事業，使其門流越加繁盛，因此，現在的天台宗學者和律僧，大部分都是妙立的法裔，可以說這是與傳教大師的精神是不一致的。"①不過，從另一個角度來看，妙立、靈空師徒對於戒律的新主張以及弘揚知禮、智旭的著作，對於江戶天台宗的發展不啻注入新的元素與活力。就後者而言，和安樂律院僧徒研習晚明相關唯識作品合而觀之，應與當時中國《大藏經》等典籍傳入關係密切。此中曲折值得進一步研究。

《六離合釋略解啓蒙》的作者，《國書人名辭典》載爲平安時期的僧人圓明，卒於 851 年，生前曾從空海學習密教，②然而此説不無疑義。若《六離合釋略解》是智旭的作品，則《啓蒙》不可能出現在平安時期，但是實情如何，待經眼原件始得確定。而崇信，字月筌，大阪天滿人，九歲剃髮，十六歲成爲本願寺派定專坊住職。四十六歲退隱，埋身於真言宗典的研究。③ 宥範，生平待考，不過由《智山學匠著書目錄》載其《六離合釋法式通關注》外尚有《般若理趣經純秘鈔講録》《俱舍世間品日月行道圖解》《六因四緣等略抄》等來看④，則可知他是真言宗智山派學僧。⑤ 最後，著有《百法明門論解輯攷》的順空謙芳也是真言宗僧侣，《國書人名辭典》稱他是元禄、享保年間（1688—1736）的人，除《輯攷》外，尚著有《一枚起請贅言》《一枚吉水遺訓評解續篇》《延命地藏經詳解》《西洞彙雋録》等。⑥ 從宥範、崇信等人注解《六離合釋法式通關》及《六離合釋法式略解》來看，可見真言宗對"六（離）合釋"的關注。

就古代的注釋傳統來説，對一部書進行箋注，大多表示注釋者對於此書内容之認同。若然，以上材料只能呈現江戶僧人對晚明唯識學作品接受之一面，我們還需考慮不同的意見。這裏，以"六（離）合釋"相關注釋書爲例。所謂"六（離）合釋"，包括持業釋（*karmadhāraya-samāsa*）、依主釋（*tatpuruṣa-samāsa*）、有財釋（*bahuvrīhi-samāsa*）、相違釋（*dvandva-*

---

① 村上專精著，楊曾文譯《日本佛教史綱》，第 250 頁。
② 市古貞次等編《國書人名辭典》，第 296 頁。
③ 同上書，第 13 頁。
④ 智山學會《智山學匠著書目錄》，東京：智山學會，1935 年，第 35 頁。
⑤ 齋藤昭俊編《智山人名辭典》可能有此人生平之記載，可惜筆者尚未能經眼此書，特附記於此，俟將來補正。
⑥ 市古貞次等編《國書人名辭典》，第 189 頁。

samāsa)、鄰近釋(avyayībhāva-samāsa)、帶數釋(dvigu-samāsa),爲梵文中複合詞六種文法規定。然而在漢傳佛教中,六(離)合釋由於窺基著作中的大量運用,已成爲漢傳唯識學傳統中一種特有的解經方法。① 值得注意的是,這種解經方法不唯在唐代,就是在中國的晚明時期,以及日本的江户時期,仍舊是"活的傳統",同樣爲僧人解釋經典時所運用。晚明時期,雪浪洪恩編纂《相宗八要》,從大藏中集出所謂的《六離合釋》,爲當時學習法相之學的學人所研讀,從而有了明昱《六離合釋法式通關》及智旭《六離合釋法式略解》兩部注釋作品。江户時期關於六合釋的解釋更多,相關著作不勝枚舉,②從而明昱及智旭作品的傳入也引起了討論。上述宥範的《六離合釋法式通關注》以及未詳作者的《六離合釋法式略解注》,分别是針對明昱與智旭著作的注釋。宥範對於明昱《通關》評價甚高,由其注釋内容可以看出他對於晚明《六離合釋法式》解釋内容的接受,他説:"去歲癸未之夏,曬大藏之日,偶閱斯《通關》,洒膽去,至其通釋關隘者,詞義無礙,痛快醇至,真後學之奇珍也。"③然而著有《六合釋精義》《六合釋叢林評注》《六合釋指掌》等多部作品的林常房快道(1751—1810)④,對於明昱《通關》、智旭《略解》、宥範《通關注》却有很大的批評;《六合釋章疏標目》説明昱《通關》與智旭《略解》是:"隨釋法式,吁哉未知正傳!"⑤這裏的"正傳"指的是窺基《大乘法苑義林章》裏的材料,此書明代時已亡佚於中國;又説宥範《通關注》是"更弘演邪説,深爲可惡焉",批評不可謂不重。我們由宥範、快道二例可以窺見江户日僧在面對晚明唯識學作品時的兩種態度。江户以降日本對於六(離)合釋的研究熱潮當以南條文雄《六合釋講辯傍聽記》⑥爲轉折標誌。該書引進西方所傳

---

① 參考鄧偉仁,"Medieval Chinese Buddhist Exegesis and Chinese Grammatical Studies",《臺大佛學研究》,第 28 期(2014 年),第 124—136 頁。
② 相關書目可見小野玄妙編《佛書解説大辭典》,第 11 卷,第 198—201 頁。
③ 宥範《六離合釋法式通關注序》,《六離合釋法式略解注》,《日本大藏經》,第三十九卷,第 601 頁。
④ 快道,字林常,俗姓須藤氏,上野國勢多郡粕川村人。生於寶曆元年。寶曆八年從鄰村相應寺住僧快音薙染,十二年隨快音赴和州豐山,研習顯、密之學。快道除真宗學問外,亦博涉他教,俱舍、因明、六合釋、八囀等尤爲專精。嘗住武州浦和玉藏院,文化六年蒙台命董江都根生院。隔年二月二十一日示寂。世壽六十。關於快道傳記之整理與研究,參見池田長治編《林常房快道文獻集》,東京:池田長治,1971 年;林亮勝《諦円房信恕・林常房快道傳記補遺》,《豐山教學大會紀要》,第 6 號(1978 年),第 169—175 頁。
⑤ 快道《六合釋章疏標目》,《日本大藏經》,第 39 卷,第 597 頁。
⑥ 南條文雄《六合釋講辯傍聽記》,京都:法藏館,1888 年。

的梵文文法概念,終結了長此以往僅以漢文字爲基礎的相關討論與研究。若以梵文爲唯一標準來看,這些討論或許不值一哂,但若從文化交流或思想史等角度觀之,晚明六(離)合釋相關著作傳入日本所引起的迴響,其實情如何,具有怎樣的意義,却值得進一步探究。

對於晚明唯識學作品表示負面立場的,還可以江户時期《觀所緣緣論》相關注釋書爲例。以結城令聞《唯識學典籍志》的登載内容來看,玄奘所譯陳那《觀所緣緣論》在江户以前少爲日僧關注,但在江户時期却出現了爲數不少的注釋書。① 筆者推估,這與《相宗八要》、智旭《觀所緣緣論直解》及真界《觀所緣緣論集解》等書的傳入有關。事實上,查考江户這些《觀所緣緣論》注釋書,裏頭不少提及智旭與真界的作品,如太了榮天(1737—1801)②《觀所緣緣論講草》説:

> 又《觀所緣緣論直解》一卷十四紙,智旭述。又《觀所緣緣論釋直解》一卷,有卅七紙,此陳那本論與護法釋論,會本(未)〔末〕施注之。又《觀所緣緣論集解》一卷,真界述。並皆行于梓矣。③

而基辨(1718—1791)④《觀所緣緣論釋》則批評道:

> 明朝有智旭、真界等師,雖爲少釋,時已澆季,舊墳翳失,不見慈恩、(溜)〔淄〕洲等釋,故所注述,錯謬過半。⑤

慈恩指窺基,淄洲指慧沼。基辨認爲智旭與真界因不見窺基與慧沼等人的

---

① 結城令聞《唯識學典籍志》,第 600—604 頁。
② 榮天,字太了,土佐中村人。俗姓久保氏。生於元文二年。學於豐山,住慈眼院。後應松山侯之請,住石手寺,時寬政十一年。享和元年七月十七日示疾。略傳見田中海應《豐山學匠新列傳》,《密教論叢》,第 12 號(1937 年),第 43—45 頁。
③ 榮天《觀所緣緣論講草》,京都:大谷大學藏抄本,第 2—3 頁。
④ 基辨,號大同房,尾張人。父小門庄佐衛門忠宣。生於享保三年。八歲出家。曾師事無染房妙適及五智山無幻道空。其後雲水問學於畿内部鄴法匠碩學,却甚爲不滿,認爲諸師"都無實學,還誆惑人",於是一時發心遊南都(奈良),欲"識先德學風,得唯識、因明之要"。寬延三年得入藥師寺從學基範,住法光定院。其後又嘗居東大寺、建仁寺等處,往來京洛、南都,弘揚法相教學,講學撰述不輟。寬政三年十二月二十七日示疾。世壽七十四。所著有《大乘法苑義林章獅子吼抄》《補闕法相義》《二十唯識論别録》《因明大疏融貫鈔》等數十種。在江户唯識教學的研究中,基辨是較受關注的一位,迄今已有十餘篇日文研究成果問世。基辨的生平研究,見山崎慶輝:《大同房基辨の傳記とその教學》,《佛教學研究》,第 36 號(1980 年),第 1—16 頁。高次喜勝《大同房基辨の研究——藥師寺藏〈藥師寺大同房基辨律師傳〉翻刻——》,《南都佛教》,第 98 號(2013 年),第 47—72 頁。
⑤ 基辨《觀所緣緣論釋》,京都:京都大學圖書館藏抄本,第 1 頁。

相關注釋書,所以出注疏釋,"錯謬過半"。類似的觀點也出現在快道《觀所緣緣論義疏》一書中,他說:

> 西方護法菩薩曾作此釋,名曰"觀所緣緣論釋",周天后朝義淨譯出,文有十一紙,而今行于世。大明智旭會其本末而施之注,名曰"觀所緣緣論釋直解",文涉三十七紙。又別注本論,名曰"觀所緣緣論直解",文有十四紙。又萬曆中有真界者,檇李人也,亦注此論,名曰"觀所緣緣論集解"。並皆行于梓矣。然如二師注者,僅廣其文而已,至若立、破,則曾不知其所對,將誰宗、誰計,且於解也昧,豈足以(來)〔采〕用哉!故今者專依《成唯識》及《二十》《三十述記》中提此論立、破明了之處,略節章句,敷暢義理,或有失者,後哲幸勿吝郢斧。①

快道指出,真界、智旭針對《觀所緣緣論》"僅廣其文",對於論中的辯論對象,茫然無知,他疏解此書則依《成唯識論》及窺基《唯識二十論述記》《成唯識論述記》等書中提及"此論立、破明了之處,略節章句,敷暢義理",暗批真界與智旭無法援引窺基的作品,致使不能真正把握《觀所緣緣論》的內容。當然,以當代的學術眼光來看,窺基的理解不見得符合陳那《觀所緣緣論》的原義,基辨與快道詮釋經典前的預設並非堅不可破,不過從基辨與快道的批評來看,我們也可以推知,江戶研究唯識學的學僧中,有一部分的人認為晚明這批同樣研究唯識的同行因為無法參考窺基《成唯識論述記》等唐代作品,因而無法把握相關唯識經典文句中的要義。這點至少就《成唯識論》的研究來說,與當今部分學者對於晚明唯識教學內涵的認知不謀而合。

從此節所舉的例子可以得知,江戶研究唯識學的僧人對於晚明唯識學作品的接受有兩種立場:其一是認為其間有深義值得闡釋發揚;其二是認定其因無法參考唐代窺基等人的唯識著作,從而所論無法切合唯識經典中的要義。然而這兩種觀點之間是否涉及義理上的重大分歧,尚需進一步研究。此外,由於資料蒐集之限制,本節姑且以《六離合釋法式》及《觀所緣緣

---

① 快道《觀所緣緣論義疏》,筆者私藏快辨文化十四年抄本,第1頁。

論》兩例來證明江戶鑽研唯識的學僧所擁有的兩種截然不同的態度，但是江戶時期的唯識學著作繁多，究竟還有哪些引用或討論了晚明唯識學作品，亦待未來進一步爬梳。

五、結論

本文從目錄學的角度考察了晚明唯識作品在日本江戶時代的流傳與接受，指出該時期傳入日本的晚明唯識典籍主要是作爲《嘉興藏》的一部分傳入的。同時，日本書肆也出現了相關作品的和刻本；關於《成唯識論》的有明昱《成唯識論俗詮》以及智旭的《成唯識論觀心法要》兩部，此外主要是《相宗八要》相關注釋書；有智旭的《相宗八要直解》（其中《六離合釋法式略解》曾單獨出版），明昱的則有《八識規矩補注證義》，另外還有《六離合釋法式通關》，餘下則是廣益《百法明門論八識規矩纂釋》、《八識規矩頌纂釋》、正誨的《八識規矩略說》，以及真界《觀所緣緣論集解》等。再則，就江戶僧人的注釋情況來看，以天台宗安樂律院及真言宗學僧最爲積極，而就挑選的注釋對象而言，以編入《相宗八要》裏的幾部書爲主。從本文的梳理可以得知，最受江戶學僧歡迎的典籍，其一是他們未曾接觸過的文獻，如《八識規矩頌》，其二是晚明唯識典籍傳入後重新受到他們關注的文獻，如《六離合釋法式》及《觀所緣緣論》。

由於本文只是從目錄學的角度進行考察，至於典籍傳入後所造成的在義理上的衝擊、激盪與論辯，實情如何，還有待日後進一步研究。其次，既然晚明唯識典籍主要是作爲《嘉興藏》的一部分傳入日本的，那麼未來也當擴大視野，進一步考察其他典籍傳入日本後所造成的影響等問題。例如被稱爲只知有知禮、藕益的安樂律院學僧，便是很好的研究對象。在近代西方勢力強勢進入東亞以前，以漢字爲基礎的東亞文化圈，近來越發受到矚目，成爲重要的研究領域。佛教作爲具有關鍵性的文化載體之一，自當不可輕易掠過。以臺灣學界爲例，對中國與朝鮮儒學及江戶儒學的交流研究起步得比較早，反之與朝鮮佛教及江戶佛教交流的研究却可數者寥寥，亟待開發，以期能進一步彰顯佛教在東亞，特別是在 14 世紀以降，仍舊作爲文化交流中重要載體的意義與價值。

附錄

（一）京都大學圖書館藏基辨《觀所緣緣論釋》寫本書影

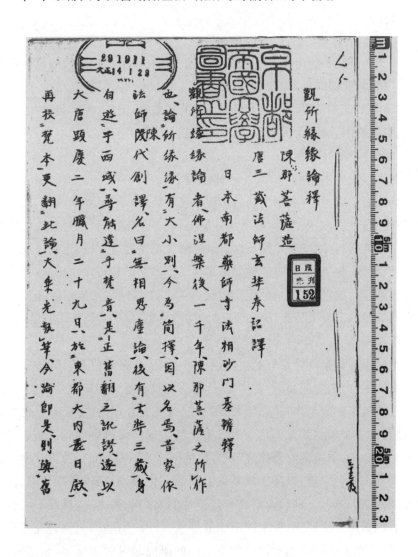

（二）筆者私藏《觀所緣緣論義疏》抄本書影

觀所緣緣論義疏

上毛 沙門 快道 著

將贊玆論依四門辨一題号二撰号三訳人四釈文
初辨題号者先以諸三門後正釈名者西方護法菩
薩曾作此釈名曰觀所緣々論釈周天后朝義淨訳
出文有十一紙而今行于世大明智旭會其本未而
別注之注名曰觀所緣緣論新直解文渉三十七紙又
曾中有眞界者攜李人也本注此論名曰觀所緣緣

大唐神泰法師誓末釈
者於玆命疏
有三末又闕末釈
有一夫之闕
初

"大藏經"的再認識
——探索《徑山藏》編撰、成書與特點

法幢(謝馨后)

前言

  漢文佛教大藏經,是華梵文化交流、融合、再生的成果,就世界文明發展史而言,歷代藏經的編撰刊行,此一項佛教偉業文化工程,爲後人留下豐富且珍貴的世界文化遺產,隨着時代不斷擴充、積累,記錄了中國古文明的變遷軌跡,並在時空遞進、內容累加之中,形成豐富且龐大的漢語佛典史料寶庫。當我們想要從中了解某一部大藏經的內涵與特性,可從所收入的典籍、書目編排的分類架構、文獻的敘事文體、文本的內在結構,以及書籍外觀裝幀形式的轉變,從而聯繫到該時代佛教發展的樣貌與演變的敘事歷史,特別是明清時期《徑山藏》的形成原因以及藏經傳播所帶來的影響,是有趣且值得探索的議題。

  《徑山藏》是明末清初佛教界高僧大德於民間發起、組織刊刻的一部大藏經,是中國古代刊行規模最大、收藏典籍最豐富的一部大藏經,在藏經編輯史中佔有重要的地位。以漢文藏經發展史來説,《徑山藏》具有重要的文獻價值與文化意義,對《徑山藏》的研究所帶來的學術價值,漸受到教界、學界關注,雖然有零星的研究成果,但尚無一部全面、綜合的研究專著,猶有未盡之處,待深入展開來處理。① 本文擬就"大藏經"此一概念的內涵演變爲

---

① 釋法幢《法寶流通——〈徑山藏〉的文獻價值與文化傳播影響》,北京大學哲學系博士研究生學位論文,2017年。

綫索,將《徑山藏》放置其發展脈絡而展開論述,透過《徑山藏》對大藏經的概念溯源並疏理其發展過程,不僅是把握這部藏經的内涵與傳播影響,對於中國大藏經發展史也有更深刻的認識。

一、研究動機

(一) 大藏經的前沿研究

學者普遍認爲"大藏經研究"這門學問艱深異常,"研究耗時長久,過程苦多惠少",甚難"窮究大藏經之奥秘",故研究大藏經的學者不多。依前輩建議,大藏經的研究必須"確定方法論的方向",可從各版藏經的基本特性或共通性,進行調查研究;可以選擇一部藏經,從佛教義理思想探討,還可從歷史、經濟、社會、文化等全方位進行考察。① 大藏經的佛典文獻,可運用於文獻學、佛教學、歷史學、語言學、書志學等學科領域,近來漸有以新史料、新方法、新視角的觀點進行研究的趨勢。

日本學界曾以史學方法,研究雕版大藏經的刊行,以版式特點來分辨大藏經的類别,進而界定大藏經的發展系譜,從中描繪當時文化圈的樣貌。也有從入藏禪籍的視角,指出印刷大藏經研究所未涉及的史實問題,如椎名宏雄的《宋元版禪籍的研究》。由於中國印刷術的發展,刊本大藏經保存許多有用的信息,部分學者將刊本印刷大藏經當作歷史研究資料,而且是佛學研究不可或缺的基本資料,野澤佳美以爲大藏經除了具有佛典叢書的性質,包含着經文以外的各種資料,如果能關注並運用其中各種資料,可以發現"各個領域的研究中……藴藏着豐富的可能性",是"一大文化遺產"。② 此外,也有學者採用書志學的方法,透過刊記年代的資料、刻工的姓名,進行宋元刊本大藏經的研究,釐定各版本的刊刻時期。

學者近來研究成果,促進大藏經編輯刊印的熱潮,隨着不斷新出的佛典文獻史料,大藏經的編印也提供學者擁有更多的一手史料,加深這一領域的

---

① 椎名宏雄認爲研究者需要豐富多彩的學識,除了中國佛教史,還須兼具"東洋史""中國文化圈史"等基本知識,應"具備踏實精神探索其道……懷抱堅定意志、腳踏實地做學問",否則是"無法窮究《大藏經》之奥秘"。引自[日] 椎名宏雄《〈大藏經〉開版》《中國佛教研究入門》,法鼓文化出版社,2013年,第 92—93、119 頁。

② 引自[日] 野澤佳美《明代大藏經研究·序言》第一節,東京:汲古書院,1998 年。

研究,藉由本文研究,筆者希望能在一定程度上推進《徑山藏》乃至大藏經的相關研究。

(二) 研究對象、目的與方法

《徑山藏》又名《嘉興藏》《方冊藏》《楞嚴寺本大藏》,在中國佛教刻經史上,具有刊刻最久、傳播廣大的特點,被認爲是中國宋代至清代之間收書最多的一部大藏經,開創方冊裝訂形式之特色,是第一套綫裝本方冊藏經,曾被喻爲中國近世佛教史研究領域的"敦煌發現",亦譽爲"佛典史料寶庫"。①這部藏經有多種名稱,由於改變傳統的裝訂方式,將以往"梵夾本裝幀"改爲"方冊本綫裝書"形式,早期稱《方冊藏》;因爲刻藏地點從五臺山妙德庵,南遷到浙江餘杭徑山,雕造藏經的板塊貯藏於徑山寂照庵及下院化城寺,而稱《徑山藏》;該套藏經是在浙江嘉興楞嚴寺流通發行,學界通稱爲《嘉興藏》。②

作爲中國古籍重點整理出版項目之一,2009年民族出版社重輯影印出版綫裝方函《嘉興藏》,韓錫鐸先生等人在重輯考察過程中,對現存的實體藏經、多種目錄進行調查報告,得知國內外各地現存藏品子目的情況,包括孤本、零種或特殊品種等。據調查,中國國家圖書館、臺灣圖書館、雲南省圖書館、首都圖書館、遼寧省圖書館③、浙江大學圖書館、四川省圖書館、廣西壯族自治區圖書館、湖南省圖書館、青海省圖書館、廣東省立中山圖書館、北京大學圖書館、重慶華嚴寺④、金陵刻經處等地,仍保存數量不一的零散殘本。因此,可知《徑山藏》的刊行過程,流傳很廣,影響深遠。由於多年後隨着更多典籍的新發現,2016年國家圖書館出版社發行新版《徑山藏》,並陸續出版牌記與序跋彙編等叢書,本文採用《徑山藏》名稱。

---

① 引自藍吉富《〈嘉興藏〉研究》,收於《中國佛教泛論》,臺北:新文豐出版社,2004年,第163、168、174頁。

② 因正藏刊刻年代在萬曆年間,稱《萬曆藏》;因最初主事者密藏道開,而稱《密藏本》;又因該藏流傳到日本,而稱《支那藏》《明藏》;支那院學院於民國二十一年新編《刻藏緣起》,命名爲《明徑山方冊本》;還有《楞嚴藏本》等多種別名。可參考章宏偉:《故宮博物院藏〈嘉興藏〉的價值——從〈嘉興藏〉學術研究史角度來探討》,《故宮學刊》創刊號,北京:故宮博物院,2004年,第541頁。

③ 遼寧省圖書館《嘉興藏》館藏,經過盤點共計有1296種,6519卷,有三種以上的來源,並存有不少複本。王蕾、韓錫鐸《從遼圖藏本認識〈嘉興藏〉》,《中國典籍與文化》2009年第1期,第67頁。

④ 據該寺圖書館曾元超表示,寺內舊藏《徑山藏》刻本藏經,爲康熙十九年川東巡憲王孫蔚出資,由當時華嚴寺住持聖可和尚派人前往江南奉請印之藏經,於康熙辛酉抵山。因鼎革兵燹,文物幾度流離散失,寺內現存《徑山藏》1790餘冊,已列入國家珍貴古籍名錄,經書由於年久蟲蛀毀損嚴重,當地爲此會同古籍保護專業單位進行修復。

本文以《徑山藏》作爲研究對象,希望吸收前人研究成果的基礎上,拓展新的視角,對於學界所未觸及的深層次的乃至被忽略的問題進行探討論述。筆者曾經對這部大藏經的整理本與翻印本進行基礎調查,並結合田野調查,到相關刻經遺址實地考察,並到圖書館、寺院進行調查研究、查閱古籍原書,通過廣泛的古籍調查,掌握佛典一手史料文獻與學界最新研究成果。頗爲幸運的是,在研究過程中,得到國家圖書館出版社發行《徑山藏》相關典籍資料,在編輯人員協助下提供一手史料,這些對於本文研究,有相當程度的幫助。

　　本文以一段刻藏歷史爲綫索,通過分析其背後的社會文化因素,及對佛教傳播之影響,結合明清之際的歷史背景和佛教中國化的整體語境,藉以解讀《徑山藏》的豐富内涵。並對"佛教文獻聖典化"的理論,進一步考察、探討,期望在理論層面探詢有意義的學術成果。總括來説,本文想要究問《徑山藏》的意義是什麽? 它的本質内涵爲何? 此部大藏經的名稱概念如何形成,就大藏經發展史,探討《徑山藏》的特點,藉此確定其歷史定位。

二、《徑山藏》的編撰

　　大藏經的編印事業,是一代文化偉業工程,有着文獻保存貢獻,有其佛教文化發展的影響,特別是刊本大藏經,大藏經的整體樣貌,以木板雕刻形式,結合印刷術的重複製的特點,即以版刻的載體,承載着原有的三藏典籍,但隨着逐漸加入的中土著述典籍,内容越來越龐雜。就形式、内容或史料價值而言,《徑山藏》具有許多區別於前代諸版大藏經的特點,《徑山藏》也與其前後藏經的關聯互有影響,因此,對於《徑山藏》的理解與把握,本文擬從大藏經的概念發展與意涵演變作爲研究的切入點,再對這部藏經的編撰入藏進行考察。

(一)"大藏經"概念演變

　　漢文佛教大藏經,泛指一切漢文佛典的總稱,以經、律、論爲主要結構,彙集歷代漢譯佛典與中外佛教宗派著述,李富華先生指明大藏經有着"豐富的内容、嚴格的編次和精細的結構"[1]。方廣錩先生定義爲:

---

[1] 李富華、何梅著《漢文佛教大藏經研究》,北京:宗教文化出版社,2003年,第1頁。大藏經,又稱一切經、衆經、釋藏,在日本則以一切經通稱之。

基本網羅歷代漢譯佛典並以之爲核心的,按照一定結構的規範組織,並具有一定外在標誌的漢文佛教典籍及相關文獻叢書。①

漢文佛典文獻,從最初佛陀及聖弟子的口傳教法,早期以師徒口耳相傳的方式傳承下來,佛滅後經由聖弟子口誦結集經典,經過四次大規模的教法結集,逐漸形成文本典籍,大約於公元初由譯經師翻梵爲漢,早期翻譯的經典,以及中期的西方聖賢論著,逐步建立完整的漢譯的經、律、論三藏。後期加上由漢文化圈僧俗人士所撰寫的中土注釋與撰述文獻,圍繞在佛經的理解與時代詮釋,包括注疏、傳記、目錄、音義等書,經過長時間發展,成爲漢文佛教大藏經的主體架構與内容。其中,經録的編撰,對於大藏經的形成是一項關鍵的構成要素。

中國僧侣迎接這些隨機傳入中土的佛典,處理艱難的翻譯工作,發現到三藏典籍隨着各部派的發展有所變化,當翻譯的典籍逐漸增加,面對如此龐大、命題主張駁雜的典籍群類,不同於印度佛教的背景,中國僧侣還需要重新歸納、整理經典。因此,基於經典的理解需要,從事經録的編撰與教相判釋。僧人編纂經録,依據經典傳入時代,以及譯者、議場的彙整資料,顯示三藏的成立源由及過程,提出在中國"傳播的正統三藏形態",彙整並分類目的,闡明真實佛意,提出"疑經僞撰雜録",以避免有些"僞造諸經,誑惑流俗,邪言亂正"或者"正當性令人存疑"的"疑經"混入經典中。② 因此,早期由朝廷主導所編纂的《大藏經》,通常會透過佛典的揀擇,嚴謹區分出"真佛教"與"僞佛教"。③

僧人編纂經録,使得經典的分類與排序方法逐漸完善,到了唐代有了"大藏經"一說。智昇編撰《開元釋教録》系統化地總括前有的衆多經録,有了經論分類的基礎,又進一步提出典籍收入藏經的審定標準,隨後以《真元新定釋教目録》構成了大藏經的入藏目録的前身,這是早期漢譯佛典的發展歷程之顯著特點。④

---

① 方廣錩《中國寫本大藏經研究》,上海:上海古籍出版社,2006年,第10頁。
② 參考引自[日]沖本克己《經録與疑經》,收於《佛教的東傳與中國化》第六章,法鼓文化出版社,2016年,第291—305頁。
③ 參考引自[日]陳繼東《民間佛教信的諸相》,收於《中國文化中的佛教》第三章,法鼓文化出版社,2016年,第164頁。
④ 參考引自[日]沖本克己《經録與疑經》,《佛教的東傳與中國化》第六章,第291—305頁。

學界提出"漢譯佛典"一詞,通常是強調早期的譯經與後來大量中土撰述典籍之間的不同。對於漢譯佛典的特性,學界的評析持有不同的看法。①日本學者船山徹提出"漢譯編輯經典"一詞,他認爲部分的漢譯佛典是"編輯而成",以區別另外兩種的"純粹逐語譯本"與"疑經"類型的經典,並提出客觀論證佛典的兩種方式。②他歸納出由中國編輯可能性較高的典籍稱作"漢譯編輯經典"群,包括抄經、異譯同本、法數,以及與佛法名相有關的經典、譬喻經典、戒律儀禮等佛教實踐指南、傳記及其他等七種形式。③

　　倘若我們接受上述的觀點,姑且不論"疑僞經"之爭議話題,僅就認識漢譯佛典特性的觀點,順着佛教中國化的歷史語境,以"中國文化的固有要素"來看佛典的多樣性,儘管佛經譯典都通稱爲"譯典",但詳細鑒別可區分爲:具有印度佛教構成要素的譯典、印度撰成佛典以及"漢譯編輯經典"等三種不同性質的典籍。④ 以這三類譯典爲主,逐漸擴充爲"漢文大藏經"集成,也是相同旨趣的演繹過程。

　　對於"大藏經"的理解,小川貫弌說到:"佛陀神聖教說的彙集,在印度稱爲三藏,中國則叫做一切經或大藏經……這些名稱不單只是佛典彙集或叢書的意思,而是含有一定組織和內容的意義。"⑤檢視漢文大藏經的發展歷程的角度,由於佛經翻譯時間達千年之久,語言産生時代的變化現象,義理内涵的豐富多元,因此漢文佛典文獻數量相當龐大,形式非常多樣化。更由於千年以來佛教徒編排、整理、甄別、校對、精心創作、發展,所以收錄的典籍內容有特定的序列與精細的結構。

---

①　部分學者在論述中國撰述部經典及疑僞經問題,以文獻學與語言學進行考證,從"漢語的字句層面",發現翻譯的典籍,文本之中有援引借用經典文句的關係。日本學界有"譯經並非純粹譯出文本,而很可能是由中國人以某種形式潤飾而成"一說。見[日]船山徹《漢譯佛典史要略·漢譯與編輯——援引既有的經典文句》,《佛教的東傳與中國化》,第275頁。

②　船山徹認爲客觀論證佛典應採用兩種方式:一種是"縝密分析文本內容",另一種是"記載經典成立事蹟"的有關史料探討,調查經論的譯出情況,關注蘊含"編輯"語意的佛經名稱,例如撰、抄、撮略、整理等用語名稱,調查經錄內容,並就文本內容分析。[日]船山徹《漢譯佛典史要略·漢譯與編輯——援引既有的經典文句》,收於《佛教的東傳與中國化》第五章第八節,第275頁。

③　船山徹《漢譯佛典史要略·漢譯與編輯——援引既有的經典文句》,《佛教的東傳與中國化》,第271—283頁。

④　同上。

⑤　[日]小川貫弌《大藏經的成立與變遷》,《世界佛學名著譯叢》第25冊,臺北:華宇出版社,1984年,第5頁。

當印刷本官版大藏經《開寶藏》首度刊行之後，藏經成爲國家對外文化交流的標志，也因應着廣大信衆的信仰需求，以傳播佛法、流通法寶爲由，促進雕版印刷技術的發明，後繼不斷的雕刻、印刷、傳播，隨着時空遞進而修造彼一時代的大藏經，如此，中國產生了多達二十多種版本的大藏經。看待大藏經的刊刻，是約定俗成的文化偉業，是"獨特的文化現象"，但並非是尋常的文化事件，可謂是"中國古代社會深厚的信仰需求以及信仰帶來的創造活力"，滿足了"宗教傳播的現實需要"，①其文化現象也如同一面鏡子折射出中國佛教發展某一時代的縮影。

(二)《徑山藏》的編藏理路

方廣錩先生曾提出漢文大藏經的"編纂的內在理路"及"發展簡史"：取捨標準、結構體系、外部標誌，以及編輯的內在理路，包括"編藏目的、入藏標準、編藏方法"來檢視大藏經的構成條件，包括主事者編輯大藏經的目的，與此"目的相適應的甄別、選取佛典的入藏標準"，以及與"目的相配套的編纂藏經的方法"，以大藏經的三要素以及編輯內在理路，作爲對"大藏經"的理解與認識。②

順此思路爲研究路徑，幫助我們探索《徑山藏》的內涵。是以，我們的目光無法只停留在早期的漢譯佛典，更需要看到佛教典籍在中國這塊土壤的環境背景下，是經過怎樣的歷史發展演變，大量佛典文獻衍生出多元並存的部類與思想體系，而表現於外在書目、形式有着一定的規範結構組織，也通常反映着一個時代的知識構成與跨時代的知識演變。

從編藏的目的來説，大凡大藏經的編造有其內在的動力。歷來大藏經的書寫或編纂，大多是爲了傳播佛法、弘揚佛法，使佛法流傳於未來，如來慧命相續於有情，令見聞者悟入佛知見。出於宗教信仰目的，信徒親身參與或助行，完成積功累德的信願。反觀《徑山藏》的編藏動機目的則不外於此，但有別於官版刻藏目的。民間刻印的大藏經，可視爲民間的文化志業，刊印佛經的宗旨是爲了法寶的助印流通。

從事大藏經的編造目的，根源於佛教徒心中對於聖典的價值與地位，涉

---

① 參引學誠《在〈中華大藏經（漢文部分）·續編〉編纂工作研討會上的發言》，2012年，第9頁。

② 方廣錩《略談漢文大藏經的編藏理路及其演變》，《世界宗教研究》2012年第1期，第34頁。

及布施與供養的行爲意義,賦予法寶助印的神聖理念,此中並存有原先的編藏者與後來的請供者兩者交互的供需影響。因此,以民間力量發起,布施刊印、流通三藏,必有其深刻的背景因緣,憑藉重要的精神信念,支持發願者可以不畏艱難地完成使命。對於主事者來說,這部藏經的刊行流通有其時代背景的目的與意義。

1. 法寶流通,慧命永固

紫柏大師在《刻藏緣起》寫道:

> 世故無常,治亂豈可逆定,不若易梵筴爲方册,則印造之者價不高,而書不重;價不高,則易印造;書不重,則易廣布。縱經世亂,必焚毀不盡,使法寶常存,慧命堅固。①

這段話是紫柏大師從幻予法本間接聽到袁汾湖(了凡居士)的廣大志願而興起刻藏之舉,敢於擔當"刻藏之旗鼓",號召大衆同願同行。待密藏道開問法於門下,紫柏大師便將刻藏大事委附道開,決定易梵夾爲方册,使佛法廣爲流通。師徒在一段深刻的對話中,從而抵定此刻藏大事,廣開起刊刻方册藏經之大業。

基於法寶普及流通的理念,佛典因流傳而廣布,使後世常存,功德廣大無邊,是主事者編刊《徑山藏》的理念與目的。然而,一項佛教弘化事業何以持續相繼一百多年,這必須從"宗教實踐"的角度,探討佛教徒自身内在的終極關懷。不管是佛典的早期翻譯、編輯,乃至後來的刊行流通,僧徒致力於典籍的傳播與流布,"這種'真摯地想要實踐佛教的意志的情形'也可說是佛教徒自身主動積極嘗試攝取必要吸收的要素,因而展現出對佛教的一種融攝的態度"②。

主事者的編藏理路,可從當時佛教文化生態進行理解把握。當佛教徒將崇高的理念轉化爲具體的實踐行動,藉由大藏經的結構形式,可承載深廣的佛法内涵,系統地收録、編輯、刊印三藏典籍,期能長遠並完整地保存三藏典籍,並鞏固宗門的法脈傳承。

---

① 〔明〕《紫柏尊者全集》卷13,《新纂卍續藏》第73册,第252—253頁。
② 〔日〕吉川忠夫《什麽是隋唐佛教》,收於沖本克己等編、辛如意譯《興盛開展的佛教》,法鼓文化出版社,2016年,第40頁。

2. 佛性思想

如陸光祖所云："佛性有三,曰正因佛性,曰緣因佛性,曰了因佛性。天真本具不假修習者,正因佛性也;觸發熏修,待教而興者,緣因佛性也;妙明普徧,一切圓成者,了因佛性也。不藉緣因,則不明正因;不明正因,則不得了因。茲刻豈非緣因之至要、至備者歟!"①

佛性思想爲佛教之至要根本,紫柏大師《全集》多次強調三因佛性思想。佛性雖然本有,必須假緣熏修而了因,衆生以刻經來開啓佛性正因之因緣,始爲緣因的根本因緣。因此,刊刻大藏經之緣,令衆生有機緣接觸佛典,藉由文字般若的熏修而成熟圓滿佛性種子。再者,經書助印除了達成寺院請供的需求,也滿足大衆閱讀佛典、學習佛法的需求,因此,刊印新的藏經有其迫切與必要性。

3. 校讎典籍,提升質量

密藏道開等倡議者主張佛弟子必須重視弘法、關切度生,有賴大藏經刊行於世以弘法,令人以法而解脱。屠隆撰寫《募方册藏經疏》所言:"諸公重刻經律論三藏,制爲方册,同於外書,便於流通。"晚明時期,只存南北二藏版,《永樂北藏》屬官刻版,然而"板雖完壯,字畫清白顯朗,以在禁中,印造苟非奏請,不敢擅便",一般寺院請施不易,《南藏》雖流行於諸郡,但因爲"印造者多,已模糊不甚清白矣,且歲久腐朽"②。他們發現《南藏》經文多有錯謬,因此決定重新刊刻藏經,以"宋刻校兹二藏,魯魚之訛互有,潦鶴之舛遞彰……請以三藏並校,參之英賢,正其訛謬"③。即以宋刻版校對南、北二藏,更正經文的訛謬之處,透過校對舊梓,經文求其精良,務使質量良好的佛典版本傳承後世。

從早期主事者的刻藏本願,可以清晰看到這部藏經的蘊含文化傳承的核心價值。"從禪出教"來說,刻藏主事者的本懷,是以禪爲核心,會通禪教,強調般若見地,立足於禪宗根本正見,以法輪再轉之機,開啓衆生正法知見。從而發現,徑山禪法與《徑山藏》在祖師的弘道傳承下,實則由內而外、由體

---

① 〔明〕陸光祖《募刻大藏經序》,收於《刻藏緣起》,《徑山藏》目錄第 4 册《原藏序目》,北京:國家圖書館出版社,2016 年,第 1 頁。
② 〔明〕《紫柏尊者全集》卷 13,《新纂卍續藏》第 73 册,第 252—253 頁。
③ 〔明〕陸光祖《募刻大藏經序》、釋道開《募刻大藏文》,收於《刻藏緣起》,《徑山藏》目錄第 4 册《原藏序目》,第 1,9 頁。

而用,流淌着禪教不二的精神風骨。透過法寶的刻印流通,由經典護持佛陀教法的流傳,使衆生有緣閲讀經典、熏聞佛法,開顯正法眼,令如來慧命堅固,則"藉教悟宗"也。經藏雖浩繁駁雜,殊流而合歸於海,智者善知"驪龍探珠",淌游法海隨取一滴,發明經義一貫之宗旨,總歸悟入佛之知見,倡如來出世之本懷,是爲根本。

(三)刻藏組織方案

歷代藏經的編撰與流傳,有其形成的内因外緣,以《徑山藏》成書過程來説,處於紛雜多變的明清之際,大環境迎來市場經濟的大規模發展,面臨西學東漸、新知啓蒙的促進,坊間私刻印刷業的普遍化,乃至王權的更替,朝廷政策由鬆弛轉向禁錮,爲佛教改革帶來契機,但在《徑山藏》的刊行過程中,也受到政治、經濟、社會等外部錯綜複雜因素波動影響。

刊刻大藏經畢竟不是尋常的佛教弘化事業,所需投入的社會資源相當龐大,分析内在的驅動力,僧徒感於佛教衰微的末法危機及自身的覺醒意識,擇以刻藏事件,表達其宗教信念、神聖態度與護持佛法的誓願力。但重要的是要有具體可操作的刻藏方案,作爲執行過程所依循準則,期使刻藏偉業完成。①

從《密藏開禪師遺稿》書信、《刻藏緣起》的募刻大藏序文、刻經辦法等史料,可以推知至少在萬曆十二年(1584)前後,密藏道開等人共相籌劃討論,頗有系統地安排、醖釀行動方案。從《檢經會約》《刻藏規則》《刻藏凡例》與《校訛書法》内容②,可看到核心團隊確立刊刻大藏的宗旨與意義,制定校對、書寫、刊刻的作業規範,責任分工明確,希望確保刊刻藏經的作業時效與成果質量。關於組織募化與經費籌措,本文略而不論,以下僅就藏經編目、檢校規範、收經標準進行説明。

1. 藏經編目

《刻藏凡例》有八項條例,關於編目原則列在第三、四條。第三條主張藏經目録的編排依循舊藏,即以《北藏》爲底本基礎。編定目録的基本原則,依經、律、論、西土聖賢撰集、此方著述等先後編排。第四條進一步説明經、律、

---

① 方廣錩曾經以《高麗藏》爲例,探討刻本藏經刊刻内在動力。"從歷代刊刻大藏經的内在動力的角度,探討了中國刻本大藏經對《高麗藏》的影響,指出功德迴向思想在大藏經刊刻中的作用,佛教信仰層面與義理層面的内在張力在大藏經刊刻中的表現。"方廣錩:《中國刻藏經對〈高麗藏〉的影響》,《世界宗教研究》2013 年第 2 期,第 9—15 頁。

② 收於《徑山藏》目録第 4 册《原藏序目》,第 41—42 頁。

論部分，應依大小乘先後次第排列，大乘部經典依天台五大部排列，經論並依單譯、重譯、宋元續入典籍等次類并之。①

主事者認爲新編藏經的目録應依循舊藏的編排方式，正藏的目録編排參同《北藏目録》，標題列有《遵依北藏字號編次畫一》，每部佛典皆有千字文編次，第一函至第二百五函編有千字文天帙至史帙，收録《北藏目録》的典籍。二百六函起收録“北藏缺南藏號附”之四部典籍：《續傳燈録》《古尊宿語録》《禪宗頌古聯珠集》《佛祖統記》，編有十六帙號，其中除了魚帙號，②其他皆爲《北藏》已有帙號之重出。

從續藏的編目來看，佛典排列依次爲經疏、論疏、此方著述。而經疏是以華嚴經疏居首位。但就實體大乘經的編排，並非依循原先凡例所示的天台五大部的判教準則，實際的排列先後依次爲般若、寶積、大集、華嚴、涅槃等五部。雖如此，經典排列順序大部分還是體現了《刻藏凡例》所釐定的編目原則。

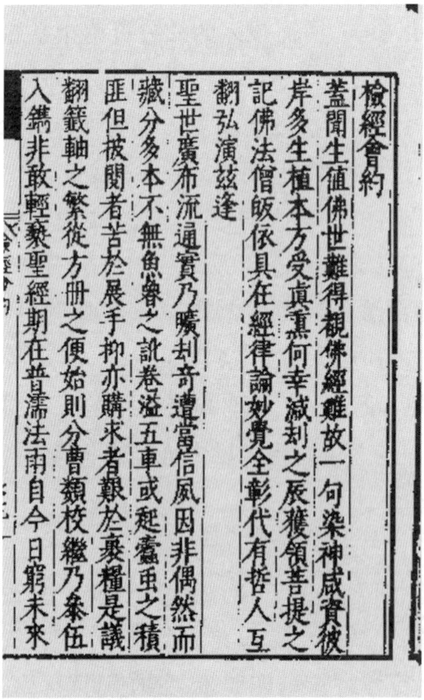
檢經會約
蓋聞生値佛世難得覩佛經雖故一句染神咸資彼
岸多生植本方受眞熏何幸滅刦之辰獲領菩提之
記佛法僧皈依具在經律論妙覺全彰代有哲人互
翻弘演兹逢
聖世廣布流通實乃曠刦奇遭當信夙因非偶然而
藏分多本不無魚魯之訛卷溢五車或起蠹蛀之積
匪但披閱者苦於展手抑亦購求者艱於裹糧是議
翻籤軸之繁從方冊之便始則分曹類校繼乃彙伍
入鐫非敢輕褻聖經期在普霑法雨自今日窮未來

圖 1 《檢經會約》

2. 檢校規範

《檢經會約》（見圖 1）列有八項條例，説明早期方册藏經的工作規範，包括校經會期、檢查校對原則，並要求初次校對、抽對、覆校與疑難質正裁奪；《刻藏凡例》（見圖 2）中，説明校書的程序方法，以及藏經目録的分類編排原則與結構體例；《校訛書法》提供實際校對書本時，底本與參校本的選用判准，並將校書結果列在卷末的校訛，作爲紀録；《刻藏規則》（見圖 3）則説明雕刻經版的作業辦法，包括選材標準、工資給付與賞罰原則。

① 《刻藏凡例》，收於《徑山藏》目録第 4 册《原藏序目》，第 41—42 頁。

② 千字文除了魚帙號，還包括：合、濟、弱、扶、密、勿、多、士、雞、田、赤、城、昆、池、碣等 15 個字號。

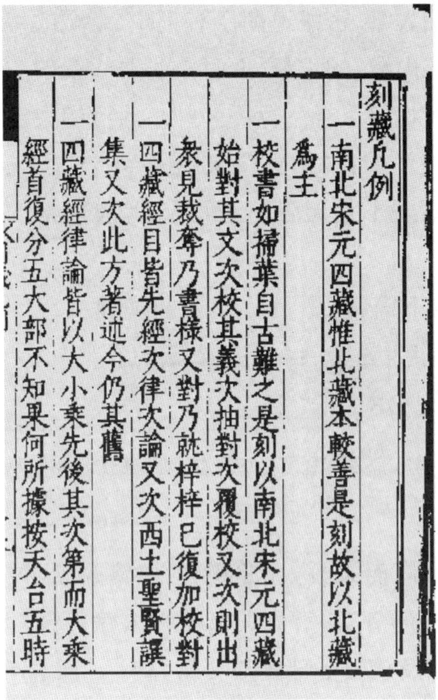

圖 2 《刻藏凡例》　　　　　圖 3 《刻藏規則》

其中，校書的規定，體現出民間刻書業對於校書的嚴謹要求，規定如下：

（1）以《北藏》底本，參校《永樂南藏》以及宋、元藏本之舊刻，始校對其文，後校其義。

（2）一年召開六次校書會期，每單月十八日大眾共同集會討論，進行抽對、覆校、附眾裁奪。

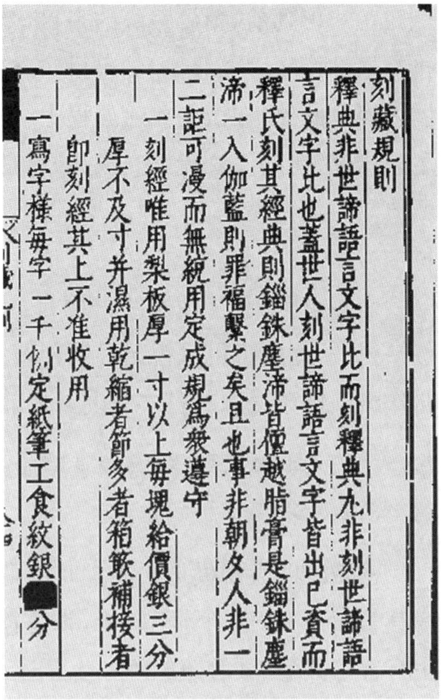

（3）抽對：安排校對者兩方交換所校之書，抽查對方所校書的質量。

（4）附眾裁奪：如有無法確定的疑難問題，由大眾共同討論後決定。

（5）覆校：書樣完成後再校，依書樣所雕刻的完成的經板，再行覆校。

3. 收經標準

主事者籌劃周全的前行準備，包括徵求刻藏發願疏文、刻藏組織的組成、刻藏地點的選擇確認、書寫校工的招募、刻藏方案辦法的制訂，巨細靡遺地籌措可行方案。而完備的目錄，決定收錄的經籍子目，也是必要的前提。

宗師與經典 | 163

刻藏正式啓動前,對於藏經的書目,紫柏大師、密藏道開已有正藏、續藏的編排結構的構想,將《北藏》的書目作爲《徑山藏》的正藏,並且是必要收録的主體內容。此外,在徵集典籍過程中,他們相當重視流行民間却未入藏的中土著述,如經典的注釋疏論一類典籍,陸續增補在"續藏""又續藏"中,使得入藏典籍更加完備充實。然而增補的典籍並不是無限制地收取,是有取捨的標準。

密藏道開制定《藏逸經書標目》(以下簡稱《標目》)[1],評析典籍文義的優缺得失,此份書目可視爲早期刻藏主事者對於佛典選編入藏的標準,也可當作藏外佛典選録的基本原則。如前言所示:

  凡北藏未收者,無論其言義得失,悉録其名目如左,以竢明哲揀辨而出入之。[2]

密藏道開大規模地收集當時流傳坊間而未收入《北藏》的經籍疏論,揀辨其言義得失,辨別邪正與否,書寫簡短的評論,評判典籍可否入藏。書目中有禪宗典籍、經論疏解等中土著述,以及少數幾部羅教典籍,計有112部,這些典籍大多已經他過目閲覽。此篇《標目》並没有記載成書時間,開頭寫有"明密藏禪師道開遺筆",應該是刻藏團隊南遷徑山後在他隱退前所留下文稿,以供後來主事編輯者選編佛典續入藏經的評判參考。

密藏道開對於徵集到當時流傳的這些典籍,評析如下:板木是否見存,已收未收,或邪正得失,可不可收,列書名而評其要害。並説明不足以取入的典籍,包括"邪見甚多,非禪宗、非教眼"的批注經論,或者"禪不禪,教不教……近續入大藏,宜出之",或有"甚膚淺、差訛"的禪籍集注而"不足取也",或以儒家語言詮釋注解經論"其知見邪惡不可當",也有典籍内容"多語世諦言",皆不宜編刊入藏,這可視爲密藏道開對於典籍的入藏標準。[3] 關於密藏道開的入藏意見及《嘉興藏》入藏問題,可詳考蘇美文的專書研究。[4]

---

[1] 〔明〕密藏道開《藏逸經書標目》,收入藍吉富主編《大藏經補編》第14册,臺北:華宇出版社,1985年。
[2] 同上書,第439頁。
[3] 同上書,第439—446頁。
[4] 蘇美文《七優曇華:明末清初的女性禪師》,臺北:全佛出版社,2014年,第74—85頁。

歸納密藏道開所列出反對入藏的著作，有會本型、摘要型著作，如《碧巖集》；評析爲邪知邪見的書籍如《法華大意》《法舟剩語》《楞伽會譯》《華嚴會玄》《禪宗正脈》《評唱碧巖集》，他強烈反對這些典籍收入大藏。① 但也有建議入藏"此書世尠流行，宜購求"的提議。有意思的是，他在《標目》所列舉的禪師語錄，載明刊行板存情況，發現到這些典籍撰述的禪師多數曾經駐錫過徑山。②

錢謙益以爲此篇《標目》"剖明禪講兩家流弊，克骨見髓"。筆者通讀《標目》及相關刻藏發願文，可以體會到密藏道開等早期主事者的用心，他們在編刊藏經的選經思想是以"禪"爲核心，進行大量典籍的徵集與內容評析工作。在當時提倡禪教合一的背景下，他們以爲，必須重視正知見的建立，以禪者的具正法眼，拔除邪見稠林，確立宗門教說，爲經典的選要原則，進而豎立根本的選藏標準。刊刻藏經以及選編入藏意義即在於正見的確立。因此，不同於其他藏經的成書緣由，這部方冊藏經早期編刊流通佛典的目的，即在於強調並樹立般若正見。

紫柏大師與密藏開師等人發起大藏經的刊刻願行，勾勒刻藏藍圖等種種作爲令人崇敬，然而這一項工程繁重浩大的刻經事業，在實際刊刻的過程中，却遭遇許多問題，主事者必須得思考如何在有限的條件下爭取社會資源且合理分配資源，如當朝政策管理施行的差距，佛教團體結構體系與當時叢林發生弊端，如何取得社會認同與建立公信力，團隊僧俗之間如何分工，這些問題表明，理想與現實之間，總有着一定程度的差距。

儘管密藏道開因某些因素後來隱退，藏經刊刻仍持續進行。只是多年以後，曾經被他列入邪知惡見的典籍，却收刊於續藏中，典籍收錄的標準似乎變得混亂。刊刻藏經的中後期，由於經濟因素，全藏仍未刊造完成，主事者爲解決財務負擔，允許將當代的著作徵集進來，某方面也因爲明清朝代鼎革，後繼主事者爲了顧全刻藏作業可持續進行，以商業運營方式允許分散各地刊刻的典籍收編入藏，顯見已背離早期的理想以及所訂立的原則。却也

---

① 例如密藏道開在標目中評論的《法華大意》，却收錄於續藏中，見《徑山藏》第138册，第1—71頁。
② 經查對有大慧宗杲《正法眼藏》《宗門武庫》；高峰元妙《高峰禪要》、元叟行端《四會語錄》、楚石梵琦《楚石語錄》、愚庵智及《於庵語錄》等多部禪籍。

因爲典籍入藏的門戶大開，爲後人保留了大量明清佛教文獻。

三、《徑山藏》成書範圍與書目現況

（一）成書範圍

倘若我們要對《徑山藏》有更深入的認識，就需要釐清《徑山藏》成書情況，除了藏經刊刻的起訖年，也需要掌握收錄的典籍清單，從而界定具體的成書範圍。相較以往的歷代藏經，如以官版藏經進行這項調查工作，相對來說是容易達成的。然而，如果要調查《徑山藏》的成書範圍並界定清單，却是一項複雜而難以完成的工作。如何判斷《徑山藏》的成書範圍？可否以經卷牌記所記載的刊刻時間，就能清楚地界定刊刻的起訖時間？彙集所有現存目錄是否就能判别《徑山藏》收錄典籍的内容？不同學者依據自己手邊不同的文獻資料，其看法有所不同。

首先是刊刻的時間。由於方册藏經的刊刻，人事幾經更迭，刻藏處所的遷移，包括從萬曆十七年（1589）刻藏團隊正式在五臺山妙德庵開刻，萬曆二十年（1592）夏天後，刻藏團隊開始啓動南遷，來到徑山寂照庵與化城寺繼續刊刻，並轉到嘉興楞嚴寺刊印流通。在動盪的時局中，全藏大致完成於康熙末年，甚至到了嘉慶年間，仍有小規模的刻經，刊刻的終結時間較爲模糊。根據石韞玉所撰《嘉興楞嚴寺經坊記》記載①，嘉興楞嚴寺經坊的刊刻年限大約止於嘉慶十二年（1807）。

野澤佳美認爲《徑山藏》"正藏部"（210 函 6500 餘卷）完成於崇禎年間（1628—1644），"續藏部"完成於清初康熙五年（1666），"又續藏部"完成於康熙十五年（1676），②由於印造時期不同，續藏部與又續藏部在函數、收錄佛

---

①　石韞玉《嘉興楞嚴寺經坊記》，《獨學廬四稿》，收録於《續修四庫全書》第 1467 册，上海：上海古籍出版社，1995 年，第 657 頁。關於刊刻年代，也可參考章宏偉：《故宫博物院藏〈嘉興藏〉的價值——從〈嘉興藏〉學術研究史角度來探討》，《故宫學刊》創刊號，北京：故宫博物院，2004 年，第 541 頁。

②　［日］野澤佳美文中提到："《嘉興藏》確切的完成時期現在尚無法斷定。在萬曆十七年（1589）著手開版的正藏部佛典中零星可見清順治、康熙年間的刊記。而且續藏部與又續藏部因印造時期不同，其在函數、收錄佛典上均有增減與異同。即續藏部有 90—93 函，又續藏部 43—47 函，並且各自所收録的佛典也有出入與差別，無法統一。總之，《嘉興藏》的正藏部在崇禎末年已大體完成，續藏部與又續藏部在何時完成，不能一概而論。"引自《江户時代〈明版嘉興藏〉的輸入情況》，《立正大學東洋史論集》13 號，2001 年。

典上的問題,野澤先生有一篇文章專門探討。① 何梅則認爲"又續藏"是在正藏、續藏刊成後,康熙十六年(1677)後又繼續彙編而成的。②

部分學者同意《徑山藏》正式刊刻的起始萬曆十七年五臺山的刊刻,而完成於康熙十六年前後,也有人認爲康熙十六年完成正藏、續藏,又續藏的止刻時間則無從考證。楊玉良依據流傳下來在故宫保存的典籍研究,指出這整部大藏經是重刻本,經過校刊的底本除了新的刊刻,行款版本與底本相同,而且至少經過兩次以上的修補版片且重新刷印。但由於後來文字獄的查書、禁書政令,刻藏作業大約終止於雍正、乾隆年間,從續藏典籍題記顯示,刊刻最晚於雍正年間。③

也有部分學者依題記時間的上限,判定刊刻起訖年。查對早期的牌記所顯示的時間,發現有幾部完刻於萬曆七年至萬曆十三年的典籍,這些早在五臺山正式開刊前的完刻典籍要如何判定?因此,有些學者據此以爲《徑山藏》的刊刻時間始於萬曆七年(1569),甚至以爲刻經地點是從浙江徑山到山西五臺山再遷於徑山,但此觀點是有問題,以下逐項摘錄題記所載內容:④

1.《寒山子詩集》萬曆七年,萬利己卯冬,釋普文題於幻寄堂。

2.《楞伽阿跋多寶經會譯》萬曆八年,馮夢禎刊本。

3.《往生集》萬曆十二年,釋袾宏撰。

4.《林間錄》萬曆十二年。

5.《寂音尊者智證傳》十卷,萬曆十三年釋真可刻。

6.《妙法蓮華經合》七卷,萬曆十三年馮夢禎等刻本。

7.《肇論》三卷,萬曆十三年刻本。

8.《大佛頂如來密因修證了義諸菩薩萬行首楞嚴經合論》十卷,德宏撰,萬曆十七年,金壇王肯堂刻本。

9.《相宗八要》八卷,萬曆十七年至二十一年刻本,一卷。

如果只單純著眼於題記上所記的刊刻時間,確實容易讓人誤判《徑山藏》

---

① 見[日]野澤佳美《明版嘉興藏の續藏・又續藏の構成について》(《立正史學》101號、2007年),有專門的比較研究。
② 何梅《歷代漢文大藏經目錄新考》,北京:社會科學文獻出版社,2014年,第113頁。
③ 楊玉良、刑順嶺《〈嘉興藏〉整理記》,《文獻》19期,1983年,第200頁。
④ 轉引自章宏偉《故宫博物院藏〈嘉興藏〉的價值——從〈嘉興藏〉學術研究史角度來探討》,《故宫學刊》創刊號,北京:故宫博物院,2004年,第576—582頁。

的刊刻起始年。仔細考察會發現這些典籍大多與早期倡議者有關,實際上是早些年已在民間刊印流行的方冊單行本,主事者在徵集幾部重要經疏論的過程,將這幾部未入藏的典籍直接收錄到"續藏"中,也可能同時徵集到經版,因此並沒有再校對重刻。因此,《徑山藏》始刻時間仍應界定於萬曆十七年(1579)。

目前《徑山藏》現存可見成書年代最晚的刊本,是北京大學圖書館善本古籍部所館藏的清嘉慶《補刻嘉興楞嚴寺藏經目錄》,依據頓會所撰的《募刻書本藏版缺頁緣例》,說明嘉慶年間還在進行經板的整理與修補。由於《徑山藏》經坊中期的運營方式,是將請印的收入作為未刻佛典開版所需的經費,並不是待所有典籍刊刻完成再進行流通,而是一邊雕刻一邊印刷、一邊銷售發行,因此韓錫鐸先生在比對過所有的現存實體書目,判定這套藏經最晚編刻的時間是在嘉慶年間,因而推論刻藏時期長達兩百十年。何梅女士也同意韓先生的觀點,將最終收經年限界定在清嘉慶七年(1802)。

韓先生發現《徑山藏》的流通留有多種目錄,這是研究《徑山藏》的重要基礎資料。他們徵集到各種《經值畫一》(請經價目表,以下簡稱《畫一》)並將子目進行著錄,同時到各地考查藏本書籍,比對其中的書目,認為《徑山藏》大致書目不超出民國九年北京刻經處《畫一》、《行素堂目覩錄》之《畫一》、故宮《畫一》,以及北大圖書館所藏清嘉慶《補刻嘉興楞嚴寺藏經目錄》等四種《畫一》,並指出《徑山藏》的變動性質。據此書目的考察,而有重輯版《嘉興藏》及後來中國國家圖書館《徑山藏》的出版。目前現存的幾種《經直畫一》,如下(表1):①

表 1 四種《經直畫一》目錄整理表

	目錄名	簡稱	館藏地	編年/翻印年	函	數	
1	民國九年北京刻經處《經直畫一》	康熙本翻刻一	遼寧省圖書館藏、東北師範大學	康熙十六年/民國九年	正 210	續 90	又續 43
2	《行素堂目覩錄》之《經直畫一》	康熙本翻刻二	中山大學圖書館、中國國家圖書館、北京大學圖書館	康熙年間/光緒十一年	正 211	續 94	又續 43

① 參考王蕾、韓錫鐸《從遼圖藏本認識〈嘉興藏〉》,《中國典籍與文化》第1期,2009年,第69頁。

續　表

	目録名	簡稱	館藏地	編年/翻印年	函　數		
3	故宮《經直畫一》	雍正本故宮	故宮博物院圖書館	雍正年間/無	正 211	續 95	又續 47
4	清嘉慶《補刻嘉興楞嚴寺藏經目録》	嘉慶本	北京大學圖書館	嘉慶年間/無	正 211	續 95	又續 47

以目録作爲門徑，理解把握《徑山藏》的内涵，這部藏經在隨刊隨印的過程，留下多種《畫一》，作爲目録的《畫一》，其作用與性質不斷在發生變化。雖然這四種目録都稱爲《畫一》，但從内容以及刊行過程進行考察，實際上這四種書目所指稱内容以及所表達的内涵是不同的。

編號 1《畫一》是請經價目表，編號 2《畫一》是當時藏經樓閣的目睹藏書録，編號 3《畫一》是呈送入清皇宫的整套藏書目，編號 4《畫一》是清嘉慶間準備補刻的書目。從書目所載内容來説，以編號 4《畫一》所羅列的書目較多、較全面完整。因此，筆者以爲《徑山藏》收書範圍，必須以清嘉慶《補刻嘉興楞嚴寺藏經目録》所羅列的書目爲基礎，與相關《畫一》以及實體留存的藏經，進行比對、考察，從而獲知《徑山藏》的成書與時代演變信息。

仔細核對幾種《畫一》可發現書目内容有些明顯差異，也有特殊情況。舉例來説，在"雍正本"與"嘉慶本"正藏的第 206 函，列有《天隱禪修語録》《密雲圓悟禪師語録》《大覺普濟能仁國師語録》《報恩美法禪師語録》四部典籍，而後來的《畫一》却只剩下《密雲圓悟禪師語録》一部。

推知這幾部典籍的入藏，與皇帝和禪僧之間的互動有關。《密雲圓悟禪師語録》是木陳道忞進宫後與順治皇帝的交往過程中，奏請皇帝允許將其家師的著作入藏；報恩美法是能仁玉琳的弟子，這兩位師徒的禪師語録入藏的因緣，是玉琳國師與徒弟受邀進宫，與順治帝深入互動，受到皇帝肯定，由徒孫奏請收入大藏。《密雲圓悟禪師語録》得以安放於正藏的書目中，但《天隱禪修禪修語録》最終被移除於正藏編目，爾後兩種典籍甚至消失不見存，這恐怕是書籍入宫後被銷毁。因此，典籍的入藏，或者可説受到人爲因素影響，選編進入大藏目録的書目清單，也不斷在改變，關於典籍入藏的問題是需要進一步考察。

(二) 書目現況

由於《徑山藏》這部藏經的特性是隨刊隨印,在刊印的過程中,隨着收錄典籍的擴充,請經的目錄在發行期間也不斷地產生變化,有不同版本的《畫一》,卻"没有從始刻至止刻的目録,也從來没有印行過從始刻至止刻的全藏",且各地現存該藏的子目都不相同。① 並且,發現某些典籍有不同刊本重出的情況,即各地現存傳世的存本雖同名但内容有差異,因此,對於《徑山藏》的目録與體裁,必須對不同刊本進行比較,從刊行過程中流傳的多種《畫一》加以認識。

將《畫一》目録與實存書籍進行比對,重輯版《嘉興藏》編目結構主要爲正藏、續藏、又續藏、補遺四大部分。據早期目録的内文描述,是將續藏、又續藏定義爲"藏外經典並諸方語録雜集"。正藏的特點是將《北藏》後期補刻續入藏的中土著述直接編入正藏中。但在細部結構"大乘經五大部"的分類順序,並非按照原先天台五大部的編排構想,實際上是以般若、寶積、大集、華嚴、涅槃等五大部先後排列之。以下,根據《畫一》將編目分類結構編制,如下(表2):

表 2 《徑山藏》編目分類結構表

正 藏	大乘經	般若部
		寶積部
		大集部
		華嚴部
		涅槃部
		五大部外重譯經
	小乘經	阿含部
	大乘律	
	小乘律	
	大乘論	
	小乘論	
	西土聖賢撰集	
	此土著述	
	北藏缺南藏號附	

---

① 韓錫鐸《〈嘉興藏〉各本異同略述》,《文獻季刊》第 2 期,第 181—183 頁。

續　表

續　藏	經疏
	論疏
	此土著述
又續藏	（未分）

根據何梅女士的藏經目錄考釋研究，統計《徑山藏》收經計2241部，合11612卷，另有不分卷的總目錄一部，典籍數量如下：①

正藏，收經共1661部，7771卷（或7923卷）。

續藏，收經共274部，1955卷（或2095卷）。

又續藏，收經共243部，1333卷（或1380卷）。

拾遺，收經共63部，553卷（或554卷）。

倘若以當代傳世的實體大藏經，2008年出版的重輯版《嘉興藏》，依千字文編冊，收錄佛教典籍則共有380函，2294種，2586冊，11392卷，如下：②

正藏211函，1430冊、收書1684種，7598卷。

續藏93函，647(644)冊、收書285種，1930卷。

又續藏46函，327冊、收書244種，1217卷。

拾遺27函，172冊、81種，647卷。

首函1函4冊。

重輯尾函總目錄1函3冊（另有36種待訪書目，附在總目錄之後）。

重輯文集暨功德函後記1函3冊。

在上述重輯影印版《嘉興藏》的收書基礎上，2016年12月國家圖書館出版社出版的《徑山藏》，又增加了北京大學圖書館、天津圖書館、首都圖書館及民間收藏單位等處收集到歷代藏經所未收的孤本。"'正藏'爲1—124冊，'續藏'爲125—176冊，'又續藏'爲177—203冊，'拾遺'爲204—226

---

① 何梅《歷代漢文大藏經目錄校釋》，北京：社會科學文獻出版社，2014年，第111—118頁。所統計的收書數量與韓錫鐸先生於《重輯嘉興藏》所統計的數量有所不同。

② 嘉興藏(徑山藏)整理出版委員會編的《嘉興藏〈嘉興藏〉重輯簡介》一冊與《嘉興藏(徑山藏)總目錄》兩冊，北京：民族出版社，2008年，與韓錫鐸先生《〈重輯嘉興藏〉及未盡事宜》所載收書數量略有不同，本文以實體書爲主，采前者所列，第4頁。

宗師與經典 | 171

册,目錄4册,總共有230册。共收錄佛經編目有2331種,將近13000多卷典籍,全藏經典有2656部。"

《徑山藏》所收錄的典籍,依不同館藏地的保存、後續發現新出史料的匯集,不同出版整理情況,累計部數、卷數皆不同。然而,必須留意的是,這部分藏經典籍本身分卷的計數相當複雜,有些典籍因爲並存有原刻本與後出的重刻本,雖視爲同部書,但實際上是不同的刊本;有些館藏地雖然標有某些典籍書目實則並沒有該書。某些典籍經由編刊者將於各卷之中畫分"上、下";有些典籍則在一卷之中細分爲"之一、之二";有些典籍則以"捐刻單位"作爲分"卷"標準。這可能是不同時期、不同地區編刊時,編者對於卷次的單位畫分有不同的考量。由於典籍沒有統一的分卷單位,因此刊刻數量的累計是件相當複雜之事。

由於《徑山藏》是向廣大民衆勸募助印,動員人力之多,空間幅員最廣,刊刻時間之長,從明萬曆年間至清中期"爲歷代刻本藏經之首";續修、遞修時間之長,是"歷代古籍之冠";而收錄典籍之多是"歷代刻本大藏經之最";亦是刻本大藏經中形成最晚且流傳最廣的一部藏經。作爲民間發起刊行的《徑山藏》,在複雜的時局背景,留存的文獻史料,更容易見到差異的出版特徵、出版信息與經濟因素。特別是晚明此一出版創新的年代,就形式而言,呈現版刻印刷的多種樣貌,就內容而言,有爲數甚豐的注釋、禪籍等佛典,表達出當時的佛教徒對於佛法的理解。

四、大藏經的再理解

(一)入藏標準的門檻

時至今日,我們會想知道,擺在我們面前的這套龐大量體的藏經叢書,《徑山藏》究竟是一部什麼樣的大藏經? 如此發問,是基於大藏經的衍化過程與佛教中國化歷程,並非兩條平行綫,相反地,二者有着互爲表裏的交錯關係。隨着這部大藏經的刊刻歷程所展開的明清之際的佛教史,以及大藏經的傳播與影響,可供窺看明清佛教社會的一個視角,某種角度來說,大藏經的刊行也間接呈現出晚明佛教改革以及佛教復興的文化成果。因此,對於漢文大藏經的理解,不僅只停留在一成不變的經、律、論三藏的範疇,從大藏經的形成、發展與變遷，有更多的面向，可以去開拓研究視野，進而找到新的發現。

《徑山藏》的刊印，隨着民間與寺院的捐資和請供，從一卷卷助印、一本本單刻，內容不斷地擴充增加，逐漸百寶具足。當藍吉富將這部藏經命名爲"百衲本大藏經"，意味着藏經可視爲某一時期所有刻印經典合集的成果，存在的是一種變動過程中的"集成"概念。如此，倘若當時的中土著述都收入大藏經，正如藍吉富所說的"佛教文學大雜燴"，是否會降低經典的莊嚴性質？

刻藏中後期，禪門弟子爲先師刊印其講經或語錄、文集，將刻好的經版送入楞嚴寺經坊得以流通，然而，這些典籍只不過是楞嚴寺刻經處接受委託刊刻的著作，或者是在他處已刻好的經板寄存楞嚴經坊代爲印刷發行，也有是隨着已刊刻好的大藏經一同流通，然而，"附板""附藏"或者"板寄存"是否就等同於"入藏"？這些單行本典籍是否應該詳加區分？但卻在隨入大藏經流通的過程中，逐漸混入整體叢書，本來不屬藏經而後來被滲入，最終成爲大藏經的一部分，大藏經隨着時代發展，已不是早期"具有權威性可以甄別真僞的欽定佛典"。①

早期主事者訂下的嚴謹的入藏標準爲何變動？後期的編刻藏經是否有入藏標準呢？再者，這些當時刊行的禪師語錄，是如何允許收入當時的方册藏經？以《密雲禪師語錄》爲例進行探討，有助於我們對於大藏經發展演變的理解。這部天童《密雲禪師語錄》十二卷，不僅編入《徑山藏》正藏，還在官版的《乾隆藏》中，留有千字文字號。這部語錄的入藏，是與密雲禪師的弟子天童道忞(1596—1674)的積極努力有關。木陳道忞在奉聖諭親見順治皇帝期間倍受恩寵，他以臣僧身份，呈請皇帝同意將先師語錄、年譜收入大藏，並舉宋元時期禪師著作賜入藏之先例，諸如代傳燈錄、傳法正宗記等，其懇辭如下："恭懇天恩賜將先師語錄入藏，以光祖道，以茂皇猷事……雖刻布人間，但未經入藏，恐漸淹沒……賜收入大藏，永使流通，則正法眼千古長新，而願力恩普天均戴者矣。"禮部奉旨議奏並復奏

---

① 這些收入於續藏、又續藏的中土撰述典籍，可以從卷末的題記發現刊有"板寄存楞嚴經坊""附楞嚴藏室流通""附藏流通""附板""附藏""板寄存"等字樣。

於順治十七年,依議收入《乾隆藏》,①並編入民間版的方册藏經"正藏"中。②

禪籍的入藏,向來爲禪僧所重視,重視傳承譜系的禪宗某種程度而言依於中國傳統的宗族觀念,以一套運行久遠的宗法傳承制度,於法脈傳承系統中確定了法統地位,借鑒宗族觀念的強大凝聚力確立法統關係。透過一代燈録的編纂或語録的撰述,以作者自身爲立基點,梳理並確定從上至下的法脈源流,對外擴展影響力,亦據此建立政治、文化與社會地位。

在當時教界受到重視的《徑山藏》,入藏的語録,可作爲宗派印可的信物;大量清規的編撰,反映了禪宗將封建社會的管理模式吸收而融入本土,編制諸多儀軌,與維護政權、社會風俗有密切關係;有涉及傳承法嗣的禪宗譜系相關典籍。《徑山藏》所收録典籍的特點,可以描繪明清時期的文本關係網絡,彰顯出豐富多彩的祖庭文化特色。

倘若要理解《徑山藏》何以收録大量的禪宗典籍,追求爲何不斷加入中土撰述著作?這可在"佛教中國化"的語境加以思考更爲洽切。本文借用吴疆先生的觀點,他對於 17 世紀禪宗興衰的觀察,提出了"禪宗文字社群"的概念。他以爲這些大量產出的燈録、禪宗系譜等禪宗文本,是由文人與禪師所結合的"文字社群"(或稱"知識社群"),對於古代禪宗典籍的重新解釋與再編輯的創作過程,透過閱讀、寫作和流通佛教典籍,藉以尋求或界定己身的"精神權威"。這個社群以書信、出版印刷、結社等方式,開拓各種類型的"交流網絡",而企圖在"禪林現實"中以"文字理想"掌握書寫與解釋典籍的"文本權力",逐漸形塑了一個"自發的禪宗心態取向"(mentality of Chan),是以基於研讀禪籍、回顧文本所載的歷史,有了恢復過去禪門式叢林傳統的想象,而以"再詮釋的方式認同理想化的過去"如此便能構建出"共享的文字傳統",如此遂能"再造現實"復興禪林。③

---

① 見《進天童密雲悟禪師語録奏章》,《布水臺集》卷十七,《徑山藏》,第 212 册,北京:國家圖書館出版社,2016 年,第 191 頁。
② 依據北京刻本目録,將此書標列在"北藏缺南藏號附"的五部典籍中,看似爲南藏所收入的典籍,如未深究其來由,依畫一所標列書目,依循慣例以爲是承襲自《南藏》,則有錯解之虞。實際上它是將《大明三藏聖教目録》抽换替代,如蔡運辰所言"非南藏所有"之書而"仍標爲南藏",似有"未當"之虞;如依嘉慶本之條目,將此列在正藏中的"此土著述之雜集"就較好理解。
③ 參引吴疆《"文字理念"的勃興與"文字社群"的形成:對於 17 世紀禪宗興衰的一種解釋》,見本書第 20—38 頁。

於是,這項被衆人視爲"最有抱負的佛教印刷工程",隨着這些大量禪籍的産出,可以看出17世紀禪僧與文人們如何促進禪宗振興的路徑,得力於發達的印刷術創造了"讀者與文本直接相遇"的機會,鼎盛的書籍文化促使佛教徒積極參與刊印傳播佛典。楞嚴寺經坊、般若房等刻經處刊刻大量的禪宗語録與經論注疏,儘管這種"商業經營的可持續模式"的運行①,不免爲當時某些佛教徒所詬病,但刻藏中心扮演着樞紐的角色,以流通法寶的形式,匯聚當時僧人與文人的思想教説,也爲僧人與士紳提供着文化交流平臺的功能。

　　對於這些收入於藏經的大量禪籍或中土著述,筆者存在疑惑且想要釐清的問題是:現存被列爲《徑山藏》的典籍是否真的都是當時的方册藏經?我們是否可以採用版面外觀形式的標準,將風格相同,或者在刊刻牌記載明"板送楞嚴流通",就評判這些典籍都是屬於這部藏經的一部分,因此,入藏標準評判的相關問題需要釐清。

　　韓錫鐸先生任職圖書館研究員期間,對遼寧省圖書館所館藏的登録條目爲《徑山藏》的典籍進行調查整理,發現有十多種書是稀有的孤本且不曾見於《經直畫一》及新文豐版的《明版嘉興藏》。例如《五峰緯禪師關東語録》,編輯部以爲"該書的風格與内容"與《徑山藏》是一致的,而判定是"該藏中書"。此外,雄州微笑堂所刻印的《列祖題綱録》,刊記題有:"板藏杭州瑪瑙寺仰山經坊流通",因以刻書風格相同,而判定是《徑山藏》。又,雍正四年所捐刻《古源鑒禪師語録》,"送板嘉興楞嚴大藏流通",也認爲是這部藏經流傳的孤本。因此韓先生主張"没有同時發行過全藏",各寺院當時所請供的經書"都是不同時期的印本"。②

　　依據頓會《補刻嘉興楞嚴寺藏經目録》内容顯示,《徑山藏》經板保存分屬徑山寂照庵、化城寺與楞嚴寺三處管理,③直至嘉慶年間,藏經的刊印是以這三處經房印好的經本,運輸、彙集到請經處嘉興楞嚴寺經坊,之後依藏經目録進行先後編排,從而完成複雜的請經流通作業。在補刻目録《續藏經

---

① 見本書第26頁。
② 王蕾、韓錫鐸《從遼圖藏本認識〈嘉興藏〉》,收於《中國典籍與文化》第1期,2009年,第69—70頁。
③ 〔清〕頓會《募刻書本藏版缺頁緣例》,《補刻嘉興楞嚴寺藏經目録》,第1册,清雍正嘉慶間補刻,北京大學圖書館善本部館藏,第1—3頁。

值畫一》之前的正藏子目,刊有"以上正藏經典",末後頁有請經價目,寫有"以上藏外經典並諸方語錄雜集",因此,雖然目錄編排結構分成"正藏""續藏"乃至及"又續藏",但實際上是將這些在經坊刊行流通的佛典大致區分爲"正藏"及"藏經以外"的兩類書籍。這些藏經以外的典籍,雖然以續藏、又續藏乃至重輯版歸爲"拾遺"一類的名目安立,但嚴格來説,這些正藏以外的典籍,在當時只是隨附大藏經跟着一起流通的佛教叢書。迄今,隨着大藏經的文化再造工程,重輯《嘉興藏》《徑山藏》的編印出版,這些衆多原本視爲藏外文獻則真正成爲大藏經的一部分。

如此,漢文佛教大藏經在中國佛教的歷史語境下,一直順應着中國佛教的發展,融入中國文化土壤環境中,不斷地吸收、融合與理解,補前代所未入藏的佛教典籍之缺,也因應彼一時代的佛典著述不斷被收入藏經體系,作爲未來傳世的佛教文化資産,這與南傳大藏經或藏傳大藏經以印度佛典爲主、少有本土著作入藏是相當不同。甚至,很明顯的是中土著述入藏的增長現象,有與"印度著述分庭抗禮的趨勢"。漢文大藏經典籍入藏標準的改變,突顯出"中國佛教"的本土化,"發展成獨立之一系",這在佛教文化發展史上有着特殊的歷史意義。①

野澤佳美先生的研究觀點,是將印刷大藏經視作"歷史研究資料"。②以文獻學角度,站在多元佛典文獻的保存和集成的立場,不同類型的著述,乃至排佛傾向的文章,都可收納入藏經,正因爲代表當時的不同聲音,確實有助於瞭解當時的佛教歷史,而爲學術提供研究的新史料。而當學界或教界描述《徑山藏》最大的特點是"中國佛教史料寶庫"時,已經將"大藏經"從神聖不可變動的宗教聖典"canon"内涵,轉變爲具有時代保存意義的佛典歷史文獻彙編"collection",大藏經的性質、内涵驟然改變。

(二) 法寶流通的功德

筆者一直不斷思考《徑山藏》是一部什麼樣性質的大藏經?它的本質内涵是什麼?採用什麼主題概念可以貫穿這部藏經?爾後,逐漸發現可以採"法寶流通"此一語彙,用來理解這一部大藏經的刊行過程與形式内容。

---

① 參引自藍吉富《刊本大藏經問題之初探》,《中華佛學學報》第 13 期,臺北:中華佛學研究所,1990 年,第 176—177 頁。
② 野澤佳美《明代大藏經研究史》,東京:汲古書院,1998 年,第 11 頁。

如將《徑山藏》放在中國大藏經發展史以及中國佛教發展進程脈絡中，加以檢視藏經發展演變及其內在理路，明清僧徒以民間刻經事業發展佛教，是以"法寶流通"建構文化聖境，促進佛教文化交流傳播。根源於佛教"法寶"的神聖意涵與崇高地位，每當時代遭遇危及佛教發展的困境，總有護法意識的僧徒，秉持爲法奉獻、爲法忘身的精神，奮志傳播佛法，傳衍流通佛典，發願刊印大藏經，這似乎已成僧俗們約定俗成而代代相繼的文化使命。

"深入經藏，智慧如海"是佛教徒每日讀誦的皈依發願文，也是行人學習佛法的目標。對於佛教徒而言，佛典是獲得佛法學習的來源，本於報答佛恩的誓願，刊印流通佛典，以此表達虔誠的信仰，從而奉獻、修學佛法，護持佛法，爲正法久住，以"法寶流通，慧命永固，募緣修藏，綿延不絕"奉爲崇高信念，完全符合佛教徒的邏輯思維與情懷志願，編刊大藏經已視爲"住持法寶"的重要方式。

如前述，紫柏大師在刻藏緣起提到易梵夾爲方册，使佛法廣爲流通，"法寶常存，慧命堅固"。早期刻藏主事者，基於法寶普及流通的理念，因爲佛典流傳廣布，使後世常存，功德廣大無邊，是《徑山藏》的刻藏理念與目的。"佛典"可謂佛法金湯，是佛陀與聖弟子金口所言。對佛教徒而言，聖者言教透過語言文字承載於文本、刊印成册，並編輯收納在大藏經的整體結構中，將佛典賦予了神聖意義，以"法寶"爲名進行流通與傳播。

佛教經典從口傳到文本，從西域進入漢地，經過譯師的理解、翻譯成爲漢譯佛教典籍，而在語境上通稱爲"經書"，是將佛典抬舉於聖典的崇高地位。而在中國佛典的成立與演變過程中，佛經思想的傳衍容受與教相判釋的宗派抉擇，這一段"聖典化的過程（canonization）"，基於各宗派思想意識逐漸發展形成自宗所尊奉的經典，僧徒撰述的注釋經論，將典籍奉爲圭臬、視爲經典對待。如此，這些經典逐漸鞏固權威的地位，[1]進而收入刊行的大藏經，通稱爲"法寶"。然而，晚明佛教書市傳播過程中，當佛教積極走入民間、走向世俗，與廣泛社會大衆頻繁往來，使佛經廣爲流通，却在當時整體世俗化的社會環境，經坊逐漸向商業市場經濟靠攏，無價的"法寶"成爲商業貿

---

[1] 關於中國佛典"聖典化的過程（canonization）"的描述，參見夏志前：《〈楞嚴經〉與晚明佛教——以經典詮釋爲中心的佛教思想史研究》，中山大學博士論文，2009年，第11頁。

易的有價書籍,不免有削減神聖性之堪憂。

但從另一方面來看,晚明士紳們熱衷參與佛寺文化活動,樂意護持捐資寺院各項建設,爲民間團體刊刻藏經提供了外在的條件因緣。特別是由士紳們發起重新刊印大藏經,是一種行善積德的文化表現行爲,他們從中獲取名聲威望。霍姆兹·維兹的一段話,幫助我們瞭解他們刊刻藏經的行爲意義:

> 對於中國佛教徒來説,印經更是爲宗教真理提供化導的媒介,一個佛教徒促使自己重印一部經書時,他也許是要學習永恒的真理,但幾乎理所當然地認爲他正在積德,即通過出資印書而獲得善業(因爲出錢資助出版也是一種弘法),而通過閱讀經書在儒教社會的人們眼中,他以最令人敬重的方式參與了佛教的實踐。①

印經成爲佛教徒追求達成真理的可行方式,捐資刻經行爲從表面上來説,顯示出佛教徒對於布施財富的觀點,以及虔誠信仰的證明,對於儒生來説,參與佛教的方式更容易爲外界所接受。一位歐美學者從"書籍崇拜"與"作功德"的角度,解讀大乘典籍的傳播乃至藏經的傳抄刊印的歷史現象,以爲"歷史上中國人大量複製書籍的背後"是來自"佛教中所説的功德的信奉"②,因爲佛典如是説到:

> 若復有人,受持、讀誦、解説、書寫《妙法華經》,乃至一偈,於此經卷敬視如佛,種種供養。③

> 若復有人受持、讀誦、解説、書寫此《全身舍利秘密篋印心陀羅尼經》,及以金銀栴檀雕彩莊嚴安置塔中,彼十方世界一切如來恒來在此而加護之。④

經文中提到應該如同對待佛陀般禮拜、供養經典,直接將佛典作爲崇拜的對象,後一段經文則説到修持、抄寫佛典,所帶來的功德,可得如來現前的加持守護。早期佛典的成立,主要是爲了讓人理解體悟佛陀的教法,然而,

---

① 引自[美]霍姆斯·維慈《中國的復興》,上海:上海古籍出版社,2006年,第81頁。
② [美]柯嘉豪《佛教對中國物質文化的影響》,上海:中西書局,2015年,第158—177頁。
③ 《妙法蓮華經》卷四,《大正藏》第9册,第30頁。
④ 《一切如來心秘密全身舍利寶篋印陀羅尼經》卷一,《大正藏》第19册,第717頁。

到了大乘佛教時期，所翻譯的經典，不只是正確傳達意義，也需淺顯易懂的文章方便誦讀，必須有順口、易讀的經典，乃至所譯經文中多有四字成句，是因爲將讀誦受持經典視爲一大功德，故受衆對於經典的對待態度，也對經文的形式產生了影響。如此，佛經被視爲功德的本源，人們透過佛經爲載體，以閱讀、書寫方式來積功累德，這樣的觀念可以溯源自印度佛教僧人的修行傳統。①

大藏經不僅只在本身存放供奉在經閣的重要地位，請供過程中，亦饒富意義。僧俗人士透過請供藏經的行爲建構緊密的人際關係，帶來向上發展的機會，例如在日本作爲統領地方區域的威信表徵，因寺院復興事業而萌芽的地域統一，是武士團結的基礎。永井隆之以爲，宋王朝開創的以"大藏經統一支配領域的作法"，流傳至日本，爲日本中世地域社會借鑑方法而加以利用來"一統地域"。②

Miriam Levering 曾經在專書中探討佛教徒於中國佛經的四種對待的形式：信息的、相互作用的、變化的以及象徵形式。信息的對待，是指閱讀文本是爲了讓自己清晰知道顯示的法義，因此通讀印刷的大藏經全集；相互作用的對待，指特殊儀軌或陀羅尼文本，相互交換、求得功德效果，如翻經、誦經、刺寫書經等；變化的對待，修持經文是爲了自身的變化，從鍛鍊中獲得啓發；象徵式的對待，如同對經文崇拜，以一部完整大藏經的存在，供奉在寺院顯著位置，視同佛陀與佛法的臨在，作爲整個佛教傳統的寶藏，有象徵性的價值，宣示佛法的重心。③

西方學者也有以物質角度觀點論述"佛經的文本崇拜"現象，但倘若一味強調"佛教的靈力觀"而來描述人們對於書籍的"神力信仰"，怕也失之偏頗。④ 但始終不可否認的是，人們對於經典的期待與態度，是會影響經典的傳播與書籍製作的樣式，從有形的物質文化來看中國佛教典籍的發展史，可

---

① 印度書籍發展史，公元 1 世紀前後才開始有閱讀與抄寫佛典的記載，這是象徵着物質文化史的重大發展。而抄經帶來功德的觀念，大約形成於公元 1 世紀。引自[美]柯嘉豪：《佛教對中國物質文化的影響》，第 165 頁。
② 永井隆之《中世後期的地域社會與大藏經》。
③ 轉引自周文廣《大藏經是"Canon"嗎？ 關於中國佛教選集對"Canon"一詞的用法》，收於《大藏經的編修・流通・傳承——徑山藏國際學術研討會論文集》，第 367—368 頁。
④ [美]柯嘉豪《佛教對中國物質文化的影響》，第 158—170 頁。

以發現佛教發展對中國書籍史的促進作用。因此,看待《徑山藏》這部藏經的編撰刊行,追問背後的動機,可理解的是,當人心希求福報與功德,就有一股強大的驅動力,促成綿延不斷的對佛典的需求,更由於佛教徒對於佛教傳承的内省意識,就有重新全藏、再續法寶之人間願行。

結語

如前述"大藏經"這一詞彙隨着朝代歷史的演變,早期所表達的概念與承載的内容,迄今已有很大的變化,何以如此,這是本文所探討的問題。當我們在探索大藏經的歷史及其社會文化的意義,《徑山藏》研究,未來除了明清時期江南佛教的縮影,揭示明清時期佛教多元紛雜的樣貌,亦可在佛教中國化的語境脈絡,剖析這一段錯綜複雜的發展過程。這部藏經的刊行,背後蘊含着大藏經文本形成與歷史敘事兩者相互交織而成的文史地圖。

《徑山藏》刊行流通,儘管早期還有密藏道開、憨山大師等人制訂刻藏方案,但後期續藏部分,因爲妥協於大時代的現實處境,入藏標準逐漸混淆,缺乏權威人士將所收的書目進行嚴格篩選,"正藏的部分,並不是完全刊刻好後再發行流通",而是"零星發售、隨印隨賣","編修大藏經的虔誠、嚴肅的宗教意識"已逐漸淡化。只是一個規模不小的佛書出版中心爲各種佛典所作的刻印及發行業務而已。所以,它並沒有在早期嚴謹的《大藏經》標準下完成整體的刊刻,是處在"原始計劃飄搖不定"的時代背景與錯綜複雜的人事關係下,漸進"累積而成文化成果"。① 但由於編刻主事者重視"搜括古今名集遺漏未全",《徑山藏》遂成爲一部具有廣納收容、時代性特質的大藏經。

《徑山藏》的創新改革措舉,反映書籍形式的改變,帶來人們對於經書及藏經概念的轉變。如長谷部幽蹊所説:

> 方册本藏經的出現,毫無疑問不僅更改了書本的外形,隨着入藏手續的改革,更是給人們對經書的概念帶來了巨大的轉變。同時,在注重續藏、又續藏收錄諸經内容和質量方面時,悄然地形成改變藏經根本概

---

① 藍吉富《嘉興藏研究》,《中國佛教泛論》,臺北: 新文豐出版社,2004年,第166—167頁。

念的契機。①

探討經典產生與形成的現象，文本選集的印刷發行已經爲經典的產生提供了條件。如此來看，《徑山藏》將所有典籍文本編排成統一的字體、頁面、格式大小、封面、裝訂，這些"簡單而直觀的印象的集合，猶如一個整體，是一個内容與身份的統一性"。這些紛雜的文本，包括有經典注釋、禪師語録、書信往來、儀軌等。經過"印刷與裝訂成册"，讓"多如圖書館的數據集合成爲一套著作"，而在這樣的"類同的過程"中，因爲有着"統一的經典性的外觀"，所有文本將上升到同樣是神聖經典的層面。② 換句話説，透過相同的版式，作爲共通的視覺符號，以鑒同一類叢書的身份，使新書不斷地允許加入藏經的叢書系列裏。

以明清佛教文獻的史料價值而言，《徑山藏》大量收集歷代大藏經所未收的各部典籍，則爲後人保存許多明清時期佚失的珍貴歷史典籍。③ 由於續藏、又續藏中，因入藏標準的混亂，編入許多此前從未收録過的各禪門宗派的師僧語録和著作，長谷部幽蹊反而以爲這"對中國佛教研究的進展著實起着巨大作用"④。因此，在評判一部大藏經的地位與價值，從入藏典籍數量來著眼，保存豐富的佛教史料以及當時佛教徒的撰述著作，"盡可能收入各類佛教數據…滿足不同人從不同角度提出的查索要求"，是與方廣錩先生的評判條件一致：大藏經應俱有"備查性"的功能，《徑山藏》的在歷代藏經中，所突顯的特殊地位，則體現在此。⑤

回到前言，本文是希望將《徑山藏》放在"大藏經"這個概念的歷史發展脈絡展開論述，解讀《徑山藏》的歷史定位。透過《徑山藏》對"大藏經"的概

---

① ［日］長谷部幽蹊《明代以降における藏経の开雕（二）》，《明清佛教研究資料・文獻之部》，第 24 頁。
② Charles B. Jones（周文廣），《Is a Dazangjing 大藏經 a Canon?》，徑山禪寺編《刻本大藏經研究的回顧與展望——徑山藏國際學術研討會論文集》，2015 年。
③ 藍吉富還認爲"該藏的價值是獨家所收史料最爲繁富，爲其他任何大藏所不及………一部以五台（妙德庵）、徑山（寂照庵、古梅庵）所刻佛書爲主體，而參雜各種外版佛書的百衲本大藏經"。引自藍吉富：《〈嘉興藏〉研究》，收於《中國佛教泛論》，第 163 頁。
④ ［日］長谷部幽蹊《明代以降における藏経の開彫（二）》，《明清佛教研究資料・文獻之部》，駒田印刷所，1987 年，第 32—33 頁。
⑤ 方廣錩《略談漢文大藏經的編藏理路及其演變》，《世界宗教研究》2012 年第 1 期，第 39—40 頁。

念重新省視,溯源並釐清其演變過程,不僅能更清楚把握《徑山藏》的本質内涵與傳播影響,也有助於對中國大藏經發展史獲得更深刻的認識。未來,如果能够透過對《徑山藏》的幾種目録(經值畫一),以及與《徑山藏》前後的其他代表性的大藏經再以比對,進行史料價值的分析,將更能完整且具體地論述《徑山藏》的特色。借鑒學界對於漢文大藏經研究的不同視角與方法,從藏經發展史進行綜合性、多種角度的考察研究,以此展開相關問題論述。

李富華先生曾經評價漢文佛教大藏經是"佛教典籍的總集",展示了"中國佛教……的百科全書",其内容"凝聚着中華文化的一切最新成就"。① 大藏經成立史,從佛陀口傳教法的集成到譯爲漢典,逐漸形成今時的"佛教百科全書",這確實是很大跨度的轉變,因此也允許漢文大藏經在各時代不斷續編,展現生生不息、源源不絶的生命力。總言之,歷代藏經爲中國歷史文化的傳續起到重要的作用:就文化遺產而言,是思想容受傳播、佛典文獻積累、圖書知識建構,亦是社會文化實力的表現;從佛教本身來説,"每個時代的漢文大藏經,基本上反映了那個時代漢傳佛教的概貌"②。因此,大藏經在中國的形成、發展及演變,與佛教中國化過程,兩者相爲因果,兩者也應聯繫在一起考慮。

---

① 李富華《漢文佛教大藏經研究》,北京:宗教文化出版社,2003年,第1、21—23頁。
② 方廣錩《略談漢文大藏經的編藏理路及其演變》,《世界宗教研究》2012年第1期,第32頁。

《嘉興藏》五臺山刊刻史新探*

張德偉

萬曆十七年(1589),佛教大藏經的又一新版本,即此後所稱之《嘉興藏》,于五臺山開始刊刻。待其最終完成,此藏收經逾 12000 卷,規模之大,超越前現代時期東亞所產生的任何其他版本佛教大藏經。① 它收錄產生于明清易代之際的數百種作品,其中近三百種爲其他藏經所無,對研究帝制晚期中國禪宗的發展彌足珍貴。② 但是,這部藏經的刊刻,波折不斷,其中一些重要問題至今仍無答案。例如,在籌劃時主事者曾預計十年内完成該藏刊刻,但實際上直至康熙五十二年(1713),即一百三十年後,該藏主體部分尚未完成。③ 那麽,主事者爲何最初可以如此樂觀? 最後的完成,爲何又拖

---

* 本文原爲"More than Seeking for Sacredness: New Light on the Carving of the Jiaxing Canon at Mount Wutai",是 2015 年我在"An International Conference on the Wutai Cult — The Mountain of Five Plateaus: Studies of the Wutai Cult in Multidisciplinary and Trans-border/Cultural Approaches"上的演講。此文早已交付 Brill,已經二校而尚未出版,而中文版則由趙淩雲翻譯,後收入《一山而五頂:多學科、跨方域、超文化視野下的五臺山信仰研究》,臺北:新文豐出版公司,2017 年,第 633—651 頁。《嘉興藏》是近年來的研究熱點,而大陸學者獲取拙文不易,故啓元兄慨然應允收入本文集。我已有計劃擴展拙文,只是苦於眼下無暇他顧,故一仍其舊,只更新、補充了數種書目。

① 《嘉興藏》原無完整目錄,故而我們無法確知它一共收錄多少種佛教經籍。事實上,因其複雜的刊刻過程,歷史上也從無一部首尾俱全的《嘉興藏》。到目前爲止,該藏最完整的版本,是北京民族出版社 2008 年整理重印本。它共收 2350 種佛教典籍,12600 餘卷,380 函。見"嘉興藏(徑山藏)重輯簡介"(北京:嘉興藏出版整理委員會,2008 年),第 16—20 頁。

② 藍吉富《嘉興大藏經的特色及其史料價值》,收入聖嚴等編《佛教的思想與文化:印順導師八秩晉六壽慶論文集》,臺北:法光出版社,1991 年,第 255—266 頁。該文後經修改,以《〈嘉興藏〉研究》爲名于次年再版。

③ 《嘉興藏》主體部分至康熙末已經刊刻完成,但此役仍有少量增改,全藏工程直至嘉慶年間才最後結束。參考王蕾、韓錫鐸,"從遼圖藏本認識嘉興藏",《中國典籍與文化》,no.1(2009),第 67 頁。

延如此之久？這種拖延，對于《嘉興藏》最終樣態的形成，又造成了何種影響？

本文通過考察萬曆二十一年（1593）發生的一個事件，嘗試回答上述問題。此前四年，《嘉興藏》的刊刻，已在五臺山卓有成效地展開。而在此年秋，那個刻經場被完全放棄，整個刻藏工程被遷至江南徑山，從此與五臺山再無關聯。鑒于是次搬遷跨越數千里，這個決定必定艱難而又慎重。此後，藏經刊刻速度明顯放慢，較此前也較缺組織性，最終導致其完工嚴重拖延，而規模却遠較預計爲大。但是，對于這次于《嘉興藏》命運來說舉足輕重的遷場，迄今爲止，兩個習慣性的解釋極爲簡單：五臺山氣候寒冷，無法完成這一規模巨大的工程；它離江南太過遙遠，但雕造所需的人力和物力資源又泰半來自那裏。① 話雖如此，但五臺山氣候本非一夕之間突然變冷——至少幾百年前它即以氣候清凉（甚至在炎夏亦是如此）在佛教界著稱——它最初爲何被確認爲刻藏的理想地點？至于資源，爲何一定要從遥遠的江南募集呢？爲何不能就近動員五臺山所在的山西當地民衆，參與該藏刊刻呢？中國北方其他地區，例如北京，參與度又如何？探討這些問題，不僅有助于我們更好地理解這部偉大藏經的歷史，而且在一個更大的視野裏，也有助于揭示明末清初僧伽的活力及其内外關係的複雜程度——《嘉興藏》的刊刻，

---

① 關於《嘉興藏》在五臺山刊刻史的研究，參考陳玉女《明代佛門内外僧俗交涉的場域》，臺北：稻鄉出版社，2010年，第4章。王啓元《從五臺山到徑山：密藏道開與〈嘉興藏〉初期經場成立論考》，《法鼓佛學學報》第20期（2017），第129—15頁。章宏偉：《明代萬曆年間江南民衆的佛教信仰——以萬曆十七年至二十年五臺山方册藏施刻文爲中心的考察》，《清華大學學報》（哲學社會科學版），31.5（2016），第111—126頁。中嶋隆藏：《嘉興大藏經的初期事情》，《日本中國學會報》，57（2005），第118—132頁；《嘉興藏目録に拠って見た密藏道開の刻藏成績》，《東洋古典學研究》，vol.35（2013-5），第1—32頁；金申：《佛教美術叢考》，北京：科學出版社，2004年，第286—303頁。

對于《嘉興藏》其他方面的研究，可參考中嶋隆藏《明万暦嘉興藏の出版とその影響》，仙臺，2005年；《嘉興入藏佛典と密藏道開の立場》，《東方學報》113.1（2007），第34—50頁。長谷部幽蹊《明清佛教研究資料》，名古屋：自印本，1987年，第22—34頁。藍吉富《嘉興大藏經的特色及其史料價值》。陳玉女《明末清初嘉興藏刊刻與江南士族》，《佛光學報》，新四卷第二期（2018），第301—372頁。釋法幢《徑山刻藏考述》，《中華佛學研究》，no.13（2012），第53—89頁；《大藏經的編修・流通・傳承：〈徑山藏〉國際學術研討會論文集》，杭州：浙江古籍出版社，2017年。章宏偉《故宫博物院藏〈嘉興藏〉的價值——從〈嘉興藏〉學術研究史角度來探討》，蔡運辰《嘉興大藏經及續藏、又續藏目録考釋》，收入氏著《二十五種藏經目録對照考釋》，臺北：新文豐出版公司，1983年，第509頁。楊玉良《故宫博物院藏〈嘉興藏〉初探》，《故宫博物院院刊》（北京），no.3（1997），第13—24頁。

正是發生在這樣的環境裏。①

一、意在藏外

16世紀中期,中國僧團内外一致感受到了刊刻一部新藏經的强烈需求,袁黄(1533—1606;1586年進士)可能是《嘉興藏》的首倡者之一。明代佛教,自永樂年間以後(1403—1424),漸趨衰微;嘉靖時期(1522—1566)又有皇帝有意攘佛②,其境況更是每況愈下。袁黄認爲,如果人們有更多機會接觸和閱讀佛經,就可能改善這種不如人意的情況。萬曆元年(1573),他遇到時爲大雲寺雲谷法會(1500—1575)侍者的幻余法本(? —1598?),雙方一拍即合。袁黄建議法本以方册形式裝訂新刻大藏,因爲此前使用的梵策裝過于笨重,不便廣泛流傳。在他看來,如果改以方册裝訂,"使處處流通,人人誦習,孰邪孰正,人自能辯之,而正法將大振矣"③。法本對此表示贊同。

但是,把藏經由梵策改以方册裝訂的提議,惹起了激烈争論。袁黄提出如此建議,並不讓人意外,因爲他在宗教領域持有一種明確的實用主義傾

---

① 對晚明時期中國佛教的概述,參考 Chün-fang Yü, "Ming Buddhism," in *The Cambridge History of China*, vol. 8, *The Ming dynasty*, 1368-1644. Part 2, ed. Denis Twitchett and Frederick W. Mote, Cambridge: Cambridge Univ. Press, 1998, pp.927-952。在過去三十年裏,晚明佛教復興吸引了學界很多關注。其中最重要的成果,英文著作有 Chün-fang Yü, *The Renewal of Buddhism in China: Chu-hung and the Late Ming Synthesis*, New York: Colombia Univ. Press, 1981; Timothy Brook, *Praying for Power: Buddhism and the Formation of Gentry Society in Late-Ming China*, Cambridge, Mass.: Harvard UP, 1993。中文著作則有江燦騰《晚明佛教改革史》,桂林:廣西師範大學出版社,2006年;陳玉女《明代的佛教與社會》,北京:北京大學出版社,2011年。博士論文方面,日文有陳玉女《明代仏教社会の地域的研究——嘉靖・萬曆年間(1522—1620)を中心として》,九州大學,1995年。不揣鄙陋,拙著也可作爲參考:Dewei Zhang, *Thriving in Crisis: Buddhism and Political Disruption in China, 1522-1620*, New York: Columbia UP, 2000。另外可作參考的,還有聖嚴法師《明末佛教研究》,臺北:東初出版社,1993年;長谷部幽蹊《明清佛教教團史研究》,京都:同朋舍出版,1993年;Jiang Wu, *Enlightenment in Dispute: the Reinvention of Chan Buddhism in Seventeenth-Century China*, New York: Oxford Univ. Press, 2008。

② 關於嘉靖對佛教的壓制及其後果,請參閲上述拙作第二章;陳玉女《明代仏教社会の地域的研究——嘉靖・萬曆年間(1522—1620)を中心として》第二章;何孝榮《明世宗禁佛》,《明史研究》,no.7(2001),第 164—176 頁。

③ 密藏道開《密藏開禪師遺稿》,CBETA, J23nB118.1.5c12。本文佛典引用下皆采用"中華電子佛典協會"(Chinese Buddhist Electronic Text Association,簡稱 CBETA)電子佛典集成光盤,2011年。

向——他的大力倡導"功過格",即是明證。① 但是,其他人却懷疑,這種裝訂形式的改變,會降低大衆對佛經的尊崇。梵策裝這種形式,最初出現在印度,而中國佛教徒沿襲使用,某種程度上是以此向作爲佛教起源的印度致敬。因此,對很多佛教徒來説,這種形式是神聖不可改變的。② 相比之下,中國的方册形式,自明代開始一般用來裝訂世俗書籍。這場爭論,直到此後成爲"晚明四大高僧"之一的紫柏真可(1543—1603)的介入③,才告結束。真可强調,這種改變的價值,在于其推動佛教傳播方面的功效:

> 使梵策雖尊重,而不解其意,則尊之何益?使方册雖不尊重,以價輕易造,流之必溥。千普萬普之中,豈無一二人解其義趣者乎?……縱使輕賤方册之輩,先墮地獄,受大極苦。苦則反本,反本即知墜地獄之因。知因則改過,忙亂則易輕賤爲尊重。④

顯然,與袁黄一樣,真可把佛經的廣泛傳播,視爲重振佛教的一種手段。⑤

這種意在藏外的想法,對《嘉興藏》的刊刻,造成了深刻影響。籌集款項是刻藏主事者面臨的一大主要問題。萬曆七年(1579),真可瞭解到法本想要刊刻一部新藏。當時,爲了預估高達3萬兩白銀的經費,法本一籌莫展,真可遂允諾將鼎力相助。因此機緣,密藏道開(?—1594?)于幾年後承擔起了這項重任。道開于萬曆十二年(1584)左右成爲真可弟子,此後迅速成爲老師最得力的臂膀。道開此前在江南雲游,得知元代僅在當地一個州府即有多達七套佛教大藏刻板,而明代全國只有兩套,于此大感不滿。因此,在真可委託他主持刻藏時,他痛快地接受了挑戰,並立願"若有人舍三萬金刻此藏板者,道開發願以頭目腦髓供養是人。自今而後,藏板不

---

① 關於袁黄對功過格的倡導,請參考 Cynthia J. Brokaw, *The Ledgers of Merit and Demerit: Social Change and Moral Order in Late Imperial China*, Princeton: Princeton Univ. Press, 1991;酒井忠夫《中国善書の研究》,東京:弘文堂,1960年。
② 道開自己即是一例。見真可《紫柏尊者全集》,CBETA, X73, no.1452, 13.253, b2-3。
③ 關於紫柏真可,可參考釋果祥《紫柏大師研究》,臺北:東初出版社,1987年;Jonathan Christopher Cleary, "Zibo Zhenke: A Buddhist Leader in Late Ming China" (Ph.D. diss., Harvard University, 1985)。另外,王啓元《紫柏大師晚節與萬曆間佛教的生存空間》(《世界宗教研究》, no.1 (2015),第28—41頁),也值得參考。
④ 真可《紫柏尊者全集》,13.253, b5-13。
⑤ 真可雖爲禪僧,但他表明自己"雖宗門種草,若論見地,未始不以教乘爲據證"(《紫柏尊者全集》,24.354, c9-10)。這種取向,代表了晚明佛教中向達摩"藉教悟宗""方便通經"的如來禪傳統回歸的一種新動向。

完,開心不死"①。此後十餘年,道開一直領導和實際主持了這一工程。

　　道開花費了數年籌備刊藏事宜,以及決定如何募集必須款項。最初,慈聖太后(1545—1614)主動提出資助全部所需經費。如果采納,這無疑將極大地簡化整個刻藏工程,但這一提議爲真可所婉謝——他解釋說,如果能盡可能多地動員人們參與這個刊刻工程,將使其功德最大化。② 這再次表明,這一工程,其目的不僅在于完成一部新大藏。因此,萬曆十四年(1586)春,在與時任山西巡按御史的傅光宅(1547—1604)商量後,道開計劃尋找十位"唱緣"——每位再各找三位"助緣"——作主要施主,每年以俸祿資助刻藏。③ 稍後他又對此計劃作了修正,決定找 40 位"緣首",每位年施銀一百兩,同時另找 40 位備用,便于有"緣首"退出時補位。與上述真可所提議的指向不明之"廣募"相比,道開這種籌款方式在確定施主時更有選擇性。同時,通過將刻藏這個令人望而生畏的大型任務分解爲小型的、更容易操作的各個部分,這種方法兼具靈活性和實用性。④ 最後,萬曆十五年正月,應道開請求,包括他自己共十位善信在北京龍華寺發心,立誓爲藏經刊刻事業奉獻自己的財力和智力。⑤ 他們寫下熱情的發願文,從中透露了對通過流通藏經而拯興佛教的共同願望。⑥

二、擇定五臺

　　在《嘉興藏》的製造過程中,從五臺山遷移經場至江南是一個重要轉折點。該藏刊刻,包括兩個截然分明的階段:萬曆十七年(1589),由慈聖太后下令,刻藏工程于五臺山妙德庵正式啓動。在隨後四年裏,上百人在庵裏庵外忙碌,刻經超過一千卷。萬曆二十年(1590)秋,經場南遷至嘉興的興聖萬壽寺,隨後工程又繼續在該寺所屬兩個較小寺廟即寂照庵和化城寺中進行。因進展緩慢,一百多年後才最終完工。那麼,經場最初爲何會選擇在五臺山

---

① 真可《紫柏尊者全集》,13.253b19-21。
② 道開《密藏開禪師遺稿》,1.2a23-26。
③ 同上書,1.3a30-3b2。
④ 同上書,1.17b5-6。
⑤ 這十位善信是傅光宅、瞿汝稷、唐文獻、徐琰、于玉立、曾幹亨、吳惟明、曾鳳儀、袁黄和密藏道開。
⑥ 即使事過數年,德清在萬曆十八年所作的發願文中,仍然明確指出:"斯刻之舉,不啻秦庭之哭,真有效軍拔幟之意,其恢復法界之圖,遠且大矣。"(《憨山老人夢游集》,CBETA, X73, no. 1456, 19.596b9-11)

呢？這個選擇純粹是一個偶然的錯誤嗎？

道開的選擇刻經地點，其實非常謹慎。萬曆十四年，在十位"唱緣"立誓之後，道開曾給馮夢禎(1548—1605)寫信請他校勘預計入藏的經疏。因新刻《楚石語錄》亦隨此信一同送達，可知其時藏經試刻已然開始。但是，道開承認尚未最後擇定刻經之所。①

道開對把經場設在北方，頗爲猶豫。樂晉是《嘉興藏》刊刻的主要支持者之一，在萬曆十九年(1591)曾對此有過說明。據他所說，萬曆十一年(1583)左右道開在南方尋找一個栖身寺院時，來自當地名山大寺的邀請之多，曾令他頗難抉擇。因此，即使在萬曆十三至十四年他隨真可訪問五臺山時，也仍然無意留下。但是，一件事徹底改變了一切：妙德庵的主持無邊(？—1588)法師②，在圓寂前，召集僧衆，公開將此庵傳予道開。由於妙德庵非常寬敞，作爲經場十分理想，道開遂不再考慮江南。③ 但是，樂晉這個解釋並不讓人完全信服。地方開闊固然是開展刻藏工程的必要條件，但是這一因素本身並不足以讓妙德庵勝出。實際上，妙德庵已由無邊大師託付給道開，可能是更爲重要的條件。正如我們將看到的，道開明顯是一個更願意把所有事情都置于自己控制之下的人。顯然，只有在妙德庵，他才有在任何其他歡迎他的寺廟都沒有的權限，決定刻藏事務如何進行。

更值得注意的，是道開就刻藏可能獲得北方民衆支持力度的評估，雖然這種評估隨着時間的推移變化極大。開始時他相當樂觀，而這應該在很大程度上幫助了他下決心擇定五臺山。在一封寫給徐琰(？—1592＋)的信中，道開詳細地談到了自己的計劃：

> 刻經因緣，大都北方緣差勝。期場十有八九定在北方，擬刻成則移就南方以流通之。計得四十人爲緣首，每人歲助百金，與刻工相終始。燕、趙、齊、魯大約有二十人，江南如金壇之于，丹陽之賀，吳江、松江諸處擬求十人，外十人則求之生徽州、蒲州二處。④

---

① 道開《密藏開禪師遺稿》，2.24b18-22；"刻藏因緣，雖已就緒。然期場南北，未卜終始。此方撰述，校讎端屬名賢，幸無忘念。新刻《楚石語錄》諸典各一部，遠充法供。"
② 明河《補續高僧傳》，CBETA，X77，no.1524，12.515c12-516a17。
③ 樂晉《五臺山刻方冊大藏序》。轉引自中嶋隆藏：《明万曆嘉興藏の出版とその影響》，第29頁。
④ 道開《密藏開禪師遺稿》，1.17b04-05。

此信約寫于萬曆十四年。值得注意的是,他所屬意的燕、趙、齊、魯,全在北方,而蒲州也地處山西。這些地方,以北京爲中心,呈扇形展開。即使如此,同樣值得一提的,是道開在江南已有了較爲具體的籌款人名單,而在整個北方,則尚未開列一人。

事實上,道開在給一位朋友的信中對自己爲何最後選擇五臺山曾有所解釋。他最初以五臺山、牢盛、靈巖和雙徑爲候選地點,其中靈巖山是首選。但是,在聽了一位在該地曾住三年之久的僧人的一席話以後,他改變了主意。這位僧人説,自唐末黄巢(835—884)起義後,當地民衆一直野性難馴,甚至一些寺廟裏的僧人本身即爲盗匪。① 道開因這個警告猶疑不定,最後終于決定求助于神意。在一座寺廟裏,在佛陀、文殊、普賢以及其他菩薩面前,他抽籤三次,次次抽中五臺山。"今則有不得不尊如來救命矣",道開宣稱。② 經場由此被確定在五臺山。

但是,在此神秘故事的背後,還有道開未曾揭開的秘密。真正的問題,並非道開是否必須遵從佛陀命令——考慮到經場將最終遷出五臺山,對此問題的回答,顯然至少部分是否定的。我們應該問的,是爲何道開將選擇局限於四個地方,即五臺山、牢盛、靈巖和雙徑,其中前三處皆在北方,僅有雙徑在江南。

牢盛指山東嶗山,準確來説應是嶗山海印寺。嶗山這個濱海地區風景優美,但歷史上該地區盛行道教而非佛教。16世紀中葉以後,因爲民間宗教(特別是羅教)興旺發達,情況愈趨複雜。③ 道開所以將牢盛列爲選項之一,應該是因爲海印寺的憨山德清(1546—1623),後者當時剛從朝廷獲賜了一部大藏經。德清與真可一樣,將成爲晚明最重要的佛教領袖人物之一。④ 但是,在獲得賜藏的萬曆十四年,他雖已因五臺山祈嗣而在全國嶄露頭角、却也因此而隨後困守嶗山長達三年。那年秋天,道開和真可去嶗山訪問了

---

① 道開《密藏開禪師遺稿》,1.18a13-22。
② 同上書,1.18a24-25。
③ 關於全真道及羅教在該地區的歷史與活動,參考陳玉女《明代佛門内外僧俗交涉的場域》,第4、5章。
④ 德清的傳記,見 *Dictionary of Ming Biography*, 1368-1644, ed. Luther Carrington Goodrich and Chaoying Fang, New York: Columbia Univ. Press, 1976, pp.1272-1275. 有關德清的重要研究,可參考江燦騰《晚明佛教改革史》,第69—190頁;Lynn Struve, "Deqing's Dreams: Signs in a Reinterpretation of His Autobiography." *Journal of Chinese Religions* 40(2012): 1-44; Sung-peng Hsu, *A Buddhist Leader in Ming China: the Life and Thought of Han-shan Te-ch'ing*, University Park: Pennsylvania State University Press, 1979.

德清;很顯然,雙方對這次會面均十分滿意。雖然如此,德清其時于刻藏一事,似乎並未表現出太大熱情。此後數載,當道開在五臺山爲刻藏奔忙時,德清則忙着在山東和北京兩地活動,期望得到來自慈聖太后和内廷的更大資助。①

靈巖山其實指濟南靈巖山上的靈巖寺。此寺初建于北魏(386—534),在唐代達到極盛。在晚明時期,真可曾一度主持該寺,但與其關係似乎不甚密切,現今很難再找到他留下的痕迹。② 選擇這個地方還另有好處,因爲當地的德王崇佛,刻藏工程或許能得到他支持。但是,所有這些益處,都被上述的那位僧人的警告抵消了:對于一個需要大規模動員追隨者的宗教項目而言,這裏不是一個合適地點。

與五臺山有關的狀況則更爲複雜。最晚自 7 世紀開始,五臺山就已成爲中國最重要的佛教聖地之一。尤其重要的是,它被認爲是代表智慧的文殊菩薩的道場。既然大藏經是代表着佛陀智慧的法寶,就此而言,那五臺山確爲最理想的刻藏地點。③ 然而,現有材料表明,無論道開抑或真可,都與這座聖山缺乏真正聯繫。五臺山所以被列爲選項,很可能是因爲妙峰福登(1540—1612),一位雖然長期湮滅無聞、在當時却有極大影響力的高僧。④ 在訪問德清的萬曆十四年,道開和真可同樣訪問了福登。⑤ 後者也剛受慈

---

① 關于憨山德清這一時期的活動,請參考拙文"Challenging the Reigning Emperor for Success: Hanshan Deqing 憨山德清(1546—1623) and Late Ming Court Politics." *Journal of the American Oriental Society* 134.2 (2014), pp.263-285。

② 真可現存一首《哀靈巖寺僧歌》,描繪了其時該寺的没落情形。見《紫柏尊者全集》,28.389c21-390a5。

③ 萬曆十七年,沈自邠在《贈密藏道開之五台刻大藏序》中即稱在五臺刻藏,乃"假文殊所臨之地,以紹文殊所傳之心。延文殊所承之法,以化文殊所潛之衆……曩聖護以威靈,則崇朝圓滿"。(中嶋隆藏,《明万曆嘉兴藏の出版とその影響》,第 22 頁)

④ 目前有關福登的最全面研究,請參考拙文"Engaged but Not Entangled: Miaofeng Fudeng 妙峰福登(1540—1612) and the Late Ming Court",收入 Thomas Juelch 編, *The Middle Kingdom and the Dharma Wheel: Aspects of the Relationship between the Buddhist Samgha and the State in Chinese History*, Leiden: Brill, 2016, pp.322-378。此外,可參考日比野丈夫:《妙峰福登の事迹について》,載《佛教史學論集:冢本博士頌壽記念》,京都:冢本博士頌壽記念會,1961 年,第 583—595 頁;Puay-Peng Ho, "Building for Glitter and Eternity: The Works of the Late Ming Master Builder Miaofeng on Wutai Shan." *Orientations* 27.5 (1996), pp.67-73。福登的現代傳記,見 *Dictionary of Ming Biography, 1368-1644*, pp.462-466。

⑤ 福登與道開師徒,在萬曆十四年春已于北京相見,商討過刻藏事宜。見道開:《密藏開禪師遺稿》,1.12b20-23:"春盡入都城,會我本師至自牛山,而妙峰老師且未去蘆芽……本師刻經因緣,雖未見華苞果實,而般若種子,則已廣布緇素八識田中矣。"

聖太后賜藏一部,正駐錫山西蘆芽山。這次會面似乎相當愉快,真可留下來過冬,並爲跟福登一起共度的時光留下了保存至今的文字記錄。福登正式的佛教訓練,得自蒲州山陰王(1558—1603),也因此而被視爲後者家僧。藉此因緣,他與晋南地方社會維持着廣泛而深刻的聯繫。應該就是這種聯繫,使得道開計劃要從蒲州尋求數位主要施主即緣首。然而,即使如此,這也不意味着他主持的藏經應在五臺山刊刻,因爲蒲州所在的晋南與五臺山距離頗遥,且地理風貌迥异。

這些候選地區各有劣勢,其中最爲不利之處,是領導刻藏的道開與它們缺乏一種有力聯繫。但是,道開仍然有做出選擇的理由。事實上,這三個北方的地點,都位于上述拱衛北京的扇形區域内。其中所涉及的人,又都指向慈聖太后,即那個在有明一代最爲慷慨的佛教支持者。① 作爲内廷貴婦,慈聖不得不禁足于紫禁城。但是,她有多種手段與僧團保持密切聯繫。道開與慈聖太后絶非陌生。例如,在一道後來收入其文集的奏疏中,道開字裏行間流露的,是一種朋友間的語氣。② 儘管這讓人意外,但這可能與慈聖太后曾願意贊助刻藏有關。其實,《嘉興藏》的刊刻準備工作,自萬曆十四年起明顯加速,也應是受了慈聖太后一個舉措的鼓舞:就在這年及次年,她集中頒賜了十五部大藏,接受者包括上述德清和福登。③

因此,很有可能,是這種得到來自内廷及地方社會的支持的希望、而非所謂的遵從佛陀命令,鼓勵道開做出了最後決定。因此,在修正了他的計劃後,道開滿懷信心地宣布:刊藏工程將于十年左右後完成。④

---

① 慈聖的官方傳記,見張廷玉等編《明史》,北京:中華書局,1974 年,卷一一四,第 3534—3536 頁。另參閲 *Dictionary of Ming Biography*,*1368-1644*,pp.856-859。對慈聖宗教生活的探討,見韓書瑞(Susan Naquin),*Peking: Temples and City Life*,*1400-1900*,Berkeley: University of California Press,2000,pp.156-161;聶福榮《萬曆朝慈聖李太后崇佛考論》,吉林大學碩士論文,2007 年;陳玉女:《明代的佛教與社會》,北京:北京大學出版社,2011 年,第 96—146 頁。

② 此疏見道開《密藏開禪師遺稿》,1.7b5-16。

③ 關於頒賜北藏的最新研究,參見拙文 "Where the Two Worlds Met: Spreading the Ming *Beizang* 明北藏 in Wanli (1573-1620) China." *Journal of the Royal Asiatic Society* (Third Series) 26.3(2016): pp.487-508;何孝榮:《明代北京佛教寺院修建研究》,天津:南開大學出版社,2007 年,第 317—322 頁;野沢佳美:《明代北藏考(一):下賜狀况を中心に》,《立正大學文學部論叢》2003 年第 117 期,第 81—106 頁。

④ 道開《密藏開禪師遺稿》,1.18c18-19a1。

三、孤處聖山的經場

　　五臺山刻藏,看起來開展得相當順利。妙德庵的刻經,從質量上説,既穩定又精良。但這一時期完成的刻經數目現已無法確知,因爲其中一些後來因磨損而重新刻過,又有一些或者完全消失而沒有留下任何痕迹。據現存題記統計,56 種 579 卷經文刻于妙德庵。另外,道開還在五臺山時曾提及該藏已完成約二成。① 考慮到漢文佛教大藏經自北宋以後至少五千餘卷,這意味着在四年中至少刻完了一千卷。這種質量和速度,從任何標準來看都是一個非常驚人的成就。儘管如此,道開最終仍然把經場遷回了江南。在解釋這個決定時,他提及"江南善信頗發肯心,而北地則罕有應之者"②。這種説法,與他四年前的預期形成了極爲强烈的反差。在短短時間内,爲何事情變化如此之大?

　　道開的上述評論,揭示出施主在地理分布上的極端不平衡性。現存《嘉興藏》題記證實了這點。例如,在萬曆十八至二十年這三年中,宦官僅僅助刻了 29 卷;與這一群體在其時北方佛教中的巨大影響相比,實在不值一提。③ 另外,雖然道開對山陰王和蒲州其他地方精英期望甚高,但結果他們的捐助却微不足道。對于刊刻藏經這樣一個巨大的項目,其成功與否,在很大程度來依賴于它能否動員足够的人力和物力資源。因此,問題在于:對于道開的刻藏訴求,這些北方民衆爲何反應如此冷淡?

　　受道開影響,學者目前也習慣于認爲這是由于北方民衆太過吝嗇。但是,如果换種角度來看,這種批評可能並不公平。道開的文集,提供了與早期刻藏有關的最重要資料,由此我們可以追溯該項目的早期歷史。文集中有不少道開討論刻藏事務的書信。通過仔細考察這些書信,我們能够瞭解道開建立的社會網絡的一些特點。首先,道開與山西地方社會之間的關係,幾無蹤迹可尋;他跟五臺山上佛教僧人的互動,亦是如此。他與山西本地人

---

① 道開《密藏開禪師遺稿》,2.29b26-27。
② 同上書,1.17a14-18。
③ 關於明代宦官對北京佛教的巨大影響,陳玉女在《明代二十四衙門宦官與北京佛教》(臺北:如聞出版社,2001 年)中有翔實研究。

（除了福登）的通信，似乎只有兩封分別寫給稽將軍和馮把總的短信。而對于對佛教有強烈興趣、獨力刊印過約二十部佛教經籍的山陰王，道開也未能建立可靠聯繫。最終，山陰王對刻藏工程的貢獻，微不足道。①

與此不無相關的是，在五臺山僧人眼裏，道開（及真可）也許相當有攻擊性，給他們帶來的可能主要是威脅而非幫助。例如，在聽聞慈壽寺主持應五臺山塔院寺主持之請向傅光宅求助時，道開就毫不客氣地對後者説："慈壽非高明，塔院最愚俗。"②慈壽寺是慈聖太后在北京的私廟，是連接她與佛教僧團的重要樞紐。真可與德清在北京時，都曾活躍于該寺。當時，慈壽寺主持是本在。有關本在我們所知不多，但大致可知他與其師古風覺淳（1511—1581）一樣，與宮廷宦官一直來往密切。③ 塔院寺也與慈聖太后關聯頗深。該寺本爲顯通寺一部，萬曆七年（1579）後才獨立出來，慈聖太后曾在此爲萬曆帝祈嗣。道開這種態度，當然爲兩寺僧人所不喜。

顯通寺是五臺山上最重要的寺廟，道開其實曾試圖以此作爲經場。但有意思的是，他強調"禮聞來學，不聞往教"，試圖以一種迂回方式達到目的。他的計劃有兩步。首先：由傅光宅提醒顯通寺主持該寺衰頹已久，暗示他應請名僧來光復寺業。然後，一段時間以後，傅光宅再問："真可和道開曾來過此處嗎？"道開相信，經過此番提點，該寺主持自然會來向他們尋求幫助，他們也可就勢入駐。④ 作爲十方叢林，顯通寺主持一職在理論上向所有高僧敞開，但是在晚明中國，多數此類叢林皆以子孫廟方式在運作。對于顯通寺僧人而言，道開這個計劃，很難不被視爲一種威脅。傅光宅是否聽從和實施了道開的建議，現已難于確認，但在事實上，道開和真可終其一生都與顯通寺無甚關聯。因此，無論原因爲何，道開未能在此聖地扎下堅實根基。

除了他與當地社會和僧團的疏離或隔絶外，道開跟慈聖太后和内廷的聯繫，也可能因他對宦官的嚴厲態度而大受削弱。晚明時期，宦官是北京及相鄰地區包括五臺山佛教的主要施主。他們接近政治中心，這顯然有助于

---

① 福登其時四處雲游，想必使道開和山陰王建立有效聯繫的可能性大爲降低。他先于萬曆十七年奉慈聖太后之命，去雲南雞足山頒藏，兩年後又開始在山西寧武開鑿萬佛洞。
② 道開《密藏開禪師遺稿》，1.18a8-10。
③ 關於本在及覺淳，見德清《憨山老人夢游集》，29.668a12 - c13。
④ 道開《密藏開禪師遺稿》，1.18a27-18b3。

他們募集資源。尤其要緊的是,他們之間組織良好,常常作爲一個群體來行動。對于慈聖太后來説,有兩個原因使得宦官不可或缺:第一,他們是慈聖太后宗教事業的最重要支持力量。萬曆早期,他們對慈聖太后各個宗教項目都大規模參與,即是證明;第二,他們是慈聖太后與宫廷之外的僧團的最重要橋梁,也基本上能左右慈聖太后資源的投入方向。① 但是,對于宦官,道開却是異乎尋常的嚴苛。

在一封信裏,道開提到一位趙居士于刻藏事務巨細無遺皆向宦官報告,造成了嚴重干擾。他提醒收信人:"刻藏因緣,未必就賴渠力,足下亦不必過爲委曲。"在信結尾,他再次表示,擔心目光短淺的僧人會因眼前利益而不知如何跟宦官打交道。因此,對于宦官,他一錘定音:"大都諸公于此輩,非有不肖在爲之持衡方便,絶不應往來交際。"② 據此信内容判斷,在刻經之初,趙居士(及其背後的宦官)或許對參與刻藏有强烈興趣。但是,現存題記已經完全不見此人,似乎表明了他最後主動或被動地離開了。道開處理此事的方式,在很大程度上,與宦官對刻藏的干涉和道開習慣于事事掌控的個性的衝突有關。另外,道開似乎對宦官這一群體有明顯的不信任甚或厭惡,這在另一信裏有所揭示。在介紹一個人到北京游學時,道開明確警告他要與宦官保持距離,因爲"一與此輩從事,即無能進修己業矣"③。這種態度,必然以某種方式透露出來,由此極大地降低了宦官與道開在刻藏事務中合作的意願和力度,也連帶影響了慈聖太后對此工程的參與。

事實上,道開並非總是如此行爲嚴苛;相反,對于他所欣賞的僧人,他的幫助不遺餘力。萬曆十五年左右,廬山的徹空禪師死後,其弟子到杭州請求馮夢禎爲亡師撰寫碑銘,道開催促馮夢禎儘快完成,並請求他爲來人安排住處。其時適逢兩位北京僧人護送一部大藏經去天臺山萬年寺,道開稱他們優于德行,請馮夢禎照顧,後者果依言而行。④ 還有一次,道開請求傅光宅照顧福登,後者當時在蘆芽山,在傅光宅的治下。鑒于蘆芽山屬邊境地區,

---

① 關于明代宦官的嚴密組織以及他們對慈聖佛教事業的重要影響,陳玉女《明代二十四衙門宦官與北京佛教》有翔實而精彩的研究。
② 道開《密藏開禪師遺稿》,1.17b15-21。
③ 同上書,1.18b28。
④ 同上書,1.19a3-14。

他也没有忘記提醒傅光宅低調行事,免招非議。① 其時福登已有全國性影響力,這種安排可能並不必要。然而,道開這些做法則表現出他的熱忱,而這可能會幫助他結交朋友。

相對而言,道開交往的重點,在于文人士大夫,尤其是那些身居高位者,而他也確實獲得了後者在智力和物質上對刻經事業的支持。那九位最初發願襄助道開的"唱緣",全是文人士大夫,其中如陸光祖(1521—1597)和王世貞(1526—1590)等更是享譽海内的聞人。一次,道開要傅光宅嘗試請山西布政使王道行(1550年進士)及山陰王加入刻藏,又請求他注意山西官員中其他"宰官身得度者"②,就顯示了這種偏好。但是,公平地説,這種選擇並非只是因爲道開的個人傾向。他曾向馮夢禎介紹自己募集四十位"唱緣"的計劃,最後説:"此計行,而應避之緣及僧家分募之緣,可竟謝之,而法門終無他慮矣。"③那麽,在道開眼裏,何爲應避之緣呢?答案可能是宦官。因爲這一群體,除了其加入可能干涉刻藏事務外,也在總體上爲道開所親近的士大夫所不喜。那麽,爲何道開又不願僧人去四處募款呢?他放棄靈巌寺,或許透露了部分答案:當其時,大規模地集合與動員民衆,即使爲了宗教理由,也不免帶有十分的政治敏感性。

不幸的是,在晚明社會,這種對士大夫的過分倚重被證明是不穩定的,由此也給道開的刻藏事業帶來了嚴重影響。衆所周知,因爲"國本事件",萬曆朝廷長期運轉不暢。④ 而這導致了一些有能力、有聲望的官員,其中很多是佛教支持者,從官場引退。例如,傅光宅助刻了李通玄長達120卷的《華嚴經合論》。當傅光宅上疏請求致仕時,道開就建議暫停刊刻此論,解釋説這是因爲傅光宅的兩位"助緣"參與刻藏並非出于信仰佛教,而是出于希望與傅光宅交好的壓力,但這種壓力現在隨着傅光宅的辭官消失了。⑤ 這顯然並非孤例。結果,到萬曆二十七年(1599),王肯堂(1549—1613;1589年

---

① 道開《密藏開禪師遺稿》,1.18a10-13。
② 同上書,1.18b7-9。
③ 同上書,1.18c18-19a1。
④ 關于萬曆年間的"國本"之爭,見谷應泰《明史紀事本末》,北京:中華書局,1958年,卷六七,第1061—1076頁;Ray Huang, *1587, A Year of No Significance: The Ming Dynasty in Decline*, New Haven: Yale University Press, 1981, pp.75-103。
⑤ 道開《密藏開禪師遺稿》,2.31a1-12。

進士)就慨嘆道:"無何,四十人者漸與時迕,存堇半,而登朝食禄者無一焉……自戊子迄今,十三年矣,而于全藏不能以半。"①道開原本試圖依仗的主要力量,崩塌了。

這種結果絶非道開所想望,但他可能早有所預料。在刻藏開始前,他就宣稱:"刻經因緣,肯苟就,無勞旦夕大舉就不難……即失一時之近利,存法門之大體,吾寧也。"②道開在這裏可能過于樂觀,但是他對原則的强調,值得注意。幾年後,在經場搬遷前,在一封給真可的信中,道開承認了自己性格裏的弱點,例如驕傲、缺乏耐心,却再次强調了遵守原則的重要:"至于刻藏公案,亦但鞠躬盡瘁而後已。成敗利鈍,悉付因緣,豈能逆睹?苟當緩急危難之際,每想及老師潭柘塔院'法門爲重,刻經次之。刻經但隨緣,法門不可壞'之語,良足以爲軌持矣。"③顯然,道開師徒一致認爲:與刻藏相比,保持"法門大體"有着毋庸置疑的優先性。他們堅持了這種真正佛教徒的立場以及以重刻藏經爲契機振興佛教的初衷,却也因此在刻藏一事上付出了沉重代價。

四、遷離五臺

對于《嘉興藏》經場的千里遷移,傳統上有兩種解釋:在氣候上,五臺山既冷又濕,對于雕刻和保護經版很不利;在經濟上,因爲大部分捐施來自南方,而將完成了的刻板再從五臺山運去江南,費用也很高。這些理由,儘管屬實,但仍然不足以解釋道開這一決定。實際上,在給王道行的告别信中,道開曾明確指出五臺山上"近多魔障",强烈要求後者繼續保護此山。④ 那麽,這些"魔障"是什麽? 與經場搬遷有關係嗎? 如果有,是何等關係?

這次刻藏的合法性,似乎一直是個問題。早在萬曆十四年,道開就試圖從禮部取得重刻大藏的"札付"(即官方許可)。在一封給徐琰的信裏,他請求徐通過陸光祖向當時的禮部尚書李長春(1545—1607)求助。⑤ 類似的努

---

① 道開《密藏開禪師遺稿》,1.6c16-23。
② 同上書,1.18c21-23。
③ 同上書,2.20b14-20。
④ 同上書,2.29b28-29。
⑤ 同上書,2.25c24-30。

力也見于另一信中。① 但是,儘管做出了努力,現在也難于確知是否得到了那道"札付"。相反,這項工程數次在朝廷上成爲攻擊目標。萬曆二十年左右,道開告訴馮夢禎:"刻藏因緣,科臣有言,幸宗伯題覆無恙。"②直至萬曆三十年(1602)當真可被捕繫獄時,他還被指控以刻藏爲名,聚斂了銀兩多達三萬。③

其實,藏經刊刻一旦開始,道開即多方設法爲經場尋求庇護。他曾向傅光宅頌揚一位雁門軍官開墾荒地、賑濟饑民的功績,請求傅光宅引導他成爲五臺山佛教的外護。道開也希望傅能提拔五臺縣令,認爲他誠實和忠謹——該縣令看起來與當地僧團關係也不錯。④ 但是,刻藏一事仍然受到了所謂的五臺案件嚴重影響。時任山西巡撫的吕坤(1536—1518;1574年進士),在一次到訪五臺山時看到森林被嚴重破壞,大爲震怒。他命令繁峙地方官調查,由此造成五臺山的兩所著名寺院——師子窩和鳳林寺——被控砍伐和開墾。吕坤以此前發生過類似事情爲由,赦免了這兩所寺院。但是,地方官堅持對這兩所寺院課以重罰,因此在不久後又促發了新一輪調查。道開贊同禁止砍伐樹木,但認爲新一輪調查是由心懷叵測之人精心設計,目的在于陷害佛教。他認爲"妙德與師子、鳳林脣齒叢林,故不得不汲汲"。他給曾鳳儀(1583年進士)寫信,請求他介入以保護僧團利益。道開強調,僅僅限制僧人砍伐樹木不公平;給五臺山森林造成了更大傷害的,是商人和平民濫伐樹木、盜賣木材。⑤ 道開的看法或許是對的,但是這道禁伐令早晚會影響刻藏事務,因爲它不僅加劇了當地僧俗矛盾,而且限制了刻版所需的大量木材。

對于道開的最後一擊,可能來自北京宫廷。萬曆二十年春,陸光祖突然到訪五臺山。聽到消息,道開急忙從北京趕來。當他們在龍泉寺相遇時,道開最初與陸光祖以禪語相接。這次相見被描述爲一場考試,陸光祖通過後,

---

① 道開《密藏開禪師遺稿》,2.23c13-21。
② 同上書,1.20a02。
③ 《明神宗實錄》,臺北:歷史語言研究所,1962—1968年,第三百七十卷,第6926頁:指以五臺刻經,借取重利,復令吳中極無賴之謬慕臺者鼓舞人心,捐財種福,一時收受數盈三萬。
④ 道開《密藏開禪師遺稿》,1.18a2-4。
⑤ 同上書,2.29b30-c20。關于明末五臺山的伐木問題,參考陳玉女《明五臺山諸佛寺建築材料之取得與運輸——以木材、銅、鐵等建材爲主》,《成大歷史學報》,27(2003),第67—74頁。

真可才出來與其相見。最後,模仿數百年前的蘇軾(1037—1101)遺風,陸光祖給妙德庵留下了一條玉帶,以示支持。① 然而,在這個看起來浪漫的故事背後,則是殘酷的現實。陸光祖剛剛從吏部尚書位上致仕;作爲最早的、最有決心的刻藏工程主要資助者之一,他來五臺山只是爲了道別。陸光祖在山上停留了十餘日,但對這段經驗他可能相當失望,至少在道開看來是如此。在此後不久的一封信裏,道開告訴王道行,他正在搬遷經場。他邀請王道行到江南,保證他會受到較陸光祖在五臺山所受到的遠爲熱情的歡迎。② 陸光祖是道開在朝廷裏最可靠、最有力的支持者。他的致仕,使刻藏一工程失去了保護而更易受到攻擊。隨即發生的"刻藏因緣,科臣有言,幸宗伯題覆無恙"事件,應非偶然。③ 現存材料顯示五臺山刻藏事務在這年夏天停擺,緊接着在秋天經場就千里南下江南。所有這一切都發生于陸過訪後不久,但這也許並不讓人吃驚。

最終,道開並未達成刻完全藏的誓願。當他還在五臺山時,在一封給曹林的信中,就已經透露了自己的孤獨感:他正獻身于一個有上百人參與的項目,但是,悲哀的是,他在其中找不到知音。他也抱怨説很難去理解那些"善知識",因爲他們行事瞬息萬變,難以捉摸。④ 刊刻這部藏經,即使根據其最初計劃也需十年之久才能完工。但是,令人吃驚的是,這一龐大項目幾乎總由道開一人在推動。道開習慣于獨自處理所有事務,他也一直缺少能幹的助手。最後,無論在精神還是在體力上,他都疲倦已極。在他于萬曆十四年籌劃刻藏後十年,一天,道開突然失蹤,從此杳無音訊。而他投入了如此之多時間和精力的《嘉興藏》,也只有在此後一百多年才最終得以大體完成。

結論

《嘉興藏》的刊刻,從提議到實施,是現在所謂"晚明佛教復興"的僧團努

---

① 釋印光《清涼山志》,臺北:宗青圖書出版公司,1995 年,卷六,第 264 頁。陸光祖自號"五臺",對五臺山情有獨鍾,故本書説他"弱冠閱藏教,于文殊本智有深契,遂以五臺稱之,以自誓也。"
② 道開《密藏開禪師遺稿》,2.29b16-19。
③ 這一攻擊事件,詳情已難知曉。當道開在給馮夢禎的信中提及此事時,同時鼓勵他説"足下之補,實出興情,而台翁特從中從臾之。"馮夢禎于萬曆二十一年(1593)被任命爲廣德判,故此攻擊事件亦當發生于稍前。
④ 道開《密藏開禪師遺稿》,2.21a22-24。

力自強的一部分。而把經場自五臺山遠遷江南，則事非偶然。道開最初擇定以五臺山爲經場，最後又撤離，均爲深思熟慮的決定，背後有多種因素在起作用。

作爲早期刻藏工程的主事者，道開在募集資源時，主動或被動，帶有一種孤立而非包融的特徵。他與山西當地社會的聯繫相當薄弱。他也沒有得到地方僧團包括五臺山寺廟的大力協助。他對於宦官的嚴苛態度，大大降低了他從這個群體及其背後的慈聖太后——這些北方佛教最重要的支持力量——處可能獲得的支持。道開聯繫的核心在于士大夫，尤其是那些位高權重者，而這部分是出于希望避開交接内廷可能引起政治麻煩的考慮。結果，這項刻藏工程儘管發生在像五臺山這樣的佛教聖地，却與其周圍的直接環境相當隔絕，由此不得不主要接受遠自江南的援助。在此意義上，它不是一個能够揭示晚明佛教在北方真實狀况的可靠案例。

經場的最後遷移，揭示出其時士大夫在支持佛教時力量的局限。這些人以官員或地方精英的身份活躍于江南，是推動當地佛教發展的主要力量。而在北方，他們主要作爲官員發揮影響力。但是，很不幸地，因爲萬曆時期極爲動蕩的政治環境，他們的位置和影響力，相比從前來說更不可靠或更易失去。因此，在晚明時期，北京和五臺山地區，基本來說，是他們力量和影響的弗及之所。這導致了刻藏工程最終不得不遷出五臺山，回到江南他們的蔭庇之下。

在大藏經歷史上，嘉興藏的刊刻過程非常獨特。與其他大藏不同，該工程在開始前即被寄以拯興佛教這一更大責任。因此，其波折不斷的歷史，正可以檢驗明末清初時期佛教尤其是江南佛教的活力。在第一階段，它的刊刻主要依靠士大夫官員支持。而在原計劃失敗後，它遷至江南，基本上任何僧人或者寺廟只要有意都可加入。這種受控極爲軟弱的狀態，在某種意義上，是對道開試圖控制所有事務的努力的極端反動，而這直接導致該藏收經數量的膨脹。無論如何，在最多只有鬆散組織的江南民衆支持下，《嘉興藏》最終仍然得以完成。① 這個結果，揭示了帝制晚期中國佛教在江南地區仍然具有較大潛力。

---

① 關於《嘉興藏》在江南的刊刻，請參考陳玉女《明代佛門内外僧俗交涉的場域》，第五章《明末清初嘉興藏刊刻與江南士族》。章宏偉《明代萬曆年間江南民衆的佛教信仰——以萬曆十七年至二十年五臺山方册藏施刻文爲中心的考察》。

蒼雪與木增的交遊
——圍繞《華嚴懺儀》在晚明的傳播與刊刻

王啓元

高僧蒼雪(1588—1656),名讀徹,俗姓趙,雲南呈貢人,晚明華嚴宗、唯識學的高僧。早歲出家雲南雞足山,後赴東南求法,從學律宗高僧古心如馨及華嚴宗高僧耶溪若志,再禮一雨通潤爲師,爲晚明華嚴、唯識大德雪浪洪恩的再傳弟子。生平傳記,以錢謙益所撰《中峰蒼雪法師塔銘》及《賢首宗乘》所收之蒼雪法師傳最爲詳細,另有滇、吳兩地地方志中存其簡要傳記。蒼雪大師以滇人入主東南古刹蘇州中峰寺,生平尤以交遊廣泛,名重東南,①賓朋之中,不僅有本門僧衆如師門一雨、汰如,亦有禪林中友如圓悟、木陳;亦不獨與東南名士若錢謙益、吳偉業過從,西南士人亦常常延爲其座上嘉賓,如呈貢同鄉文祖堯。然其友朋中,還有如麗江土司木增,以同爲天末滇南之籍,又爲藏傳佛教護法的身份與蒼雪有交,則不僅爲蒼雪友朋中之罕例,亦爲晚明佛教交流上別樣光彩之一筆。除了詩文唱和往還,木增與蒼雪間由一重佛經刊刻的因緣相交,雖然遠隔萬里,而終得玉成,其事據《賢首宗乘·蒼雪讀徹傳》載云:

華嚴大經,常慮無修無修證大懺,師疏鈔於華山,時有滇南僧普潤,來自沐(似當作"木";作"沐"則爲黔國公家人)府,賫唐朝一行禪師所造《華嚴懺法》四十卷,送師校梓流通。②

---

① 筆者曾作《蒼雪法師交遊與党爭傾向》(《人文宗教研究》第十輯,2018 年)論蒼雪大師交遊諸段,可以參看。
② 廖肇亨主編、簡凱廷點校《明清華嚴傳承史料兩種:〈賢首宗乘〉與〈賢首傳燈錄〉》,臺北:文哲所出版,2017 年,第 250 頁。

麗江木府託蒼雪刊刻《華嚴懺法》本事，當爲近世漢、藏傳佛教交流之典範，近日才得到學界重視；①其中涉及晚明叢林僧俗間多重因緣，今特論其東西經本傳播過程，尤其與大旅行家徐霞客間的關係，以饗讀者。

一、木增家族之見於漢、藏文獻

明代麗江土知府第十九代土司木增(1587—1646)，字長卿，號華嶽，又字生白，納西族本名爲阿宅阿寺，係第十八代麗江土司木青(阿勝阿宅)的獨生子。③ 萬曆二十六年(1598)木青猝死，木增襲位，時年僅十一歲④；二十多年後的天啟四年(1624)，木增卸任土司知府，交由其子木懿襲任。早在明中葉，木氏貴族們已頗熏習中原文化，木增的祖父木公(1494—1553)，就曾以作詩聞名。

木增生平的漢文傳記資料，除官修《明史》、雲南諸方志等記載外，另有私修如《木氏宦譜》《滇南詩略》及馮時可《木氏六公傳》、錢謙益《列朝詩集》中所作小傳等文獻可緝。其中官修史傳記載木增事蹟，多輾轉鈔綴而成，可參萬斯同《明史》卷四一一《土司傳》(張廷玉《明史》卷三一四列

圖　美國國會圖書館藏民國二十年臨摹本《木氏宦譜・木氏宗譜》中木增像②

---

① 沈衛榮教授曾在"一字而多途：國際華嚴學最前沿"第三屆世界華嚴學大會(2017)上宣讀《一行慧覺〈華嚴經懺〉中的密教成分：來源與詮釋》，是目前對《華嚴懺儀》宗教學方面討論最爲重要的研究。
② 圖像來自"書格"數字古籍圖書館：https://www.shuge.org/ebook/mu-shi-huan-pu/。
③ 木青本事，見錢謙益《列朝詩集》丙集卷十五"木青"傳條。
④ 見《中國少數民族社會歷史調查叢刊》修訂委員會編《木氏宦譜》(甲、乙種)，《納西族社會歷史調查(一)》，北京：民族出版社，2009年，第89、101頁。

傳第二零二略同)載:

> 麗江土官木得,在元爲宣撫副使,洪武初入貢,尋功授世土知府,凡徵調征討皆在行間。得死,子初襲。從征思任有功,後以居西陲能捍吐蕃,每有徵調,但輸軍饋免。其沿八世至木增。值北勝構亂,以兵擒首逆進秩,已。九邊軍興,助金二萬,已。又以殿工取一萬襄之。乃復條陳十事,下部議,可進三品秩,尋請老。子懿襲。萬曆中,有兄弟三人,長名木公,次名木麼,三名木厶。長即土知府也。三人皆好禮有名。①

官修漢文史書記木增事,即是此平"北勝構亂"及"助餉"諸條(參見谷應泰《明史紀事本末》卷六十五、《四庫全書總目》卷一三二子部四二,並參私修莊廷鑨《明史鈔略》顯皇帝紀四,内容皆大同小異);更有欲論天末木氏文學交遊并家族之信仰、發願刻經諸端,則另需參其它文獻。

木增同時人錢謙益(1582—1664)于《列朝詩集》中列"麗江木知府"條,載木公祖孫三人本事云:

> 木公,字公恕,世居筰國,稱摩些詔。元有麥宗,生七歲,不學而識文字,旁通吐蕃、白蠻諸家之書。其後麥得潁川侯下雲南,遣使間道歸附,上嘉之,賜姓木,世授麗江府知府。七傳生公恕,英毅有幹局,綏輯諸夷,以忠順自勵。世廟親灑宸翰,有輯寧邊境之褒。性好讀書賦詩,於玉龍山南十里,爲園田五畝。枕經籍書,哦松詠月,中土賢士大夫無以過也。嘗以詩求正于永昌張司徒及其子愈光,又因愈光以質於楊用修。用修在滇,獨愈光能與相應和。公恕希風附響,自比于長卿之盛覽。斯可謂豪傑之士也。用修録其詩一百十有四首,名曰《雪山詩選》,敘而傳之。公恕五世孫增,字生白,以忠順世其家,既傳位于其子,章疏屢上,不忘敵愾。先帝命加右參政銜致仕。博學通禪理,多所撰著。《雪山》之詩得傳中土,增之力也。國家泰階隆平,聲教四訖;嘉、萬之間,酉陽、水西諸夷酋,靡不户誦詩書,人懷鉛槧,而麗江實爲之前茅。余録其詩,登而進之,不使與蒙詔齒,俾後世知有明之盛,非漢代白狼槃

---

① 〔明〕萬斯同《明史》,上海:上海古籍出版社影印,2008年,第535頁。另前揭《木氏宦譜》謂木增有四子,納西族名分别爲"春、先、寶、仁",當爲準確。

木之可比也。①

据钱牧斋小传可知，木氏祖上於明初便爲麗江土司，其氏族時稱"摩些詔"，世居"筰國"。"摩些"應該就是納西族的祖先部落，自唐代起生活在今天滇藏川交接處；"詔"出自"六詔"，"六詔"是唐朝初期洱海地區出現的六個較大邦國，其中摩些人建立的是"越析詔"，位置在今大理賓川境内。"六詔"中最著名的"蒙舍詔"最終統一了六部，因其最初位於其他五詔南部，所以有個更著名的名字"南詔"。牧齋書"摩些"所居"筰國"，當作"笮"，位於納西人聚集的"薑地"之地，係藏語對"麗江壩子"的專稱。② 木氏祖先"麥宗"發跡於元，後穎川侯傅友德平定雲南，麥氏趁機歸附，不僅被賜姓"木"，且世授麗江府知府，當起了麗江的土司。據說木氏祖上有好文知禮之德，連傳說都極力表現其文化上的優越性；牧齋以麥宗"生七歲，不學而識文字"，而且竟然能旁通吐蕃、白蠻文字著述，真可謂天末"詩禮簪纓"之家了。

直到木公時代的16世紀初，木氏家族已藉其濃重的漢文化修養聞名於世，并爲漢文化精英所接受，比如雲南本地張志淳、張含父子（永昌張司徒及其子愈光），以及謫居雲南的大文豪楊慎（字用修，1488—1559）便是其座上賓。楊慎曾爲木公編選別集《雪山詩選》并"敘而傳之"，木氏風雅漸離邊地，被中原所接受。到了木增繼位的晚明時代，其文化水準更高過令祖；錢謙益便提到木公雪山詩得傳中土，是出於木增之力。而麗江治下平民不僅"户誦詩書，人懷鉛槧"，其漢化程度爲西南少數民族之首，可以看出木氏文化政策的成果。木增尚著有別集《山中逸趣》不分卷，藏于雲南博物館，今未得見。③

麗江木氏於漢族文化浸染之同時，亦虔誠信仰佛教；時任雲南布政司右參議的松江華亭人馮時可，曾寫過《明麗江知府木氏六公傳》，雖未得見，然曾示之高僧憨山德清，憨山看後極稱頌木增奉佛之舉，曾作《麗江木六公奉佛記》云：

---

① 〔清〕錢謙益《列朝詩集小傳》，上海：上海古籍出版社，1983年，第356頁。
② 參楊福泉《論唐代吐蕃與麼些的關係》，《西藏大學學報（漢文版）》，1999年第一期。
③ 據崔建英輯《明別集版本志》，北京：中華書局，2006年，第476頁。另據《（雍正）雲南通志》卷二十一之一載："增又好讀書……與楊慎、張含唱和甚多"云云，依《列朝詩集小傳》，知其顯然誤"木公"爲"木增"。木公"雪山詩"有楊、張二公序。二公卒於嘉靖末，增則於萬曆年間始生。徵引地方文獻時至脱誤，附注於此。

予將逸老南岳，適隱衡之靈湖。馮元成先生量移守湖南，過訪永州，談及往遊滇南諸勝事，出《武陵稿》，予讀《六公傳》，乃知金馬碧雞之西，有異人木六公焉。公守麗江，奄有疆土，六傳而至公，稱"六公"云。其先在國初，以忠順發家，武功最著。至雪山公，遂以文名，雅歌聲詩，翩翩有凌雲氣，楊用修太史大爲稱賞。相傳至玉龍松鶴，辭翰逸格，而蓮社清修，發軔覺路，至六公則迥超前哲，特出風塵之表矣。公天性澹薄，於世味一無所嗜好，忠孝慈愛，唯以濟人利物爲懷。歸心三寶，刻意禪那，愛接方外法侶，相與禮通精修，頹然如糞埽頭陀，尤廣檀度，是皆富貴之所難能。而公特爲家常行履，豈非多生久植善根，乘悲願力，而影響攝化應現者乎？予初入空門，不知佛法之廣大，將謂單棲弔影於窮山絕壑，草衣木食，守枯禪而爲上乘。及親大教日深，讀雜華、觀普賢妙行，無一類而不現身，無一事而非佛事，以不捨一衆生，乃見佛慈之廣大，不棄一塵一毛，方識法界之甚深。由是凡對宰官，相與語者，不更窮玄體妙，唯以了悟自心，廣行萬行，即世諦語言，資生業等，皆順正法。所謂實際理地，不受一塵，今事門頭，不捨一法，若夫浮慕虛尚，高談脫屣，而膠固貪癡，綢繆世態者，與夫身居世網，志出塵埃，冥心絕域，若蓮出淤泥，瞯然而不滓者，安可同條而共蔕耶？是知佛性雖一，而習染厚薄，有迷悟之不同。故論種子，從貪瞋而發者資貪瞋，從般若而發者資般若；般若深則貪瞋薄，般若現則貪瞋消。如神奇化臭腐，臭腐化神奇，體一而用異，聖凡由是而分焉。了心廣大，則形骸不能拘，觀法界空，則萬有不能礙，所以達人無累於情者，以其智勝而習薄也。故古之悟心之士，攬長河爲酥酪，變大地作黃金，豈有他術哉？唯得自心之妙，滿法界之量，心外無法故也。公刻《華嚴大疏》於雞足，其有得於此，惟是道路間關，無大手宗匠，開公頂門眼，故公志慕方外，欲事遠遊，參訪知識，以世法纏牽而不可得，愚意則不然。即公能靜坐觀心，六根消復，則處空殞亡；洞觀法界，則山河不隔。將視華藏於毫端，攝淨土於塵芥，不動步而遊履十方，不起坐而承事諸佛，此自性天然，本元具足，曾不假於外也。且公有土者也，以山川之廣，人民之衆，即推其佛心而教化之，語曰："一家仁，一國興仁。"公以精誠格物，以佛事化民，使家喻而戶曉，人各知有佛，心各知有慈，不令而民從，不威而民服，熙熙皞皞，含哺鼓腹，窮荒邊徼,洋洋佛國之風,公如坐蓮花,而端居極樂,即太古之治,在掌股間,又何勞跋涉山川,視浮光泡影,而爲究竟佛事者乎?予因先生而知公居遐陬八難之地,定爲悲願之應身,第恨老矣。不能持一鉢以南詢,望毗耶之室,如眉睫間,願與公結異世緣,當龍華三會中,予定知公爲釋迦末法中之宰官佛子也,公其無意乎?①

馮時可所作《武陵稿》似僅藏臺北故宮,待日後查閱。憨山文中謂木增"歸心三寶,刻意禪那,愛接方外法侶,相與禮誦精修"之語,可見奉佛之心。木增還曾在雞足山刊刻《華嚴大疏》,即《大方廣佛華嚴經疏》,唐代清涼澄觀大師所撰。憨山認爲木增所居之麗江"道路間關",沒有大師點化,而木增本人也"以世法纏牽",苦於不能遠遊問道,但若能做到"静坐觀心",那也可以"洞觀法界","山河不隔"。言下之意,木增似曾通過馮時可,希望結納憨山德清。憨山圓寂於明天啓三年,則作此文時木增還未棄土司位,《華嚴懺儀》刊刻事宜也沒提上日程,則這段憨山與木增的往還僅可看成木增漢地佛緣的先聲。

不過,身在西陲邊疆的麗江木氏更多親近的是藏傳佛教,木氏家族多代領袖與藏傳佛教多位教派領袖保持密切的關係。至少在元末明初時,麗江木氏土司便與藏傳佛教噶瑪噶舉派上層建立了深厚的法緣,噶瑪派下分黑帽、紅帽,兩支皆與木氏友善②;整個木氏家族在信仰上一直是噶瑪噶舉派的信徒、支持者及重要施主,木增本人即爲一位虔誠的噶瑪派信徒,他的藏文名爲"噶瑪·米龐才旺·索南饒登"(Karma·Mipham tshe dbang·bsodnams rab brtan),意有不敗、壽權與福德勝堅之意。③ 木增曾親自於麗江家中接待流落至此的噶瑪黑帽系第十世噶瑪巴秋英多傑(藏文:Chos dbyings rdo rje,1604—1674),另一位紅帽系六世確吉旺秋(Chos kyi

---

① X1456 釋德清《憨山老人夢游集》卷 24。
② 王堯《藏文大藏經麗江—理塘版甘珠爾經述略》,《中央民族大學學報》(哲學社會科學版)1986 第 3 期。據李安宅先生《藏族宗教史之實地研究》,噶舉派,即白教,分向巴噶舉派和達伯噶舉派,噶瑪派是達伯噶舉派下四派之一,李安宅《藏族宗教史之實地研究》,上海:上海人民出版社,2005 年,第 83 頁。噶瑪噶舉派的第八世噶瑪巴彌覺多吉(藏文:mi bskyod rdo rje,1507—1554)曾應木公父子之請,於嘉靖初年駐蹕麗江。
③ 木增藏文轉寫釋義得自復旦大學陸辰葉博士之力,謹致謝忱。木增藏文名討論可參前揭王堯《藏文大藏經麗江—理塘版甘珠爾經述略》、楊福泉《明代的治藏政策對納西族和藏族上層之間關係的影響》(《雲南社會科學》2004 年第 1 期)。

dbang phyug，1584—1629)也是木增的座上賓，並幫助木氏刊刻了著名的麗江版藏文大藏經《甘珠爾》。明中葉木氏家族與藏傳佛教格魯派的關係也不錯；木公時代的木土司與勢力剛剛南下的格魯派三世達賴索南加措(Bsod nams rgya mtsho，1543—1588)也有過互動，雙方一同在理塘建理塘寺，不過後來因爲蒙古軍事力量介入西南而中斷。①

現可查木增奉佛善舉甚多，頗受當時西南矕(即納西族)人、藏人景仰。木增曾廣修寺院，雕塑佛像，如麗江芝山福國寺、雞足山悉檀寺②等。其最爲藏傳佛教界推崇者，便是發起刻印了一部藏文大藏經《甘珠爾》，即"麗江—理塘"版大藏經《甘珠爾》，於天啓三年(1623)刻畢。然而，天啓四年，時年三十七歲、正值壯歲的木增，却悄然引退，傳位於其子木懿(阿詩阿春)，自己在玉龍山南側的芝山上修建了別墅"解脱林"，即福國寺，過上了隱居的生活。

二、《華嚴懺儀》東來與徐霞客

麗江版《甘珠爾》刻畢後，木增隨即隱居芝山"解脱林"，似乎不問世事。不過，據《木氏宦譜》"知府阿寺阿春"條的記載似乎還没那麼簡單：

> 天啓四年，父靜攝芝山，公(木懿)於是年保勘承襲，每雞鳴必先櫛沐，侍門問安，次請裁決幾務，然後退食，見諸行事。③

這段時期，木增其實有如退居幕後的"太上皇"，並未實際解除大權。明朝中央也不停地爲其加官進爵，比如崇禎十二年"加封父木增轉四川左布政司職銜"，十三年八月，"蒙欽升四川布政司左布政"等④。此時，木增的交遊往還似僅限於身在滇中人物如十世噶瑪巴秋英多傑、擔當和尚(時尚未出

---

① 馮智《理塘寺早期政教史初探》，《西藏大學學報》2005年2月。文中紅帽系與黑帽系，最遲與木氏結緣，都在十五世紀中葉之前。
② 〔清〕高奣映《雞足山志》，昆明：雲南人民出版社，2003年，第231頁，卷五"建置""寺"條下"悉檀寺"云：萬曆丁巳，麗江府土知府加布政司參政延僧釋禪建。同時悉檀寺世受木氏家族關注，屢加修繕。參陳垣先生《明季滇黔佛教考》，石家莊：河北教育出版社，2000年，卷二"雞山八刹"下"悉檀寺"條，第304頁。另，雞足山上別有一家寺院的藏經閣亦出於木增建造。按《雞足山志》同卷"華嚴寺"下條言："〔華嚴寺〕乙卯(1615年)年災……麗江土知府木增建藏經閣。"
③ 前揭引《木氏宦譜》。
④ 俱見《木氏宦譜》，另見《納西族史料編年》，《納西族社會歷史調查(一)》，第244頁。

家)等人。不過在歸隱十六年後的崇禎十三年(1640),木增與身在東南的蒼雪和尚與吳郡文人結緣,因緣便是刊刻一部久佚的佛經——《華嚴懺儀》。

《華嚴懺儀》全稱《大方廣佛華嚴經海印道場十重行願常遍禮懺儀》,汲古閣刻出後收入晚明所刊方册大藏經《嘉興藏》續藏,亦收日本《卍新纂續藏經》第 74 册(No.1470)。① 因《嘉興藏》經場後期管理的特殊情況,全藏並未全面嚴格地由主辦之餘杭徑山化城寺總持刊刻工作;凡願意用同一板式刊刻經藏的,則可由出資者在各處自行刻制,再收入全藏。如此刻制的《嘉興藏》本,經典學術界稱之爲"外版書",《華嚴懺儀》即是此例②,經版最終也歸嘉興藏發起地嘉興楞嚴寺收藏③。《華嚴懺儀》經首,有錢謙益、毛晉序。據錢序中所載,《華嚴懺儀》經本于葉榆崇聖寺中被發現,而木增刊刻此經而"表章懺法,實維其時,時節因緣,如寶羅網交光攝入"④,儼然復興教乘的大護法。懺儀每卷卷首皆署:"唐蘭山雲巖慈恩寺護法國師一行沙門慧覺依經錄;宋蒼山載光寺沙門普瑞補注;明欽褒忠義忠藎四川布政佛弟子木增訂正;雞山寂光寺沙門讀徹參閱;天台習教觀沙門正止治定。"

據今人研究,卷首"唐蘭山雲巖慈恩寺護法國師一行",非錢謙益序中所謂唐代天文學家、佛學家一行禪師,而是西夏入元的一行慧覺法師⑤。補注此懺的宋普瑞法師,據《新續高僧傳》《華嚴佛祖傳》《滇釋記》等材料記載,大約爲段氏大理國而入元時僧,精通華嚴之學。參閱者蒼雪讀徹法師,於校刻《懺儀》時已爲蘇州華山高僧,然其依然署名初時披剃之寂光寺,可見蒼雪與

---

① 《華嚴懺儀》收於故宫《嘉興藏》第 226—228 函,并見新文豐版第十五册。
② 參藍吉富《〈嘉興藏〉研究》,收入《中國佛教泛論》,臺北:新文豐出版公司,1993 年。
③ 《華嚴懺儀》卷末載:"欽褒忠義忠藎四川布政雲南麗陽佛弟子木增,同麗江府知府授參政男木懿、應襲孫木靖,暨諸子孫太學生木喬、木參,生員木宿、木樕、木欓、木桄、木極、悟樂等,各捐净捧,延僧命役,敬奉《大方廣佛華嚴經三昧懺儀》一部共四十二卷六十一册,直達南直隸蘇州府常熟懸隱湖南村篤素居士毛鳳苞汲古閣中,鳩良工雕造。起於崇禎庚辰孟夏,終於辛巳暮春,凡一載功成。今置此版於浙江嘉興府楞嚴寺藏經閣,祈流通諸四衆,歷劫重修。"CEBTA.X1470,《華嚴經海印道場懺儀》卷末。
④ 錢謙益《牧齋初學集》,上海:上海古籍出版社,2009 年,第 864 頁。
⑤ 白濱《元代西夏一行慧覺法師輯漢文〈華嚴懺儀〉補釋》(《西夏學》2006 年第 10 期)、史金波《西夏文〈金光明最勝王經〉序跋考》(《世界宗教研究》1983 年 3 期)及崔紅芬《僧人"慧覺"考略——兼談西夏的華嚴信仰》(《世界宗教研究》2010 年第 4 期);另,高山杉《〈慧燈記〉所提〈心經〉西夏蒙古翻本》亦關注到"《華嚴懺儀》也保留了一些夏末元初密教的材料。比如民國時中央刻經院鉛印單行的《華嚴懺儀》卷卅九《不報四恩懺悔品》,就引用過《金剛尖本續》《威德王本續》和《密集本續》。這些書在漢文大藏經裏是找不到的,因爲它們既不是唐宋的譯經,也不是遼金的譯經,而是在西夏由印度和西藏的僧侶主持翻譯的",可爲一深入研究之門,參《東方早報·上海書評》2011 年 11 月 20 日。

雞足之緣匪淺①。最後那位"治定"的"天台習教觀沙門正止"身份不詳。

　　錢謙益所撰《華嚴懺法》序中曾委婉地質疑過一行撰此懺儀的真實性，陳垣先生以之為是②；然今知錢氏之非，一行慧覺法師又為西夏末期精華嚴之師，則此經真偽又另當別論。崔紅芬《僧人"慧覺"考略》文中論及，慧覺輯錄的《華嚴懺儀》雖未收錄在元代編訂的佛經目錄中，但它在元代已被刊印，散施於西夏故地等處流行，多種傳本與之題記大同而小異；而河西地區有着良好的《華嚴經》翻譯和傳承基礎。很多華嚴經典，尤其早期翻譯過來的華嚴經典大都是由河西僧人在河西地區完成的。河西地區信仰華嚴的傳統一直持續到夏元時期，陳寅恪《西夏文佛母大孔雀明王經夏梵藏漢合璧校釋序》中推論："明神宗之世，西夏文字書籍，其遺存於西北者當不甚少，或尚有能通解其文字之人歟？"③則明代時西夏相關佛教文本似乎還有一定程度的流通，那譯自西夏時期佛教經典的文本，更有其傳播的合理性了。④

　　這部失傳甚久的西夏時期佛經從木增所在的天末西南來到江南刊刻，有段獨特的因緣。就在崇禎年間，一位來自江南常州府治下江陰縣的遊歷家，正好走入了木增的世界。崇禎十二年己卯(1639)農曆正月，徐霞客通過松江著名居士陳繼儒，及西南名僧擔當和尚(當時尚未出家，俗名唐泰，字大來)的引薦，遠涉麗江，初次面謁木增，遂一見如故；是年二月，木增便請徐氏為滇中佛教名山雞足山修志。二人僅相與一年，至庚辰年正月(1640)，徐霞客因病足不良於行，木增遂具備糧資，派人抬轎護送霞客回鄉，途中歷156天，到江蘇江陰縣馬灣徐家故里，已當年五月餘⑤。筆者深疑木增派人此行，兼有送《華嚴懺儀》赴刻之願。先依徐宏祖歸程，考其與《華嚴懺儀》抵達

---

　　①　按，陳乃乾《明蒼雪大師趙讀徹大師行年考略》"萬曆二十六年戊戌(1598)"條下引《滇釋記》《賢首宗乘》云："師至雞足山寂光寺依水月，並住寺八年"；陳乃乾《明蒼雪大師趙讀徹大師行年考略》，臺灣《新編中國名人年譜集成》第五輯、1940年鉛印本《南來堂集》卷首，另《北京圖書館藏珍本年譜叢刊》亦影印。
　　②　陳垣先生《明季滇黔佛教考》言木增事，直言牧齋已辨其非。參前揭《明季滇黔佛教考》，第341頁。
　　③　陳寅恪《金明館叢稿》，上海：上海古籍出版社，1980年，第199頁。
　　④　沈衛榮教授曾論《華嚴懺儀》所載儀軌，與新見《大乘要道密集》所載藏傳佛教密教儀軌相合，雖非關本文主旨，但確與木增親近藏傳佛教高僧的經歷有關，遂附注於此。
　　⑤　見李近春《徐霞客和木增友好交往述論》《雲南省社會科學》1994年第4期引《徐霞客墓誌銘》(陳函輝)及《徐霞客傳》(錢謙益)，參《重編徐霞客年譜》、《徐霞客遊記》點校本，揚州：廣陵書社，2009年，第53頁。

東南之時。

據《蒼雪年譜》崇禎庚辰年(1640)下載：

> 春，汰如講《華嚴疏鈔》第一會於華山；集有解制同作詩《高松講大鈔於華山感群鶴繞空飛鳴欲下一時播聞詩以紀之》詩云云。汰如卒，年五十三。含光嗣主華山。集有《聞汰公訃音一夜成四詩哭之》詩、《臘月初四日送汰公入龕》詩。①（并可參《賢首宗乘》"汰如""蒼雪"傳）

崇禎十三年春，高僧汰如明河，於蘇州城西的華山，開講《華嚴疏鈔》第一會，法會盛況空前，聲動東南。明河字汰如，號高松，蒼雪同學兼摯友。二人曾同參雪浪洪恩於望亭，又同依一雨通潤於鐵山。一雨圓寂後，汰如入住華山。依蒼雪年譜及其《南來堂集》載詩推測，汰如法師當圓寂於當年秋冬之際②；是春爲汰如第一次、也是唯一一次講《華嚴疏鈔》，第二期開始，便由老友蒼雪大師代爲荷擔。

那次崇禎十三年《華嚴疏鈔》第一會時的聽衆中，不僅有汲古閣主人、常熟居士毛晉，還有一位遠道而來的貴客，他就是依木增旨意自滇南而來的法潤法師；徐霞客去年初遊雞足山，法師便是接待他的悉檀寺諸長老之一③。法潤此次東來，是受木增的囑託，送《華嚴懺儀》東來付刻。毛晉有《送法潤禪師載華嚴海印儀還南詔》詩序云：

> 崇禎十三年四月八日，余因汰如明公講華嚴，解制入華山，蒼雪徹公偕坐蓮花洞，俯瞰法侶，瓢笠蟬聯，如雲出山。獨有一僧，緣紺泉鳥道而上，前昇經一簏，狀貌綴飾，迥別吳裝，目睹而異焉。彈指間直至座下，擎一錦函，長跪而請曰："弟子從雲南悉檀寺而來，奉木生白大士命也。木大士位居方伯，從雞足山葉榆崇聖寺覯得《大方廣佛華嚴經懺法》四十二昫。相傳一行依經錄者，兵燹之餘，普瑞藏諸寺中。自唐迄今，未入大藏，故特發願刊布，敬授把事，度嶺涉江，就正法眼。"言畢，隨

---

① 前揭《蒼雪年譜》。
② 《賢首宗乘》"汰如傳"未詳月份，按，蒼雪集中有《庚辰冬臘月初四日送汰兄入龕八首》，依次推算。見1940年鉛印本《南來堂集》，似審限於下半年。
③ 〔明〕徐弘祖，《徐霞客遊記》，清嘉慶十三年葉廷甲增校本，第十冊下"悉檀寺"條載：萬曆間古德本無建，護法檀越麗府生白木公，後嗣法潤、弘辨(一作"辯")、安仁、體極、住靜、白雲。按，法潤與木增當殊爲親密。

出兼金異香爲供,作禮而退。蒼公合掌向余曰:"異哉!子向藏中峰禪師華嚴宋本,模勒即成;昨又鑴《賢首本傳》。汝兄方講清凉大鈔第一會,適有三昧海印儀,不遠萬里而至,真雜華一會,光召影響也。壽梓以傳,非子而誰。"余遂欣然鳩工庀材,經始乃事。越歲辛巳,木公再持一介,遥寄尺書,贈以琥珀、熏陸諸異品,諄切鄭重,雲山萬里,如接幾席。迨工人告成,又逢如來脅生之誕,何時分之適符,不可思議耶!一時遠近緇素,詫爲奇特,聞風隨喜者,陸不停輪,水不輟棹。至法潤師南旋之日,燒香獻花者棋布於隱湖之干,或繪無聲,或歌有韻。余亦沾一味之澤,聊賡五際之言。庶幾他日溯岷源、登雪山,訪白水道人,與法潤長老共披十萬之正文,不爲生客矣。①

毛晉等東南僧俗與法潤法師,相見於汰如《華嚴疏鈔》會上,時間爲崇禎十三年浴佛日。而次年佛經刊刻完畢的日子,也在浴佛日這天,參毛晉在《華嚴經海印道場懺儀敍》末署刊刻完畢的時間爲"崇禎十有四年歲在辛巳孟夏浴佛日",中間正好經歷一載時間。農曆四月初八爲民間浴佛日,相傳摩耶夫人夢一尊神如其右肋而孕,於四月初八生下了佛祖釋迦牟尼,即毛晉文中"如來脅生之誕"。初現佛經與工程完畢都是四月初八那天,不由得毛晉言之不可思議了。②

蒼雪《南來堂集》中有詩亦記載此事,詩名頗長,斷句於下:

> 辛巳春,華山講期中,滇南麗江木太守生白公遣使,以唐一行禪師所集《華嚴懺法》,見委校讎,刻行江南。識者咸謂,於兩年間,初得教義章,再得賢首傳,三得華嚴懺,次第出世,得非吾賢首宗之幾斷而復續,晦而復顯之明驗歟?恭賦一詩紀之。

---

① 〔明〕毛晉《野外詩》收入《虞山叢刻》。
② 刊刻時間,另可參《華嚴懺儀》卷首《華嚴海印道場懺儀題辭》(殘):"曁乎我明,滇中麗江生白木大士,輒遇於葉榆之崇聖寺,機因踪顯,道賴人弘,真法界之玄鏡重輝,高山之慧日再朗也。忽於庚辰之端月,星使韜車,懷金萬里,爰來虞山,問詢汲古主人,因命校閱,繡刻流通。一大因緣,不可思議。愚也方且芚然而視,聵然而聽,瞿瞿然互爲短長,而與之更始,遂授之梓人,以告成焉。"《華嚴懺法》敍、題記,《中國佛教經論序跋記集》,上海:上海辭書出版社,2009 年,第 1934—1937 頁)及《懺儀》正文卷一及卷末說明:"(懺儀)直達南直隸蘇州府常熟縣隱湖南村篤素居士毛鳳苞汲古閣中,鳩良工雕造,起於崇禎庚辰孟夏,終於辛巳暮春,凡一載功成。今置此版於浙江嘉興府楞嚴寺藏經閣,祈流通諸四衆,歷劫熏修,見聞此法,永持不舍。"參《大方廣佛華嚴經海印道場十重行願常遍禮懺儀》卷一及卷四十二,另參鄭偉章《毛晉代麗江木增刻書述略》引《續藏懺儀》正文。

據前引毛晉詩序文字，可知蒼雪此詩開頭紀年屬記誤，當作"庚辰"，辛巳（1641）春時版刻已畢，陳乃乾所編《蒼雪年譜》亦引蒼雪詩題而誤，此詩當繫於崇禎十三年庚辰。詩序及《華嚴懺儀》經文所署懺儀作者"唐一行禪師"，也應爲"夏一行法師"。蒼雪詩序另言"初得教義章，再得賢首傳"，"教義章""賢首傳"兩事，分別爲汰如、道開師徒於崇禎十一年校刻《華嚴教義章》，及蘇州昭慶寺所出賢首祖師像，加上《華嚴懺儀》東來，爲當日東南華嚴宗中興的標誌。①

從蒼雪詩題中"見委校讎"語可以推測，木增送經東來的聯繫人，應該就是他本人；并可參蒼雪《南來堂集·附遺文》中《寄徒三和書》所載：

> 聞汝野師翁，近習静雞山，亦是名山之寶，汝當時時就教，執侍金瓶，勝見吾也。法潤師來吳奉木檀越命以《華嚴識法》相委，多恐爲謀不終。安仁、弘辯師及諸山耆德見時，一一皆爲申念……崇禎辛巳五月初十。

此信所記日期當爲正確。信中的"野師翁"，即野愚廣慧，初與蒼雪同參釋水月於雞足山，陳垣先生《明季滇黔佛教考》卷二"雞山大静室野愚"條載其事蹟②。蒼雪此信中與"三和"聊到木增施刻《華嚴懺儀》事，"多恐爲謀不終"，蒼雪當即爲木增最終託付刻經之人。其中原因，首先蒼雪就是雲南籍，與麗江木增之間較東南士大夫有天然的親近感，其次蒼雪出家於雞足山，木增很可能通過雞足山僧衆如信中"安仁、弘辯師及諸山耆德"等，與蒼雪取得關係，而西遊至麗江的徐霞客也可能傳遞了更多關於蒼雪在東南禪林的訊息。

蒼雪此信落款"崇禎辛巳五月初十"，及毛晉《送法潤禪師藏華嚴海印儀還南詔》詩中謂"長江五月衲衣寒，料峭秋風歇馬鞍"句，可以推知辛巳五月間，爲護送經書的法潤法師回滇時日。法潤法師此來江南，應該有位悉檀寺來的同行僧人，就是蒼雪、徐霞客共同提到過的弘辯，他另一個名或號應該

---

① 《教義章》可參《蒼雪年譜》崇禎十一年戊寅條下："汰如、道開校刻《華嚴教義章》"之屬，呂澂先生有遺著《〈華嚴教義章〉略解》，爲張春波所整理。"賢首傳"，毛晉詩序中作"賢首本傳"，遍查毛晉刻書，似未見有相關書目，此處似當解爲"賢首像"，可參《賢首宗乘·蒼雪傳》所載，前引《賢首宗乘》，第250頁。

② 前揭《明季滇黔佛教考》，第296頁。

是"道源"。我們知道至少是道源法師,應該去了趟普陀山參訪,並爲自己駐錫的悉檀寺請回了整套《嘉興藏》。①

而大旅行家徐霞客自麗江回歸故里的時間,與懺儀東來也高度吻合。查徐霞客之東還,其具體日期已不可考,傳世《徐霞客日記》庚辰年無記載,今所據僅陳函輝所作墓誌銘、錢謙益所作傳來推測。按,丁文江《明徐霞客先生弘祖年譜》崇禎十三年庚辰下云:

> 先生是年之蹤跡無遊可考。陳函輝的《徐霞客墓誌銘》曰:"病足不良於行,留修雞足山志,三月而志成。麗木守爲飭輿從送歸。轉側筍輿百五十日,至楚江困甚。黃岡侯大令爲具舟楫,六日而達京口,遂得生還。是庚辰夏間事也。"錢牧齋傳云:"足不良行,修雞足山志,三月而畢。麗江木太守,待餽糧具筍輿以歸。"又云:"西遊歸,以庚辰六月。"按修志事在去年,則正月至六月,先生當在途中。②

丁氏之推測,即後人所依"一百五十六日"之行,皆本於陳函輝之墓誌銘。依丁氏"正月至六月,先生當在途中"語,徐霞客東歸之始爲正月,與法潤法師出發時間大致相同。而二人出發之地,可能也爲一地。丁氏年譜"崇禎十二年己卯"載:"九月十五以後無日記。按,先生奉麗江木公命,修雞山志。故是年當在雞山。"而徐氏所住寺院很可能即木增捐建的悉檀寺,按《徐霞客日記》曾記載崇禎十二年秋徐霞客曾有一僕出逃,時間爲是年八月初十,徐霞客本人即在悉檀,似未見離開。③法潤法師即是悉檀寺當家和尚之一,亦當不會久離本寺。

如此則可以推知,徐霞客與《華嚴懺儀》的東來,時、地、人密切相關。二者皆奉木增之命,於自庚辰正月,同自雞足山悉檀寺出發;麗江木增使人東來,路途千里,且危險重重,不太可能在短短一個正月之內,兩次安排同一方向的不同行程。兩重因緣,同時同地,因一人之力而起,當合爲一大緣起,似

---

① 前引《雞足山志》"悉檀寺"條載,崇禎十一年辛巳,"僧道源朝普陀,又請嘉興府全藏歸奉大殿",第 231 頁。"道源"當爲弘辯法師,可參道堅《雲南雞足山古代佛寺藏書考略》(載"中國雞足山佛教論壇"論文集,2003 年 4 月)文中所考。

② 丁文江《明徐霞客先生弘祖年譜》,《北京圖書館藏珍本年譜叢刊》影印 1933 年上海商務印書館排印本。

③ 詳《徐霞客遊記》崇禎十二年己卯八月下。

乎如此解釋會更合理。況且，法潤與霞客也久相識，一路同行，於情於理皆通。區別只是，一支隊伍行三月餘即至，另一支則走了半年，至於途中細節更不可知了。

由此推斷，《華嚴懺儀》經本得以東來，並校刻流通，與西行至麗江的徐霞客有相當關係，至少徐氏的歸來，促成了經本的東傳。崇禎十二年時的木增，通過陳繼儒、擔當和尚等東南媒介，認識了西遊至滇的徐霞客，并慕其人品學品，結爲好友，委其撰修《雞足山志》。毛晉雖與徐霞客似未見訂交，然徐霞客與錢謙益相識已久①，錢、毛在師友間；徐爲江陰人，去虞山、姑蘇未遠。木增或由此間接聽説毛晉汲古閣刻書之盛，其爲刻《華嚴懺儀》之念或即起於此時。木增待徐霞客病劇，欲歸故里時復盡賓主友朋之誼，遣使送行，兼爲刻經之事，一舉兩得。徐霞客不僅爲一旅行大家，其遊歷麗江之成果，則超出其自然、人文地理的貢獻，而成爲打通漢藏區域文化圈間的開拓者，使東南文化圈與木氏的納西、藏文化圈於晚明時互動成功，別開生面。但其晚年返回故里歸程甚長，重病至記載凋零；今傳《華嚴懺儀》東來文獻，片言不沾徐霞客事，歷三百餘年，頗有"埋没英雄芳草地"②之嫌。

三、蒼雪參與懺儀因緣

憨山德清依馮時可《六公傳》作木增《禮佛記》時，《華嚴懺儀》尚不爲漢地所知，然木氏熱衷於刻經之舉，已爲衆人傳誦。憨山謂其：

> 古之悟心之士，攬長河爲酥酪，變大地作黄金，豈有他術哉？唯得自心之妙滿，法界之量心外無法故也。公刻《華嚴大疏》於雞足，其有得於此？惟是道路間關，無大手宗匠，開公頂門眼，故公志慕方外，欲吏遠遊，参訪知識，以世法纏牽而不可得，愚意則不然……③

木增似早已留心華嚴宗的經典，不獨藏文密教經典。晚明爲華嚴宗中

---

① 見錢謙益《徐霞客傳》"過余山中，劇談四遊四極九州九府經緯分合，歷歷如指掌。"觀其語氣，當爲舊相識。見《牧齋初學集》卷七一傳二，《錢謙益全集》，第1593頁。
② 陳寅恪先生《柳如是别傳》緣起引錢謙益《秋夕燕譽堂話舊事有感》。
③ 同前揭引《憨山老人夢遊集》。

興的年代，華嚴修行者借助唯識之學充實自身理論，產生了雪浪、一雨等並參華嚴、唯識的高僧。自雪浪起，華嚴宗僧衆便於東南廣交教内外諸友①，傳至蒼雪，亦不遜乃祖。而蘇州中峰華嚴講期與西南來客結緣，便有蒼雪之力；據前引毛晉《送法潤禪師載華嚴海印儀還南詔》詩小引載蒼雪與毛子晉對話，若明白蒼雪或已事先明瞭經書東來事，則可知其將鐫刻之任委之毛晉，非蒼雪一時興起，而是其深思之後的決定。

前引蒼雪《辛巳春華山講期中滇南麗江木太守生白公遣使以唐一行禪師所集華嚴懺法見委校讎刻行江南識者咸謂於兩年間初得教義章再得賢首傳三得華嚴懺次第出世得非吾賢首宗之幾斷而復續晦而復顯之明驗歟恭賦一詩紀之》一詩，爲蒼雪《南來堂集》中明確提及此事者，全詩曰：

峰高難度雁飛回，江急晴空響若雷。
負杙傳身逾嶺後，舉煙招伴過橋來。
六朝遺稿人何在，萬里緘書手自開。
行李瘴嵐封溼盡，翻經臺作曬經臺。

此詩首聯當化用杜甫《登高》語，直言滇南天末之地，形勢險惡。頷聯"負杙傳身，舉煙招伴"則用中古西域"波羅頗蜜多羅"法師典故，事見《般若燈論釋》卷一：

中天竺國三藏法師波羅頗蜜多羅，唐言明友，學兼半滿，博綜羣詮，喪我怡神，搜玄養性，遊方在念，利物爲懷，故能附杙傳身，舉煙召伴，冒冰霜而越葱嶺，犯風熱而渡沙河。時積五年，塗經四萬，以大唐貞觀元年歲次娵訾十一月二十日，頂戴梵文至止京輦。②

此"附杙傳身、舉煙召伴"的中天竺波羅頗蜜多羅，歷盡艱險，越過帕米爾高原將梵本經書帶到長安，與木增遣人送《華嚴懺儀》東來相當。頸聯中"六朝"當非"六朝金粉"之南朝，應是唐、南詔、大理、宋、元迄明六朝，言經歷六朝而人方知此經存在。"萬里緘書"當爲蒼雪收信後得知滇南木氏所來赴刻經卷事。全詩尾聯則用小説家調侃。翻經臺爲劉宋時名流謝靈運慕慧遠

---

① 廖肇亨《雪浪洪恩初探》引吉川幸次郎語，謂錢謙益交往僧衆，以雪浪法嗣最多。見廖肇亨《中邊·詩禪·夢戲》，臺北：允晨文化出版社，2008年，第203頁。
② CBETA：T1566，龍樹菩薩《般若燈論釋》卷一。

大師,於寺中築臺翻涅槃經①。另,蒼雪同時人周永年所編《吳都法乘》載蘇州也有處"翻經臺":

> 生公池之東南,有翻經臺,相傳爲晉梵僧於此重譯《法華經》者。唐王建詩云(詩略)。②

蒼雪此處似有指本埠掌故者。"曬經臺"則爲《西遊記》中典故;按,《西遊記》第九十九回《九九數完魔剗盡 三三行滿道歸根》:

> 少頃,太陽高照,却移經於高崖上,開包曬晾,至今彼處曬經之石尚存……自此清平歸正覺,從今安泰到仙鄉。曬經石上留蹤跡,千古無魔到此方。他四衆檢看經本,一一曬晾……

此處言法潤所攜經卷一路東來多有艱辛,翻經臺、曬經臺抑或喻毛晉之汲古閣,將刻經以傳世;而其筆端詼諧,並用釋氏志書及通俗小說中唐三藏之典,顯蒼雪作詩之趣。蒼雪詩集中尚有《送番(梵)僧》③一首:

> 本師偏袒翠袈裟,航海而來小釋迦。
> 附杙登峰經火焰,舉煙招伴渡流沙。
> 書傳印土全同(思)梵,語學中洲半帶華。
> 番漢僧中年八十,山形誰復辨楞伽。

按:此詩頷聯用典全同上首,遂録於此。番僧身份與法潤法師一行的身份倒是相合。《南來堂集》補遺卷三上"七律"中還有一首《送僧還雞足》詩云:

> 滇南古路路千盤,有客長歌行路難。
> 筇杖半挑雲裏去,遠山一點雪中寒。
> 瘴煙黑處深需避,烽火紅時仔細看
> 三月還家春色老,杜鵑啼殺杏花殘。④

此詩列於《高松河兄與余矢願互爲賓主共轉大經疏鈔公始於華山首唱

---

① 可參《佛祖統紀》卷二十六、宋陳舜俞《廬山記》卷一。
② CBETA:B0193,周永年《吳都法乘》卷十。
③ 前揭《南來堂集》卷三上王培孫先生校注本,()中爲雲南叢書本之異文。
④ 按:王培孫輯《南來堂集》補遺,很可能如同正編一樣按創作編年順序排列。上引《辛巳春》之詩,即列於《聞汝公訃音一夜成四詩哭之》之下。編者以汝如圓寂於庚辰,遂列之前。後更有辛巳年作《贈王煙客五表》,可資證明。

一期解制同作戲和久知月夜踏花影》詩之次,即前論法潤到來之時,汰如法師所倡之法會,此詩亦當在其後不久。詩中舉"春色老""杏花殘"等殘春之景,時在春末無疑,及崇禎十三年庚辰或十四年辛巳春末。若作於十三年,則此詩中還雞足之番僧或爲法潤法師,護送經卷抵達蘇州後隨即返回,若在十四年,則或加上弘辯法師。或有可能即爲十四年返回時,因詩中所寄多位法師,遂在詩名中不加體現,因材料不足,附論於此。

另,《徐霞客遊記·滇遊日記十三》"九月初九"下云:

> 野和爲克新之徒,尚居寂光,以其徒知空居此。年少而文,爲詩雖未工,而志甚切,以其師叔見曉(即蒼雪)寄詩相示,并己稿請正,且具餐焉。(小字注:見曉名讀徹,一號蒼雪,去山二十年,在余鄉中峰,爲文湛持[即文震孟]所推許,詩翰俱清雅。)問克新向所居精舍,尚在西一里,而克新亦在寂光。乃不西,復從瀑布上東盤望臺之南。①

徐霞客於己卯年九月時,見蒼雪予野和之詩,亦是一旁證,疑此時蒼雪正爲《華嚴懺法》東來之由而寄詩問詢。然徐氏當日所見此"見曉寄詩",若尚存《南來堂集》中,則爲蒼雪集中哪一首,頗有可論。首先似乎不應當是上引《送番僧》或《送僧還雞足》中的一首,除非二詩確作於刻經之前,否則從創作時間不甚相符合,如此則蒼雪集中另一首寄贈西南大德之作,更有可能是此時野和所見;亦唯此人,始可幫助溝通滇南與吳中,木增與蒼雪之因緣際會。此人即前述之擔當和尚,明亡前夕他落髮爲僧,俗名唐泰,字大來。按:蒼雪集中《王公子升如自滇至吳,得唐大來書問》:

> 秣陵廿載得親朋,浪子何當遠念興。
> 數字隨風傳萬里,兩心相見只孤燈。
> 寒雞宿野啼霜草,奔馬荒田嗅凍冰。
> 回首驚魂知未定,艱危吾亦過來曾。

王升如亦滇人而游於東南②。蒼雪此詩列於"卷三今體"下,之前有《過

---

① 《徐霞客遊記》,上海:上海古籍出版社,1982年,第1115頁。
② 參見〔明〕劉城《嶧桐文集》卷三《王升如時文序》,清光緒十九年養雲山莊刻本;擔當《橘園集》卷五有《索居滇末欲與王升如廣其聲調感賦》詩,《擔當詩文全集》,昆明:雲南人民出版社,2003年,第91頁。

訪錢虞山北歸》，後有《喜子羽冒雨入山，次早即同出山作》。錢謙益於崇禎十一年戊寅（1638）五月二十四日出獄，歸南在是年十月之後，蒼雪過訪又在次年己卯（1639）春①；黃翼聖字子羽，其《寇警雜言並序》②中有言："兹歲孟夏，懷綏新都"，末署"時崇禎庚辰"，當爲 1640 年，則此《王公子升如自滇至吳，得唐大來書問》一題，當作於己卯或庚辰初。據"秣陵廿載"意，當如前引徐霞客日記小注"去山二十年"，或可作懷二十年之摯友擔當。然實際二人訂交至多爲十四年，據方樹梅《擔當年譜》，天啓五年（1625）下有"師薦入京，應禮部試"③，後又南下，拜致仕的董其昌爲師。蒼雪與之相識最早於此年間，次年蒼雪即有《送唐大來明經應試詩》。觀首聯中，秣陵乃南京古稱，"浪子"之謂，或指其皆西南人士，遠離故土。頷聯謂二人通信頻繁，"數位傳萬里"可見二人關係之篤。頸聯、尾聯言滇、吳之間路途遙遠艱辛，似不知爲何有此感慨。按：方氏《擔當年譜》唐大來已於崇禎四年（1631）歸滇地，此《自滇至吳得唐大來書問》詩最早也在己卯年（1639），擔當已久家居八年，詩中所謂"寒雞""奔馬""艱危"似非泛泛之語。兹大膽猜測此詩所謂"回首驚魂知未定"者，乃指西去之徐霞客。查《擔當年譜》（並參《徐霞客日記》）"崇禎十一年戊寅"條下：

>　　戊寅八月，徐霞客由黔入滇……至安江村，入晉寧北門訪師……俾知霞客與師之關係，非泛泛然所可比。

及"崇禎十二年己卯"條下：

>　　師僑寓省寓。徐霞客由雞足赴麗江，謁木知府增……師爲木增手訂《山中逸趣》，霞客至麗江，訪木增，得見爲序之。

徐霞客於戊寅年至晉寧訪唐泰，一見如故。唐、徐二人或曾聊起這位吳中滇僧，唐泰具以告知蒼雪，蒼雪遂作此語，方可解釋。

今觀徐霞客西遊滇黔，結緣蒼雪、擔當等釋教中人，繼以面見木增，校刻

---

① 《南來堂集》中《過訪錢虞山北歸》與《遊琴川》（《雲南叢書》本作"瑟月"，不知何故。"琴川"爲常熟別稱，當爲正解）瞿氏園》兩詩相連，皆記過訪錢瞿獄解事。《遊琴川瞿氏園》中有"麥隴乍翻三月浪"，則爲春日景致。
② 〔明〕黃翼聖《黃攝六詩選》。黃翼聖殉後錢謙益選取其遺作刊刻。
③ 見《擔當詩文全集》附方樹梅《擔當年譜》，雲南人民出版社。

《華嚴懺儀》，法之妙緣，不可思議。而徐霞客最終未能睹經册付梓而終。緣起之人而未能盡意，誠爲可惜！刻《懺儀》事後，毛晉與木增亦建立起友誼，前引毛晉小序便載木增來信，並帶來些"琥珀、熏陸諸異品"，毛晉落魄時木增亦嘗伸手援助，前人已有論，不再贅述。① 今所論木增與蒼雪之間交遊際會，及《華嚴懺儀》所歷本事之文化意義，遠高於《懺儀》本身的宗教意義，值得標出。

四、結語："漢藏佛教"的成立

　　今日學界"漢藏佛教"的研究題設始自沈衛榮教授，對于《華嚴懺儀》文本的研究也以沈教授最爲深入。從刊刻經歷到文本本身多角度研究《華嚴懺儀》的嘗試，無疑是明代區間內"漢藏佛教"交流圓融的最佳案例之一，這也是曾經的明代佛教研究所忽視的話題，而學界歷來割裂明代漢傳、藏傳佛教的討論無疑也阻礙了許多明代佛教討論的繼續深入，今日唯有將"漢藏佛教"共同作爲14至17世紀中國佛教的主體加以討論，纔能徹底激活近世佛教研究的活力，使得更多的研究者進入這一領域挖掘明清佛教文化、政教關係、經典義理等話題中的價值。

　　具體到本文中木增、蒼雪與《華嚴懺儀》之間的因緣，漢傳華嚴高僧蒼雪大師，以一西南僧人而活躍於東南，木增則以藏傳佛教檀越的身份，刊刻漢文經典以流布，但此《懺儀》所造，又依據西夏時所譯藏文儀軌，爲漢地所未見。此中交融與互通錯綜複雜，唯有通過"漢藏佛教"的視野與相應的研究成果，纔能彰顯其中價值。而就今日明清佛教研究如"晚明佛教復興"等話題，本身就有藏傳佛教缺位之嫌，不僅文中華嚴宗蒼雪大師與藏傳佛教略有往來，明季錢謙益、趙宧光等居士士大夫的信仰生活中也有藏傳佛教的影響在其中，因本文所論《懺儀》所及此話題，遂有感於此。

2012年夏初稿
2019年春重訂

---

① 張耀宗《明代出版家毛晉與雲南麗江木增的交往》，《江蘇圖書館學報》1999年第1期。

略論宗喀巴《事師法五十頌釋》

陸辰葉

引言

《事師法五十頌》(Skt. *Gurupañcāśikā*, Tib. *bLa ma lnga bcu pa*)是歸屬於馬鳴(Aśvaghoṣa)名下的一部由五十句偈頌構成的作品,在佛教金剛乘(Vajrayāna)或密教中來説地位舉足輕重。該頌旨在强調師徒倫理,尤其强調如何禮敬上師、供養上師,在藏傳佛教可謂是尊師軌則的根本性經典。從廣義上來説,這類文本可以納入戒律的範疇。

《事師法五十頌》的研究可能最早起源於 20 世紀上半葉的法國。《事師法五十頌》的作者署名是一個有爭議的問題,法國著名學者列維(Sylvain Lévi)較早提出了這點。他所依據的是在尼泊爾發現的梵文寫本殘本,該寫本只有 33 頌。[1] 日本學者賴富本宏對這個問題做過一番討論,認爲作該頌的馬鳴活躍於印度佛教晚期,即密教時期,與早前作《佛所行讚》等詩文的作者並非一人。[2] 歸於馬鳴名下的著作衆多,印順法師懷疑歷史上可能有過"六個馬鳴"。近年來,最值得注意的研究是德國學者 Péter-Dániel Szántó 發現了該頌的一個新寫本,這幾乎是一個全本,來自尼泊爾-德國寫本保護項目(Nepal-German Manuscript Preservation Project,簡稱 NGMPP)。Szántó 對該寫本做了轉寫,附上了梵文寫本的照片,并宣布與意大利學者

---

[1] Sylvain Lévi, "Autour d'Aśvaghoṣa", *Journal Asiatique*, Tome 215, 1929, pp.255-285.
[2] 賴富本宏《伝馬鳴作〈事師法五十頌(Gurupañcasika)〉をあぐつて》,《印度學佛教學研究》21(2),1972 年 3 月,第 945—947 頁。

Francesco Sferra 正在準備該頌的精校本。①

該頌文在後世得到了廣泛的注釋、徵引與討論，尤其是在藏傳佛教之中。明代格魯派大師宗喀巴（Tsong kha pa bLo bzang grags pa，1357—1419）不僅在《菩薩道次第廣論》等著作中多次引用該頌，且對該頌做了專門的釋論，即 bLa ma lnga bcu pa'i rnam bshad（藏文），漢譯名爲《事師法五十頌釋》或《事師五十頌釋》。該釋論旁徵博引地解說頌文中的師徒行爲準則，將師徒關係更爲細緻地描述清楚，從而使得禮敬上師的戒律細化，便於落實到日常修行中去。宗喀巴《事師法五十頌釋》的研究在國內學界有少量涉及，沒有專門的研究。例如，班班多杰與周拉僅注意到了宗喀巴在《菩提道次第廣論》中多次提到《事師法五十頌》的內容來解說加行親近軌理，即修上師所喜之事，斷除上師不喜之事。②

本文首先梳理馬鳴《事師法五十頌》與宗喀巴《事師法五十頌釋》的梵、藏、漢文獻資料。其次，分析宗喀巴作《事師法五十頌釋》的歷史背景。再次，梳理宗喀巴的注釋中所引用的顯密文獻，考察其思想來源。

一、《事師法五十頌》與注釋文獻梳理

（一）根本頌

《事師法五十頌》（Skt. Gurupañcāśikā），通常署名馬鳴（Skt. Aśvaghoṣa, Tib. rTa dbyangs）。

梵本：尼泊爾寫本 2 種。1. 殘本：NGMPP, B23/8。僅存 33 頌。2. 幾乎全本：NGMPP, B24/56，微縮膠卷編號 A934/11。少一葉。署名 Vāpilladattta。③

藏譯：Tib. bLa ma lnga bcu pa。譯者：蓮生鎧（Padmākaravarma）、

---

① Péter-Dániel Szántó, "Minor Vajrayāna Texts II. A New Manuscript of the Gurupañcāśikā." In: Nina Mirnig, Péter-Dániel Szántó, Michael Williams eds., Puṣpikā: Tracing Ancient India Through Texts and Traditions. Volume 1. Oxford: Oxbow, 2013, pp.443-450.

② 班班多杰、周拉《簡論上師善知識與藏傳佛教的關係（四）》，《法音》2008 年第 10 期，第 45—53 頁。

③ Péter-Dániel Szántó, "Minor Vajrayāna Texts II. A New Manuscript of the Gurupañcāśikā." In: Nina Mirnig, Péter-Dániel Szántó, Michael Williams eds., Puṣpikā: Tracing Ancient India Through Texts and Traditions. Volume 1. Oxford: Oxbow, 2013, pp.444-445.

寶賢（dGe slong Rin chen bzang po）。德格版（D）：No.3721，rGyud，Tshu. 10a2-12a2。北京版（P）：No.4544，rGyud 'grel，Nu. 242b7-245a3(vol.81, pp.250-206)。那塘版（N）：Nu. 244a2-246a4。

漢譯：《事師法五十頌》，宋代日稱（Sūryakīrti）等譯，見 T 32，No.1687。

（二）印度注釋

《敬師釋難》（Skt. *Gurvārādhanapañjikā，Tib. bLa ma'i bsnyen bkur gyi dka' 'grel），未見梵本，僅存藏譯。① 作者歸屬於 Vanaratna （1384—1468），Tib. Nags kyi rin chen，漢譯"林寶"。藏文譯者：廓譯師·童吉祥（'Gos lo tsa ba Gzhon nu dpal，1392—1481），其老師便是 Vanaratna。D. No.3722，rGyud，Tshu. 12a2-36a2。P. No.5013，rGyud 'grel，Yu. 1a1-29b3(vol.87, pp.1-14)。

（三）藏文注釋

目前最著名的注釋文本就是宗喀巴所著的《事師法五十頌釋》，全名《上師五十頌釋·滿弟子一切願》(Tib. bLa ma lnga bcu pa'i rnam bshad slob ma'i re ba kun skong）。塔爾寺（sKu 'bum Byams pa gling Par khang）版：Ka. 342-402。

宗喀巴該注釋在民國已有兩種漢譯：

1. 能海譯：《事師五十頌廣釋》，參見方廣錩分卷主編：《中國宗教歷史文獻集成 4·藏外佛經（第四冊）》，合肥：黃山書社，2005 年，第 421—452 頁。此譯本"復名《充滿學者之一切希望道》"。能海法師的譯本是全譯本，釋論譯文之後附有能海法師轉寫的簡單後記，寫明譯文完成時間爲"庚辰年"，即 1940 年。

2. 湯薌銘等譯：《事師法五十頌釋》，參見方廣錩分卷主編：《中國宗教歷史文獻集成 4·藏外佛經（第四冊）》，合肥：黃山書社，2005 年，第 397—420 頁。該譯本前有湯薌銘所寫的《事師法五十頌釋緒言》，孫靜庵所撰的《事師法五十頌釋序》以及未署名的《事師法五十頌釋名辭略注》，但缺少釋論最後的結頌與題跋部分。譯文完成時間爲"民國壬午孟冬"，即 1942 年。

此外，當代已有若干新的漢文譯本，在教界有一定的流傳度。②

---

① 漢譯名爲筆者所擬。
② 如索達吉堪布講解的版本等等，受篇幅所限，此處暫不列入考察範圍。

西方學界亦對此有所研究,已有英譯：Gareth Sparham trans.,
The Fulfillment of All Hopes: Guru Devotion in Tibetan Buddhism.
Somerville：Wisdom Publications,1997。該譯本是已知最早最全面的西文
翻譯與研究著作。

(四) 後世影響

《事師法五十頌》在密教歷史上影響甚廣。在 10 到 11 世紀的印度,即
印度佛教晚期,有多部釋論都引用該頌文,例如,Bhavabhaṭṭa 所作的
Catuṣpīṭhanibandha，Puṇḍarīka 所作的 *Vimalaprabhā*，以及 Vajragarbha
所作的 *Piṇḍārthaṭīkā*。①

二、宗喀巴生平概述與注釋背景

明清以來,關於宗喀巴的藏文傳記不下三十餘種。② 漢地對宗喀巴的
生平研究也有相當長的時間。民國時期,法尊法師翻譯了大量藏文著作,後
來整理出版了五卷本《宗喀巴大師集》,第五卷中最後囊括了節譯的《宗喀巴
大師傳》,成爲漢地日後研究宗喀巴生平不可或缺的資料。③ 建國後,藏學
家王森根據法尊譯本及其他相關藏文史籍,撰寫了《宗喀巴傳論》,並附有
《宗喀巴年譜》,將宗喀巴的生平清晰勾勒出來,對之後的研究幫助很大。④
1986 年,郭和卿翻譯了清代法王周加巷所造的宗喀巴傳記,即《至尊宗喀巴
大師傳》,1995 年出版修訂本,2004 年再版。法王周加巷,此名出自 1981 年
青海民族出版社所出的該書藏文版,當時該書漢譯版扉頁上譯名如此。事
實上,作者全名爲加巷確捷洛桑赤列南傑,生活於清嘉慶、道光年間,生卒年
月不詳。從小入色拉寺出家,學習五部大論。先後擔任十世達賴楚臣嘉措

---

① Péter-Dániel Szántó, " Minor Vajrayāna Texts II. A New Manuscript of the Gurupañcāśikā." In: Nina Mirnig, Péter-Dániel Szántó, Michael Williams eds., *Puṣpikā: Tracing Ancient India Through Texts and Traditions. Volume 1.* Oxford: Oxbow, 2013, p.443, note 3.
② 周加巷著,郭和卿譯《至尊宗喀巴大師傳》(修訂本),西寧：青海人民出版社,1995 年,第 427—428 頁。
③ 宗喀巴大師講,法尊法師譯《宗喀巴大師集》(第 5 卷),北京：民族出版社,2001 年,第 451—533 頁。
④ 王森《宗喀巴傳論(附《宗喀巴年譜》)》,北京：中國科學院民族研究所少數民族社會歷史研究室,1965 年。

和十一世達賴凱珠嘉措的侍讀。宗喀巴的這部傳記藏文原文完成於 1845 年。① 經有關學者研究，法尊法師所譯的《宗喀巴大師傳》也是基於周加巷的傳記，只不過法尊法師的譯本是節譯本，而郭和卿的譯本是全譯本，參考價值更大。② 1995 年，班班多杰、王堯與褚俊傑同時出版了各自的《宗喀巴評傳》。③ 21 世紀之後仍然不乏宗喀巴的專門研究著作。④

從衆多的傳記研究中可以知道，宗喀巴出生於青海宗喀地區（今湟中縣），從小學習佛法，一生致力於弘揚佛教、整肅戒律，於多處宣說佛理戒律，並留下了豐富的著作。宗喀巴師從夏瓊寺（Bya khyung dgon pa）住持頓珠仁欽（Don grub rin chen, 1309—?）。頓珠仁欽爲宗喀巴灌頂，取密法名號"不空金剛"（Skt. Amoghavajra, Tib. Don you rdo rje）。宗喀巴七歲出家受沙彌戒之後，法號"羅桑扎巴貝"（Tib. bLo bzang grags pa dpal），意爲慧稱吉祥，簡稱羅桑扎巴。其成名之後，世人不再直呼其名，而是尊稱其爲"宗喀巴"（即宗喀人）。十六歲起，宗喀巴遊歷多地，轉益多師，顯密兼修。

依照《宗喀巴年譜》中關於該釋論的相關情況可以看出，宗喀巴先爲徒衆口頭上講解了《事師法五十頌》，再形成自己的注釋文字，且與其他戒律文本一並完成。1400 年，即明建文二年，宗喀巴年屆四十四。是年春日，宗喀巴前往拉薩西邊的噶瓦棟寺（dGa' ba gdong），宣講《瑜伽師地論》中的《菩薩戒品》《事師五十頌》及《密宗十四根本戒》等。這三者囊括了大乘戒律、從師規矩與密宗戒律，將藏傳佛教顯密僧俗應遵循的戒律一網打盡，對於推廣戒律產生了不小的社會影響。同年，宗喀巴返回熱振寺（Rwa sgreng dgon pa），著手撰寫《菩提道次第廣論》（Lam rim chen mo）。1402 年，明建文四年，宗喀巴著《菩薩戒品釋》《事師法五十頌釋》即《密宗十四根本戒釋》，現存於宗喀巴全集（gsung 'bum）的第一函。次年開始宣講所著的《菩提道次第廣論》。1405 年，始著《密宗道次第廣論》（sNgags rim

---

① 周加巷著，郭和卿譯《至尊宗喀巴大師傳》（修訂本），西寧：青海人民出版社，1995 年。
② 朱萍、楊學義《藏傳佛教傳記文學〈至尊宗喀巴大師傳〉研究——以兩種漢譯本爲視角》，《淮海工學院學報（人文社會科學版）》2015 年第 3 期，第 49—51 頁。
③ 班班多杰《宗喀巴評傳》，北京：京華出版社，1995 年。王堯、褚俊傑《宗喀巴評傳》，南京：南京大學出版社，1995 年。
④ 例如，李元光《宗喀巴大師宗教倫理思想研究》，成都：巴蜀書社，2006 年；朱麗霞《宗喀巴佛學思想研究》，北京：中國社會科學出版社，2007 年。

chen mo)。次年,宗喀巴年届五十,完成《密宗道次第廣論》,隨即向弟子們傳授該論。① 可以説,《事師法五十頌釋》是宗喀巴在四十多歲時的成熟之作,是他推廣戒律過程中的重要一環。

三、《事師法五十頌釋》引用文獻分析

宗喀巴引用了大量顯密經典來解釋《事師法五十頌》,其中密教的續(tantra)與論占大多數。以下依照《事師法五十頌釋》的塔爾寺藏文本,對湯薌銘等人的漢譯(以下簡稱"湯譯")略作修訂,給出現今較爲通行的漢譯名,整理出相關引用情況,按照引用的先後順序排列如下:

1. 顯教文獻:

藏 文 名	漢譯名	作 者②	相關偈頌	引用次數
mDo kun las btus pa	《經集論》③	龍樹(Nāgārjuna)	2	1
Rin po che'i phung po	《寶藴經》		2	1
rTog ge 'bar ba	《思擇焰》④	清辨(Bhāvaviveka/Bhavya)	4	1
'Dul ba	《毗奈耶》		4	2
brGyad strong 'grel chen	《八千大疏》	獅子賢(Haribhadra)	13	1
Lam gyi rim pa	《菩提道次第廣論》⑤	宗喀巴	13、48	3
'Dul ba mdo	《律經》⑥	德光(Guṇaprabha)	23、24	2
dKon mchog sprin	《寶雲經》		23	1
Shes rab kyi pha rol tu phyin pa	《大般若經》		38	1

---

① 王森《宗喀巴傳論(附《宗喀巴年譜》)》,第63—68頁。
② 顯密文獻中,經(sūtra)與續(tantra)不列作者,其他論疏之作者多爲筆者補充,少數爲文中所提及,出現兩位作者名表示引用兩種同名注疏。仍有諸多疏漏,留待方家指正。
③ 湯譯《寶要義論》。
④ 湯譯《思擇熾然論》。
⑤ 湯譯《菩提道次第》。
⑥ 湯譯《毗奈耶經》。

续 表

藏 文 名	汉译名	作 者	相关偈颂	引用次数
sPyod bsdus	《摄行论》①		48	1
sPyod 'jug	《入菩提行论》②	寂天（Śāntideva）	49	1

2. 密教文献：

藏 文 名	汉译名	作 者	相关偈颂	引用次数
rGyud kyi rgyal po sgyu 'phrul 'drwa ba/sGyu 'phrul 'drwa ba	《幻化网续王》《幻化网》③		开篇、2、9、14、15、22、23	10
Kye rdo rje	《喜金刚》		1	1
rDo rje rtse mo	《金刚顶经》④		1	1
Man ngag snye ma	《教诫穗》⑤		2	1
dPal gsang ba 'dus/'Dus ba	《吉祥密集》《密集》⑥		2、14、22	3
'Khor lo'i 'grel chen/Dri med 'od	《时轮大疏》《无垢光释》⑦	具种白莲（Puṇḍarīka）	2、4	3
Don dam pa snyen pa/Don dam pa'i snyen pa	《胜义近事论》⑧		2、9	2
bDe mchog stod 'grel	《胜乐赞释》⑨		4	2
bShad rgyud rdo rje phreng pa	《释续金刚鬘》⑩		6、9、30	3

---

① 汤译《摄行经》。可能是阿底峡的《摄菩萨行论》。
② 汤译《趣入菩萨行论》。
③ 即《秘密藏续》。
④ 汤译《金刚顶》。
⑤ 又译《窍诀穗》。
⑥ 又译《密集金刚》，汤译《密聚》。
⑦ 又译《时轮广论》，即《时轮金刚·无垢光释》，汤译《无垢光所问经》。
⑧ 汤译《胜义近事品》或《胜义近事经》。
⑨ 汤译《上乐赞释》。
⑩ 汤译《金刚释续》。

續　表

藏　文　名	漢譯名	作　者	相關偈頌	引用次數
rDo rje mkha' 'gro	《金剛空行》		7、22、23、48	5
sGyu 'phrul draw ba'i 'grel pa	《幻化網疏》	普喜藏（Kun dga' snying po）	8	2
rDo rje snying po rgyan/ sNying po rgyan	《金剛心莊嚴續》《心莊嚴續》①		8、14、20、23、27、30、31、32、36、45、47	14
De kho na nyid bcu pa	《十真如》②	慈護（Maitrīpa）	9、48	3
rDo rje gur/Gur	《金剛幔續》		8、9、12、21、23、25	6
'Khor lo'i	《時輪灌頂章疏》		9	1
dPal mchog 'grel chen	《最勝吉祥大疏》③		10、16、17	3
dKyil cho ga bzhi brgya lnga bcu pa'i 'grel pa/ bZhi brgya lnga bcu pa'i 'grel pa	《四百五十壇城儀軌疏》④《四百五十疏》	寶藏寂（Śāntipa/Ratnākaraśānti）	10、16	2
dPal mchog	《最勝吉祥續》⑤		12、21	2
zLa gsang thig le	《月密明點續》		13、25	2
sGron gsal	《明炬論》⑥		14	1
bDe mchog rtse rgyud	《勝樂根本續》⑦		14	1

---

① 湯譯《金剛心瓔珞》、《金剛心瓔珞續》或《心瓔珞續》。
② 湯譯《十真性》或《十真性經》。
③ 湯譯《上樂大疏》或《勝德大疏》。
④ 湯譯《四百五十中圍儀軌》。
⑤ 湯譯《勝德》或《勝德經》。
⑥ 即《密集金剛·明炬論》，湯譯《明炬》。
⑦ 湯譯《上樂根本續》。

續　表

藏　文　名	漢譯名	作　者	相關偈頌	引用次數
梵文名：Saṃpuṭa①	《吉祥遍至口合本續》②		17、20、43	3
Lam lnga	《五次第》		21	1
gSang 'dus kyi 'grel pa	《密集疏》	Tsi lu pa	22	1
		寶藏寂	22	1
gDan bzhi	《四座續》		22、23	3
gDan bzhi'i 'grel pa	《四座疏》	Bhāvabhadra③	22	1
		念智稱（Dran pa ye shes grags pa）	22	1
dPal gsang ba thams cad kyi spyi'i cho ga	《一切勝密總儀軌》		24	1
dKyil cho ga rdo rje phreng pa	《壇城儀軌金剛鬘》④		48	1
Dam tshig gi cho ga kun las btus pa	《集一切誓句儀軌》		49	1
Khyad par 'phags bstod	《最勝讚》	Udbhaṭṭasiddhasvāmī⑤	50	1

有上述兩表可知，宗喀巴更側重藉助密教文獻的解釋。引用文獻較爲頻繁的是《金剛心莊嚴續》《幻化網》《金剛幔續》和《金剛空行》。這與宗喀巴在結尾的自述大體一致。釋論結尾處，宗喀巴自言：

> gzhung 'di la rgya gar pa'i 'grel pa mi snang yang 'di gang las gtso cher btus pa'i rgyud dpal gsang ba 'dus pa dang rdo rje phreng ba dang rdo rje snying po rgyan gyi rgyud dang sgyu 'phrul dra ba dang

---

① 藏文：saṃ bhu ṭa。
② 湯譯《三補札》或《三補札續》。參見沈衛榮：《西夏文藏傳續典〈吉祥遍至口合本續〉源流、密意考述（上）》，《西夏學》2007 年第 2 輯，第 92—98 頁。
③ 藏文：bhā ba bha dra。
④ 湯譯《最勝中圍金剛》。
⑤ 宗喀巴引用了《最勝讚》第 62 頌。該讚頌藏文校勘本，參見 Ācārya Sangye T. Naga, "A Note on the *Viśeṣastava* (*Khyad par 'phags bstod*): 'Superior Verses in Praise [of Buddha Śākyamuni]'." *The Tibet Journal*, 23(2), 1998, pp.49-83。

saṃ bhu ṭa dang rdo rje gur dang | rdo rje mkha' 'gro dang dpal mchog dang po la sogs pa rnams dang | sngags kyi bstan bcos gzhan rnams la'ang brten nas |①

能海譯：此論在印土唯有詳明之解釋、如此之所作者。又復，此中引用純潔殊勝，如《攝秘密大教王》（gSang ba 'dus pa）②，及《金剛鬘》（rDo rje phreng ba），及《金剛心莊嚴傳承》（rDo rje snying po rgyan gyi rgyud）③，及《幻化網》（sGyu 'phrul dra ba），及《桑補扎》（Saṃ bhu ṭa）④，及《金剛幕》（rDo rje gur）⑤，及《金剛空行》（rDo rje mkha' 'gro），及《最初勝勇》（dPal mchog dang po）⑥等諸密部論之言教，乃至別餘善説亦共依據。⑦

這段文字有兩個要點。首先，宗喀巴説《事師法五十頌》在印度沒有詳明的解釋，這點不確切。前文已經羅列了印度的注釋以及相關文本説明了這點。其次，宗喀巴明確表明了所引用的主要經典來源基本上都是密教文獻，可見他在詮釋《事師法五十頌》時有着清晰的密教立場。這可能是由《事師法五十頌》中的語句大多可以在密教文獻中找到出處或類似説法，因此配合密教經典展開分析解説成爲行之有效的方式。宗喀巴在他的釋論中指出了部分頌文的文獻出處，例如，第十三、二十五頌出自《月密明點續》，第十五至二十一頌出自《最勝吉祥續》，而這些文獻都是密教文獻。這就使得宗喀巴的這篇釋論有着強烈的密教特色。

事實上，宗喀巴作爲密教大師的身份在傳統敍述中提及得比較少，但從其全集的目錄就可以看到，他的大部分論著都與密教有關。大家普遍了解的宗喀巴著作是《菩薩道次第廣論》而比較少談到《密宗道次第廣論》，後者

---

① Tsong kha pa bLo bzang grags pa, "bLa ma lnga bcu pa'i rnam bshad slob ma'i re ba kun skong", in *The Collected works* (gsung 'bum) *of the Incomparable Lord Tsong kha pa bLo bzang grags pa.* sKu 'bum: sKu 'bum Byams pa gling Par khang, 2000? [sic], Ka. 401.4-5.
② 即《密集》。
③ 即《金剛心莊嚴續》。
④ 即《吉祥遍至口合本續》（Saṃpuṭa）。
⑤ 即《金剛幔續》。
⑥ 即《最勝吉祥續》。
⑦ 漢譯句讀、著作藏文皆爲筆者添加。原文參見宗喀巴著、能海譯：《事師五十頌廣釋》，見方廣錩分卷主編：《中國宗教歷史文獻集成 4·藏外佛經（第四册）》，第 452 頁。

在藏傳佛教中同樣重要。

四、《事師法五十頌釋》之科判

宗喀巴的《事師法五十頌釋》對五十頌做了邏輯結構上的分析，以科判的形式明確了五十頌之間的邏輯關係，也將釋論的框架勾勒清楚。以下根據藏文與湯譯，稍做調整，列出該釋論的具體科判，以便了解全文結構：

前分
 開篇頌
 論主解說
正分
甲一、釋起始所作（bshad la 'jug pa'i bya ba）
 乙一、供讚（別言：歸敬）（mchod par brjod pa）：第1頌上半頌
 乙二、造頌所宗（brtsam par dam bca' ba）：第1頌下半頌
甲二、釋正安立處（bshad pa nyid nye bar dgod pa）
 乙一、依止上師之法（bla ma bsten pa'i tshul）
  丙一、總示依止之法（bsten tshul spyir bstan pa）
   丁一、正義（dngos kyi don）
    戊一、略示依止之法（bla ma bsten tshul mdor bstan pa）
     己一、所應恭敬上師之理證（bla ma la gus par bya ba'i 'thad pa）：第2頌
     己二、修恭敬之法（gus pa sgrub pa'i tshul）
      庚一、總示所敬事之法（bsnyen bkur bya ba'i tshul spyir bstan pa）：第3頌
      庚二、特開許處（dmigs kyis bsal ba）：第4、5頌
     己三、觀察所恭敬境及能依者（gus pa'i yul dang rten brtag pa）
      庚一、所應互相觀察因緣（phan tshun brtag dgos pa'i rgyu mtshan）：第6頌
      庚二、既觀察已，應取應捨之法（brtags nas spang blang bya ba'i tshul）

辛一、應捨之相（spang bya'i mtshan nyid）：第 7 頌

　　　辛二、應依之相（bsten bya'i mtshan nyid）：第 8、9 頌

　戊二、廣説依止之法（rgyas par bshad pa）

　　己一、遠離不敬（ma gus pa spang ba）

　　　庚一、遠離輕毀（brnyas pa dang smod pa spang ba）

　　　　辛一、總標（spyir bstan pa）：第 10 頌

　　　　辛二、分説（bye brag tu bshad pa）：第 11、12 頌

　　　庚二、遠離惱觸其心（thugs dkrug pa spang ba）：第 13 頌

　　　庚三、説不現見過患（ma mthong ba'i nyes dmigs bshad pa）：
　　　　　第 14 頌

　　　庚四、總攝共義（de dag gi don bsdu ba）：第 15 頌

　　己二、云何修敬（gus pa ji ltar bsgrub pa）

　　　庚一、獻供（yon dbul ba）

　　　　辛一、獻供能净不敬之法（ma gus pa'i dag byed du yon dbul
　　　　　ba）：第 16 頌

　　　　辛二、獻一切攝受之法（yongs su bzung ba thams cad 'bul'i
　　　　　tshul）：第 17 頌

　　　　辛三、如是獻供之理證（de ltar byed pa'i 'thad pa）：第
　　　　　18 頌

　　　　辛四、恒常守護三誓句之法（rgyun gyi dam tshig gsum
　　　　　bsrung tshul）：第 19 至 21 頌

　　　庚二、觀師爲佛（sangs rgyas su blta ba）

　　　　辛一、正義（dngos kyi don）：第 22 頌

　　　　辛二、於師影等亦遮不敬（grib ma sogs la'ang ma gus pa
　　　　　dgag pa）：第 23 頌

　　　庚三、如命成辦（bka' bsgrub pa）：第 24、25 頌

　　　庚四、於上師物及其眷屬，云何應作（bla ma'i rdzas dang
　　　　'khor la ji ltar bya ba）：第 26 頌

　　　庚五、衆事遍行，悉皆清净（'phral gyi kun spyod dag par
　　　　bya ba）

辛一、遮止不如理遍行（mi rigs pa'i kun spyod dgag pa）
　壬一、於師能見周圍近處所應修學（mthong ba'i nye 'khor gyi bslab bya）：第 27 至 30 頌上半頌
　壬二、於師能聞周圍近處所應修學（thos pa'i nye 'khor gyi bslab bya）：第 30 頌下半頌
辛二、依止如理遍行（rigs pa'i kun spyod bsten pa）：第 31 頌
辛三、所餘遮止不如理威儀（mi rigs pa'i spyod lam 'gog tshul gzhan bstan pa）：第 32 頌

庚六、身語敬事差別（lus dag gis bsnyen bkur ba'i khyad par）
辛一、身敬事差別（lus kyis bsnyen bkur ba'i khyad par）：第 33 頌
辛二、語敬事差別（ngag gis bsnyen bkur ba'i khyad par）：第 34 頌

庚七、遠離我慢（nga rgyal spang ba）
辛一、聽受命令遠離我慢（bsgo ba nyan pa la nga rgyal spang ba）：第 35、36 頌
辛二、於聞法時等遠離我慢（chos nyan pa sogs la nga rgyal spang ba）：第 37 頌
辛三、總於遍行遠離我慢（kun spyod spyi la nga rgyal spang bar bstan pa）：第 38、39 頌

庚八、自不自在而轉（rang dbang du mi 'jug pa）
辛一、行利他時，應求許可（gzhan don la 'jug pa'i tshe gnang ba nod pa）：第 40 頌
辛二、奉獻因行利他所得利養（zhugs pa las byung ba'i rnyed pa bstab pa）：第 41 頌
辛三、上師面前，自己不應受他敬事（bla ma'i spyan sngar gzhan gyi bsnyen bkur bdag gir mi bya ba）：第 42 頌

　　　　辛四、於身威儀，起大恭敬(lus kyi spyod lam ches gus par byed tshul)：第 43 頌
　　丁二、附義(zhar byung gi don)：第 44 頌
　　丙二、特開許處(de'i dmigs bsal)：第 45 頌
　　丙三、依止法之要義(bsten tshul gyi don bsdu ba)：第 46、47 頌
　乙二、爲其宣説依止法之時(bsten tshul bshad pa'i dus)：第 48 頌
　乙三、既宣説已，云何令作相應之器(bshad nas snod rung du ji ltar bya ba)：第 49 頌
甲三、釋最後所作(bshad pa mthar phyin pa'i bya ba)：第 50 頌

五、結語

　　綜上所述，我們可以得出以下幾點結論：

　　宗喀巴的《事師法五十頌釋》是針對印度佛教晚期的《事師法五十頌》而作的釋論文本。該頌文本身在印度與西藏的影響不容小覷，兩地的注釋文本與後世引用文本證明了該頌文的受重視程度。

　　《事師法五十頌釋》是宗喀巴在四十多歲時的成熟之作，其時相當於是明建文年間。該釋論與《菩薩戒品釋》《密宗十四根本戒釋》，從師徒規矩、大乘戒律及密宗戒律三個方面構成了宗喀巴推廣戒律過程中的三個根本性、總攝性的依據。

　　經過細緻的文獻梳理與統計之後，我們能夠發現宗喀巴在注釋《事師法五十頌》時利用了多種顯密文獻，引用文獻的大部分是密教文獻，這是基於該頌文内容自身的密教性質，同時也證明了宗喀巴顯密兼修的佛學成就。

　　通過上述科判可見，宗喀巴將全文分爲了三大點：1.依止上師的方式（第 2 至 47 頌），2.依止上師的時間（第 48 頌），3.弟子如何堪爲傳承佛法的法器（第 49 頌）。而第一點是全文的主體部分。宗喀巴的解説兼顧了師道倫理與實踐操作兩個層面，有助於聞法弟子的見修。

　　關於宗喀巴《事師法五十頌釋》更爲深入具體的教理研究，則有待來日。

佛教與儒道

佛法與方法：明清佛教及周邊

三教通體：士大夫的宗教態度*

李天綱

中國文化的信仰方式一般通稱爲儒、道、佛三家，三家之間的關係和結構，又有"三教並立""三教合一"的説法，當然也有"儒術獨尊"的傳統。但是，大家有没有想過，在利瑪竇把中華三教（sects）介紹給歐洲的時候，並不是説三種獨立的"宗教"（religions），更不是説三派學者因了信仰不同，便如同當今世界的宗教衝突那樣，你死我活，不相往來。現代世界宗教中間的佛教、道教和儒教，是近四百年來的"近代化"的複雜過程中形成的"現代宗教"。實際上，近代以前的中華宗教，因其同源通體的特性，各教各派之間在很多基本形式上具有相似性。陳寅恪等學者曾指出中國文化"儒表道裏""儒表佛裏"的現象，非常犀利地指明了這一點，可惜 20 世紀 30 年代的"新儒學""新道學"和"人間佛教"討論都没有特别重視這一論述。

本文的目的，在於通過考察江南士大夫的信仰生活，揭示儒家的宗教性。明清時期的江南儒家士大夫往往吟詩作畫、刻經講道、吃齋念佛、奇門遁甲，不問蒼天問鬼神，並不區分儒、道、佛三教。儒家士大夫在朝廷排斥佛教、道教，但回到江南鄉鎮却和僧人、道士關係密切（參見拙作《江南鎮鄉祭祀體系中的地方與國家：以上海金澤鎮及蘇、松二府爲例》，載《華東師範大學學報》，2014 年第四期）。這種矛盾現象表明儒家排斥"釋道二氏"，大多是利益糾紛，而信仰上却存在一致性。過去的解釋，主要歸結於儒學在理性上的不徹底性，事實上儒學本身就根植着宗教性。《中庸》講"鬼神之爲德"，

---

* 本文爲國家社科基金重大項目"比較經學與宗教間對話研究"（13&ZD074）的階段性成果。

表明儒家把"鬼神"看成"德行",是天地造化的因素。過去中國思想、文化和哲學的研究,降低了儒家的宗教性,把它説成是一種純世俗學説,也是説不通的。以今天的宗教學説來看,偏向於"懷疑主義"的朱熹,仍然參與了很多宗教活動,他的講學充滿了宗教意味,而他創作的《朱子祭禮》《朱子家禮》爲儒教祠祀建立了準則。

本文是關於中國民間宗教研究專著中的一章,旨在考察中國民間宗教與儒教和中華宗教之間的密切關係,並嘗試在"三教並立""三教合一"的理論之外,提出"三教通體"的説法,即指出中國古代的儒、道、佛三教與民間宗教(popular religion)存在着天然而本質上的聯繫。三教以教義、科儀、祭祀和團體等制度宗教形式存在,而民間宗教則以普遍的崇拜方式存在。民間宗教,是中華民族所有宗教的信仰之源。

一、"三教通體"

陳寅恪先生《天師道與濱海地域之關係》(1932)指出魏晉士大夫精神生活中的一個悖論:"東西晉,南北朝時之士大夫,其行事遵周孔之名教(如嚴避家諱等),言論演老莊之自然,玄儒文史之學著於外表,傳之後世者,亦未嘗不使人想慕其高風盛況。然一詳考其内容,則多數之世家,其安身立命之秘,遺家訓子之傳,實爲惑世誣民之鬼道,良可慨矣。"①陳先生指出儒家"名教"下面的"鬼道"底色,對於魏晉之"鬼道",陳先生也使用了"惑世誣民"的定語,但他對"濱海地域"之天師道並不簡單非議。相反,他想揭示"海濱爲不同文化接觸最先之地,中外古今史中其例頗多"的事實。陳寅恪先生提醒"好學深思之士,當能深知其意也"。②

儒家高頭講章之下,含着"鬼道",學者必要有此審慎態度。近代中外學者認識的"中國文化",大多按後來定義的"儒家"要義去理解。原本豐富的内涵,變得膚淺。陳寅恪先生察覺這個弊病,另有説:"二千年來華夏民族所受儒家學説之影響,最深最鉅者,實在制度法律公私生活之方面,而關於學

---

① 陳寅恪《天師道與濱海地域之關係》,《金明館叢稿初編》,上海:上海古籍出版社,1980年,第39頁。
② 同上書,第40頁。

说思想之方面,或轉有不如佛、道二教者。"①陳先生更指出:儒、道、佛三教,中古以來並稱"三教","南北朝時,即有儒釋道三教之目,至李唐之世,遂成固定之制度。如國家有慶典,則召集三教之學士,講論於殿廷,是其一例"②。中古以降,儒、道、佛"三教"存在同構關係——同一個文化結構下,以不同的方式,相互依賴,共融共生。儒家、道家和佛學等學理之外,三教有其普遍信仰方式。近代學者都意識到,中國宗教的"普遍信仰"方式,與"民間宗教"有關。儒、道、佛三教相通,不但通在教理思想,而且通在民間實踐,可以稱爲"三教通體"。

唐宋以後"三教通體"之現象,明清時期依然。士大夫朝廷斥責"釋道二氏",但是江、浙籍的京官們回到家鄉,並不對本土宗教持反對態度,大多數相當開明。明末講學,受"王學"思潮影響,江南士大夫和佛教、道教人士友好交往,三教貫通的情況十分平常。學界記載,"隆慶二年會試,爲主考者厭五經而喜老莊,黜舊聞而崇新學,……自此五十年間,舉業所用,無非釋、老之書"③。崇禎時重申科考必須儒學,清初審核儒學更加嚴格,但儒、道、佛的交往並未中斷。清末以前,江南士大夫並不認爲與佛教、道教人士打交道是一件羞於啓齒的事情。相反,大部分士大夫,都以歐陽修與釋秘演、蘇軾與釋參寥交往的舊例爲託詞,在寺廟宮觀留下印跡,過的是一種"跨宗教"的生活。

江南蘇、松、嘉、湖地區的士大夫,乃至外籍的地方官員,對於地方宗教有開明態度,這一點在正史中常常被忽視了。在地方文獻,如《金澤小志》《珠里小志》等鄉鎮志,還有《松江府志》《蘇州府志》《青浦縣志》《上海縣志》等州府縣志中,有不少高層士大夫容教的記載。關於"中國思想",不

---

① 陳寅恪《馮友蘭〈中國哲學史〉下册審查報告》,《金明館叢稿二編》,上海:上海古籍出版社,1980年,第251頁。馮友蘭《中國哲學史》強調儒家爲中國文化之本。陳先生在審查報告中則強調"佛、道二教",無疑是提醒馮先生要注意基層宗教思想的重要性。陳寅恪先生承認宗教生活對於中國文化的重要性,對於當時北平人云亦云的"中國無宗教"議論並不苟同。在陳垣《明季滇黔佛教考序》中,陳先生嚴格批評古今學者都不重視宗教研究,説:中國學者"于宗教往往疏略,此不獨由於意執之偏蔽,亦其知見之狹陋有以致之","故嚴格言之,中國乙部之中,幾無完善之宗教史。然其有之,實自近歲新會陳援庵先生之著述始。"(《金明館叢稿二編》,第240頁)北平學界只有"二陳"(陳寅恪、陳垣)重視宗教研究,唯從"歷史"(乙部)切入。從"經學"(甲部)轉化而來的"中國哲學"却不承認中國有宗教,這是20世紀中國宗教學難以開展的重要原因。
② 《金明館叢稿二編》,第250頁。
③ 顧炎武著,黃汝成集釋《日知錄集釋·科場禁約》,長沙:嶽麓書社,1994年,第660頁。

得不用整體、抽象的方式來敍述。但是,在鄉鎮一級的"地方知識"(local knowledge)層面,在方志、野史等"史部"著作,筆記、小説等"説部"文獻中,歷史常常表現得與正經正史爲代表的主流著述迥異。在這些"非主流"的文獻中,儒家人士並不刻板,儒學教義並不道貌岸然。身居高位的儒者,不排斥民間信仰,還熱衷參與其間。傳説,青浦朱家角鎮巨紳王昶的日常生活,包括性生活,都會諮詢術士,他"篤信陰陽家言,每好合,必選擇吉日,而預算是夜某星過某度。苟時日稍不利,則否"①。

　　青浦金澤鎮的各類寺廟留有碑刻和題匾,從中可以看到儒家士大夫們的"跨宗教"生活。金澤鎮頤浩禪寺,有趙孟頫用楷體書寫的《金剛經》,潘耒作跋。② 趙孟頫(1254—1322),宋末藝術大家,元初一品士大夫。籍隸浙江吳興,與金澤鎮相鄰。娶青浦貞溪("距金澤二十里")③籍畫家,作《我儂詞》的才女管道升(1262—1319)爲妻,同信佛教。頤浩禪寺曾收藏管道升書《篆文大悲咒》,江南才情夫婦曾悠游於金澤,"寓宜靜院"。另外,趙孟頫畫《不斷雲》圖案鐫刻在巨石上,是金澤頤浩禪寺的鎮寺之寶,傳世至今。還有,頤浩寺的山門,原有趙孟頫題寫"雲峰""方丈"二額,寺院視爲珍寶。潘耒(1646—1708),清初著名儒生,江蘇吳江人,亦與金澤鎮毗鄰。潘耒師從顧炎武,後好佛,"與(頤浩寺住持)處庵最投契,時來金澤,憩寺中"④。潘耒爲管道升《篆文大悲咒》作跋,另撰《修禪堂疏》,都留在頤浩寺。還有,崑山"三徐"中的長兄徐乾學(1631—1694),是清初秉持"理學"的正統儒家,也在頤浩禪寺留下墨蹟。徐乾學"與處庵善,致仕後,時來金澤"⑤,作《飯僧田記》,由二弟徐元文(1634—1691)書寫,題刻在彌勒殿的壁上。⑥

　　按照"中國佛教"劃分成"三種佛教",即"宫廷佛教"(court Buddhism)、"士大夫佛教"(gentry Buddhism)和"民衆佛教"(popular Buddhism)的理論來判斷,金澤鎮宗教生活中的"士大夫"和"民衆"特徵都很强。和元代名士

---

①　徐珂《清稗類鈔》,第十册,"方伎類·王述庵篤信陰陽家言",北京:中華書局,1984年,第4600頁。
②　周鳳池纂,蔡自申續纂,楊軍益標點《金澤小志》,上海:上海社會科學院出版社,2005年,第63頁。
③　同上書,第84頁。
④　同上書,第91頁。
⑤　同上書,第91頁。
⑥　同上書,第63、64頁。

趙孟頫一樣,明末也有很多江南文人把寺廟看作自己的交往物件和精神故鄉。明末著名士人董其昌(1555—1636,江蘇華亭人)也在金澤鎮留有墨蹟。頤浩禪寺西面,有一座佛寺"雪隱西院",董其昌爲之題寫"冰壺"門額。① 董其昌,官至禮部尚書,華亭縣人,移居府城松江,離金澤鎮很近。董其昌晚年好佛,崇禎二年(1629)和陳繼儒一起,在松江城西白龍潭請本地高僧蒼雪大師(讀徹,1590—1650)講《楞伽經》。②

"真實居士"馮夢禎(1548—1605,浙江嘉興人)與屠隆(1543—1605,浙江鄞縣人)爲萬曆五年(1577)同科進士,兩人交善。同年,屠隆轉任青浦知縣,馮夢禎則因"奪情案"得罪張居正。仕途受挫之際,他便經常從家鄉來青浦與屠隆相會,途經金澤頤浩寺。按《金澤小志》記載,"長卿令青浦,偕來金澤,登臨憑眺,流連不忍去,遂有《頤浩寺義田碑記》之作。③ 馮夢禎等人標榜氣節,寄情山水,流連佛道,在嘉、杭、湖、蘇、松一帶推動佛教運動。從馮夢禎的《快雪堂日記》記載看,馮夢禎、管東溟、袁了凡等人,不僅自己投入學力、財力,刊刻藏經,而且動員了大批地方紳士來支持佛教。萬曆年間的頤浩寺,在青浦地區獲得了豐富的信仰資源,爲明代佛學運動的中心。居士沈認卿,蘇州吳縣人,在青浦"有田二千五百餘畝,歲入三千餘(兩)",爲江南巨富,沈認卿平日爲頤浩寺恩主。沈認卿的兄長沈文卿,還有于中甫、吳康虞等三人,各自"年輸百金",助刻《嘉興大藏經》。頤浩寺成爲《嘉興大藏經》發祥地和編撰基地,可見其財力之豐厚,以及與江南士大夫之密切。④

馮夢禎虔心佛教,甚至修改了儒家形式的家禮。每年元旦,馮氏家族祭祀順序是:最先"禮佛",然後及於"諸聖",最後才是拜祭"高祖以下"的列祖列宗。萬曆戊子(1588),元旦日記,大晴天,東南風,馮氏全家"禮佛及諸聖,次禮高祖以下,各四拜。次與婦再拜,次受二子及男婦拜"。萬曆己亥(1597)十一月初一日,秋高氣爽,天氣晴好,馮夢禎在"佛室禮佛、禮祖先及參神,如常儀"。⑤ 馮氏家祭,雖不排斥祖先,但置佛爲第一,鬼神第二,五廟

---

① 周鳳池纂,蔡自申續纂,楊軍益標點《金澤小志》,第64頁。
② 事見蒼雪大師《南來堂集》,轉引自鄭威《董其昌年譜》,上海:上海書畫出版社,1989年,第191頁。
③ 周鳳池纂,蔡自申續纂,楊軍益標點《金澤小志》,第88頁。
④ 事見馮夢禎《快雪堂日記》,南京:鳳凰出版社,2011年,第44頁。
⑤ 同上書,第9、146頁。

第三,把"佛""鬼神"和"祖先"放在一起參拜,視爲"常儀",已經修改了《朱子家禮》的祭祀規定,毋寧説是一種"三教合一"的家祭。

清初順、康年間,江南著名士人的旅跡經常出現在頤浩寺。魏學渠、毛長孺、徐乾學、潘耒等士大夫,或集群,或個人來金澤鎮逗留、參訪,緣由頤浩寺住持處庵和尚。因爲著名文人魏學渠的紹介關係,處庵住持與清初江南群儒交往。"魏學渠,字子存,號青城,崑山人。登第後,官湖廣提學僉事。幼與處庵和尚同硯,時至頤浩寺相唱和。嘗曰:昌黎《王承福》《毛穎》二傳,柳州《捕蛇》《乞丐》諸作,正東坡所謂'嬉笑怒駡,皆是文章'也。吾輩遊戲三昧,正有至理存乎其間,惟處公已窺此旨。"①魏氏一族,是嘉善縣大舜鄉(今屬西塘鎮)人,與金澤鎮毗鄰,因而他不是崑山人,《金澤小志》誤記。處庵與學渠是早年同窗,法號"行如,字子山,號處庵,自洞庭華嚴寺移錫,主頤浩寺,著《子山語録》。與毛錫年、潘耒結世外交"②。

魏學渠(1617—1690)③,東林黨魁魏大中(1575—1625)從兄之子,"少負雋才,爲柳州八子之一"④。學渠和魏大中之子學濂、學洙一起,樹"柳州詞"派,並因大中的關係,與餘姚黄宗羲家族交往,在江南頗有聲望。然而,明社既屋,江南炭塗,魏學渠却率先於順治五年(1648)應鄉試,成舉人,爲芥官,受南國士人詬病。康熙十八年(1679)"己未詞科"⑤,魏學渠亦被薦舉,應試中慘淡落第,與閻若璩、毛際可等人一起在五十名士之外,又爲路人側

---

① 周鳳池纂,蔡自申續纂,楊軍益標點《金澤小志》,第 91 頁。魏學渠傳略,另見於道光《嘉興府志》和秦瀛《己未詞科記》,僅只簡述他擔任過成都府推官,刑部主事、湖廣提學道僉事和江西湖西道參議,無詳細生平記録。

② 周鳳池纂,蔡自申續纂,楊軍益標點《金澤小志》,第 99 頁。

③ 魏學渠生卒年歷來不詳,近年來學者據錢澄之《田間文集·魏州來詩序》(《續修四庫全書》第 1401 册收録)"是時子存年才二十七,予年三十有二",再按《田間先生墓表》記錢澄之生於萬曆四十年(1612),則魏學渠生於萬曆四十五年(1617)。另,錢澄之有《武塘哭魏子存》文,時署"八旬叟",則當年應爲康熙二十九年(1690)。考證見於陸勇强:《讀〈全清詞·順康卷〉獻疑》,《學術研究》2004年第 6 期;劉琪莉:《魏學渠及其詞研究》,西南大學中文系 2013 年碩士學位論文。

④ 秦瀛《己未詞科記》,收《續修四庫全書》(537)"史部·傳記類",上海:上海古籍出版社,1995 年,第 209 頁。

⑤ 清政府爲籠絡江南文人,康熙十八年(己未,1679),皇帝親定在循例的本科進士考試之外,特詔天下,恩開"博學鴻詞"科,不考八股制藝,勝之者以才藝。儒生無論出身,均可被薦舉,康熙帝親上太和、保和殿,殿試取士。"己未詞科"破格取江南才士五十人,"四大布衣"李因篤(富平)、潘耒(吴縣)、嚴繩孫(無錫)、朱彝尊(秀水),以及汪琬、湯斌、施閏章、尤侗、毛奇齡等不同出身的考生都赫然在列,"明朝遺老"顧炎武、黄宗羲、傅山則堅不出仕。關於本科進士,秦瀛《己未詞科録》(上海:上海古籍出版社,1995 年)有記録,民初學者孟森《己未詞科外録》(收《明清史論著集刊》[下],北京:中華書局,2006 年)有研究,可參看。

目。"己未詞科"中,黃宗羲、傅山以病辭,顧炎武更抛出"刀繩俱在,無速我死"的誓言,士人佩服。"反清復明"雖已無望,江南遺民仍然"誓守名節"。在江南人士不合作的反清氣氛中,魏學渠内心壓力可以測知。他引用韓愈《王承福傳》《毛穎傳》,柳宗元《捕蛇者説》《乞丐文》,都是些作者被貶謫到邊陲爲官,與三教九流相處,抑鬱不得志的作品。值得注意的是,魏學渠之外,清初從江南出仕的士大夫,如柯聳(嘉善人,順治六年進士)、徐乾學(崑山人,康熙九年進士)、潘耒(吳江人,康熙己未進士)、韓菼(長洲人,康熙十二年狀元)等人,都曾來金澤鎮頤浩寺避静。① 他們的文風都很低調,並非如魏學渠引黃庭堅《東坡先生真贊》的樣子,所謂"嬉笑怒駡,皆成文章"。清初出仕文人出入三教九流,恣意於文章,隱情於佛學,有着深刻的心理原因,那是因爲陷入了人格危機,需要慰藉。

明清士大夫中,"經學師"固執於儒教道統,"文學士"就更容易放誕性情,游離於儒、道、佛之間。在金澤鎮上,魏學渠肆意文士秉性,旁研佛學精藴,令他對其他宗教也有了較爲寬容的態度。在文學上,魏學渠主張蘇東坡"嬉笑怒駡,皆成文章",文體寬鬆;在宗教上,他也因"無可無不可"的態度,對不同信仰相容並蓄。魏學渠不止是流連於佛教、道教,還研究過天主教,且與西洋神父做朋友。② "康熙甲辰"(1664),他曾爲西班牙方濟各會神父利安當(Antonio de Santa Maria Caballero, OFM, 1602-1669)之《天儒印》(1664,濟南西堂)作序,有句云:"使諸西先生生中國,猶夫濂洛關閩諸大儒之能翼聖教也;使濂洛關閩諸大儒出西土,猶夫諸西先生之能闡天教也。四海内外,同此天,則同此心,亦同此教也。"③魏學渠的宗教態度開放,認爲儒教和天主教可以溝通,四海之内,同"天",同"心",亦可以同"教"。

江南士大夫和寺觀住持交遊,並非金澤鎮獨然,清初青西名鎮朱家角更

---

① 周鳳池纂,蔡自申續纂,楊軍益標點《金澤小志·遊寓》,第 91 頁。
② 魏學渠和西班牙神父利安當是朋友,而他的堂兄魏學濂(1608—?,浙江嘉善人)曾經受洗,加入天主教。黃一農在論述魏學濂、魏學渠等人的宗教態度時説:"這些對西學或西教友善的士大夫,往往也對佛家或道家同感興趣。"黃一農:《兩頭蛇:明末清初的第一代天主教徒》,上海:上海古籍出版社,2006 年,第 221 頁。這個情況在明末清初的江南信教士大夫身上是有存在的,佛學、道學令他們更理解信仰。當然,也有相反的態度,比如天主教徒徐光啓、李之藻比較排斥佛教、道教;而佛教、道教人士雲棲、虞淳熙也排斥天主教。
③ 魏學渠《〈天儒印〉序》,梵蒂岡教廷圖書館藏本,收《天主教東傳文獻續編》(二),臺北:學生書局,1986 年。

加突出。朱家角鎮,與金澤相鄰,距十公里,同屬"青西"澱山湖水系。水水相連,廟廟相通,佛教、道教,以及民間信仰也很發達。江南地區的儒教士大夫和當地的基層寺廟,有很好的交往。按《珠里小志》作者周郁濱的説法:"二氏學,儒者不道,然宗風高雅,能外形骸,儒行得焉。"[1]按一般儒家的看法,釋道二氏,固不足道。但是,里人周郁濱認爲:僧侣、道士中也有一些品行高雅的,堪比儒生。鎮上有一座佛教寺院"圓津禪院",歷史上曾經是一座民間道觀。該院和江南士大夫有着密切交往,明末清初的名公巨卿,如董其昌(1555—1636,華亭人)、范允臨(1558—1641,吴縣人)、趙宧光(1559—1625,吴縣人)、王時敏(1592—1680,太倉人)、吴偉業(1609—1672,太倉人)、葉方藹(1629—1682,崑山人)、徐乾學(1631—1694,崑山人)、徐元文(1634—1694,崑山人)、王掞(1644—1728,太倉人)、王鳴盛(1722—1797,嘉定人)、王昶(1725—1806,青浦人)、錢大昕(1728—1804,嘉定人),都爲"圓津禪院"作文題詞,留下墨蹟。僅此名單所録,就是明萬曆(1573—1620)到清乾嘉(1736—1820)期間表率全國文壇的江南士大夫。他們和一座鎮級小寺院的良好關係,表明士大夫們看待地方宗教的實際態度。

圓津禪寺位於朱家角泰安橋西,"創自元至正間,蓋梵刹之小者"[2]。值得注意的是,圓津禪寺原爲"圓津庵",只是一座民間小廟,"中塑'辰州聖母',故俗又稱爲'娘娘廟'"[3]。明清時期,傳説中的湘西辰州鬼神異常靈驗,遂有"辰州符""蠱惑""趕屍"等民間信仰傳到江南,交通發達的青浦地區也有信仰。這類民間小神,在青浦、上海的縣志都没有見到,可見江南民間諸神之繁雜,數不勝數。萬曆年間,僧侣見此廟香火繁盛,購置圓津禪寺後,保留了"娘娘廟"。直到今天,圓津禪寺内的"辰州聖母"塑像仍然和觀音娘娘一同供奉,佛道共存,是一座佛教和下層道教——或曰"民間宗教"合體的寺廟。

朱家角鎮在明末清初經濟繁榮,商賈雲集,香火極盛。禪寺富足,僧侣們邀請鴻儒碩彦來訪,"董其昌、趙宧光、王時敏、范允臨、吴偉業、葉方藹、諸

---

[1] 周郁濱纂,戴揚本整理《珠里小志》,上海:上海社會科學院出版社,2005年,第174頁。
[2] 同上書,第72頁。
[3] 同上書,第71頁。

嗣郢、徐釚、徐乾學、王掞皆有題額"①。順治十五年、康熙二十年、乾隆四十七年,三次擴建亭臺園林。圓津禪寺找到一條弘教捷徑,以出世脱俗之品味,建設"城市山林",吸引士大夫。康熙間始修,乾隆間重修之"清華閣",閣上閣下,有湖光山色"十二景":"殿角鳴魚,漕溪落雁,帆收遠浦,網集澄潭,澱峰西靄,秧渚北浮,木末清波,柳蔭畫舫,春市長虹,慈門傑閣,人煙繞萃,竹木雲連。"登高展望,西面金澤古鎮,東面佘山、天馬山,明沈士充畫《九峰三泖圖》隱約眼前,乃至"寺爲名人游眺之所"②,留下更多題詠。"明季以來,東南士大夫之書畫盈箱壓案,藏弃無一遺者。"③江南士大夫熱衷題詠、雅集、講學、社會、琴、棋、書、畫,無不兼通。

圓津禪寺勝景,士大夫引爲聚會之場所。例如:青浦文教世家之子陸慶紹(字孟聞,崇禎十五年舉人,嘉靖二十年狀元陸樹聲之曾孫)舉爲孝廉之後,遷居朱家角鎮,並創立"寅社",社會之日,"會之地,春秋在圓津庵,夏日在明遠禪寺"。④ 佛道混成的圓津庵寺,靠民間信仰籌錢,用佛教叢林作標號,成爲儒生士大夫的"公共空間"。近世學者多以"祠堂"爲中心,研究儒家"公共空間"。其實,在江南,儒家營造的"公共空間",如書院、家塾、祠堂,其"公共性"遠不及佛教、道教的寺廟宫觀。而且,儒教場所的祭祀、宣講、表彰,是家族内部的活動;士大夫們與民同樂,悠哉遊哉,寺廟宫觀才是真正的公共人士的交换空間。

因爲王昶的關係,朱家角鎮在乾隆年間成爲江南士大夫交往的中心。朱家角鎮士紳王昶,和錢大昕、王鳴盛、吴泰來(長洲)、趙文哲(上海)、曹仁虎(嘉定)、黄文蓮(上海)並稱爲"吴中七子"。⑤ 王昶還和王鳴盛、周翼洙(嘉善)、紀昀(河間)、葉佩蓀(歸安)、顧鎮(常熟)、朱筠(大興)、錢大昕一起,爲清朝著名"乾隆十九年甲戌科"(1754)的同科進士⑥,一科優才,著作成就,被後人譽爲儒學史上的"乾嘉學派"。乾隆四十七八年("壬寅、癸卯間")

---

① 周郁濱纂,戴揚本整理《珠里小志》,第 71 頁。
② 同上書,第 71 頁。
③ 同上書,第 71—72 頁。
④ 同上書,第 219 頁。
⑤ "江南老名士"(《清史稿·沈德潛傳》乾隆語)沈德潛(1673—1769)掌院蘇州紫陽書院時,編有《七子詩選》,稱爲"吴中七子",收集了本院學生錢大昕、王昶等人在成爲考據學者之前醉心於辭章詩文時的作品,事見江藩《漢學師承記·王蘭泉》。
⑥ 見朱保炯、謝沛霖編《明清進士題名碑錄索引》,上海:上海古籍出版社,1980 年,第 2725 頁。

圓津禪寺僧侶振華重修"清華閣",朱家角鎮人王昶(述庵)紹介,嘉定人錢大昕爲"清華閣"書額。① 王昶家與禪寺毗鄰,昶又介紹錢大昕、王鳴盛,和圓津禪寺頻繁交往。某年冬天一日,王昶爲東道主,邀請錢大昕來本鎮賞玩。朱家角鎮和金澤鎮一樣,舟楫往來,橋廟勾連。兩人在禪門道觀之間悠閒散步,詩文唱和中透露出江南儒生對當地佛教、道教的相容態度。嘉定客人錢大昕給寺廟留下一首七律《題圓津庵》:"名流題詠想當年,興寄長松怪石邊。無策破閒聊覓句,有方療俗是譚禪。古藤似幔低延月,曲沼如珪冷浸天。燕楚往還經萬里,飛鴻留爪亦前緣。"②出了泰安橋西的圓津庵,來到放生橋南的慈門禪寺。朱家角主人王昶,則有一首七律《同錢曉徵過慈門禪寺》録當日心情:"蕭然景物近殘冬,遥指香林並過從。日午煙銷花院竹,天寒雪壓石壇松。傳心未得通三味,出世何當叩五宗。欲向南原參大義,魚山清梵響疏鐘。"③一如早年兩人同學紫陽書院時"吳中七子"的性情和意境。這裏的"三味",應是指儒、道、佛三教;"五宗",或是指佛教天台、華嚴、法相、律、三論宗。

　　乾嘉學者對釋、道宗教的態度頗值得玩味。按今天學者的理解,錢大昕《潛研堂集》既有《輪回論》一文批判佛教本體論,又有《星命説》一文批判道教術數觀,就是一位堅持儒家立場的士大夫,是從不與道教、佛教斡旋的"理性主義"者。果真如此,那麽錢大昕詩句中"有方療俗是譚禪""飛鴻留爪亦前緣"等含着宗教意味的句子,當作何解?他和僧侶、道士們的交往,又怎樣解釋?更有甚者,明末清初,那麽多文人士夫領袖,如錢謙益(1582—1664,江蘇常熟人)、方以智(1611—1671,安徽桐城人)等,或虔信佛學,或遁入空門,又該作何種説明呢?有一種合適的解釋,就是士大夫堅持儒學,是爲了官方意識形態的需要。練就一種儒學,售與朝廷和皇帝,而真正的安身立命之學,則出入於釋、老。明清江南士大夫的精神氣質出入於儒、道、佛之間,

---

① 朱家角鎮寺院廟觀財力雄厚,和本鎮在明末崛起爲江南和全國棉布貿易的巨鎮有關。松江布"衣被天下",珠里鎮商賈雲集,王昶《慈門寺新修鐘樓記》云:"吾鄉人户不下數萬,且寺瀕溪,船往來日以千計。"(周郁濱纂,戴揚本整理:《珠里小志》,第 70 頁)。人户數萬,船以千計,朱家角、金澤鎮的寺廟都建在溪邊,香火非常旺盛,集資必然衆多,收買文人字畫之資金裕如。
② 錢大昕《題圓津庵用壁間梁棠邨胡南苕湯西厓諸公唱和元韻》,收錢大昕撰,吕友仁標校《潛研堂集》,上海:上海古籍出版社,1989 年,第 1021 頁。
③ 王昶《同錢曉徵過慈門禪寺》,收《珠里小志》,第 71 頁。

融匯通貫。達則兼濟,窮則獨善。"兼濟"用儒學,"獨善"時大多就是"逃儒""歸禪"。

嘉慶七年(1802),錢大昕主持蘇州紫陽書院,應圓津禪寺慧照(覺銘)上人邀請,爲《圓津禪院小志》作序。在這篇序中,錢大昕交代了他和圓津禪寺的關係,説:"予與述庵少司寇投契五十餘年,述庵懿文碩學,領袖藝林,海内知名士無不願登龍門,即叢林善知識亦引爲方外交。慧照上人工詩畫,與述庵同里,尤相得,僉謂如歐、蘇之秘演、參廖也。予每謁述庵,輒同舟過圓津禪院,慧照瀹苦茗相待,四壁圖書,蕭然無塵俗之想。予不好禪,而與圓津之家風,獨灑然異之,往往竟日不能去。"①這裏的"跨教關係"很清楚:錢大昕自稱"不好禪",但通過王昶的介紹,錢大昕和圓津禪寺覺銘和尚建立了友好關係。茗茶相敬,自不待言;"竟日不去",也是常事。

佛道流行,士人追鶩,風氣奢靡,儒家當然會有反彈。明末小説家馮夢龍(1574—1646,江蘇長洲人)輯録小説《警世通言》《醒世恒言》中的和尚、道士形象並不健康;清初儒者顧炎武在《日知録》中借萬曆年間禮部尚書馮琦(1558—1604,山東臨朐人)上疏重申:"臣請坊間一切新説曲議,令地方官雜燒之。生員有引用佛書一句者,廩生停廩一月,增附不許幫補,三句以上降黜。中式墨卷引用佛書一句者,停科一年。"②鑒於萬曆年間儒生間的"狂禪",清初儒者開始清理門户,與佛家劃定一些界限。有此氛圍,錢大昕給無名和尚作品寫序,稍覺不安。爲此,錢大昕以歐陽修作《釋秘演詩集序》、蘇軾作《寄(釋)參寥子》爲喻,其況其辯,可想而知。其實,反佛最激烈的韓愈本人,也與僧侶爲友,有《送文暢(和尚)序》。王昶、錢大昕兩位儒學巨擘,思維縝密,理路複雜,不涉"怪力亂神",也不"空談性理"。他們如何在"蕭然無塵俗之想"的共融環境中,與一位基層寺廟和尚開展"宗教對話",這是值得探討的現象。

王昶、錢大昕等乾嘉學者,注重"經學",根據"五經"的學問,把"儒學"與佛學、道學做明確區分。中國思想史上,清代經學運動清理"宋學",釐定門户,企圖劃清儒、道、佛教的界限,是"三教之分"。明代中葉以後,尤其是萬曆年間,江南思潮尋找儒、道、佛三者之間的互補,是"三教之合"。明代的

---

① 錢大昕《圓津禪院小志序》,《潛研堂集》失收,見於覺銘《圓津禪寺小志》,上海:上海社會科學院出版社,2006年,第1頁。
② 顧炎武著,黄汝成集釋《日知録集釋·科場禁約》,第661頁。

"王學"思潮,推動"三教合一"運動,是"跨宗教"交流的實踐。林兆恩(1517—1598,福建莆田人)以儒學爲主,兼習佛學、道家;袾宏(1535—1615,浙江杭州人)以净土宗統攝儒學、道家;道教全真教自元以來學習儒學、佛學,發展系統教義的做法也在延續。林兆恩在福建創辦的"三一教",合三教爲一,在萬曆年間的江南很有影響,著名天主教徒、上海巨紳徐光啓(1652—1633)早年也曾加入該教。① 明代的宗教運動,在"合"的方面非常突出。然而,來自江南的"地方知識"表明:清代的儒教運動,雖標榜"禮教",却也並未完全排斥"釋道"。

中國宗教的儒、道、佛合一傾向,和西方基督教會的分裂趨勢不同。從猶太教開始,基督教會不斷分裂爲羅馬天主教、希臘正教、俄羅斯東正教。近代以來,歐洲的"宗教改革",以新教分離爲特徵,新教内部又不斷派生新興宗派。中國的不同宗教之間,有分有合,時合時分。明清以來,儒、道、佛"三教合一"的趨勢更加明顯。學術界對"三教合一"的學理討論,不勝枚舉。在這裏,值得我們思考的是"三教合一"在宗教實踐中的基礎是什麽? 儒、道、佛學理之外,還有没有一個共同的信仰生活溝通三教? 這是需要考慮的問題。

二、"鬼神之爲德"

《中庸》有句:"子曰:鬼神之爲德,其盛矣乎?! 視之而弗見,聽之而弗聞,體物而不可遺,使天下之人齊明盛服,以承祭祀。洋洋乎如在其上,如在其左右。"②這是孔儒著作中最爲明確的祭祀記錄之一,也預定了孔門儒學始終不出宗教範疇。《禮記·中庸》爲孔門弟子所作,對祭祀現場的描寫生動。《中庸》是宋明儒家重視的典章,其中的"格致""誠意""修身"等概念,是宋儒學説的關鍵。宋儒重理氣,不似漢代儒者那樣"敬鬼""明鬼",但也没有否定"鬼神"之意義。宋代儒學中的"理氣"觀念,直接來源於"鬼神"。朱熹《中庸章句》引:"程子曰:鬼神天地之功用,而造化之跡也。張子曰:鬼神

---

① 徐光啓入"三一教"事蹟,存於盧文輝編:《林子本行實録》(東山祖祠,1995年重印本)中,"萬曆二十一年(1593)……松江門人姜雲龍與同社陳濟賢、徐光啓、吕克孝,謂教主之書浩瀚難窺,宜掇精要,以當醍醐,遂編《林子第一義》二卷,校定命梓。"(第138頁)轉見浙江大學何善蒙著《林兆恩和三一教研究》(未刊)。

② 朱熹《四書章句·中庸章句》,濟南:齊魯書社,1992年,第11頁。

者,二氣之良能也。"朱熹雖然用"鬼神"取代"二氣",但仍然承認"鬼者,陰之靈也;神者,陽之靈也"。①"氣",只是"鬼神"的另一種表述。直到20世紀,儒家一直還是最重視祭祀儀式的教派。和道教、佛教一樣,儒家承認"鬼神之爲德",鬼神有德行,具有宗教性。

"鬼神之爲德",既能"爲德",孔子講學的春秋時代,"鬼神"之"鬼",還不似後世那樣作惡多端。"鬼"字很古老,甲骨文、金文中已經有"鬼"字書寫。但甲骨文的"鬼"字,從示,從人,形如一個人戴着面具,跪在祭壇右側,意指祭祀中的祖先亡靈,莊重嚴肅,不是一個壞字眼。鄭玄(127—200,山東高密人)在"鬼神之爲德"下注曰:"萬物無不以鬼神之氣生","鬼神"既爲萬物之本("德"),便不是惡神。漢代儒者改用"歸"來解釋"鬼"。許慎(約58—約147,河南召陵人)《說文解字》釋義:"鬼:人所歸爲鬼";《列子》:"精神離形,各歸其真,故謂之鬼。鬼,歸也,歸其真宅。""鬼",從"歸"來解釋,符合中原人民對"鬼"字的原來理解,也並無惡意。

從戰國時期的靈魂學說進一步精細化,"鬼"開始從"神鬼"並列的良性含義脱離,有了作惡爲害的意思。《左傳·昭公七年》:"子産曰:鬼有所歸,乃不爲厲。"②亦即是説:當"鬼"不得享祀,無所歸依,就會爲厲作惡。這樣的"鬼",脱離了"神",與原先的"厲""祟"結合,就變成了惡性的含義。許慎接着説:"鬼:陰氣賊害,故從ㄙ。""鬼"字從ㄙ(私),狀如陰私鬼,偷偷摸摸地爲害人間。這個説法,即後世所謂的"鬼怪""鬼厲""鬼祟",應該是戰國發生,漢代流行的意思。王充(27—97,浙江上虞人)記載説:"世謂人死爲鬼,有知,能害人。"③"鬼神"相分,鬼爲惡,神爲善,從《論衡·論死》的系統駁論來看,"鬼祟"觀念隨着"魂魄"理論的完善,與"陰陽""五行"理論相配,成爲民間信仰的一個系統學説。④ 下層的民間儒教,更加重視祭祀性的"鬼祟"

---

① 朱熹《四書章句·中庸章句》,第11頁。
② 孔穎達《春秋左傳正義·昭公七年》,《十三經注疏》影印本,北京:中華書局,1979年,第2050頁上。
③ 王充《論衡·論死》,上海:上海人民出版社,1974年。
④ 余英時《東漢生死觀》(上海:上海古籍出版社,2005年)第三章"死與神滅的争論"(第78—108頁)辨析"鬼""神",但没有特別指明"鬼"在先秦並無"惡"意。高延在《中國宗教系統》中稱:"'陰'和'陽'分爲無窮多的或好或壞的精氣,分別稱爲'神'和'鬼'。"(De Groot, *The Religious System of China*, Vol.Ⅵ, Brill, Leiden, 1910, P.929)用"好壞"判斷"神鬼",是戰國以後的觀念,孔子時代還没有分辨開來。

理論;上層的士大夫儒教,更重視精神性的"鬼神"理論,這個特徵在漢代以後越趨明顯。

孔子及漢儒對"鬼神"之"功用"有如此之肯定,以至於宋儒在以"天地""乾坤"觀念詮釋儒學本體的時候,根本無法抛棄"鬼神"概念,只是變化用之,將其理解爲"理氣"而已。朱熹《論語集注》對"子不語"的解釋:"怪異、勇力、悖亂之事,非理之正,固聖人所不語。鬼神造化之跡,雖非不正,然非窮理之至,有未易明者,故亦不輕語人也。"① 當代儒學爲强調儒家之"理性",只説前半段,掩去後半段。其實,朱熹排拒"怪力亂神",却並不否認"鬼神"。只是説因爲"鬼神"難懂,孔子不和庸常學生論説。在肯定鬼神這一點上,宋儒朱熹比漢儒王充更接近孔子,王充爲了推崇"元氣",差不多否定了"鬼"的存在。

宋儒重視"四書"(《大學》《中庸》《論語》《孟子》),更强調人事、人性,當代學者稱爲"儒家人文主義"。然而,"五經"(《周易》《尚書》《詩經》《禮經》《春秋》)中的"鬼神"並未在"四書"消失。《論語》三次提到"鬼神",其中《雍也》:"子曰:務民之義,敬鬼神而遠之";《泰伯》:"致孝乎鬼神";《先進》:"季路問事鬼神。子曰:'未能事人,焉能事鬼'"。這些事蹟語録,放回上下文中,都不能得到否認"鬼神"存在的結論。孔子説"敬鬼神而遠之",學者多説"遠之",而少説"敬";孔子説"致孝乎鬼神",是"菲飲食而致孝乎鬼神,惡衣服而致美乎黻冕,卑宫室而盡力乎溝洫"一起説的,是在讚美禹的豐功偉績,因而下文是"禹,吾無間然矣"(對於大禹,我没有什麽可説的了);孔子説"未能事人,焉能事鬼",隨後又回答"未知生,焉知死"。從邏輯和修辭上來分析,如果孔子否認"鬼"的存在,難道他也否認"死"的存在嗎?孔子的邏輯能力還是很强的,他原來只是要强調"人生"的重要性,只是對"鬼死"之事,此時此刻不作解釋而已。

在《論語》中,孔子對於祭祀的正面態度是"祭如在","祭神如神在"。董仲舒《春秋繁露·祭義》:"孔子曰:'吾不與祭,如不祭。'"這個解釋倒是孔子的原意。《中庸》一共有兩處提到"鬼神",都是肯定的語氣。第二次提到的時候,甚至把"鬼神"作爲"君子之道"的檢驗標準之一,説:"君子之道本諸

---

① 朱熹《四書章句·論語集注》,第 68 頁。

身,徵諸庶民;考諸三王而不繆,建諸天地而不悖,質諸鬼神而無疑,百世以俟聖人而不惑。""質諸鬼神而無疑",鬼神,與身、庶民、三王、天地、聖人一起,作爲成聖驗道之根本。《中庸》也有鮮明的宗教性。宋儒既保留了先秦儒家的宗教性("鬼神"說),也發展了自己的宗教性("心性"論)。後世儒家的宗教性,《中庸》表現得最完整。"當代新儒家"繼承宋儒,借助了《中庸》來闡釋"儒學的宗教性"。① 不過,在强調"内在超越"的"心性論"同時,没有充分注意到古人在"鬼神説"中包含着人類"外在超越"精神的理解。

儒家雖稱"盡人事",但也主張"聽天命"。民諺所謂"謀事在人,成事在天"、"人算不如天算",對"天命"作了通俗的解釋。事實上,《中庸》有更加系統的觀點:"唯天下至誠,爲能盡其性;能盡其性,則能盡人之性;能盡人之性,則能盡物之性;能盡物之性,則可以贊天地之化育;可以贊天地之化育,則可以與天地參矣。"②衆所周知,這是宋明理學"修身養性"理論的重要基礎。理學修煉,就是在於從"盡人之性"開始,然後"盡物之性",把個體靈魂和宇宙精神溝通,最終"贊天地之化育",魂魄與天地同壽,共爲不朽。儒教的"天命""天道",在宋明理學中,仍然有很强的宗教性。

按一般理解,宋代理學的集大成者朱熹(1130—1200)道貌岸然,似乎與"鬼神"無沾。事實上,黎靖德編《朱子語類》(1270)卷一、二爲"理氣"上、下,卷三即爲"鬼神",卷四、五、六才是"性理"一、二、三。可見宋人談理學,並不避"鬼神",而是宋明儒學必須要處理的本體論課題。朱熹學生黃義剛(臨川人,字毅然,"癸丑以後所聞")就《論語·先進》"季路問事鬼神,子曰:'未能事人,焉能事鬼'"一句,"問鬼神有無?"朱熹回答:"人且理會合當理會底事,其理會未得底,且推向一邊,待日用常行處理會得透,則鬼神之事理將自見得,乃所以爲知也。'未能事人,焉能事鬼',意亦如此。"③朱熹不否認"鬼神"的存在,對於"鬼神"的存有形式,甚至做了肯定回答。在回答另一位學生黃升卿("辛亥所聞")的時候,朱熹説:"神,伸也;鬼,屈也。如風雨雷電初發時,神也;及至風止雨過,雷住電息,則鬼也。鬼神不過陰陽消長而已。亭毒化育,風雨晦冥,皆

---

① "當代新儒家"對於《中庸》宗教性的之闡釋,參見杜維明:《論儒學的宗教性:對〈中庸〉的現代詮釋》,段德智譯,武漢:武漢大學出版社,1999年。
② 朱熹《四書章句·中庸章句》,第20頁。
③ 黎靖德編《朱子語類》,長沙:嶽麓書社,1997年,第29頁。

是。在人則精是魄,魄者鬼之盛也;氣是魂,魂者神之盛也。精氣聚而爲物,何物無鬼神?'遊魂爲變',魂遊則魄之降可知。"①朱熹對待祭祀的態度,不是"無神論"(atheism)式的,也不是"懷疑論"(skepticism)式的,而是接近於托馬斯·阿奎那用古希臘靈魂(anima)學說和"四因論"(形式、質料、動力、目的)論證的那種"存有論"(substance)。朱熹的"理性主義",只是表現他在回避民間祠祀中的"怪力亂神",反對巫覡式的"泛神論"(panthiem)。

　　朱熹把自然、社會和人文現象獨立出來,不是牽强附會地歸之於"鬼神"。但是,朱熹用另一種方式,提升了"鬼神"的形態。如同托馬斯·阿奎那用類似的方式論證了"上帝"(God)一樣,朱熹把"鬼神"作爲本體,把"怪力亂神"等自然、社會、心理的異象,作爲與本體相關的種種現象。"雨風露雷,日月晝夜,此鬼神之跡也。此是白日公平正直之鬼神,若所謂有嘯於梁,觸於胸,此則所謂不正邪暗,或有或無,或去或來,或聚或散者。又有所謂'禱之而應,祈之而獲',此亦所謂鬼神,同一理也。"②朱熹把自然界的"雨風露雷,日月晝夜"都看作是"鬼神之跡",和十八世紀歐洲的"自然神學"確實有異曲同工之處,怪不得爲萊布尼茨等哲學家激賞。

　　朱熹主張維護儒家祭祀,民間自古以來所做的"齋戒""超度"和"法事",他都是贊同的。"鬼神若是無時,古人不如是求。'七日戒''三日齋',或'求諸陽',或'求諸陰',須是見得如。天子祭天地,定是有個天,有個地;諸侯祭境內名山大川,定是有個名山大川;答覆祭五祀,定是有個門、户、竈、中霤。今廟宇有靈,底亦是山川之氣彙聚處,久之被人掘鑿損壞,於是不復有靈,亦是這些氣過了。"朱熹認爲:鬼神是有的,是一種如同天地、山川實在的存在,不然古人不會如此祭禮一般的祈求。所以,要保持周代以來的祭祀:用牲、血食。在回答學生問:"祭天地山川,而用牲幣酒醴者,只是表吾心之誠耶?抑真有氣來格也?"時,朱熹答:"若道無物來享時,自家祭甚底?肅然在上,令人奉承敬畏,是甚物? 若道真有雲車擁從而來,又妄誕。"③朱熹的觀點十分明確,"鬼神"具一種自然之氣,這個真的有;只是那麼載形象、有肉身、"擁雲車"的"鬼神",那是没有的。

---

① 黎靖德編《朱子語類》,長沙:嶽麓書社,1997年,第29—30頁。
② 黎靖德編《朱子語類》,卷三"鬼神"。
③ 同上。

"鬼神觀",貫通了"理氣"和"性理"。可以説,没有"鬼神"觀念,宋明理學的體系便不能成立。只不過在朱熹的帶領下,宋、明以後的士大夫對"鬼神之爲德"作了新的理解。"鬼神"以後,"魂魄"隨之,"性理"再繼之,朱熹對魂魄的解釋,對宋明思想産生影響。復旦大學歷史系教授譚其驤(1911—1992,浙江嘉善人)先生在1986年的觀點,可以移來爲朱熹出入於儒、釋、道之間的現象作定論:"理學是宋儒所創立的新儒學。自宋以後,這種新儒學對社會上層分子的思想意識確是長期起了相當深巨的支配作用。但理學雖以繼承孔孟的道統自居,其哲學體系實建立在佛教禪宗和道教《參同契》的基礎之上,以儒爲表,以釋、道爲裏,冶三教於一爐,所以無論是程朱還是陸王,宋明的理學絶不能與孔孟的學説等同起來。"①

"清儒"反"宋儒",不重四書,更愛五經。借助《周禮》等經典研究"原儒",清代學者對古代中國人的宗教生活有更多知識。顧炎武在《日知録》中有很多條目,對儒、道、佛教,乃至巫覡信仰的"民間宗教"做了透徹分析。宗教是顧炎武關心的核心問題,可惜爲學者忽視。顧炎武分析道教源流,認爲後世之道教和古代之信仰,並不是同一種宗教。按照清代學者尊崇"六經",讚美"古儒"的做法,顧炎武認爲三代之巫祝,含有信仰的精義;後代之道教,只是妖術。顧炎武説:"今之道家(教),蓋源自古之巫祝,與老子殊不相干。"進一步分析巫祝、老子與道教的分別,他認爲老子學説"誠亦異端",但《道德經》一家之説還可以成立,道教却是秦漢方士借用老子學説和古代巫祝建立起來的新宗教。值得注意的是,顧炎武對於"古之巫祝"——三代"民間宗教",反而是贊成的,稱其"誠有通乎幽明之故","其義精矣"。無奈秦漢時"去古既遠",精義失傳,方士們發明經咒、符籙等妖術,别爲一門,漸漸淪爲"淫邪妖誕之説"。②

---

① 譚其驤《中國文化的時代差異和地區差異》,譚其驤《長水粹編》,石家莊:河北教育出版社,2000年,第371頁。1986年1月7日,譚先生在復旦大學首屆國際中國文化學術討論會上(龍柏飯店)發表這篇論文。當時海外當代新儒家剛傳入内地,在會上强調其"道統",這個看似平實的觀點很有針對性,會場震動,印象深刻。

② 原文如下:"老子誠亦異端,然其爲道主,於深根固蒂,長生久視而已。《道德》五千言具在,老子學説和古代巫祝,於凡祈禱、祭禱、經咒、符籙等事,初未有一言及之。而道家立教,乃推崇老子,置之三清之列,以爲其教之所從出,不亦妄乎? 古者用巫祝以事神,建其官,正其名,辨其物,蓋誠有通乎幽明之故,故專其職掌,俾常一其心志,以導引二氣之和,其義精矣。去古既遠,精意浸失,而淫邪妖誕之説起,所謂經咒、符籙,大抵皆秦漢間方士所爲,其泯滅而不傳者,計亦多矣,而終莫之能絶也。今之所傳,分明遠祖張道陵、近宗林靈素輩。"(顧炎武《日知録》,第1236頁)

對於那些非儒教傳統的祭祀，即後世所謂的佛教、道教、"民間宗教"，顧炎武也不主張以取締了之。韓愈激進的"排佛""辟邪"之論，顧炎武並不同意，他説："二氏之教，古今儒生嘗欲去之，而卒不能去。蓋人心陷溺日久，雖賢者不能自免。"況且，"祈禱必以僧、道，厲祭必以僧、道，何以禁民之作道場、佛事哉？"既然儒家士大夫、百姓愚夫婦在日常生活中都需要做祈禱、祭祀，那在民間流行的佛教、道教儀式，就不得不保留。顧炎武認爲：佛教、道教之有害，不在於"道場""佛事"，而在於僧人、道士（全真派）出家，違反人性。出家以後，禁欲不成，"雖無妻而常犯淫癖之罪"。爲求聖潔，朱元璋不許僧、道有男女之事，規定："僧、道有妻妾者，諸人許捶逐，相容隱者罪之。"① "凡僧有妻室者，許諸人捶辱之，更索鈔五十錠。如無，聽從打死勿論。"② 顧炎武的方案與朱元璋相反，他主張"聽其娶妻生子"，聖潔與否，不因夫婦男女，要看禮儀是否敬誠。只要祭祀時禮儀得當，避免"假彼不潔之人，褻鬼神如百戲"即可。顧炎武用考據法揭露："老子之子名宗；佛氏娶妻曰耶輸陀，生子摩侯羅，出家二十年，歸與妻子復完聚。"③ 既然道教、佛教的教主老子、佛陀都娶妻生子，僧道自然可以結婚。顧炎武主張僧道有世俗生活，這個"世俗化"，並不否認佛教、道教的信仰，相反是打擊"褻玩"，增進佛教、道教的"神聖性"。

"許僧道蓄妻"，顧炎武提出佛、道教的"宗教改革"，類似於馬丁·路德（Martin Luther，1483—1546）針對天主教會"貞潔"制度的"reformation"。新教改革之後，路德宗、加爾文宗、浸禮宗，尤其是長老宗，都廢除了神父制度，讓神職人員還俗，建立家庭，發展更加虔誠的信仰——"因信稱義"，中文用"神父"和"牧師"相區別。還有，東南亞地區流行的南傳佛教，其僧侶娶妻生子；日本的大乘佛教，改革中土戒律，僧侶在家行儀。世界宗教史上，神職人員過世俗生活，如猶太教拉比、東正教祭司、伊斯蘭教阿訇都可以結婚，並不一定干擾信仰的"神聖性"。顧炎武的"神聖性"依據在儒教經典，《禮記·禮運》："飲食男女，人之大欲存焉"，故僧侶可以還俗；《禮記·祭統》："將齊也，防其邪物，訖其嗜欲，耳不聽樂，……心不苟慮，必依於道；手足不苟動，

---

① 《明太祖實録》，卷二百三十一，洪武二十七年春正月戊申。
② 黃景昉《國史唯疑》，上海：上海古籍出版社，2002年，第18頁。
③ 顧炎武著，黃汝成集釋《日知録集釋·許僧道蓄妻》，第1238頁。

必依於禮。是故君子之齊也,專致其精明之德也,故散齊七日以定之,致齊三日以齊之。定之謂齊,齊者精明之至也,然後可以交於神明也。"主祭者(皇帝、諸侯、士大夫)不須出家,只要在三日、七日之內"齊之",祭祀前保持身體潔凈,内心敬誠,就能與神明溝通,顧炎武堅持儒教祭祀主義(ritualism)。如果依了他的佛教、道教改革建議,朝廷撤去僧錄司、道錄司,民間取消和尚、道士,僧侣制度可以消弭,三教之爭就會停息。顧炎武的"宗教改革",有他的周全之處。

關於儒教、道教和古代信仰的關係,揚州學者汪中(1745—1794,江蘇江都人)也有考據。汪中"私淑顧寧人"①,發展顧炎武的觀點,頗能代表江南士大夫對於"鬼神"的看法。汪中在《文宗閣雜記·蓍龜卜筮》中説:"古人重卜筮,其究至於通神。龜爲卜,蓍爲筮。……所以使民信時日、敬鬼神、畏法令。舜之命禹,武王之伐紂,召公相宅,周公營成周,未嘗不昆命元龜,襲祥考卜。……漢《藝文志》,劉向所輯《七略》,自《龜書》《夏龜》凡十五家,至四百一卷,後世無傳焉。今之揲蓍者率多流於影像,所謂龜策,惟市井細人始習此藝。其得不過數錢,士大夫未嘗過而問也。伎術標榜,所在如織。五星、六壬、衍禽、三命、軌析、太一、洞微、紫薇、太素、遁甲,人人自以爲君平,家家自以爲季主,每况愈下。"②汪中認爲:漢代以上的龜卜、蓍筮,可以通神,有各種社會功用;漢代文獻失傳以後,中國人的占卜方法亂七八糟,士大夫也不過問,五星六壬,奇門遁甲,不能起作用。清代儒者肯定"三代"信仰,從信"鬼神之爲德"。

20世紀的學術界常常"以今律古",誤會前人。清代江南士大夫的"理性主義",並不是後世學者所謂的"無神論""唯物主義""没有信仰""不通義理"。清代經生甚至比明代儒者更加虔誠地信仰"上帝",他們主張用完善的祭祀制度"通神"。清儒整理祭祀,研究經學,"通經致用",讓曾經"天崩地解""禮崩樂壞"的明末社會,恢復到漢朝之前的"三代之治"。這是清儒對待上帝、信仰、經典和祭祀的基本態度。"清儒"的這種態度,有别於"空談義理"的"宋儒",更接近於"制禮作樂"的"漢儒""古儒""先儒""原儒"(清代學

---

① 汪中《與巡撫畢侍郎書》,載《汪中集》,揚州:廣陵書社,2005年,第428頁。
② 汪中《蓍龜卜筮》,載《汪中集》,第303頁。

者尊崇古人的説法）。清儒以祭祀爲核心的"禮教主義"傾向，含有强烈的宗教性。①

蘇、松二府的儒學人士，相當"迷信"，在科舉考試中也不例外。明代萬曆十七年(1589)狀元焦竑(1540—1620，江寧人)，曾在《玉堂叢語・術解》中記録崑山狀元顧鼎臣(1473—1540)的故事。故事説的是蘇州府通判夏泉，"精象緯之學"，懂得用天象預測人事。"弘治甲子"(1504)，夏泉到崑山視事，"夜觀乾象，明歲狀元當在此"。此話一出，崑山城内的舉子們結伴來問，夏泉進一步預測説："狀元在城中，但未知爲誰？"顧鼎臣欣欣然指着自己説："屬我矣。"放榜時，果然言中，全縣傳爲美談。② 江南民衆歷來注重"耕讀"，極端重視"考試"，燒香、拜佛、求籤、問卦、占卜的目的，除了健康、子嗣和婚姻等原因之外，科場登第是更加重要的内容。

1906年，清朝廢除科舉制，繼之以新式大學、中學教育，但在考試季節"不問蒼生問鬼神"的情况依然如故。1977年，"文革"後恢復"高考"，大約在20世紀80年代後期，上海和江南地區的考生和家長恢復了向孔(文)廟占問的傳統。今天上海市境内，原上海、嘉定、崇明的縣孔廟保存較爲完整。每當中考、高考季節，文廟前的"許願樹""祈福架"的上面，掛滿了"心願卡"；樹和架的下面，則點上了很多柱"狀元香"。去文廟燒香，已經成爲一些上海學生、家長在春節期間的保留活動。據報導：2006年春節期間，上海黄浦區文化局文廟管理處售出了4元一張，共幾千張"心願卡"，單單是年初一就售出500多張。文廟管理處副主任胡育清介紹："學生和家長來買的最多，除中、高考考生外，考研、專升本、英語口譯證書等各類考生都有，甚至還有一些外國遊客。"③

---

① 周啓榮、張壽安兩先生在他(她)們的明清思想史研究中，提出清代儒學的"禮教主義"特徵，頗中肯綮。周啓榮《晚期中華帝國儒家禮教主義的興起》(Kai-wing Chow, *The Rise of Confucian Ritualism in Late Imperial China, Ethics, Classics, and Lineage Discourse*, Stanford University Press, 1996)認爲：清代長江下游的儒家學者，把"禮"作爲倫理、經典和社會秩序的核心問題，"爲了尋求儒教傳統的重新解釋，以應付晚明以來中國社會的一系列問題，'禮'成爲各種各樣知識運動(純净主張和古典主義)的聚合。"(P.1)張壽安《十八世紀禮學考證的思想活力：禮教論爭與禮秩重省》(臺北：近代史研究所，2001年；北京，北京大學出版社，2005年)認爲："十八世紀初，禮學興起，百餘年間以狂飆之勢披靡天下，挑戰程朱理學。"(第Ⅰ頁；第Ⅲ頁)唯周、張兩先生均以禮教爲倫理議題，較少涉"禮教主義"的宗教性。
② 事見焦竑《玉堂叢語》，北京：中華書局，1981年，第256頁。
③ 徐婉青《春節文廟學子多，只爲學業祈福忙》，《新民晚報》2006年2月10日。

臺灣學者蒲慕州研究"漢代知識份子與民間信仰",指出"自西漢早期以下,知識份子就與民間信仰有着複雜的關係。在一方面,有些知識份子企圖去改革或影響那些所謂的淫祀。而在另一方面,也有不少人參與民間信仰活動,經由他們與民衆的接觸,他們(尤其是方術士)對民間信仰產生相當的影響。"①這個結論,適用於漢代,也適用於明、清兩代。宋、明以後,士人有教義上的"三教合一"運動,江南學者出入於儒學、佛理、道家之間,視爲平常。一般來說,士大夫對於佛學、道家的思想和學術比較能夠相容,只是對那些過於愚昧蒙蔽的"五星六壬""奇門遁甲",或者"劫色騙財""騙錢害命"的欺辱行爲才表示反感。

宦游士大夫受角色限制,他們在朝廷、官場堅持儒教立場,避言"怪力亂神"。爲阻止皇帝佞幸僧人、道士,他們清理門户,抨擊佛教、道教及其教義。然而當他們回鄉省親、守制、辭官、隱居時,却能夠寬容佛道,甚至悠游於家鄉人士營造出來的宗教氛圍中。除非不堪入目的"穢廟""淫祀",鄉居的江南士大夫,大多都能欣賞廟宇内外洋溢着的園藝、建築、書法、琴藝、禮儀、禪機,每每留下詩文,刻在文集。清初上海士大夫葉夢珠《閲世編》記:"釋、道之教,其來已久,或則奉之,或則斥之,要皆一偏之説,不足據也。原立教之意,本與吾道不甚懸絶。"②士大夫與佛教、道教相爭,爭的是在朝野政治中的話語權。在美學藝術、人生修養、精神陶冶和宗教信仰方面,儒、道、佛三教相對和諧,"不甚懸絶"。

三、三教一源

孟德斯鳩在《論法的精神》中,將中國政體的特質定在介於"專制"和"君主"形態之間,依據是從法國耶穌會士那裏瞭解到的"儒教"特徵:"中國的立法者們,把宗教、法律、風俗、禮儀都混在一起。所有這些東西都是道德,所有這些東西都是品德。這四者(指宗教、法律、風俗、禮儀——引者)的箴規,

---

① 蒲慕州《追尋一己之福:中國古代的信仰世界》,上海:上海古籍出版社,2007年,第225頁。
② 葉夢珠《閲世編》,上海:上海古籍出版社,1981年,第202頁。

就是所謂禮教。中國統治者就是因爲嚴格遵守這種禮教而獲得了成功。"①中國近代思想家模仿歐洲政體,主張"立憲"和"共和",嚴複翻譯的《法意》風行全國,影響了 20 世紀學者對於中國社會性質的判斷,於是儒教("儒學""儒家""禮教""德教""孔教""孔孟之道")成爲學者們描寫中國社會性質的主要參照。受西方"漢學"的片面影響,20 世紀的中國學者也認爲:中國(只)是一個儒教的國度。事實上,中國古代社會的意識形態,至少是儒、道、佛"三教",絕不是一家之壟斷。

　　明、清時期的儒、道、佛三教,在靈魂觀念上常常是一致的。三大宗教,在儀式、教義和經典傳統上,有很大的不同。但儒、道、佛三個教派,都祭拜"靈魂",差別不大,有很強的同構性。中國人的靈魂學説,是"魂魄二分"的理論。活着的時候,魂魄一體,聚於人身。死了以後,"魂升於天,魄散於地"。這樣的理論,在儒學中以討論著述的方式一直存在,在民間信仰中則以祭祀崇拜的方式長期保存。自漢代以後,因死亡和身後問題思考而形成的魂魄理論,在上層信仰和民間祭祀中一直很穩定。按余英時(1930—,安徽潛山人)先生的研究,中國人的"生死觀"在東漢已經完全成型,且上層與下層、儒家與道教,軒輊不分。② 這樣的情況,一直延續,佛教、道教的寺廟,經常把孔子塑像放進大殿,取其靈魂,與釋迦牟尼、老子一起加以拜祭。明朝宣德三年,曾下令"禁天下祀孔子於釋、老宫"③。孔子進入寺觀,佛、老竄入儒學,這可以證明歷朝、歷代民間廟祀中的儒家並沒有什麽特別。

　　直到清代,儒家仍然保持與民間祭祀一致的"靈魂"信仰。著名經學家俞樾(1821—1907,浙江德清人)在《右台仙館筆記》中記録了一位元"巫者就地滚"的故事。這位巫者,就地一滚,"亡者之魂已附其身,與家人問答如生時,其術甚驗,故得是名"。可是,某日,一位儒生請"就地滚"讓他的父親靈魂來附體,没有滚到。"就地滚"向師傅請教,師傅回答:這位儒生的父親,靈魂不在附近,要麽是"大惡人",魂魄沉得太深;要麽是大善士,靈魂已經升天,都滚不到的。平常多的是凡夫俗子,亡靈浮在中間,一滚就附著得到。

---

　　① 孟德斯鳩《論法的精神》,張雁深譯,北京:商務印書館,1982年,第 313 頁。
　　② 參見余英時《東漢生死觀》,侯旭東等譯,上海:上海古籍出版社,2005年,第 78—108 頁。
　　③ 張廷玉《明史·禮志·吉禮四》,"至聖先師孔廟祀",上海:上海古籍出版社、上海書店影印本,1986年,第 104 頁。

這裏借用"就地滾"的故事,説明儒家的"魂魄觀"。俞樾解釋了他所理解的靈魂學説:"夫人之生也,爲血肉之軀,其質重濁。故雖聖賢如孔、孟,有蟠天際之學;神勇如賁、獲,有裂兕曳牛之力,而離地一步,即不能行。及其死也,此塊然之質埋藏於地下,而其餘氣尚存,則輕清而上升矣。大凡其氣益清,則升益高。故孔、孟、顔、曾,千秋崇祀,而在人間絶無肸蠁,蓋其氣已升至極高之地,去人甚遠也。苟有一分濁氣未净,即不能上與太清爲體,於是又赫然森列而爲明神者焉。其品愈下,則濁氣愈多,而去人亦益近。至於尋常之人,則生本凡庸,死亦闒冗,不過依其子孫以居,汝平時所一招而即至者,即此等鬼也。若夫兇惡之人,清氣久絶,純乎濁氣。生前有形有質,尚可混跡人間。死後形質既離,便非大地所載。其氣愈沉愈下,墮入九幽,去人亦遠。"①俞樾的"靈魂論"同於很多學者,生平、經歷和學術也堪稱儒家,代表儒家。

從形而上的推演來分析:人的亡靈,一上一下,上達於"天",下墜於"地",邏輯上便隱含着"天堂""地獄"説法的可能性。顧炎武《日知録·泰山治鬼》以爲"地獄之説,本于宋玉《招魂》"②,並非佛教輸入,即以歷史考證坐實了這個邏輯關係。儒家固然因着孔子"子不語"(怪、力、亂、神)的遺訓,不對天堂、地獄做出詳盡的描述,但是也不反對"天堂"和"地獄"的存在。儒家對死後世界的審慎保留態度,給願意思考"身後"的士大夫提供了空間。明清士大夫"出儒"之後,尋着儒家留下的想象空間,"入佛""入道",甚至"入耶",進入一個更加完整的宗教領域。

民間信仰認爲:魂升爲神,魄流爲鬼。神爲善,能保佑人,能超拔人;鬼爲惡,會禍害人,在人間作祟。神和鬼,都需要有壇廟來供奉,用祠廟來請神降神,也用厲壇來安撫鬼魂,請他們不要作祟。官方頒行的"祀典",一般都只承認崇高神,即那些已經升爲神明的純粹神。民間"私祀"比較多地供奉一些"新鬼""厲鬼",有些甚至是"餓鬼""野鬼",讓他們安定下來,保境安民。這樣的祭祀方式,古老、自然、素樸,後世儒家主流思想很看不起,以爲雜亂,不精不純,其實這才是原始儒教的樣子,而且延續數千年,保留至今。

---

① 俞樾《右台仙館筆記》,上海:上海古籍出版社,1986年,第87頁。
② 顧炎武著,黄汝成集釋《日知録集釋》,第1079頁。

儒家刻意從《儀禮》《禮記》《周禮》等經典中繼承古老的祭祀方式,如"郊祀""社稷""方川""五祀""太一""神農"等壇祭祠祀,"祀典"是儒教延續的一個原因。然而,儒教延續的更重要原因,還在於民間信仰和祭祀方式本身的延續性。江南地區,無論市鎮經濟如何繁榮,文化如何發達,民間祭祀的方式依然如故,一直延續到近代。江南地區在宋、元、明、清時期儒學(理學、王學、漢學、經學、考據學)最爲發達,佛教、道教和民間宗教也趨於鼎盛。儒家精英學説,和通俗的信仰實踐高度重合,這個現象值得重視。我們把儒、道、佛三教中分出各自的"神學"教義和"禮儀"實踐,在佛教、道教、儒教的崇拜儀式中區分出"佛學""道家""儒學"來,就會發現掌握"神學"(佛學、道家、儒學)的士大夫們,仍然和信奉儒、道、佛各種祭拜儀式的老百姓們和光同塵,相安無事。

　　從儒學士大夫的角度看中國宗教,儒教、道教與佛教,是"三教"。但是,從民間信仰的角度看中國宗教,中國的宗教就是一個整體,不辨彼此,難分軒輊。西方宗教學家自高延(Groot,1854—1921,荷蘭人)、韋伯(Max Weber,1864—1920,德國人)、楊慶堃(Ching Kun Yang,1911—1999,美籍華人)以來,一直想要整體地看待中國宗教,所謂"Take the Chinese Religion as a Whole",高延稱之爲"中國的宗教系統"(The Religious System of China)①。無論是西方漢學家,還是中國學者,只要不忽視基層的宗教生活,不僅僅從儒、道、佛的經典去區別"三教",就一定會發現中國宗教的整體特徵。中國宗教的"系統性"和"整體性",士大夫用"合一"來概括,也是想説明這個統一性。萬曆四十三年(1615)刻印的《性命圭旨》,署爲"尹真人高弟子"作,首標《三聖圖》②,取儒、道、佛三教合一説,把釋迦牟尼放在中間,老子居左,孔子居右。從構圖看,似乎突出了釋迦牟尼,好像是佛教徒版本的"三聖合一"。然而,《性命圭旨》本文分"元、亨、利、貞"四集,有《伏道説》《性命説》《死生説》《邪正説》等文字,以道教爲本,又可認爲是道教版本

---

① Jan Jakob Maria de Groot, *The Religious System of China: Its Ancient Forms, Evolution, History and Present Aspect, Mannners, Customs and Social Institutions Connected Therewith*, 1-6 Volumes, 1892-1901.

② 禄是遒神父的《中國迷信研究》收有《三聖圖》。見[法]禄是遒:《中國民間崇拜・中國衆神》,王定安譯,李天綱校,上海:上海科學技術文獻出版社,2009年,第3頁。丁福保編《道藏精華録》第九冊,也收入《三聖圖》,浙江古籍出版社1990年影印上海醫學書局無錫丁氏排印本。

的"合一"。江南版本的儒教"三教合一"圖,可以在陶宗儀(1329—1410,浙江黃巖人,寓居松江)《南村輟耕錄》中找到。陶宗儀《三教一源圖》[①],存江南儒者對三教關係的思考,無畫像,純以文字,今改制成表格形狀,描摹如下:

	健		順	
儒理	仁、義		禮、智	→信(用之則行,舍之則藏)
釋戒	行、相		受、色	→識(觀心無常,觀法無我)
道精	乾、元		亨、利	→貞(綿綿若存,用之不勤)
	陰		陽	
儒性	真、靜		知、覺	→本(不思而得,不勉而中)
釋定	念、根		覺、力	→正(不與法縛,不求法脱)
道氣	金、木		水、火	→土(杳杳冥冥,天地同生)
	用		體	
儒命	執中、唯一		神明、虛靈	→妙合(無物不有,無時不然)
釋慧	精進、解脱		清静、真如	→圓覺(圓同太虛,無欠無餘)
道神	無刑、無名		無情、無爲	→自然(玄之又玄,衆妙之門)

唐、宋以下固然有很多"三教論衡"的文章,強調儒、道、佛之間的"差異性";元、明以來,尤其是明中葉嘉靖、萬曆年間,江南士人主張"三教合一",強調儒、釋、道之間的"同一性"。儒、釋、道相互借鑒,合併爲同一個神學系統。這一"合一"的變化是如何發生的,頗值得探討。至今爲止的討論,大多是從儒家思想之開展,之變異,之包容來理解,還缺乏從宗教學的角度,從民衆信仰的角度來理解,因而並没有切入古代思想的本源。從民衆信仰的底層看問題,我們發現"三教一源",源自基層的民衆信徒——在他們日常的宗教生活中,根本就不分什麼儒、道、佛。道光十六年(1836),清朝下詔:"祀孔子不得與佛、老同廟。"[②]反過來證明,直到清代中、晚期,經過清初儒者的"門户清理"之後,"三教合廟"的現象仍然普遍存在。

法國耶穌會士禄是遒神父,研究江南"民間宗教"。他收集春節期間在廳堂上懸掛的神軸畫,把衆多神祇合在一起的"衆神圖",法文稱之爲

---

① 陶宗儀《南村輟耕錄》,北京:中華書局,1959年,第376頁。
② 《清史稿・禮志・先師孔子》,上海:上海古籍出版社、上海書店影印本,1986年,第334頁中。

"L'olympe de la Chine moderne"（現代中國的奧林匹斯），用古希臘十二神祇來比擬中國衆神。該神圖未見固定名稱，有名之爲《神軸》。神圖的結構如下：五層自上而下，自左至右，頂層：北斗七星—李老君—如來佛—孔夫子—南斗六星；二層：文昌—朱衣—東嶽—電母—童孩—觀音—龍女—准提—藥王—雷公—雷祖；三層：柳樹精—水母娘娘—都城隍—吕純陽—地官—文判—天官—武判—水官—壽星—真武—龜軍—祠山張將軍；四層：五路財神—火神—劉猛將軍—玄壇—周倉—關公—關平—千里眼—二郎神—姜太公—四大王；底層：馬神—本土地—灶君—業公—豬神—都土地—利市—財神—招神—縣城隍—痘神—眼光—張仙—送子娘娘—牛王。《神軸》畫一幅在堂，萬神其昌，禄是遒神父又稱"中國的萬神殿(Pantheon)"①。他還說："這幅廣爲流傳的圖畫生動地闡明了中國宗教的現狀：膜拜者視己所好，或者所需，從三教中選擇適合自己的神，根據自己的選擇給男神或者女神燒香，向他們祈禱，而不關注他們到底是屬於佛教，還是道教。"②

顧頡剛(1893—1980，江蘇蘇州人)也記錄過類似的《神軸》，他說："當我七八歲時，我的祖父就把新年中懸掛的'神軸'上的神道解釋給我聽，所以我現在對於神道的印象中，還留着神軸的型式。這神軸上，很莊嚴的玉皇大帝坐在第一級，旁邊立着男的日神，女有月神。很慈祥的觀音菩薩是第二級，旁邊站着很活潑的善財和龍女。黑臉的孔聖人是第三級，旁邊很清俊的顏淵捧着書立着。第四級中的人可多了：有穿樹葉衣服的盤古，有溫雅的文昌帝君，有紅臉的關老爺，有捧刀的周昌，有風流旖旎的八仙，又有很可厭的柳樹精在八仙中混着。第五級爲搖鵝毛扇的諸葛亮，捧元寶的五路財神。第六級爲執令旗的姜太公，弄刀使槍的尉遲敬德和秦叔寶，伴着黑虎的趙玄壇。第七級爲歪了頭的申公豹，踏着風火輪的哪吒太子，捧着蟾蜍盤笑嘻嘻的和合，嗔目怒髮的四金剛。第八級是神職最小的了：有老憊的土地公公，有呆坐在井欄上的井泉童子，有替人管家務的灶君。"③顧頡剛說："以上所

---

① ［法］禄是遒：《中國民間崇拜·中國衆神》，第3頁。
② 同上書，第4頁。
③ 顧頡剛《東嶽廟遊記》，收氏著《顧頡剛民俗論集》，上海：上海文藝出版社，1998年，第400頁。

説,因爲純恃記憶,恐不免有許多錯誤,如神的階級應當和官的階級一樣,分爲九等,但這裏我只想出八等來,但大概是不錯的。"其實,《神軸》的真實細節無從查究。神軸有不同的版本,有的疊三層,有的五層、九層,坊間商人按照信徒的要求製作。衆神圖譜中,有的突出釋迦牟尼,就是佛教版;有的突出孔夫子,就算是儒教版;有的突出老子,當然就是道教版。不過,種種神譜很少把釋迦牟尼作爲次要神祇。禄是遒神父注意到一個現象,萬曆四十三年(1615)道士吳之鶴刊刻道書《性命圭旨》,其中的"三聖圖"仍然是把釋迦牟尼放在中間。"這幅畫極爲重要,因爲書的作者和畫的繪者是一位道士,而將佛教的創始人列在第一位,表明他承認一個明顯的事實,佛教確實是最流行的,在中國擁有最大數量的支持者。"①事實上,大部分"三聖圖""衆神立軸",都以釋迦牟尼爲中心,李老君、孔夫子是陪襯,這固然説明佛教的流行程度,但也説明儒教、道教信徒的開明態度。三教合一,何教爲主? 基層信徒,包括許多儒者,對這個問題不感興趣。

四、合於"民間宗教"

"三教合一",被中外宗教學者公認爲是一個有着強烈中國特徵的突出現象。如果一定要把儒、道、佛分爲三種不同宗教,那麼它們之間具有大範圍的交叉和重疊(overlap),明清儒者稱爲"會通",西方漢學家有認爲是"accommodation"(適應),當代學者則稱爲"對話"與"融合"(dialogue & integration)。"會通"與"融合",中國"三教合一"模式是怎樣達成的? 一般的理解,是在觀念上先設定儒、道、佛爲三種不同的宗教,隨後通過碰撞、接觸、交流,形成一些共同的領域,稱爲"合一"。其情景恰如把銅、錫、鉛融化了之後,鑄成一塊青銅合金一樣。禄是遒神父説:"如果將三支尺寸和顏色各異的蠟燭放在火上融化,他們就會變成一個同樣材料的固體,原來的顏色不會完全消失,但是會變得模糊。這三支蠟燭就這樣粘合在一起。"②

事實上,儒、道、佛教中的許多共同因素,是天然存在的,並非融合後才

---

① 禄是遒《中國民間崇拜·中國衆神》,第2頁。
② 同上書,第6頁。

形成的。比如,儒教、佛教、道教,都走"魂魄"路綫,"三教"都在處理人活着和死去的靈魂問題。人活着的時候,身體和精神是陰陽、五行、理氣、性命的調和;人死以後,要用"招魂""做七""超度""法會"等祭祀手段來對付這些靈魂。這些理論和實踐,自古至今的儒、道、佛教都是承認的,有很强的共通性。中外學者從儒、道、佛三教的創教人(教主)、思想家(神學家)的經典和著作中尋找他們之間的異同。例如,通過《論語》和《道德經》《南華經》《中經》《金剛經》《壇經》等的比較,來説明三教之間的異同關係。這樣的方法,不是不可以,但用來論述三教之共性,特別困難,因爲這些經典文獻之間缺乏時空上的聯繫。和它們直接聯繫的,只是古代作者共同感受到的信仰生活——每朝每代的宗教實踐。

儒、道、佛的共同基礎,在於民衆的基本信仰。説"三教合一",毋寧説中國的各種宗教生活,原來就植根於基層的民衆宗教。儒家學者堅持本位立場,認爲"三教合一",合於儒教經義。這種觀點影響到西方學者的判斷,明恩溥(Arthur Henderson Smith,1845—1932,美國公理會傳教士)認爲:"道教與佛教已經對中國人産生了極大的影響,但是,中國人却依然既不是道教徒,也不是佛教徒,他們是儒家弟子。"①問題是"儒家"有不同的傳統,那"中國人"到底又是什麽意義上的"儒家弟子"呢?事實上,有一種"儒教"是祠祀,還有一種儒教是信仰。迄于唐代,孔子廟仍然是祠祀類的全民信仰,孔廟對愚夫愚婦開放。因爲開放,曾發生過女子進廟後寬衣解帶,與孔子像合體交媾,以求得聖子的故事,"婦人多於孔廟祈子,殊爲褻慢,有露形登夫子之榻者"。此次事件導致後魏孝文帝下令:"孔子廟不聽婦人合雜。"②"登夫子之榻"的案例表明:儒教的上、下層,關係很緊張。

宋代"道學家"特別堅守"儒教"的精英氣和純潔性,孔廟拒斥了"愚夫愚婦"之後,"理性"程度自然提高,但信仰的虔誠度也隨之降低,"理性和信仰",總是有這樣的此消彼長。清代"經學家"意識到這個問題,他們接續儒教的"信仰之源",於是再一次承認"原儒"與古代信仰生活的密切關係。從"經學"的角度看,清代學者揭示了不少"原儒"的信仰本質,其獻祭,其儀式,其習俗,其神

---

① 明恩溥《中國人的氣質》,劉文飛譯,上海:上海三聯書店,2007年,第236頁。
② 封演《封氏聞見記》,北京:中華書局,2005年,第4頁。

思,都來源於古代民衆的宗教生活。從宗教學的角度看,"周孔儒學"雖然因"殷周之變"而"理性化",與宗教有所疏離,却並不是一種反信仰的"人文主義"。還有,"漢代儒學"重回東南地域宗教生活之源,所謂"天人合一"理論中又容納了很多下層社會的"方術""仙論"和"道説";"宋明理學"融匯佛學、道家理論,更新發展而來,也没有完全脱離原始儒教的"祠祀""血食""人鬼"信仰。

清代經學家論證"原儒",對儒學與古代宗教的關係作過探討。可惜的是他們的一些結論,只在中國思想文化史領域討論,未引起宗教學者的足夠重視。例如,清末民初經學家章太炎(1869—1936,浙江余杭人)先生論儒家起源,對儒家根源有過精闢分析。一般而言,古文經學家主張"古之學者,多出王官"①,常引劉歆《七略》,言"儒家者流,蓋出於司徒之官,助人君順陰陽,明教化者也",以爲儒教來源。"司徒",在《周禮》中屬"地官",職責爲"帥其屬而掌邦教,以佐王安擾邦國",是民政長官,則儒家似乎就是俗學,與宗教無關。"革命党"的理論旗手章太炎,在《論諸子學》(1906)中曾持這個觀點,當時是與主張"建立孔教"的"維新派"今文經學家康有爲相對立。

然而,章太炎作《國故論衡》(1910)時,他對"國粹"學説另有反省。在系統清理"原儒"理論的時候,章太炎認爲儒家和古代宗教有密切關係。"原儒"不但懂得"地官"學問,而且還有"天文"知識。"儒之名,蓋出於'需'。需者,雲上於天,而儒亦知天文、識旱潦……靈星舞子,籲嗟以求雨者,謂之儒。……皆以忿世爲巫,辟易放志於鬼道。"章太炎披露的"原儒",懂得"求雨",帶有"巫"和"鬼道"的特徵。章太炎認爲古代"儒家"有三種含義("關'達''類''私'名"),其中第一義就關係到宗教,指爲"術士"("達名爲儒,儒者,術士也"),是一種宗教性的職業,"是諸名籍,道、墨、刑法、陰陽、神仙之倫,旁有雜家所記,列傳所録,一謂之儒"。古代的儒者,就是巫覡之人,"儒之名,古通爲術士,於今專爲師氏之守"。②

章太炎基於"經説"的儒家起源論,在清代學術中早已爲主流觀點。清代學者固重"三代之學",用經典考據的方法,研究"三墳""六典""六經",但他們並不認爲"宋學"堅守的"道統"是從孔子開始,或者更降而爲由孟子奠

---

① 章太炎《論諸子學》,朱維錚、姜義華編注《章太炎選集》,上海:上海人民出版社,1981 年,第 358 頁。
② 章太炎《國故論衡·原儒》,上海:上海古籍出版社,2003 年,第 104 頁。

定的。顧炎武以來的江南經學家們，嘗試把儒教的實踐傳統，溯源到漢人的初民社會，給中國文化以一個終結性的回答。"宋儒"爲確立孔子"至聖先師"的地位，多強調周文王只是《周易》的原作者，而孔子完成的《易傳》才是《易經》正統。"清儒"不同，他們認爲儒家傳統不自孔子始，連文王、周公也未必是起點，伏羲、軒轅、神農才是"人文初祖"。清代學者多選擇唐代孔穎達《五經正義》的解釋："伏羲制卦，文王卦辭，周公爻辭，孔十翼也"，認伏羲爲《易》之作者。顧炎武認爲："夏、商皆有此卦，重八卦爲六十四者，不始於文王。""包羲氏始畫八卦，不言作《易》，而曰'《易》之興也，其於中古乎'？"之所以把《易經》看作是"中古"時期的普通著作，是因爲相信《易》之前，還有《連山》《歸藏》等更加古老的文獻。文王、孔子被降低到一般的文獻繼承者，突出伏羲、神農、軒轅，所謂"炎黃""華夏"部落首領的重要地位，這是清代儒學的重要特徵，表現出更加廣闊的歷史主義，以及相對寬鬆的包容精神。

　　通過文獻考據的研究，清代學者把"儒學"及華夏文明的開端大大地往前推進了，至清代中葉以後，中國才有了華夏"三千年""四千年"，乃至於"五千年"文明之議論。17到19世紀的江南學者，沒有現代考古學的科學發掘、當代人類學的田野調查，也沒有20世紀70年代以來大批出土的簡帛文獻可以參照。宋以降，雖然有一些金石文字和器物學的零散研究，但像漢代、晉代那樣不斷發現"古文經"的情況也很久沒有發生。在條件有限的情況下，清代學者通過"漢學""樸學"方式的"經學"研究，提出了很多足可以讓當代學者深思的問題。忽視"清學"的思想價值，尤其忽視清代"禮學"中的宗教含義，是中國近代學術的一大缺憾。

　　清代學者的上古文化研究有一個議題和宗教學密切相關，便是衆說紛紜的"明堂考"。乾、嘉時期，江南學者傾力研究"明堂"。經學家們認爲："明堂"制度中，蘊藏着比周代以後成形的"六經"文獻更加悠久的人文淵藪，可以定爲儒教的上古之源。漢代經學家在整理和注疏"六經"時，提及了周代"明堂"制度，年代或者可以上溯到夏、商，甚至更古。按漢代穎容所作《〈春秋〉釋例》："太廟有八名，其體一也。"①這八大名物，包括清廟、太廟、明堂、辟雍、靈臺、大

---

① 《〈詩經〉正義》"靈臺"引，轉見於本田成之《中國經學史》，孫俍工譯，上海：上海書店出版社，第14頁。

學、太室和宮,"明堂"爲其中之一,而實際上功能混同,是一回事情。"清廟"或許爲祭天掌鬼的機構之名;"太廟"或爲祭祖奉先的場所;"明堂"爲另一重要祭祀,或爲所有機構的宮殿總稱;"辟雍"爲城壕,宋、明以"城隍"信仰當之;"靈臺"爲天象星占機構,後世以"欽天監"當之;"大學"爲子弟序、序,即後世傳授儒學之所;"太室"爲臨事宮殿;"宮"爲帝王寢所。顯然,"明堂"制度中最爲重要的事項,是早期文明社會最爲重要的都城制度——祭祀和宗教。

"漢學吳派"代表惠棟(1697—1758,江蘇吳縣人)作《明堂大道錄》,考證"明堂"是一套按天象氣運井然布置的神聖制度:"室以祭天,堂以布政。上有靈臺,東有大學,外有四門。門外有辟雍、有四郊及四郊迎氣之兆。中爲方澤,左爲圜丘。主四門者有四岳,外薄四海,有四極。"①如果確實,這一套古代制度和明、清南京、北京的都城祭祀制度如出一轍。清代"揚州學派"領袖阮元(1764—1849,江蘇儀徵人)作《明堂論》,認爲:"明堂者,天子所居之初名也。是故祀上帝則於是,祭先祖則於是,朝諸侯則於是,養老尊賢教國子則於是,鄉射獻俘馘則於是,治天文告朔則於是,抑且天子寢食恆於是。此古之明堂也。"②阮元把"明堂"考實爲宗教、政治、教育、軍事、外交功能統一、"政教合一"的宮廷機構,和明、清都城"紫禁城"差不多。同樣,阮元也把祭天、祭祖、朝覲、星占、祥瑞等宗教功能,作爲"明堂"制度的核心。

汪中(1744—1794,江蘇江都人)作《策略叟聞·明堂大學》,提出古籍所謂"明堂大學"的記載,"略存四代之制矣"③。增"三代"(夏、商、周)爲"四代"(加"虞"),汪中相信儒教文明的制度起源可以更早。王國維(1877—1927,浙江海寧人)先生的對明堂研究的貢獻之一,是確定商代已有"明堂"制度。氏著《明堂廟寢通考》(1913)提到:在甲骨文辭中找到了"太室",共二處。見於《殷墟書契》卷一第三十六葉,又卷二第三十六葉"。"古宗廟之有'太室',即足證其制與'明堂'無異。"④經學史上的大量記載,已表明"太室""太廟"即爲"明堂",清代學者已經將此證明爲是祭祀與政治合一的制度。王國維用20世紀甲骨文發現,證明商代已有"太室",即可認爲"明堂"

---

① 惠棟《明堂大道錄》,收王先謙編《皇清經解續編》(一),上海:上海書店影印本,第801—833頁。
② 阮元《明堂論》,《揅經室集》,北京:中華書局,1993年,第57頁。
③ 汪中《汪中集》,揚州:廣陵書社,2005年,第233頁。
④ 王國維《觀堂集林》卷三,北京:中華書局,1959年,第132頁。

制度早于周代,因此也就可以進一步推定在"三代",甚至"四代"就已經有了中央祭祀制度。按先秦著作《尸子》的記載:"黄帝曰'合宫',有虞氏曰'總章',殷人曰'陽館',周人曰'明堂'。"我們按現代宗教學的解釋,便可以假定在商代之前,在黄帝、堯舜時代,華夏民族已經有了類似於周代"明堂"制度的祭祀體系。《周禮》成型的"六官"系統,其中所謂"天官",是和其"地官"同時出現的制度。或者,按照當代宗教學、人類學、考古學的經驗,世界各民族的宗教祭祀性制度,都比國家政治類的制度更早建立。

清代學者認爲漢、唐以降,明、清以來施行的儒教"壇祭""祠祀"制度,其建立在三代(或爲"四代")之"明堂"。現代學者的看法,則可以進一步認爲古代以"明堂"爲特徵的中央祭祀制度,其根源仍在於普遍存在於民間宗教生活。清代學者的"明堂考",或許還不能坐實華夏民族上古文明制度的詳情,但是從有限的"明堂"資料,我們至少可以看到儒家的宗教性,不但源遠,而且流長,遺澤三千年。换一句話說:清代學者認爲的漢人祭祀制度,有因有革,訴諸儒教,疊有佛道,從"三代"一直延續到本朝。"原始儒教"和華夏初民的宗教生活密切關聯,是毋庸置疑的。

周代以"明堂"爲名號的中央祭祀制度,雖有"九鼎"之重,容有"鬱鬱乎文哉"之歎,還被中外學者贊彈爲"人文主義",但仍然首先是華夏民族宗教生活的一部分。即使把周代文明按"實用理性"①概括爲"禮樂文明"②,也仍然明顯可以看到它遺留的"宗教性",被妥協地表述爲"準宗教""半宗教""類宗教""詩化宗教"……楊向奎(1910—2000,河北豐潤人)先生晚年作品《宗周社會與禮樂文明》(1987)中,開創性地把"明堂"與"民族學或考古學上的大房子"作比較。"大房子"是汪寧生(1930—,江蘇灌雲人)等學者於1963年在《雲南省崩龍族社會歷史調查報告》中記錄的西南少數民族"氏族社會"居址。根據民族學的宗教研究經驗,楊向奎反省清以來的"明堂研究",總結認爲:"一個時代有一個時代的信仰,没有信仰的人是不存在的。信仰是宗教的起源,而迷信是信仰的派生物。因有信仰而祭神,因祭神而有明堂、太室;祭神爲了祈福,因祈福避禍而求神先知;因求神乃有貞卜;貞卜有術,在

---

① 參見李澤厚《實用理性和樂感文化》,北京:生活·讀書·新知三聯書店,2008年。
② 參見楊向奎《宗周社會與禮樂文明》,北京:人民出版社,1997年。

商則爲龜甲獸骨之卜,西周逐漸由貞卜而轉於筮占,於是《易傳》而不同於《易卦》,非卜筮所能範圍者。"①楊向奎先生的"宗周文明"研究,不固執於一般儒學,或排斥宗教。他和懸隔在哈佛大學人類學系的張光直先生相似,認定"虞、夏、商、周是中國最古的四代"②,周代固然"使夏、商以來的傳統文明發展到新的頂峰"③,但並非華夏文明的最早淵源。

從宗教看周代(以及"三代""四代"),儒教的宗教性一目了然,且"儒教宗教性"在三千(或曰四千、五千)年以來與華夏民族歷代之宗教生活並未中斷聯繫。比如,中國宗教的"血祭"特徵,一直沒有消失;中國宗教的"祠祀"系統,一直更新保存。在《禮記·郊特牲》中,祭祀用牛、羊、豬三牲,儒家所謂"血祭",其作用是"合陰陽""分魂魄":"凡祭慎諸此:魂氣歸於天,形魄歸於地。故祭求諸陰、陽之意。殷人先求諸陽,周人先求諸陰。"《郊特牲》還說,夏、商、周三代都用"血祭":"血祭,盛氣也,祭心、肝、肺。祭黍稷加肺,祭齊加明水。""盛氣"是加強陽氣;加陽氣的方法,按唐孔穎達《禮記正義》的說法,是:"周祭肺,殷祭肝,夏祭心",即周代祭祀時,在五穀祭祀的同時,要加上肺,同理則殷代加肝,夏代加心;祭祀結束的時候,還要添加"明水",即在月光下,祭壇下,用金盆獲取的露水,也爲了加強效果。這樣的"周禮",歷朝歷代設法維持,其"宗教性"不言而喻。

由於後世儒家堅持以"五經"治世的經學主張,《周禮》系統中保存的"血祭"制度,在歷朝歷代的官方祭祀中保留着。同時,"血祭"作爲民間的信仰風俗,在南北方各地域,各族裔中,一直存活到近現代。西南地區各部落保留的"歃血爲盟"習俗,就是一例;近代幫會內部爭鬭的時候有"斷指爲誓",也可以作爲一例;漢族民衆,包括江南地區、長江三角洲地區,如以金澤鎮信仰生活爲例,仍然在"楊震廟""關帝廟""二爺廟"等祠祀信仰中,保持着"牲祭"習慣。在明、清和民國時期的中國農村、鄉鎮,乃至於大都市如上海的民間生活中,以儒教"祠祀"爲代表的漢族宗教祭祀,仍然是以"牲祭"爲主的古老禮儀。

近代學者,自章太炎以來都肯定了儒教的誕生(所謂"原儒")依賴於"巫覡"之類的宗教體系。相比而言,漢、唐以後興起的佛教、道教,還有從原始

---

① 參見楊向奎《宗周社會與禮樂文明》,北京:人民出版社,1997年,第210頁。
② 同上書,第1頁。
③ 楊向奎《宗周社會與禮樂文明·序言》,第2頁。

儒教變異而來的,以"周孔之教"爲特徵的中古儒教,都是後起的宗教信仰,帶有組織化的"教會"特徵。至於宋、明時期以"理學"爲特徵,強調"心性論"的"孔孟之道",則更是在晚近階段才興起的"新儒學"(Neo-Confucianism),仍然保留了民間宗教生活的底色。所有後來興起的宗教教派,無論儒教、道教、佛教、白蓮教、明教……和三代的"原始儒教"一樣,都是從華夏民族民衆的宗教生活中改造、攝取、提煉和融合而來的。在所有"宗""教""門""派"的信仰生活中,都可以看到來源於基層社會的基本形式,這就是中國宗教最重要的特徵——"合一性"。這種"合一性"甚至在更加晚近才傳入的祆教、伊斯蘭教、猶太教、天主教、基督教中都有表現,人們稱之爲"本土化""中國化"。

五、結語

"三教通體"的模式,民間信仰是體,是中國人的基本信仰。借用杜爾克姆的"高級宗教""低級宗教"的說法,如果說民間信仰是原始宗教的話,那儒、道、佛教則是建立在民間信仰之上的高級宗教。高級宗教通常都有神學、教會、僧侶、法統等形式,這些在中國"三教"中程度不等,形式各異地都有。高級宗教,哪怕是號稱最高形態的"一神教",都需要有一個信仰基礎,基督宗教不過也是在歐洲各民族泛神、多神信仰基礎上建立起來的高級宗教。同理,印度教背後有婆羅門教,日本宗教下面有神道教,東正教和俄羅斯薩滿信仰關係很深,連教規嚴格的天主教、新教也不能排除民間信仰的基本因素。我們現時理解的"民間宗教",在清代學者和早期漢學家(Sinologists)那裏,就是"儒教"的一部分。"民間宗教"的力量非常強大,佛教進來必須適應;儒教、道教的生長,也必須迎合。儒家"六經"中的宗教生活是一目了然的,《儀禮》記載,儒教重視的"血祭""燎""犧牲""筮占""尸像"等信仰形式,在當代民間宗教中間全部可以看到。"民間宗教"就是"中國宗教",中國宗教沉在底下,儒、道、佛教是冰山尖角,露出海面。從這方面來講,我們應該大力加強中國的民間宗教研究,對中國文化和中華文明作出新的解釋。

晚明初清雲南地方龍門派

王崗(Richard G. Wang)*
陳嘉仁　譯

　　晚近明清道教研究在討論所謂"龍門正宗"的譜系問題時，主要依據清代道教史料《金蓋心燈》所載，將法派歷史追溯到北京白雲觀。① 傳統觀點認爲龍門正宗的祖師爲丘處機(1148—1227)及其弟子趙道堅(1163—1221)，但莫妮卡(Monica Esposito)却已令人信服地證明龍門"正宗"直到明末之後才被建立。② 然而，晚明出現了一場運動，其中"一些高道自稱是丘處機傳人"，並依據"派詩"而有了一個派名("龍門派"或"丘長春派")。③ 其

---

*　筆者在此鄭重感謝姜士彬(David Johnson)、康豹(Paul Katz)、高萬桑(Vincent Goossaert)和劉迅爲本文的修改所提的寶貴建議。
①　有關對這一問題的探討，見 Monica Esposito, "The Longmen School and Its Controversial History during the Qing Dynasty," in John Lagerwey, ed., *Religion and Chinese Society*, Hong Kong: Chinese University Press, and Paris: École francaise d'Extrême-Orient, 2004, pp.621-698; 森由利亞:《全真教龍門派系譜考》，載道教文化研究會編:《道教文化への展望》，東京:平河出版社,1994年,第180—211頁;曾召南《龍門派》，載卿希泰主編《中國道教》，上海:知識出版社,1994年,第200—201頁;王志忠《明清全真教論稿》，成都:巴蜀書社,2000年,第4—5、72—73頁。
②　Esposito, "The Longmen School," pp.622, 628, 640, 654, 657, 660, 671-674; "Daoism in the Qing," in Livia Kohn, ed., *Daoism Handbook*, Leiden: Brill, 2000, p.628. 參見 Pierre-Henry de Bruyn, "Daoism in the Ming," in Kohn, *Daoism Handbook*, p.612;曾召南:《龍門派》，第202頁;陳耀庭:《全真教派的發展和演變》，載盧國龍編:《全真道學術研究報告》第1輯(2004)，第11頁。
③　晚明道士伍守陽是最早引用與全真道丘處機派有關的派字詩的人之一。該派詩是:"道德通玄静,真常守太清。一陽來復本,合教永圓明。"見伍守陽、伍守虚注:《天仙正理直論增注》,《重刊道藏輯要》第17册,第52a頁。有關對龍門派譜系形成的學術討論，參見 Esposito, "The Longmen School," p.657; Paul van Enckevort, "Quanzhen and Longmen Identities in the Works of Wu Shouyang," in Xun Liu and Vincent Goossaert, eds., *Quanzhen Daoist in Chinese Socicty and Culture, 1500-2010*, Berkeley: Institute of East Asian Studies, University of California, Berkeley, 2013, pp.141-170。

他一些學者指出,除了清初在白雲觀建立的龍門正宗,早前已有很多全真的其他法派也分享該派詩,但却在明末清初分布在北京之外帝國的其他核心宮觀中,例如:從陝西的華山和佳縣、山東的嶗山、湖北武當山、江西的西山地區、江蘇的茅山,到河南的南陽。①

在本研究中,筆者將根據搜集到的明末清初昆明道觀中的八通碑刻②,展示這個時期在雲南昆明的一個地方龍門法派③,該派創立時間早於且異於王常月(?—1680)的龍門正宗。通過考察道觀建制、法派傳承和教義,護教群體及宗族,筆者試圖論證虛凝庵的地方龍門法派是更大規模的龍門運動重要的一部分。獨立於王常月的龍門正宗,虛凝庵龍門法派以其自己的戒律和科儀,包括強調命功的神秘的內丹修煉實踐,代表了與前者教化迥異的另類進路。地方官員和社群對虛凝庵的護教和參與,使得虛凝庵的法派得以生存和成功。在此意義上,虛凝庵法派代表了明末清初雲南全真道龍門派的一種地方傳統。

一、虛凝庵

虛凝庵位於昆明市北郊的㐂山,距明昆明北 15 里,距今昆明北六公里

---

① Esposito, "The Longmen School," pp.633, 640, 653, 660;森由利亞:《邱祖語錄について——明末清初の全真教龍門派の系譜觀に關する補足的考察》,載山田利明、田中文雄編:《道教の歷史と文化》,東京:雄山閣,1998年,第260—261、269—270頁;卿希泰主編:《中國道教史》增訂本,成都:四川人民出版社,1996,第4册,第100—103、126—127、129、151—153頁;王志忠:《明清全真教論稿》,第74—77、117頁;樊光春:《碑刻所見陝西佳縣白雲觀全真道龍門派傳承》,《道家文化研究》第23輯(2008),第261—274頁;Xun Liu, "General Zhang Buries the Bones: Early Qing Reconstruction and Quanzhen Daoist Collaboration in Mid-Seventeenth Century Nanyang," *Late Imperial China* 27.2 (2006), pp.79, 83—84。

② 這八通碑刻斷代於明萬曆十四年(1586)至清乾隆五十七年(1792):(1)《重修虛凝庵並置常儲碑記》(1586);(2)《昊天通明殿碑記》(1633);(3)《雲南府爲請敕清查勒石焚修事》(1638a);(4)《雲南府復爲請敕清查朝陽、虛凝二庵山場事》(1638b);(5)《重修朝陽庵碑記》(1638c);(6)《虛凝庵常住碑記》(1727);(7)《補修虛凝庵碑》(1783);(8)《重修虛凝庵添置常住碑》(1792)。這八通碑刻的拓本皆收錄於《中國西南地區歷代石刻匯編》,天津:天津古籍出版社,1998年,第14册,第88、78、81—83、126、137、140頁。《重修虛凝庵並置常儲碑記》碑未署撰碑或刻碑日期。但筆者根據碑文中提到的萬曆十四年(1586)年重修虛凝庵一事,斷定該碑日期爲1586年或稍後。

③ 注意:"昆明"在明清時期有兩重含義:(1)昆明縣;(2)對應於今天昆明市的昆明縣城——同時也是雲南府城和雲南省城。若無特別說明,本文中"昆明"指的即是後者也即昆明縣城而非昆明全縣。在明清時期,"雲南"也有三重含義:(1)雲南省;(2)雲南府;(3)雲南省大理府趙州所轄的雲南縣。本文僅涉及雲南省和雲南府。文中"雲南"徑指雲南省,指稱府時則用"雲南府"。

（見圖1），1955年仍在，今已不存。① 有些學者認爲虛凝庵原名朝陽庵，是元代陳國夫人避難修真之所。明初鎮守雲南的西平侯沐英（1345—1392）對其護持有加，據説重修了朝陽庵。②

但是據四通明碑和地方志，虛凝庵和朝陽庵爲同一座山上的兩個獨立

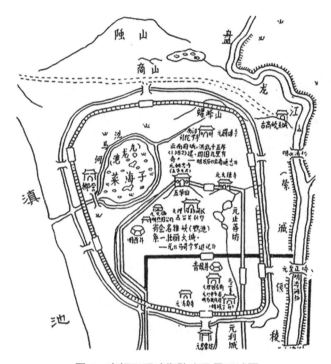

圖1　南詔至明時期蚩山及昆明城圖

李孝友《昆明風物志》，昆明：雲南民族出版社，1983年。

---

① 〔天啓〕《滇志》（《續修四庫全書》本），卷十七，第6b頁；〔康熙〕《雲南通志》，卷十九，第25b頁；〔康熙〕《雲南府志》，卷十八，第4b—5a頁；〔民國〕《昆明市志》，第44頁；施之厚主編《雲南辭典》，昆明：雲南人民出版社，1993年，第443頁；宋恩常《昆明及其市郊宗教初步調查》，載雲南省編輯組編：《昆明民族民俗和宗教調查》，昆明：雲南民族出版社，1985年，第136、138頁。據筆者與雲南大學木霽虹教授於2001年5月11日的私下交流，他1986年於蚩山進行田野考察時，虛凝庵已然不存。他所聽到的當地傳説是：蚩山有一所道廟，明末清初名妓陳圓圓入道後在那裏居住和修行。但據楊學政和雷宏安所引用的1987年的統計，虛凝庵是"全省保存完好"的四十餘座道觀之一。若楊學政和雷宏安所述無誤，則虛凝庵於1987年尚存。見楊學政、雷宏安：《道教》，載顏思久等主編：《雲南省志：宗教志》，昆明：雲南人民出版社，1995年，第127、129頁。

② 楊學政、雷宏安《道教》，第129頁，其中"虛凝庵"誤作"虛疑庵"。參見宋恩常《昆明及其市郊宗教初步調查》，第136頁。

圖 2　20 世紀初虛凝庵圖
趙鶴清《滇南名勝圖》，1917 年

庵廟，朝陽庵在陡山山巔而虛凝庵則位於朝陽庵之下（見圖 2）。① 據稱明初有一位道士張霞溪（號秤錘道人），也稱張真人，他在虛凝庵出家爲道士，由此一些學者認爲虛凝庵最早建於元代。② 而另一種説法則認爲，明代虛凝庵法派的開山祖師入道於金井庵，金井庵位於昆明北郊陡山東南的普吉村。隨後此祖師到陡山修行。受他的感染，沐英的後人、黔國公沐紹勛（1504—1536）這位明代雲南最爲顯赫的貴族爲他修建道廟，命名爲虛凝庵。③

鑒於 1568、1633、1783 和 1792 年的碑刻，我們認爲虛凝庵實際上是沐紹勛重建的。沐紹勛正德十六年（1521）襲封爲黔國公，他於嘉靖十五年（1536）去世，故修建虛凝庵的時間當在正德十六年至嘉靖十五年之間。虛凝庵於隆慶二年（1568）、萬曆三十六年（1604）和崇禎（1628—1644）年間幾經修葺；在清朝和民國時期，又分別於乾隆二十九年（1764）、乾隆四十八年（1783）、乾隆五十七年（1792）、光緒元年（1875）前後、光緒十七年（1891）前後和 20 世紀 20 年代被屢次修繕。④

---

① 1586 碑、1638a 碑、1638b 碑和 1638c 碑；〔天啓〕《滇志》，卷十七，第 6b 頁；〔康熙〕《雲南通志》，卷十九，第 25b 頁；〔雍正〕《雲南通志》（1736；《四庫全書》本），卷十五，第 49a 頁；〔道光〕《昆明縣志》，卷四，第 27a/b 頁；〔民國〕《昆明市志》，第 356、358 頁。

② 〔民國〕《昆明市志》，第 358 頁；錢文選（1874—1957）：《遊滇紀事》，載〔民國〕《昆明市志》，第 359 頁；趙鶴清（1865—1954）：《滇南名勝圖》（1917 年刻本），第 3 册，第 17b 頁。參見施之厚主編：《雲南辭典》，第 443 頁。

③ 1586 碑。有關金井庵的情況，參見〔萬曆〕《雲南通志》（1574；1934 年龍氏靈源别墅排印本），卷十三，第 5a 頁；〔康熙〕《雲南通志》，卷十九，第 25b 頁；〔康熙〕《雲南府志》，卷十七，第 5a 頁；《昆明縣志》，卷四，第 27b 頁。

④ 1586 碑、1633 碑、1783 碑和 1792 碑；〔光緒〕《續雲南通志稿》，卷六十六，第 12b 頁；〔光緒〕《雲南通志》，卷九十三，第 37a 頁；趙鶴清：《滇南名勝圖》，第 3 册，第 17b 頁；錢文選：《遊滇紀事》，第 359 頁。

朝陽庵原先是佛廟,在明代的某個時間被廢棄。萬曆三十一年(1603),虛凝庵道士完陽寬(號涵虛,約 1569—1643 前後在世)籌款重修朝陽庵並將其併入虛凝庵。結果,這兩個庵廟合二爲一,成爲一個包括諸多殿堂以及至 18 世紀晚期更容納了廟宇和其他房屋設施的大型建築群。其中,虛凝庵下方西側的仙人洞尤其值得一提。它爲明初道士張霞溪所使用,張霞溪原是當地商人,在此處修煉。據傳修煉七年後,他在此昇仙。洞中右側掛有張真人畫像,洞旁有石臺,爲張真人拜斗臺。後來人們在此建有祠廟。因此,大約在明中葉之前,當地首先出現了張真人崇拜,儘管該崇拜與虛凝庵龍門派的關係尚不清楚。虛凝庵的廟產有常住田、山場和周邊一些其他的地產。①虛凝庵積極獲取了一些在官方所允許的常住田之外的地產,有些來自當地信衆的捐贈,有些是道士自行購入的,還有一些是新出家的道士帶來的私產。② 除此之外,虛凝庵還擁有一座坐落於昆明城的東北門小東門外桃源街的青帝宮爲其下院。③

　　虛凝庵的道士人數在明清時期隨時間的不同有所增減,但總體人數衆多。在 17 世紀 30 年代至 18 世紀 90 年代間的不同時間點,碑文顯示道觀中有二十至四十位道士。如此,虛凝庵看似像是一個子孫廟。但事實上,它的運作更像是十方叢林,例行地接待雲遊道士。如 1633 年碑就提到了一位雲遊道士曾和金華的通易義一同在此掛單,該雲遊道士似乎知道虛凝庵的聲譽。此外,在明代的昆明,有一位道教隱修者布張,起初他並非虛凝庵的道士,但他後來留居於虛凝庵,最後死於此。他似乎不止是簡單地雲遊於虛凝庵,而是反復在此掛單居住。④ 通常來說,子孫廟並不歡迎長期的掛單者。與之相反,虛凝庵道士群體多樣的直系傳承關係以及直接相關的多重世代道士的存在(後文將討論),暗示這個道觀與其說是十方叢林,還不如說更像是子孫廟。由此可見,虛凝庵很有可能是兩者的混合體,也即"子孫常

---

① 1633 碑、1586 碑、1727 碑、1783 碑和 1792 碑;〔民國〕《昆明市志》,第 358 頁;錢文選《遊滇紀事》,第 359 頁;趙鶴清《滇南名勝圖》,第 3 册,第 17b 頁;參見施之厚主編《雲南辭典》,第 443 頁。
② 有關對與虛凝庵常住田相關的這些活動的詳細討論,見拙文《雲南道教碑刻與昆明虛凝庵》,載譚偉倫、李剛主編《宗教、社會與區域文化:華南與西南研究》,香港:香港中文大學崇基學院宗教與中國社會研究中心,2003 年,第 85—89 頁。
③ 宋恩常《昆明及其市郊宗教初步調查》,第 136 頁。有關青帝宮的情況,參見〔光緒〕《雲南通志》,卷九十三,第 10a 頁;〔光緒〕《續雲南通志稿》,卷六十六,第 4a 頁。
④ 〔天啓〕《滇志》,卷十七,第 49b—50a 頁;〔康熙〕《雲南府志》,卷十七,第 2a/b 頁。

住"或"子孫叢林"。

在 20 世紀,直到 1955 年,儘管現代化進程使得廟裏的道士人數減少,虛凝庵仍保持了其昆明前四或前五的重要道教場所這一地位。①

二、虛凝庵的道派傳承

崇禎六年(1633)的碑刻提及虛凝庵道士蔣清潭和他的弟子李一先(1604—1640 年代前後在世)。李一先自幼好道,在虛凝庵做了道士之後,他雲遊參訪道教各大名山(其中包括武當山)。萬曆三十二年(1604),他募捐重建了通明殿和三元堂,並且在崇禎六年勒石記錄此事。在崇禎年間,他還修建了玉皇殿和三清殿(1783 碑)。史料並未提供李一先參訪這些道教名山的詳情。但我們依然可以作出一些觀察和推斷。雲遊和參訪是全真道的必要訓練,也是全真文化傳統中的一部分。②李一先對諸道教名山的參訪,似乎符合全真道宮觀修行的模式。在他所到之處中,武當山無疑是明代最著名的道教聖地。儘管明代武當山的宮觀由正一派所壟斷,但也確實有全真道士在其中經營幾座小庵廟。明中後期,武當山還在當地隱修者中出現了一個地方龍門傳統。③儘管李一先並不是虛凝庵最早的道士,但是通過他對武當山全真道的接觸,可能構成昆明陡山龍門法派傳承的一個來源。

1638a 碑上提到虛凝庵道士潘守泰(約 1638 年前後在世)、八個"一"字輩道士和八個"陽"字輩道士。1638b 碑記錄了道士完陽寬、四個其他"陽"字輩道士以及包括在崇禎十一年(1638)時為住持的李來承在內的十個完陽寬"來"字輩弟子。上述兩通碑刻顯示,完陽寬似乎管理虛凝庵,並且在李來承之前擔任住持。按照此前所引的龍門派詩,通過"字派"可以得知他們在龍門派中的輩分:潘守泰屬第八代,蔣清潭屬第十代,李一先和其他"一"字

---

① 〔民國〕《昆明市志》,第 44 頁;楊學政、雷宏安《道教》,第 140、149—150 頁;雲南通訊社編《滇遊指南》,昆明:雲南通訊社,1938 年,第 104 頁;胡嘉《滇越遊記》,長沙:商務印書館,1940 年,第 30 頁;宋恩常:《昆明及其市郊宗教初步調查》,第 137—138 頁。

② 有關對此問題的探討,見 Vincent Goossaert, *The Taoists of Peking*, 1800–1949: *A Social History of Urban Clerics*, Cambridge, Mass.: Harvard University Asia Center, 2007, p.46。

③ 參見 Esposito, "the Longmen School," pp.657–660; de Bruyn, "Daoism in the Ming," pp.598, 611。

輩屬第十一代,完陽寬和他的"陽"字輩同輩道士爲第十二代,李來承和其他"來"字輩道士爲第十三代。明末清初是龍門派在各地擴張的主要時期,除昆明虛凝庵法派之外,陝西華山、山東崂山,從湖北武當山到江西西山的伍守陽法派、江蘇茅山、陝西佳縣白雲觀、河南南陽玄妙觀以及廣東和四川等地,龍門運動正風起雲湧。① 正是在此背景下,虛凝庵的個案將向我們展現出早期龍門派在雲南的傳播情況。

明清鼎革以及吳三桂(1612—1678)及其孫吳世璠(?—1681)在雲南發動的歷時八年之久的"三藩之亂"(1673—1681),似乎未曾波及虛凝庵。根據明末清初的碑刻資料,我們對虛凝庵龍門法派第十四代弟子王復玉(號心發,約 1658—1727 年前後在世)有了更多的了解。據 1727 碑和 1638c 碑,王復玉出生於擁有土地的當地精英家庭。他家和其宗族中的其他房支都世代捐助虛凝庵。在他三十歲左右時,雙親過世,他便在虛凝庵出家入道。

清雍正五年(1727)《虛凝庵常住碑記》顯示,康熙四十二年(1703)龍門派第九代道士謝太□爲虛凝庵購置了一塊地產。除了王復玉之外,該碑還記載了龍門派第八代弟子楊守元(1727 年前後在世)、張泰□(1727 年前後在世)、王復玉的弟子李本□(1727 年前後在世)和謝本和(1727 年前後在世),以及王復玉的徒孫譚和明。② 乾隆五十七年(1792)的《重修虛凝庵添置常住碑》提及住持楊復慶也曾主持了虛凝庵的重建工作。

乾隆四十八年(1783)《補修虛凝庵碑》提到明代道士李一先的玄師祖。他是龍門派第六代"常"字輩。此外,該碑記錄了龍門派第十六代弟子楊合清(1764—1783 年前後在世)在乾隆二十九年(1764)對虛凝庵進行了大修,並新建了包括太上正殿、太乙殿、雷祖殿(都雷殿)、文昌殿、關帝殿、吕祖殿

---

① Esposito, "the Longmen School," pp.633,640,653,660;森由利亞《邱祖語録について》,第 260—261、269—270 頁;卿希泰主編《中國道教史》,第 4 册,第 100—103、126—127、129、151—153 頁;王志忠《明清全真教論稿》,第 74—77、117 頁;樊光春《碑刻所見陝西佳縣白雲觀全真道龍門派傳承》,第 261—274 頁;Liu, "General Zhang Buries the Bones," pp.79, 83-84;郭武《近現代四川地區全真道發展概論》,2007 年 11 月 2—3 日加州大學伯克利校區"現代中國社會與文化中的全真道國際學術研討會"(Quanzhen Daoism in Modern Chinese Society and Culture: An International Symposium)發表論文,第 8—11 頁。

② 張泰□的字輩寫作"泰"而非"太"。這兩個字在古代是通假字,正如譚和明名字中的"和"字與龍門派譜第十六代"合"字輩,亦是如此。

和聖母殿在内的殿堂和其他一些耳房。此後,他在乾隆四十八年(1783)又募緣創建了三皇殿。該碑將楊合清認定爲虛凝庵第十一代道士。前述《重修虛凝庵添置常住碑》也提及楊合清的七位"教"字輩即龍門派第十七代弟子,以及八位"永"字輩即龍門派第十八代弟子,兩位"圓"字輩即龍門派第十九代弟子,和一位叫楊明德(1792年前後在世)的龍門派二十代"明"字輩弟子。① 這些道士都有意識且持續地保持其法名和龍門派字派相契合,這一事實顯示出虛凝庵道士對其宗教傳統有極強的認同感,也即一種全真道的身份認同,這也普遍存在於明清時期其他全真運動中。②

這些碑刻還揭示了其他一些重要信息。既然楊合清這位龍門派第十六代道士,事實上是虛凝庵第十一代道士,那麼虛凝庵的第一代道士也即開山祖師應是龍門派第六代"真"字輩弟子,他在明正德十六年(1521)至嘉靖十五年(1536)間於虛凝庵開創了這一地方龍門法派,適逢黔國公沐紹勛受其感染而重建虛凝庵之時。這位開山祖師在龍門法派中的輩分地位約略可以與晚明龍門派另一位"真"字輩祖師李真元(號虛庵,1525—1615)相比擬。李真元是伍守陽的師祖,而且他在世的時代當比虛凝庵這地方龍門法派開山祖師的時代稍晚一些。③ 從已有的綫索來看,虛凝庵龍門法派是從15世紀"真"字輩祖師之後才開始的,並且這一法派的發展與明朝手握重兵的沐氏家族的護教緊密相關。至於"真"字輩祖師之前虛凝庵的法派性質,我們已無從知曉。

簡言之,虛凝庵的地方全真龍門法派是由一位"真"字輩祖師開創,並得到了沐氏家族的護持,在正德十六年到嘉靖十五年間進行重建虛凝庵。如果崇禎六年(1633)碑刻上所載的道士都還健在,那麼在崇禎十一年(1638)前後虛凝庵至少有37位道士。自明初起,朝廷對地方廟宇中持有度牒的僧

---

① 這一字輩有時寫作"元"而非"圓",就像楊元來、張元惠的案例中的情況。同樣,這兩個字也是通假字。

② 有關對明清時代全真身份問題的討論,參見戴文琛(Vincent Durand-Dastès),"A Late Qing Blossoming of the Seven Lotus: Hagiographic Novels about the Qizhen,"和高萬桑(Vincent Goossaert), "Quanzhen, What Quanzhen? Late Imperial Daoist Clerical Identities in Lay Perspective," in Xun Liu and Vincent Goossaert ed., *Quanzhen Daoists in Chinese Society and Culture, 1500-2010*.

③ 關於李真元的生平行實,見森由利亞《全真教龍門派系譜考》,第193—195、201、208、211頁;Esposito, "The Longmen School," pp.656-657.

道數量有強制性限定。它規定每府 40 人，每縣 20 人。然而衆所周知，這種規定很難被遵守，在明代的多數情況下，道士的實際數量要比限額多得多。① 晚明時昆明縣至少有 19 座重要的道觀。② 即使我們將這些道觀看作整個雲南府所有的道教宮觀，每府 40 人的限制也不可能允許這 19 座道觀中的任何一個擁有 37 位道士。更不用説，雲南府轄下還有其他州縣，那裏的道觀還會在道士總人數中加上更多。虛凝庵常住道士的人數證實了明朝的這個法定框架和實際情況的不符。在乾隆五十七年（1792）前後這裏至少有 19 位道士。但是這 19 人都屬於楊合清一系，也即楊合清和他之後的四代弟子們。在此之外，應該還有虛凝庵其他人門下的弟子未被記入。虛凝庵從龍門派第六代"真"字輩到第二十代的"明"字輩，共傳承了十五代（見表3）。虛凝庵龍門法派的存在和傳承與伍守陽的龍門法派幾乎是同時期，而且肯定比王常月在北京白雲觀的龍門正宗可信的傳承要早。

我們無法獲得乾隆五十七年以後有關虛凝庵的詳細信息，無從知曉那裏道士的情形。没有任何可靠的資料可以證明虛凝庵道教法派傳統在 16 世紀後有所改變。1953 年，昆明市道教會恢復之時，全真（龍門派）道士和青帝宮住持楊正雄擔任副會長。③ 青帝宮是虛凝庵的下院，因此虛凝庵定然是全真或龍門派道觀。由此可以推知，直到 1955 年，虛凝庵的道士一直維繫着其地方龍門法派的傳統。

以上的簡單勾勒顯示，虛凝庵在相當長的時間內由龍門派道士住持管理。然而，道觀現存明清資料，無論是碑刻還是地方志，都没有提到"龍門"二字。正像高萬桑（Vincent Goossaert）所揭示的，碑刻作爲法律紀録，只關心"有名的個別道士及其弟子之權利；而避免提及道教法派或宗派，以免給他們授予法定的權利"。因此，對於包括虛凝庵在内的寺廟碑刻來說，就有"充足的理由不去提及"法派的名稱。④ 而且，地方志皆由儒家精英所編撰，

---

① 清水泰次《明代に於ける仏道の取締》，《史學雜誌》，第 40 卷第 3 號（1929），第 8—10、24—26、29、45 頁；Timothy Brook, "At the Margin of Public Authority: The Ming State and Buddhism," in Brook, *The Chinese State in Ming Society*, London: Routledge Curzon, 2005, pp.146-148.

② 〔正德〕《雲南志》，卷三十四，第 2b 頁；〔萬曆〕《雲南通志》，卷十三，第 1b、5a 頁；〔天啓〕《滇志》，卷十七，第 1b、6a/b、7a/b 頁；〔康熙〕《雲南通志》，卷十九，第 24b—26a 頁；〔康熙〕《雲南府志》，卷十八，第 1b、3a、4b—6b 頁；〔光緒〕《續雲南通志稿》，卷六十六，第 3b—4a、12b—14a 頁。

③ 楊學政、雷宏安《道教》，第 147 頁。

④ Goossaert, "Quanzhen, What Quanzhen?" p. 36.

他們主要關心寺廟規範和政治制度以及與之有關的道教（或佛教）的廟宇，而不是道教法派或宗派問題。① 因此，即使碑文和地方志都沒記載虛凝庵

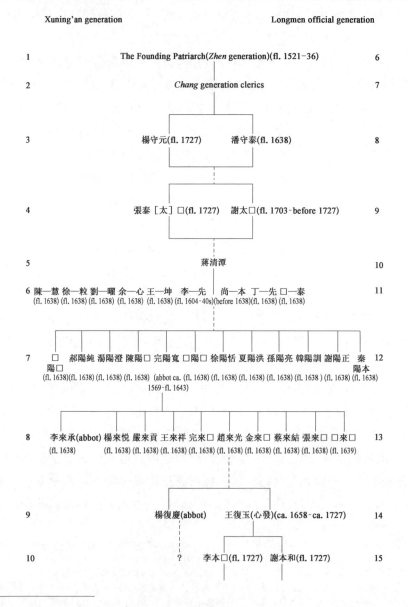

① Timothy Brook, "Buddhism in the Chinese Constitution: Recording Monasteries in North Zhili," in Brook, *The Chinese State in Ming Society*, pp.162–181; Goossaert, "Quanzhen, What Quanzhen?" pp.35–36.

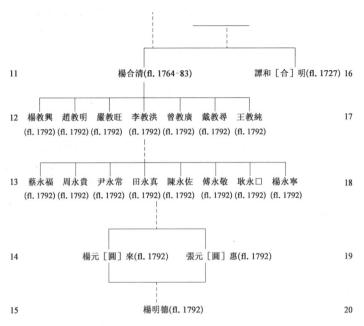

說明：有一位姓周的道士，其字派在"陽"字輩之前，也有一位道士顧得時，其輩份不清。

圖 3

法派的名字，也並不意味着虛凝庵道士自己不用該名稱。事實上，正如前文所示，虛凝庵道士顯然對其法派有很強烈的認同感，也可以推導出他們對全真道有很強的身份認同。在通常的宗教實踐中，一個道教法派，特別是有字派的法派，必定有其法派的名字。儘管理論上存在着虛凝庵道士所用法派名字不是龍門的可能，但是更有可能的是他們知道自己是龍門派，就像晚明後任何用龍門字派的道教法派都自認爲是龍門派。除了虛凝庵的龍門法派，其他早期的龍門法派也都使用同樣的字派，像伍守陽法派、江蘇毘陵的朱元育(1657—1669)法派和陝西佳縣白雲觀法派。[①] 迄今爲止，筆者還沒有找到用龍門字派但自稱爲其他法派的案例。

柳存仁先生在其有關明代道教的研究中認爲，伍守陽的法派起源於草

---

① Esposito, "The Longmen School," pp.654-660；森由利亞《邱祖語録について》，第 258—260、269—270 頁；樊光春《碑刻所見陝西佳縣白雲觀全真道龍門派傳承》，第 261—279 頁。

佛教與儒道 | 279

根,且其教理思想滲透到社會的各階層。① 虛凝庵的龍門法派也可以被視爲草根道教的類似例子。同樣,虛凝庵的開山祖師和之後的很多道士都來自昆明周邊的鄉鎮。這些全真龍門道士的地方根系顯示虛凝庵的龍門法派傳統不僅土生土長於當地,還與本地社群及其護持有密切的聯繫。

在理解雲南全真道來源與傳播上,不少學者認爲傳說中的張三丰(1314?—1418?)以及其後的劉淵然(1351—1431)將全真道傳入雲南。② 然而,正如黄兆漢已令人信服地論證的,在張三丰所有的傳記中,包括更爲可靠的歷史著述和廣爲引用的 16 世紀的地方志,"多是傳説勝過史實"③。更不用説,汪錫齡(1664—1724)僞造的《三丰先生本傳》中張三丰到過雲南的敍述,以及 17 世紀下半葉到 20 世紀雲南地方志中的相關條目,應該都是無根據的杜撰。④ 相反,劉淵然確實被流放到了雲南,儘管他可能熟諳全真道,但他是清微派的宗師,也是浄明道六祖。因此,他傳到雲南的不會是全真道,而是浄明道和清微法,他在雲南的弟子也無一人是全真道士。⑤ 總而

---

① 柳存仁《研究明代道教思想中日文書目舉要》,載氏著《和風堂文集》,上海:上海古籍出版社,1991 年,第 997 頁。關於伍守陽,參見 Paul van Enckevort, "Quanzhen and Lorgmen Identities", pp.141-170。

② 如參見郭武《道教與雲南文化:道教在雲南的傳播、演變及影響》,昆明:雲南大學出版社,2000 年,第 153—156 頁;雷宏安《雲南道教源流初探》,《中國道教》1991 年第 1 期,第 12、14、18 頁;楊學政、劉婷《雲南道教》,北京:宗教文化出版社,2004 年,第 25、79 頁。

③ Wong Shiu-hon, "The Cult of Chang San-feng," *Journal of Oriental Studies* 17.1-2 (1979): 15, 21, 24.

④ 有關視汪錫齡《三丰先生本傳》爲僞書或事後建構之作的討論,見 Wong Shiu-hon, *Investigations into the Authenticity of the Chang San-Feng Ch'uan-Chi: The Complete Works of Chang San-feng*, Canberra: Faculty of Asian Studies, Australian National University, 1982, p.51; Anna Seidel, "A Taoist Immortal of the Ming Dynasty: Chang San-feng," in Wm. Theodore de Bary et al., *Self and Society in Ming Thought*, New York: Columbia University Press, 1970, 509-514. 有些學者也認爲沈萬三是張三丰弟子,並跟隨張三丰到雲南傳播全真道。黃兆漢和索安(Anna Seidel)都指出,沈萬三儘管是一個歷史上的真實人物,但卻和張三丰沒有任何關聯,他們之間的關係是在清代被建構出來的。見黃兆漢《明代道士張三丰考》,臺北:臺灣學生書局,1988 年,第 107—111 頁;Seidel, "A Taoist Immortal," pp.509, 513.

⑤ 施舟人(Kristofer Schipper)對道教宗師趙宜真的研究與劉淵然相關。劉淵然是趙宜真(?—1382)的法脈弟子。在道教傳承和在道教内的地位方面,趙宜真與劉淵然頗相似:他是清微派宗師和浄明道五祖,儘管他也熟諳全真道。見 Kristofer Schipper, "Master Chao I-chen (?—1382) and the Ch'ing-wei School of Taoism,"載秋月觀暎編《道教と宗教文化》,東京:平河出版社,1987 年,第 6—7、10—11、14—15 頁。有關對趙宜真和劉淵然作爲浄明道五祖和六祖的研究,見秋月觀暎《中國近世道教の形成:浄明道の基礎の研究》,東京:創文社,1978 年,第 155—157、159—160、167 頁;石田憲司《明代道教史上の全真と正一》,載酒井忠夫編《台湾の宗教と中國文化》,東京:風響社,1992 年,第 158 頁。

言之,認爲是張三丰和劉淵然將全真道傳入雲南的説法並没有任何史料可證。①

據目前學界的共識,可靠的雲南全真道始於黄守中(野怛婆闍,？—1792)這位來自中亞以"雞足道者"著稱的道士。黄守中據説是王常月的嫡傳弟子,並因爲在雲南雞足山創立了龍門支派西竺心宗而享有聲譽。②作爲全真社團,與虚凝庵相比,西竺心宗的規模小很多,影響力可能也較小,西竺心宗到雲南的時間比虚凝庵龍門法派要晚得多。儘管清代的龍門派絞盡腦汁搜羅任何資料以積極建構其歷史,西竺心宗從黄守中起,有記載的紀録顯示只有五代弟子總共才13人,③而虚凝庵龍門法派在從晚明到乾隆五十七年(1792)間的任何一個時段(之後也依然如此),都有20至40位道士。全真道龍門派進入雲南巍山(也稱巍寶山)開山,發生在清康熙年間(1662—1772)。全真道另一支派天仙派也是在康熙年間到達巍山,並且在清中葉或其後傳到了雲南大理。某支清微派(並非劉淵然的那支清微派,而是出自龍門派的一支當地法派)也在康熙年間首次在昆明和巍山出現。全真道隨山派直到晚清才進入雲南騰沖和臨滄地區。④

所以,即使我們還不能確定最早傳入雲南的全真道的源頭⑤,但是本文却顯示,有一個事實是無法辯駁的,即,至少應該是在明代正德末至嘉靖初(16世紀20年代到30年代之間),一個全真道的地方龍門法派已在昆明虚

---

① 另外兩種説法分别認爲全真教是由吕洞賓和宋德方(1183—1247)傳入雲南的,對於這兩種説法,郭武的批駁是致命性的。見郭武《道教與雲南文化》,第139—143頁。

② 有關西竺心宗,見 Monica Esposito, "Longmen Taoism in Qing China: Doctrinal Ideal and Local Reality," *Journal of Chinese Religions* 29 (2001): 200, 202; Esposito, "Daoism in the Qing," p.630;王志忠《明清全真教論稿》,第86—89頁;陳兵《清代全真道龍門派的中興》,《世界宗教研究》1988年第2期,第86頁;郭武《道教與雲南文化》,第193—194、382—385頁。

③ 有關西竺心宗世系及其成員,見闵一得(1748/1758？—1836):《(重刊)金蓋心燈》(《藏外道書》本),"龍門分派西竺心宗流傳圖",第1a頁;卷六下,第1a—26b頁;王志忠:《明清全真教論稿》,第87—89頁。

④ 薛琳《巍寶山道教調查》,載雲南省編輯組編:《雲南巍山彝族社會歷史調查》,昆明:雲南人民出版社,1986年,第239、242—248、253—254、259—260、266、269—271頁;楊學政、雷宏安:《道教》,第122—123、134頁;郭武:《道教與雲南文化》,第192—193、196—197頁;郭武《關於道教全真派傳入雲南的幾個問題》,《思想戰綫》1994年第6期,第41頁;楊學政、郭武:《道教在雲南》,《宗教學研究》1993年第1—2期,第18頁;雷宏安《雲南道教源流初探》,《中國道教》1991年第1期,第14頁;楊學政、劉婷《雲南道教》,第29、79頁。

⑤ 例如,鑒於虚凝庵法派創派祖師是在商山的金井庵入道,金井庵極有可能也是一個龍門派道廟。不幸的是,1586碑提到這件事的唯一資料來源,已殘破不全。因此,我們無法得知更多關於金井庵道教傳統的信息。

凝庵存在，它已經在使用龍門字派命名其法名。這支虛凝庵龍門法派從16世紀到20世紀中葉持續傳承，未曾間斷。但這支龍門法派似與北京的龍門正宗完全沒有制度上的聯繫。即使18世紀晚期，當脫胎於王常月龍門正宗的西竺心宗進入雲南時，虛凝庵龍門法派也繼續成爲比新來的西竺心宗規模更大且更具影響力的全真教團。虛凝庵碑文至少展現出了昆明這一全真道龍門法派，有異於"官方的"道教聖傳和教内文獻所描述的面貌。爲了理解這一全真身份的不同願景，對其宗教實踐和教義的處理是必要的。

三、虛凝庵的宮觀宗教實踐和教義

正如上面已提到的，明末清初虛凝庵很多出家入道的道士都出身於當地的村莊，他們在虛凝庵學道，並開始包括施行科儀在内的宮觀日常生活。事實上，誦經是虛凝庵道士爲信衆舉行的主要科儀之一。崇禎六年（1633）碑提到道士李一先爲黔國公的母親程太夫人"演真詮"即誦經並對經文作出詮釋。而根據1638c碑，道士完陽寬爲信衆辛勤誦經，由此攢到了作爲酬金的"經資"。他用這筆錢爲道觀購置了常住田。在1638a碑、1638c碑以及1782碑上記錄了完陽寬用其經資爲道觀購地的八次交易。其中，只有一次未記錄金額，其餘的七次總共花費了二十七兩白銀，和數千索肥，對一個出家人來説，這筆金額並不算小。① 顯然，完陽寬忙於向信衆提供誦經服務。在1638a碑、1638c碑、1727碑和1792碑上也記載了虛凝庵許多其他道士的購地紀録，可能這些購地經費也是來自他們儀式服務所獲經資。儘管這些紀録並未提供虛凝庵道士所誦經文種類的細節，似乎有些經文是用來内修，而另一些則明顯是專門爲當地信衆提供有報酬的儀式所用。

虛凝庵也爲周圍的社群提供其他形式的儀式服務。在萬曆十四年

---

① 碑刻上所記録的完陽寬在這些交易中的貝幣實際數額難以辨認。但貝幣的專有貨幣名稱"肥"以及貝幣的貨幣單位"索"（每80肥爲1索）這兩個字卻能辨認出來。貝幣在明代雲南仍在使用。從明初至17世紀初，貝幣的市場比價是每7200至8000肥折算一兩白銀。但這一比價在天啟六年（1626）後跌至每28000肥折算一兩白銀。有關對這一問題的研究，見 Hans Ulrich Vogel, "Cowry Trade and Its Role in the Economy of Yunnan: From the Ninth to the Mid-Seventeenth Century," *Journal of the Economic and Social History of the Orient* 36.3 (1993): 211-252 (Part I); 36.4 (1993): 309-353 (Part II).

(1586)《重修虛凝庵並置常儲碑記》中提到第九代黔國公沐朝弼(約1554—1577年前後在世)和雲南巡撫(在明代時稱"巡撫雲南")呂光洵(1518—1580),於嘉靖四十二年(1563)至隆慶元年(1567)間在東莊委託虛凝庵辦了場道教科儀。可惜的是,這場科儀的細節並沒有被記錄。由於缺乏文字記載,明末清初虛凝庵道士這些方面的宮觀生活也尚不可知。

但虛凝庵龍門法派的確留下了證據,顯示他們十分注重内丹修煉。在金元時期内丹被納入全真道修行的内在組成部分。崇禎六年(1633)《昊天通明殿碑記》,記錄了道士李一先的論述:"此一口津液送入丹田,彼不識性命之學,玄中化牡,如何便得千□百歲?"顯然,李一先關心的是内丹修煉。①同碑還繼續記錄了通易義的論述,他進一步闡發了李一先的内丹願景。通易義應該不是真名(通曉《易經》和伏羲所作之八卦)。通易義來自浙江金華,又號洞天藥欄主人。從他的名字、他對虛凝庵的參訪以及他精於内丹理論來推斷,他似乎本就對道教頗有研究,儘管他可能是個文人。他的學説顯然被李一先所接受,因爲通易義撰寫該碑文於萬曆九年(1609),而李一先則於崇禎六年(1633)將之立碑。由此可見,通氏的闡釋吻合了虛凝庵的修行教理。通易義的碑文就内丹修煉中的"性"和"命"這對概念展開,將二者描繪落實爲處於同一個方位:下丹田,通常又稱爲命門,在腎或下腹部,是生命之源。在此意義上,碑文展現出對命功的強調。遵循這種思路和修煉術,修煉者可以達到神秘的"心死機活"和"鉛死汞乾"(1633碑)的境界,這是兩個用以表述成仙理想狀態的術語。②

很多學者都致力於内丹北宗(即原來的全真道)重性和南宗重命的區分。即使人們應該意識到理論與實踐的差異,無論是北宗還是南宗都沒有排斥性命中的任何一方。③ 相比之下,清初龍門正宗的改革家王常月,却拒

---

① 1633碑。有關虛凝庵其他道士在使用"性命"這詞組時強調命功的類似傾向,見記錄在1727碑中王復玉的陳述。
② 關於這些道教修行技術術語在《道藏》中的使用情況,見王惟一(?—1326)《道法心傳》(DZ 1253),第3b頁;翁葆光(約1173年前後在世):《悟真篇》注,收入《修真十書》(DZ 263),卷二十七,第6b—7a頁。王惟一和翁葆光的著述完全屬於内丹南宗。1633碑借用了南宗文本中這些術語,這或許也顯示出虛凝庵龍門法派與内丹南宗之間的緊密聯繫。
③ Isabelle Robinet, *Introduction à l'alchimie intérieure taoïste: De l'unité et de la multiplicité* (Paris: Cerf, 1995), p.44; Lowell Skar and Fabrizio Pregadio, "Inner Alchemy (*Neidan*)," in Kohn, *Daoism Handbook*, p.488.

斥了內丹修煉和長生修煉法,而主張修持內在的法身即"性",認爲性才是實現自我轉化的關鍵。① 雖然虛凝庵的口頭和書面教理沒有傳下來,但是崇禎六年(1633)碑却使我們得知,他們對内丹的命功修行有相當的興趣。如前所述,該通碑文使用了"性"和"命"這樣的術語。内丹中,性通常與心神相聯,其相應位置(如果有的話)也應該指心。但該碑文的闡述却將性和命都落實於命門,以之爲内修的核心所在。據此,從命門開始的内丹實踐,通過不同階段的生理命功修行,將逐漸導致成仙的理想狀態。由此,虛凝庵龍門法派强調命功是顯而易見的。而且,如"心死機活"和"鉛死汞乾"這樣技術性和神秘性的術語的使用,標誌着這一個深奧的内丹修煉進路,而這種方法後來却被王常月的龍門正宗所拒絶。虛凝庵龍門法派在内修中强調修命功,很好地反映了明末内丹術的趨勢,例如陸西星(1520—1606)、孫汝忠(約 1615 年前後在世),甚至伍守陽都是如此。② 同時,因爲虛凝庵强調命功,所以也屬於南宗。也是出於這一點,他們可能真的有別於其他更典型的龍門法派。值得一提的是,虛凝庵道士强調命功,這是除了法名之外,其另一個全真身份認同的特點。

正如莫妮卡(Monica Esposito)所證明的,閔一得(1758—1836)"編造了一種新的龍門學說",是將内丹理論和深奧的修行術結合在一起,③從而確立了以浙江金蓋山爲中心的龍門法派的自我認同和獨立性,並明顯有別於王常月的北京白雲觀的龍門正宗。金蓋山的龍門法派表明王常月的龍門正宗只代表明末清初龍門派的一個版本。這種與龍門正宗有差異的學說在明末已經存在,明末的伍守陽法派和 18 世紀後期江蘇的朱元育法派都可證明。④

---

① Esposito, "Longmen Taoism in Qing China," pp.196, 198, 213, 219;陳兵《清代全真道龍門派的中興》,第 88—89 頁;卿希泰主編《中國道教史》,第 4 册,第 81、85、88—89、95—96 頁;王志忠:《明清全真教論稿》,第 124—125、136—137 頁。
② 有關對陸西星、孫汝忠及伍守陽内丹理論和修行技術的討論,見 Liu Ts'un-yan, "Lu Hsi-hsing and His Commentaries on the *Ts'an T'ung Ch'i*," in Liu, *Selected Papers from the Hall of Harmonious Wind*, Leiden: Brill, 1976, pp.212-227; Liu Ts'un-yan, "Wu Shou-yang: The Return to the Pure Essence," in Liu, *New Excursions from the Hall of Harmonious Wind*, Leiden: Brill, 1984, pp.187-207;秋岡英仁《金丹真傳の内丹思想》,《東方宗教》第 88 號(1996),第 20—34 頁;卿希泰主編《中國道教史》,第 4 册,第 23—38 頁。
③ Esposito, "Longmen Taoism in Qing China," pp.203, 206-210, 215-221.
④ Liu ts'un-yan, "Wu Shou-yang," pp.196-208; Liu Ts'un-yan, "Taoist Self-Cultivation in Ming Thought," in de Bary et al., *Self and Society in Ming Thought*, pp.295-297, 300-301, 322n10;卿希泰主編《中國道教史》,第 4 册,第 42—51、58 頁;丁貽莊《伍守陽》,載卿希泰主編《中國道教》,第 1 册,頁 390—391;Esposito, "The Longmen School," p.660; Esposito, "Daoism in the Qing," p.636;森由利亞《邱祖語録について》,第 263—269 頁。

四、虛凝庵與地方社區

虛凝庵的碑刻還提供了有關全真道當地護教社區的豐富信息。其中最主要的是沐氏家族,從道觀的早期成立到後來的修葺,他們的護持都極爲重要。沐英是朱元璋的養子,因作戰中出衆的領導力而負盛名。洪武十年(1377),他受封西平侯。從明洪武十四年(1381)起,沐英在征服雲南的過程中發揮了至關重要的作用。明太祖命令沐英留守雲南。他和其後代被封授世襲爵位,並世代擔任鎮守雲南總兵官征南將軍。沐英死後謚封黔寧王。[1]當地的一則傳說將沐英與虛凝庵聯繫在一起。據此傳說,一條山中大蛇化身爲童子,成爲真人張霞溪的弟子。一年大旱,沐英求雨,此童子持瓦求見。瓦上寫有"小子沐英"四字,沐英怒擲於地,頓時雷聲大作,暴雨驟至,紓解了旱情。沐英叩謝龍王,命人修建虛凝庵以紀念此蛇(現在看來此蛇是龍王)。[2]

永樂六年(1408),沐英次子沐晟(1368—1439)襲爵晉升爲黔國公。從此以後,黔國公就成爲沐氏家族的世襲封號。沐氏家族通過資助虛凝庵重修,繼續爲這一地方全真道廟護教。第五代黔國公沐紹勛於正德十六年(1521)至嘉靖十五年(1536)間重修虛凝庵,爲之取名"虛凝庵",並親自書廟額(1586年碑)。沐家還持續聘請虛凝庵道士行科儀,並斥巨資支持虛凝庵的運作。如嘉靖四十二年(1563)至隆慶元年(1567)間,第九代黔國公沐朝弼,請虛凝庵道士作法事。第十代黔國公沐昌祚(1556—1625)之母程太夫人也是虛凝庵道教活動的重要的護法。萬曆三十七年(1609),她"命"虛凝庵道士"演真詮",隨後她"施助百金",用以重修道觀(1633年碑)。1638c碑由道士完陽寬所立,直接向末代黔國公沐天波(1619—1661)"籲請"保護朝陽庵(當時已是虛凝庵的一部分),"彈鎮"外人的"侵侮"。而且,沐天波之母陳太夫人,由於昆明沙定洲之亂,而於南明弘光元年(1645)在朝陽庵避難並自焚。[3]

---

[1] 有關沐英的生平行實,見 Frederick W. Mote, "Mu Ying," in L. Carrington Goodrich and Chaoying Fang, eds., *Dictionary of Ming Biography, 1368 - 1644* (New York: Columbia University Press, 1976), pp.1079-1083。

[2] 楊學政、雷宏安《道教》,第 129 頁。

[3] 〔康熙〕《雲南府志》,卷五,第 24b 頁;〔道光〕《昆明縣志》,卷四,第 27a/b 頁;〔光緒〕《續雲南通志稿》,卷六十六,第 13a 頁。

沐氏家族有長期道教信仰和護教的家族傳統。① 它與虛凝庵的關係特別近，成爲後者的"護法"。沐氏家族是爲數不多的没有被明太祖在洪武後期剪除的軍功貴族。從沐英以下，該家族成員世代作爲鎮守雲南總兵官，負有捍衞明帝國西南邊境安寧之責。結果，沐氏家族集政治和軍事權力於一身，②在雲南當地有巨大的影響力。

晚明時，當地政府在發現虛凝庵道士可能非法購置土地和逃税後，對虛凝庵土地和房産展開調查。1638a 碑和 1638b 碑都反映了當地衙門對虛凝庵的懷疑和調查。③ 但考慮到虛凝庵和沐家的密切關係，虛凝庵的這些經濟活動很可能是受到沐家保護的。④ 沐氏家族本身已經非法佔有了諸多土地以擴大其沐氏莊園，結果，雲南幾乎所有的府州都有"著名"的——或聲明狼藉的——沐莊，這些土地占全雲南耕地總數的三分之一。⑤ 明朝政府也確實對沐莊進行了調查，但却從未成功地對沐家人立案，也從未對他們進行任何懲處。故沐氏家族就繼續依舊非法擴充田産。⑥ 1638a 碑和 1638d 碑表明，雲南府行使其權力對虛凝庵地産進行了調查。但奇怪的是，兩通石碑的標題都有"請敕"字樣。而且，兩通碑文的第一句都是"奉欽差鎮守雲南總兵官征南將軍太子太傅黔國公沐批"。一個像"府"衙門這樣强大的區域性政府機關，在處置一個小小的地方廟宇時，竟然要求請皇帝敕命和得到黔國公的批准許可才可以進行。雲南府調查的目標也許不僅是虛凝庵，可能還暗含沐氏家族。這也就解釋了，爲何在崇禎十一年（1638）第一次調查（1638a 碑）之後，同年又展開了第二次調查（1638b 碑）。但這兩次針對沐家的行動均未取得任何進展。由此可見，明朝地方政府在處理沐氏家族經濟

---

① 有關沐氏家族參與其他更多的道廟和道教活動及其與虛凝庵以外道士的交往，見拙文《雲南道教碑刻與昆明虛凝庵》，第 83—84 頁。
② Frederick W. Mote and Denis Twitchett, eds., *The Cambridge History of China*, vol.7, *The Ming Dynasty, 1368-1644*, Cambridge: Cambridge University Press, 1988, pp.130, 702；辛法春《明沐氏與中國雲南之開發》，臺北：文史哲出版社，1985 年。
③ 有關對此問題的詳細討論，見拙文《雲南道教碑刻與昆明虛凝庵》，第 87—92 頁。
④ 有關對明代佛寺道觀尋求勛貴保護其廟産與田地的研究，見清水泰次《明代の寺田》，載氏著《明代土地制度史研究》，東京：大安，1968 年，第 220 頁。
⑤ 有關對沐莊的研究，見王毓銓《明黔國公沐氏莊田考》，載氏著《萊蕪集》，北京：中華書局，1983 年，第 71—83 頁；辛法春：《明沐氏與中國雲南之開發》，第 235—266 頁。
⑥ 王毓銓《明黔國公沐氏莊田考》，頁 90—93，98—101；辛法春《明沐氏與中國雲南之開發》，第 239—242 頁。

違法行爲方面毫無作用。對虛凝庵的調查也同樣無效,因爲虛凝庵可以很輕易地倚仗沐家作爲其最可信賴的護法,爲其各種非法獲得或不義之財產保駕護航。

除了沐氏家族,虛凝庵的護教群體裏還有當地的官員和士紳。1586 碑、1638a 碑和 1638b 碑列出了一些不同級別的當地官員。他們之中有一位重要人物:雲南巡撫兼兵部尚書、右都御史呂光洵(官正二品)。以此身份,呂光洵協調和監管雲南省級政府機構。① 另一位身居高位的虛凝庵護法是大中丞(即都御史)黄道南(官正二品)。除了這些高官之外,像雲南府知府許立禮(官正四品)這樣的中層官員也在列(1586 碑、1638a 碑和 1638b 碑)。1783 碑和 1792 的碑使用了"當代名卿"和"十方宰官"②這樣的術語來指稱那些捐資給虛凝庵建造太上正殿和三皇殿的護教者。除了捐資之外,這些官員通過爲道觀撰寫碑文來支持虛凝庵。在虛凝庵和其他地方一樣,這事實上是晚明官員以其職官身份贊助廟宇最常見的形式,正如卜正民(Timothy Brook)所説:"他們的角色更多的是監管者或擔保人,而非捐贈者。"③

虛凝庵的官員護教者的高位和官職,顯示出明朝政府對宗教總體上的雙重態度:贊助和遏制。的確,這些文官在這兩方面都發揮了作用:一方面,這些士大夫將虛凝庵當作是自己休養的最佳場所。他們也出於管理上的原因給予虛凝庵一定的容忍。遵循晚明國家與制度化宗教正式關係的趨勢,這些官員以其職官的身份,直接視虛凝庵爲與里甲制下的其他户一樣的一個納税單位,需要向國家"隨甲上納"。④ 有些官員認爲像虛凝庵這樣的廟宇發揮了"善世"的作用,它們的興盛是這些官員善政的表徵。對他們來説,爲虛凝庵護教爲其贏得"善念"的功德。因此,他們中的一些人參加了虛

---

① 有關呂光洵的生平行實,見徐渭(1521—1593)《呂尚書行狀》,載氏著《徐文長三集》,收入《徐渭集》,北京:中華書局,1983 年,卷二十七,第 650—653 頁;〔天啓〕《滇志》,卷十,第 59a 頁;〔康熙〕《雲南通志》,卷二十,第 21a 頁。
② 卜正民指出,明末清初時期在士紳精英對廟宇的護法活動中,"宰官"這一稱謂"通常用在縣級以上官員身上"。見 Timothy Brook, *Praying for Power: Buddhism and the Formation of Gentry Society in Late-Ming China*, Cambridge, Mass.: Council on East Asian Studies, Harvard University, and Harvard-Yenching Institute, 1993, p.358n83.
③ Brook, *Praying for Power*, pp.165, 174.
④ 有關晚明這一制度上的趨勢,參見 Brook, "At the Margin of Public Authority," p.154.

凝庵道士舉行的法會(1586碑、1633碑、1638a碑、1638b碑、1638c碑、1727碑和1783碑)。

但另一方面,這些文官都不是當地人。他們在虛凝庵的活動幾乎不在意任何地方社會的關注。他們對虛凝庵的護持適合其官員身份和官方使命,因此同時也是國家限制廟宇的努力。1638年雲南府知府立碑警告外人不許"蠶食侵占""隱占"虛凝庵,同時他也鼓勵虛凝庵道士"在庵持戒,□誦焚修",這隱含着告誡虛凝庵道士要服從官方和道觀的權威。這符合明太祖下的隔離法令,該法令至少名義上禁止出家和尚道士與普通人接觸,要求所有寺廟都與當地民居保持若干距離。儘管這項政策幾乎沒有真正得到執行,但"它確立了一種氛圍,惡化了官方對佛教〔以及道教——筆者所加〕制度的態度。"①像明太祖一樣,雲南府知府許立禮先後立了1638a碑和1638b碑,特地重復了明太祖這種隔離的措辭。他所表達的意圖是通過隔離而維持道士的純潔,但他潛在的意圖,又像明太祖一樣,是要為了防止道士干預地方社區事務。②

明代國家另一個持續的關注點是,一些捐贈者可能會試圖將其土地登記在寺廟名下以逃稅。雖然在明代寺廟常住田是納稅的,但有影響力的當地士紳可以向地方當局呼籲為寺廟田地免稅。鑒於虛凝庵的"護法"是勢力強大的沐氏家族,虛凝庵常住田可能享有免稅權。然而,道士個人的田產理應完全納稅,有時甚至不受法律保護而會被沒收。③ 明代官員立碑執行保護虛凝庵財產和土地的法令,以確保其道士能禁得起維持與世俗社區相隔離的狀態。但與此同時,這些官方碑刻也展現了雲南地方衙門對虛凝庵田產的調查,以區分合法常住田和非法的地產,並防止道士在虛凝庵的常住田名義之下隱匿其私人田產。這些官員可能希望虛凝庵為其常住田之外的土

---

① Brook,"At the Margin of Public Authority," pp.145-146. 參見暴鴻昌《明代對僧道的管理》,《北方論叢》1986年第5期,第95頁。
② 1638a碑和1638b碑。有關對明太祖這一隔離政策背後意圖的討論,見Brook,"At the Margin of Public Authority," p.144。
③ 清水泰次《明代的寺田》,第209、215頁;竺沙雅章《明代寺田的賦役について》,載小野和子編《明清時代的政治と社會》,京都:京都大學人文科學研究所,1983年,第489—508頁;野口鐵郎《明代寺田的稅役と砧基道人》,《佛教史學》第14卷第1號(1968),第18—21頁;Brook, Praying for Power, p.171;趙亮《明代道教管理制度》,《世界宗教研究》1990年第3期,第48頁;何孝榮《明代南京寺院研究》,北京:中國社會科學出版社,2000年,第276—279、289—299、391—394頁。

地納税,或者發現那些踐踏法令將其田地"詭寄""投獻"給虛凝庵而逃税之人,①這是明代地方官員對虛凝庵的經濟控制和監督。

然而沐氏家族却是另一回事。除了個人信仰之外,該家族還有護持虛凝庵的其他理由。貫穿整個明代,沐氏家族在雲南支持了很多佛道寺廟。②作爲雲南的領主,沐氏家族像帝制晚期其他地方精英一樣,將資助和組織寺廟事務視爲維持其影響力和展現權力的一種方式。像虛凝庵這樣的廟宇的興盛,會吸引很多香客,也展現出沐氏家族政治上的成功,即所謂"撫鎮有方,威振惠洽"。③

而且,沐氏家族受明廷之託,在雲南建立明王朝的權威,並以沐氏家族控制下的武力來安撫(也即漢化)土著民。在明代(以及直至清中葉)漢人在雲南可以説是"少數民族"。雲南是邊陲戰略要地,那里聚居着許多土著民族,很多"外來"宗教如南傳佛教、藏傳佛教、伊斯蘭教和土著宗教都相當興盛。很有可能,沐氏家族像其他鎮守邊關的軍功貴族一樣,除了官方的但在這些地區經常不盡如人意的儒家意識形態(所謂"聲教未被,典籍無聞")之外,會倡導道教(有時也許是漢化形式的佛教),以之作爲中國人的身份認同。④

有學者主張伍守陽與明朝政權關係非常密切,因爲他收了吉藩世子朱常淳(法名太和,約1557—1632年前後在世)爲正式弟子,並將法脈傳授給他。⑤

---

① 1638a碑和1638b碑。有關對虛凝庵道士可能的踐踏法令以及官府對之調查的完整討論,見拙文《雲南道教碑刻與昆明虛凝庵》,第88—92頁。
② 有關沐氏家族所護持的佛道寺廟的一個不完整的名單,見辛法春《明沐氏與中國雲南之開發》,第231—233頁。
③ 陳循(1385—1462)《龍泉觀長春真人祠記》,載陳垣纂,陳智超、曾慶瑛編《道家金石略》,北京:文物出版社,1988年,第1261頁。參見沐天波《龍泉觀新置常住田記》,載陳垣《道家金石略》,第1306頁;〔明〕費良弼《昭靈觀記》,載〔正德〕《雲南志》,卷四十三,第20b—21a頁。有關對權豪之家在地方廟宇事務中所扮演角色的精彩概括,見 Barend J. ter Haar, "Local Society and the Organization of Cults in Early Modern China: A Preliminary Study," *Studies in Central and Eastern Religions* 8 (1995): 23.
④ 周敍(1392—1453)《重修真慶觀記》,載陳垣《道家金石略》,第1253頁;柯暹(1389—1467)《重修五靈廟記》,載〔正德〕《雲南志》,卷四十四,第13b頁。有關對蘭州這明帝國北部和西北邊陲之地藩王類似地倡導道教的研究,見拙文(Richard G. Wang), "Four Steles at the Monastery of Sublime Mystery (Xuanmiao guan): A Study of Daoism and Society on the Ming Frontier," *Asia Major*, 3rd series, 13.2 (2000): 58-59, 67-68, 80.
⑤ 森由利亞《全真教龍門派系譜考》,第201頁。有關對朱常淳的討論,見拙文(Richard G. Wang), "Ming Princes and Daoist Ritual," *T'oung Pao* 95 (2009): 81-84.

筆者對明代王府爲道教護教的研究表明，道教或道士與藩王的關係，其實與朝廷無關。這種關係或護教模式有時實際上是削弱了明朝國家的利益。① 沐氏家族對虛凝庵的護教可比擬於朱常淳和伍守陽的關係。事實上，虛凝庵與沐氏家族的密切聯繫就像伍守陽與吉藩的關係一樣，挑戰了中央朝廷的權威。

　　卜正民指出晚明士紳對於廟宇的護持"幾乎完全是地方實踐"，士紳這種廟宇贊助活動所達致的公開性也"完全是按其自己的條款，而非國家權威的延伸"。結果，這種形式的廟宇護持沒有緩解國家和地方之間的張力，反而加強了這種張力。② 同樣，我們也可以説沐氏家族對包括虛凝庵在内的雲南寺廟的護教，有其自己的意圖，例如將道廟昭靈觀當作供奉黔寧王沐英香火的宗祠。③ 因此，這種地方性的甚至是家族式的對包括虛凝庵在内的雲南寺廟的護法行爲，不應該與國家控制混爲一談。

　　除了高官之外，1568 碑還討論了羅次峯、狄誠所、王正庵、魏洪江、羅盛庵，他們都是道教信徒且爲虛凝庵捐資。他們以字號而非本名而羅列，他們也似乎是當地地方精英。1638c 碑提到來自贊善鄉的王來儀(？—1647)"信心贊善"資助朝陽庵重修。王來儀出生於有佛道信仰傳統的地方精英家庭。其父王希堯爲萬曆七年(1579)年舉人，先後被任命爲湖北鍾祥縣知縣和廣西藤縣知縣。王希堯被供在昆明縣鄉賢祠裏，其傳記被分別收入〔天啓〕《滇志·鄉賢》、〔康熙〕《雲南通志·鄉賢》、〔康熙〕《雲南府志·鄉賢》和〔道光〕《昆明縣志·宦績》部分。④ 更有意思的是，他研學佛道並手抄百卷佛道經書。晚年他更加虔誠，⑤這對其子影響頗深。王來儀本人是萬曆二十八年(1600)舉人，被任命爲陝西應州知州。致仕後他成了地方耆老和昆明縣鄉官教諭。南明永曆元年(1647)，王來儀爲叛亂者所殺而爲明王朝盡節。王來儀的傳記被收入〔康熙〕《雲南府志·孝義》和〔道

---

① 拙文 "Ming Princes and Daoist Ritual"。
② Brook, *Praying for Power*, pp.21, 324.
③ 〔正德〕《雲南志》，卷三十四，第 2b 頁；費良弼：《昭靈觀記》，第 20b—21a 頁。
④ 〔天啓〕《滇志》，卷八，第 42a、14.59a/b 頁；〔康熙〕《雲南通志》，卷十七，第 85a 頁；卷二十一，第 25a 頁；〔康熙〕《雲南府志》，卷十，第 23b 頁；卷十二，第 12a/b 頁；〔道光〕《昆明縣志》，卷五，第 13a 頁；卷六，第 9b 頁。
⑤ 〔天啓〕《滇志》，卷十四，第 59a/b 頁。

光〕《昆明縣志·忠義》部分,清廷以"節愍"追封他。王來儀遺著《晴陆集》,他還是一位書法家。①

可見,王來儀無疑是地方精英的領袖人物,並在1638c碑上被尊稱為"鄉紳"。作為虛凝庵滿腔熱忱的護教者,他在給重修朝陽庵的捐資中扮演了重要角色。昆明士紳對虛凝庵的參與很像卜正民所研究的晚明士紳居士對佛教的護法,並在某種程度上,也類似韓明士(Robert Hymes)和康豹(Paul Katz)所研究的帝制晚期江西撫州和浙江溫州地方精英對道教和民間宗教的護持。② 除了上文已經提到的,虛凝庵的碑刻還羅列了一位低級官員、六位衙門掾吏、一位軍官候選人(右衛舍人)、四位當地官方學校的生員、五位其他的地方精英,還包括附近駐軍軍營中的軍人、當地社區的普通百姓和地方宗族。③ 顯然,衙門掾吏的在場意義特別重大。崇禎十一年(1638),當地衙門司吏劉國棟和虛凝庵資深道士完陽寬是呼籲雲南府知府保護虛凝庵這一倡議的幕後策劃者(1638b碑)。如果説1638c碑提到鄉紳王來儀"信心贊善"支持道觀修繕是出於王來儀較重要的社會地位,那麽,該碑下一句却特定挑出衙門掾吏及其家屬:"藩掾楊資治等作俑樂施。又首先倡主王氏男邦熙、邦義、邦廉、邦節,克成父念,亦復增捐。"王邦節是司吏,前文提到的王復玉來自王家,王邦節是王復玉的叔祖,這表明這個衙門掾吏家族和虛凝庵的關係甚密。這讓人聯想到彭慕蘭(Kenneth Pomeranz)對山東泰山地區碧霞元君崇拜中掾吏參與的研究。④

乍看之下,昆明衙門掾吏和山東衙門掾吏情况相似:他們都爲其各自

---

① 〔天啟〕《滇志》,卷七,第65b頁;卷八,第43b頁;〔康熙〕《雲南通志》,卷十七,第95a頁;〔康熙〕《雲南府志》,卷十,第25b頁;卷十三,第3a頁;〔道光〕《昆明縣志》,卷五,第14a頁;卷六上,第39a/b頁;卷八,第3a頁;顧峰《雲南碑刻與書法》,昆明:雲南人民出版社,1984年,第21頁。
② Brook, *Praying for Power*, pp.137-310; Robert Hymes, *Way and Byway: Taoism, Local Religion, and Models of Divinity in Sung and Modern China*, Berkeley and Los Angeles: University of California Press, 2002, pp.83-97, 106-112, 121-132, 144; Paul R. Katz, *Demon Hordes and Burning Boats: The Cult of Marshal Wen in Late Imperial Chekiang*, Albany: State University of New York Press, 1995, pp.88-93, 130-131.
③ 1586碑、1633碑、1638a碑、1638b碑、1638c碑、1727碑、1783碑和1792碑;楊慶元《遊虛凝庵》,載〔康熙〕《雲南府志》,卷二十三,第17a/b頁。
④ Kenneth Pomeranz, "Power, Gender, and Pluralism in the Cult of the Goddess of Taishan," in Theodore Huters, R. Bin Wong, and Pauline Yu, eds., *Culture and State in Chinese History: Conventions, Accommodations, and Critiques*, Stanford, Calif.: Stanford University Press, 1997, pp.190-191, 204.

的廟宇籌款並爲之動員普通信衆。彭慕蘭對這一現象的解釋是"在中國北方窮困的農村地區……國家和儒家士紳都沒有強勢的存在"①。這一解釋也可以套用到昆明郊區。但仔細看一下在各自社會語境下衙門掾吏的構成,我們就會發現,至少在清中葉以前山東泰山地區和雲南在宗教和社會上存在着巨大的差異。如果説碧霞元君信仰在儒家士大夫眼中是危險的淫祀②,那麼虛凝庵則是官方承認的道廟,而衙門掾吏、普通民衆、地方權貴和代表國家利益的士大夫都參與到對虛凝庵的護法活動中。而且,即使在中國北方窮困的農村地區國家和儒家士紳的力量較弱,山東仍是北方儒家和士人傳統的核心地帶。而雲南則不同,是經濟和文化上落後的邊陲,在清中葉以前漢人一直是少數。當時,雲南登第者要比其他各省少得多,其中,山東所出的登科者人數排名位居前列,而雲南則幾乎墊底。③ 在明代,雲南的大部分漢人來自軍戶世家,這種情形一直持續到康熙二十年(1681)清王朝開始直接控制雲南。甚至康熙二十年後,雲南漢人人口的構成也只是在逐漸變化。當時,在像雲南這樣遥遠的邊陲地區,沒有足夠數量的官員候選人去填補衙門官職缺員。事實上,初版完成於弘治十四年(1501)的《明會典》就單獨列出了雲南作爲這些邊陲地區的代表,並規定應該選拔掾吏來填補當地低級官員的空缺:"凡府佐、州縣正官,每遇朝觀年後,員缺數多,將挨次未及科貢監生揀選除補。或遠方知縣缺多,將地方相應科貢監生選補。……凡雲南等處極邊司府倉大使,從九品員缺數,多於考中二等雜職出身吏員內,每年一次選補。"④因此在這個時期,雲南衙門掾吏承擔了在包括北方在內的其他地區原本保留給儒士的角色。換言之,明代及清初雲南衙門掾吏構成了下級地方精英,他們參與到虛凝庵的護教中並不必然被許多士紳所"鄙視"。⑤例如,由雲南知府許立禮所立的1638a碑,就是由吏晉黄所書碑。⑥ 因此,這

---

① Pomeranz, "Power, Gender, and Pluralism," p.191.
② Ibid., p.184.
③ 以進士爲例。本文所涉及的1572至1795年間這一時段,山東中進士人數(1944人)在全國位列第四,並在北方位居第二,僅次於京師/直隸這一京畿之地(不過,山東在1572年至1644年明亡這段時間中進士的人數却超過京師)。與此相反,雲南在這一時段中進士人數(340人)則位列全國倒數第四。這裏的數據引自Ho Ping-ti, *The Ladder of Success in Imperial China: Aspects of Social Mobility, 1368-1911*, New York: Columbia University Press, 1962, pp.227-228, tables 27-28.
④ 《明會典》(《四庫全書》本),卷二,第11b—12a頁。
⑤ Pomeranz, "Power, Gender, and Pluralism," pp.190, 204.
⑥ 1638a碑。

些衙門掾吏就類似於韓書瑞(Susan Naquin)所描述的,明清時期北京廟宇"聖會"(temple associations)和朝聖"香會"(pilgrimage associations)中發起向寺廟捐資活動和護持寺廟的"中層等級"護法。① 因此將雲南衙門掾吏和地方官方學校生員放在一起作爲下級精英是合適的。事實上,這正是元代官僚文化的一部分,當時掾吏被視爲其影響力相當於(如果不是高於)普通士人。雲南作爲元帝國的邊陲省份也是元朝在中國本土的最後一個據點,可能真的保持了這種元代官僚文化的遺存,這一直持續到清代。這些衙門掾吏,向虛凝庵的捐資除了自己那份之外還會帶上他們整個家族,例如李世珍、石應錚和王邦節(1638c 碑)。

據 1638a 碑和 1638c 碑,晚明虛凝庵的一些護教者是下層軍官,有一些軍人來自像右衛營和前衛這樣特定的衛所。在元代和明初,已有漢人生活在雲南,但他們是絕對的少數。明初朝廷對蒙元殘餘勢力和土著部落的軍事征討,以及隨後在雲南的駐軍,開啓了大規模的移民,將大量漢人帶入雲南,其中大多數屬於軍户。② 關於移民到雲南的這些軍人及其家屬的構成和來源,他們中的許多從其他地區的軍隊中調撥,包括南京、北京、陝西和湖南的常德府和辰州府。③ 而這些地區中,如果説南京和湖南兩府並非全真道影響的中心,那麼北京和陝西則是全真道活動的心臟地帶,在那裏全真道和軍人的密切聯繫可上溯至金元時代。這種紐帶隨着軍人移民而很有可能在雲南繼續下去。

當時雲南軍人人口要多過平民。根據一些學者的研究,在明代雲南,漢人人口總數的百分之七十是軍人。④ 筆者自己的統計也表明,在崇禎十一年(1638)昆明城平民人口爲 24005,而超過 23000 人的軍人和後備役軍士,

---

① Susan Naquin, *Peking: Temples and City Life, 1400-1900*, Berkeley and Los Angeles: University of California Press, 2000, p.227。也可參見 pp.514,540-541。護持廟宇的"聖會"的一個更流行的稱謂是"廟會"(temple associations)。但鑒於中文中"廟會"一詞常用來指在廟宇周邊所舉行的集市(temple fairs),與本文中所説的常態化持久性的、其成員組成較爲穩定的護廟團體(temple associations)性質不同。爲避免誤解,本文採用明清時期這種北京護廟團體的另一個稱謂"聖會",來特指虛凝庵的類似護廟團體。當然,"聖會"有時也指朝山進香的香會(pilgrimage associations)。但本文並不處理香會,僅借用"聖會"一詞來指稱護廟團體的"廟"(temple associations)。
② 方國瑜《中國西南歷史地理考釋》,北京:中華書局,1987 年,第 1132 頁。
③ 曹樹基《中國人口史》,第 4 册,上海:復旦大學出版社,2000 年,第 85、90、188 頁;王毓銓《明代的軍户》,載氏著《萊蕪集》,第 354—355 頁。
④ 方國瑜《中國西南歷史地理考釋》,第 1132—1135 頁。

以及數量更龐大的其家屬,就住在昆明城或城牆外,構成了昆明居民的絕大多數。昆明軍人主導的人口結構一直延續到清初。乾隆二年(1737)前後,清廷實現了全面控制雲南,常駐昆明軍隊的人口已占昆明總人口數的22％。如果我們將其家庭成員算上,我們再次看到軍户人口佔據了多數。①這也清楚表明,軍人及其家族成員對虛凝庵的護法是至關重要的。

漢人的出現,尤其是漢人軍户,極大地改變了這一地區的宗教版圖。一些研究雲南道教的學者斷言,明代漢人移民雲南爲接受全真道乃至將全真道帶入作爲漢人習俗和生活方式的一部分做了鋪墊。②儘管沒有證據表明有比虛凝庵龍門法派更早進入到雲南的全真道,筆者仍然同意大量的漢人人口是全真道或龍門派傳播的先決條件。特别是在明代,右衛舍人石應錚將他父親遺留給他的山地捐給虛凝庵。其他的石氏宗族成員如石之進、石之賢、石之宗、石之貴、石之柱、石國士、石□科、石成玉都被列出作爲虛凝庵的護法。這一石氏宗族似乎是軍户(1638c 碑)。在清初,虛凝庵道士王復玉實際也是來自一個右衛營的軍户世家(1727 碑)。這種出於信仰道教或支持道廟的軍人所發起的對道廟的護持,自宋至清都相當普遍。③

最後,據 1638a 碑上所列的地產和財產名單,可知虛凝庵還吸引了大量的普通信衆的支持。該碑文在這些信衆的姓名前被冠以"善信"和"居士"這樣的稱謂。1638c 碑也提到許多普通善信的名字,並稱之爲"善士""衆信"和"善信"。在 1783 碑和 1792 碑中,普通信衆被稱爲"善男信女"和"善信男

---

① 筆者由下述資料和研究成果中得出統計數字:〔正德〕《雲南志》,卷二,第 10b—12b 頁;〔萬曆〕《雲南通志》,卷六,第 5a 頁;卷七,第 1b—2a、4a—9b 頁;李賢(1408—1466)等纂:《明一統志》《四庫全書》本),卷八十六,第 10b 頁;〔天啓〕《滇志》,卷六,第 11a 頁;卷七,第 3b—4b、6b—7a、8b、11a—22a 頁;〔康熙〕《雲南府志》,卷三,第 4b 頁;卷七,第 1a—13a 頁;卷十五,第 1a—7a 頁;〔道光〕《昆明縣志》,卷九,第 2a 頁;〔康熙〕《雲南通志》,卷十三,第 3b—8a、15a—22a 頁;〔雍正〕《雲南通志》,卷十六上,第 12b—13b、15b—17a 頁;張廷玉(1672—1755)等修《明史》,北京:中華書局,1974年,卷九十,第 2198、2211 頁;方國瑜《中國西南歷史地理考釋》,第 1132—1138、1143、1152、1162—1163、1171—1173 頁;王毓銓《明代的軍屯》,第 342—361 頁;于志嘉《明代軍户世襲制度》,臺北:臺灣學生書局,1987 年,第 47—66 頁;曹樹基《中國人口史》,第 4 册,第 79—80、90、191、281 頁;曹樹基《中國人口史》,第 5 册,上海:復旦大學出版社,2001 年,第 215、217、244、695、771 頁、圖表 17—18;吳晗《明代的軍兵》,載氏著《讀史劄記》,北京:生活・讀書・新知三聯書店,1956 年,第 92—141 頁。
② 郭武《道教與雲南文化》,第 149—152 頁。
③ Goossaert, *Taoists of Peking*, pp.89—90;拙文"Four Steles at the Monastery of Sublime Mystery (Xuanmiao guan)," pp.59-61, 73-80。

女"。這些平民捐資者和虛凝庵信衆都來自昆明郊區的一批村落。

此外,虛凝庵的護教者還包括一些當地的宗族。筆者在石碑上所列地產和財產名單中,看到來自鄰近的村落和里坊的十七個宗族。每個宗族或家族成員都以集體的方式贊助虛凝庵。除了信仰之外,宗族還有很多支持寺廟的其他理由。通過參與和支持寺廟的維護和運作,一方面可以加強宗族内部的凝聚力,另一方面也可以在當地社會展現其權力、聲望和影響力。① 昆明當地宗族對虛凝庵活動的參與與對之的護持也包含了上述關懷。正如卜正民所言:"親族關係在明清時期寺廟護持中佔相當大的比例"。②

除了沐氏家族,對虛凝庵資助貢獻最大的是陞山脚下右衛營的王氏宗族。在這一宗族中,王應忠及其妻蕭氏是虛凝庵虔誠的信衆,他們的四個兒子王邦熙、王邦義、王邦廉,和前文提到的司吏王邦節,均追隨其父母成爲該道觀的主要護法(1638c 碑)。王邦義之孫王復玉後來成了虛凝庵的道士。王復玉本人的弟弟王世□、王世集、王世昌也是虛凝庵的"好善"護法,他們向道觀捐贈了田畝(1727 碑)。此外,1638c 碑提到向虛凝庵捐贈 62 兩銀以購買田地的一對父子:右衛營王廷用和王邦進。通過名字的字輩和出自相同的右衛營,可以判斷他們似乎是王復玉的同宗親戚。出於同樣的原因,其他兩位護法王邦得和王邦□,可能也出於同宗,是王復玉祖父的同輩(1638c)。最後,在清初,王復玉的另一些親戚像王星□、王允□和一些其他人,參與到王復玉兄弟們爲虛凝庵護法的活動中(1727 碑)。因此,整個來自右衛營的王氏宗族軍户世家,至少連續四代都一直是虛凝庵的主要護法,這一宗族還出了至少一位成員進入虛凝庵爲道士。

這些碑刻還記録了參與虛凝庵神靈崇拜的各種護廟團體的廟會("聖會")組織,或爲虛凝庵捐款或爲之籌資。1638a 碑揭示了世恩坊的香燈會爲虛凝庵"公置"田地以納税糧。同時也提到世恩坊的鄉約組織信衆百姓買

---

① 有關明代宗族參與地方廟宇祭祀的情况,見牧野巽《明代に於ける同族の社祭記録の一例》,《東方學報》,第 11 卷,第 1 號(1940),第 309、316—317 頁;徐揚傑《宋明家族制度史論》,北京:中華書局,1995 年,第 321—324、333、350—351 頁。有關對地方廟宇祭祀與宗族利益之間關係的討論,見 ter Haar, "Local Society," pp.23-24;上田信《地域と宗族》,《東洋文化研究所紀要》第 94 期(1984),第 137 頁。

② Brook, *Praying for Power*, p.191.

田捐給虛凝庵。① 香燈會的成員稱"會衆",例如"會衆安國臣、劉應學、王得人"等(1638a 碑)。1783 碑提到斗會,"捐金成美,啓建三皇一殿"。此外,1638c 碑還記錄了當道士完陽寬重修朝陽庵時,很多附近的村莊和衛所如右衛,上莊、羅丈、波羅等村"立會積資"。在那裏,"衆會"廣泛地向虛凝庵捐資以支持道觀完成這一項目。會衆裏既有平民也有軍人。

作爲護教社區,這些虛凝庵"聖會"傾向於主動參與到道觀的活動中,並爲道觀的運營提供財政支持。他們還經常負責維護、修葺和清掃道觀,同時組織廟會(temple fairs)。大寺廟通常有好幾個分工明確的"聖會"。每個會都爲與其他會不同的目的而籌款,也負責特定的殿堂或特定的活動。② 在虛凝庵,有香燈會、斗會和其他的一些會,這些會的情況和功能與明清時代其他寺廟的"聖會"相似。

因此,貴族、士紳、軍人、宗族和世俗廟會在其積極能動爲虛凝庵提供支持上,構成了虛凝庵的社會基礎和護法網絡。例如,1638c 碑揭示了在萬曆三十一年(1603)年右衛營的王應忠"義捐"田地一段給虛凝庵,而虛凝庵道士完陽寬"盟天立願,募化重修"朝陽庵,將其併入虛凝庵道場。爲響應完陽寬的號召,昆明城外右衛營、羅丈村和波羅村等村營的民衆"立會積資"。在信衆中有鄉紳王來儀、衛門經歷李世珍和平民"善信"胡舜民。隨後在崇禎十一年(1638),藩掾楊資治和包括王邦節在内的王應忠的四個兒子,爲虛凝庵發起了重要的捐資活動。同時,完陽寬用他從科儀和誦經所獲的酬勞"經資"爲虛凝庵"益置常住"即購入田產增加常住田的規模。此外,完陽寬還"籲請"末代黔國公沐天波通過"彈鎮"外人的"侵侮"來保護虛凝庵。完陽寬也委託其弟子也是虛凝庵的住持李來承繼續他的工作。該碑的土地和財產

---

① 我們也發現了明代其他的"鄉約"與廟宇祭祀相關聯的案例,儘管這種聯結"使[儒家]意向中的意識形態目標變得無效"。見 ter Haar, "Local Society," pp.14-15。

② Naquin, *Peking*, pp.232-236, 239, 533-535; Kristofer Schipper, "La grande stèle de l'association de nettoyage (Pékin, Dongyue miao, 1774)," *Matériaux pour l'étude de la religion chinoise: Sanjiao wenxian* 3 (1999): 169-179; Schipper et al., "Stele de l'association pour les divers objets utilises dans le monde des tenebres (Pekin, Dongyue miao, 1591)," *Matériaux pour l'étude de la religion chinoise: Sanjiao wenxian* 1 (1997): 33-46; Vincent Goossaert, "Portrait epigraphique d'un culte: Les inscriptions des dynasties Jin et Yuan de temples du Pic de l'Est," *Matériaux pour l'étude de la religion chinoise: Sanjiao wenxian* 2 (1998): 69-70; 袁冰淩《北京東嶽廟碑文考述》, *Matériaux pour l'étude de la religion chinoise: Sanjiao wenxian* 3 (1999): 137-158; 拙文"Four Steles at the Monastery of Sublime Mystery (Xuanmiao guan)," pp.55-57, 65。

名單還提到了虛凝庵的十五位道士、鄉紳王來儀、四位衙門掾吏，和包括右衛營、五喇村、贊善鄉和諸"聖會"的軍户成員在内的九位平民護法捐地的情況。最後，該碑文由雲南嶍峨縣選貢生祿增所撰，而碑額則由藩掾陳錚所書。完陽寬立了此碑。這些細節展示了各種護教者特別是在崇禎十一年參與到虛凝庵修建護持中。這些護教者有一些是提供有形資産如田地作爲贊助，有一些則是運用自己的地位、權力和影響力去對道觀進行護持。沐天波鑒於其高貴的身份，没有參與到這些護教者的行列中。相反，完陽寬把他當作"護法"而"籲請"保護。但是沐天波對這些捐助不受侵蝕的擔保，於虛凝庵及其他護教者的利益至關重要，所謂"檀越群然"，大家欣然讚同沐天波的這種護教方式。其他虛凝庵的護教者同時甚至集體爲道觀捐資。他們或是以個人名義，或是以家族或小規模志願團體的名義。還有一些人組織"聖會"支助道觀的儀式活動。總之，不同社會階層和職業的人都響應了完陽寬籌款的號召，通過虛凝庵的道廟網絡，以能動的方式，積極地集體投身於道觀的護持之中。

五、結語

明代到清初然後再到 1955 年，虛凝庵都是昆明的重要道觀。其所有的道士都屬於地方龍門法派，並且通過他們的法名有很强的全真認同。這一法派與地方關係密切，其多數道士都來自當地社區。虛凝庵龍門法派的建立時間大約在正德十六年（1521）至嘉靖十五年（1536）之間，它的傳承，從第六代"真"字輩直至乾隆五十七年（1792）的第二十代"明"字輩，中間都没斷過。這一法派的出現和傳承與伍守陽法派同時，而且必定比王常月的龍門正宗要早。虛凝庵龍門法派有其自己的學説和科儀，要求道士爲當地社區提供科儀服務和誦經，同時要求道士自己修煉内丹。該法派强調命功，其神秘的教理與伍守陽和朱元育的龍門法派有相似之處，但却與王常月"官方"的龍門正宗大異其趣。

虛凝庵龍門法派之所以從明代起能夠持續傳承，是因爲受到了雲南當地社區和地方官員的鼎力支持。這些地方的護教者由平民、軍人（士兵和軍官）、士紳、文官、甚至明代雲南最顯赫的沐氏家族構成。這些護法通過捐獻土地和財物支持虛凝庵。這些人及其地方社區還組成了不同的護廟團體"聖會"去維護、修葺和清潔道觀,組織聚會,並爲虛凝庵修建殿堂。這同樣的社區也構成了虛凝庵從中吸納道士的社會基礎。而且,在明代虛凝庵依仗沐氏家族這雲南最顯赫的權貴,作爲其"護法",來防止外人"侵侮"其財產並化解來自國家的壓力。正是這種地方的護持和保護,使得虛凝庵全真龍門法派得以留存和延續。

　　基於這八通碑刻所包含的有關虛凝庵及其法派的前所未有豐富的信息,我們可以得出虛凝庵的地方龍門法派是雲南最早的全真道傳統的結論。虛凝庵的大規模建築群、可觀的道士數量、悠久的歷史延續性和大範圍的地方護法,在在表明虛凝庵法派對晚明初清雲南龍門派的發展作出了重要貢獻。對虛凝庵龍門法派的發現,加之伍守陽法派、朱元育法派、佳縣白雲觀法派和清初南陽玄妙觀龍門法派,顯示了王常月的龍門正宗僅僅是晚明至清代衆多龍門派運動中的一支。如果我們將注意力放到各地區地方層面的宗教現實上,那麼我們可能發掘更多的被清代北京白雲觀王常月的龍門正宗所掩蓋了的晚明初清龍門運動的蹤跡。

從神仙到聖人
—— 羅念庵的修持經驗、文學表達與身份認同

許　蔚

一、引論

　　羅念庵名洪先，字達夫，號念庵，江西吉水人，明弘治十七年（1504）生，嘉靖八年（1529）舉進士第一，授翰林院修撰，充經筵，以忤旨被黜爲民，嘉靖四十三年（1564）卒於家，隆慶初贈奉議大夫光祿少卿，諡文恭，黃宗羲列入《江右王門學案》。念庵對自家文字頗留意，在世時曾自編文集並曾授門人萬廷言①，但似未付刻，現存可見最早刻本爲嘉靖三十四年安如磐所刻四卷本，通行則以《四庫全書》所抄二十二卷本最爲易得，而以隆慶二年蘇士潤等所刊二十七卷本最爲完備，新標點本則有《羅洪先集》及《補編》②。

　　據有關文集所見諸種記述，念庵自幼多病，故頗留心養生，其自曝"少慕玄虛，厭世事，不知異於聖人也，已而悔之，則身病矣"③，且稱"磊塊壯心三十後，寂寥微論五千餘"，"此日長生心已斷，不緣塵世少颸車"④，似有所悔，就其養生實踐與修持經歷看來，其實終生並未放棄對長生的追求。當然，念

---

① 萬廷言《學易齋集》卷五《奉念庵先生》，北京：中國國家圖書館藏明萬曆刊本，縮微膠片。
② 關於念庵文集主要版本，參見吳震《聶豹、羅洪先評傳》附錄五《羅洪先著述考》，南京：南京大學出版社，2001年。關於念庵文集版本與選刻情況，以及兩種新標點本之得失，參見拙撰：《羅念庵佚文輯暨文集版本諸問題》，《陽明學研究》即刊。
③ 羅洪先《念庵文集》卷十《跋九邊圖》，《景印文淵閣四庫全書》集部第1275冊，臺北：臺灣商務印書館，1986年，第206頁。隆慶本繫於壬寅（1542）。
④ 羅洪先《念庵羅先生集》卷十三《落架》，《四庫全書存目叢書》集部90，濟南：齊魯書社，1997年，景印北京大學圖書館藏明嘉靖四十二年劉玠刊本，第84頁。諸本未繫年。

庵的自我認同仍是一位追求聖學的儒者，因而會在公開場合以"不知異於聖人"來評價自己過往的煉養經歷，從而向他者展示那只不過是"曾經少年狂"。可是，儘管念庵更願意向他者展現的是"欲依聖賢"的儒者形象，但這顯然只是他自我形象的一個側面。

念庵文字好用道釋典故，這當然有其閱讀經驗及時代趣味的緣由，但除去一些應景或唱和的作品不計，他的一些感懷、體道或述志的作品又往往流露出長生或升仙與成聖合一的意向，則是他自家生意，足見念庵所要成就的聖人其實並不排斥道教式的神仙，因此也不覺向他者展現出"欲登雲霞"的神仙形象。而當代及後代的他者將念庵想象或者塑造爲得道仙人，甚至以爲屍解，也就順理成章。此一認識當然包含通過傳聞編織及文學解讀而完成的想象，但也不全然。實際上，念庵自己對於成仙就有明確的表達，他曾作七古《遺世》三首呈露心跡：

> 我欲遺世登雲霞，上凌倒影周四遐。駢虯乘鳳青禽使，紫皇宮闕雙龍車，授我服食糜瓊華。木公金母諧室家，樂億萬載無悲嗟。
>
> 我欲遺世依聖賢，左右曾史前軻淵。聞韶問禮入周廟，洙泗弟子來三千，授我几杖從賓筵。河圖洛範陳章編，傳億萬載無迷愆。
>
> 安能久此鬱鬱成艱阻，塵埃四塞歸無所。褰裳援手不得施，衝風晏歲空延佇。水中蛟螭復幾許，未敢擊汰沿洲渚。河伯禱祠竟誰與？噫嘻乎，人世胡爲不遺去！①

他以爲既然世路艱阻，不得一展屠龍手段，那麼這個世界留給他來走的就只有兩條路：要麼遺世成神仙，長生久視，得無悲嗟之樂；不然則也願意遺世做聖賢，業就名山，傳無迷愆之學。這當然隱約傳達了他對自己未能用世的憤懣，但亦可見前述認爲念庵的人生追求包含成仙，其自我認同隱含神仙的一面並非牽強附會。

當然，不論是追求神仙還是成就聖人，念庵都極致力於踐行，以爲"自古戰戰兢兢方是聖人，何等繩墨緊峭"②。這既與其講求養生的實際需要有

---

① 《念庵羅先生集》卷十三《遺世》，第 81 頁。隆慶刊本、萬曆陳于廷刊本、雍正刊本及四庫鈔本均僅錄後二首，蓋爲尊者諱。諸本未繫年。

② 萬表《玩鹿亭稿》附錄羅念庵先生來書第八通，《四庫全書存目叢書》集部 76，濟南：齊魯書社，1997，景印浙江圖書館藏明萬曆萬邦孚刊本，第 175 頁。

關,也與其學術旨趣有關。就其學術而言,念庵師事同邑李谷平,後契雙江歸寂之論,遂倡收攝保聚之説,講究持守靜定工夫①,於陽明稱後學。其門人胡廬山稱念庵初不甚喜良知,亦不盡信陽明之學,訓門下專在主靜無欲②,亦即講求靜定。黃宗羲以爲"始致力於踐履,中歸攝於寂靜,晚徹悟於仁體"③,即所謂曾經三變④。應當説,儘管經歷多方,對良知心體的認識在不同時期受到不同的影響,但念庵爲學始終都特重工夫,蓋以"良知非萬死工夫斷不能生"⑤,而所謂歸攝寂靜與悟仁體其實也都不外躬行⑥。徐階即認爲念庵"爲學尤務力行"⑦。其闢石蓮洞,靜坐"三年不出户"更爲學者所津津⑧。而念庵所爲"收攝保聚",其具體呈現方式即靜坐或稱習靜⑨。

靜坐是宋明以來儒學的一大特色。宋明儒者談及靜坐,不論本身是否

---

① 念庵靜定雖然注重靜的一面,龍溪等人也擔心他淪於偏枯,實際仍是"動亦定,靜亦定",即於《甲寅夏游記》可見。古清美指出念庵之學淵源濂洛,由靜入手,故較能接受雙江歸寂説,又受明水、東廓等人影響,於寂感動靜有所反省,雖然見得動靜皆如,但堅持踐履自得的爲學入路,主張靜中識端倪,與陽明之學終有隔膜,見氏著《羅念庵與陽明學》《羅念庵的理學》二文,俱收氏著《明代理學論文集》,臺北:大安出版社,1990年。吴振漢指出古氏誤讀念庵覆錢德洪書,應可同意,但僅據此點並不足以反駁古氏從爲學徑路推出念庵未有得於陽明學的看法,見氏著《羅洪先學行考實》,收王成勉主編《明清文化新論》,臺北:文津出版社,2000年,第417頁。林月惠一方面指出古氏以念庵附諸朱學並不周全,不同意念庵外於王門的看法,另一方面也指出念庵爲學思路與工夫進路與王門有異,不必依附於王學,參見氏著《良知學的轉折——聶雙江與羅念庵思想之研究》第五章《羅念庵思想的完成》,臺北:臺灣大學出版社,2005年,第328頁。有關陽明靜定工夫,參見陳來《有無之境——王陽明哲學的精神》第十章《工夫》第二節《工夫有無動靜》,北京:人民出版社,1991年。
② 黃宗羲撰,沈芝盈點校《明儒學案》(修訂本)卷二十二《憲使胡廬山先生直》附録《困學記》,北京:中華書局,2008年,第520頁。
③ 《明儒學案》卷十八《文恭羅念庵先生洪先》,第386頁。
④ 念庵門人胡直所舉三變與此不同,有關念庵學三變的討論參見福田殖《羅念庵的"學三變"與"三游記"》,《浙江學刊》1989年第四期。
⑤ 羅洪先著,王時槐選編《念庵羅先生文要》卷五《松原志晤(壬戌)》,上海:上海圖書館藏明萬曆三十一年吴達可刊本,第27a頁。
⑥ 念庵之學最受矚目者當屬與龍溪就"見在良知"展開的論辯,此一論辯儘管要在明體,實際關鍵却在工夫。關於念庵良知説的討論,較早可參見荒木龍太郎《念庵の良知説について:王龍溪との関連を通して》,《中國哲學論集》1977年第三號;荒木見悟曾就欲根拂拭入手討論念庵思想,見氏著《羅念庵の思想》,《哲學年報》1974年第三十三輯,收氏著《陽明学の開展と仏教》,東京:研文出版,1984年,及古清美前揭文;較近可參見林月惠、吴震前揭書及吴震《陽明後學研究》第四章《羅念庵論》,上海:上海人民出版社,2003年;張衛紅《羅念庵的生命歷程與思想世界》,北京:生活·讀書·新知三聯書店,2009年。
⑦ 徐階《世經堂集》卷十八《羅念庵墓誌銘》,《四庫全書存目叢書》集部79,濟南:齊魯書社,1997年,景印北京大學圖書館藏明萬曆刊本,第762頁。
⑧ 張廷玉等撰《明史》卷二百八十三,北京:中華書局,1974年,第7279頁。
⑨ 林月惠指出靜坐是念庵主靜工夫的下手處,但行文以消極、積極的價值判斷區分靜坐的身心合一層面與精神超越層面之意義,殊覺無謂,見《良知學的轉折——聶雙江與羅念庵思想之研究》,第342頁。

與道釋交涉,僅就其爲求與道釋相別,在指摘往聖前言以爲"吾儒固有"之理據以外,又對二教之修養工夫加以批判的情形,已足見儒家靜坐所受二教影響之深①。

念庵所行之靜坐,一方面有其師授的淵源,李谷平即提倡靜坐②。谷平門人王龜年曾記錄師説:"爲學還須靜坐,先儒謂看喜怒哀樂未發時氣象何如,雖未必即知其氣象,亦可以靜養","爲學工夫必須先加靜養之功,則體貼天理自明白"③。而靜坐也成爲念庵門下相承之法門。胡廬山憶及師門,説"初至者誨令靜坐反觀"④。對此,萬廷言更有持續的體驗:"念庵先生嘗語予:氣,晝夜聚,始有力。初未喻其旨,年來靜坐,始辨聚散根由,然猶晝間坐耳。比感歲月之不延,恨哲人之既逝,悲思遺訓,益用服膺。於是定夜坐之盟,痛自收斂,益覺此氣益上而難下,益附而難沉,易矯戾而難和平。中宵耿然未有歸聚之效,間一有之,旋復起滅,良工獨苦,愈苦愈遠,念之悵然,固不知何時可讎師言也"⑤。

另一方面亦與其養生實踐及道釋經驗有關。念庵對道釋二教之學頗有涉獵與體證⑥。對此,胡廬山説自己入門時"竊窺先生雖綜志聖功,猶取二氏所長以相激發"⑦,評價尚屬平允。至於靜坐,念庵曾津津樂道於自己三十四歲時讀《楞嚴》至反聞而有悟⑧,因以意調習的經歷。他五十歲時讀《陰

---

① 學界對宋明儒者靜坐研究,史甄陶有簡要梳理,此不贅述,參見氏著《東亞儒家靜坐研究之概況》,《臺灣東亞文明研究學刊》2011年第八卷第二期。最近的相關研究,參見中嶋隆藏《靜坐——實踐與歷史》第二部Ⅱ《宋明儒學之"靜坐"及其傳承》,新竹:清華大學出版社,2011年;馬淵昌也《宋明期儒學における靜坐の役割及び三教合一思想の興起について》,《言語・文化・社会》2012年第十號。另楊實儒有《明儒與靜坐》,收錢明主編《陽明學派研究——陽明學派國際學術研討會論文集》,杭州:杭州出版社,2011年。

② 吴震《聶豹、羅洪先評傳》,第179頁。

③ 李中《谷平先生文集》卷二《私録師訓》,《四庫全書存目叢書》集部71,濟南:齊魯書社,1997,景印江西圖書館藏清光緒刊本,第580頁。

④ 胡直《衡廬精舍藏稿》卷二十三《念庵先生行狀》,《景印文淵閣四庫全書》集部第1287册,臺北:臺灣商務印書館,1986年,第534頁。

⑤ 《學易齋集》卷八《别蕭兑隅序》。

⑥ 念庵對道教丹學興趣與實踐,吴震曾略有提示,見《聶豹、羅洪先評傳》及《陽明後學研究》,進一步的討論可參見張衛紅《羅念庵與道教道家之關係》,《中國哲學史》2008年第二期。

⑦ 胡直《念庵先生行狀》,《衡廬精舍藏稿》,第537頁。此説近於實用主義的工具論,仍是出於儒者立場而發的衛道之談,受此影響,現代學者亦難免持儒者立場,不能平心看待念庵與二教交涉之事實。

⑧ 荒木見悟曾討論《楞嚴經》與陽明學之關係,可惜主要關注經義與宋明理學之關係,並未涉及"反聞"及其與靜坐之關係,參見氏著《仏教と陽明学》第十四章《楞嚴経の流行》,東京:第三文明社,1979年;又氏著《明代における楞嚴経の流行》,收入前揭《陽明学の開展と仏教》。

符》,認爲五賊三要、日月火氣等均指藥物,生死殺機、反絶盗害等皆爲下手工夫;讀《參同》,覺保終一節與儒家静功不異①。次年,他還指出《易》之生生必本于斂静,即所謂逆數,"與地理金丹獨逆之逆字同,是凝聚處事理"②。而不論是數息還是逆聚,念庵從事静坐時的各種心理或生理體驗往往述諸筆端,使人得以窺見其意向與境界。

二、念庵詩文所見養生實踐與静坐體驗

静坐本爲調理修養工夫,其養生之用儒者亦多不諱。如前所述,念庵的静坐也並不全屬爲學,而有其切身的實際考量。

念庵自幼體弱,弱冠即困於藥石③。他晚年自治喪服,準備身後事,回顧自己一生,説"憶從少年即問醫","漸向長生求至理"④。他不諱言病,亦不諱言求醫、養生以至長生。面對病痛的困擾,念庵不僅曾感嘆"無能身已贅,縱健欲何如"⑤,"危""殆"也常發於筆端,自謂"我從盛年來,常憂行及老"⑥,對生命滿懷憂慮,表現出一種强烈的危機感。他對醫書、醫方多所著意,嘗讀《本草》,明確説是"一以衛生,一以利人"⑦,可見並非泛覽,而是有明確的目的性,即却病延年。他因《本草》言豚令人暴肥動風,又甘滑損胃,於是不食豚者四年。比年以酒亂性絶飲,雖沍寒不御,又思禁大牢味"⑧。他亦曾告誡將赴劍州任的季弟羅居先:"害身莫甚於色,其次莫如酒。色欲,聖人之所豫戒,故曰不邇聲色,又曰戒之在色,未有邇而能戒者。人之百病起於精血妄施,壽命短長、嗣續盛衰皆係於此","汝素有疾,必能知畏,勿損

---

① 羅洪先著,朱湘鈺點校《羅洪先集補編》卷三《游玉笥紀事》,臺北:中國文哲研究所,2009年,第35頁。該本據臺灣大學圖書館藏隆慶本録入。隆慶本繫於癸丑(1553)。
② 《念庵羅先生集》卷二《與周生論易》(甲寅),第522頁。
③ 《念庵羅先生集》卷十二《雜詩四十首》其十三,集90,第33頁。諸本未繫年。
④ 《念庵文集》卷十九《庚申十一月十九日自治殮服,用備不虞,夜忽夢兩臂皆成蟻穴,土蒙其外,群蟻出入穴中,不知痛癢,覺而有悟》,第458頁。時年五十七歲。
⑤ 《念庵羅先生集》卷十三《病》,集90,第62頁。諸本未繫年。
⑥ 羅洪先著,羅大紘選編《石蓮洞羅先生文集》卷二《稱拙》,上海:上海圖書館藏萬曆四十五年陳于廷刊本,第31a頁。隆慶本繫於丁巳。時年五十四歲。
⑦ 《羅洪先集補編》卷二《種花説》,第25頁。隆慶本繫於甲辰(1544),時年四十一歲。
⑧ 《石蓮洞羅先生文集》卷十六《食戒》,第42a頁。念庵又從父輩聞"蟹反紫蘇,礬反蕎麥"爲《本草》所未載,可補食忌,見《石蓮洞羅先生文集》卷十六《食忌》,第41b頁。諸本未繫年。

勿伐,不俟盡言矣。酒易令人沉溺,其蕩情耗氣、肆言失容,爲害不減色欲。吾歸田來,歲嘗一醉,皆由節令聚樂,長者勸酬,不覺過度,既醒而悔,至以死誓於先大夫之前。此吾舊愆,慎勿藉口,自誤取敗。況客處數千里外,萬一疾作,誰汝顧者? 無是二者,耳目聰明,血氣調暢,勞役不損,寒暑不侵,丈夫事始可爲矣"①。此爲念庵切身痛感,雖屬養生之事,亦可見其力行踐履的爲學風格。

他五十六歲時曾有五言長詩形容牙齒脱落如敗葉脱、連岸崩,稱自己四十七歲開始每年都掉一顆牙齒,到五十五歲一年掉了四顆,只剩下十七顆,爲此減食寡味,所嗜梨、筍都只能空置案前無法享用,後悔辜負韶光,以致心灰意冷,連說話都少了,而一番傷心追悔之餘,最後也只好以達生來安慰自己,說"瞑來忽有省,自辨愛生苦。成毁遞相尋,此理本明著。翼角匪兩全,壽夭豈前與。胡不念朝聞,有身逆旅寓。夕死且不辭,形殘豈其懼"。有意思的是,儘管詩中境界可以超然,現實生命却仍然需要培護。念庵爲求護齒,每遇秘方輒信用之,結果每況愈下,方知前此乃爲藥所誤,遂加長篇詩注以自警:

> 右齒搖時作,不知誤用固齒膏所致,所謂因藥發病者也。始癸卯會萬鹿園總兵,爲分固齒膏數函,是時年纔四十,齒甚健,無所用之。明年,一醫自注奇方,云火煅石膏,擦齒可令永無諸症,遂如法用之,牙頓疏豁,旋棄去。然自是漸有痛者。於是夜用鹿園膏封齒,久之,暫止暫痛。庚戌,遂脱其一。是後,每歲用膏輒一去齒,第恨用膏遲耳。去春至景德鎮,別駕范軸山授以火煅大黄存性可固齒,即用之,一月,至墮其四。時有王生在側,用之,齒亦疏豁。始悔悟,一切棄去,齒幸如常。然猶未知膏之誤也。昨偶食骨傷齒,又復用膏封之四五夜,腫痛加昔如不繫之舟,舍之去,三日稍可。予體陽明火盛,喜服梔、連等物。固齒膏有麝香、陽起石,皆升陽之劑,安得不增毒害。石膏、大黄雖寒,火煅存性,熱毒未散,烏可遽用。古以不服藥爲中醫,信矣。學問中因藥發病如予齒者豈少哉! 豈少哉!②

---

① 《念庵文集》卷六《與遼夫弟静海别言》,第145頁。隆慶本繫於丙午。時年四十三歲。
② 《念庵羅先生集》卷十三《齒搖》,集90,第71頁。隆慶本繫於己未(1559)。雍正本及四庫鈔本缺注。

萬鹿園即萬表,對道教修煉頗有涉獵①,既是念庵學問中之友人,亦是從事養生之同道。歲癸卯(1543),萬表臥病臨江,念庵曾訪之天王寺中,旬日論心,塵緣欲盡,既而同游閣皂,復至玄潭②,分藥即在其時。而固齒膏既得諸萬表,當即萬氏所傳"固齒延壽膏",據稱"專貼齦宣齒槁、黃黑腐敗、風蟲作痛、腮頰紅腫,大有奇功。久貼堅固牙齒,驅逐垢膩,益腎氣,長養津液,壯骨強髓,添精倍力"③。然而這一奇效之方雖能鎮痛,可惜未能固齒,反致齒落。儘管是失敗的經驗,所謂"服食求神仙,多為藥所誤",卻也可見念庵對養生之執著。他雖然後悔濫用其藥,卻也指出自己體質陽盛,不適合服用燥熱之藥,因此才遭其毒害,實際上並沒有完全否認固齒膏的功效。至五十八歲時,念庵尚從朱神仙受導引術④,可見雖然他可以在詩中反復言說求仙念非、長生心斷,而長生的努力實際卻是貫穿一生,未曾輕易放棄⑤。萬表病中曾自頌"學道不為軀殼計,諸方服餌未扶衰。縱云聞悟超生死,覽鏡那堪兩鬢絲"⑥,真情直露,恰可為念庵達生觀念與養生實踐相交織的現實人生作一注腳。

念庵三兄弟均困體弱。他自己研究醫術,訪用醫方奇術,其仲弟羅壽先也有相同的經歷。壽先素病內熱,色萎黃無光澤,身體狀況向來不佳,復經父母之喪,又得吐血疾,"自得疾,不復誦書,多習本草脈經語,遂能□別草木金石性味,製為散藥,間診他人疾,疾旋愈",然多恚怒,恒鬱鬱,以

---

① 萬表撰有《玄門入道資糧》,為服氣、內丹修煉文獻的輯錄,今存中國科學院圖書館藏明萬邦孚刊本。參見《中國古籍善本書目》子部道家類,上海:上海古籍出版社,1994年,第1064頁。
② 《玩鹿亭稿》附錄念庵先生《四憶詩》序,第181頁。
③ 萬表輯,萬邦孚增補:《萬氏家抄濟世良方》卷三,《四庫全書存目叢書》子部43,濟南:齊魯書社,1997年,景印北京大學圖書館藏明萬曆三十七年刊本,第119頁。
④ 所受即傳世題羅洪先所著《衛生真訣》,即《仙傳四十九方》,據著錄又名《金丹妙論》。中國中醫科學院藏抄本《仙傳四十九方》前有嘉靖乙丑羅洪先《衛生真訣敘》,述得書經過;內容則即《萬育仙書》卷下49幅諸仙導引圖、5幅五禽戲圖及2幅八卦運氣圖。關於該抄本的介紹及其與《萬育仙書》《萬壽仙書》之關係的辨析,參見程英、張志斌:《〈萬育仙書〉與〈萬壽仙書〉考》,《中醫文獻雜誌》2009年第三期。
⑤ 胡廬山所撰《行狀》述念庵游衡山時,曾拒絕衡山僧楚石授以外丹之術的好意,讀來頗令人詫異。念庵游衡山之年,據《衡遊紀略》自述在嘉靖乙巳(1545),時年四十二歲,就上引詩注可知尚努力收求奇方,對異僧神術似無拒絕之理由。廬山行文涉及二教處每用曲筆,如述念庵讀《楞嚴》有悟既而自省即與念庵自述相牴牾,而述念庵乙卯留楚,僅謂避暑山中,更無隻字提及方與時。念庵有詩、序贈楚石,卻並未述及外丹事。但廬山既然特書辟之,則可信念庵與楚石交往確涉外丹事,且念庵很可能從其受方,即便無從證實,也可推想當時自有念庵得楚石外丹之傳說流行。
⑥ 《玩鹿亭稿》卷一《病中口號十首》其一,第24頁。

是藥竟不效①。造夫之術既不自效,念庵自然頗爲用心,爲他"録奇方,訪名術,發内觀之旨,譬寡欲之道,望其延歲年以相守,廣胤嗣以自貽"②。所謂"内觀之旨"當然是延年之方,爲内家修煉之法門,與念庵所持静坐有關。此爲四十一歲之事。

念庵自己堅持静坐,其體驗與感想常發諸詩文,也常勸門人静坐,但對静坐的具體操作方法却並未有過多的説明。如前所述,念庵勸萬廷言静坐,曾透露晝夜聚氣方有力,但似亦未進一步講述具體如何聚氣。萬廷言静坐無得半因此,其比諸孟子夜氣雖爲學問中事,亦止裝點門面,蓋不得要領而又落習氣。雖然,念庵静坐講究氣之調理却又可知。氣之收聚運行自爲"内觀之旨"的要義,爲念庵所習熟。據何心隱所述,清江阮中和得吕純陽法,有仙術,能治火疾,念庵火盛,雖不至成疾,却亦曾從其受法,且極口稱揚,可見行之有效。而阮中和所授則"閉關以斡旋精氣神於貌言視聽思爲秘傳者"③。由此似可認爲念庵静坐講究氣的聚斂,具有丹家修煉的特徵,至少也應受到内丹煉氣方法的極大影響。

嘉靖二十七年,念庵與龍溪等人會於龍虎山沖玄觀,有詩紀遊,雖屬應景,其中一首却也傳達了一定的静坐經驗:"坐忘竟無寐,秋蛩鳴向人。因悲虚甲子,不及守庚申。數息知天度,冥心養谷神。翻憐塵世者,何異夢中身。"④首聯直敍此行逢秋,夜坐無眠;而由於聚會所在龍虎山沖玄觀是道教聖地,頷聯便應景而發,感嘆年華虚度,履行守庚申也無濟於事;頸聯順勢提到静坐時履行數息,冥心而養虚;尾聯一轉作達生談,由己及外,以身外之身觀之則形骸可棄。如前所述,念庵詩文常表現達生觀念,有時只是裝點,在此可以不論。而他在此提及道教的守庚申法,究竟是應景用典,還是於静坐時即遇庚申而通宵不寐,難於認定。至於數息,在此則並非純用典故,蓋以此會後八年,念

---

① 《羅洪先集補編》卷二十至卷二十二《明故亡弟造夫墓誌銘》,第337頁。《補編》繫於甲辰(1544),誤,隆慶本未繫年,據内容當在次年乙巳(1545)。
② 《石蓮洞羅先生文集》卷二十四《祭仲弟造夫》,第9b頁。諸本未繫年,據墓誌當在甲辰(1544)。
③ 念庵從阮中和受法事,見何心隱著、容肇祖整理《何心隱集》卷三《又上贛州蒙軍門書》,北京:中華書局,1960,第100頁。念庵文集中未有文字記述受法事,傳記亦無記載,但念庵與阮中和確有交往,隆慶本《念庵羅先生文集》外集卷三見有七律《贈阮仲和(壬子)》"曾諳入洞漁人路,因與偷桃道士俱。知我前生同素業,避人深夜語玄虚。相看但驗眉間氣,獨住仍依河上居。報道白雲休便去,正憑尹喜爲傳書"可證,時年四十九歲。
④ 《念庵羅先生集》卷十一《龍虎山二首》其二,集90,頁47。隆慶本繫於戊申。時年四十五歲。

庵聽人談星禽，尚感嘆"老去慣忘加倍法，周天數息了生涯"①，可見是出於個人的實際經驗。念庵又曾有詩談他讀邵雍的感受，其中透露了一些較為具體的"説向俗儒渾未悟"的周天數息方法："天根已屬陽生候，月窟初含剛反基"②，"寅到戌時觀月窟，子連申處起天根。天根月窟分朝暮，識得未分方是春"③。那麽，僅就静坐時所行方法而言，可以知道念庵是履行數息的，並且是模擬天象軌刻而運氣，在體内循環，行小周天之功法。

不過，"學須從静中入手"雖然是念庵每每刻意强調的學問門津，但如何入手，他總是標舉"自知"，不肯輕易説破，至少不願意形諸文字。這與他學問不隨人口，講求自知自體貼有關，當然也與其對自身儒者形象的維護有關。他在給門下王有訓的多封書信中都討論了静坐對於從事聖學之意義及下手處。其中一封信中説"静坐收拾此心，此千古聖學成始成終句，但此中有辨。在静坐識得本心後，根底作用俱不作疑，即動静出入咸有着落，分寸不迷，始爲知方。然須從静中安貼得下，氣機斂寂後，方有所識，不然，即屬浮妄中去矣。念之有無多寡，識心後應不作如此見解也"④。此信寫於念庵四十一歲時，如前所述正是其仲弟去世之年。姑且對字面所呈露的有關聖學收放心之理論研討擱置不論，似乎可以認爲念庵所謂静坐入手之關鍵應在調心禦氣，而這又與丹家所説不無關係。值得注意的是，上年王有訓曾向念庵提到自己生背瘡之事，念庵明確指出"所示背瘡，得非久坐滯血氣之所致乎？此須自調停，未可執泥勉强也。用心大過，亦能勞耗精氣。恰然理順，却在絲毫不放中，並行不悖，要在自悟矣"⑤。此處强調用心大過，即謂精進過甚，用儒學的話就是有意必，未執中，似乎只是心理上的過執導致勞瘁⑥。羅近溪的

---

① 羅洪先著，徐儒宗編校《羅洪先集》卷三十一《予素知日家，有談星禽皆出創聞，有感而賦》，南京：鳳凰出版社，2007年，第1347頁。隆慶本繫於丙辰(1556)。時年五十三歲。
② 《念庵羅先生集》卷十二《先天》，集90，第57頁。諸本未繫年。
③ 《念庵羅先生集》卷十二《次康節觀物吟》，集90，第57頁。諸本未繫年。有關龍溪《調息法》《天根月窟説》與道教丹學之關係，參見《陽明後學研究》第七章《王龍溪論》。
④ 《念庵羅先生文要》卷一《答王有訓(甲辰)》，第14b頁。時年四十一歲。
⑤ 《念庵文集》卷二《答王有訓》，第27頁。吴達可刊本卷一所收《答王有訓(癸卯)》即此書，但削去該句未録。
⑥ 蔣維喬介紹自己初習静坐，因急欲成功，勉强求進，行持過猛，以致妄念橫生，愈除愈甚，欲調息而呼吸反不暢，胸硬如梗，見氏著：《因是子静坐法》第三章《練功之經驗》六《初入門之困難》，收入侯漢初注釋：《静坐氣功——因是子静坐法彙編》，成都：四川科學技術出版社，1990年，第37頁。陳攖寧亦反復指出静坐調息要順其自然，不可執著勉强，否則不獨息不能調，恐又致病，相關介紹參見《静坐——實踐與歷史》第二部Ⅳ第一章《岡田虎二郎與陳攖寧之静坐論》。

病心火即可作如是觀①。但久坐之所以會滯血氣進而生瘡，是否全由心生似成問題，很可能另有具體操習上的原因。萬曆間，袁了凡曾指出静坐一方面須遣除境界，不與執著；另一方面又須調息、數息參互斟酌②。關於静坐時的禁忌，明代丹經亦有較爲詳細的説明。《廣胎息經》指出静坐應節飲食，飢飽有度；更應清淡，不可多食厚味，致使真氣停滯；坐久欲困不可隨意走動，亂真氣；姿勢須正，"凡坐不可靠實，不可曲背，恐氣滯作病"③。

念庵自己亦曾背發疽，其時在嘉靖三十四年乙卯（五十二歲），蓋從方與時受息心訣，入山習静，久之而病。但據耿天臺所述，念庵隨與時入山似非純爲求静，他力排衆議赴楚却有誘導方與時棄道從儒的意思，可惜"諗山人無所得而憤悔"④，没能達成勸説的目的，最終憤怒以致病。關於此事，胡廬山《念庵先生行狀》並無記載，僅稱與龍溪避暑山中，静久大覺，尋病作，蓋諱之也。徐階《羅念庵墓誌銘》雖根據《行狀》，但剪裁過甚，此事全未採用。耿天臺據《行狀》撰成《念庵羅先生傳》，僅述静坐三月有省，亦隱去方與時不載，而在多年後於方山人傳中詳道入山經過，却又幾乎完全不提静坐，曲筆顯然。但以史家"互見"之法體味之，唯其如此行文，方能照顧廬山情面而又對事實的陳述作一定補救。當然，他説念庵入山是爲了"諗"方與時，就念庵的一面看來顯然牽强，言語中透露出衛道意思；但念庵在該傳中只是從屬，

---

① 關於近溪病心火的討論，參見王汎森《明代心學家的社會角色——以顏鈞的"急救心火"爲例》，收入氏著《晚明清初思想十論》，上海：復旦大學出版社，2004年。關於顏鈞静坐工夫的討論，參見馬曉英《明儒顏鈞的七日閉關工夫及其三教合一傾向》，《哲學動態》2005年第三期。
② 袁黄《袁了凡先生兩行齋集》卷十《答馬瑞河問静坐要訣書》，濟南：山東師範大學圖書館藏明刊本。
③ 佚名《丹亭真人盧祖師廣胎息經》卷十二《了道部》八《丹房節目誡讖》，上海：上海圖書館藏清鈔本。此書原爲十二卷，分裝四册，現僅存却病部、了道部首尾各四卷，分裝元、貞二册，所缺亨、利二册應含延年部及成真部共四卷，其中成真部講數息、調息、閉息、住息、踵息、胎息諸法。此書未題撰人，《四庫提要》以曾引讕陳白沙、羅念庵語，推定爲明代道流所作，見永瑢等撰：《四庫全書總目提要》卷一百四十七子部道家類存目，上海：商務印書館，1935年，萬有文庫本，第28册，第84頁。據此書目錄所載，數息一節專提"周天數息卦爻法"，雖不知其詳，但可與前舉念庵之"周天數息"參觀。另，此書卷末開列浄明諸祖源流及字派，與明萬曆以降盛行的"浄明道運動"有關，特別是元明間系譜納入曾廬外、趙宜真、劉淵然、邵以正一系，與其他另創譜系者不同，值得信據。關於明初浄明派統緒之辨證及萬曆以降"浄明道運動"之梳理，參見拙撰《斷裂與建構：浄明道的歷史與文獻》第七章第四節，上海：上海書店出版社，2014年。亦可參見拙撰《〈浄明忠孝全書〉的編撰與明之際浄明統緒的構建——以日本内閣文庫藏明景泰三年邵以正序刊本爲中心》，《古典文獻研究》2014年第十七輯上卷。
④ 耿定向《耿天臺先生文集》卷十六《里中三異人傳》，《四庫全書存目叢書》集部131，濟南：齊魯書社，1997年，景印南京圖書館藏萬曆二十六年劉元卿刊本，第407頁。

就方與時一面看來,實際却是要照顧傳主,即表現方與時曾爲王龍溪、羅念庵等儒者推崇,本來有走上成聖道路的潛質(天臺所傳三異其實都是聖門異)。以儒家立場讀此傳,關注點自然在念庵,理解上必然有所偏差①。對天臺所述,黄宗羲就認爲念庵在山夜坐工夫愈密,而"天臺謂先生爲與時所欺,憤悔疽發,還家而夫人又殂,由是益恨與時。今觀其《夜坐》諸詩,皆得之黄陂者。一時之所證入,固非與時所可窺見,又何至以妻子一訣自動其心乎?可謂不知先生者矣"②。就其轉述看來,理解正誤參半,辯駁亦如之。夫人事不得誤解,而未能與妻訣確是念庵動情處,是否因此恨與時,無從辨明,但天臺説廬山捕與時是爲師報仇,雖是廬山事,未必不可根據。念庵致病事,在梨洲讀來却是静坐無得,今人亦多襲其説,但天臺在此並未説念庵工夫未入(不過,另一方面也須注意,天臺如梨洲所言,於念庵之造詣確有不會)。之所以有此誤會,蓋梨洲心中先有一個聖人在,認得念庵學問"有得",不管是儒者還是道人都可以作爲學侣,但"同床各夢",不能爲"二氏連染",不會因爲那麽不堪的一個方與時而動心。雖然充滿腐儒氣,但這樣的誤會也顯然否定了憤悔動心是念庵發背疽的原因。當然,在此也無法證實念庵背疽一定是久坐行氣未當所致,蓋無法排除偶然感病的可能,但從《夜坐》十首,却可體會"一時之所證入":

> 連宵無寐只泠然,氣象依稀未發前。始信古人常待旦,不緣亥子有先天。念中司馬翻增贅,惡外横渠豈解懸?千載坐忘顔氏學,直疑無處著高堅。

> 役役誰能似馬牛,心灰形槁亦莊周。山中減食仍懸榻,春盡登臺更倚樓。一息漸隨無念杳,半醒微覺有身浮。總緣夜氣幾希甚,不是長生判未休。

> 學道如棋著手先,殘編陳迹畏拘牽。程門暮雪人何事,邵子山居歲不眠。煉性漸知渣滓去,體仁誰似訂頑全。未論糟粕非真味,自得那容向口傳。

> 軀殼於吾總未真,獨惺惺者是何人?能通晝夜方知《易》,未離形聲

---

① 吴振漢指出方與時後訪念庵跪請受業之説並無依據,乃天臺爲儒者諱而造作,應可同意,至疑心方與時遭廬山追捕亦無所據,則未免過揣,見《羅洪先學行考實》,第396頁。
② 《明儒學案》卷十八《文恭羅念庵先生洪先》,第388頁。

豈入神。蝴蝶任過千里影,龍蛇常蟄九淵身。根塵背合元無實,却笑瞿曇口句新。

久矣無情續解嘲,偶來避地得慵交。迎陽芳草根深衛,占氣靈禽歲徙巢。光隱淵珠常自媚,機忘風竹爲誰敲。只餘我在猶無繫,一覺形骸盡可抛。

無事閑看《調息箴》,周天卦數試從今。有時測氣非窺管,每夜焚香必正襟。洞啓天門驚道遠,静聞寒漏入泉深。莫言燮理全無分,也解安身更了心。

軀减形羸豈足嘆,糝糞宿糗强加餐。未須運力同齋覽①,只合銘心比沐盤。瞇目塵埃還用幾,引弓穀率且從難。亦知木石非真性,鳩毒曾聞是宴安。

棧爲杙猿未易齊,幾調狰獰就羈棲。心灰昧晦如酣酒,面壁跏趺比塑泥。月吐三更剛到榻,風停萬籟忽聞雞。殺機自有生機在,此語傷奇且莫提。

半似惺惺半似忘,如如四壁一匡床。因更晦朔知元會,漸悟葦胥近醉鄉。心遠不須山亦静,身閑翻覺夜偏長。何人欲問逍遥訣,爲語《中庸》第一章。

皋比談學習年曾,垂老慚於道未能。解伏疆場心自小,漸消頡滑氣初凝。防危正比知更雁,守獨渾如結夏僧。縱苦過時終未悔,晚聞猶免疾無稱②。

他説自己這三月中每夜焚香,正襟趺坐,瞇目微睁,仍按周天卦數行氣,調息入微,定心無念,静觀端倪,漸覺身爲渣滓,外擾可抛,身心俱得安泰,因此即便晝夜不休,但聞道則不悔,苦盡終能甘來,興奮之情溢於言表。讀來似自負太過,其實皆自得之樂。詩中堆砌不少典故,有道有釋,有些則是學問中義理,如聚夜氣幾乎道、體仁即煉性、未發之中是逍遥、徒参話頭不能合道等,可見雖然講的是俗儒不悟的奇事,倒還是處處體貼聖學,所謂以聖門涵

---

① "覽"字景印本漫漶不可識,據上海圖書館藏嘉靖四十二年刊本補,見卷十三,第2a頁。
② 《念庵羅先生集》卷十三《夜坐十首》,集90,第60頁。諸本未繫年,據《傳》則爲楚山静坐時所作。

化二氏,是儒者立場的三教合一①。他山中有信致聶雙江,談及此次靜坐是爲避外境之擾,說剛開始靜坐的時候,晝夜不休,身心頗感疲困;山中忽傳聞雙江忤旨遭譴,遂爲之彷徨泣涕,精神意態若不能堪,算是心魔害道;後來聽到雙江致仕的消息,遂釋然,心既無擾,"內外俱忘,動始不動","從此靜坐,頗不厭苦"②。次年他又有信致蔣道林,詳道自己山中習靜的體驗,說那時每日塊坐,三越月而病發,當極靜時自覺四方上下、往古來今、動靜內外渾成一片,天地與我同體,萬物出此一竅③。念庵一時覺悟,梨洲所謂"一時證入",當然是學問有得,但是由此也可以體會當時靜坐把玩端倪,很可能一時貪戀光景,執著不放,精進太過,以致疽發,實際上却又是工夫未到地,尚有些子助長之心。他復有詩談靜坐把捉,說"諸有猶可尋,至無不可得。一有欲得心,翻爲有所惑","有從何因來,無向何因去?能知出有機,便得入無處"④,又說"雖從靜裏得,却向動中知"⑤,應是此後學問有進。

既病疽,又遭喪妻之痛,不論天臺是否可信,梨洲又是否相信,念庵似確曾動心。他晚年有《雜詩四十首》回顧自己的一生,其中第二十一首說"守默五十餘,慮改忽不然。冥觀獲奇遘,高深亦何偏。千古豈不遥,在我跬步前。止水可喻心,何必窺鳴泉。遠圖多近遺,外慕無中堅。始知靜者樂,寧復行役牽"⑥。五十餘年守默竟考慮革去,顯然是心有所動。但是正如詩中所

---

① 錢緒山對念庵詩中顯露道家性命之學說頗有微詞,參見《陽明後學研究》第四章《羅念庵論》,第240頁。前舉《廣胎息經》卷十《了道部》二《藥物諸真口訣》引"羅念庵胎息訣曰:一息暫隨無念杳,半身微覺有身浮",評曰"一味定息玄言,至顯至露之旨也"。所引胎息訣見於《夜坐》其二。又同書卷十二《了道部》七《諸真了道作用口訣》引"羅念庵訣曰:毋以妄念戕真念,毋以客氣傷元氣",評曰"成仙作聖之要。蓋凡夫之心終日趨外,日遠日背,惟日行回光返照工夫,則檢情攝念,念念安心,心心養神,神神歸性,即魏伯陽所謂金來歸性初,迺得稱還丹也"。後者又見《性命雙修萬神圭旨》亨集第一節口訣"涵養本原,救護命寶"徵引。該書首有萬曆乙卯夏仲余常吉《刻性命圭旨緣起》述得書經過,又有題仁文主人鄒元標《題尹真人性命圭旨全書》一首,稱余常吉爲羅進溪門下宗孫。鄒元標曾輯《仁文書院集驗方》,與"仁文主人"相合,且亦重視養生者;而序作儒道合一論,與其平日所撰述相合,故該序雖不見於《太平山房方外集》,應可信爲忠介手筆。序稱尹真人高弟所著,所謂尹真人,學界多目爲尹志平,故以爲託名,然以當代語境味之,頗疑爲尹蓬頭,則弘治間人物也,書爲其弟子所著,又引述念庵語,則嘉萬之際所出也。尹蓬頭,念庵亦曾述及,見《彭水厓墓志》《水厓集序》。
② 《念庵羅先生集》卷一《寄雙江公》(乙卯),集89,第512頁。
③ 《念庵羅先生集》卷一《答蔣道林》(丙辰),集89,第491頁。
④ 《念庵羅先生集》卷十三《默坐雜詩二首》,集90,第63頁。隆慶本、吳達可刊本繫於乙卯(1555)。
⑤ 《念庵羅先生集》卷十二《知幾吟用康節韻》,集90,第57頁。隆慶本、吳達可刊本繫於乙卯(1555)。
⑥ 《念庵羅先生集》卷十二《雜詩四十首》其二十一,集90,第34頁。諸本未繫年。

述,這只是一時情勢所激,轉念就不以爲然,遂堅持冥觀守靜。不過,念庵當時所悟雖然有高深奇樂,但把捉不易,此後在家靜坐,復苦外擾,常用意克制念頭。他曾有詩感嘆自己已入衰朽,靜坐時心意昏亂,念頭不止,説"古人喻此心,擬之馭六馬。御轡不暫釋,磬空隨上下。亦有善御人,忘馬與御者。始之鞭勒勤,服習乃寬假。嗟余馳敝車,步驟中或寡。日暮苦力綿,泣迷次中野。朽索古所懲,途危敢時舍"①,又説"虛白醒看身是影,幽玄瞑對氣俱降。衰年到此堪真意,猿馬何由得亂撞"②。詩中雖然有兩忘的表述,但是糾結於欲念有無之間,克制之索勒不得放松,似乎尚未能幾於自然化境,應與念庵標舉艮止之義有關,也與念庵注重工夫、勤於踐履的爲學主張有關。

而終日默坐榻間則成爲他晚年生活的常態,"兀兀類株拘,晨興忽及晡。息深非一氣,坐久只單趺。榻外千峰靜,門前三歲蕪。諸生莫請業,章句愧先儒"③,"午窗睡醒無他事,胎息閒中有秘方"④,到得一身閑無事,千峰萬里靜的境界。五十九歲時,念庵作《閑述》三十二首,論學述志,對自己所行靜功也有甚爲得意的表露:

> 惺惺夜無寐,雜念一不興。少焉諸竅閉,魂夢微騰騰。一竅而四達,聚散不減增。既無出與入,外内安得稱。鮮華托苞衛,爐滅光何憑?傳舍猶二物,強警終莫能。因之悟養氣,至性即兼凝。(其二)
>
> 性也其謂何?氣之靈所主。與命焉所辨?匪氣靈莫輔。氣散見咎徵,凝則生理聚。胡能永不離?有物歷萬古。渾沌天地先,未可一二數。形分始有名,於以閱衆甫。(其三)
>
> 神感亦何速,入微乃其精。藏往載以魄,測識魂所營。此意徹終始,一念具五行。五行非乖殊,咸以靈妙名。明堂開中州,四裔不反傾。堯舜拱無爲,萬世消甲兵。(其四)
>
> 元神夫何如?莫知所本始。當其未凝時,倏忽不可指。知止後有定,虛靈攝綱紀。至遍乃至變,庶類順以理。思惟入滓穢,棼棼亂終始。

---

① 《念庵羅先生集》卷十三《晨述》,集90,第83頁。諸本未繫年。
② 《石蓮洞羅先生文集》卷五《半榻屬自製》,第49a頁。隆慶本繫於己未(1559)。時年五十六歲。念庵自製卧榻,名爲半榻,見《念庵羅先生集》卷十二《入山》注,集90,第57頁。《入山》諸本雖未繫年,但不能早於己未,吳振漢以爲隸入楚靜坐所作,誤,見《羅洪先學行考實》,第395頁。
③ 《念庵羅先生集》卷十三《趺坐》,集90,第76頁。隆慶本繫於辛酉(1561)。時年五十八歲。
④ 《念庵羅先生集》卷十三《静坐》,集90,第77頁。隆慶本、吳達可刊本繫於辛酉(1561)。

至人獨歸根,濁流亦清泚。存此無欠餘,今古知復幾。(其五)
　　造化類烹飪,乾坤爐鼎如。升降出萬變,水火易位居。無爲永不毀,交濟在虛中。因成養物功,庶物萌且舒。何人盜秘契,私已以爲餘。(其八)
　　暘谷啓真曜,是謂衆陽主。至哉望舒功,布精一何普。萬物資母氣,老氏所宗祖。乘載籍坤輿,明生代哺乳。往來每逾期,虧盈譬吞吐。養德夜氣先,觀象自前古。(其九)
　　天體如車輪,斜倚露不滿。五樞近天北,軺軸當鑿款。右旋運無停,游中未出管。維静可禦敵,此理豈不亶。天乙稱貴人,亦以静爲斷。(其十一)
　　金精有正性,子午分天中。萬古不移易,此理安能窮。姬旦材藝多,指南車始通。制器利民用,曾不迷西東。人心豈不然,向背有至同。如何信者寡,誰哉啓群蒙。(其十二)①

准子午,参北斗,調水火,歸元神,凝性養氣,吞吐陰陽,混一内外,出有入無,念庵所談儘管是静中體仁,却也幾乎毫無避忌地展露出自己所行周天氣法。當然,應該注意到三十二首遍及道、術,辟仙、辟釋,談《易》道、論聖人,一方面體現了念庵思想的複雜性,另一方面也表明念庵所持仍爲儒者之立場。此時的念庵,静坐不礙世事,紛紛無擾工夫,已得動亦定、静亦定的境界,雖"爲學之意日夕懇懇"②,但對於静中所持亦不再刻意,所言"凡欲爲學,不向静中自心尋來,斷不知是理是欲,是善是過。然此中甚微,稍着意照應,便又與本色不同"③正是數十年静坐終入化境之體認。廬山以爲念庵生平用志不分,竭才凝道,已入乎聖域,對乃師之讚譽可謂無以復加;但他以爲念庵末歲"真得之餘,工夫不足言"④,則亦"可謂不知先生者矣"。

三、念庵的神仙情結、自我認同與他者認同

　　成仙與成聖是念庵人生追求的兩個面向。不論是神仙還是聖人,就自

---

① 《念庵羅先生集》卷十二《閑述三十二首》,集90,第28頁。隆慶本繫於壬戌(1562)。
② 《念庵羅先生文要》卷二《與錢緒山》(甲子),第76b頁。又見隆慶本内集卷二。念庵卒於是年八月十五日,時年六十一歲。
③ 《念庵羅先生文要》卷二《答謝維世》(甲子),第78a頁。
④ 《念庵先生行狀》,第537頁。

我修爲而言都是私人化的人生目標，對個人而言既可以做一選擇，也可以同時並存。

念庵二十九歲時，在即將踏上初次還朝的旅途之前，曾有長篇歌詠自己遭逢仙人的激情，説"相憐有意非偶然，盡吐幽懷向傾蓋……兼傳至理出鴻蒙，受之再拜心神通。半醒几杖猶相對，忽聽秋聲枕席中。玉峽城頭曙雞亂，紘紘伐鼓催行傳。遠遊違養非我情，感激高踪淚如霰。憶昔夜夢淩紫煙，倒影俯瞰扶桑巔。從兹頗厭人間事，往往出語憎葷羶。天書夜半來扣户，欲發不發愁逢怒。變色聊爲捧檄行，乞身自有陳情疏。暫隱金門借禁林，終騎白鹿訪遥岑"①，輾轉反側，感激涕零，以爲如果不是還要孝養父母，就可以跟仙人一起遠遊，如果不是因爲朝廷有除名詔，不得不立即還朝復任，就可以遺世求神仙，可見一方面念庵對神仙的極度嚮往，一方面又不忘忠孝本份，也尚有抱負，對家、國、天下都不易割捨。

他四十二歲游衡山，將所歷靈仙真蹟述諸遊記，吟諸詩篇，又作游仙詩大加發露，當然是應景的文學，而次年在家仍吟詠不已，自然又不能以應景律之，更何况他還希望有朝一日可以遭遇真仙，"相邀一問長生訣"②，"不辭敝屣視離家"③。此時念庵父母皆過世，葬事亦完，又削籍歸田，塵事俱結，覺無身繫，故能發妻子可抛、一意長生之語。及至晚年的念庵，雖然常常有非舊的表達，但也勇於自呈"平生五嶽有酷好，期入無窮求古道"④，表現出對另一種志向的坦然。

但是就自我認同而言，他還是傾向入聖門，作儒者，因而會説"聞言苦被儒家縛"⑤，對内心時時浮起的神仙之思感到糾結，感到受儒者身份的束縛。他曾在病中感嘆"幽情落落厭群居，擬訪松喬學煉虚。試入水觀終有念，待傳火候苦無書。塵中白日何人識？關外青牛往事疏。閉户縰冠吾道在，縱騎黃鶴竟焉如"⑥，説自己曾經尋仙學修煉而未得，對水觀心未能消磨欲念，

---

① 《念庵文集》卷十九《秋江遇仙篇》，第460頁。隆慶本繫於壬辰(1532)。
② 《念庵文集》卷十九《題真隱圖》，第460頁。隆慶本繫於丙午(1546)。時年四十三歲。
③ 《石蓮洞羅先生文集》卷五《游朱陵觀，觀閣太守入道故蹟》，第43a頁。隆慶本繫於癸卯(1543)。
④ 《念庵文集》卷十九《別劉西梅翁》，第463頁。隆慶本繫於戊午(1558)。時年五十五歲。
⑤ 《念庵羅先生集》卷十三《鄧壽亭》，集90，第62頁。隆慶本繫於甲寅(1554)。時年五十一歲。
⑥ 《念庵羅先生集》卷十三《病懷六首》其五，集90，第61頁。諸本未繫年。

希望遭遇真師傳授金丹秘訣亦不果,終覺神仙不過隔塵往事,有心而無力,好在縷冠尚在,仍是一位儒者,就是哪一天真的有鶴來迎又如何呢,讀來令人感到無力又無奈。而在公共輿論以儒者爲導向的語境下,公共性的正當選擇自然是聖人,如認同這一儒者立場,則勢必對個人的神仙趨向予以抛棄或者遮蔽。一時自適,顯露無忌的情況當然也存在,但就如病中所述,在大多數場合,即便是自吟自唱,念庵也注意檢點。因而在不同的場合,面對不同身份的他者,念庵對自己的神仙情結自然就會有不同的表達。

父執輩有彭水厓,與仙人尹蓬頭交往甚密,年至八十五,強壯不衰,人以爲仙,念庵爲撰墓誌,雖述其臨終默誦遊仙詩,又索修真書,但強調處置不亂,以爲"其所立如此,何假於仙術哉"①;又爲遺集撰序,雖再次提及尹蓬頭,仍推許水厓持聖不溺,説"自聖人之道不明,學者往往溺於神仙之説。大要握固守氣可以遺世而久視,故貪生與廢務者必趨之。彼方守氣,其於向人出一語已爲損漏,矧肯與世酬應,役役文字間哉!惟吕純陽、白海瓊則各多所著述,然皆縱逸,不範法度,又出入變幻於怪異之事,不過偶以自適,而溺者傳焉。如以質於聖人之道,同不同奚足辯也。然聞其説而不動於心者甚鮮。彼蓋確乎有遺,而此失所主。吾嘗即是以測人之淺深,未有不驗者也……余又以悲世之溺者,固不在仙;而仙之於世,當亦恒悲其鮮所遇也。夫以神仙之説,人所易溺者猶且如此,又況爲聖人之道者耶"②。儘管是具有鮮明儒者立場的辯護之辭,但也只是批評俗世所溺,對神仙本身實際並不否定。鑒于傳主一方面是與道人交往,且被目爲神仙的人,一方面是同鄉前輩,並且是乃父之莫逆,此種表達可以認爲是在事實陳述與曲辭維護之間尋求平衡,但也透露出念庵對自身所持儒者立場與神仙之志的調和態度。

友人中有好長生術者尋仙入武當,有詩來贈,念庵美答之,但堅稱自己"爲儒不解遠尋仙"③,不論是出於讚賞對方的文學修辭,還是有意的身份維護,都與他自己的尋仙游難以相符。而某年遇生日,友人賦詩以賀,具體內容雖不得知,但祝壽時禮節性的文學表達大體恭祝長壽多福,比諸神仙不老

---

① 《念庵羅先生集》卷八《明故湖广布政使水厓彭先生墓志銘》,集89,第668頁。卒、葬在嘉靖壬寅(1542),當亦撰於壬寅。時年三十九歲。
② 《念庵文集》卷十一《水厓集序》,第223頁。隆慶本繫於壬寅(1542)。
③ 《念庵羅先生集》卷十三《次韻贈楊虛所游武當》,集90,第75頁。諸本未繫年。該詩題注"名銓,五年不食,連舉三子,好相宅及醫,蓬跣入山,步健如飛雲"。

之類,念庵答詩則説老來友輩凋零,自己雖向高樓坐蒲團,但是"不爲長生透此關"①。五十九歲贈詩玉笥山道士,説"少時夢想不得到,行年五十初攀緣……我已無心問五嶽,知君猶慕彭鏗學"②;而面對相士機語,念庵亦美稱對方爲壺丘子,提到自己則説"壯年甘勇退,不待問麻衣。隱卜閑情少,尋仙舊念非。試看形已槁,豈是遯能肥"③,雖説舊非,尚有得意。

即使是友人,也有親疏之分,也有身份的差異,所説亦不能相同。對念庵而言,人生中具有生命意義的重要友人則是醫者殷市隱、殷春莊父子。嘉靖九年,二十七歲的念庵請告南歸,行至儀真而染疫,全家處在危病之中,"賴殷春莊父子撫視之力,出百死不救之數,而全其八口之家",自覺恩逾骨肉,往來京師常至其家,歸田後也歲問不絶④。念庵曾有詩贈殷市隱,説"我昔厭塵鞅,遺世問長生。中道逢市仙,餌我丹霞精。云此能起痾,騰化餘空名。但得松喬訣,何必游華清。忽與此言會,恍然百慮平。宇宙不可逃,聊得從君行"⑤。面對有再生之恩,且頗有識人眼量的市仙翁,念庵無須固執儒者之名,直道昔日求長生,而不以爲"非"。而面對同樣是救命恩人,年輩又相近的殷春莊,念庵更加地放言無忌,直呼故人殷四投我牋,"爲言我年四十六,須(鬚)鬢非復當時緑。君家舊有飛仙健步之奇方,服之解使壽命長。何不寄取一粒深山裏,相期晚歲觀無始。我煉金丹今未成,欲登五嶽窺蓬瀛。同心人遠難獨行,今之三嘆空含情"⑥。飛仙方,得長生,煉金丹,登仙境,放歌長吟,神乎仙乎。想較而言,對染疫病危時亦曾幫助過自己的陳嘉善,念庵贈詩雖然也提到自己學梅子真,作劉阮、五柳隱,甚至也提到要將金鼎煉鉛砂,但是在此基本可看作只是因應歸田的修辭,他真正所要表達的更

---

① 《念庵羅先生集》卷十三《生日曾月塘用舊韻貽詩復次以答三首》其一,集90,第74頁。諸本未繫年。
② 《念庵文集》卷十九《玉笥歌贈吴冰齋》,第463頁。隆慶本繫於壬戌(1562)。
③ 《念庵文集》卷二十一《與相者》,第493頁。諸本未繫年。念庵自己也曾鑽研相術,並有《相説》一篇論其得失。
④ 《羅洪先集》卷十三《贈殷春莊序》,第599頁。諸本未繫年。
⑤ 《石蓮洞羅先生文集》卷二《別殷市隱二首》其一,第5頁。諸本未繫年。市隱卒庚子,則作於嘉靖九年至十九年間。殷市隱名峡,字序明,好施不治家,又能多飲,飲則醉,醉則撫几歌《擊壤》,人疑有仙術,呼爲市隱,見《念庵文集》卷十六《明故市隱殷君墓誌銘》,第352頁。
⑥ 《念庵羅先生集》卷十二《放歌寄殷四二首》其一,集90,第49頁。諸本未繫年。據内容則四十六歲時所作。殷市隱有子二,女三,子一名修,一名佑。殷四既行四,似當名佑,另據諸詩,似字虚白,號春莊,而年長於念庵兩歲,見《石蓮洞羅先生文集》卷三《寄殷虚白》,第25b頁。

多的還是感激"異鄉得力勝骨肉",酬謝多年來的關心①。當然,陳嘉善的儒者身份也決定了念庵不能有"逾分"之言。

後此數年,同年中有友人來信道及長生,念庵答書詳辯長生之念不可執,並舉忠孝凈明爲仙家正宗:

> 吾人歲月甚速,百凡自宜醒心省力,獨往獨來,翛然無累,便是到頭好結裏。一切貪着,俱成魔障。吾兄自覺比前如何?長生一念已勘破否?古人言此者,藉以引誘愚人,觀於純陽、長春可見。既云酒色財氣、生死利害盡須摒棄,方可入道,則一身所享更是何物?世人捨性命不得者,只爲前此數者未盡受用,既無數者,望生何爲?乃知所指長生不在年歲,於此有悟,始堪承傳。故其書中往往以忠孝凈明四字爲首務。云凈云明,正爲一切不貪着,一切不糊塗,此其宗旨端的了了可想。後世下根妄求多壽,其言雖似,其心去俗流不減分毫。亦云冷淡,亦云快活,至究其冷淡、快活,只是恣情縱欲,不與世人着力,任其理亂,漠不動心。晉室坐此以喪其國,文成、五利坐此以殺其身。此正與忠孝凈明四字相反。烏得自欺欺人,附於仙家耶?弟亦剖判未早,兩年以來始盡掃除,不復入念。縱饒真仙乘雲下界,旌幢笙鶴擁車導迎、王母聖童左右捧侍,亦只作一段綵霞過目,無意結攬。此可與神明對者也。吾兄此處能更不犯手否?萬萬澄慮洗心,堅守高皇國法,孔門名教,一舉一措,務合民心。勿以此身拋作謗藪,令人指適,造積果報。不特吾兄自受清福,近而朋友,遠而子孫,咸被借榮光,愈於舉族飛昇矣。②

念庵所謂魔障似指貪生愛欲,即前舉《水厓集序》中所指斥之俗流所溺,認爲執著於一己之私,既不能合於清静之旨,亦不能與世人著力,於道於儒都不可接受。此點與念庵學問講求拂拭欲根,保養心體有關,因而他較能夠接納甚至標舉凈明忠孝之説,以爲道教所説長生不在年歲的延長,而是"不染不觸,心性凈明"。儘管不能據此即認爲念庵的克念體仁受到潔己去欲、心定

---

① 《念庵羅先生集》卷十二《餘杭陳嘉善相從在告,周旋危險,後十餘年聞予歸田,復來問訊,感其情誼,贈以長言》,集90,第38頁。諸本未繫年。念庵嘉靖十九年忤旨被黜,歸田已在次年,距病停儀真逾十年,則此詩或作於辛丑(1541)。時年三十八歲。

② 《念庵羅先生集》卷二《答同年》(乙巳),集89,第529—530頁。時年四十二歲。

神慧的道教净明派正心之學及其行持方式的影響,但他熟悉净明典籍的事實亦無法否認。有趣的是,爲了打消友人的長生念頭,念庵承認自己確曾沈溺長生,但兩年來已放棄飛升的想法,不再執著於形骸的久長,並且信誓旦旦,宣稱即使真仙來迎也不會動心。讀來頗有辭窮之嫌,透露出念庵對其不執生命,舉動合儒之説辭並不自信。念庵晚年訶斥門人問仙術,劈頭便説"長春七真首,壽止八十餘。雖云無疾逝,寂寞今何如? 世人苦貪着,妄解託其書。由來它心人,寧復計居諸"①,以聖心己仙心,除了身份認同上的優勢外,亦不易服人,則可與此書參看。更何況宣稱不再希求長生,並不代表現實生命中就不再講究養生,考慮到此時的念庵對身體尚著意愛護的事實,此一宣説恰恰表明義理的超越與身體的現實尚未能合一。而養生雖然並不必然就趨向長生,長生追求所賴以維繫的現實基礎却是養生,依此看來,其神仙情結亦不能輕易消解,此點由念庵日後詩文仍然常見訟舊、非悔長生的表達可以得到證明。

也是在這一年,念庵有信答胡葵亭,説"昨舍親曾梅臺先生入滇南,曾附一啓,中間乞丹砂語,似疑執事以仙。……仙家多寓言,所謂長生久視,豈真以年歲論? 所言飛昇脱化,豈真以軀殻論哉? 無亦指吾性命之真與垢濁之習,以爲一日自得,愈於百年,一處消忘,即成定行,而所謂一點靈砂,要必以信及此者始能入口"②。念庵分疏軀殻與渣滓,作仙聖合一論,與前書爲同調,但表達上則更爲圓融,也更爲自信,當然也潛在地表明自己不溺於仙的儒者立場。

不過,這種儒道合一的看法並非爲一時酬應所發。

早在二十六歲得狀元之年,念庵曾自詠並自注《論學四首》,其二曰:"世上那聞頃刻花,不須多計問仙家。黄金若買真丹訣,爐火還看九轉砂。尋常作工夫,便欲講求得無弊,此欲速之心。磨礱方有光輝,如今安得盡是?"③整體來看當然是以鍛煉喻工夫,以金丹喻良知,但是從仙家到儒家的修辭過渡却是依靠另加注釋來完成的,顯然就不完全是一種文學性的修辭手法,而是藴涵傳達仙聖合一、良知與金丹同功的用意;並且作爲一種獨語式的表

---

① 《念庵羅先生集》卷十二《閑述三十二首》其十八,集90,第30頁。
② 羅洪先:《念庵羅先生文集》外集卷一《答胡葵亭》,南京:南京圖書館藏明隆慶二年蘇士潤等刊本,縮微膠片。繫於乙巳(1545)。
③ 《石蓮洞羅先生文集》卷六《論學四首》其二,第21a頁。隆慶本繫於己丑(1529),時年二十六歲。

達,他似乎也願意將神仙與聖人兩存之。如前所述,念庵學問雖經"三變",始終都特重工夫,並且對工夫磨礪方得良知的看法一直都沒有大的變化。數十年後,龍溪來松原新居探望念庵,二人從《參同契》談到良知,"龍溪曰:世間那有現成先天一氣?先天一氣非下萬死工夫斷不能生,不是現成可得。……此一部《參同》大旨也。余應聲贊曰:兄此言極是。世間那有現成良知?良知非萬死工夫斷不能生也,不是現成可得"①。世間無頃刻花,無現成先天一氣,也無現成良知,萬死工夫方能生,方能得。應該説,此一看法作爲一種理論表態,當然有宋明儒學特別是白沙、陽明的言論作依據,但也反映念庵以儒者立場調和神仙信仰與聖門修行的努力。類似的,"先天之爲逆也,曷徵之?吾徵之身。目不逐境而内觀,耳不逐聲而返聽,心絶物誘而忘智,口絶言詮而守默。自外來感者,我無馳也,其可以大生廣生矣乎!老氏言之。老氏匪私。喜怒哀樂未發謂之中,夫子遺之子思"②,徵諸自得,亦作合同之論。相比而言,念庵夢中作詩贈道士,説"談道人多知道少,閑來漫向閑人道。見説人生百歲期,何事紛紛頭白早。汞易走兮至難倒,倒得汞時成至寶。紛紛更笑世人痴,盡向山中尋藥草"③,顯然是談身中金丹。如果強作解人,以念庵之理學比附之,則又可以是談立本、談心體、談求仁、談德性。但就具體語境而言,雖然是夢境,畢竟是與道士對話,則不能有後一種解釋,與其自注不同,確能説明念庵私心對丹學仍保有一種親近。

當然,言語上的此有彼無,今是往非,乃至合同或排異確實能夠影響個人形象的建立與維護,但未必能收全功,有時也未必有效;行爲上的擇此棄彼,特別是終身持守所給人造成的印象,則費盡千言亦不易改變。念庵一生學問重踐履,尤其講究靜坐工夫,又以内觀反聞爲具體操持方法,友人中因疑其偏枯、落禪、溺玄者往往有之。如前所及,念庵三十四歲時讀《楞嚴》至反聞而有悟,但因友輩疑禪而放棄靜坐。此即私人修習受公共輿論干擾而中斷。對此,念庵雖爲顧及儒者身份而採取妥協的態度,私心實際却未能釋懷。關於此次體悟,胡廬山稱念庵自省入禪,悔置前功④,與念庵自述不符,

---

① 《松原志晤(壬戌)》,第21b頁。時年五十九歲。
② 《念庵羅先生集》卷三《寐言》其四,集89,第545頁。老氏等八字,吴達可刊本、陳于廷刊本、雍正本及四庫鈔本缺,蓋有諱改。吴達可刊本繫於乙卯(1555)。時年五十二歲。
③ 《念庵羅先生集》卷十三《夢中投筆贈道士》,集90,第68頁。諸本未繫年。
④ 《念庵先生行狀》,第529頁。

顯然有所歪曲。念庵五十九歲時回顧一生學問得失，説：

> 早厠冠裳流，幸聞孔顏教。中年忽逃禪，頗得反聞效。持行三月餘，外無莫可撓。視聽遇若遺，端凝見顏貌。朋輩互驚嘲，因之誤返棹。悠悠二十年，物交苦喧淖。精神渙不收，步驟入泥淖。一夕悟至理，如夢始得覺。博約見卓爾，竭才豈無效。從今至餘齡，不改此好樂。①

感嘆爲朋友所誤之餘，誓言今後不再爲冠裳身份所縛，即便背負逃禪之名，也要堅持静坐反聞。又有詩曰：

> 在昔聞返聞，自謂遇未遇。行持一月餘，便得三昧趣。窈寐恒内藏，瞻視忘他顧。耳中天籟生，鏡裏人情寓。墮禪來群疑，格物承前誤。翻令衆竅開，漏此一原聚。流落廿六載，多歧漫依附。夜半如乍醒，時過始知懼。由户方入室，棄筌寧得兔？周子不我欺，主静乃真句。静即誠所存，動應豈不裕。誠動幾自通，通即彼此具。執此以應彼，猶有取捨路。譬目外見物，逐者苦馳騖。此心苟不移，何勞分去住。知止性常靈，亦復此目故。知本靈所發，性因氣乃賦。止者氣不浮，氣浮靈弗固。分陰重自古，逝矣寧余駐？保之復保之，未嘆年遲暮。②

雖訟昔非，實際洋洋自得，且以先儒周敦頤爲依傍，維護儒者身份之餘，更加堅定静坐保聚的信念。而除了多次在詩文中回憶這段經歷以外，念庵亦曾得意地將之透露給枯坐十二年才以反聞得悟的衡山僧楚石③，言語間尚不免文人邀名習氣。由於自身"才性之所長及所近，必在静悟"④，念庵私心對於由反聞入悟並不感到後悔，只是在公共場域面對他者的時候，由於他者身份的差異而表現出不同的，甚至激烈的態度，而對於自己的"悔置前功"，強調學問在乎自得的念庵亦予反省，對執泥於儒者身份，聽信朋友勸説而放棄静坐感到後悔。⑤

---

① 《閑述三十二首》其十九，集90，第30頁。
② 《念庵羅先生集》卷十三《訟往》，集90，第80頁。諸本未繫年，據内容似爲六十歲時所作。
③ 《石蓮洞羅先生文集》卷十二《衡游紀略》，第83b頁。
④ 《羅念庵的理學》，第176頁。
⑤ 廬山行文多避諱失實，使用時當斟酌之。錢穆所作年譜即徑加引據而未予辯證，古清美前揭文因襲未察。另外，錢穆將念庵反聞經驗看作是從事禪功，並認爲是由於居喪讀經及時代風氣使然，見氏著《羅念庵年譜》，收氏著《中國學術思想史論叢七》，臺北：東大圖書公司，1979年，第193頁。吴震推測反聞是一種身體修煉，見前揭《聶豹、羅洪先評傳》附錄三《羅洪先略年譜》，第339頁。

静坐來禪疑,閉關亦致玄疑。念庵在楚隨方與時静坐三月而有得,返家後又静坐石蓮,更自製半榻終日坐於止止堂中,友人中如後輩淩汝成頗疑其落玄。對此,念庵急忙覆信撇清與道教修煉之關係,説:

> 執事聞僕閉關,若有疑於外道者,殊不然也。往年汎濫於各家,深奇老氏之玄,以爲握陰陽之樞紐,可奪造化。反覆《參同》,究其指歸,而辭隱義微,旁解雜見,不能懸憶(億);方外庸鄙,口傳尤謬,遂不復留意。二年室中默坐,將收拾散亡,專精息念,以庶幾良知明瑩,了數十年心願。然知過雖稍密,欲得一切堅定,尚是遠,在此當以年歲期也。夫玄學近亦有能言矣。易簡且見效者,大約須絶家室,去應酬,枯槁深山,然後可成。及其成也,又須密意保養,不令涉事,纔勞頓便散失,惟與木石爲伍則可。此聖賢所以不屑爲,決非用世者所得兼也。只自私二字斷得,此輩盡絶。聖賢之道,當生而生,當死而死,致命遂志,殺身成仁,寧作此等見識耶?執事高朗者,可以一言而悟矣。若愈病却老,山中閒人有當知者,俱俟執事懸車後言之,今徒支攪人心耳。①

依念庵所説,自己過去興趣很廣,尤其對宣稱可奪造化的道教修煉感到濃厚的興趣,但是讀《參同契》未能明白其旨,又不信道士口訣,於是放棄,不再理會。就此而言,已不須再辯,蓋逾辯逾不能塞人口。但念庵一直認爲俗儒嚴防道釋,詆爲異端,却往往不明道釋真相;加之他静坐有得,對道教修煉有所體會已喧播人口,自覺不得隱瞞,遂更進一步解釋玄學枯槁山林,不涉世事,而自己是要用世作聖賢,已斷自私之心,可以朝聞夕死,也能做到殺身成仁。由此可見念庵雖可以不顧鄉里耆老反對而隨道士入山,但面對學問中人墮禪落玄的懷疑時,却不能不執拗於儒者的身份。有趣的是,他最後説自己對愈病却老確有所知,但要等對方歸田後才能説,頗覺逶迤,對前此論辯顯然是一種消解。

念庵去世後,胡直爲維護師門形象,在《念庵先生行狀》中凡涉及與道釋交往時均作曲筆,且專門提了一句語含回護的"猶取二氏所長以相激發";而

---

① 《念庵羅先生文要》卷二《與淩洋山》(庚申),第39a頁。時年五十七歲。

佛教與儒道 | 321

萬廷言在祭文中評價乃師,也專門指出"反聞調息,儒謂其偏。功有必盡,致曲體全。紹興日遠,華繁實湮。以覺爲知,沿流失源。先生懼焉,痛撥其根。易任者欲,難平者氣。攝斯二者,神物乃止。止爲良知,覺其流裔。本末後先,毫釐千里"①,強調反聞調息雖偏出一般儒者的認識,但念庵却並不像一般儒者認爲的那樣是走入"異端",而是憑藉修養工夫攝欲聚氣,收其放心,體認良知心體,爲後學開門徑,其靜坐與"異端"功法雖相近,但有本質區別。鑒於念庵詩文中曾多次提到他修習靜坐"來群疑",廬山的曲筆、思默的澄清正反映了此種認識之深植人心,可見念庵努力塑造自身聖門儒者形象的實際效果並不好。

實際上,念庵對道釋修養工夫的參習不僅引起一般儒者對他墮禪溺玄的疑問,也引起道教修煉之士的關心和共鳴,甚且還引起一般世人及文學之士對他死後仙去的傳説。如前所述,明代道家丹經《性命圭旨》《廣胎息經》等都引念庵詩句以爲煉真口訣;而明人周玄貞編撰《高上玉皇本行集經注解》既稱該書本受諸念庵,又爲多卷署"狀元方外隱江西吉水羅洪先",且收錄繫於萬曆十三年的念庵序一首②,顯然是以神仙目之。至於念庵得仙傳説,儒學之士由於立場原因自當鄙棄,不能加以記錄,而略無立場的文學之士則可據爲談資。錢牧齋所作念庵小傳不僅提及這一久播人口的傳奇,更且現身説法,以爲仙去之證驗:"達夫殁,人言其仙去不死,又數言見之燕齊海上。蜀人馬生,好奇詼怪之士也,余遇之京口,謂余曰:'念庵先生不遠數千里訪公於虞山,得無相失乎?'余歸問之,果有西江老人,衣冠甚偉,杖策扣門,不告姓名而去"③。此説經王漁洋演繹則更見神奇,説某人游大寧洞,見有道士仙蜕,乃鼎革後化於此,洞深處又見有羅念庵所題絕句;又説"世傳念庵仙去,明天啓間曾至吾邑訪先太師公,又訪煙客於太倉;少宰涓來兄(澤宏)嘗遊南嶽,見其手植松高不數尺而甚葱鬱,道流言念

---

① 《學易齋集》卷十四《祭念庵先生文》。
② 署名念庵顯爲託名,謝聰輝亦懷疑其真實性,認爲屬鸞文降筆,見謝聰輝《新天帝之命:玉皇、梓潼與飛鸞》,臺北:臺灣商務印書館,2013,第243頁。
③ 錢謙益《列朝詩集小傳》丁集上《罗贊善洪先》,上海:上海古籍出版社,1983年,第375頁。

庵先生住静處,皆不可知也"①。念庵游衡確有其事,植柏住静並無神奇,乃言不可知,蓋信其爲仙,故目爲異蹟。

有意思的是,念庵殁後,除入祠當地學宫以外,其門人還奉主入祠玄潭雪浪閣②。以門人及講學之士立場觀之,雪浪閣爲念庵生前講學之所,地方官且徑題額辟爲書院,入祠有其宜。但玄潭本爲許遜靈蹟,雪浪又爲吕嵒遺蹤,名實兼論,則儼然以念庵擬諸旌陽、純陽二仙。何況念庵選定玄潭爲會,正是神仙之志尚堅之時,本有自期之意,所謂"嘗聞五百名世,豈必盡屬龍沙;但得一粒成丹,自合同登鳳馭"③,以五百年聖人出與龍沙八百地仙相比附,亦無怪人目爲仙了④。對此,數十年後,念庵的同邑後輩羅紫原以儒者立場,作仙聖合一觀,以爲亦仙亦聖人,順利完成從神仙到聖人的修辭過渡: "課功於旌陽,江西之神禹也;論學於石蓮,吉州之鄒魯也。且旌陽净明忠孝大是儒風,石蓮清通秀朗絶類仙骨。兩公意氣旦暮千古,流風顯蹟並詣玄渚,寶劍靈篆同符神鼎,言泉韻響直接泗濱,仙儒齊彰,勳德競爽,百世並祀,非偶然已。"⑤

四、結語

念庵少有生命憂,慕玄虚、希長生對他而言,實爲自然生發,具有生命意義的追求。儘管在大多數的文字表達中,念庵都以達生自解,強調"一見真吾在,形骸豈足私"⑥,但在現實生活中,每一次攬鏡都提醒他年華的逝去,每一次病痛都警告他生命的迫促,"嗟嗟念庵奈汝形"的感嘆也有時而發⑦。晚年的念庵更是爲自己置辦殮服,檢點自己以往的生死經歷,對生命的最後

---

① 王士禛《居易録》卷二十九,《景印文淵閣四庫全書》子部第 869 册,臺北:臺灣商務印書館,1986 年,第 674 頁。
② 《念庵先生行狀》,第 536 頁。
③ 《念庵羅先生集》卷十一《玄潭雪浪閣上梁文》(丁未),集 90,第 20 頁。念庵爲玄潭道士作《雪浪閣集序》亦有興廢繼武之意,可參看,不具。
④ 羅近溪殁後,亦傳説仙去,沈德符以爲"近溪學問照映百世,宜其仙去不死也",作仙聖合一論,可與念庵事參觀,見氏著《萬曆野獲編》卷二十七《屍解》,北京:中華書局,1959 年,第 706 頁。
⑤ 羅大紘《紫原文集》卷八《玄潭重建真君閣及修羅文恭祭雪浪閣紀事疏》,《四庫禁燬書叢刊》集部第 140 册,北京:北京出版社,1997 年,景印首都圖書館藏明末刊本,第 25 頁。
⑥ 《石蓮洞羅先生文集》卷四《老至》,第 27a 頁。
⑦ 《石蓮洞羅先生文集》卷二《對鏡》,第 1b 頁。

一刻做過多次的預演,以爲"他日面對大功課也"①。而效莊效陶,反復的宣稱"不喜不懼","終隨大化",無非是暗示自己進入幾於聖人的無我之境。"朝聞夕死",隨着念庵追求聖學的脚步,對生命的執著至少在文字上不再成爲念庵的夢想,他所自道"我欲遺世登雲霞"更多的是表達一種憤懣。不過,儘管在公共場域,念庵著意維護自己的儒者形象,最終却也未能達到預期的效果。此種自我與他者認同的差異,一方面與念庵詩文不時流露出的煉養信息與神仙情結有關,另一方面也與念庵的静坐工夫有取於道釋有關。

---

① 《羅洪先集》卷七《與謝子貞》,第 250 頁。諸本未繫年。明代儒者極重視末後一着,臨終不亂甚至成爲學問是否有得,是否超入聖域的標誌;而臨終毀亂也成爲爲學不勤,任道不真,支離學術的證明。念庵對唐荆川臨終表現曾致微詞,而自己臨終正襟危坐,端默如平日,符合他自己的工夫操守和成聖追求,在其門人看來也當然是一生踐履有得的明證。而王龍溪的傳説臨終毀亂,不論真實與否,都反映了當代儒者對龍溪學問或者爲學風格的價值判斷。關於晚明儒者的死亡觀與聖人形象的討論,參見吕妙芬:《儒釋交融的聖人觀:從晚明儒家聖人與菩薩形象相似處及對生死議題的關注談起》,《中央研究院近代史研究所集刊》1999 年第 32 期。

古今中西視域下的晚明多元思想交融
——以劉宗周《人譜》爲中心*

徐 波

一、引言

　　《人譜》是劉蕺山最爲重要的著作之一，它集中呈現了蕺山對儒家人性論及傳統修身觀念的反思。不同於傳統儒學著作大多正面論述性善，《人譜》直接討論人性中惡的來源，並主要就惡的具體表現形式而展開。蕺山在書中用大量篇幅探討了諸如過、惡、妄等人性晦暗面的生成、變化與發展，對人表現在具體道德實踐中的行爲進行了細緻入微的考察。① 通過對人性晦暗的揭示，進行針對性的實踐，並利用諸如靜坐、訟過等修行方法，蕺山試圖對王學末流之流弊以及由"功過格"而來的儒學功利化傾向進行糾正。此書

---

* 原稿曾發表於臺灣《哲學與文化》（月刊）2018 年第 4 期，然因當時主題所限，文章主要針對儒家思想進行梳理和展開。然而在撰寫和修改論文的過程中，筆者發現如果僅僅從傳統中國哲學尤其是儒家哲學的範式出發去處理和定位晚明學者，如袁黃、高攀龍、劉宗周、方以智、黃道周等人，他們著作中夾雜的種種釋道思想，乃至於基督教影響下的蛛絲馬跡，都容易讓我們會對他們儒學思想的正統性產生自然而然的疑問。黃宗羲在《明儒學案》中以醇儒之名稱讚其師劉宗周，認爲只有其師才真正繼承了孔孟程朱以來的儒學大統，其中一個關鍵論點就在於批評當時名望勝於其師的高攀龍時而夾雜佛語。考慮到黃宗羲的政治立場以及《明儒學案》所奠定的敍事傳統，我們不得不反思這樣一種研究中國哲學習以爲常的正統性敍事是否合理。陳寅恪先生曾言："自晉至今言中國之思想，可以儒釋道三教代表之。此雖通俗之談，然稽之舊史之事實，驗以今世之人情，則三教之説，要爲不易之論。"因此，從儒釋道三教關係，乃至儒釋道耶四教關係入手，或許可以對明代學術多元思想的融匯有一個新的思考。

① 儒家思想中對人性中負面因素的關注並不少見，比如先秦儒家就開始重視"過"的概念，但將過分爲微過、隱過、顯過、大過、叢過等五類，每一類又再細分爲若干"過"的形式，且有一套具體計分系統的，蕺山可以説是首創。然而，這種首創並非是截斷衆流式的另起爐灶，而是在傳統中不斷積累發展起來的。本文之後將會提到，蕺山對人性中負面因素的重視並不影響他對性善論傳統的堅持。

曾三易其稿,蕺山去世前一月尚在改訂,臨終前更叮囑其子劉汋:"做人之方,盡於《人譜》,汝作家訓守之可也。"①可見蕺山對此書的看重程度。

然而,在蕺山去世之後,《人譜》起初並未受到太多重視,黃宗羲在《蕺山學案》中沒有收入有關《人譜》的任何篇目,四庫館臣甚至認爲該書只是爲"中人以下立教"。近代學界考察蕺山學也主要圍繞慎獨、誠意展開,對《人譜》著墨並不算多。但隨着 20 世紀後半葉蕺山學研究的整體升溫②,衆多海内外學者開始逐漸關注這部具有鮮明特色的著作。③ 這一系列相關研究中,張灝先生在《幽暗意識與民主傳統》一書對《人譜》的重視是較爲特別的。不同于哲學研究的傳統進路,張灝以"幽暗意識"爲切入點,著重強調了在《人譜》中對於"過、惡"剖析的深層次意義,進而認爲《人譜》裏的幽暗意識可以和同時代西方清教徒的罪惡觀相提並論。幽暗意識在宋明儒學中發展到這一步,"已變成正面的彰顯和直接的透視了"④。在張灝看來,由於儒家思想中權威主義和烏托邦主義等因素的掣肘,幽暗意識本身在權力制衡方面的價值始終未能充分發揮出來。但這種在中國傳統思想中自先秦以降逐漸凸顯出來的幽暗意識,經歷宋明儒學的洗禮與深化,在理論架構和思想深度上比之西方基督宗教背景下的罪惡觀並無遜色。⑤

二、晚明"幽暗意識"的儒、佛、耶思想淵源

"幽暗意識"是張灝強調並加以理論化的一個概念,他首先定義幽暗意

---

① 劉汋《蕺山劉子年譜》,載《劉宗周全集》第 6 册,吴光等編校,杭州:浙江古籍出版社,2007 年,第 170 頁。
② 《劉宗周全集》以及《劉蕺山學術思想論集》的出版,則是兩岸學者合力將劉蕺山研究推向高潮的標誌,可參見鐘彩鈞先生在後一書的概括。
③ 據不完全統計,1978 年,湯瑪斯‧皮爾(Thomas Peele)在加州大學伯克利分校完成了其碩士論文《劉宗周的〈人譜〉》並對《人譜》進行了英文翻譯。杜維明先生在 20 世紀 80 至 90 年代的多篇論文和訪談録中也特別對《人譜》給予了很高的評價。而黄敏浩先生在多倫多大學於 1996 年完成的有關劉蕺山的博士論文中,也以數個章節集中討論《人譜》,並根據當時最新的由兩岸學者合作編輯出版的《劉宗周全集》爲底本,以專門附録的形式對《人譜》進行了英譯。除此之外,包括牟宗三、唐君毅、張灝、包筠雅(Cynthia Brokaw)、董平、何俊、李振綱、姚才剛、張瑞濤、韓思藝等學者也都在各自的著作中對《人譜》一書給予了重視。
④ 張灝《幽暗意識與民主傳統》,北京:新星出版社,2010 年,第 68 頁。
⑤ 同上書,第 41、70 頁。

識是一種"發自對人性中與宇宙中與始俱來的種種黑暗勢力的正視和省悟"①。之所以對這一意識格外關注，是因爲在張灝看來，只有對人性内部這種與生俱來的陰暗面、根深蒂固的墮落性有深切的體認，才能够産生對權力進行制衡的一整套體制建構。張灝提出這一概念背後的問題意識更多地來自西方，尤其是基督宗教背景下的罪惡觀以及其對於現代民主制度建立所起到的思想準備工作。不過需要指出的是，張灝並不是韋伯式文化決定論的擁躉，他的問題雖然多少類似於《新教倫理與資本主義精神》《儒教與道教》等著作中所處理的課題，但他並没有沿襲韋伯那種至今依然影響很大的以宗教或意識形態解釋社會發展的進路展開。與之相反，張灝完全不認同只有在西方基督宗教的特殊語境下才能産生幽暗意識，他同樣也並不認爲産生現代民主制度的必備管道和前置條件就是西方背景下的幽暗意識。他多次指出，許多古代文明，諸如中國和印度，對幽暗意識同樣有着極深的體認，中國先秦時期"戒慎恐懼"的"憂患意識"已經是幽暗意識的前身，他更進一步認爲，孔子及其《論語》一書標誌着周初以來的憂患意識已經轉化爲幽暗意識。②

《人譜》中對過、惡等概念的詳細梳理，誠如張灝所言，是宋明儒學重視幽暗意識的一個集中體現，也是儒學思想自先秦發展到宋明，自身不斷發展和調整理論重心的産物。這種對幽暗意識的重視，與先秦以來的憂患意識一脈相承，但又有所區别。幽暗意識與憂患意識的差别在於，憂患意識較多地注重外在環境的影響，如對自然天道的敬畏，以及根據吉凶悔吝的現實經驗去調整自己爲人處世的方法。徐復觀先生曾指出，周初反映在諸如《大誥》《君奭》《康誥》等篇章中的憂患意識是對"殷人尚鬼"幽暗世界的超越，通過反思吉凶悔吝的現實結果，進而將天道與人道進行緊密相聯，從而擺脱了殷商訴諸鬼神世界的絶望與恐怖。在張灝看來，憂患意識是人類精神開始直接對事物發生責任感的表現，也是精神上開始有人之自覺的表現。而且這種憂患意識同時也體現了周初先民在對外在幽暗世界的不斷思考中所發生的"内轉"，他們不再將吉凶悔吝的現實結果完全歸因於不可捉摸的鬼神

---

① 張灝《幽暗意識與民主傳統》，北京：新星出版社，2010 年，第 23 頁。
② 同上書，第 33 頁。

與天道,而是將它們與自己的行爲,特別是與道德實踐相聯繫,進而在面對天命之時以一種堅強和奮發的精神取代了絕望與恐怖。這種内轉在徐復觀看來之後就發展爲中國哲學中非常重要的概念:"敬",成爲孔子奠定中華文明特性的重要基石。張灝基本上接受了徐復觀對於憂患意識的看法,並且也同意孔子在先秦思想中由側重外在憂患逐步内轉爲内在人格過程中所起到的決定性作用。但張灝不同於徐復觀之處在於,徐復觀强調的"敬"雖然已經有了極大的"内轉",但在表現形式上還是以"敬天法祖"繼而再"反求諸己"的進路展開,也就是説,這種内轉依然需要通過外在世界的某種中介。而張灝則更多關注由對人性自身的幽暗面反思所直接體現出來的一種徹底的内轉,將在殷人那裏對外在幽暗世界的絶望與恐怖替代爲對人自身内在幽暗意識的觀照與省察。張灝自陳幽暗意識正是受到徐復觀的啓發,徐復觀對憂患意識的重視讓張灝意識到,儒家道德理想主義的另一面正是對現實世界深深的遺憾、疏離與隱憂,在這個向度上,張灝的幽暗意識可以説直接繼承了徐復觀對憂患意識的闡發。但與此同時,張灝也指出了憂患意識與幽暗意識的本質不同在於,持有强烈憂患意識的儒家往往又同時樂觀地認爲通過道德修行實踐,人性的陰暗面是可以得到根除的,而幽暗意識則認爲這一陰暗面無法根除,永遠潛伏。①

  張灝對於傳統儒家思想的這一獨特視角,使得他不僅對荀子所謂"性惡"有所重視,更在一般被認爲是樂觀主義的孟子性善論中發掘出由"人之異於禽獸者幾希"所顯現的幽暗意識。以此視角觀之,孟子思想中與篤信人性本善的樂觀相輔相成的,是通過人禽之辨以及大體、小體之别所體現的對人性晦暗處的清醒認識。這可以稱之爲傳統儒家思想中最早成型的幽暗意識,而孟子養心、養氣也正是對這種幽暗意識"戒慎恐懼"而來的實踐工夫。在張灝看來,宋明儒學中的幽暗意識,雖然經歷了道教和佛教——尤其是大乘佛教的衝擊和影響,但其根源正是接續了先秦儒家由憂患意識發展而來的、與性善論互爲表裏的那種對人性的反思。整個宋明儒學特別重視"人心惟危,道心惟微,惟精惟一,允執厥中"這十六字心傳中有關"人心"與"道心"的聯繫與差别,以及可以上溯到唐代開始對於"復性"的追問,也意在於此。

---

  ① 參見張灝《幽暗意識與民主傳統》,第312頁。

《人譜》得到張灝的重視也正是在這種幽暗意識在宋明儒學內部進一步發展的思想史背景下展開。《人譜》一書專門針對人性中惡之來源及其具體表現而展開，從討論"惡"所占篇幅比例來講，《人譜》在儒家著作中是比較少見的。① 從根本上來講，無論是孟子還是荀子，他們都不是直接從惡的具體表現對人性之惡的來源進行考察。《人譜》的特殊性就在於直接從過、惡入手，這是幽暗意識的進一步發展，同時也是宋明儒學整體"内轉"的一種體現。

在佛老二家，特別是佛教無明觀的外部刺激下，宋明儒者們開始更多地關注惡之來源問題，其中一個具有普遍性的解釋框架就是將惡之來源歸咎於後天氣質的影響，所謂天地之性與氣質之性的區分也應運而生。《人譜》中對過、惡的重視與宋明儒學天地之性與氣質之性的提出有着密切的聯繫。宋明儒學對於人性論問題的回答，非常重要的一步即是以性氣二元論統攝了宋代以前各種有關人性論的學説。儒學之後基本按照了這一框架對惡的問題進行了解釋，而幽暗意識也正是在此背景下得到了進一步的彰顯。程朱一系以較為渾濁氣質的後天摻雜來解釋人性中根深蒂固的晦暗面，因此在論學中特別重視公與私、天理與人欲之間的分判。這其中與幽暗意識相關的，體現在程朱一系主要是對於天理的極端重視，以及對人欲的極度警惕，類似"存天理、滅人欲"。陸王一系對這一問題的追問則更為直接，透過"有善有惡意之動"，將惡之來源歸因為人應接萬物時的起心動念。因此程朱與陸王在這個問題上可謂殊途同歸，無論是以性為理還是以心為理，天地之性和良知本體都是一種理想的存有，人之所以會有惡行，是因為在後天夾雜了污濁的氣質，或者是因為在後天被遮蔽了良知。因此，宋明儒者對於幽暗意識的觀照，也大部分集中體現在對後天起心動念，思慮已發狀態的反省。這種向内的反省反映在實踐工夫上，加之受到佛教影響，最終發展出了一套儒家靜坐法。《人譜》中記載的"一炷香，一盂水，置之淨几，布一蒲團座子於下"正是當時儒家借鑒佛教打坐和禪定法門的形式修改而成的一種儒家式的靜坐。佛教通過禪定的方法來除無明，而儒家則透過靜坐，對起心動

―――――――
① 需要指出的是，這種"少"是相對而言，儒家思想本身在浩如煙海的典籍中有着大量散落在各處的有關"惡"的討論，從其絕對數量上來講亦是相當豐富。

念處的幽暗意識有一正視。

除了儒家本身的思想資源和來自佛教的因素之外，身處晚明的劉蕺山在撰寫《人譜》時是否受到當時在士人間已經開始流行的天主教思想影響，也是一個值得關注的問題。蕺山當時面臨的，不僅有來自佛教和功利化儒家的衝擊，也有以利瑪竇爲代表的早期傳教士們所帶來的中西碰撞。從已有的史料來看，蕺山對天主教的評論主要集中在器物層面，但在義理上也不乏論述。比如他在《辟左道以正人心疏》中，不僅從天文、曆法、火器運用等多個角度對天主教進行了較大篇幅的批評，同時還認爲天主教從根本上而言會讓人不識祖宗、父母，因此其教義危害甚大。所以，我們可以寬泛地認爲蕺山對天主教確實有所接觸和瞭解。然而，一些更爲精妙的義理問題，比如和幽暗意識直接相關的蕺山對基督宗教"原罪"等概念是否有所直接接觸等等，目前只有較爲間接的一些資料。近年來，一些學者敏銳地注意到了《人譜》與龐迪我（Diego de Pantoja）的《七克》這兩部幾乎是同時期著作之間的聯繫。① 龐迪我是一位來自西班牙的傳教士，在當時與利瑪竇一樣享有較高的知名度。《七克》一書完成後由徐光啟潤色並撰寫《克罪七德箴贊》以和之，該書以如何戰勝基督宗教中所謂"七宗罪"爲主題，結合晚明流行的勸善書，教導人要去惡爲善以實現靈性的修養。這部以"罪"爲中心的著作和以"過"爲中心的《人譜》不但在主題上非常類似，而且在體例上也不約而同使用了圍繞特定主題搜集材料的裒纂文體。② 因此如果僅僅將《人譜》和《七克》兩本書單獨進行對比，很容易會得出二者相似甚至《七克》有可能直接影響《人譜》的結論。然而，如果將這兩部著作放回到歷史語境下，我們就不難發現二者雖有相似，但程度上並不突出。因爲《七克》一書本來就是龐迪我遵循利瑪竇"合儒""通儒"路綫的產物，在體例上模仿當時儒家勸善書流行的裒纂文體是很容易理解的。至於二者主題"罪"與"過"的相似，這一方面是由於這個問題爲古今中西人類所共同關心；而在另一方面，如果我們

---

① 可參考何俊《西學與晚明思想的裂變》，上海：上海人民出版社，1998年；以及韓思藝《從罪過之辯到克罪改過之道：以〈七克〉與〈人譜〉爲中心》，北京：中國社會科學出版社，2013年。

② 裒纂文體，又稱裒輯，是根據特定的主題，輯錄經傳等各類經典中互爲表裏之逸文遺典以方便閱讀。早年《劉子全書》收錄劉宗周著作時，將《人譜》列入"語類"，而將《人譜類記》列入"裒纂"。現今通用的由吴光等人編校的《劉宗周全集》則取消了"裒纂"，將《人譜》和《人譜類記》都歸入"語類"。

根據蕺山在《人譜》序言中所明言針對袁了凡功過格"言過不言功,以遠利也"的話語,蕺山專言"過"的原因恐怕也主要是針對功利化的儒家,而非《七克》所言的"罪"。因此,宋明儒學發展到晚明,在佛老之外還面臨着基督宗教的全新挑戰,這固然是一個不爭的事實,蕺山一定程度上也的確接觸到了天主教的教義。然審慎言之,《人譜》中的幽暗意識是否受到基督宗教的原罪觀念的影響,雖然已有一些間接的材料,但還需要有更多的佐證方能定論。

三、《人譜》中的幽暗意識與超越意識

《人譜》是蕺山哲學中將幽暗意識最爲清楚彰顯出來的一部著作,其中極具特色的"紀過格"等形式是對《了凡四訓》等功利性"功過格"的批判性超越。蕺山在序言中直言不諱他對《了凡四訓》摻雜了佛教、道教甚至民間宗教的反感,認爲這種功利化的傾向,違背了儒家的基本原則。蕺山這種批判的思想史背景如王汎森先生所指出的,是明末清初出現的"儒門功過格運動",其背後是一種儒學宗教化的現象。①

在此背景下,《人譜》的誕生有着多個面向的意義:一方面,這反映了蕺山對"功過格"功利性和因果報應思想的警惕,延續了宋明理學歷來出入佛老而拒斥之的正統敘事;另一方面,蕺山也承認了這種具體而微的道德實踐方法有着相當的教化作用。但也正因爲這種多重目的,導致後世對此書的認識有所分歧。惲日初編輯《劉子節要》、黃宗羲撰寫《明儒學案》時均未將《人譜》收入其中。一種可能的解釋是認爲《人譜》之書早已刊刻流行,方便查找,且《人譜》全篇過於瑣碎,因此並無必要再佔用《學案》的篇幅。另一種可能的解釋則認爲黃宗羲本人更多地偏向經史之學,對修身方法等問題並不特別重視,因此略去了這一部分的著作。此二説皆不符合實情,《學案》中收入已經刊刻的典籍不勝枚舉,而且早年惲日初編輯《劉子節要》時沒有將《人譜》收入其中,黃宗羲還曾專門寫信批評他忽視了《人譜》的重要性,"未見所節之要也"。② 何況即使《人譜雜記》篇幅稍多,但《正篇》和《續篇》短小

---

① 王汎森《晚明清初思想十論》,上海:復旦大學出版社,2004年,第122—123頁。
② 黃宗羲《答惲仲昇論子劉子節要書》,吳光等編校《黃宗羲全集》第10册,杭州:浙江古籍出版社,2005年,第216頁。

精練,言簡意賅,其中又有許多對蕺山哲學體系非常重要的概念梳理和理論建構。在筆者看來,黃宗羲在《明儒學案》中不收入《人譜》的原因可能更多地在於"拒斥佛老"以凸顯其師"醇乎其醇"的考慮。這一判斷的主要依據在於:《蕺山學案》序言中提及當時學界一般認爲高攀龍與劉蕺山同爲當世大儒,作爲蕺山弟子的惲日初在編寫《劉子節要》時都將他們兩人相提並論,甚至在《劉子節要》的《序》中暗示高攀龍要高於蕺山。但在黃宗羲看來,真正的"醇儒"只有其師蕺山,而高攀龍著作中有許多"闌入釋氏者","半雜禪門",多有"禪門路徑"。① 而《人譜》則是蕺山之學中最容易被人誤解爲受佛老影響的著作之一,尤其是其中静坐法,焚香、閉關等形式與佛老極爲相似。雖然蕺山自己曾對這種"近禪"的方式進行了回應,主張儒家傳統亦有静坐法,但也很難改變常人對其方法"近禪"的刻板印象。在這種背景下,黃宗羲若將《人譜》收入《學案》,不僅無助於他以儒佛之辨判蕺山較之於高攀龍爲"醇儒"的結論,甚至很有可能會起到相反的效果。

另一對《人譜》流傳及其地位影響較大的是四庫館臣以一種頗不以爲然的口吻指出此書是爲"中人以下立教"。在四庫館臣看來,正因爲需要對中等資質的普通人進行道德教化,因此時有摻雜"福善禍淫之説"以勸誡下愚者爲善。類似這種對《人譜》相對負面評價的原因可能緣於《人譜》,尤其是《人譜類記》中的部分文字受到"儒門功過格運動"的影響,進而在勸人爲善的道德教化中偶爾有以現世的富貴榮華等作爲行善效驗的側面例證,但我們如果橫向對比袁黄在《了凡四訓》中所宣揚的善惡因果報應説,不難發現《人譜》中被指摘的所謂"福善禍淫"之説,不過是諸如《周易》"積善之家,必有餘慶;積不善之家,必有餘殃"以及《大學》"言悖而出者,亦悖而入;貨悖而入者,亦悖而出"等先秦儒家世界觀和道德學説的自然延續,與當時摻雜佛道、訴諸因果業報的各種勸善書、功過格有着涇渭分明的差别。

之所以對《人譜》的價值和定位容易產生誤解,固然是因爲《人譜》自身,尤其是《人譜類記》中的某些"蕪雜"因素,但一個更爲根本的原因則在於對《人譜正篇》中的超越層面的苦心建構重視不足。《人譜》在表面上顯得"蕪雜"的背後,固然是蕺山對幽暗意識的極度重視,但在這種幽暗意識的背後,

---

① 黃宗羲《蕺山學案》,吳光等編校《黃宗羲全集》第 8 册,第 884—885 頁。

實則又有一種超越意識的觀照。

超越意識是張灝在提出幽暗意識之後,藉由對儒家傳統之內聖外王觀念的反思而得出的一個概念。在他看來,超越意識代表了自"天人之際"而來儒家以"知天""事天"爲基礎所追尋的道德源泉,蘊含了權威二元化的批判精神。超越意識與幽暗意識結合,共同構成了內聖外王的基本特質。由於篇幅和主題等原因,張灝並未將超越意識付諸他對《人譜》的分析中,但在筆者看來,引入超越意識不僅能夠澄清許多有關《人譜》的誤解,更能回應學界對於幽暗意識的部分質疑。

例如,李明輝先生在對幽暗意識的評論中曾指出他與張灝的根本分歧在於:

(1)幽暗意識的觀點是來自西方,特別是基督宗教傳統下的問題意識,而與儒家,特別是孟子以來的性善論傳統有較大出入。

(2)儒家應從性善論出發還是從更注重人性之惡的幽暗意識出發去建立民主政治。①

李明輝的質疑頗具代表性,近年來對幽暗意識的批評大多也集中於此。但張灝曾多次強調,幽暗意識本身並不足以成爲制約權力進而實現民主的獨立資源,幽暗意識必須在超越意識的指引關照下才得以實現。這種超越意識在基督宗教那裏,是上帝;在中國,則可以是"對越在天"的天理抑或良知。其實正如李明輝在爲康德倫理學與儒家傳統的融合辯護時已經指出的那樣,在超越層面,康德的"根本惡"與孟子性善論並不矛盾,"所同遠勝於所異"。② 既然同樣來自西方背景下的"根本惡"都可以成爲儒者的同盟軍,幽暗意識也同樣可以作為一個獨特角度去觀察儒家傳統內聖之學的發展。在張灝那裏,儒家的"內聖外王"之道是由超越意識和幽暗意識所共同構成,因此,幽暗意識在現實層面對實踐中根深蒂固、無法完全去除之惡的反省思考並不影響儒家在超越層面對性善論的堅持。在此框架下,傳統中國之所以未能開出民主政治就並不僅僅是外王單方面的原因,儒家在內聖面同樣需

---

① 李明輝《孟子重探》,臺北:聯經出版,2001年,第137、150頁。
② 同上書,第147—148頁。李明輝先生在《康德的"根本惡"説——兼與孟子的性善説相比較》一文中有更爲詳細的討論,見氏著《康德倫理學與孟子道德思考之重建》,臺北:中國文哲研究所,1994年。

要重新反思。超越意識保證了儒家獨特的批判意識與抗議精神,而只有對幽暗意識有一充分正視,尤其是瞭解歷史上舊內聖之學對幽暗意識的諸多限制,才能真正掌握儒家內聖外王之道的全貌。① 從這個意義上講,張灝的真正用意並不在於反對"內聖開出新外王",更不在於反對儒家,而是試圖從幽暗意識與超越意識出發,以"新內聖"與"新外王"的結合爲儒家在現今社會的發展提供一個可能的方向。

這種對超越意識與幽暗意識的共同重視也同樣反映在《人譜》中,這部著作一方面具體而微地彰顯了具體道德實踐中的幽暗意識,但在另一方面,對幽暗意識的體認也是直接由"人極"而來的超越意識所統攝。幽暗意識本身雖然強調對於過、惡的梳理,但實質是強化了自我道德修身實踐,其目的在於更好地彰顯天理這種超越意識。《人譜》雖然具體而微,從一事一物處入手對王門後學流弊加以猛烈抨擊,但其最終的指向和立意宗旨却是爲了強調顯微無間的天地之理。《人譜》的開頭,無論從形式還是內容都仿照了周濂溪《太極圖說》的"無極而太極",蕺山更仿照《太極圖》而作《人極圖》(如圖所示)。唐君毅先生對此與《太極圖說》的源流有過一個總結:

人極圖

○
即太極圖左畔
◉
即太極圖右畔
⊛
○

> 在蕺山之教中,此心性之於穆不已者即天,而天之太極,不外於此心之性。故人成聖而能立人極,則天人之道備。故歸於著人極圖,以"無善而至善,心之體也"爲首句,以言立人極之中。蕺山爲宋明儒學之最後大師,而濂溪爲宋明理學之開山祖。故吾嘗謂宋明理學以濂溪之爲太極圖說,以人之主靜立人極以合太極始,而以蕺山之人極圖說之攝太極之義於人極之義終也。②

唐君毅敏銳地看到,蕺山在《人譜》以《人極圖》開頭的根本目的正是在於融攝濂溪在《太極圖說》中的宋明儒學宇宙論。這種在超越層面的太極、人極之說,可謂是《人譜》最爲根本的指導思想。《人譜·證人要旨》的首句"凜閒

---

① 參見張灝《幽暗意識與民主傳統》,北京:新星出版社,2010年,第44,71頁。
② 唐君毅《中國哲學原論:原教篇·下》,臺北:學生書局,1984年,第492頁。

居以體獨"也充分説明了整個《人譜》之後所强調的在閒居中静坐省察,最終目的都是在於體認"獨體"這一超越的道德依據,蕺山整個誠意慎獨之學的終極目的也在於此。張灝提出幽暗意識的最初緣起是自 20 世紀五六十年代以來,中國自由主義者與當代新儒家們有關儒家傳統與民主政治的漫長辯論。這些學者們討論的議題中心,如果用另一種方式表述,不僅是所謂"内聖"開出"新外王"的問題,更是如何"新瓶裝舊酒"亦即傳統文化如何在現代語境下持久彌新的大問題。張灝因爲其論著的側重不同並未詳細展開《人譜》中的幽暗意識之於明代心學乃至整個宋明儒學的重要地位,而本文正是試圖以幽暗意識爲引子,由這種在古今中西和儒佛道耶多元思想交融中發軔,又由儒家内聖的固有思想資源而發展出來的概念出發,對先賢爲我們提出、並業已呈現其理論複雜性的問題進行探索與再思考。

明清之際"逃禪"現象研究方法新探
——以三教關係爲視角的討論*

孫國柱

序言

　　如衆所知,佛教自傳入華夏,便與中國本土文化發生了密切的關係。經過魏晉玄佛合流、南北朝學派佛教兩大歷史階段,終於在隋唐出現了佛教宗派林立的鼎盛局面。佛教之所以能夠進入中國開花結果,是要從佛教與本土儒、道文化的互動關係加以理解的。佛教對於中國文化的影響,並没有在隋唐佛學的輝煌之後走向暗淡,反而越加深入。正如陳寅恪先生所言,至於宋明,經由道學家"出入佛老,返於六經",終於出現一大事因緣,即新儒學的誕生。① 總之,隋唐以後,三教合流逐漸成爲中國文化發展的大趨勢。任繼愈先生曾如是評價:"三教關係是中國思想史、中國宗教史上的頭等大事。三教合一,則是中國思想史、中國宗教史的發展過程和最終歸宿。"② 中華文明之所以生生不已、兼容併包,其原因也在於是。在這個過程中,儒釋道三

---

　　* 本文係國家社科基金重大項目"漢傳佛教僧衆社會生活史"(17ZDA233)、中國政法大學青年教師學術創新團隊項目"德治與法治"(18CXTD06)的階段性成果。

　　① 在競爭變通過程中,佛教的精神已經深深地融入中華文明之血液之中,與儒道等文化水乳無間。這種融合對於佛教的傳播來講,是深化,也是升華。當然,這種融合對於儒學的發展也大有裨益——這點正如陳寅恪先生所云:"佛教經典云:'佛爲一大因緣出現於世。'中國自秦以後,迄於今日,其思想之演變歷程,至繁至久。要之,只爲一大事因緣,即新儒學之産生,及其傳衍而已。"陳寅恪《馮友蘭中國哲學史下册審查報告》,出自《金明館叢稿二編》,北京:生活・讀書・新知三聯書店,2001年,第282頁。

　　② 任繼愈《唐宋以後的三教合一思潮》,《世界宗教研究》,1984年第1期,第4頁。

教都得以豐富,並有所發展。事實確乎如此,從嚴格的意義上來講,假如對於三教關係缺乏基本的瞭解,那麼對於中國傳統文化就無法有一個通盤的整體把握,尤其是宋明以後大部分的宗教文獻資料亦無法真正看懂。

三教合流,在晚明達到了前所未有的高度。"蓋萬曆以後,士大夫操此論者十之九也。"①從這段材料約略可以想見三教合流思潮在晚明學界繁盛的程度。晚明士人錢彥林曾説:"天下無真儒,而禪門有真儒;天下無真禪,而儒門有真禪。"②三教的界限再也不是那麼涇渭分明了。在當時,文人扮演禪師,禪師以文人的方式生活,可謂常見的景象。僧人,除了作爲法師、禪師之外,也有可能是詩僧、畫僧、琴僧等。而文人,除了作爲才子、俠士之外,也有可能是居士,甚至如徐光啓那樣成爲天主教的信仰者。待"逃禪"之風興起,時人的身份屬性則更爲複雜多變了,比如覺浪道盛主張儒佛雙選,常以"英雄豪傑賢聖佛祖"來激勵時人。③

從現代社會的眼光來看,明末清初的文化具備"前現代性"特徵——更加兼容,更加開放,更加多元。僅從當時的學術生態來看,就可以想見明清之際的精彩了。王學風行天下,陽明後學龍騰虎躍,到了李贄時就已經不受禮教的羈勒了。佛教亦並時興起,以晚明四大師爲代表,幾乎所有的佛教宗派都出現了興盛,教有雪浪、交光、雲棲、幽溪、明昱、見月諸大德,禪有紫柏、憨山、博山、永覺、三峰、函昰諸宗師,皆一時龍象,可謂人才濟濟。禪林與士林互動的一個碩果即是居士群體的湧現——李贄、袁宏道、瞿汝稷、王肯堂、錢謙益、焦竑、屠隆、袁黄、管志道、曾鳳儀等皆爲其中佼佼者。值得一提的是,耶穌會士的來華,爲本已繁榮的晚明學林又添異彩,中西方文化發生了第一次實質意義上的碰撞與交流。在雲棲袾宏、雪浪洪恩、密雲圓悟等高僧參與下所發生的佛耶之辯至今仍有話題可供展開。有道是"僧之中多遺民,自明季始也"④。隨着明清易代,時人還有可能披緇入道,"逃禪"之風大興,將三教合流思潮推向了前所未有的高峰。文化的演化並沒有因爲朝代的更替而中斷,反而在對王學的反思中將實學推向時代的前沿。

---

① 〔清〕紀昀總纂《四庫全書總目提要》(三),石家莊:河北人民出版社,2000年,第3216頁。
② 張岱著,高學安、佘德餘點校《快園道古》,杭州:浙江古籍出版社,2013年,第56頁。
③ 詳見孫國柱《覺浪道盛禪學思想新探——以"天地"爲中心的考察》,《佛學研究》,2017年第2期。
④ 邵廷采《思復堂文集》,杭州:浙江古籍出版社,2010年版,第206頁。

從長時段來看,明清之際在中華文明史上具有特殊的意義,這點正如劉夢溪先生所言:

> 中國兩千多年來的學術流變,有三個歷史分際之點最值得注意:一是晚周,二是晚明,三是晚清。都是天崩地解、社會轉型、傳統價值發生危機、新思潮洶湧競變的時代。初看起來,明清易代似乎與春秋戰國時期以及清末民初大有不同。實際上明清之際文化裂變的深度和烈度,絲毫不讓於另外兩個歷史時期。而就學術思想的嬗變而言,明清交替時期還有其他時期不可比擬的特殊之處。明清之際學術思想的變化,更隱蔽、更婉曲、更悲壯。①

這其中,明清之際"逃禪"現象即是明清易代所發生的命運悲歌。作爲群體性的"逃禪"現象早在宋元之際就有端倪了,而尤以"明—清"爲烈。易代之際的文化情況,實際上是一個特殊的社會文化現象。事實上,明清之際在中華文明史上所具備的獨立文化意義,在很大程度上被人們忽略了。以研究明末清初文人結社而著名的何宗美先生説,"遺民僧"對於清初佛教史和思想史頗有影響,有待作專題研究。② 本文的重點即是探討如何在三教關係的框架下更好地研究明清之際"逃禪"現象。

有道是"大道失而求諸禪"③。明清之際的思想議題、文化成果以及精神成就都是可圈可點的,現在分梳如下:

思想議題:隨着禪林與士林交涉的深入,明清之際的文化更加具有融通的特徵,誕生了諸多具有融合性質的文化議題——錢澄之提出"莊屈合詁"説;天然函昰則通過"和陶詩"批判性地繼承了魏晉風度;方以智樂於會通三教,折衷東西,著有《藥地炮莊》《東西均》,等等。

文化成果:文化繁榮的一個重要標誌是大量著作的問世。僅僅統計《卍續藏》《明史·藝文志》所收錄的晚明士人佛學著述就多達一百餘種。④

---

① 劉夢溪《中國現代學術要略(修訂版)》,北京:生活·讀書·新知三聯書店,2018年,第183頁。
② 何宗美《明末清初文人結社研究》,天津:南開大學出版社,2003年,第304頁。
③ 屈大均《廣東新語》(全二册),北京:中華書局,1985年,第352頁。
④ 有關《明史·藝文志》《卍續藏》所收錄的晚明士人佛學著述的具體統計詳見王紅蕾《明代士人佛學著述》,出自《憨山德清與晚明士林》,北京:中國社會科學出版社,2010年,第296—301頁。

如果再將《四庫全書》《四庫未收書輯刊》《四庫禁毀書叢刊》等叢書納入統計的視野,那麼相關文化交涉類著作可謂汗牛充棟了。至於"逃禪"者的著作,由於時代命運的機緣,在三教關係的道路上走得更遠。這些文化典籍是人們挖掘學術話題的原始寶藏。

精神成就:經過梳理可知,明清之際在"三教合一"方面達到了前所未有的高度,並在中西方文明交流中發生了實質意義的碰撞。還是以方以智爲例,方以智秉持"集大成"的學術理想,希望三教之間達到"今而後儒之、釋之、老之,皆不任受也,皆不閡受也"(《東西均·神跡》)①。也就是三教之間互相兼容而又彼此獨立。這種境界可以用"大方無隅"來形容,放在秦漢之際是不可能的,放在隋唐之際也是過於超前的。方以智還借助佛學資源這樣評價當時的西學——"太西質測頗精,通幾未舉。"(《通雅》)②"詳於質測,而拙於言通幾。"(《物理小識》)③在這裏,質測相當於科學技術,而通幾則是指涉哲學。是以,方以智秉持"坐集千古之智"④的宏偉抱負,鮮明地主張"借遠西爲郯子,申禹周之矩積"⑤,烹炮三教,會通東西,使中國文化形態又開一新面貌。

以上略說了明清之際的思想議題、文化成果以及精神成就,從中可見此一歷史時段所取得的重要文化成就。

如果深入探究,可以得知,三教關係的深入展開,是此一歷史時段產生巨大文化成就的重要原因。然而,非常可惜的是,"三教關係"之於明清之際文化的重要作用常爲學界忽略。是以,本文主張從三教關係出發,整體地考察明清之際"逃禪"現象。與此同時,本文認爲,考察三教關係的互動可以借助具體的社會歷史生活情境,這是因爲三教關係是在生活世界中進行的,具體而言是在禪林與士林的互動中展開的。借助禪林與士林互動這一具體的

---

① 方以智著,龐樸注釋《東西均注釋》,北京:中華書局,2001年,第160頁。
② 方以智《通雅》卷首二,《讀書類略提語》,載侯外廬主編《方以智全書》第一册,上海:上海古籍出版社,1988年,第36頁。
③ 方以智《物理小識自序》,載《物理小識(上)》,王雲五主編《萬有文庫》第二集,上海:商務印書館,1937年,第1頁。
④ 方以智說:"生之世,承諸聖之表章,經群英之辯難,我得以坐集千古之智,折中其間,豈不幸乎!"詳見方以智:《通雅》卷首之一,《音義雜論·考古通說》,載侯外廬主編《方以智全書》第一册,第2頁。
⑤ 方以智《總論》,載《物理小識(上)》,王雲五主編《萬有文庫》第二集,第3頁。

情境,可以更好地解決"逃禪者"的思想定位、學派歸屬以及身份認同等諸多問題。

一、三教關係:研究明清之際"逃禪"現象的基本架構

在本文看來,三教關係是研究明清之際"逃禪"現象的基本架構。在具體運用三教關係這一架構時,有以下幾點值得注意。

其一,從任繼愈先生的論述可以看出,三教合流是中國思想史、中國宗教史的發展過程和最終歸宿。任繼愈先生甚至將三教關係稱爲中國思想史、中國宗教史上的頭等大事。可見,如果不能認識三教合流在中華文明歷史上的重要地位,那麼"逃禪"現象的發生就很難得到歷史性的有效解釋。

從大的方面來講,晚明的"三教合一"思潮業已形成了禪林與士林深入互動、僧人與文人頻繁交流的局面。這些耽于禪悅之習的文人,不僅與佛門保持着緊密的互動,還用文人自己特有的生活方式去重新詮釋佛教。甚至,一些自負的文人,還會反客爲主,向僧人們發起挑戰,一較高下。晚明的士子文人,並不止於佛教文本的精神遊歷,還留下了大量的禪學類著述。這方面傑出的文人代表,如李贄、焦竑、袁宏道、管志道等,都是人們比較熟悉的了,尤其是李贄,更是橫跨學界和教界的著名人物,與達觀真可併稱天下"二大教主"。事實上,晚明的學界與教界之間,業已形成一個共通的文本性精神空間,對於後世有着深遠的影響。有鑑於此,明清易代之際"逃禪"現象勃興,實際上良有以也。

當然,"逃禪"現象在明清之際可以發生的歷史機緣頗多。往昔學界過於強調心學之於"逃禪"的影響,實際上居士佛教傳統,對於"逃禪"現象之發生也是重大的助緣。這是因爲三教關係不僅在三教之間進行,在三教各自內部也有吸納與轉化。居士佛教,實際上就是中國歷史上長期儒佛會通的文化產物。這一文化現象的產生需要放在三教關係之中才能夠得到恰當的理解。

其二,三教合流,可以視爲一個文化框架,在研究時應秉持超脱的立場,不局限於任何一家觀察或思考問題。

士人"逃禪",整體的文化走向是由儒入佛。不過,即使身披袈裟,遁入

空門,也並不代表這些"逃禪者"真正皈依了佛教,尤其是"遺民僧"很難蓋棺論定。如何解讀這些"逃禪"人物的人生定位問題,是進入那一段歷史的關鍵。比如,過去的研究往往突出遺民僧的忠孝節義精神,這當然是很有道理的。在當時,能夠爲遺民領袖者,大都"以忠孝作佛事",比如覺浪道盛、靈巖弘儲、天然函昰等皆是。但是這並不絕對,實際上,對於某些遺民僧來講,"物換星移之際,逃於西竺者多矣。然當其始也,容身無所,有所激而逃之。及其久而忘之,登堂説法,漸且失其故吾"①。如果忽略他們對於佛教信仰的真誠與嚴肅,也難以登堂入室,窺得"個中三昧"。而一些文人又兼有居士身份,當然也不能夠以一般的儒士來看待。"亦儒亦佛"或"非儒非佛"成爲當時人物的奇特而又平常的精神面貌。可以這樣説,單獨從儒、佛等某一方面來概括彼人彼事,都是很難有確解的。

其三,三教合流,是異域文明之所以可能發生中國化的内在文化機制。三教關係作爲公共性平臺,可以爲三教彼此之間的文明對話提供精神資源。

三教關係,是文化中國化的内在機制。三教關係所體現的會通融合精神、同體共生思維,是中國"和"文化的傑出表現。缺少三教合流這一文化框架,三教各自都會缺少文化創新能力。無論是歷史還是現在,一些對於三教合流現象的異議,往往是認爲三教合流導致了三教各自思想的含混或濫入,比如三家歸於某一家。然而事實表明,這些擔憂在歷史上並没有真正發生,這點正如樓宇烈先生所總結的:"作爲中國傳統文化主要組成部分的儒釋道三家,是在一種相互矛盾鬥爭,而又不斷相互滲透、相互融合中發展的。需要指出的是,這種滲透和融合,既没有發生某一家把某一家吃掉的現象,更没有造成三家歸一家的結局。而是通過相互的滲透、融合,從生硬的捏合到有機的化合,使各家的思想都得到不同程度的豐富和提高。而與此同時,也就促使整個中華傳統文化得到了豐富和提高。"②事實上,任何一種文化,如果缺乏對話的資源,就難以獲得長足的發展。中華文明何以博大精深,儒釋道三教何以迭出精彩,這些都可以從三教合流中找到一定的答案。非常可惜的是,三教合流在中國哲學史上所具有的重要地位還未被學界充分重視。

---

① 全祖望著,朱鑄禹匯校集注《鮚埼亭集》卷二十七《周思南傳》,出自《全祖望集匯校集注》,上海:上海古籍出版社,2000年,第494頁。
② 樓宇烈《漫談儒釋道三教的融合》,《文史知識》,1986年第8期。

三教合流，確實可以催生或產生具有真正創造意義的文化產品與精神成果。明清之際"逃禪"現象之所以具有殊勝的文明價值，正是在三教合流中完成的。從某種角度而言，明清之際"逃禪"現象才是中國文化裏面"三教合流"現象的歷史頂峰。

二、撲朔迷離：明清之際歷史文化的研究困難所在

觀察可知，明清之際"逃禪"現象所產生的文化成果及其引發的思想爭論，至少涉及儒釋道三教、禪宗五家（主要是臨濟、曹洞）、夷夏、耶穌會士等基本的文化要素。在當時，"三教合流"的爭論性表述成爲熱門話題，儒佛的離合同異是重中之重。那麼，從三教關係的視野出發，明清之際"逃禪"現象在研究時具有哪些難點呢？略加分梳如下。

其一，思想判別，即如何解讀一些融匯了儒釋道三教各自價值而重新創設出來的文化命題。比如，李贄的"童心説"，可以説是儒釋道融合的産物——無論是道家所言"見素抱樸"的真心、儒家的赤子之心，還是禪學上的"最初一念之本心"，都可以在李贄的"童心説"中找到共通的精神因素。① 另外應該指出，耶穌會士的來華，並不是作爲一個純粹的外來事件，還有形無形地影響了當時的學林。

其二，學派歸屬。其困難僅從處理材料時的複雜程度就可以想見一斑。比如，當考察李卓吾、管志道、焦弱侯、袁宏道、羅近溪、周海門、趙大洲等這樣一批人物時，《明儒學案》《居士傳》都是基本材料。經過深入考證可知，研究時既不能盲從《明儒學案》認爲部分陽明後學"躋陽明而爲禪"的門户之見②，也不能崇信《居士傳》將陽明某些後學理所當然地視爲佛教徒的過度詮釋。

其三，身份定位，這幾乎是最爲困難的。天下"二大教主"之一的李贄，

---

① 李贄《焚書·續焚書》，北京：中華書局，2010年，第98—99頁。牟鍾鑒指出李贄的"童心説"，一是來源於儒家的誠學，二是來源於道教的真學，三是來源於佛教的禪學。詳見牟鍾鑒：《儒釋道三教關係簡明通史》，北京：人民出版社，2018年5月，第335頁。
② "陽明先生之學，有泰州、龍溪而風行天下，亦因泰州、龍溪而漸失其傳。泰州、龍溪時時不滿其師説，益啓瞿曇之祕而歸之師，蓋躋陽明而爲禪矣。"出自黄宗羲著、沈芝盈點校《明儒學案》卷三十二"泰州學案一"，北京：中華書局，1985年，第703頁。

有學者稱其爲儒、道、釋、法、墨、回"六不像"。① 而方以智則可稱爲"四真子（真孝子、真忠臣、真才子、真佛祖）"②。

呂坤明言"我只是我"——"人問：君是道學否？曰：我不是道學。是仙學否？曰：我不是仙學。是釋學否？曰：我不是釋學。是老、莊、申、韓學否？曰：我不是老、莊、申、韓學。畢竟是誰家門户？曰：我只是我。"（《談道》，《呻吟語》卷一）③這樣一份自我心靈告白表明，試圖運用儒釋道作爲標籤來框定身份定位的做法，在研究明清之際人物時並不能總是奏效。

基於以上觀察，本文認爲在研究明清之際"逃禪"時應該有以下嘗試：第一，對於複雜的歷史文化現象（"逃禪"現象即屬此例），整體而宏觀的視野是必不可少的，即使那些專題式或個案式也在某種程度上試圖逼近具有普適意義的研究結論。第二，對於明清之際"逃禪"現象來講，儒釋道三教的宏觀整全視野是非常必要的。實際上，當用預設的"前見"或"標籤"來框定某一歷史人物時，不僅會造成價值的稀釋或變異，更有可能造成理解的偏離與錯位，造成許多的結論缺乏同情之瞭解。由於三教合一思潮在晚明達到歷史的高峰，單從禪林或士林某一個側面來考察人物的生平與思想，往往有顧此失彼之憾。第三，學術是不斷演進的，在研究明清之際"逃禪"現象時可以嘗試更爲複雜而有效的學術方法。這不僅需要關注經典文本，還要關注"零碎"的史料。在關注政治、經濟等外在維度的同時，還應結合文化演進的内在脈動。在此基礎上，深入生活世界内部的隱性交流，嘗試多樣性的差異論述。

三、回到生活世界——立足於鮮活而具體的歷史文化情境

文化的交流，思想的會通，從來都不是鐵板一塊，不應該簡約爲思想對

---

① 王煜《李卓吾雜糅儒道法佛四家思想》，出自《明清思想家論集》，臺北：聯經出版事業公司，1981年，第3頁。
② 方苞題方以智《截斷紅塵圖軸》云："江子長先生嘗稱爲'四真子'云，蓋謂真孝子、真忠臣、真才子、真佛祖也。"詳見《至樂樓藏明遺民書畫》，香港：香港中文大學中國文化研究所文物館，1975年，第65頁。《截斷紅塵圖軸》是方以智的作品，此説爲饒宗頤等所持。近年來有學者提出異議。本文認爲不妨擱置《截斷紅塵圖軸》係僞作的爭議，在價值層面稱方以智爲"四真子"是很有道理的。
③ 出自王國軒、王秀梅整理《吕坤全集》（中册），北京：中華書局，2008年，第664頁。

思想的蒼白交流,它是在活生生的生活世界中展開的,這裏面有精神的操練,也有身體的實踐。在本文看來,思想孕育於情境之中。逆向而行,將思想情境化則是解決困難的關鍵所在。當然,在本文所謂的歷史文化情境主要是指禪林與士林的互動。禪林與士林的互動,並不是晚明才有的新生事物。從佛教進入中國初期,即可以看出端倪。根據許理和(Erik Zürcher,1928—2008)的研究——《高僧傳》的80名西元4世紀的中國僧人中,我們發現只有11名似乎屬於士大夫家庭;僅有6個被明確説明與某官員或學者有關。但是這些人實際上包含了所有西元4世紀中國佛教史上最爲顯耀的名字。① 作爲三教關係重點的儒佛會通,到了後來就演變成了傳統中國學界的基本架構——禪林與士林的互動。可見,禪林與士林互動的形成,不是中國文化歷史的偶然現象,而是中國文化傳統的必然脈動。舉凡僧人與文人的三教論衡,都離不開這一根本的歷史文化場景。

因此,在研究上,思想如何情境化? 在論證上,情境如何孕育思想? 這兩個問題是緊密聯繫在一起的,借助禪林與士林的互動這一具體的生活情境來考察三教關係,可以促進研究思路的更新,可以發現更多按照一般歷史方法無法找尋到的有趣話題,也有助於真正走出"標籤化"研究的歷史階段。

在本文看來,研究明清之際"逃禪"現象應該注意以下維度:

其一,特別關注具有文化融合性質的思想議題或精神現象,並放在禪林與士林互動的社會生活情境中加以釋讀。

其二,"僧之中多遺民,自明季始也"。將明季"逃禪"現象作爲禪林與士林互動的必然延伸。

其三,將耶穌會士來華作爲影響禪林與士林互動的一個變數。

其四,隨着明清易代,時人相應地也有了政治立場上的分判,有以遺民自居者,有以新朝爲湯武革命者,夷夏之辨成爲現實的政治問題。

其五,在這一研究中,需要以"東亞文化圈"爲背景。從整體來看,"東亞

---

① [荷]許理和著,李四龍、裴勇等譯《佛教征服中國》,南京:江蘇人民出版社,1998年,第10—13頁。在這本名著中,許理和提出了"士大夫佛教""有教養的(cultured)僧人"等專門術語,許理和還稱這些學識淵博、有教養的僧人爲"士大夫僧人"(gentlemen-monks)。事實上,確實不應該孤立地理解禪林與士林的互動,那些"有教養的僧人"在没有出家之前就已經離不開傳統士林的滋養。在本文中,文人與士大夫是兩個聯繫緊密,内涵又有所不同的概念。文人這一概念更多是在文化層面使用的。

文化圈"的基本完成,正是在晚明至清初此一時期,在此過程中,中華文明扮演了重要的輸出者的角色。在禪林與士林交涉的推動下,文化的交流十分活躍,其佼佼者朱舜水、隱元隆琦、東皋心越蹈海東瀛;石濂大汕則開法澳門,弘化越南;沈光文于臺灣文化的發展有重要作用。

以上所有的維度,都可以放在禪林與士林互動的宏大背景下進行討論。應該看到,禪林與士林的交涉是雙向的,不能夠拆開來看——禪林與士林的互動既包括了"僧人生活的文人化",也涵蓋了"文人生活的禪學化"。在佛學的影響下,士林的文化生活更爲豐富了,構造的思想體系也更加富有理論深度。與此同時,禪林的整體存在狀態也有所變化,學術化、人文化、經世化特徵日益增強。禪林與士林互動中的儒佛會通,作爲三教合流的一個重要組成部分,是華梵兩種異質文明在更高層次上的交流和對話。

有關禪林與士林互動的豐富內容,略加分梳如下。在本文看來,禪林是以寺院爲平臺所展開的信仰生活、制度生活、社會生活和文化生活。而士林是以文人(或士大夫)爲主體所形成的學術生活、社會生活和文化生活。"生活"則至少包含物質生活、精神生活兩個層面。當然,就晚明的公共交流平臺或場所來講,硬件設施至少有山林、園林、寺院、道觀、精舍、書院、酒樓、藏書樓,等等;而軟件設施至少有社團、法會、會講,以及各種集會。在這些公共的交流平臺上,活躍着各種紛繁的文化樣式。以佛教可以參與的程度來分,在橫向上有佛教特有的文化樣式,即僧團內部的生活,比如羯磨、懺法、結夏,等等;有僧俗內外共用的文化樣式,比如結社、講學、法會(比如盂蘭盆法會)、節日(比如臘八節、浴佛節),等等;有佛教參與的文化樣式,比如詩社、茶道、琴曲、戲劇、詩詞、書畫,等等。在縱向上還可以分爲佛教創作的文化樣式、佛教改造的文化樣式以及佛教寄寓的文化樣式,等等。當然,在以上所有的文化平臺中,寺院具有舉足輕重的地位。寺院作爲嵌入社會的一個獨特文化空間,既有僧人所獨具的不共生活,更有與社會交流所形成的共同生活。而由寺院構成的禪林在功能上發揮了生活交往、知識傳播、文明孵化、精神創造等積極作用。在文化生活中,僧人與文人看似兩個不同的主體獲得了共通的生活世界,甚至分享了共通的身份屬性。在這些公共的交流平臺上,禪林與士林才有望凝聚爲一個精神共通體。晚明儒佛關係的重要部分,無論是思想還是實踐,都是在禪林與士林互動這樣一個巨大的母體基礎上產生的。禪林與士林的互動交涉,在本質上是一個文化生成機制、知識產出平臺。禪林與士林的互動交涉不僅是"逃禪"現象發生的歷史土壤,也是三教關係賴以展開、東西會通由之推動的現實基礎,它爲文化的創造、知識的創新提供了源源不斷的活水。

總之,要想解釋這一特殊現象發生的文化機制,必須借助禪林與士林的互動架構。這種依託於具體社會歷史生活情境的做法,不再局限於人物、學派、王朝,也不再局限於某些特定的群像或場域,這有助於打破傳統時間分期和空間敘事,代之以"長時段""跨空間""多學科"的敘事方法,以期呈現出全新的敘事圖景,研究的主題亦得到前所未有的豐富。① 這樣在具體的做法上,首先,在綜合現有研究成果的基礎上,系統梳理問題意識,指出相關研究所面臨的問題。進而從社會文化史、觀念史、詮釋學、知識社會學等角度概述禪林與士林交涉的歷史,並從方法論角度討論如何確定明清之際的文化更新、精神演化與價值變遷。這其中,明清之際所形成的知識社會,是值得重點考察的。② 其次,以三教關係爲主綫,以耶穌會士來華作爲變數,以明清易代所引起的夷夏之辨爲背景,考察"文人生活禪學化,僧人生活文人化"的雙重互動。再次,從觀念整合、制度嵌入、生活融合三個途徑分析禪林與士林交涉的類型、途徑或方式,這其中包括文化生活、思想議題及其歷史爭論(夷夏、儒釋、佛耶)等,並重新理解研究對象的學派歸屬與身份定位。最後,在此基礎上總結禪林與士林交涉過程中的文化生成機制、詮釋方法及其歷史影響、精神意義等。

總之,三教關係,乃是明清之際"逃禪"現象裏面的最爲基本的架構。在此架構基礎上,借助歷史生活情境的重現,可以更加有效地逼近那個生動鮮

---

① 有關群像、場域的研究方法,汲喆指出:所謂"群",就其本質而言也不是單純的人的集合,而是處在結構與個體之間、自成一體的場域本身。群像就是"場域之象"。那麽,什麽是場域? 簡單地講,場域是一組權力關係的網路或構型(configuration),其中的行動者各有其位置或立場(position),他們各自運用其政治、經濟、社會與文化資本根據該場域的特定規則參與到一個共同的遊戲當中。詳見汲喆:《重寫佛教史:從傳記、群像到場域》,李四龍主編《人文宗教研究》,2013 年第 3 輯,第 272—273 頁。
② 知識作爲一個專門術語,實際上與宗教、科學等概念類似,都是考察中國傳統社會的外來視角,在應用時不無扞格之處。傳統中國是否有哲學? 傳統中國是否有科學? 這些問題都是在這樣一個"以西釋中"大背景下產生出來的。

活的時空斷面。當然，最爲關鍵的是，明清之際有關文化融通性質的觀點或思想，大都是情境式的，脱離不了身體的實踐，應該還原到生活世界，還原到禪林與士林交涉的社會歷史生活圖景中加以理解。只有在生活世界中，思想和文化才能夠發揮"生命的反應"；只有在禪林與士林互動的整體文化生態中，才可以看出思想變化的内在精神脈絡。如果貿然地將某種觀點視爲思想定位、學派歸屬的證據，往往會發生錯位或誤置。這樣一種研究思路的優勢在於立足禪林與士林的互動，並在"文化生活"的基礎上，重新解讀時人（主要是僧人與文人）所使用的思想概念，並分析其詮釋理路。這樣一種研究視角有别於一般性的研究，有助於從文化發生機制上理解明清之際的宗教文化。

四、結語

本文聚焦於明清之際"逃禪"現象的研究方法，深入討論了三教關係在研究"逃禪"現象時的必要性與重要性。在本文看來，三教關係乃是研究明清之際"逃禪"現象的基本架構。脱離三教關係的視角，不能有效地解釋"逃禪"現象發生的歷史必然性。在三教關係的支撑下，研究明清之際"逃禪"現象可以獲得一個超脱的立場，不再局限於任何一家。與此同時，借助三教關係的視角，還可以更好地深入解讀明清之際"逃禪"現象所藴含的精神成就。從某種角度而言，明清之際"逃禪"現象之所以具有殊勝的文明價值，正是在三教合流中完成的。中國文化裏的"三教合流"趨勢在明清之際"逃禪"現象中達到歷史的頂峰。

那麽，從三教關係的視野出發，明清之際"逃禪"現象在研究時具有哪些難點呢？本文重點探討了思想定位、學派歸屬以及身份認同等問題。比較可知，由於三教關係的深入展開，晚明清初的文化確實具有了一些新特徵、新特點，甚至新形態。要想打開這一時段的歷史大門，確實需要在方法論上尋求一定程度的突破。

對此，本文認爲解決困難的關鍵在於思想的情境化。這是因爲，文化的交流，思想的會通是在活生生的生活世界中展開的。簡而言之，思想孕育於情境之中。這其中，本文所謂的歷史文化情境主要是指禪林與士林的互動。

借助禪林與士林的互動這一具體的生活情境來考察三教關係，可以促進研究思路的更新，可以發現更多按照一般歷史方法無法找尋到的有趣話題，有助於從文化發生機制上理解明清之際的宗教文化，也有助於真正走出"標籤化"研究的歷史階段。

再創作與新形象：清末民國時期王重陽及全真七子故事的重刊初論

秦國帥

引言

晚清民國時期，除收入《道藏》中的我們習慣上看作是正統全真史料的全真仙傳外，全真教內外還流傳着諸多以這些全真仙傳爲原型的非正統故事，在這些故事當中，全真教的創始人王重陽以及他的最爲著名的七位弟子"全真七子"佔據着核心地位。值得注意的是，儘管王重陽及全真七子毫無疑問是全真教的標誌性人物，但這些故事却並未爲全真教所專美，而是廣泛地存在於仙傳、文集、小説、寶卷以及善書等作品當中。

關於這些非正統的以王重陽和全真七子爲原型的故事及作品，自20世紀30年代鄭振鐸、孫楷第開始，學術界便已經著意加以收集①，隨後，李世瑜、車錫倫以及日本學者樽本照雄等一方面結合前人研究成果，另一方面收集新發現的作品，各自對當時的情况進行了全景式的總結②。應該説，這些學者的文獻收集爲我們研究七真故事提供了極大的便利，但同時，他們所關注的焦點還在於世俗文學作品的整體狀况，且嚴格區分小説、寶卷、彈詞等不同文學類型，因而在專門的七真故事作品上面難免有所疏漏。與此同時，

---

① 孫楷第《中國通俗小説書目》，北平：國立北平圖書館，1933年，第256—257頁。
② 李世瑜《寶卷綜録》，北京：中華書局，1961年，第37頁；車錫倫《中國寶卷總目》，北京：燕山出版社，2000年，第203—204頁；樽本照雄《新編增補清末民初小説目録》，濟南：齊魯書社，2002年，第546—547頁。

在對明清民國時期全真道教史的研究方面,目前學術界所通行且關注的焦點在於正統的文獻資料和新出的碑刻資料①,而極少有人關注這些非正統但却同樣有全真道士廣泛參與的七真作品②。

本文則在上述研究成果的基礎之上,結合筆者所藏③,對目前所能够見到的這些七真故事作品及其版本進行概述,一方面補充和完善目前已有的研究目録,另一方面,借由對同一類作品版本數量及文本差異的分析,嘗試評估明清民國時期全真教的社會影響力,進而提供一幅與當前明清民國時期的全真道教史研究差異明顯但却同樣真實的圖景。

一、《七真祖師列仙傳》

1982年,孫楷第重新修訂並出版了他的《中國通俗小説書目》,其中增加了《七真祖師列仙傳》,並記有"清光緒十八年(1892)刊本,清無名氏撰"④。另據《中國通俗小説總目提要》,《七真祖師列仙傳》除清光緒十八年刊本外,另有清光緒二十九年(1903)刊本。⑤ 不過,據筆者搜集,《七真祖師列仙傳》現存的版本至少還有六種,並且,通過瀏覽其大概,我們能够發現更多的信息。

(1)清同治十二年(1873)湖北漢陽府皇殿本,一册,卷數不詳。此本封面殘損,封内頁僅餘"漢陽府皇殿"字樣。其後爲序言,題爲《重刻七真祖師列仙傳序》,作序時間及撰序者題爲"同治十二年歲次癸酉季春上元吉日龍門弟子王誠章謹識",隨後爲王重陽度化全真七子故事正文。此外,正文結尾部分附有題記,爲"漢陽府皇殿住持募化十方衆善及玄裔弟子衆等全刊"。

---

① 張廣保《明代初期全真教南北宗風研究》,香港:青松出版社,2010年;尹志華《清代全真道歷史新探》,香港:香港中文大學出版社,2014年。
② Vincent Durand-Dastès, "A Late Qing Blossoming of the Seven Lotus: Hagiographic Novels about the Qizhen", in Xun Liu and Vincent Goossaert, eds., *Quanzhen Daoists in Chinese Society and Culture, 1500-2010*, Berkeley: Institute of East Asian Studies, 2013, pp.78-112.
③ 在筆者搜集晚精民國時期王重陽及全真七子度化故事重刊本的過程中,復旦大學的朱明川學兄曾提供過數種版本的信息,謹致謝忱!
④ 孫楷第《中國通俗小説書目》,北京:人民文學出版社,1982年,第206頁。
⑤ 江蘇省社會科學院明清小説研究中心編《中國通俗小説總目提要》,北京:中國文聯版社,1990年,第782頁。

（2）清光緒辛卯（十七年，1891）江西甲戌坊興泰厚本，一册，不分卷，現藏中國國家圖書館文津分館（檢索號：FGPG XD10880）。此本封內頁題"光緒辛卯孟夏月重鐫，七真祖師列仙傳，板存江西甲戌坊興泰厚"，隨後爲《重刻七真祖師列仙傳敍》，作序時間及撰序人題爲"同治十二年歲次癸酉季春上元吉日龍門弟子王誠章謹識"，隨後爲故事正文。值得注意的是，正文結束之後，此本附有助刊善信名單："無名氏募化十方善信芳名：朱後元捐錢三千文，劉廣耀捐錢三千文，四澤堂捐錢三千文，操俊齋捐錢三千文，定吉堂余捐錢二千文，涂成俊捐錢一千五百文，陶昭兌捐錢一千文，不書名捐錢一千文，陶鼎燊捐錢五百文。"

（3）清光緒十八年（1892）湖南王金友堂重刊本，一册，不分卷，現藏北京師範大學圖書館（典藏號：238/409）。此本封內頁題"光緒十八年春月，七真列傳，板存湖南省"，隨後爲《重刻七真祖師列仙傳敍》，作序時間及撰序人題爲"同治十二年歲次癸酉季春上元吉日龍門弟子王誠章謹識"，隨後爲故事正文。值得注意的是，在故事正文結束之後，此本附題"王金友堂重刊"。

（4）清光緒十九年（1893）三教壇藏本，一册，不分卷，原爲趙景深所藏，後轉贈復旦大學圖書館保存至今。此本封面題名爲《七真傳》，右下角題"三教壇藏"，封面內頁題"光緒十九年重刊，七真祖師列仙傳"。序言僅一篇，即《重刻七真祖師列仙傳敍》，作序時間及作序者爲"光緒十九年歲次癸巳季秋上元吉日龍門弟子濮炳熷、楊明法"。

值得注意的是，在講述完王重陽度化全真七子的故事之後，《七真祖師列仙傳》隨後附有《性命至理論》，並標示"退安祖師指示性命西江月調一則，後學悟真子注解"。《性命至理論》的末尾則題有"光緒癸巳冬月日全虛道人沐手謹書"。此處的"退安祖師"，即一貫道第十二祖袁退安[①]，不過，對於進行注解的悟真子以及書文的全虛道人，我們暫時還未能獲得更多的信息。

---

① 據一貫道傳法譜系，袁退安十二祖，"號志謙，又號無欺，乃元始天尊化身，於乾隆二十五年庚辰五月十三日降誕於貴州龍里縣"。李世瑜：《現代華北秘密宗教》，上海：上海文藝出版社，1990年，第55頁。亦可參見馬西沙、韓秉方《中國民間宗教史》，北京：中國社會科學出版社，2004年，第817頁；窪德忠《一貫道について》，載《東洋文化研究所紀要》，1953年，第4册，第182頁。除此之外，袁退安的著作《無欺老祖全書》，收入《藏外道書》，第24册。

（5）清光緒乙未（二十一年，1895）廣東羅浮山朝元洞本，一冊，不分卷，現藏於中國國家圖書館文津分館（檢索號：FGPG 140940）。此本封面"七真祖師列仙傳"，扉頁題"板藏羅浮山朝元洞，七真祖師列仙傳，光緒乙未夏月李西航、趙如初、羅德舫、蕭雲居重刊"，其後爲《重刻七真祖師列仙傳敍》，作序時間及作序者爲"同治十二年歲次癸酉季春上元吉日龍門弟子王誠章謹識"，隨後爲故事正文。

（6）清光緒二十九年（1903）序刊本，一冊，兩卷，現藏於上海古籍出版社。1991年，上海古籍出版社影印出版了這部《七真祖師列仙傳》。據此影印本，正文開篇之前是兩篇序言和一篇寶誥，依次分別是：《重刻七真祖師列仙傳序》，光緒十九年歲次癸巳季秋上元吉旦龍門弟子濮炳燡、楊明法謹識；《重刻七真列仙傳序》，光緒二十九年清和月朔回道人序於鎮邑南屏新院；《七真祖師寶誥》，光緒二十九年清和月上澣鎮邑周祖道附錄。

（7）民國十九年（1930）杭州慧空經房刊本，一冊，不分卷，原爲趙景深所藏，後轉贈復旦大學圖書館保存至今。此本封面題名爲《七真祖師列仙傳》，下題"浙杭西湖慧空經房刻印流通"。封面內頁題"民國十九年刊，七真祖師列仙傳，板藏浙杭西湖昭慶慧空經房流通"。序言僅一篇，與光緒十九年三教壇藏本完全一致。不過，與三教壇藏本不同的是，慧空經房本在序言之後，緊接着便是《性命至理論》，而其題記和內容又與三教壇藏本相同。然而，這篇《性命至理論》的末尾題爲"浙杭西湖昭慶慧空經房流通，民國十九年四月本房弟子藕香新刻"，再次顯示出了與三教壇藏本的不同之處。此後，王重陽度化全真七子的故事正式開始。

以上就是筆者所見《七真祖師列仙傳》的共計七個不同版本，而通過光緒十九年和民國十九年的兩個版本，尤其是所附的一貫道十二祖袁退安的《性命至理論》，或許我們可以推測，《七真祖師列仙傳》的重刻與一貫道有着某種關係。當然，正如清同治十二年版本所顯示的那樣，全真道士在刊刻《七真祖師列仙傳》方面也是極爲主動的。

二、《七真天仙寶傳》

關於《七真天仙寶仙》的版本，李世瑜在其《寶卷綜錄》中載有兩種版本，分別是宣統三年（1911）養真仙苑重刊本四卷和未知刊刻時間的聚賢堂重刊本一卷。① 除以上兩種版本外，車錫倫在《中國寶卷總目》中又陳列了其所新搜集到的另外四種版本：（1）清道光元年（1821）北京刊本，二册；（2）清咸豐十年（1860）廣化壇刊本，四册，卷名《七真天仙傳》；（3）清光緒癸卯（二十九年，1903）蘭州肅泰昌重刊本，二册，卷首康熙壬辰（1712）序，卷名《天仙寶傳》；（4）清宣統元年（1909）敍府一洞天黃聚賢堂刊本，一册，卷名《七真天仙傳》。②

在這六種版本中，需要特殊說明的是清咸豐十年的廣化壇刊本。據前引車錫倫稱，這個刊本卷名《七真天仙傳》。然而，在濮文起主編的《民間寶卷》中亦收有一個咸豐十年的廣化壇刊本，這個版本封題《七真傳》，爲清末民初同善書局的重印本，封内頁題《天仙寶傳》，並附"歲次庚申重刊""板存長清河西段家灘廣化壇"等語，每卷卷首題"孚佑帝君敍於京都紫雲山房，海源子校證"。③ 這兩個版本可能是一個版本，不過同善書局在重印時將封題改爲了《七真傳》。除以上所列六種版本外，據筆者搜集，《七真天仙寶傳》尚有至少以下十二種版本傳刻：

（1）民國丙寅（十五年，1926）湖北蘄春長安寺重刊本，三十二回，卷數未知。封題《七真天仙寶傳》，第一卷卷首題"東華帝君、孚佑帝君飛鸞降於朝陽古洞"。

（2）民國十年（1921）山西大同渾源縣中和堂重刊本，四卷，回數未知。封題《七真天仙寶傳》，旁刻"呂純陽祖師降乩鸞筆"，卷四末附渾源縣捐資重

---

① 李世瑜《寶卷綜録》，第 37 頁。關於養真仙苑本，中國國家圖書館文津分館内藏有三種，檢索號分别是 FGPG 34106、FGPG 34107 和 FGPG 140907。FGPG 34106 和 FGPG 34107 兩者爲同一種，封面題"七真天仙寶傳"，並附"田慶璜敬題"字樣，末附助刊姓氏題名；FGPG 140907 封面題"七真天仙寶傳"，並附"田慶璜署簽"字樣，且末尾未附任何捐資助刊名録。不過，讓人感到奇怪的是，兩者除以上不同之外，其餘所有内容完全一致。除此之外，《三洞拾遺》第 17 册所影印的《七真天仙寶傳》與現藏於北京師範大學圖書館的《七真天仙寶傳》同樣亦爲養真仙苑本，從封面到助刊名録都完全相同，爲同一個版本，不過，這兩個版本中助刊姓氏題名部分，是在中國國家圖書館 FGPG 34106 和 FGPG 34107 版本題名之後，另外增加了"京師總商會會長孫學仕號晉卿助刊并八元，外左一區署長周之潤號雨琴助洋貳元，致美樓經理李廷翰號文林助洋拾元，敬送"等字樣。總而言之，在所有這些養真仙苑本的《七真天仙寶傳》中，除我們上面所說的差異之處外，各版本的刊刻板式、字體以及内容都是相同的。據此，我們或者可以推測認爲，這些《七真天仙寶傳》印刷時所依據的底板都是養真仙苑的藏板，不過在每次印刷及裝訂時，又因捐資人的不同而在封面或題名上面略有差異。

② 車錫倫《中國寶卷總目》，第 203—204 頁。

③ 濮文起主編《民間寶卷》，合肥：黄山書社，2005 年，第 12 册，第 212 頁。

刊信衆姓氏。

（3）民國己未（八年，1919）雲南蒙化縣甸尾里白雲寺重刊本，卷、回數未知。封題《七真天仙傳》，封內頁題《七真天仙寶傳》，並附"鍾呂二祖顯聖降乩鸞""民國己未年季春月樂善居士重刊"等語。

（4）民國丙辰（五年，1916）雲南騰沖縣曲石鄉江苴明善堂重刊本，卷、回數未知。該書封題爲何未知，封內頁題《七真天仙寶傳》，並附"鍾呂二祖顯聖降乩鸞""民國丙辰年季冬月重刊"等語。值得注意的是，該刊本與前列民國己未年蒙化白雲寺刊本極爲相似，其扉頁均题有《七真寶傳書囑要言》："書本天仙所降，理宜潔靜收藏。要看靜心洗手，勸人功德無疆。正己化人救世，功多蓮品馨香。不可任意拋擲，自取罪過災殃。叮嚀囑咐謹記，感佩聖恩勿忘。"此外，兩種刊本的序言均是"道光元年乾月望日之吉樂山子序於朝陽仙洞"。

（5）光緒丁未（三十三年，1907）重刊本，卷、回數未知。該書封題爲何未知，封內頁題《七真天仙寶傳》，並附"鍾呂二祖顯聖降乩鸞""光緒丁未年季夏月重刊"等語。儘管我們對這一版本並無更多的信息，但據第二頁所題此刊本的名稱《七真天仙寶傳》、"鍾呂二祖顯聖降乩鸞"一語以及筆者所見序言的格式來判斷，此刊本可能是民國丙辰年騰沖明善堂刊本和民國己未年蒙化白雲寺刊本的母本。

（6）光緒戊申（三十四年，1908）年南陽經元堂本，三十二回，四卷。封題"七真天仙寶傳"，並附"展卷預沐手，開讀先漱口。污穢不珍重，汝可自招咎"等語，封面背頁題"此書上通九天，下達陰陽兩界，最宜珍重，不可穢汙，恐遭天譴，甚之。敬惜字紙，功德無量，路旁字紙，隨手拾起，福雖未至，禍自遠矣"等語。封內頁題"光緒戊申年，七真天仙寶傳，南陽經元堂藏版。"

（7）光緒壬辰（十八年，1892）仁壽書屋本，三十二回，四卷。封題《七真寶傳》，封內頁亦題《七真寶傳》，並附"光緒壬辰年新鎸""板存仁壽書屋"等語，第一卷卷首題"東華帝君、孚佑帝君飛鸞降於朝陽古洞"。值得注意的是，此刊本與民國丙寅湖北蘄春長安寺重刊本的序言相同。

（8）民國丙辰（五年，1916）松竹山房本，三十二回，四卷。封題不詳，封內頁題"民國丙辰年桂月重刊，七真寶傳，松竹山房藏板"等語，每卷卷首題"孚佑帝君敍於京都紫雲山房"。另外，此刊本還載有民國丁巳（六年，1917）

南陽周化鵬所作增序。據《永樂宮志》，松竹山房還版藏民國重刊的一部《七真天仙寶傳》，牛福榮輯刊，①未知松竹山房所藏板的這兩部《七真天仙寶傳》是否爲同一版本。

（9）民國十年（1921）雲南虹溪善化壇刊本，卷、回數未知。封題《七真傳》，封內頁題"鍾吕二仙同降，民國十年敬繕，板存虹溪善化壇"。除此之外，封內頁還附有《寶傳書要言》，其內容與民國己未雲南蒙化縣甸尾里白雲寺重刊本和民國丙辰雲南騰沖縣曲石鄉江苴明善堂重刊本中的《七真寶傳書囑要言》完全相同。

（10）民國甲寅（三年，1914）化龍巖本，三十二回，四卷。封題不詳，封內頁題"民國甲寅年新刻，天仙寶傳，板存化龍巖"，每卷卷首題"孚佑帝君敍於京都紫山房，海源子校證"。

除以上出版信息相對明確的版本外，筆者另外搜集到以下版本：（1）磁邑明善堂本，三十二回，四卷。此本封內題"鍾吕祖顯聖壇降乩鸞，七真天仙寶傳，磁邑明善堂存板"。後爲序言，題爲《七真天仙傳序》，作序時間及撰序人題爲"道光元年乾月望日樂山子序於朝陽仙洞"。序言之後的內容分別爲《七真天仙寶傳凡列》、鍾離權、吕洞賓、王重陽和全真七子的法像及寶誥、《新刻七真寶傳目錄》、《列聖同贊竹節詞》。書末附"隱善功德主未錄。七真寶傳功起，善士捐資增光，勸化原人上天堂，隱顯功德無量。悟道超凡入聖，齊家福祿貞祥，皇圖鞏固帝道昌，國泰民安豐亨"等語。（2）上海圖書館藏本，三十二回，四卷（元、亨、利、貞）。此本封題《七真天仙傳》，無扉頁，序言題爲《鍾吕祖顯聖注七真天仙傳原序》，下署"蒙學喚醒散人熏沐敬撰"，序末題"清皇道光元年乾月望日樂山子序於朝陽仙洞，羊谷虛錄"。

綜上所述，包括文獻記載以及筆者收集在內，《七真天仙寶傳》共計有至少十八個版本，所涉及的藏板地點有北京、山東、山西、河北、河南、浙江、湖北、雲南、甘肅等九地。這其中，最早可考的版本爲清道光元年北京刊本，最晚的版本爲民國十五年湖北蘄春長安寺重刊本。

在這些不同版本的《七真天仙寶傳》中，頗值得注意的是清宣統三年的養真仙苑本。關於這本《七真天仙寶傳》的重刊緣起，青陽山人易南子於清

---

① 張亦農、景昆俊編著《永樂宮志》，太原：山西人民出版社，2006年，第233頁。

宣統元年(1909)撰《序刊文》稱:"幸有大善德君子竹軒氏封君永修、子亮氏姜君昱、茂林氏李君正旺,幸遇此寶傳,閱歷有味,秉發大道,與人同修虔誠之心願,樂自捐募捐貲款,急付剞劂,刷印流布,度原人道岸齊登,以效扶湊普度之微念。"正是由於他們三個人的捐助,養真仙苑本《七真天仙寶傳》纔得以刊刻問世,並在每卷卷首都刻有他們的名字,以示紀念:

　　孚佑帝君敍於京都紫雲山房,青陽山人易南子拜閱,中一老人鑒定,李正旺茂林氏、封永修竹軒氏、姜昱子亮氏仝捐鐫。

正是這些題名的存在,讓我們窺知了養真仙苑本《七真天仙寶傳》之所以重刻背後的社會動力。

其實,中一老人鑒定、青陽山人易南子拜閱的並非祇有養真仙苑本《七真天仙寶傳》。清宣統元年重刻的《皇極金丹九蓮正信歸真還鄉寶卷》題"元始天尊化身黃九祖師著,中一老人鑒定,青陽山人易南子校正"①;一貫道十二祖袁志謙所撰《無欺老祖全書》中,《仁性集成》《義路是由》《禮秩照然》《智果編錄》以及《信德洽孚》各卷俱題"退安十二老祖著,中一老人鑒定,門人禎祥山人郅昌誠、青陽山人易南子、茂林山人李明旺敬閱校證仝募捐重鐫",末附易南子所述《述文》;②清宣統三年李正旺捐資重刊的《麻姑菩薩寶卷》卷首題"中一老人鑒定,青陽山人易南子拜閱,茂林山人李正旺捐資重鐫",序言亦由易南子所作。③ 除以上中一老人和青陽山人易南子共同出現的寶卷外,據車錫倫《中國寶卷總目》,青陽山人易南子作序的寶卷還有清宣統三年北京同善書局刊本和清宣統三年京東玉邑蔣正貴刊本的《何仙姑寶卷》兩種、清光緒二十四年燕南胡思真重刊本的《目蓮救母幽冥寶傳》一種,④據澤田瑞穗,青陽山人易南子作序的寶卷還有清宣統二年京都養真仙苑刊本的《忠孝勇烈木蘭傳》,⑤此外,據《清史稿藝文志拾遺》,還有《黃梅五祖寶卷》等。⑥

---

① 澤田瑞穗《增補寶卷の研究》,東京:國書刊行會,1975年,第110頁。
② 袁退安《無欺老祖全書》,第209、237、268、300、326、346—347頁。
③ 車錫倫《中國寶卷總目》,第183頁。
④ 同上書,第80、166頁。
⑤ 澤田瑞穗《小說娛目鈔》,成可譯,載《明清小說研究》,北京:中國文聯出版社,1987年,第5輯,第414頁。
⑥ 王紹曾主編《清史稿藝文志拾遺》,北京:中華書局,2000年,第2348頁。

那麽，在上述所列寳卷中反覆出現的中一老人、易南子是誰呢？據李世瑜調查，中一老人即路中一，屬於一貫道第十七祖，"彌勒古佛化身，兼爲白陽初祖。民國十四年乙丑歸空。此後道務由陳師姑暫理，後始傳弓長祖（即十八祖張光璧——引者注）"①。另據上述《無欺老祖全書》中所述題記，則青陽山人易南子是路中一的弟子，换言之，易南子也是一名一貫道信徒。

進而，如果説對於《七真祖師列仙傳》，一貫道還僅僅是將自己的教理教義附録於典型的全真故事之後以擴大自身影響力的話，那麽，對於《七真天仙寳傳》，一貫道則再進一步，不衹是出資刊刻，甚至還進行"拜閲""鑒定"，開始插手並關注王重陽度化全真七子的故事本身。②

三、《七真因果傳》

關於《七真因果傳》，孫楷第在初版《中國通俗小説書目》中稱："鄭西諦（即鄭振鐸——引者注）氏藏一民國六年（1917）丁巳四川刊本。書二卷二十九回，演道北七真事。爲黄永亮輝庵編，自序云修訂舊本爲之。唯明清小説書中今未見有此種，其言亦難遽信，今姑附此目於諸家之後。"③這是筆者所見最早關於《七真因果傳》的記載，此後，車錫倫以及樽本照雄分别又綜合各家之説進行了匯總。今依上述已有研究成果，兼之筆者所藏，將《七真因果傳》的版本情況概述如下：

（1）光緒丙午（三十二年，1906）廣東文在兹善書坊重刊本，二十九回，兩卷。此本封題《七真傳》，扉頁題"光緒丙午年重刊，七真傳，粤東河南洪德大街文在兹藏板"。扉頁之後爲序言，題爲《新刊七真因果傳序》，作序時間及作序者題爲"光緒癸巳年（1893——引者注）菊月吉日龍門後學黄永亮謹序"。④

---

① 李世瑜《現代華北秘密宗教》，第 55 頁；馬西沙、韓秉方《中國民間宗教史》，第 817 頁；窪德忠：《一貫道について》，第 182 頁。
② 其實，《七真天仙寳傳》諸版本所牽涉的社會力量要遠遠複雜得多，先天道、一貫道、皈一道、同善社以及善書局和普通信士都參與到了書籍的翻刻當中，進而還借王重陽之口宣揚自身的教義，用以勸化全真七子。
③ 孫楷第《中國通俗小説書目》，1933 年，第 257 頁。
④ 據游子安考證，文在兹善書坊的創辦者談德元是先天道徒，而文在兹善書坊則爲先天道的傳播作出了無與倫比的貢獻。參見游子安："'文在兹'與粤港地區先天道出版及傳播"，載《世界宗教研究》，2014 年第 5 期，第 72—83 頁。

佛教與儒道 | 357

（2）民國壬申（二十一年，1932）上海明善書局本，二十九回，兩卷。此本封題《繪圖七真傳》，下附"民國壬申年孟冬，孫濟岡署"。扉頁題"壬申夏日出版，七真傳，上海明善書局印行"。扉頁之後爲序言，題爲《重刊七真祖師列仙傳序》，不署作序時間及撰序人。序言之後爲目錄，題爲《新刊七真因果傳目錄》。

值得一提的是，在明善書局本《七真因果傳》的每一回之前，都繪有一幅插圖，插圖的題目即爲當回的名稱，共計有 29 幅。在筆者所見的九種七真故事類型及其各版本中，祇有此一版本附帶插圖。① 除此之外，故事正文結束之後，另外附有《論命》一則，其内容與清光緒十九年三教壇本《七真祖師列仙傳》所附《性命至理論》中的《論命》部分内容完全相同。

（3）民國十二年（1923）上海宏大善書局本，二十九回，兩卷。此本封題《七真因果傳》，下署"曝野老人"。扉頁題"民國十二年新刊，七真傳，上海宏大善書局印"。扉頁之後爲序言，題爲《重刊七真祖師列仙傳序》，不署作序時間及撰序人。序言之後爲目錄，題爲《新刊七真因果傳目錄》。

頗讓人詫異的是，在講述完王重陽度化全真七子的故事之後，此本《七真因果傳》又附錄了兩篇其他類型的文章，第一篇爲《文昌帝君戒淫寶訓》，第二篇爲《論命》。通過校勘其内容，我們發現，《論命》與清光緒十九年三教壇本《七真祖師列仙傳》所附《性命至理論》中的《論命》部分完全相同。基於此，我們認爲，這本《七真因果傳》與一貫道或許也有非同一般的關係。

（4）僞滿洲國大同二年（1933）新京（長春）福文盛印書局本，二十九回，兩卷。此本封題《七真傳》，下署"曝野老人"。扉頁題"大同二年再刊，七真傳，新京福文盛印書局印"。

（5）民國辛巳（三十年，1941）崇華堂重印本，二十九回，一卷。此本封題《擇錄六祖大師無相頌》，扉頁題"辛巳春月再版，七真傳，輪流公看，功德無量，崇華堂重印"，頁中縫題"北京中華善書局承印"。扉頁後爲序言，題《重刻七真祖師列仙傳序》，其後爲目錄，題爲《新刊七真因果傳目錄》。值得注意的是，此本第一回首題"新刊七真因果傳卷上"，但實際上卻並未分卷。

---

① 據王見川考證，明善書局的創辦人蔡振紳、張載陽是同善社信徒，而明善書局則是同善社的印書局。參見王見川《明善書局與同善社：兼談〈玄靈玉皇經〉的流傳》，載媽祖文化研究暨文獻中心《媽祖與民間信仰：研究通訊》第1期，臺北：博揚文化事業有限公司，2012年，第1—13頁。

(6)民國三年(1914)重慶治古堂本,二十九回,兩卷。此本封題《七真傳》,封內頁題"民國三年甲寅歲新刊,七真傳,板存渝城治古堂,凡印送者,不取板資"。其後爲序言,題爲《新刊七真因果傳序》,作序時間及撰序者題爲"光緒癸巳年菊月吉日龍門後學黃永亮謹序"。

除以上出版信息相對明確的版本外,筆者另外搜集到以下版本:(1)蕭天石在《道藏精華》第八集第四册收有一部《七真因果傳》,不過却將其重新命名爲《北派七真修道史傳》,頁中縫題《七真傳》,二十九回,兩卷,序言題爲《新刊七真因果傳序》,作序時間及撰序者題爲"光緒癸巳年菊月進日龍門後學黃永亮謹序";(2)《藏外道書》第35册亦收有一部《七真因果傳》,頁中縫題《七真傳》,二十九回,兩卷,序言題爲《新刊七真因果傳序》,作序時間及撰序者題爲"光緒癸巳年菊月吉日龍門後學黃永亮謹序";(3)習善堂石印本,頁中縫上題《新刊七真傳》,下題"習善堂石印"二十九回,一卷,序言題爲《重刊七真祖師列仙傳序》,作序時間及撰序者不載。值得注意的是,習善堂本七真度化故事正文結束後,一如民國十二年的宏大善書局本,另附有《論命》一則,暗示着其與一貫道存有某種關聯。

以上十種版本,就是所有筆者能够見到的《七真因果傳》版本。如果加上鄭振鐸所藏民國六年的《七真因果傳》的話,那麽,這一種七真度化故事至少有不下於十一個版本。然而,通過校勘這些不同版本的《七真因果傳》的內容,我們發現,一貫道不僅僅是關注七真度化故事本身,而是開始篡改其中的內容,借王重陽這一具有非凡影響力的人物來宣揚自身的教義。

比如,《藏外道書》本講述吕祖向王重陽傳道時,稱:

> 吕祖將全真之理説與王孝廉(即王重陽——引者注)畢,又授以煉己築基、安爐立鼎、採藥還丹、火候抽添一切工夫。

但在崇華堂本中,這一段內容中間却添加了許多一貫道的教義思想:

> 吕祖將全真之理説與王孝廉畢,又曰:"古來仙真,口口相傳,心心相印,分爲頓漸二門:頓者,直指人心,見性成佛,一步直超,非至三期末劫,末後龍華三會收圓,彌勒出世,天命真佛下凡,辦理末後一著,道法不能普傳;漸者,是循序漸進,以至能得,在儒爲知止定静安慮,在道爲煉己築基等工夫。頓法是先得後修,漸法是先修後得。如今時機不

佛教與儒道 | 359

至,只合先修後得,所謂'夭壽不二,修身以俟之,所以立命也'。"遂授以煉己築基、安爐立鼎、採藥還丹、火候抽添一切工夫。

需要說明的是,崇華堂是民國時期一貫道的出版機構,並且,凡是真正一貫道的用書,一般都印有崇華堂字樣,如民國己卯(1939)青島崇華堂重印的《一貫辯道錄》等。① 像上述例子中的文字添加,崇華堂本《七真因果傳》中比比皆是,不一而足,十分生動地揭示了一貫道是如何消費和利用全真教的度化故事,而這樣一種移花接木、借雞生蛋的策略,也恰恰反襯出全真教在當時社會的影響力是不容小覷的。

四、《金蓮仙史》

與其他作品所擁有的衆多版本相比較,《金蓮仙史》的版本則較爲單一,據筆者所知,目前僅有上海圖書館藏的一種,後由上海古籍出版社於1991年影印出版,收入《古本小說集成》。其版本信息如下:

(1)清光緒三十四年(1908)上海翼化堂刊本,二十四回,四卷。此本封内頁題"光緒二十四年(1898)歲次戊申刊,金蓮仙史,上海邑廟後翼化堂藏板"。隨後爲序言,題爲《金蓮仙史原序》,作序時間及撰序人題爲"光緒甲辰(1904)歲季秋望日台南青陽道人潘昶明廣自序"。文末附《跋》,題爲"光緒三十四年秋月常寶子敬跋"。

對於潘昶的生平,由於資料的限制,我們幾近一無所知。不過,潘昶在書中涉及了大量與浙江天台山相關但却與度化故事情節毫無關聯的歷史史實,這似乎意味着,潘昶極有可能是一名天台山道士。不僅如此,在序言中,潘昶如此宣稱自己之所以重訂七真度化故事:

> 余見舊本《七真傳》,非獨道義全無,言辭紊亂,兼且諸真始末出典、仙跡一無所考,猶恐曳害後世,以假認真。因是遍閱鑒史寶誥,搜尋語錄丹經,集成是書,共記四卷二十四回。

換言之,即使潘昶並非天台山道士,那麼,從他"遍閱鑒史寶誥,搜尋語錄丹

---

① 焦大衛、歐大年《飛鸞:中國民間教派面面觀》,周育民譯,香港:香港中文大學出版社,2005年,第225—226頁。

經"的舉動來看，他也是一位對道教尤其是全真教非常感興趣的信士，因爲他重編的目的就在於："學者當效丘、白二祖之苦志堅心，勇猛精進，修持道業，何愁德之不立、道之不成哉？"不過，可惜的是，不論是從正史的角度，還是從小説的角度，《金蓮仙史》都似乎不倫不類，與潘昶的初衷相去甚遠。①

五、《重陽七真演義傳》

與《金蓮仙史》一樣，《重陽七真演義傳》的版本也較爲單一，就筆者所知，目前僅有上海圖書館藏一種，其版本信息如下：

（1）民國八年（1919）山東濟南萬國道德會刊本，九節，兩卷。此本封題《新出七真傳》，封內頁題"中華民國八年孟冬刊，新出七真傳，板存濟南南關星宿廟內，印刷處濟南轆轤把子街路北隆文齋"。隨後出現的一系列序言、凡例以及自記等，依次如下：1.《梓行養真子七真傳序》，作序時間及撰序人題爲"民國八年冬山東歷城江鍾秀"；2.《删正重陽七真演義傳序》，作序時間及撰序人題爲"光緒二十五年（1899）己亥仲秋養真子序於紫霄福地"；3.《條例辨正》，末題"光緒二十五年己亥秋花好月圓日時養真子謹删正於武當仙山紫霄福地"；4.《重陽七真年譜節要》；5.《重陽七真封號》；6.《自記一則》；7.《目録》。這些內容之後，便開始王重陽度化全真七子的故事。

值得注意的是，在此本《重陽七直演義傳》的文末，附有一份萬國道德會出版物目録及郵寄資費表，後題"山東濟南南關朝山街星宿廟內萬國道德會籌備處發行"。參之前述江鍾秀所寫《梓行養真子七真傳序》，我們可以確定，《重陽七真演義傳》雖然是由養真子删正，但實際發行方爲萬國道德會。

至於删正舊本《七真傳》的養真子，生平不詳。據其所作《自記一則》，他自小由於讀書過於用功，"患吐血遺精症頻危，越十有餘數年，治莫能效。幸遇著高人授以却病延年真訣，余誓信受奉行，不數月而夙疾全愈。由是塵心

---

① Vincent Durand-Dastès, "A Late Qing Blossoming of the Seven Lotus: Hagiographic Novels about the Qizhen", pp.85-88.

彌淡,道念彌濃"。此後的遊歷過程中,於鄭觀應(羅浮侍鶴山人)的家中結識了杭州福星觀住持道人李理山(紫東道人),①並一起朝山進香。因與此前夢境若合符節,他便權隱武當山紫霄福地,並趁機重訂了《七真傳》。從養真子的這一自述中,我們可以得知,與潘昶一樣,他本人即使不是道士,也是對全真教頗爲認同的信士。

六、《七真寶卷》

關於《七真寶卷》,李世瑜在《寶卷綜錄》中早已有所著錄,不過却僅僅提到了一種版本。② 相比較之下,車錫倫提搜集的版本更多,有清光緒三十三年慧空經房本、清光緒三十三年文寶齋刻字店本、清光緒刊本以及胡士瑩藏舊刊本四種。③ 借由李世瑜、車錫倫所提供的信息,筆者找到了這部《七真寶卷》,不過目前却僅找到兩個版本,略述其版本信息如下:

(1) 光緒丁未(三十三年,1907)年杭州慧空經房刊本,十回,一卷,現藏復旦大學圖書館(典藏號:725040)。此本封題《七真寶卷》,下署"西湖慧空經房印造"。其後爲序言,題爲《七真寶卷原序》,作序時間及撰序人題爲"光緒丁未花朝月日雲山煙波氏"。尾附捐資題名"李福智助洋拾元,鄭錦耀助洋兩元"。④

(2) 光緒丁未(三十三年,1907)年杭州慧空經房刊本,十回,一卷。此本封題《七真寶卷》,下署"西湖慧空經房印造"。封內題"光緒丁未九月重刊,七真寶卷",其後內容,除無捐資題名外,與第一個版本完全一致。參照前述養真仙苑本《七真天仙寶傳》,我們認爲,這兩個版本的《七真寶卷》也極有可能是同一個版本,不過是因不同信衆的需求而在不同時間印刷的。

關於這本《七真寶卷》的源起,雲山煙波氏在序言中稱:

> 訪知是傳(指《七真傳》——引者注),一者有白而無調,不可以爲善

---

① 關於李理山,可參見孔令宏、韓松濤《民國杭州道教》,杭州:杭州出版社,2013年,第179—184頁。
② 李世瑜《寶卷綜錄》,第37頁。
③ 車錫倫《中國寶卷總目》,第203頁。
④ 此外,中國國家圖書館文津分館中藏有完全相同的一部《七真寶卷》(典藏號:FGPG34103),不過却沒有封皮。

> 者勸,一者有調而無白,亦不可以爲觀者爽。故繹之爲卷,可以觀,可以興……

也就是説,《七真寶卷》是在已有《七真傳》的基礎上重新改編的。不過,通過之前的概述,我們發現,《七真傳》所指極爲模糊,因爲這幾種文學作品都曾被泛稱爲《七真傳》。令人欣慰的是,通過内容的比較,我們發現,雲山煙波氏改編《七真寶卷》的底本是《七真天仙寶傳》。

那麽,這位雲山煙波氏又是誰呢？從《七真寶卷》的敍言中,我們看不出任何端倪。不過,我們可以確切知道的是,雲山煙波氏之所以壓縮《七真天仙寶傳》,其目的在於使宣卷時文、調協同。那麽,是不是這就意味着雲山煙波氏對全真教有所偏愛呢？恐不儘然。

民國九年(1920)冬,上海宏大善書局重印了善書《傳宗敢言》,值得注意的是,作於光緒乙巳(三十一年,1905)的《傳宗敢言敍》同樣出自雲山煙波氏之手:

> 傳宗者,明三教之道而宗之也。教既分,而道何以能宗？第教以事言,道以性言。日用行習之事雖各異,修身煉己之功則皆同。教有見人所共知,道難聞世所未喻。古來欲學道之人不少,而進道者能有幾人？而衆論紛紛,奈何不分而判之也？兹不敍明三教之傳,人必不信爲從同而究恩。夫儒曰存心養性,釋曰明心見性,道曰修心煉性,皆爲性字爲主。道曰抱元守一,釋曰萬法歸一,儒曰執中貫一,各以一字爲歸。夫一即性,性即一也。又天得一以清,地得一以寧,人得一以聖,均是人也,均是性也,均是一也,豈就之二哉？古之大道,元機三教,不二法門,固聞道者所共知。予願世之有心斯道者,其細思之。是爲敍。

而從這段話中,我們可以看出,雲山煙波氏對於三教的態度並非有所偏愛,而是抽取三教精義,以爲修道之資。換言之,儒、釋、道三教是爲自己所修之道服務的。

那麽,雲山煙波氏所修之道又爲何呢？在此,《傳宗敢言》這一善書的來歷或許會給我們一些提示。據王振忠所提供的信息,上海宏大善書局所重印的《傳宗敢言》是由山東濟南歷城同善分社敬送的。① 值得注意的是,同

---

① 王振忠《清朝民國時期的善書與徽州社會》,載米蓋拉、朱萬曙編《法國漢學》,第13輯,"徽州：書業與地域文化",北京：中華書局,2010年,第490頁。

佛教與儒道 | 363

善社是清同治二年由四川廣安的先天道徒黎晚成創立的,後經彭泰榮掌道後獲得了極大的發展。在其教義體系中,同善社極力推崇"三教合一"觀,將佛教的"三皈"與道教的"三清"和儒家的"三綱"等同,將儒家的"五常"與佛教的"五戒"等同。① 巧合的是,《傳宗敢言》中所表達的教義與此幾乎一致:"三皈五戒者,衹三綱五常也,乃成聖成賢之骨髓,修仙修佛之本源。三綱即釋教之三皈,道教之三寶也。"

準此,我們認爲,《傳宗敢言》極有可能是同善社的教義經典,而雲山煙波氏則極有可能是同善社信徒。② 與一貫道徒路中一、易南子刻印《七真天仙寶傳》一樣,雲山煙波氏之所以爲改編的《七真寶卷》作序,其目的也是在於借此表明同善社對全真教的開放態度,並採取全真教的内丹修煉理論來闡明同善社的修道理論。

七、結論

以上便是筆者依已有研究成果以及私藏作品,對晚清民國時期七真度化故事作品的種類及其版本所做的概述。從這篇論述中,我們可以發現:

首先,這批作品儘管種類不多,只有六種,但却版本衆多,最多者如《七真天仙寶傳》計有十八種版本,並且前後相繼,推陳出新,形成了一部小範圍内的七真故事重刊史,且脈絡清晰,與時斷時續的以碑刻、文獻爲中心書寫的宏觀全真道教史形成了鮮明的對比。當然,對於以七真爲核心的度化故事的起源,我們最早可以追溯至全真教初創的金元時期,不過,這些内容就並非本文所能够承擔的了。

其次,在這些不同作品的不同版本背後,隱藏着各種各樣的社會力量,如全真教、一貫道、同善社、先天道、萬國道德會等。全真道士苦心孤詣地宣

---

① 鄭永華、趙志《近代以來的會道門》,北京:社會科學文獻出版社,第81—86頁。
② 朱明川曾提醒到,同善社是直到民國初年才在北京成立。不過,據現有資料,同善社是清同治二年(1863)四川先天道徒黎晚成創立的,初名"禮門",民國成立後,同善社因吸引一批軍閥權貴而獲得了極大的發展,因與當時的理門(在理教)名稱相似,于是,民國六年(1917),北京政府陸軍部中將咨議姚濟蒼起議,將"禮門"正式更名爲"同善社",總社設在北京東城區帥府胡同。參見鄭永華、趙志《近代以來的會道門》,第81—82頁。準此,筆者在此仍舊稱之爲同善社信徒,若有舛誤,責在筆者。

揚七真故事,當屬題中應有之義。至於其他民間宗教,則有明修棧道、暗度陳倉之嫌:他們基於相似的目的,對全真教的核心人物——王重陽與全真七子——及其度化故事進行了借用和改編,最終祇不過是用來宣傳自身的教義。通過分析彼此的主客關係,毫無疑問,在這場與民間宗教的角力當中,全真教佔據了明顯的優勢地位。

佛法與方法：明清佛教及周邊

佛教與社會

晚清至抗戰前的上海香市

張偉然　王明强

　　香市指的是因信衆進香而形成的一種市集。它的形成和發育程度無疑是當地宗教活動興旺與否的一項直觀指標。晚清到民國期間，上海作爲全國佛教發展的一個新興活動中心，其重要程度在全國可謂首屈一指。由此形成了聞名遐邇的龍華和静安兩個香市，影響範圍不限於上海，對鄰近的江浙兩省城鄉也頗有拉動。可是這一問題迄今尚未引起研究者的注意。本文對此展開討論。

一、問題的提出

　　學界對朝香活動展開研究，起先是注意民俗層面。其濫觴當然是 20 世紀 20 年代顧頡剛先生主持的北大風俗調查會對於妙峰山朝香的研究①。從歷史地理角度契入的，目前研究成果較多的有兩塊。其一是武當山的朝香活動。張偉然在探討湖北歷史文化地理的過程中，對太嶽朝香風俗的形成過程及地域分布作過一些復原②。稍後梅莉發表多篇論文，從風俗復原漸次深入探討朝香古道、香客香會以及政府管理等層面，就此出版了專著③。另一塊則是對江南香汛的研究。張偉然近年從事明清至民國的江南

---

① 顧頡剛《妙峰山》，上海：上海文藝出版社，1988 年影印版。
② 張偉然《湖北歷史文化地理研究》，武漢：湖北教育出版社，2000 年版。
③ 梅莉《明清時期武當山朝山進香研究》，武漢：華中師範大學出版社，2007 年版。

佛教地理研究,發表了一篇江南觀音香汛的論文①,並指導多名研究生開展了相關討論②。

以上兩塊工作在時代上都偏於晚近。由於資料的原因,中古以前的同類研究較難開展。但還是有一些相關研究出現,例如對唐代五臺山朝香道的復原③。

在民俗及社會史學界,近二十餘年來,對香市的研究也出現了一些突破性進展。趙世瑜的專著《狂歡與日常:明清以來的廟會和民國社會》④,取下層民俗的視角對近世華北廟會作了深刻論述。王健則在討論明清以來杭州進香風俗時,于傳統的史志資料之外,挖掘出近代報刊和俗文學資料⑤。與之相呼應,國外學者也做了不少有意義的工作。日本人鈴木智夫撰有《明清時期江浙農民"天竺進香"淺議》⑥;小田著有《在神聖與凡俗之間——江南廟會論考》一書⑦。該書分"凡俗的神聖"與"神聖的凡俗"兩部分,後者又分廟市、休閒及社區運作三個層面,特別是從社區運作層面來分析江南的廟會,得出了不少獨到的見解。美國學者韓書瑞(Susan Naquin)的《北京妙峰山進香:宗教組織與聖地》一文⑧,仍著眼於妙峰山進香這一古老題材,而將問題引向探討"聖地"的形成和演變,以及香會組織的性質。美國哥倫比亞大學于君方(Chün-fang Yü)在所著《觀音》一書中,則用到了作者1987年親臨杭州、普陀山的田野調查資料。⑨

---

① 張偉然《明清江南觀音香汛的地域系統》,載《地理研究》2019年第6期,第1304—1315頁。
② 如,蔡允貿《晚清民國時期的佛教空間實態:基於高僧參游與民眾朝香的研究》,復旦大學碩士學位論文,2019年5月。該文的空間範圍不限於江南,但以江南爲主。
③ 彭文峰《唐代"五臺山進香道"補釋》,《中國歷史地理論叢》第19卷第4輯,2004年;該文對嚴耕望《唐代交通圖考》第五卷《五臺山進香道》有所補益。
④ 趙世瑜《狂歡與日常:明清以來的廟會和民國社會》,北京:生活·讀書·新知三聯書店,2002年版。
⑤ 王健《明清以來杭州進香史初探——以上天竺爲中心》,載《史林》2012年第4期,第89—97頁。
⑥ 載嚴昌洪主編《經濟發展與社會變遷國際學術研討會論文集》,武漢:華中師範大學出版社,2002年版,第208—222頁。
⑦ 小田《在神聖與凡俗之間——江南廟會論考》,北京:人民出版社,2002年版。日本學者濱島敦俊的《總管信仰——近世江南農村社會與民間信仰》一書也有內容涉及江南的廟會,東京:研文出版社,2001年版。
⑧ 該文收入韋思諦(Stephen C. Averill)主編的《中國大眾宗教》,陳仲丹譯,南京:江蘇人民出版社,2006年版。
⑨ 于君方(Chün-fang Yü)《觀音——菩薩中國化的演變》,陳懷宇等譯,北京:商務印書館,2012年版,第354—405頁。

早在2007年,爲配合國家自然科學基金項目《長江三角洲地區人地關係過程中的佛教因素》的研究,張偉然指導王明强將1872—1949年的《申報》影印件逐頁翻檢一過。以瞭解近代以來佛教在長三角社會上所產生的影響。在這一過程中,注意到不少關於香市的報導。尤以上海名刹龍華、静安兩寺爲多。特别在20世紀20年代至抗戰前,逐年均有報導。諸如香市期間的交通、人流、市場等,反映的内容相當細緻。

從史料學角度考慮,新聞報導的深度當然是存在問題的。可是對於香市來説,事實上又不存在更有效的資料。出發地、途經地、流向地每一環節都不可能有系統深入的統計。倒是當時的新聞報導,雖大多出自某些個人的觀察,或一些相關機構的不完全統計乃至估計,現在看來,已成爲最爲貼近歷史實態的記録,具有不可替代的價值。因此,本文就從這些資料出發,對龍華、静安兩寺當時的香市進行一番探討,以期展現所涉地域内與佛教有關的某些人地關係。

考慮到抗戰以後因爲受到戰事的影響,長三角一帶風雨飄搖,香市也受到很大影響。本文將討論時段限定在晚清至抗戰前。

二、變遷大勢

綜觀晚清至抗戰前,上海的佛教香市就縱向的歷史過程而言,以1912、1921年爲兩個拐點,可分爲三個階段。其中尤以龍華的香市表現較爲明顯。

第一階段,辛亥革命(1911)以前,是爲傳統時期。其香市總體上是比較發達的。

現在已無從查考上海香市確切的起始年代,目前能看到的較早記載已在19世紀中葉。王韜《瀛壖雜誌》寫道:

(龍華寺)每逢三月十五日,焚香賽願者自遠畢集。①

既是"每逢",不難看出已成爲一種風俗。由此可知,該地香市已存在了相當

---

① 王韜《瀛壖雜誌》,上海:上海古籍出版社,1989年版,第35頁。

長一段時間。目前較普遍的認知是認爲龍華廟會（香市）已經有四百年歷史，但並無依據①。查民國時陳伯熙《上海軼事大觀》有云：

> 邑城南十餘里之龍華教寺，在明代香火最盛。②

四百年之説大概源出於此。不過既言其在明代"香火最盛"，可見起始還在此前，筆者頗疑其在五代建廟之初即已舉行③。

太平天國時，由於戰亂，龍華香市一度受到影響。《瀛壖雜誌》對此亦有記載："咸豐十年（寺）爲賊毁"。既如此，香市自然無法舉行。好在時間不長，"有檀越舍金葺修後殿及鐘樓，焕然改觀"，因而香市又得以繼續。不過其香火較之明代已有所不如：

> 今遠枕荒郊，香火之盛，遠不逮昔。春時而外，遊跡甚稀，惟曉雲殘月與波光塔影相參差耳。④

現在較難判斷，這是太平天國以後地方上元氣未復，還是清代前期一直如此⑤。

之後不久，龍華的香市就逐漸興盛起來。同治十一年刊刻的《上海縣志》在《歲時》部分新增了一條：三月十五日"龍華寺進香，市集駢闐"⑥。該年《申報》創刊，從之後每年的報導來看，龍華香市可謂年盛一年。當年7月，龍湫舊隱所撰《滬南竹枝詞》中有一首寫道：

> 遥指崚嶒塔影斜，踏青一路到龍華。碧桃滿樹剛三月，不爲燒香爲看花。⑦

這就表明，當時赴龍華燒香的活動已經與上海的都市休閒娱樂合流，完全具

---

① 如，上海市旅遊事業管理委員會編《現場導遊》，上海：東方出版中心，2007年版，第146頁。
② 陳伯熙《上海軼事大觀》，上海：上海書店出版社，2000年版，第369頁。
③ 龍華寺的建寺時間衆説不一，影響較大的説法是認爲創建于東吳赤烏年間，不可信。實際創始年代應在五代，參張偉然《吴淞江兩岸寺廟發展的歷史過程》，載《歷史地理》第22輯，上海：上海人民出版社，2007年版，第368—373頁。
④ 《瀛壖雜誌》，第35頁。
⑤ 李偉在討論晚清民國龍華鎮與龍華寺的關係時認爲，龍華香市興盛是上海通商以後的事。參氏著《佛教與區域社會：明清民國長三角地區寺院經濟與制度研究》，復旦大學博士學位論文，2019年6月。
⑥ 同治《上海縣志》卷一，臺北成文出版社1975年影印本，第141頁。
⑦ 《申報》第59號，1872年7月8日，第3版。

備了之後龍華香市的典型特徵。1891年春,時人游龍華寺時,見到的香市更是一派熱鬧景象:"攜香燭、寓錢向蓮臺祈福者,擠擠擁擁,幾不可以僂指數"①。類似的記載不勝枚舉。

第二階段,民國肇建後的前九年(1912—1920),可謂蟄伏期。龍華香市陷入低潮。

民國法律規定信仰自由,可實際上,當時佛教的處境十分不妙。很多寺廟被侵佔他用,以致正常的宗教活動受到干擾。就龍華寺來説,自光復以來它便成爲駐軍場所。陳伯熙在《上海軼事大觀》中稱:"光復以來,駐紮軍隊,蹂躪不堪,無復當年景象。"②

這一狀況延續了九年。1920年《申報》登載一篇《恢復龍華寺香火説》,稱:

> 龍華寺自光復以來,已改作駐兵之用。該寺僧人,早經他去,不復顧問。去春有前充該寺住持僧人文達,擬在龍華塔内延請衆僧誦經禮懺三年,並擬修建該寺前後房屋,當經呈請護軍使署要求核准。盧兩軍使以延期過久,恐火燭擾禍,批斥不准。兹悉步兵三十九團團長張慕韓,以該寺坍毁不堪,且寺房統計約有數百間,修理則需費甚鉅,公家無此款項。若不興修,軍隊亦難駐宿。事出兩難,故擬恢復該寺香火。所需修費,擬向各界勸募,迨至修竣寺房後,選招誠實有道僧人,充作住持,俾將來軍隊仍能駐紮,而該寺古跡亦得保存。業經商由長官允准,即將進行籌募捐款云。③

這篇報導對情況寫得很詳細。寺房被占,僧人他去,這期間龍華香火之冷落可想而知。

不過,資料中顯示,每年三月香客並未絶跡。《申報》1915年有一則報導稱:

> 現值龍華香汛,迷信婦女前往進香者絡繹不絶。④

---

① 《遊龍華寺記》,《申報》第6463號,1891年4月21日(三月十三),第1版。
② 《上海軼事大觀》,第128頁。
③ 《申報》第16904號,1920年3月15日(正月廿五),第10版。
④ 《拆白党與匪徒之機會》,《申報》第15144號,1915年4月12日(二月廿八),第10版。

而當時還有一則報導稱:

> 步兵第七旅臧旅長查得每年二三月間,每有迷信婦女至龍華寺進香,現已屆期,恐有匪徒搶劫金珠首飾情事。故於昨日飭令所部十三團各營,每日輪派士兵在日暉橋之東站崗巡查。至日暉橋西首則飭十五團各營派兵站巡,以保行旅。①

似乎當時駐紮龍華寺的軍人對於婦女進香還有保護之舉。不過,鑼鼓聽音,這則史料的存在,本身就表明當時進香的氛圍並不正常。

第三階段,民國十年至抗戰軍興(1921—1937),此可謂鼎盛期。龍華香市的發育一浪高過一浪,達到了前所未有的程度。

民國二十四年《上海縣志》載:

> 龍華教寺,在龍華鎮。民國以來迭駐軍隊。九年,團長張慕韓募捐重修。復經住持元照募捐,建營房二百餘間,商請軍隊遷移。十一年香汛始復。②

這條記載末句言之鑿鑿,但從《申報》記載來看,龍華香汛其實在民國十年就已得以恢復。1921年農曆三月十四日一則報導稱:"滬杭甬鐵路自龍華寺重修開放以來,每日南北兩站售出龍華車票多至一千餘張"③。可見此年龍華香汛已經恢復。

而在此之前,《申報》已有報導稱:

> 龍華香汛期內,中外人士之往游龍華者絡繹不絕。松滬何護軍使昨特通令所部各軍隊,責成龍華馬路沿途崗兵,遇有外人經過,務當加意保護,以敦睦誼。④

可見此時的龍華香汛已大非昔比。為此,滬杭鐵路上加開龍華專列⑤,每日車上擁擠不堪。尤其是香汛正日的三月十五日,"往遊龍華之男女老

---

① 《龍華香市之巡查》,《申報》第15137號,1915年4月5日(二月廿一),第10版。
② 民國《上海縣志》卷八,《中國地方志集成》上海府縣志輯第四冊,上海:上海書店出版社,2010年版,第140頁。
③ 《龍華香汛之滬杭路營業》,《申報》第17298號,1921年4月21日(三月十四),第10版。
④ 《保護往遊龍華之西人》,《申報》第17285號,1921年4月8日(三月初一),第11版。
⑤ 《便利龍華香客》,《申報》第17284號,1921年4月7日(二月廿九),第10版。

幼,計有五萬餘人之譜"①,令人瞠目。

接下來直到抗戰爆發,除1924年因齊盧之戰②、1927年因北伐戰爭③兩度停歇之外,其他年份的龍華香市都非常興盛。1922年農曆三月初六日一天,滬杭路售出的龍華客票便"約計五千張左右"④;1923年的香汛正日三月十五,上海南、龍華兩站間的售票更是高達"共計一萬張左右"⑤;1925年農曆三月初七日,"龍華寺之香客遊人連袂接踵,寺場中之汽車、馬車,數達千外,幾無停頓之處";而且還帶動對岸的烏坭涇廟也興旺起來,凡赴龍華進香之人,大都擺渡至該廟巡禮,"故該廟香客,近日亦絡繹不絕"⑥。1928年的龍華香市啓建了超度北伐陣亡將士的水陸道場⑦。1929年三月初三,"士女前往遊覽及進香者"便"甚爲擁擠",以致"龍華道上,紅男綠女,如過江之鯽"⑧。

稍需討論的是20世紀30年代的狀況。茅盾在1933年發表了一篇以《香市》爲題的散文,描寫他故鄉烏鎮的香市,自"革命"(北伐)以後"接連有兩年不准舉行",到"去年"(1932)重開時市面"很不好"⑨。有人對此進行研究,通過烏鎮老人回憶,寫道:

> 烏鎮"香市"一俗,自上海一·二八戰爭之後,由於百業凋零,民不聊生,已經很少舉行,至抗戰時已瀕臨絶跡。⑩

這條資料雖然只是討論烏鎮,但因其以上海爲參照、以長三角鄉村生活

---

① 《龍華香汛之熱鬧》,《申報》第17300號,1921年4月23日(三月十六),第11版。
② 《龍華寺香會昨日開幕》,《申報》第18700號,1925年3月25日(三月初二),第14版。該新聞開頭即爲"軍隊退出",而1923年的龍華香汛熱鬧異常,可知1924年應因駐軍而停。
③ 《申報》1928年3月29日(閏二月初八)第15版《龍華寺開放之先聲》載:"滬西龍華古刹,比年以來,迭駐軍隊,未能如期開放。自國民軍克復淞滬,乘勝北伐,滬地已見安寧。該寺方丈元照,敬遵先總理信教自由之宗旨,宣揚佛教,面見蔣總司令,蒙准保護;並請求錢軍長令行所部龍華軍隊,暫住寺外,亦蒙允准。"不難看出1927年亦因駐軍所致。
④ 《龍華之遊客多》,《申報》第17638號,1922年4月3日(三月初七),第14版。
⑤ 《昨日龍華香汛之熱鬧》,《申報》第18023號,1923年5月1日(三月十六),第15版。
⑥ 《龍華寺員警稽查處之防護》《龍華烏坭涇廟之香火盛》,《申報》第18705號,1925年3月30日(三月初七),第15版。
⑦ 《龍華寺開放之先聲》,《申報》第19767號,1928年3月29日(閏二月初八),第15版。
⑧ 《龍華道上仕女如雲》,《申報》第20136號,1929年4月13日(三月初四),第15版。
⑨ 見:《茅盾全集》第11卷(散文一集),北京:人民文學出版社,1986年版,第168—170頁。該文原載《申報月刊》第2卷第7期,1933年7月15日出版。
⑩ 鍾桂松《茅盾與故鄉》,成都:四川文藝出版社1991年版,第222—224頁。

爲背景,頗令人懷疑當時整個長三角地區的香市也呈現出類似的變化。筆者以上海的資料來看,香市的波動其實並非如此。龍華香市只是在淞滬抗戰發生的當年(1932)因駐紮軍隊而暫停,次年(1933)即告恢復①,其後四年持續興旺。1934年軍隊遷出後,寺廟全面維修,寺方通過報紙廣告:"日來桃花頗盛,遊人如鯽,該寺歡迎各界團體前往參觀"②。1935年,香市開始前寺方就以"廟貌一新"進行宣傳造勢③,香市期間,香客遊人"每日不下三萬人",以致"龍華道上,車馬如龍",不僅看不出有衰落之勢,反而"較往年倍形熱鬧",記者感歎"誠一時之盛會也"④。1936年香汛期間,龍華道上香客仍然"異常擁擠"⑤。即使在下半年開始全面抗戰的1937年,其春天的龍華香汛還異常鬧猛,報稱遊人香客"百倍往常",寺場上小販"大有應接不暇之態",汽車往來"途爲之塞"⑥。

尤其值得指出的是,在20世紀30年代風靡海內外華人世界的上海流行歌曲中,有一首由周璇演唱的《龍華的桃花》。歌中唱道:

　　上海沒有花,大家到龍華,龍華的桃花也漲了價。

表面上,這是吟唱當時流行於上海灘的一種時尚,其實正反映了當時龍華香市的興盛。因爲對大多數人來說,欣賞桃花與逛龍華香市是相輔相成的兩個必備節目。該歌曲唱片灌製於1935年,隨即通過電臺廣爲流傳,反映出龍華香市至此進入了一個鼎盛時期。

以上是以龍華寺爲中心。與之同爲滬上名刹的靜安寺,其香市的發展軌跡稍有所不同。

靜安寺在1862年越界築路到達之前,也地處滬郊。其香市與龍華一樣擁有很長的歷史,王韜的《瀛壖雜誌》對此也有所反映:

　　每逢四月八日浴佛大會,士女畢集,施捨無算。⑦

---

① 《龍華寺開放》,《申報》第21538號,1933年3月30日(三月三十),第11版。
② 《龍華寺昨招待報界》,《申報》第21915號,1934年4月23日,第11版。
③ 《龍華古刹廟貌一新》,《申報》第22249號,1935年4月4日,第15版。
④ 《龍華寺香汛》,《申報》第22257號,1935年4月12日,第10版。
⑤ 《龍華寺開放》,《申報》第22592號,1936年3月24日,第11版。
⑥ 《滬西遊人如鯽》,《申報》第22964號,1937年4月12日,第12版。
⑦ 《瀛壖雜誌》,第34頁。

1862年太平軍退出上海後,當年越界築路便延伸到了静安寺,並命名爲"静安寺路"。隨即寺廟也得以重修,到1881年落成,正好趕上浴佛節香市。當日情形頗爲熱鬧,1883年樹碑的《重建静安寺記》稱"滬居之人,四遠雲聚"①。

其實早在1877年,即静安寺重修完工前,其香市已然出現了異常的繁榮,據報載:

> 昨爲浴佛節,故本年之静安寺,凡燒香及遊玩者踵趾相錯,且值禮拜之期,益形熱鬧,途中之馬車、東洋車、小車等紛紛往來是處,茶坊酒肆座無虚位,售紡織耕種各器者亦多。廟内設有八音堂,大殿上鐘聲隆隆,亦極一時之盛云。②

1899年,公共租界向西擴展至静安寺一帶,之後當局開始在附近修馬路、設捕房(1901)、通電車(1908),自此静安寺成爲公共租界的後花園,其香市的發展更有了保障。③

民國初年,龍華香市因駐軍而蟄伏,地處租界的静安香市則無此困擾。1913年農曆十一月,報載該寺演戲酬神場面十分熱鬧④,可見其宗教活動一切如常。

1919年,静安寺路進一步拓寬成爲通衢(今南京西路),寺廟與城區的聯繫更加緊密。當年香市寺場即"異常擁擠"⑤。之後的20世紀20年代,幾乎年年香市興盛。1921年,寺僧在東邊空地上新建一座三聖殿,寺基擴充至25畝⑥。次年的浴佛節,寺場還是顯得不夠用,"自晨至暮,香客極其擁擠"⑦。1923年爲佛誕2950年,全國各地紛紛於佛誕日舉行盛大慶典⑧;此

---

① 高振農、静華《静安古寺》,上海:華東師範大學出版社,1990年版,第24—25頁。
② 《静安寺佛會》,《申報》第1554號,1877年5月21日(四月初九),第2版。
③ 徐公肅、丘瑾璋《上海公共租界制度》,見蒯世勳《上海公共租界史稿》,上海:上海人民出版社,1980年版,第74、87、89頁。
④ 《静安寺演戲酬神》,《申報》第14670號,1913年12月8日(十一月十一),第10版。
⑤ 《静安寺大佛會之熱鬧》,《申報》第16600號,1919年5月8日(四月初九),第11版。
⑥ 《静安古寺》,第27—28頁。
⑦ 《静安寺之大佛會》,《申報》1922年5月5日(四月初九),第17670號,第15版。
⑧ 《佛誕祈禱會》(南京),《申報》1923年5月23日(四月初八),第18045號,第10版;《佛誕日祝典紀聞》(松江),《申報》第18046號,1923年5月24日(四月初九),第11版;《佛誕紀念日情形》(南通)、《慶祝佛誕盛況》(揚州)、《佛誕日停刑禁屠》(湖州)、《佛誕紀念大會》,《申報》第19047號,1923年5月25日(四月初十),第10版、第11版;《佛誕紀念會紀盛》(北京),《申報》第18057號,1923年6月4日(四月廿日),第10版。

日正逢静安寺傳統香市,上海的儀式就在寺中舉行,何護軍親臨拈香,赴寺燒香者"絡繹不絶",當天《申報》上還刊發了一張反映其熱鬧場面的照片①。

1924發生齊盧戰爭,龍華香市因駐軍而中斷,而静安香市却如期舉行;浴佛節那天"人數以萬計",電車公司特"添駛專車"以便香客②。1926年香市期間,《申報》上特別發表了一篇《静安寺的廟會》,以當時報章上少見的大白話來描述静安香市的熱鬧場景,十分有趣③。1928年浴佛節,進香者"實繁有徒",寺内跪拜者"此仆彼起",寺外臨時擺設之攤"鱗次櫛比"④。

到了20世紀30年代,静安香市的興旺景象更是空前。1931年香市"較往年爲盛",附近各路攤販"設立殆遍",進香者大有"萬人空巷之勢"⑤。此後的香市更是年盛一年,《申報》上每年都有深入細密的報導,内容大同小異,可見其規模屢創新高⑥。

由於香市越來越繁榮,香市期間擺攤者愈來愈多,公共租界的交通幾乎癱瘓,以致工部局不得不出面干預⑦。1931、1932連續兩年寺方代表攤販與工部局交涉,最後商定了五條,其核心即是劃定設攤區(規範攤位)及縮短香期(10天縮爲7天)⑧。儘管如此,香市期間因過度熱鬧而導致的混亂局面並未得到有效控制。1937年香市正日,寺院周圍"數里内"都擺滿了各種攤肆,"人數過擠",以致遊人"購物不便",攤户們向記者訴苦,其營業"尚不及

---

① 《昨日紀念佛誕之熱鬧》(附照),《申報》第19046號,1923年5月24日(四月初九),第14版。
② 《佛誕日之形形色色》,《申報》第18391號,1924年5月12日(四月初九),第13版。
③ 《静安寺的廟會》(大白話),《申報》第19112號,1926年5月19日(四月初八),增刊第5版。
④ 《静安寺之浴佛節》,《申報》第19826號,1928年5月27日(四月初九),第15版。
⑤ 《浴佛勝會志盛》,《申報》第20883號,1931年5月25日(四月初九),第11版。
⑥ 《浴佛節將屆》,《申報》第21567號,1933年4月28日,第11版;《昨浴佛節營業盛況》,《申報》第21942號,1934年5月21日(四月初九),第10版;《静安寺浴佛節擁擠》,《申報》第22284號,1935年5月9日(四月初七),第10版;《記昨日浴佛節静安寺之盛況》,《申報》第22657號,1936年5月29日(四月初九),第12版。
⑦ 《浴佛節限制静安寺攤基》,《申報》第20855號,1931年4月26日,第15版。
⑧ 《静安寺香市設攤辦法》云:"本埠静安寺浴佛節之香市,近年範圍益大,故於交通及該處之固有商業,頗有影響,工部局緣與該寺住持僧志法,商定辦法五條,業經該住持以書面答覆承認,其辦法如下:(一)自一九三二年起,每年廟會以附圖上之紅色標明地點爲限(標明地點爲:静安寺路、赫德路、愛文義路、極司非而路、膠州路、愚園路、海格路之各一部分);(二)此項廟會之期間,至多以七日爲限;(三)工部局認爲必要時,得於六個月以前,通知寺中執事,對於廟會之面積及准許之地點,重加考慮;(四)擺攤之地點,只限於指定之馬路旁人行道上,不得侵佔馬路,並應在人行道上留出充分空地,使沿馬路之住宅、店面、汽車行及其他房屋,便於進行;(五)本規定有效時間,僅以静安寺之現在地位不變更時爲限。本年之香市將於五月八日起舉行,至十四日爲止云。"《申報》第21209號,1932年4月21日,第8版。

前日興盛"①。

從以上論述可以看出，儘管龍華香市與靜安香市的具體情形稍有差別——龍華香汛的發展一波三折，而靜安香汛一路看漲——但它們從清末到民國，香汛規模不斷擴大，興盛程度不斷地水漲船高的趨勢是基本相同的。由此可以折射出上海及周邊地區在這一時段的社會經濟發展狀況。

三、香期

基於東亞季風氣候的特點，信衆進香是有季節選擇的。龍華香汛的正日爲每年的三月十五日。

這個日子的由來已不得而知，但史料記載一直以來都沒有變化②。以此爲中點，前後各半個月，整個三月爲每年的香期。

晚清以前的資料一般只概言龍華香市在農曆三月，而不明載其起訖日期③。估計也就是從三月初一開始，延續至三十日結束。20 世紀 20 年代以後，《申報》大量的即時報導，對龍華香汛的起訖日期記載得特別清楚。如 1921 年就是"自舊曆三月初一日起"④；到 1937 年仍無變化，此年三月初二有報導稱："昨爲廢曆朔日，係龍華香汛開始"⑤。其截止日一般也就在三月底⑥。

起訖日期偶爾也會發生變化。情況有兩種：一是香市起始日因故提前，截止日也隨之提前。如 1923 年，因當年陰曆較晚，香汛不得不比往年"提早半月"，截止期隨之也提前至三月十五日⑦。另一種情況是起始日不

---

① 《昨浴佛節靜安寺大熱鬧》，《申報》第 22999 號，1937 年 5 月 18 日（四月初九），第 11 版。
② 如前引《瀛壖雜誌》"每逢三月十五日"；〔清〕唐錫瑞《二十六保志》（1886 年稿本）中有載"三月十五日，龍華寺香會"，上海：上海社會科學出版社，2006 年影印版，第 7 頁；葛元煦《滬遊雜記》（1887 年初版）中有語"三月十五日爲龍華會期"，見：《滬游雜記　淞南夢影錄　滬遊夢影》，上海：上海古籍出版社，1989 年版，第 7 頁；還有《申報》各年的香汛報導等。
③ 如 1907 年初版的李惟清《上海鄉土志》第十九課《龍華》所載即如此。上海：上海古籍出版社 1989 年版，第 70 頁。
④ 《便利龍華香客》，《申報》第 17284 號，1921 年 4 月 7 日（二月廿九），第 10 版。
⑤ 《滬西遊人如鯽》，《申報》第 22964 號，1937 年 4 月 12 日，第 12 版。
⑥ 1925 年 4 月 23 日，《申報》有報導《龍華香寺會展期》云：香市"原定昨日（農曆三月三十）結束"。見該報第 18729 號，第 15 版。
⑦ 《龍華香汛》，《申報》第 17997 號，1923 年 4 月 5 日，第 18 版。

變,單純是截止日後延,從而使得香汛期延長。如1925年香市如常在三月初一開幕①,後因到三月底仍然"遊人較前爲多",寺僧只得將香會"展期八天",截止日也就延至陰曆四月初八②。

相比之下,静安寺的香期相對較短。它以四月初八浴佛節爲正日。而起讫日期則多有變化。

20世紀20年代以前,静安香會似乎只有一天。如1918年四月初十日《申報》有一則報導稱:"前日爲静安寺香汛之期"③。但到1924年,《上海軼事大觀》已稱會期"設市三日"④。之後這一期限多有波動。如1930年"静安寺香訊設攤六天"⑤。而1932年,《申報》報導則稱静安香市綿延十日,以致工部局爲此頗感困擾:本埠静安寺内,例於陰曆四月一日起,至十日止,爲香市時期。在此九日期内,小販雲集,遊人擁擠,交通每爲之阻塞。公共租界工部局早有取締之決心。本年香汛,又將告屆,工部局方面曾一再令飭静安寺住持嚴行禁止。惟以習俗難除,且貧苦小販多數藉此九日之香市,而謀一年之生計者。故静安寺主持三次前赴工部局,請予以通融辦法。兹悉雙方業已磋商解決,將九天香市縮爲七天。⑥

此例開於何年,目前已難確定。聯繫前述種種史料分析,這十天之期應該是剛開出不久。

被縮短至七天後,静安香市的起讫日期,是從陰曆四月初三至初九。1932年《申報》報導稱:

> 本年香市將於五月八日起舉行,至十四日爲止。⑦

按陰曆,正是從該年的四月初三至初九。此後直到抗戰前,一直維持不變。1937年的静安香市也是從四月初三開始,到初九下午六時結束⑧。

---

① 《龍華寺香會昨日開幕》,《申報》第18700號,1925年3月25日(三月初二),第14版。
② 《龍華香寺會展期》,《申報》第18729號,1925年4月23日(四月初一),第15版。
③ 《基督教會紀事三則》,《申報》第16254號,1918年5月19日(四月初十),第11版。
④ 《静安寺之浴佛會》,見《上海軼事大觀》,第365頁。
⑤ 《申報》第20509號,1930年5月4日,第20版。
⑥ 《静安寺香市今歲照常》,《申報》第21112號,1932年1月15日,第15版。
⑦ 《申報》第21209號,1932年4月21日,第8版。
⑧ 《一年一度之静安寺香汛》,《申報》第22993號,1937年5月12日,第12版。《昨浴佛節静安寺大熱鬧》,《申報》第22999號,1937年5月18日,第11版。

四、路綫與交通

晚清至民國時期,龍華、静安兩寺分別地處上海城區的南郊和西沿,因此香客遊人的源地、往返路綫及其交通出行方式都頗有所不同。

(一) 龍華香市

龍華香市的交通可分前後兩個階段。

1. 晚清時期

此時鐵路尚未開通,上海以外地區前往龍華進香的資料較爲少見;就上海城區而言,香客前往龍華寺很不方便,出行方式主要有雇人力車、坐馬車、舟行和步行幾種。

前三種出行方式在資料中都有大量記載。因路途較遠,雇人力車和坐馬車的費用較高,再加上當時路況不佳,只能是當時少數人的進香選擇①。舟行作爲江南水鄉傳統最便捷的交通方式,龍華又正好"寺居浦濱",時人即稱其地"舟行較逸"②。顯然,坐船前往應該是當時很多滬城香客的首選。日人曾根俊虎在1874年經過龍華港時,對此留下了現場觀察:

> 此地兩岸平茫,滿目桃樹,春日桃李花開之時,花紅映水,香氣熏風。如此一刻千金之光景,使得居住上海的中外之人爭相泛舟載妓,來此勝地隨波暢懷。③

此外,步行也是城内香客很重要的一種出行方式。這顯然不完全是出於經濟方面的考慮。從史料中可見,即使在火車專列、汽車專綫已很普遍的20世紀30年代,步行前往進香的仍頗有不少。1935年農曆三月初,有人目擊:

> 背黄布袋的朝山進香客和觀光客,已不少了。④

---

① 《遊龍華寺》,《申報》第6463號,1891年4月21日(三月十三),第1版。當時獨輪小車、人力車、馬車在城區較常見。
② 張春華《滬城歲事衢歌》,上海:上海古籍出版社,1989年版,第8頁。
③ [日]曾根俊虎《清國漫遊志》,北京:中華書局,2007年版,第347頁。
④ 上海通社編《上海研究資料》,上海:上海書店,1984年影印版,第217頁。

這種背黃布袋的妝扮,無疑是一種信仰的表達。此時交通條件已大非昔比,步行香客仍有不少,由此不難想見在晚清時期步行前往的肯定更多。

2. 1921—1937 年

劃時代的事件是鐵路的開通。由於鐵路交通具有方便、快捷和載客量大等特點,可以極大擴展香市所輻射的地域範圍。滬杭鐵路的開通,讓龍華香市進入了一個新時代。

本來滬杭鐵路龍華段早在 1908 年就已經試通車,在龍華設了一個車站;1909 年全綫貫通①。不過在剛開通的三年裏(1909—1911),從資料中還看不出它所帶來的影響。而隨後的九年(1912—1920),龍華香市又因寺中駐軍而轉入低潮,其影響也就無從談起。

1921 年龍華香市重開,鐵路通車的影響即凸顯出來。最直接地表現在滬杭綫的兩端。北端上海,滬杭鐵路局當年就開設"龍華專列",從上海南車站至龍華站,以方便城內香客前往。報稱坐專列的"乘客尤衆",每趟專列還加掛了多節車廂,可仍不敷載。於是又特地增加了專列的日發次數,從七次加至九次②。此後數年均如此。

滬杭綫南端的杭嘉湖平原,這一帶到龍華進香的情況此前不甚明朗,此時從報導中可以看得非常清楚。浙北香客坐火車湧來的,每日動輒成千上萬。1921 年香汛期間,滬杭綫便異常繁忙,各車擁擠不堪。每列加掛車廂多節,還是"後至者幾無立足地"③。次年,香汛期間滬杭鐵路每日開行"特別早快車及慢車、下午快車、滬嘉區間車",也仍然無法滿足客流需求④。這種狀況一直延續至抗戰前,除了其間因駐軍而停歇的 1924 年、1927 年和 1932 年,其餘各年均人滿爲患。

眼見得鐵路在香汛期間因客流暴增而獲利甚豐,上海那些剛成立不久的長途客運汽車公司大受刺激。報導中有三家客運公司先後設立"龍華專

---

① 參吳莘耕《龍華今日》,上海:上海社會科學出版社,2006 年版,第 14 頁。按,此書初版於 1933 年,類似於旅遊指南。
② 《便利龍華香客》,《申報》第 17284 號,1921 年 4 月 7 日,第 10 版。《龍華香汛之熱鬧》,《申報》第 17300 號,1921 年 4 月 23 日,第 11 版。
③ 《龍華香汛之滬杭路營業》,《申報》第 17298 號,1921 年 4 月 21 日(三月十四),第 10 版。《龍華香汛之熱鬧》,《申報》第 17300 號,1921 年 4 月 23 日(三月十六),第 11 版。
④ 《龍華之遊客多》,《申報》第 17638 號,1922 年 4 月 3 日(三月初七),第 14 版。

綫",給城内香客提供了火車專列之外的又一種便利交通方式。

1923年香汛期間,滬柘長途汽車公司增設開往龍華寺的專綫,其經行如下:

>自普益習藝所之公司内出發,沿新築之滬柘汽車路,經斜橋至四明公所,遵裹日暉橋,由謹記路至龍華寺爲終點站,車行約十五分時。①

1925年香汛開始當日,直達龍華寺的汽車中就有滬閔長途汽車公司的身影②。到了香市正日,自上海至龍華的每班汽車無不"客滿",每逢開駛就"擁擠異常"③。見此情景,南市公共汽車公司當然不甘坐失良機。該公司在1929年香市期間開始派出專車,每日往來駛行於龍華、西門之間,因其"收費低廉、座位舒適",還帶動了其人數較往年"倍形增多"④。

除了現代化的火車專列、汽車專綫,一些傳統交通方式如水運、步行等,此時仍在發揮着作用。1933年出版的《龍華今日》中載有當時的水道情況:

>龍華港北接蒲匯塘,西接漕河涇,東流過百步橋,入于黄浦。……深通暢達,爲今日浦腹内之通津。⑤

既爲"通津",説明水運交通還在正常運轉。坐船雖然不如火車和汽車快捷,但舒適度和價格有一定優勢,當時乘舟前往的香客應該有不少數量。

與此同時,20世紀30年代上海城内還有一些步行前往龍華寺進香的。上文在論述晚清情況時已有説明,兹不贅述。此外,還有一些人坐馬車前往⑥。不過此等史料已漸趨稀少。

(二) 静安香會

静安寺近在滬西,其境況較之龍華寺有重大不同。該寺附近通電車前,城内香客前往的交通方式主要有馬車、東洋車、小車及步行等多種⑦。因路途不遠,就人數而言顯然以步行者居多。

---

① 《週六汽車增刊》《滬柘長途汽車公司增開龍華專車》,《申報》第18020號,1923年4月28日(三月十三),第23版。
② 《龍華寺香會昨日開幕》,《申報》第18700號,1925年3月25日(三月初二),第14版。
③ 《龍華昨日之熱鬧》,《申報》第18714號,1925年4月8日(三月十六),第14版。
④ 《龍華道上仕女如雲》,《申報》第20136號,1929年4月13日(三月初四),第15版。
⑤ 吴莘耕《龍華今日》,第14頁。
⑥ 《龍華寺員警稽查處之防護》,《申報》第18705號,1925年3月30日(三月初七),第15版。
⑦ 《静安寺佛會》,《申報》第1554號,1877年四月初九,第2頁。

1899年該寺所處地段被納入公共租界,從此寺廟與城區的關係更加緊密。1908年,靜安寺開始通電車,而有軌電車正是當時租界最便捷的交通方式。此後,城内香客坐電車前往者日多。到了1919年,寺前建成通衢,電車行駛更爲便捷。緊接着就是靜安香市的鼎盛期,從20世紀20年代至30年代,每年香市期間城内開往靜安寺的電車更是擁擠不堪,電車公司常有添開專車之舉。如1924年浴佛節,電車公司特于靜安寺與卡德路之間"添駛專車",以減"人滿之患"①。1931年香市期間,電車公司臨時加添數輛專車,"無不客爲之滿";而其他綫路的電車經過時,往往因途中阻塞而不得不調頭另駛②。

　　靜安香客的源地與龍華明顯有所不同。即使在其香市鼎盛的20世紀20—30年代,《申報》每年的香汛報導,也没有反映出期間有大量外地香客湧進。可見其香客源地一直都以當地爲主。

五、經濟影響及規模

　　香市作爲一種集市,當然包含着大量的經濟因素。對某些香市來說,經濟利益的驅動甚至是決定性的。但這方面的研究非常麻煩。因爲在傳統時代,這種群體性的集市貿易,不可能有具體的統計資料,有時甚至連推算的依據都没有。好在龍華、靜安兩寺地處上海,近代以來每年香汛期間的一些新聞報導,包含不少數量信息。儘管這些資訊比較片面、分散,但可以用作推算其總體經濟規模的基礎。

　　近代以來的香汛報導中,具備數量特徵的主要有香衆人數、寺場攤基、交通公司售票情況等項。其中,報載某日香衆數量,一般是記者綜合車站、寺場等各方情況而得出的;雖然未免有估算成分,但往往來自現場目擊,應該說具有較高的可信度。而車票價格、售票數、攤基數及租金等,一般來說出自採訪,可信度相對更高。考慮到以上各方面資訊到香市鼎盛的二三十年代才漸趨豐富,本節就此展開初步探討。

----

① 《佛誕日之形形色色》,《申報》第18391號,1924年5月12日(四月初九),第13版。
② 《浴佛勝會志盛》,《申報》第20883號,1931年5月25日(四月初九),第11版。

(一) 龍華香市

從現有資料出發,可以從三個方面加以分析。

1. 香衆人數

龍華香市的香衆人數,報載數字往往只有某日的香衆概數及龍華專列所售票數。

1921年龍華香汛恢復,正日香衆有5萬餘人①。正日之外,雖缺乏直接的數量報導,但根據各種文字描述,其鬧猛之勢與正日相比不遑多讓②。即使以七至八成計算,每天也有約4萬人之譜。筆者曾于2008年3月2日去龍華寺實地調查,向一位年長寺僧詢問了香市的相關情況,並現場踏訪一圈。就空間規模看,鼎盛時香客遊人在5萬以上毫無問題。以日均4萬人加以推算,香汛期間總人次超過120萬。考慮到上海城區是當時龍華香市的主要客源地,而1931年上海市人口也不過186萬③,可見每年香期龍華香衆之龐大。

俟後直至抗戰爆發,除了因駐軍而暫停的1924、1927和1932年外,鼎盛期其他各年香市的大致情形在上文分析變遷大勢時已有論列,茲不贅引。直接的香衆資料雖不夠充足,但結合各年報導所描述的種種情況來看,如交通的擁擠不堪、寺場的人潮湧動、攤肆的生意興隆、員警的巡邏繁忙等,各年之間非常相近。由此可知,1921—1937年間,香汛正常年份的香衆總數均應120萬人次以上。

2. 主要經濟部門

龍華香市從經濟上牽涉到許多方面。香客作爲消費者,在此可以暫置勿論。就收益方而言,大頭主要包括三方。

(1) 寺方。香市興旺,寺方最直接的收益首先當然是香客樂捐的香火。這方面存在比較大的彈性,報導中缺乏直接資料。與此同時,寺場攤販須向

---

① 《龍華香汛之熱鬧》,《申報》第17300號,1921年4月23日(三月十六),第11版。
② 《便利龍華香客》,《申報》第17284號,1921年4月7日(二月廿九),第10版;《保護往遊龍華之西人》,《申報》17285號,1921年4月8日(二月三十),第11版;《龍華香汛之滬杭路營業》,《申報》第17298號,1921年4月21日(三月十四),第10版。
③ 侯楊方《中國人口史》第六卷(1910—1953),上海:復旦大學出版社,2001年版,第160頁。此資料似未包括租界人口。

佛教與社會 | 385

寺方繳納場租，其總數當不在少。另外，寺內功德林所辦的素席，無不客滿①，這中間當然也有一筆不菲的收入。而各種車輛停留寺前者概須納捐，車輛甚衆，此項收入應該也不少。如此各種，謂寺方進項鉢滿盆滿，自非虛語。

（2）寺場攤販。由於客流量大，寺場攤販生意興隆、收益增多自是毋庸贅言之事。據1925年香汛期間記者報導，寺外香肆、茶肆及零星玩具小販、擺攤食物等生意，無不利市三倍。②

（3）交通運輸部門。香市期間客運量大增，乃至超負荷運營，帶來的利潤當然非常可觀。滬杭鐵路不僅開設龍華專列，浙北香客也蜂湧而至，運營部門大獲收益。滬上汽車公司在此期間增設的專車，一般每次售小洋二角；③考慮到乘客之衆，香期一個月其收入也頗爲可觀。此外，馬車和船運也有一定數量，不過面對鐵路和汽車業的擠壓，這兩種傳統的交通方式在20世紀20年代已開始衰退。

由於龍華香市的興盛，周邊寺廟的香火因之也興旺起來。如上文提及的烏坭涇廟，就在龍華寺對岸。香市期間，龍華香客逛完龍華往往餘興未已，擺渡至該廟順便進香。以致該廟一掃平時的冷清，隨之展現出香客絡繹的另一番情景。④

綜上可知，與傳統時代的香市相比，此時龍華香市所牽涉的各種經濟關係已有很大不同。出現了迥異于以往的全新情況。最明顯的，當然是現代交通工具的介入，它給香市帶來了前所未有的深刻變化。從20世紀20年代開始，出現了往龍華進香的火車專列、汽車專綫，很快取代傳統的舟行、步行、馬車等交通方式，成爲之後龍華香客的主要出行方式。現代交通工具的便捷，使得香市期間每日的進香者大增，其消費量也隨之暴漲，也就給上述各方帶來了異乎尋常的豐厚收益。從區域關係的角度來看，龍華香市對周邊寺廟產生了輻射，形成了區域性的集聚效應。

---

① 《龍華昨日之熱鬧》，《申報》第18714號，1925年4月8日（三月十六），第14版。
② 同上。
③ 《週六汽車增刊》，《滬柘長途汽車公司增開龍華專車》，《申報》第18020號，1923年4月28日（三月十三），第23版。
④ 《龍華寺員警稽查處之防護》，《龍華烏坭涇廟之香火盛》，《申報》第18705號，1925年3月30日（三月初七），第15版。

3. 經濟規模

上述收益各方的具體額度,目前已難悉知。在此僅以數量稍較具體的客流人數爲基礎,推算交通部門的運輸收益,以窺全豹。

先看鐵路。龍華專列客票,每天售出一般 5000 張,有時甚或過萬。按每張單程售價一角計,日進 1000 至 2000 元,一月進項 30000 至 60000 元。①寺場停車費,每車須繳四角至六角②,每天寺場所停之汽車、馬車,數達千輛③,此項日進即在 400 元以上,一個月不低於 12000 元。

汽車業的收入。日均 40000 多香客,上海作爲龍華香客的主要客源地,估計其數過半,應在 20000 至 30000 之間。其中,坐火車的 5000 人;馬車可能數十上百輛,載客量最多不過數千;步行、舟行的香客也有一定數量,但不很多;可見每天往來的專綫汽車,才是運載主力。估算其載客量在 20000 左右,來回運載總人次按 30000 算,每客票價平均二角④,一天即有 6000 元營業收入,一月 180000 元,不可謂不豐。

上述三項只是龍華香市經濟的冰山一角。由此不難想見其鼎盛時期總體經濟規模之大。

(二) 静安香市

静安香汛雖然爲期較短,1930 年以後每年只有 6 至 7 天,但香客聚集則爲數巨大。其空間規模"綿亘數里"⑤。記者所見:

> 静安寺門前,例有匯市(俗名逢集),自該寺門首,東至赫德路,西至極司非而路、徐家匯路,北至愚園路,貨攤麇集,貨物並陳,香客遊人,爭相購買。⑥

在這樣一個範圍裏,密密麻麻地擠滿行人,記者估算有"數以萬計"⑦。

---

① 《龍華之遊客多》,《申報》第 17638 號,1922 年 4 月 3 日(三月初七),第 14 版;《昨日龍華香汛之熱鬧》,《申報》第 18023 號,1923 年 5 月 1 日(三月十六),第 15 版。
② 《昨日龍華香汛之熱鬧》,《申報》第 19076 號,1926 年 4 月 13 日(三月初二),第 14 版。
③ 《龍華寺員警稽查處之防護》,《申報》第 18705 號,1925 年 3 月 30 日(三月初七),第 15 版。
④ 1924 年,自老西門至龍華的汽車票價爲每人三角。見:《滬閔汽車公司開遊龍華專車》,《申報》第 18356 號,1924 年 4 月 7 日(三月初四),第 14 版。
⑤ 《記昨日浴佛節静安寺之盛況》,《申報》第 22657 號,1936 年 5 月 29 日(四月初九),第 12 版。
⑥ 《佛誕日之形形色色》,《申報》第 18391 號,1924 年 5 月 12 日(四月初九),第 13 版。
⑦ 同上。

事實上,這還只是暫態數量,遊客不可能流連終日的。以每人平均滯留2至3小時,每天從早6點到晚10點,全日累計,總人次至少在10萬至15萬以上。極盛年份,香客累計應該有100萬人次以上的規模。與龍華香市相比不落下風。

爲滿足客運需求,電車公司在香市期間也開駛專車①,有時還會加添數輛②,每車無不客滿。寺方除了香火收入,攤販繳納的場地租金應該是大頭。由於地處鬧市、空間逼仄,素齋及停車費則未見報道。

静安香市的攤基十分搶手,以致歷年常有"冒領執照"以"抬高價目、從中漁利"之事發生③。每年攤基"數約二千",均早早滿額,每攤戶"出資四元",就有約8000元收入④。1937年調整,租用攤基共分兩種,甲種(近廟及熱鬧街口)日納租金一元二角,乙種(冷僻處)日納六角;攤基數減至1500戶;按戶均納八角計算,每天收入1200元,七天總入8400元⑤。

非常有意思的是静安香市貿易的商品。攤販所賣之物,琳琅滿目,主要是國貨土產。從各種手工藝品、日用家俱,到紡織耕種各器等,應有盡有。⑥記者形容其"仿佛國貨土產之展覽會"⑦。很多攤販一年的生計即系於此。1931年攤戶呈工部局文明言:

> 小商人等,每逢佛誕,約設攤十日,將一載中所制土產雜物,盡行銷售於該市,略博微利,以維一年之生計。⑧

僅僅"略博微利",十日之間所得便能"以維一年之生計",由此不難想見攤販獲利總數之豐厚。

1934年香市期間,寺院附近組織了滬西國貨臨時商場,衆多公司集中批發銷售。永和實業公司即爲其中之一。因浴佛節遊客"成千累萬",而該

---

① 《佛誕日之形形色色》,《申報》第18391號,1924年5月12日(四月初九),第13版。
② 《浴佛勝會志盛》,《申報》第20883號,1931年5月25日(四月初九),第11版。
③ 《静安寺浴佛節消息》,《申報》第22249號,1935年4月4日,第15版。
④ 《浴佛節將屆》,《申報》第22282號,1935年5月7日(四月初五),第10版。
⑤ 《浴佛節近》,《申報》第22985號,1937年5月4日,第15版;《一年一度之静安寺香汛》,《申報》第22993號,1937年5月12日(四月初三),第12版。
⑥ 《静安寺的廟會》,《申報》第19112號,1926年5月19日(四月初八),增刊第4版。
⑦ 《浴佛節静安寺香汛》,《申報》第20875號,1931年5月17日(四月初一),第13版。
⑧ 《呈工部局文》,《申報》第20869號,1931年5月11日,第10版。

公司產品被譽爲"國貨界之翹楚",故終日營業"殊形發達"①。

據1932年靜安寺向工部局交涉的呈文,每年香市期間攤販營業額"竟達千餘萬元"②。顯然這是龍華香市不可企及的一個數字。兩相對照,可知雖然兩處都以佛教寺院爲依託,龍華香汛帶有濃厚的休閒色彩,而靜安香市則商業氣息特別深厚。這也與兩處寺院一位於遠郊、一在鬧市的區位特徵息息相關。

六、討論

以上從香期、交通、經濟影響及規模等方面對晚清至抗戰前龍華、靜安兩寺的香市作了分析,應該說,儘管當時其他寺廟也存在一些小規模的香市,但這兩個香市大致已可以反映出當時上海周邊佛教香市的基本面貌。

兩相對照,首先應該看到,這兩處香市存在一些共同特徵。那便是因爲處在一個從傳統向現代轉型的社會環境中,兩處香市都呈現出強烈的現代因素。其中最明顯的是交通方式的改變。傳統社會朝香,採用的當然是傳統的交通方式;有些信眾爲了突顯其信仰之虔誠,甚至故意自討苦吃,採取步行前往的方式。然而,從晚清以降,龍華、靜安兩處香市都及時地應用了現代化的交通工具。從起初的人力車(東洋車)到後來的火車、汽車、電車等。應該說,是交通方式的改變,構成了兩處香市在20世紀20年代以後趨於鼎盛的最直接的驅動力。

由於交通方式的革新,使得香市發育過程中的經濟關係變得更多元、更複雜。香市的經濟規模得以急劇擴張。雖然由於資料的原因,上文對於龍華、靜安兩處香市的經濟規模並沒有作出系統而完整的揭示,但透過一些描述資料不難感受到,從晚清到抗戰前,上海的佛教生態已經與傳統時代大不相同了。

如果放眼佛教的其他方面,諸如全國性佛教組織的成立與活動,新型信

---

① 《昨浴佛節營業盛況》,《申報》第21942號,1934年5月21日(四月初九),第10版。
② 《浴佛節靜安寺香市交涉結束》,《申報》第21208號,1932年4月20日,第6版。

衆社團(居士林)的出現與運作,衆多現代佛教期刊的出版發行,再如現代佛學研究的興起、新型佛教大學的創辦等①,方方面面的跡象表明,佛教的發展進入了一個新的世代。

當然,由於地理區位的不同,龍華和静安兩處香市還是存在一些顯著的不同。總體來看,静安香市的商業氣息十分深烈,而龍華香汛的休閒性質更加明顯。上文分析中已充分表明,静安香市在發育過程中,與市政管理部門出現了矛盾,主要是香市期間人流密集,佔用道路,影響交通,以致工部局對此要予以限制,甚至想取消。而寺方、攤販反覆交涉,申述的主要理由便是香市對於攤販生計的重要性。兩相對照,龍華寺由於地處郊野,香汛空間並未出現如此的緊張,給人留下印象的便是桃花掩映的綺麗風光。

由於缺乏足夠的資料説明,在此筆者還難以清晰地説明其具體過程,但顯而易見,至少到20世紀20年代,静安、龍華兩寺已呈現出強烈的都市佛教的特徵。其面向的社會環境已由傳統時代以農業爲主,轉變至基於工商業經濟關係的現代都市。

這中間的轉變遠不止經濟層面,還包括政令法規以及社會上的文化觀念。民國以前,歷代政府對於入寺燒香基本上採取抑制態度,與此相應,社會輿論也一脈相承②。著眼點是婦女入寺燒香,有可能傷害風化。偏偏婦女是佛教信衆的主力。這一方面雖然令行而禁不可能止,但終歸構成一種阻力。入民國後,雖然一些酸腐文人抱殘守缺,仍時不時在報刊上散布一些燒香有害的言論,但政府層面,禁止燒香的政令已不復出現。取而代之的是加強管理,從治安到經濟秩序。這不能不説是一種社會進步。

然而一個近乎二律悖反的問題是:晚清至抗戰前的上海香市,雖然出現了諸多現代因素,但香市終究是傳統社會的産物。上文已説明,無論龍華

---

① 上海通社編《上海研究資料》(續編),上海書店1984年影印版,第729—731頁。此書初版於1937年。
② 《申報》對此有不少報導,如:《戒燒香拜佛論》,《申報》第868號,1875年2月27日(正月廿二),第1版;《論佛會宜禁》,《申報》第5433號,1888年6月15日(五月初六),第1版;《勸人勿燒香説》,《申報》第10040號,1901年4月3日(二月十五),第1版;《嚴禁佛會》,《申報》第11857號,1906年4月23日(三月三十),第17版。

香市,還是静安香市,所交易的都是一些土産國貨。隨着現代性因素的不斷加强,其邏輯結果便是這種内容的香市趨向消亡。1949年以後,江南地區很多香市改稱爲城鄉物資交流大會①。静安、龍華香市也先後被取消,應該説,完全是上海城市化不斷發展而導致的必然。

不過,雖然龍華、静安的香市已隨風遠去,但作爲一種文化記憶,與龍華香市相伴生的龍華桃花仍鮮活地盛開。它已成爲上海城市文脈不可或缺的一個部分。周璇的一曲《龍華的桃花》,迄今仍是老上海的城市記憶。半個世紀後,著名作家白先勇從海外歸來,仍興沖沖地跑到龍華去尋夢②。無疑,這是文化的力量。它虚無縹緲,却生生不息。

---

① 如烏鎮香市,見:《茅盾與故鄉》,第224頁。
② 白先勇《上海童年》,見:《白先勇散文集》,上海:文匯出版社,1999年版,第1—2頁。

清代以來湘中神像雕刻原因初探 *

巫能昌

一、引言

早在 1978 年,湖南的雕刻神像就引起了斯蒂文斯(Keith Stevens)的注意①。20 世紀 90 年代,大量的雕刻神像出現在北京、廣州等地的文物市場上,其中絕大部分來自湖南中部地區。這些神像多刻於清至民國時期,一般由稱爲"丹青處士"的匠人進行雕刻和開光。神像背部的龕洞(亦稱臟箱)中大都保存着一種開光之時放入的文書,俗稱"意旨"。意旨包含了祀神者的姓名和住址、神像的身份和供奉原因、開光時間、刻像開光者的姓名,開光之時所用符籙等方面的豐富信息。學界由此再次注意到湘中地區的雕刻神像,並開始了對其的系統搜集、整理、數據庫建設和研究工作。

研究方面,華瀾(Alain Arrault)和米蓋拉(Michela Bussotti)對這些神像的時空分布、神明身份、意旨、雕刻工匠、造型等方面進行了總體分析②。華瀾還重點考察了神像中占多數的家祀神像,將他們分成神明、親人、法師

---

* 本文原刊《世界宗教研究》2018 年第 6 期,第 77—86 頁,收入本書時有細微修訂。筆者在此特向法國遠東學院(EFEO)華瀾(Alain Arrault)研究員深致謝忱。他的邀請讓筆者有機會參與臺灣政治大學李豐楙教授收藏系列湖南雕刻神像的整理工作,且能夠利用其主持建設的湖南神像數據庫。文中引用的神像和意旨,其版權歸屬均爲法國遠東學院。

① 參見 Keith Stevens, "Altar Images from Hunan and Kiangsi," *Journal of the Hong Kong Branch of the Royal Asiatic Society*, vol.18, 1978, pp.41-88,卷末附圖 1—10。

② Alain Arrault and Michela Bussotti, "Statuettes religieuses et certificats de consécration en Chine du Sud (XVIIe- XXe siècle)," *Arts Asiatiques*, vol.63, 2008, pp.36-60. Michela Bussotti, "Observations sur les sculpteurs de statuettes religieuses du Hunan," *Cahiers d'Extrême-Asie*, vol. 19, 2010, pp.135-181.

三大類,討論了這些神像的教派屬性,及其所反映的地方社會和區域社會文化進程。① 范華(Patrice Fava)認爲湖南雕刻神像中的法師基本是道教的,並以這些法師神像爲切入點,主要考察了近當代湘中地區的法師崇拜和道教儀式實踐。② 羅柏松(James Robson)討論了作爲寫本文獻的意旨對中國宗教研究的意義③。梅茨(Mechtild Mertz)和伊東隆夫對這些神像所用的木料進行了專門的分析④。華瀾、Agnieszka Helman-Wazny 和羅柏松則考察了意旨用紙的材質⑤。胡彬彬和吴燦等學者亦對主要來自湖南的神像和意旨進行了總體介紹,並著重對其中祖先和佛教神像的意旨進行了較爲深入的分析。⑥ 值得注意的是,胡彬彬指導的碩士李海濤利用 213 份清代湖

---

① Alain Arrault, "Analytic Essay on the Domestic Statuary of Central Hunan. The Cult to Divinities, Parents and Masters," *Journal of Chinese Religions*, vol. 36, 2008, pp. 1-53; "La société locale vue à travers la statuaire domestique du Hunan," *Cahiers d'Extrême-Asie*, vol. 19, pp. 47-132.

② Patrice Fava, *Aux portes du ciel. La statuaire taoïste du Hunan: Art et anthropologie de la Chine*, Paris: Les Belles Lettres, 2013.

③ James Robson, "Brushes with Some 'Dirty Truths': Handwritten Manuscripts and Religion in China," *History of Religions*, Vol. 51, No. 4, 2012, pp. 317-343.

④ Mechtild Mertz and Itoh Takao, "A Study of the Wood Species of 73 Deity Sculptures of the Hunan Province, from the Patrice Fava Collection," *Cahiers d'Extrême-Asie*, vol. 19, pp. 183-214.

⑤ Alain Arrault, Agnieszka Helman-Wazny and James Robson, "Les papiers 'rituels' dans les statues du Hunan (Chine du Sud, XVIe-XXe siècle)," Claude Laroque, éd., *Actes de colloques. Autour des papiers asiatiques*, publication en ligne du Centre de recherche "Histoire culturelle et sociale des arts," Université Paris 1 Panthéon-Sorbonne, 2017, pp. 61-100.

⑥ 近三十年來,中南大學中國村落文化研究中心陸續搜集、整理了一批來自長江中游地區的雕刻神像和意旨。2011 和 2013 年,湖南大學出版社出版了其中 500 多尊雕刻神像(道教 260 多尊和佛教 280 多尊)和 500 多種"造像記"(按,此處所謂造像記即意旨)的實物圖像。其中,"道教造像記"和"佛教造像記/願文"多來自清代湖南。另需注意的是,湖南大學出版社出版的這批神像和意旨之間不是一一對應的關係。詳參胡彬彬、朱和平《長江中游道教造像記》,長沙:湖南大學出版社,2011 年;胡彬彬、龍敏《長江中游佛教造像記》,長沙:湖南大學出版社,2011 年;胡彬彬、吴燦《長江流域民俗文化與藝術遺存:道風遺韻》,長沙:湖南大學出版社,2013 年;胡彬彬、李方《長江流域民俗文化與藝術遺存:像影迴光》,長沙:湖南大學出版社,2013 年;胡彬彬、吴燦《長江流域民俗文化與藝術遺存:祈福禳災》,長沙:湖南大學出版社,2013 年;胡彬彬、李方《長江流域民俗文化與藝術遺存:祈願延綿》,長沙:湖南大學出版社,2013 年。單篇論文主要有李方《湖南地區佛教造像藝術初探》,《藝海》2011 年第 5 期,第 78 頁;胡彬彬《湖南佛教造像記十例》,《湖南大學學報(社會科學版)》第 27 卷第 1 期,2013 年,第 114—117 頁;吴燦《長江中游宗教美術系列著作述評》,《貴州大學學報·藝術版》第 27 卷第 3 期,2013 年,第 42—47 頁,其中對"造像記"的介紹,參見第 43—44 頁;吴燦、胡彬彬《湘西南道教造像記中所見祖先崇拜》,《湖南大學學報(社會科學版)》第 27 卷第 5 期,2013 年,第 116—120 頁;胡彬彬、吴燦《明清時期長江流域的佛教造像願文》,《世界宗教研究》2015 年第 2 期,第 60—68 頁。據《明清時期長江流域的佛教造像願文》一文(第 60 頁),中南大學中國村落文化研究中心收集到的各類長江流域造像願文計有 3000 多卷,其中佛教造像願文約有 1400 卷。感謝祁剛和温海波的提醒,讓筆者注意到國内關於長江中游地區神像的研究工作。

南"造像記",專門討論了清代湖南民眾神明造像的原因和願望。此亦本文要處理的主題。不過,可能是由於資料的限制,李氏忽略了湖南神像雕刻很重要且普遍的一個原因,即儀式專家祈神護持香火①。近年來另有幾篇碩士論文主要考察了或論及明清時期湖南的神像,因其討論的具體內容與本文主題關涉不大,茲不贅述。② 此外,劉君田等分析了洛陽民俗博物館所藏來自湖南的一尊鄒法靈像③。

如華瀾等學者特別指出的,湘中雕刻神像大都爲家祀神像,而非廟祀神像。與家祀神像流行的情況相反的是,除觀宫、佛寺與庵堂外,當地的鄉村廟宇系統並不發達④。這種有別於其他地區的祀神傳統之形成原因和過程,有待進一步的考察。本文則以目前已經收入法國遠東學院湖南神像數據庫的四個系列,共計3568尊神像及其意旨爲基本資料⑤,主要從信衆的角度出發,對神像的雕刻和供奉原因及其背後的邏輯作初步的系統分析。

二、神像雕刻緣由

這些神像中,高度在20至40釐米者占了大部分,而又以20至30釐米

---

① 李海濤《清代湖南造像記研究》,湖南大學碩士論文,2012年,其中對造像原因的討論見第19—28頁。
② 參見陳池《湖南明清宗教木雕造像研究》,湖南師範大學碩士論文,2007年;衛平香《湘桂黔邊界地區觀音造像異變研究》,湖南大學碩士論文,2008年;李方《明清時期湖南佛教造像的區域性比較研究》,湖南大學碩士論文,2012年;王芳《清代湖南地區道教造像》,湖南大學碩士論文,2013年;翟鑫《隋唐與明清時期長江流域佛教造像願文比較研究》,湖南大學碩士論文,2014年;周丹《明清湖南道教造像世俗化現象研究》,湖南大學碩士論文,2015年。
③ 田國傑、聶曉雨《木雕造像裝藏的宗教信仰行爲及心理》,《文物天地》2016年第5期,第26頁;劉君田《館藏"鄒君"木雕造像》,《文物天地》2016年第5期,第66—67頁。按,洛陽民俗博物館目前收藏有1200餘尊木雕造像,其中留下刊刻相關的文字信息者很少。除了這尊鄒法靈像,另有一尊基座處墨書"道光甲申(1824)中秋處士彭光祥"的神像(參田國傑、聶曉雨文)當亦來自湖南。法國遠東學院湖南神像數據庫所收神像T0166(來自新化)和T0189(來自安化)的基座上均書有"處士彭光祥"等字樣。關於洛陽民俗博物館所藏木雕神像的總體介紹,參見梁淑群《館藏木雕人物造像的種類、特點及多元價值》,《文物天地》2016年第5期,第16—22頁。
④ 參見呂永昇、李新吾編著《"家主"與"地主":湘中鄉村的道教儀式與科儀》,香港:香港科技大學華南研究中心,2015年,第10頁。
⑤ 這四個系列的神像,分別是顏新元收藏的1367尊(編號以字母Y爲首,約70%的神像保存有意旨)、范華(Patrice Fava)收藏911尊(編號以字母T爲首,約92%保存有意旨)、湖南省博物館收藏的870尊(編號不以字母爲首,約12.5%保存有意旨)和李豐楙收藏的420尊(編號以FB、FS或FT爲首,約98%保存有意旨)。四個系列的神像總數爲3568尊,保存有意旨者2300餘尊,約占65%。其中,范華收藏的系列神像和意旨數據已經向公衆開放訪問。數據截至2018年1月1日。

者居多,體積普遍較小。這與他們多供奉於民衆家中,而非公共壇廟的特點是相契合的。而且,體積較小的神像更易於被攜帶或迎請至舉行法事的壇場進行供奉①。此外,不少信衆家中供奉的神像不止一尊。在保存有意旨的 2300 餘尊神像中,不到 1500 尊神像的意旨記錄了較爲具體的雕刻原因。從這些意旨來看,湘中家祀神像的雕刻原因以一般性的祈保家門清泰者爲最多,次爲行香走火,再次爲家人生病,末次爲求嗣保赤、命中神煞、冒犯神明、神明或祖先自求光身等原因。與家祀神像相比,廟祀神像的數量小很多,但對理解民衆在宗教文化方面的觀念和實踐仍有重要的意義,亦有專門討論之必要。本節將分而述之。需要指出的是,很多神像的雕刻原因不止一個。筆者在文中對其所作分類乃基於每尊神像的主要雕刻原因而言。

(一) 一般性的祈保家門清泰

這類神像大概有 900 尊以上。其中,以當地人的親人、祖先、師父或祖師爲原型刻奉而成的神像占了近三分之二。按,出於論述的需要,筆者在此將親人和祖先歸爲血緣關係,與儀式或法事能力有關的師父、祖師一類則歸爲法緣關係。此類神明之中,有的和當地人只有血緣和法緣關係中的一種,有的則兼有這兩種關係。這些神多與刻奉者之間有直接的血緣或法緣關係,亦有不存在此種關係者。其原因在於,刻奉者有時會選擇雖然不在自己的血緣、法緣關係網絡之中,但影響力較大的刻像原型,尤其是選擇那些在當地已被刻像奉祀者。祖先的情況,如道光十二年(1832)寧鄉縣楊建修兄弟刻奉他們的母親"楊門魏氏老孺人"之神像,座鎮家堂,求"祖妣"護佑滿門清吉,百事亨通(T0403)②。更多的情況下,刻奉者會選擇擁有法力的親人或祖先。例如,寧鄉縣李星池(1826—1877)生前曾習學梅山正教符法。他在過世十餘年後被其子發心雕刻供奉,期其"佑子子房房發達,庇孫孫户户興隆"(FT-0151)。再如,寧鄉縣過世不久即被其子刻奉的鄧代賢(1848—1901):

在世叨行教法,應理道(壇)門,入道以學仙,[參](叅)玄而佩籙,原於同治二年(1863)上元令旦之辰,仗化士周吉祥代香遠叩六十一代天

---

① 根據范華的調查,湖南中部地區主持或參與法事的儀專家有攜帶或迎請神像至壇場供奉的習慣。參見 Patrice Fava, *Aux portes du ciel. La statuaire taoïste du Hunan: Art et anthropologie de la Chine*, pp.364-369。

② 這種以括弧形式注明,位置上不緊接人名和年號的數字/編號均爲引用神像或意旨的編號。

師府下,拜受太上五雷經籙一階,職充九天金闕玄堂演教贊法仙卿掌考召院事爲任;又於光緒廿一年(1895)上元令旦之辰,仗化士周一和代叩天師府下,加受三五都功正一盟威三官經籙全部,職充九天闕崇真大夫玉堂演教七炁真人奏善仙卿爲任。(T0671)

鄧代賢顯然是一個道士。他兩次通過代香遠叩天師府的方式受籙,先後受"太上五雷經籙"和"三五都功正一盟威三官經籙全部"①,足見其道法高明,且獲得其前輩和同行極大的認可,在當地亦當有較高的知名度。他在死後得其子刻奉以"顯千年神通,長發其祥,蔭萬代福祿"(T0671)。意旨中沒有提到關於法脈傳承的願望,則其後代可能沒有繼承道業,只是將他作爲有道法的祖先來進行崇拜。

刻奉者和被刻奉者之間有法緣關係的情況,如宣統二年(1910)新化縣黃長貴刻奉其度師之像,祈保家下人興財旺,百事亨通(T0821);兼具血緣和法緣關係的情況,如光緒二年(1876)寧鄉縣的一個刻奉者自稱"行兵弟子孝男"(FS-0047);既無血緣亦無法緣關係的情況,如同治六年(1867)新化縣伍華楊刻奉地主馮十三郎(T0405)。按,地主一般被視爲"本地最早的拓荒者;法術最大兼最有名望"的儀式專家,能保護一方的平安②。伍氏稱馮十三郎爲地主,則馮十三郎即爲伍氏所處社區或村落公認的保護神,具有較大的影響力。

以神爲刻奉對象的神像之中,最流行者爲灶神九天司命府君張相公及其配偶神李夫人,有近140尊,其中包括約30個張相公和李夫人一起刻奉的組合;其次爲觀音,有近50尊;再次爲趙元帥和關帝,都有30尊左右;末次爲魯班、三官、南嶽帝君、藥王、真武、和合二仙等神。刻奉或重新裝塑灶神之像,其旨與灶神的職能有關,即祈求灶神"上天傳善事,下地降吉祥"(Y.113142)。趙元帥的刻奉或和求財聯繫在一起,如同治八年(1869)寧鄉縣

---

① 鄧代賢於同治二年代香叩第六十一代天師受籙。這與該天師,即張仁晸(1840—1903)在同治元年嗣天師位的史實相合。不過,鄧氏所受之籙在近當代龍虎山天師府授予道士之籙中並無精確對應者。這是由於意旨對鄧氏所受之籙的名稱記載有誤,還是出於別的原因,有待考證。關於第六十一代天師和近當代天師府授籙的情況,參見張金濤主編《中國龍虎山天師道》,南昌:江西人民出版社,2000年,第170—174,208頁。

② 與地主相對而言的,有側重庇蔭某個家族的神祇"家主",以及管理一方土地之神明"廟王"(城隍)。參見呂永昇、李新吾編著《"家主"與"地主":湘中鄉村的道教儀式與科儀》,第10頁。

的陶永新將其稱爲"招財進寶趙公元帥",刻奉以"座鎮家堂,保財源進寶"(Y.16056)。值得一提的還有光緒三十二年(1906)新化縣賀就賓刻奉的南嶽聖像。此次刻像源於賀氏之前在衡山縣祝融峰所許之願(T0717)。這是一個進香作爲區域性神明香火進入地方之途徑的生動例子。

(二) 行香走火

此類神像有 200 餘尊,多爲刻奉者的前代祖師、師父,亦間有普遍流行的觀音、趙元帥、玄天上帝等神。刻奉者多爲宗教儀式專家,或是掌握一些法術的"巫醫百工"。神像中數量最多的爲驅邪法師。華瀾曾對這些神像的原型和刻奉者所掌握的法術進行統計和分析,發現其歸屬大致有制度性宗教(佛教和道教)、元皇教、梅山教、魯班正教等教派,其中又以屬元皇教和梅山教者居多。① 亦有一些意旨將行法者之法術歸入"巫"教的範疇。例如,1934 年寧鄉縣李鹿斌刻奉其父師生像,意旨提到其拜父所學爲"先天元皇淮南巫門法訣大小一宗"(T0085)。總的來看,這些行法者中有專行一種教法者,如光緒十一年(1885)習學"元皇正教一宗"的周道心刻奉其度師之像(T0482);亦有兼行數種教法者,如光緒二十五年(1899)新化縣習學"先天佛道元皇正教"的李愃耀刻奉其度師之像(T0009),桃江縣習行"清微淮南正教"的文佛保(1886—1954)在過世的第二年被其徒弟刻像供奉(FS-0110),以祈保香炳開通,法教流通。不過,更多的法師在法派歸屬方面的信息並不明確。純傳統道教或佛教性質的儀式專家在爲行香走火而刻奉神像者中較爲少見。佛教性質者如"自幼參學佛教"的邵陽縣人彭鐘維。他在 1946 年刻奉其師父周木桂和尚(1892—1942)之像,"乞爲護持十方行香走火"(T0834)。

有些靈媒——當地一般稱爲"脚馬"——亦會刻奉神像,不過數量似乎極少。意旨中明確提及者,如光緒五年(1879),新化縣一户羅姓人家刻奉鄒法靈像,祈願首爲"佑脚馬弟子羅世林,十方行香走火,通靈顯應"(T0095)。同樣是在新化縣,自稱"脚馬"的卿廷節刻奉了一尊卿法雷像,"祈保脚馬四方門下,行香走火,符到□靈,水到病除,掃邪歸正,一年四季千家來請,萬家

---

① 詳參 Alain Arrault, "La société locale vue à travers la statuaire domestique du Hunan," pp. 83-100。

來迎,生意興隆,財源廣茂"(FS-0070)。

醫者所刻神像之中以藥王孫思邈,或稱孫真人爲常見。例如,光緒二十三年(1897),新化縣陳顯謨户發心裝塑孫真人神像,"祈保家下人口清吉,六畜興,生意隆,財源廣進,行醫治病,千叫千應,萬叫萬靈"(0351)。再如,安化縣蕭渭江在1918年因"上年習學藥王正教,多蒙庇佑,不昧聖恩"而發心雕刻藥王真人神像,"求保十方門下,驅邪治病,求之有准,叩之即靈"(T0597)。一些掌握特定醫術之人會刻奉其他神明。例如,醫者華國揚將其"頒行痘科"之術歸功於一個王大仙娘,命"丹青裝塑金容寶像,建立壇場"祀奉,希望繼續得到她的庇佑(FT-0031)。同行種痘布疹之術的另一華姓醫者則刻奉了方大仙娘之像(FT-0066)。和行痘之醫者類似,行催生保產之術的醫者刻奉之神亦多爲女性神明。1913年,湘鄉縣彭周氏因曾投拜嬸母李氏學習催生保產口訣神水,而刻其像祀於家堂,"助國救民,救男度女"(Y.1121019)。再如,寧鄉縣李章吉在1930年刻奉康氏妙仙(1714—1800)之像,冀其"通靈顯應,大顯威靈,出入[十](世)方,救度凡[民](名)"(T0603)。

關於其他職業者,有獵人如安化縣"奉教梅王弟子"伍超述在1914年刻奉"[翻](番)壇祖師"張五郎神像一尊,祈求"趕山打獵,搶獸歸壇,披毛倒死",保"弟子身高萬丈,炳焰齊天,趕狗化變,二十四趕山犬如[狌]如[狖]"(T0496);風水師如安化縣姚潤生在宣統三年(1911)刻奉"陰陽堪輿院内父師"之像,"求護弟子觀山看水,葬壇豎造,即叩即靈"(FS-0029)等等。

最後,值得一提的是,不少刻奉神像的儀式專家往往會強調其營生之外的行香走火之旨爲"主法界之江山,保固人民"(參FS-0023)。主法界之江山,即傳承和弘揚教法者,如祈望"教法宏彰,法輪常轉"(如 FS-0164)、"玄風遠振,道法昭彰"(FT-0096)、顯應於人間(FT-0147)等。保固人民者,如助國救民(如 T0085、Y.25029)、救濟萬民(如 FS-0016)、救濟群生(FS-0150)、救濟凡民(如 T0095)、救民超生(T0254)、救濟十方(FS-0037)等,強調"救人不怕千里路"(T0365)。

(三)家人生病

因家人生病、旨在祛除疾病而刻奉的神像有130尊以上。這類神像中,以叩許之後叩蒙有感而刻奉者占大多數。例如,光緒十九年(1893),新化縣鄢大作因長子眼目疼痛而叩許雕刻南嶽聖帝神像一尊，"自許之後，叩蒙有感，不昧聖恩"，便於次年刻奉南嶽聖帝於家中(T0269)。亦有叩許重新裝塑以祈神佑的情況，如新化縣彭禮選在嘉慶二十一年(1816)裝塑家中已刻奉近三十年的祖公彭法武之像，"開光完願"。這個"願"是他在此前一個家人生病之時許下的(T0390)。

有的神像則是刻奉者通過求神問卜等方式得到關於病因的啓示之後才許願刻奉的。例如，道光二十五年(1845)，新化縣楊智馨因身體不健，經問神傳卜後才叩許祖公楊法華神像一尊，並在兩年後完願(FS-0109)。更多的情況則是，刻奉者在得到啓示之後會盡快刻神供奉。例如，康熙二十一年(1682)八月下旬，武岡縣歐陽亨"忽染瘧疾，請師傅降，云節烈六娘姑氏欲討光身，顯靈旺家"，便擇於十月初請工匠雕刻神像，並於十一月底開光點眼、駐龕鎮宅。這個節烈六娘被稱爲"姑婆"，據說是歐陽氏的祖先，出生於明代成化年間(1465—1487)(T1006)。

光緒六年(1880)，安化縣劉華毓因妻生病而刻奉劉大郎之像的過程較爲複雜：

> 雕像信士劉華毓因妻蕭氏久病不吉，求神無候，服藥無靈，至於光緒五年(1879)八月廿九日，登壇請求劉君大郎到家判斷分明，[咐](付)吃下香水十碗。至九月十一日，登壇請求劉君，元工面問："劉君[功](工)勞廣大，恩德難忘，雕刻大郎聖像？"劉君即答："可好。"至十月廿四日，請君腳馬盧訓詰，煩君親擇吉日修像。候至本年(按，指光緒六年)二月十三日，登壇接像。未雕即時在壇問卜分明，再請處士李法雷雕修聖像，祈保蕭氏病原脫體，合室安寧，除邪[輔](甫)正。(FS-0043-2-1)

意旨中提到"求神無候"，其中之"神"是相對於劉大郎而言的，則在劉華毓的觀念中劉大郎很顯然並不屬於神的範疇。按，意旨中還提到劉大郎出生於崇禎元年(1628)，到光緒之時已經去世多年。那麼，劉大郎很可能是劉華毓的一個祖先。在劉華毓刻奉劉大郎像的過程中，靈媒扮演了很重要的角色。首先，劉華毓是通過靈媒來求助於劉大郎的。由此，其妻子得劉大郎盼咐吃下香水十碗，病情得以好轉。其次，劉華毓以刻奉神像的方式酬謝劉大郎的想法是通過靈媒，由劉大郎自己進行"確認"的。刻像日期亦由劉大郎親自擇定——意旨中明確提到了劉大郎的脚馬盧訓誥。最終，劉大郎之像在光緒六年三月由丹青處士李法雷進行了開光（FS-0043-2-2）。

在因家人生病而刻奉的神像中，最流行的是灶神九天司命府君張相公及其配偶神李夫人，其次爲祖先和祖師，再次爲觀音，間有南嶽帝君、關帝等神。這裏需要特別指出的是祖先和疾病之間的關係。前所提及通過求神問卜等方式啟發而刻奉之神均爲病者之祖先。祖師和神明的情況亦有，但比較少，尤其是神明的情況僅見一例①。關於祖先，除了已經提及的，還有安化縣蕭德化因身宫災厄求神問答得知"乃是太祖蕭君道興（1652—?）顯道踩托"，後於同治元年（1862）爲其刻像（T0284）；寧鄉縣周承茂之妻在道光十一年（1831）得病，卜出乃因其曾祖周永乾所致（Y.1122131）。這種現象可能和求神問卜的方式有關——民間流傳的《卜筮正宗》等術書常將祖先列爲厄運的原因之一，還應該與民間卜筮傳統之外的祖先和後代命運相連的觀念有聯繫。實際上，即便在當代，祖先能夠庇佑後代，爲後代祛除不祥的觀念仍見於湘中地區。20世紀70年代中期，寧鄉縣李小林因"喉嚨疼痛，無方可保"而叩許刻奉聖像的對象楊震武即爲其太祖（FS-0033）。

（四）其他原因

爲求嗣、催生保產或保童成長而刻奉的神像有30尊左右。求嗣者，如同治十二年（1873）新化縣袁東麒爲次男、次媳早產麟兒以接祖宗而刻奉關帝神像一尊（FT-0140）。催生保產者，如康熙五十二年（1713）安化縣羅[起]因爲時年三十九歲的妻子"身懷六甲，無方可保"而刻奉張三娘之像（T0103）。乾隆六十年（1795），同爲安化縣人的楊焕達爲保妻子六甲清吉所刻奉的神像甚至不止一尊。已知的兩尊分別爲李致娘和熊氏夫人（T0797；T0813）。其中的熊氏夫人似乎是一個在催生保產方面較爲流行的神明。光緒十一年（1885），寧鄉縣一户人家在刻奉祖妣戴老孺人，亦稱戴老

---

① 祖師的例子有兩個：安化縣辜宦榜身宫欠吉，卜占發現李法明師真曾出現陽壇，時在清代（Y.1122099）；寧鄉縣張珩瑞在咸豐元年（1851）因頭痛，卜問出張法昇（Y.11301）。按，張珩瑞的次子爲行法者，當張法昇之徒裔。張法昇還有可能是張珩瑞的祖先。神明的例子有一個，即寧鄉縣（?）劉壽[春]因己身不安卜出李氏夫人，刻奉其像於光緒十八年（1892）八月（FT-0113）。此外，一個叫鄧有名的人因父親生病，憑師問出其生前行魯班仙師正教，亦被列爲師祖之叔父（1835—?）有關（T0680）；因"人丁不泰"而卜者有來自安化縣的兩例，其一爲祖師無疑（T0352），其二爲疑似祖師（T0402）。

仙人,以求保産催生之時,請熊氏夫人同保來臨(T0607)。安化縣的李尹皋在妻子分娩之時亦叩許熊氏娘娘之像。這幾處出現的熊氏夫人/娘娘可能是同一個神明。此外,同時刻奉灶君、灶母夫妻神以保六甲清吉者亦有之(如 Y.13225;Y.13226)。保童長大成人者,如乾隆五十九年(1794)寧鄉縣喻承選爲保男童易養成人,長命富貴,而合家發心刻奉觀音神像(T0370)。有的神甚至成爲所佑孩童的寄養父母,如 1929 年寧鄉縣廖璋琦刻奉的九天東廚司命府君夫婦(T1031 - A;T0131 - B)。有的意旨會涉及關煞、星辰等中國傳統命理學方面的觀念。例如,光緒三十一年(1905),新化縣張可文爲其子成長、關煞消除等因刻奉張法興之神像(T0719)。

關於命中神煞,魁罡等神煞應該是其中與神像刻奉實踐聯繫最爲緊密者。至少有 7 尊神像是因刻奉者帶有此類神煞而刻奉的。新化縣羅彭氏因命帶魁罡鬼印而刻奉了當地著名的法師神鄒法靈(1576—?)之像(T0291)。出於同樣的原因,漣源市的李貨奇(1927—?,職名法琪)在 1994 年刻奉了一尊自己的身像(FS-0076)。刻奉生像的另一個例子發生在 1941 年,二十六歲的傅蓮泉因"命帶魁罡,不意成道"而發心雕刻生身一尊,旨在求吉延生(Y.113092-2-1)。傅氏刻奉神像的原因竟然是"命帶魁星,不意成道",則説明學法成道亦爲應對命帶魁罡的一種措施。這種措施在其他神像的意旨中有所體現。民國年間,寧鄉縣的李鹿斌、李鴻莊、李望安三兄弟均因"命帶魁罡鬼印,理宜學法防身",投拜他們的父親習學元皇符法(T0042;T0053;T0085)。較早的例子則有明代後期的新化縣人彭庭武(1531—1578):

> 生明嘉靖辛卯八月[廿](念)五戌辰,魁星[值](直)命,身入皇門,投壇度牒,以求真禮,拜武洲而學法,謹演教典,依法奉神,靈光燦爛,香火通明,志存萬古,法濟生靈。萬曆……脱化有緣,天書敕令登曹府,身騎白馬降天宮,玉皇親賜清涼水,灑救凡良顯神通……元皇敕令武[洲]而學法,靈威彭法武真君。(T0390-2-1)

其中,"皇門"之"皇"當指元皇。從文意來看,"魁星值命"顯然是彭庭武身入皇門學法的重要原因。新化縣"身佩魁罡鬼印"的羅明實則既學法又刻奉神像。光緒三十年(1904),他爲自己因魁罡而十方門下行持香火,且爲家下人口什件等事,重新裝塑了法師神鄒法靈之像(T0095)。因命帶魁罡等神煞而刻奉神像的做法應該曾經是較爲流行的。影響所及，有人甚至認爲命帶魁星煞，便應有"香火之份"。2000年，婁底市的陳松梅(1937—?)刻奉自己生像的原因正在於此(Y.15058)。

有些神像的雕刻源於刻奉者冒犯神明或神明、祖先自討光身。冒犯神明的情況，如新化縣陽祖善的家人曾"冒瀆朽爛羽化證盟祖師吳君永道聖像"，後於光緒十四年(1888)請丹青處士重新雕刻了一尊吳永道像，並新換肚槽、開光。意旨中提到"今則知非悔過，二比休息，心甘和□，永相和好，永無執［對］"(T0257)。由此可知，陽家應該發生了一些不太順利的事情，而且這些不順被認爲是冒犯吳永道聖像的後果。褻瀆神明的情況甚至會引起不同家族之間的交涉。光緒二十九年(1903)，新寧縣左姓有族人"污穢"了周姓所刻肖君一郎神像，而被要求"捐化錢文復像會兵上曹"，最終由左姓的幾個族人發起，前後共出資三千二百文來爲肖君一郎復像、開光(T0545)。神明自討光身的情況，如光緒十九年(1893)，安化縣一户羅姓人家因人丁不泰而求神問卜，方知"有先魯在此出現討像"(T0402)。道光二十年(1840)，武岡縣張文族爲家什件等事扶乩降筆，法師神寧法龍臨降乩仙，有"隨佑凡室旺人［添］(忝)丁刻容金像之云"(FS-0040)。道光二十二年(1842)，新化縣行香走火之劉曾氏處有白鶴仙娘求討神像(FT-0068)。這個白鶴仙娘應該在劉曾氏的行法請神之列。祖先自討光身的情況曾發生在一個叫龔長德的人身上。他因已故祖母"神魂示現，求取玉像"而刻奉其像，"伏願神魂不昧，靈爽猶存，蔭佑嗣孫"，時在1924年(0017)。

此外，不少意旨會提到信衆在刻奉神像之前所受之恩和所犯之愆。信衆所受之恩，如光緒十六年(1890)安化縣黄藩南發心刻奉父師之像。意旨將其刻奉原因表述爲"弟子感天地蓋載之洪恩，蒙日月照臨之厚德，飲國王之水土，叨父以匡扶"(FS-0068)。與信衆所受之恩相對者爲其所犯之愆。道光十一年(1831)，益陽縣文邦照刻奉"蓋天古佛關聖帝君"神像的意旨就同時提到了恩和愆："信人等生居中土，命保上［蒼］(倉)，［感］(咸)天地蓋載之恩，蒙佛祖匡扶之德，年無片善，月有多愆，未露首陳，常思赦［宥］(佑)"(T0044)。按，此處"佛祖"當即指關帝。很多意旨中的信衆自稱含有"首愆"二字，如"奉神首愆彫裝信士"(T0047)、"奉師首愆信人弟子"(T0155)、"奉聖首愆求吉保泰信人"(T0330)等等。按，首愆爲首陳愆尤以行懺悔、求赦宥之意。總的來看，意旨所提信眾所受之恩和所犯之愆，其指向分別爲報恩和首愆。恩和報恩背後其實是欠與還的觀念。愆和首愆背後則是宗教意義上的"罪"（善的對立面）與福祉相聯繫，以及所犯之愆得到赦宥（或爲善）才能得到福的觀念。這兩種觀念及其實踐在傳統中國社會均廣爲流行。具體到清代以來的湘中地區，刻奉神像便是一種報恩和首愆的有效方式。

（五）廟祀神像的雕刻原因

廟祀神像較少，可確認者不到 30 尊，主要可以分成以下三類。其一，爲住廟的教內人士刻奉，以祈教眾安泰、寺廟和法脈興旺者。此類神像中，平江縣普會山僧眾刻奉的劉公聖像是一個典型。這尊神像雕刻於乾隆二十四年（1759），當時開光的意旨曰：

> 奉神首罪雕裝信釋子余達映……徒玄宗……徒孫文峰……曾孫續賢……右暨合家僧眾等卜取吉日芳辰，敬修劉公聖相一尊，安立師堂供奉，祈仗恩威顯應，光照普垂，遠賜資生之德，大開化育之功，但僧等人人增延福壽，個個愈見興隆，山門［鼎］（頂）盛，施主欽崇，凡日未言，均沾庇祐。（FS-0112-4-1）

僧人余達映率其徒、徒孫、曾孫各一人刻奉劉公聖像，供奉於師堂。他們之間是明確的師承關係。值得注意的是，他們被處士稱爲"合家僧眾"。此次刻奉神像之旨主要是爲自己和山門求福祉。道光九年（1829）十月初九，普會山僧眾爲劉公重裝腹臟開光，有意旨兩紙：一紙爲僧道緣求"劉公師主"保佑其出外請香、請水有應，想沐來臨等因（FS-0112-4-2），此與非住廟的行法者爲求十方行香走火之順利而刻奉神像者相類；另一紙爲僧紅日率其徒孫和徒元孫各一人，"合門僧眾"，"伏冀威光有應時蒙法教，神德無邊長沾福庇。祈保山門發越，世世丕振宗風；施主欽崇，人人嘉吾應福"（FS-0112-4-3），其方式和願望與乾隆年間余映達率徒子徒孫刻像之時無異。再如，湘鄉縣的曾傳習（1816—？，號經書，法名僧法傳）在同治八九年間（1869—1870）刻奉"普化天尊雷神大將佛"一尊於其所修茅庵中，祈"永年香火，普度仙鄉黎民"（T0509）。總體來看，此類神像的刻奉原因與前述行香走火者刻奉家祀神像之旨——家門清吉，法嗣延綿，香火通行，保固人民——基本相通。

其二，爲普通民衆刻奉以祈家門清泰者。刻奉這些神像的信衆既有單戶人家，亦有多户人家的情況。單户人家的情況，如清代某年號元年新化縣道德庵僧人倡修神像，當地信女李歐陽氏與家下人等發心塑奉釋迦太子神像一尊，祈保"合家身其康疆"等（0490）。多户人家的情況，如道光十六年（1836）邵陽縣的羅千祥、羅盛昌和黄登岸在團山廟刻奉張真人、判官等神像，"丐保人口清吉，六畜平安，時瘟、災障、官符、口舌、火盜消除，男臻百福，女納千祥"（0458；0741）。

其三，爲民衆以社區或家族的名義刻奉以祈神或酬神護佑鄉坊者。以社區爲名義的情況如，1934年夏，由於大旱，益陽縣武潭鄉水南保的胡南聘等人糾集衆姓前往當地的福主仙聖廟，向李仙真人和汪仙真人等神求雨，並許以刻奉其身像。"是許之後，叩蒙雨澤"。於是，胡南聘等人在1936年初再次糾集衆姓，請處士爲李仙真人和汪仙真人修立神像還願，並祈"鄉［坊］（方）家家清吉，户户均安，老安少懷，孳牲常旺，百事亨通，萬般如意"（T0689；T0702）。以家族爲名義的情況如，1931年新化縣某村蔡姓的朝暘公派下占左兩房裔等集合家眷、通境士女人等，發心塑畫本祭判官、力士之神像，保坊清吉（FS-0093；FT-0081）。

三、結語

由上可知，清代以來湘中地區的民衆在與超自然世界的家祀神明打交道之時最爲關注的是一般性的家門清泰，其次爲疾病和子嗣、後代的問題。與普通民衆相比，儀式專家還對香火的維持和發展，及其法派之延續給予了特別的關注。

刻奉神像，尤其是刻奉家祀神像是清代以來湘中地區人神交流的重要方式。大多數的情況下，刻奉者與神明之間會建立起類似於契約的關係，可分爲臨時性類契約關係和持久性類契約關係。前者的情況，如信衆出於某種原因叩許一尊神像，請神護佑，待神明感應之後再請丹青處士刻其像以奉之。後者的情況，如信衆直接發心雕刻神像，奉祀家中，祈其護佑，或是通過刻像來強化這種已經存在的關係。前者亦可向後者轉化，尤其是在刻奉神像的實踐當中。信衆叩許神像之時爲許願，刻奉之時則爲完願。一旦許願和完願結束,信衆發心雕刻的神像被奉祀於其家中,便在刻奉者和神明之間建立起了持久性類契約關係。更爲關鍵的是,清代以來湘中地區人神之間這種持久性的類契約關係主要發生於家族内部的空間,而不在公共的廟宇或神壇空間之中。那麼,作爲地緣表徵的宗教多大程度上,以及如何在社區的内部整合之中扮演其角色?其與呈現血緣的家族組織之間有着怎樣的關係?要解答這些問題,或需考慮到當地神明、祖師、親人、祖先等崇拜之間較爲經常的疊合,以及儀式傳統更爲豐富的多元性。

關於對神所許之願,若未完或沒有及時還,則成"欠",所欠的對象爲神明。刻奉者在完願之時往往要強調此欠之消除。不少刻奉者在神像開光之時要先"請答勾銷,再無欠字",然後才祈求神明的繼續保佑(如T0493)。道光二年(1822),益陽縣陳明昌在刻奉神像以還願之時明確表示"今乞勾消,後無神欠"(FS-0013)。宣統二年(1910)寧鄉縣的一個例子更爲典型:

> 姜爾圭爲因己身不吉,發心叩許二郎真君聖像一尊,叩蒙有感,今不昧恩,理當酬妥。擇取宣統二年正月初七日巳時開光點像,初十日午時受封上像,是日虔備牲儀酒醴,敬叩二郎真君親降玉像身中,七魄三魂相付,如生在上,神通廣大無窮,酬此良因,免生再欠,求保姜爾圭病根脫體,六脈調和,八節康寧,四時迪吉。(T0806-2-1)

丹青處士在開光上像之時請二郎真君降其三魂七魄於雕像,希望"酬此良因,免生再欠"。其中"再欠"二字所蘊含的姜氏未及時還願爲欠之觀念再明顯不過。此外,祖先或長輩對神明的欠可能會對子孫產生影響。這在光緒十五年(1889)安化縣李盛真户刻奉南嶽帝君像一事中有所反映。李氏刻像的原因是"上年以來祖婆陶氏拖欠舊香"(T0231)。這種祖先與後代命運相聯繫的觀念在前文討論的求神問卜實踐中已經清晰可見。實際上,此種觀念不僅見於湘中地區。與此相類,湘中地區神像刻奉實踐中涉及的命理學等觀念同樣流行於其他地區。可以説,這種傳統中國社會中較爲普遍流行的觀念及其實踐對清代以來湘中的雕刻神像傳統具有一定的形塑作用。此種區域間共通的邏輯和較有湘中地區特色的邏輯之間如何交互和融匯,或許是我們應該進一步思考的問題。

附圖：

張五郎（T0438）

九天東廚太乙司命府君（T0331-A）

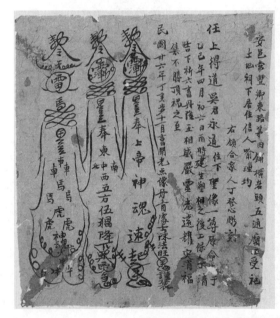

吳君永道神像及其意旨（T0298）

作者簡介（按姓氏拼音爲序）：

定　明：福建省黄檗山萬佛寺首座兼監院。

黄繹勳：佛光大學佛教學院佛教學系教授，專長漢傳佛學史專題、唐宋禪宗典籍之研究與翻譯。

簡凱廷：臺灣成功大學中國文學系助理教授。

李天綱：復旦大學哲學學院宗教學系主任/教授。

陸辰葉：福建師範大學文學院講師。

能　仁：《佛學研究》編輯部主任。

秦國帥：齊魯工業大學（山東省科學院）馬克思主義學院講師。

孫國柱：中國政法大學人文學院哲學系講師。主要從事哲學、宗教學的教學科研工作。

湯銘鈞：復旦大學哲學學院青年副研究員，學術方向：漢傳佛教因明、印度佛教知識論與邏輯學、古典印度哲學。

王崗（Richard G. Wang）：美國佛羅里達大學語言文學文化系副教授，復旦大學古籍整理研究所、中文系客座教授。從事明代的道教、歷史文化及文學研究。

王明強：2005—2008 年爲復旦大學史地所碩士研究生。

王啟元：復旦大學中華古籍保護研究院副研究員，研究方向爲明清佛教史。

吳　疆：美國亞利桑那大學佛學研究中心主任、宗教學和古典學系代理主任、東亞研究系教授。

巫能昌：復旦大學歷史學系副教授，主要從事宋以降道教史、明清史和民間文化研究。

法幢（謝馨后）：佛光大學佛教研究中心博士後研究員，浙江工商大學東亞研究院研究員。

徐　波：復旦大學哲學學院講師。

許　蔚：復旦大學中文系副教授，主要從事道教文獻、道教文學、宋明道教史、佛道交涉、近世科儀與法術、道教與民間宗教寫本、陽明學與道教關係研究。

楊奇霖：上海大學人文學院講師。

張德偉：暨南大學哲学研究所副教授。

張偉然：復旦大學歷史地理研究所教授。

跋

錢牧齋序憨山大師全集，嘗謂憨山、紫柏二位尊者，皆以英雄不世出之資，當獅絃絕響之候，捨身爲法，同爲昏塗之炬；有明一代佛教之正途，應歸此二師。世以牧翁博通文史，旁涉梵夾，然其晚年則頗留心教乘文獻，以整理傳世爲任，不惜以短兵匹馬，橫身四戰之地，作法界田光貫高，不啻第一代研究明清佛教有成者。近人始治此域，所得雖不甚夥，個中成就一如緒論所及，而究其治學之用心，亦與牧翁網羅散失、揀別僭僞之意，相去不遠。教授吳公，年輩在前，承遠來訪學，於戊戌之歲，結夏復旦燕園，會有此集因緣。復蒙明清佛教研究同仁協理襄助，論文之集漸編次爲册，行將鏤版，時爲己亥仲秋。不想是年冬日，疫起微塵；庚子以來，不惟紛擾神州，寰宇亦爲之沸騰。出版遂擱置，我輩學人音問雖通，亦聲咳難接。今春始復甦，講文論學同返正軌。時責編杜兄告以論文集不日將壽之梓，因附贅語，與我輩同仁共一快。

"佛法與方法"工作坊之召開及同名論文集出版，得復旦中華文明國際研究中心領導、同仁大力支持，尤其致意時中心張路女史於工作坊召開前後之力，并復旦中文系龐麗紅同學整理是集時之助，在此謹致謝忱。余今栖身虹檔，日對積塵，田光貫高之願，已不復懸想，唯效錢牧翁蒙叟，董理教乘舊籍以自適。觀密藏道開禪師謂項東源居士曰："常憶貧衲與先生，始晤時以至今日儼一夢。由今日以至此，生命終乃至窮劫，窮劫盡未來際，大約爾爾。貧衲固爲習使，隨順無明，忙忙虛度，應無出息。不知先生於此光陰，如何過去？"余亦以三年虛度之期，光陰迅疾，復妄擔虛職，已無出息，然是集問世，或償三年之約；然不知我輩同仁於此光陰中，如何過去？

辛丑仲夏望後王啓元書於望老舊居東

圖書在版編目(CIP)數據

佛法與方法:明清佛教及周邊/吴疆,王啓元編. —上海:復旦大學出版社,2021.7
(復旦中華文明研究專刊)
ISBN 978-7-309-15772-7

Ⅰ.①佛… Ⅱ.①吴… ②王… Ⅲ.①佛教史-中國-明清時代-文集 Ⅳ.①B949.2-53

中國版本圖書館 CIP 數據核字(2021)第 125077 號

佛法與方法:明清佛教及周邊
吴　疆　王啓元　編
責任編輯/杜怡順

復旦大學出版社有限公司出版發行
上海市國權路 579 號　郵編:200433
網址:fupnet@fudanpress.com　http://www.fudanpress.com
門市零售:86-21-65102580　團體訂購:86-21-65104505
出版部電話:86-21-65642845
上海崇明裕安印刷廠

開本 787×960　1/16　印張 26　字數 399 千
2021 年 7 月第 1 版第 1 次印刷

ISBN 978-7-309-15772-7/B・746
定價:98.00 圓

如有印裝質量問題,請向復旦大學出版社有限公司出版部調換。
版權所有　侵權必究